In der Stille die Freiheit

Band 1 - Geburt, Kindheit, Jugend und die Jahre bis 1922

Silke Ellenbeck

Silke Ellenbeck

In der Stille die Freiheit

Band 1 - Geburt, Kindheit, Jugend und die Jahre bis 1922

Das bewegte Leben der Prinzessin Alice von Griechenland, Prinzessin von Battenberg,
Mutter von Prinz Philip, Duke of Edinburgh,
1885-1969

Historische Romanbiografie

DeBehr

Herausgeber: Verlag DeBehr, Radeberg
Erstauflage: 2019
ISBN: 9783957537140

Inhaltsverzeichnis

Vorwort

Da ich mich als Historikerin und Autorin seit mehr als fünfundzwanzig Jahren mit der Geschichte des deutschen Adels und seinen Verbindungen durch Heirat in europäische Kaiser- und Königshäuser auseinandersetze, fielen mir bei meinen Recherchen, besonders zur letzten Zarenfamilie um Zar Nikolaus II. und seiner Frau Zarin Alexandra, geborene Prinzessin von Hessen und bei Rhein, stets auch die Schicksale einzelner Prinzen und Prinzessinnen auf. Das russische Zarenhaus pflegte durch Verheiratung von Prinzessinnen verwandtschaftliche Beziehungen nach Hessen und über die Jahrzehnte festigten sich diese.

Da die Recherche zu meiner 2015 erschienenen Biografie über die Großfürstin Maria Nikolajewna, dritte Tochter des letzten Zaren von Russland, es erforderte, sich intensiv mit dem Haus Hessen auseinanderzusetzen, stieß ich auf das Schicksal der Prinzessin Alice von Battenberg, spätere Prinzessin von Griechenland und Mutter des Prinzen Philip von Edinburgh, der wiederum später Prinzgemahl der Königin Elizabeth II. von England werden sollte.

Alice wurde im Jahre 1885 als Ur-Enkelin Königin Victorias in England geboren, war von Geburt an taub und lernte durch das Engagement ihrer Familie das Lippenlesen in mehreren Sprachen und auch das Sprechen auf einem ihrer Behinderung angepassten Niveau. Durch ihre Heirat mit dem Prinzen Andreas von Griechenland im Jahre 1903 wurde sie ein Mitglied des griechischen Königshauses.

Mit Beginn des Ersten Weltkriegs und dem folgenden Zusammenbruch des politischen Einflusses des Adels, durch den Zerfall der Monarchien in Europa zerfielen auch ihre heile Welt, ihre Familie und nicht zuletzt ihr hochherrschaftlicher Lebensstandard. Bedingt durch die politischen Unruhen in Griechenland musste Alice mit ihrer Familie das Land verlassen. Man versuchte im Exil in Paris einen Neuanfang, doch das Leben im Exil schlug sich auf die seelische Gesundheit der Prinzessin nieder, sodass sie auf Veranlassung ihres Mannes und ihrer Mutter in ein Sanatorium zwangseingewiesen wurde. Ihre Behandlung wurde unter anderem durch Dr. Sigmund Freud und Dr. Ernst Simmel vorgenommen.

Ihr jüngstes Kind Prinz Philip und seine Schwestern waren beim gewaltvollen Abtransport der Mutter absichtlich nicht zugegen, wobei diese Trennung das Ende der heilen Familie für Alice bedeutete. Zeit ihres Lebens war das Verhältnis zwischen Mutter, Sohn und Schwestern dadurch belastet.

Hinzu kamen Eheprobleme, die zu einer Trennung zwischen Alice und

ihrem Mann führten. Dennoch versuchte die Prinzessin sich wieder ein eigenes Leben aufzubauen, kehrte nach ihrer seelischen Genesung nach Griechenland zurück und engagierte sich im Widerstand gegen die Besetzung durch die Nationalsozialisten, indem sie eine jüdische Familie vor der Deportation bewahrte.
In ihrem späteren Leben konvertierte sie zum orthodoxen Glauben und wurde Nonne in einem eigens gegründeten Orden. Anderen Menschen, die in Not geraten waren, durch welche Lebensumstände auch immer, zu helfen, wurde ihr zu einem Bedürfnis und Lebensziel.
Erst in ihren letzten Lebensjahren näherte sie sich wieder ihrem Sohn an, sodass sie ihren Lebensabend in der Nähe seiner Familie in England verbrachte.
Ich möchte dieser beeindruckenden Persönlichkeit in dieser Biografie ein Denkmal setzen und einer von der Historie eher unbeachteten Prinzessin eine Stimme geben. Um ihre Sichtweise deutlicher auszudrücken, habe ich einen personellen Erzählstil gewählt.
Aber lassen wir Alice selbst zu Wort kommen …

Die Autorin, im Februar 2018

„Nur für diesen Zweck wurde der Mensch erschaffen: Zu lehren, wer eine einzige Seele zerstört, zerstört die ganze Welt. Und wer eine einzige Seele rettet, rettet die ganze Welt ...“
(Jerusalem Talmud, Auszug: Sanhedrin, 23a-b)

“For Alice…to an uncommon woman.”

Die neue hessische Linie der Battenbergs - die Familie meines Vaters

Der Großherzog Ludwig II. von Hessen und bei Rhein regierte von 1830 bis zu seinem Tode im Jahre 1848 das Großherzogtum, welches bis dato keine besondere politische Bedeutung hatte. Die ersten studentischen Unruhen und Aufstände, der fließende Übergang zwischen *Vormärz* und versuchter Revolution setzten erst im Jahre seines Todes ein und die Gründung eines geeinten Kaiserreichs, das Ende der deutschen *Kleinstaaterei*, lag noch in grauer Ferne.

Ludwig war verheiratet mit Prinzessin Wilhelmine von Baden. Diese gebar ihrem Gatten sieben Kinder, wobei ein Mädchen bereits kurz nach der Geburt verstarb, doch trotzdem war die Ehe des Paares alles andere als glücklich. Wilhelmine nutzte die finanziellen Mittel ihres Mannes, um sich ein Refugium auf dem Heiligenberg erbauen zu lassen, damit sie dem Hof entfliehen konnte.

Die beiden Söhne, der Erbgroßherzog Ludwig, an den sein Vater die Regierungsgeschäfte noch vor seinem Tod übertrug, als im Land die ersten Unruhen einsetzten, weil er sich ihnen nicht gewachsen fühlte, und Prinz Karl waren mit großer Sicherheit Nachkommen des Großherzogs. Auch die verstorbene Tochter war sein leibliches Kind.

Doch die nachgeborenen Kinder, die 1821 geborene Tochter Prinzessin Elisabeth, der 1823 geborene Prinz Alexander und die Prinzessin Marie, die im Jahre 1824 das Licht der Welt erblickte, entstammten eigentlich der Liaison seiner Gattin mit dem großherzoglichen Oberhofstallmeister August Ludwig von Senarclens-Grancy. Es war zuerst nur ein Gerücht, welches sich aber auch dadurch bestätigen lässt, dass der Großherzog in den jeweiligen Jahren keinerlei intimen Kontakt zu seiner Gattin pflegte und sie ihren Geliebten nahe ihres Refugiums einquartierte, um ihn stets um sich zu haben. Der Großherzog erkannte die Kinder als seine leiblichen an, aber im Großherzogtum brodelte die Gerüchteküche, was den Kindern Zeit ihres Lebens nachhing.

Wilhelmine musste im Jahre 1826 den Tod ihrer Tochter Elisabeth durch eine Scharlacherkrankung verkraften und ließ ihr ein Mausoleum an der Rosenhöhe erbauen, anstatt sie der Tradition entsprechend in der Stadtkirche in Darmstadt in der großherzoglichen Gruft beisetzen zu lassen. Damit errichtete sie, zweifelsohne ungewollt, die zukünftige Grabstätte der Familie von Hessen und bei Rhein, wenngleich die Rosenhöhe vorher ein beliebter

Sommersitz der Familie gewesen war und nun sehr zum Unmut des Großherzogs zu einem Friedhof umfunktioniert wurde. Die Großherzogin folgte ihrer kleinen Tochter schließlich 1836 infolge einer Typhuserkrankung.
Im Jahre 1839 begab sich der russische Zarewitsch Alexander Nikolajewitsch und spätere Zar Alexander II. von Russland auf Brautschau in Europa. Zuerst versuchte er, Königin Victoria von England den Hof zu machen, deren Onkel König Leopold von Belgien aber bereits eine Verbindung zwischen ihr und dem Prinzen Albert von Sachsen-Coburg und Gotha anstrebte. Seine Beharrlichkeit in dieser Angelegenheit sollte dann auch in der Heirat von Albert und Victoria enden.
Als der Zarewitsch nun nach Hessen weiterreiste, um der Verwandtschaft einen Besuch abzustatten, denn Luise, eine Schwester der Großherzogin Wilhelmine, war als Zarin Elisabeth die Gattin des Zaren Alexanders I. von Russland gewesen, traf er auf die gerade einmal vierzehnjährige Prinzessin Marie. Er verliebte sich auf den ersten Blick in sie. Ihre Liebe konnte auch nicht durch die Tatsache getrübt werden, dass Maries uneheliche Herkunft ein offenes Geheimnis war.
Da sie zu jenem Zeitpunkt eine sehr fragile Gesundheit besaß, konnte sich das Paar erst im Jahre 1840 verloben, die Hochzeit folgte dann im Jahre 1841.
Prinz Alexander von Hessen begleitete seine Schwester, als diese nach Sankt Petersburg zog. Seine Anwesenheit sollte der jungen Braut nicht guttun, denn sie erkrankte sofort aufgrund des kalten Klimas, erholte sich nur schwerlich und fühlte sich an dem großen Zarenhof nicht wirklich willkommen, da ihre Schwiegermutter, eine geborene Prinzessin von Preußen, offen ihre Verachtung für das kleine, aus ihrer Sicht unbedeutende Großherzogtum Hessen zur Schau stellte. Zudem hatten die Gerüchte über die fragliche Abkunft der hessischen Prinzessin und ihres Bruders die europäischen Adelshöfe erreicht und die Situation drohte in St. Petersburg zu eskalieren. Alexander schritt ein, merkte an, dass er und seine Schwester den Namen des Vaters, des Großherzogs, mit Stolz trugen und niemand etwas anderes nachweisen könne. Der russische Hof war zu jener Zeit ein angesehener unter den europäischen Höfen – prunkvoll, mit strengen Etiketten, französischer Hofsprache und, wie sollte es auch anders sein, inmitten dieses Glanzes von großen, festlichen Bällen und Pomp, auch ein Nährboden für Gerüchte und Intrigen.
Obwohl Alexander von seinem Schwager bedeutende Posten im russischen Militär erhielt, beeinflussten vor allem seine Leidenschaft für übermäßigen Alkoholgenuss, ausschweifende Feste, das Spielen und schöne Frauen sein Leben. Er verliebte sich in die Schwester seines Schwagers, die Großfürstin Olga, genannt *Olly*, und wusste doch, dass sie dem Sohn des Königs von

Württemberg versprochen war. Olly ihrerseits erwiderte seine Avancen daher auch nicht.
Als es im Jahre 1845 zu Aufständen im Kaukasus kam, angeführt von dem muslimischen Fanatiker Shamyl, meldete sich Alexander freiwillig, um die Aufstände mit den entsandten Truppen niederzuschlagen. Dabei bewies er großen Mut und erntete viel Anerkennung, denn jeder Soldat wusste, dass Gefangene auf beiden Seiten nur gemacht wurden, um sie zu auf eine grausame Art zu quälen und danach ihre leblosen, geschändeten Körper an den Feind zurückzugeben. Doch Alexander bewährte sich erfolgreich. Beim Rückzug der geschlagenen Aufständischen erbeutete er eine Kopie des Korans, welche sich als die von Shamyl erwies. Es war seine „Beute", die er dem Zaren präsentieren konnte. Dieser revanchierte sich mit den höchsten militärischen Auszeichnungen. Durch seine militärische Erziehung in Hessen genoss Alexander die Kämpfe, war geübt mit dem Schwert, der Pistole und zu Pferd.
Auch im Krimkrieg zwischen 1853 bis 1856 sollte er sich später noch bewähren.

Alexander sagte seinem Schwager, dass es für einen Soldaten viel wert sei, oft in das Gesicht des Todes zu blicken, denn nur so habe man das Recht, eine Uniform zu tragen.
Doch auch, wenn er sich militärisch bewährte, litt er an einem gebrochenen Herzen und frönte weiterhin einem allzu ausschweifenden Leben. Man schickte ihn nach Darmstadt zurück, um ihm etwas Abstand von diesem Lebensstil zu geben.
Prinzessin Louise von Mecklenburg-Schwerin wurde ihm als Braut angetragen. *Vivi*, wie man sie nannte, schien zwar eine gute Partie zu sein, aber Alexander lehnte eine Verbindung ab, reiste wieder nach Russland, wo ihm sein Schwager die Leviten las, sodass er 1848 seinen Lebensstil änderte. Er schränkte seine Frauengeschichten ein, trank nur noch selten und gab das Spielen auf.
Er verliebte sich schließlich in die Gräfin Sophie Shuvaloff und machte ihr Avancen, die sie auch erwiderte, doch ihre Mutter stand einer Verbindung sehr skeptisch gegenüber, kannte sie doch wie jeder bei Hofe Alexanders vorheriges umtriebiges Leben. Der Gedanke, er könne ihrer Tochter das Herz brechen, bewegte sie zu einem Schritt, mit dem sie unfreiwillig die neue Linie des Hauses Hessen, die der Battenbergs, begründen sollte.
Bei einem Ball im Januar des Jahres 1848 ließ die Mutter der Gräfin Sophie dem Prinzen eine Nachricht überbringen, dass, wenn er die nächste Mazurka mit ihrer Tochter tanze, sie sie umgehend mit nach Hause nehmen werde. Als Überbringerin der Nachricht wählte sie eine Hofdame der Schwester

des Prinzen namens Julie von Hauke aus. Als Julie nun vor dem Prinzen stand, um ihm die harten Worte der Gräfin zu überbringen, ergriff er ohne Umschweife die junge Frau und tanzte mit ihr unter dem völlig überraschten Blick der Gräfin und ihrer Tochter den nächsten Tanz. Dieser Tanz markierte den Beginn ihrer Liebe, wenngleich sich Julie zuerst Hals über Kopf in den Prinzen verguckte, der danach nur zögerlich ihre Nähe suchte. Er hatte sein Herz noch an die Tochter der Gräfin verloren, beide nutzen bald Julie als Überbringer ihrer Liebesbriefe, sie organisierte auch geheime Treffen zwischen den beiden. Sophies Eltern wurden bald dennoch dessen gewahr, beschlossen ihre Tochter für eine Weile zu Verwandten zu schicken und so bat Marie ihren Bruder, der jungen Frau doch verständlich klarzumachen, dass alles vorbei sei, damit sie in der Ferne nicht allzu sehr um ihn trauere und mit der Affäre abschließen könne. Alexander erahnte den wahren Absender dieser Bitte, den Zaren, und so fügte er sich, was für ihn ein sehr schwerer Schritt war. Danach bat ihn der Zar, sich endlich zu verheiraten, um zur Ruhe zu kommen. Er empfahl ihm die Großherzogin Catherine Michaelowna, seine Nichte.
Wie bei den meisten Prinzen der hessischen Linie war die Zeit, in der sie sich die sogenannten Hörner abstießen, zwar sehr lang, aber danach sehnten sie sich selbst nach einem Ruhepol in ihrem Leben.
Alexander nahm endlich Notiz von Julie, obwohl sie so anders war als die Frauen bei Hofe. Sie war nicht von besonderer Schönheit, keine dieser französisch wirkenden, pompös gekleideten Damen, sie hatte schwarze Haare, braune Augen und war nur 157 cm groß. Dennoch war sie intelligent, gebildet und herzlich, sodass sich beide bald heimlich zu treffen begannen und sich Liebesbriefe schrieben. Hätte der Zar von der Affäre mit einer Hofdame seiner Schwiegertochter, der zukünftigen Zarin, erfahren, so wäre wohl alles sofort auf höchsten Befehl unterbunden worden.
Eines Tages nahm nun aber der Zar Nikolaus I. auf seinem Weg zum Kaninchengehege im Winterpalast eine Abkürzung und traf dort auf das verliebte Paar. Es hieß, seine Wut über diese Entdeckung habe viele Tage angedauert. So ordnete er sofort die Beendigung des Verhältnisses an und Julie musste den Hof verlassen. Beide sollten einander nicht mehr wiedersehen, doch Alexander war ebenso gebrochenen Herzens wie Julie und bat um seine Freistellung von allen militärischen Verpflichtungen auf unabsehbare Zeit. Der Zar stimmte zu, Alexander reiste umgehend zurück nach Hessen.
Das Jahr 1848 war ein recht markantes in Europa, denn in Frankreich war eine erneute Revolution ausgebrochen, im Zuge dieser die kaiserliche Familie das Land verlassen musste, in Wien hatte man den Außenminister Metternich gestürzt und die Ausläufer der März-Revolution dort erreichten bald

auch Berlin und die anderen Staaten des Deutschen Bundes, wie auch Hessen, in denen ohnehin schon lange ein bürgerliches Reformbedürfnis schwelte. Diese politischen Unruhen belasteten Alexander noch zusätzlich, da bald darauf auch sein Vater verstarb und sein Bruder bereits als Mitregent über das Großherzogtum herrschte. Der neue Großherzog Ludwig III. hatte seinem Vater geeigneter erschienen, die Unruhen zu unterdrücken, doch aus Alexanders Sicht war sein Bruder keineswegs ein fähiger Mann. So reiste er im Jahre 1850 nach Paris und dann nach London, um Zerstreuung zu suchen. Beide Städte wirkten auf ihn weltoffener und moderner, dennoch konnte er Julie nicht vergessen.

Prinz Alexander von Hessen und bei Rhein

Julie von Hauke in den 1860er Jahren

Prinz Alexander hatte während seines Aufenthalts in London unter anderem die Redaktionsräume der *Times* besucht sowie deren Druckerei mit ihren gewaltigen Maschinen. Nach Gesprächen mit den Redakteuren beeindruckte ihn vor allem, wie frei die Tageszeitung über die englische Königsfamilie berichten durfte. Das alltägliche private Leben der Königin, ihres Gatten und ihrer Familie war oftmals ein Thema in der Zeitung, was Alexander nicht wenig verwunderte. In Russland wäre so etwas undenkbar gewesen. Gleichzeitig vermittelte dies aber eine Nähe zum Volk, beispielsweise, wie man private Feste, Geburtstage oder Feiertage beging. Jeder Mensch in England konnte so einen Einblick in das Leben der Königin erhaschen. Es hatte einen so großen Effekt auf die zukünftige Lebensplanung des Prinzen, dass er nun sein weiteres Leben in England fortführen wollte.
Als Alexander im Jahre 1851 nach Russland zurückkehrte, hatte er einen Entschluss gefasst und Julie war sofort bereit, ihm überallhin zu folgen. Dennoch war Julie seinem Stand nicht entsprechend und der Zar hieß eine Verbindung nicht gut, ebenso wie Alexanders Bruder in Hessen. Der Großherzog schrieb einen Brief an seinen Bruder, in dem er ihn warnte, solch eine nicht standesgemäße Liaison einzugehen. Doch war Julie so voller Freude, dass sie nicht an sich halten konnte. Wie ein Lauffeuer verbreitete sich die Nachricht über ihre Beziehung zu dem Prinzen am Hof.

Der Zar verlangte ein klärendes Gespräch mit Alexander, als dieser um Julies Hand anhielt, wies ihn an zur Besinnung zu kommen und drohte ihm damit, alle militärischen Titel und Auszeichnungen abzuerkennen. Mit gerade einmal zwanzig Jahren hatte ihn der Zar zu einem Generalmajor ernannt, ihm alle militärischen Möglichkeiten eröffnet und dennoch wollte sich Alexander nicht beugen. In einer romantischen Art und Weise bekannte er sich zu Julie, beide verlobten sich und Anfang Oktober des Jahres 1851 nach wochenlangen Auseinandersetzungen mit dem Zaren, der ihn des Hofes verweisen wollte, flohen Alexander und Julie des Nachts in einer Kutsche nach Warschau. Dort genossen sie ihre Tage zusammen, setzten Ende Oktober die Reise nach Breslau fort. In aller Stille und ohne die Verwandten einzuweihen, heiratete Alexander sie. Es gab keine Freunde mehr, keine Titel, kein Zuhause, alle Verbindungen waren getrennt, es gab nur sie als Paar – endlich vereint.

In der ersten Zeit waren sie nun *Personae non gratae*, sowohl am hessischen wie auch am Zarenhof. Alexander war unehrenhaft aus der Armee entlassen worden, beide waren vom Zaren aus Russland verbannt worden und für seinen Bruder hatte Alexander den guten Namen des Hauses Hessen beschmutzt.

Der Grund für all dies lag in Julies Herkunft. Sie war 1825 als Julia von Hauke in Warschau geboren worden. Ihr Urgroßvater stammte aus Mainz, lebte auch eine Zeit lang in Wetzlar und war als Sekretär des sächsischen Grafen Brühl nach Dresden berufen worden, dann nach Polen. Als er sich im Alter wieder nach Deutschland zurückzog, blieb ein Sohn in Polen. Bereits der Urgroßvater und Großvater hatten bedeutende militärische Ämter bekleidet. Hans Moritz Hauke war Berufssoldat und stieg bis zum Kriegsminister von *Kongress-Polen* auf, als Polen den Staaten Russland und Preußen einverleibt wurde. Er kämpfte in Napoleons Armee und auch in der Armee des Herzogtums Warschau, unter anderem in Österreich.

Im Jahre 1826 erhielten er und zwei seiner Brüder für ihre militärischen Verdienste den erblichen polnischen Renommee-Titel *von*. Um seinem Namen einen aristokratischen Klang zu verleihen änderte Hans Moritz seinen eigentlichen Nachnamen *Hawke* nun in *von Hauke*. Zar Nikolaus I. ernannte ihn im Jahre 1829 zum gesamtrussischen Kriegsminister und erhob ihn in den Grafenstand.

Im Jahr 1830 kam es zu Aufständen in Warschau und von Hauke sah es als seine Pflicht an, dem Generalgouverneur, dem Großfürsten Konstantin, zu Hilfe zu eilen. Von Hauke ritt neben der Kutsche seiner Frau und zweier Töchter von seiner Dienstwohnung im sogenannten *Sächsischen Palais* zum Schloss *Belvedere*, dem Wohnsitz des Großfürsten, und traf dort auf revoltierende Kadetten, die er aufforderte, in ihre Kasernen zurückzukehren. Die

Kadetten eröffneten das Feuer, als von Hauke ihnen eine Strafpredigt hielt. Er wurde von neunzehn Kugeln getroffen und starb auf der Stelle. Julie und ihre Schwester Sophie Salomea sahen den Mord an ihrem Vater mit an, beide traumatisierte der Vorfall ebenso wie die Mutter, die 1831 an Herzversagen starb.

Die beiden Töchter wurden nun Mündel des Zaren. Ihre Brüder waren nicht zarentreu wie der Vater und zwei von ihnen emigrierten bald in die USA, zwei starben als Soldaten, eine Schwester war bereits verheiratet.

Julia wurde von da an nur noch Julie genannt, da sie ihre Briefe in der französischen Hofsprache verfasste und eben mit der französischen Form ihres Namens unterzeichnete. Sie wurde Hofdame der Schwester Alexanders und war erst dreiundzwanzig Jahre alt, als sie ihm begegnete. Sie sprach fließend Deutsch, ohne Akzent, war sehr belesen und konnte sich auch sehr wortgewandt auf Russisch, Polnisch und Französisch unterhalten. Doch sie war eine Waise, die in Alexander ihren sozialen Retter sah. Und ihr Makel lag in der Tatsache, dass sie die Tochter eines neugeadelten Grafen war und die Ehe somit eine *morganatische* oder *Ehe zur linken Hand* war, da die Braut einen niedrigeren Stand als ihr Gatte innehatte.

Als beide sich endlich das Ja-Wort gaben, war Julie bereits im fünften Monat mit ihrer Tochter Marie Karoline schwanger. Ohne Geld sah die Zukunft des Paares mehr als düster aus.

Julie brauchte einen Namen, damit sie Ansehen gewinnen konnte im europäischen Adel, denn das junge Paar wurde von Verwandten und anderen Königshäusern aufgrund ihrer nicht standesgemäßen Verbindung mit bitterbösen Briefen regelrecht terrorisiert.

Alexander sah sich gezwungen, seinen Bruder zu bitten, seiner Frau einen standesgemäßen Titel zu verleihen und dieser willigte schließlich ein, nachdem er von den Briefen erfahren hatte, die eben auch aus England das Paar erreicht hatten. So verlieh er Julie den damals nicht mehr besetzten Titel einer *Gräfin von Battenberg*. Battenberg war der ehemalige Titel eines Grafengeschlechts, welches 1310 bereits ausgestorben war, und zudem der Name einer kleinen Stadt in Hessen, nach welcher sich das damalige Geschlecht benannte. Im Jahre 1858 erhob der Großherzog Julie zu einer *Fürstin von Battenberg*. Somit wurde auch Alexander von einem Prinzen zu Hessen und bei Rhein zu einem Fürsten von Battenberg und eine neue Linie des Hauses Hessen war begründet. Einziger Wermutstropfen war nur die Tatsache, dass diese Linie und ihre Nachkommen keinerlei Ansprüche auf den Thron in Hessen hatten.

Diese Liebesgeschichte der Eltern meines Vaters war stets ein romantischer Mythos in unserer Familie und erinnerte mich immer an einen dramatischen Liebesroman, wobei hier aber die Fiktion Wirklichkeit wurde.

Im Februar des Jahres 1852 erblickte nun die kleine Prinzessin Marie Karoline in Straßburg das Licht der Welt. Alexander und Julie hatten sich zuerst in ein kleines Hotel in Genf zurückgezogen, dann mieteten sie eine Villa in Straßburg. Alexander erhielt im Jahre 1853 einen militärischen Posten als Oberst einer Brigade, da man im österreichischen Kaiserhaus ein gewisses Nachsehen mit derartigen Fauxpas in Liebesdingen hatte. Der Erzherzog Johann, Onkel des Kaisers, war mit der Tochter eines Postmeisters eine Beziehung eingegangen. So war man also mit der Problematik einer unstandesgemäßen Verbindung durchaus vertraut.

Der Kaiser versetzte Alexander nach Graz, wo er mit seiner Familie abseits jeglichen Klatschs des Wiener Hofes leben konnte. Dort wohnte auch der Onkel des Kaisers und so gab es damit zwei *schwarze Schafe* in dem Ort.

So erblickte mein Vater Ludwig Alexander im Jahre 1854 das Licht der Welt in Graz.

Da mein Großvater aber kein Österreicher war und trotzdem einen angesehenen Posten im Militär bekleidete, hatte er stets Probleme mit anderen österreichischen Soldaten und Offizieren. So ließ er sich für eine kurze Zeit nach Italien versetzen. In Verona wurde dann auch der zweite Sohn, mein Onkel Alexander Joseph, genannt *Sandro*, geboren, 1858 sein Bruder Heinrich Moritz in Mailand. Ihnen folgte die Geburt des jüngsten und letzten Sohnes, Prinz Franz Joseph, *Franzjos genannt*, dessen Pate der Kaiser von Österreich wurde. Aufgrund der Tatsache, dass sich bestimmte Vornamen in Adelsfamilien stets wiederholten, und um eine Unterscheidung der Personen zu gewährleisten, waren Spitznamen meist unerlässlich. Mein Vater und sein Bruder Heinrich wuchsen mit italienischen Kindermädchen auf, die sie *Alessandro* und *Enrico* nannten. Daraus wurde dann im Laufe der Jahre *Sandro* und *Liko*. Diese Spitznamen hielten sich in unserer Familie.

Im Herbst des Jahres 1861 offerierte der neue Zar Alexander II. von Russland Großvater eine Pension ob seiner bisherigen Leistungen für das russische Militär, vielleicht auch auf Intervention seiner Gattin Marie hin, Alexanders Schwester.

So zog die Familie 1862 mit dem gesamten Hausstand und Bediensteten nach Darmstadt, nachdem Alexander seinen Dienst beim österreichischen Kaiser quittierte.

Die Familie residierte von nun an im von Alexander erbauten *Alexander-Palais* in Darmstadt als festen Wohnsitz, die Sommer verbrachte man auf *Schloss Heiligenberg*, etwas südlich von Darmstadt.

Von diesem Zeitpunkt an kamen Julie und Alexander zur Ruhe. Man hatte Besitz, ein gutes Auskommen und konnte sich die Zeit mit Theaterbesuchen, Ballett und Oper vertreiben. Während Julie ihr nun angeseheneres Leben in Darmstadt genoss, gerne Bälle besuchte und Abstand von allem

Erlebten brauchte, vertrieb sich ihr Gatte die Zeit mit Malen, dem Sammeln von Münzen, Lesen oder beschäftigte sich mit den Kindern.

Meine Großeltern, in den späten 1850er Jahren in Österreich

Julie, die Großmutter, hatte in ihrem bisherigen Leben so viel gesehen und erlebt, dass sie diese schweren Zeiten vielleicht auch ein wenig hart gemacht hatten. So verbrachte sie nur wenig Zeit mit ihren Kindern und ihre Tochter Marie Karoline, die einmal ihre Lebenserinnerungen niederschreiben und veröffentlichen sollte, charakterisierte ihre Mutter als nicht gerade zärtliche, liebevolle Frau, was auch oftmals ein Gesprächsthema zwischen ihr und ihren Brüdern war. Sie hatte endlich Anerkennung gefunden, dies wollte sie nun auch entsprechend auskosten. Daher nahm sie nur allzu gerne an gesellschaftlichen Verpflichtungen teil. In den Sommermonaten auf Schloss Heiligenberg in Jugenheim fühlten sich auch die Kinder bald am

wohlsten, denn hier zelebrierte man große Familientreffen, Bälle, Konzerte und genoss die reizvolle Landschaft.
Mein Vater war acht Jahre alt, als seine Familie wieder nach Darmstadt zurückkehrte. Er war ein groß gewachsener Junge, freundlich, gut erzogen und liebte es, sich bei Festlichkeiten in einem russischen Kostüm zu kleiden – ein blaues Seidenhemd mit langen Ärmeln, kurzen Hosen aus eben diesem Stoff, einem silbernen Gürtel und einem Hut mit Pfauenfedern, abgerundet durch rote Stiefel. Schon in diesen jungen Jahren trug er dieses Kostüm wie eine Uniform.

Mein Vater und seine Schwester Marie, um 1860

Der kleine Ludwig vergötterte seinen Vater für seine militärische Laufbahn. Die Kinder sprachen untereinander Deutsch, die Großmutter mit ihnen allerdings nur Französisch. Es war eine essenzieller Teil der Erziehung, dass die Kinder mehrere Sprachen erlernten. Mein Vater beherrschte im Alter von acht Jahren bereits Deutsch, Russisch, Italienisch und ein bisschen Französisch – mit vier Jahren hatte er schon in Deutsch gelesen und etwas geschrieben.

Im Sommer des Jahres 1863 waren meine Großeltern zwar immer noch unerwünscht am russischen Hof, aber Großvater hatte den schriftlichen Kontakt zu seiner Schwester, die nun Zarin war, nie abgebrochen und so traf die russische Verwandtschaft das erste Mal zu einem Besuch auf dem Heiligenberg ein. Die Kinder verstanden sich alle sehr gut, waren sie doch alle im gleichen Alter. Mein Vater erinnerte sich später aber daran, wie steif manche Dinge bei den russischen Besuchen geregelt werden mussten. Das Mittagessen wurde pünktlich um dreizehn Uhr serviert, die Kinder durften nur zum Dessert anwesend sein. Sie mussten die ersten Gänge separat von den Erwachsenen einnehmen. Bis zum Nachmittag saßen die Damen beieinander und tranken Kaffee, die Herren vergnügten sich bei Spielen im Garten, wie beim Boule. Wenn um sechzehn Uhr keine Jagd angesetzt war, begab man sich in Kutschen zum *Neuen Palais* in Darmstadt oder nach *Wolfsgarten*, der Sommerresidenz der großherzoglichen Familie. Dort genoss man dann Tee, Kaffee und Kuchen, kehrte gegen Abend wieder nach Heiligenberg zurück und gegen zwanzig Uhr wurde das Abendessen serviert. Die Abende verbrachte man mit Kartenspielen oder musikalischer Unterhaltung am Klavier. Mein Vater und seine Geschwister hatten dann aber schon ein leichtes Abendessen serviert bekommen, mit ihren Kindermädchen gespeist – sie hörten die Musik, wenn überhaupt, nur von ihren Betten aus. Mein Vater witzelte einmal, dass die russische Verwandtschaft mit dem halben Kaiserpalast anreiste, denn auch eine große Zahl an Bediensteten musste mit anreisen und untergebracht werden, sodass Papas Familie mit Hauslehrern und Bediensteten in den hinteren Teil des Schlosses zog und die Romanows den gesamten vorderen Teil belegten. Auch wenn man die feinsten Weine und das beste Essen servierte und es ein strenges zeitliches Protokoll gab, so sollten sich die Verwandten dennoch nicht wie bei einem offiziellen Staatsbesuch, sondern eher in einer rundum organisierten Gemütlichkeit wie zu Hause fühlen, wenn man es so profan ausdrücken möchte.

Die Zarin war bei ihrem ersten Besuch im Jahre 1863 in Darmstadt bereits an Tuberkulose erkrankt und reiste im Jahre 1864 nach Bad Kissingen zur Kur, nach Bad Schwalbach und dann auch in ihre alte Heimat. Als ihr erstgeborener Sohn, der Zarewitsch Nikolaus, genannt *Nixa*, 1865 an einer Meningitis verstarb und ihr Mann eine Affäre begann, aus der auch Kinder hervorgehen sollten, verschlechterte sich das Leiden der Zarin und sie sollte nur noch bei Besuchen in Darmstadt zur Ruhe kommen, denn der Zar weilte unterdessen in Sankt Petersburg, da er die Regierungsgeschäfte nicht sich selbst überlassen konnte.

Die Zarin Marie Alexandrowna, dritte von links, mit ihrem Mann, Zar Alexander II. von Russland, rechts stehend. Neben der Zarin links sind ihre Söhne, Großfürst Sergey und Großfürst Paul, am Baum stehend ihre Tochter, Großfürstin Marie, zu Beginn der 1860er Jahre

Großmutters Verwandte besuchten sie nur spärlich in Heiligenberg, so kam unter anderem ihr Bruder Alexander einmal nach Hessen. Die Familienbande waren aber von ihrer Seite aus nicht sehr eng.

Am 1. Juli des Jahres 1862 hatte Prinz Ludwig von Hessen und bei Rhein, ein Neffe von Großpapas Bruder, dem Großherzog, die englische Prinzessin Alice, eine Tochter von Königin Victoria, in England geheiratet. Die junge Prinzessin zog nun in Darmstadt ein, wurde von Großpapa und Großmama sehr umsorgt, denn sie litt darunter, dass die Königin ihr ein schlechtes Gewissen machte, weil sie nach Deutschland gegangen war. Die englische Königin war Witwe und glaubte nun, dass ihre Kinder sich verstärkt um sie zu kümmern hatten. Alice litt darunter, ständig Briefe mit Vorwürfen und Lebensanweisungen zu erhalten, was aber meine Großeltern verstanden, die sie in ihrem Kummer auffingen. Da man sich bald regelmäßig gegenseitig besuchte und Alice und Ludwig gerne gesehene Gäste bei den Battenbergs waren, traf mein militärisch interessierter Vater auf Alices Brüder, wenn diese in Hessen zu Besuch waren, Prinz Alfred und Prinz Edward, der Prince of Wales und zukünftige Thronfolger. Prinz Alfred liebte die *Royal Navy* und schwärmte so sehr von dem Leben auf See, dass mein Vater bald Feuer und Flamme für diesen Lebensentwurf war. Da er in Bonn studierte, kam er oft in Darmstadt vorbei und seine Geschichten übten eine große Faszination auf meinen Vater aus.
Bei einem Besuch des Prinzen Alfred fragte er diesen schließlich, ob er als ausländischer Prinz in die *Royal Navy* eintreten könne, da war er gerade dreizehn Jahre alt. Mein Vater war damals ein sehr gern gesehener Gast bei der Prinzessin Alice, vielleicht kann man sagen, dass sie an dem jungen Mann als Gesellschafter einen Narren gefunden hatte. Sie bestärkte meinen Vater in seinem Bestreben, denn es würde die Bande zwischen England und Deutschland aus ihrer Sicht enger knüpfen. Auch ihr Bruder Alfred unterstützte das Ansinnen, nur die Eltern meines Vaters waren nicht so sehr damit einverstanden – er war der erstgeborene Sohn, die militärische Tradition in Hessen fußte nicht auf einer Karriere auf See. Doch mein Vater wollte unbedingt ein Offizier in der englischen Marine werden, er drängte seine Eltern so lange, bis sie schließlich nachgaben.
Man muss dazu sagen, dass es zu jener Zeit noch keine gesamtdeutsche Marine gab, sie wurde erst im Jahre 1870 gegründet. Doch nach dem *Deutschen-Deutschen Krieg* von 1866, bei dem Preußen und der Deutsche Bund unter der Führung Österreichs mit seinen Verbündeten sich gegenübergestanden hatten und Hessen den preußischen Armeen nicht Stand halten konnte, als diese durch das Land marschierten, wäre es keinem Hessen mehr eingefallen, in eine preußische Marine einzutreten. Sowohl Großpapa

als auch Alices Gatte, Prinz Ludwig, hatten gegen die Preußen gekämpft und mussten nun die Niederlage akzeptieren.
Mein Vater verlor dennoch nicht den Respekt vor dem Großpapa, vielmehr schätzte er dessen militärischen Einsatz für sein Land, doch er hatte immer noch sein Ziel vor Augen. Er hätte auch in die österreichische Marine eintreten können, aber er wollte zur Marine mit dem besten Ruf, zur größten – und dies war die englische.
Prinz Alfred nahm meinen Vater unter seine Fittiche, als er das Kommando über die Fregatte *Galatea* erhielt. Doch einfach wurde es dort für ihn nicht. Großpapa gab seinem Sohn noch kurz nach seinem vierzehnten Geburtstag noch einmal vierundzwanzig Stunden Zeit, um seine Entscheidung zu überdenken, und als er einsah, dass er seinen Wunsch schweren Herzens akzeptieren musste, telegrafierte er an Königin Victoria nach Osborne in England und bat sie um die Erlaubnis, Papa in die britische Marine aufzunehmen. Großvater schmerzte dabei vor allem die Tatsache, dass sein Sohn in ein fremdes Land gehen wollte, wo er doch noch so jung war.
Das Eintrittsalter war mit vierzehn Jahren bereits erreicht. Es war die letzte Chance, um eine Ausbildung als Kadett auf der *Britannia* zu beginnen. Prinzessin Alice appellierte also an ihre Mutter, die Altersgrenze für meinen Vater um sechs Monate heraufzusetzen und so reiste bald ein Lehrer namens Mr. Everett vom Magdalen College in Oxford nach Darmstadt, um Papa auf die Aufnahmeprüfung am Portsmouth Naval College im Dezember vorzubereiten. Mein Vater musste Algebra, Euklidische Geometrie, Latein und Aufsatzlehre in Englisch büffeln. Der Sommer des Jahres 1868 war sehr warm, die russische Verwandtschaft anwesend, die Zarin hatte alle ihre Kinder mitgebracht, und während die fröhliche Schar zu Picknicks und Zusammenkünften nach Wolfsgarten reiste, musste mein Vater daheim bleiben, um zu lernen, was ihm oft sehr schwerfiel. Prinz Alfred hatte vorgehabt, ihn mit auf eine Reise um die Welt auf der *Galatea* zu nehmen, doch dies erschien absolut unklug, zudem passte es nicht in den zeitlichen Rahmen, obwohl Papa sich schon darauf gefreut hatte.
Am 25. September hieß es Abschied nehmen. Papa reiste mit Großvater und dem Lehrer zur weiteren Prüfungsvorbereitung nach England. Seine Mutter war verzweifelt, denn die Großmama befürchtete, dass ihr Sohn ertrinken könnte. Sie war nie in England gewesen und so schien es ihr so weit entfernt wie Australien.
Man brachte meinen Vater in einem Institut in Alverstoke unter, zwischen Gosport und Portsmouth, wo er sich weiterhin auf die Prüfungen vorbereiten sollte. Der Rektor der Schule, ein gewisser Dr. Burney, ließ meinen Vater bei sich und seiner Familie wohnen, denn aufgrund seines besonderen Status glaubte man nicht, dass er sich viel mit den anderen Jungen beschäf-

tigen wollte. Dr. Burney nahm sich seiner an, doch bald litt mein Vater an Heimweh. Das englische Essen schmeckte ihm nicht, er fühlte sich einsam und so riet ihm seine Mutter, doch mit den anderen Jungen ab und an Fußball zu spielen und zu essen, um Freunde zu finden. Sie war sich nicht bewusst, dass ihr Sohn unter diesen eben einen Sonderstatus hatte und sie ihn aufgrund dieser Tatsache nicht integrierten. Sie hatte bloß gehört, Fußball sei in England ein sehr populärer Sport, dessen man sich gerne in der Freizeit bediente. Der Großvater besuchte ihn zwar, doch sollte mein Vater lernen, das war nun das Wichtigste.
Und als Dr. Burney ihn und zwanzig andere Jungen, die sich auf die Prüfungen vorbereiteten, Anfang Dezember mitnahm, um ein Flaggschiff der britischen Flotte im Hafen von Portsmouth zu beobachten, war Papa so beeindruckt, dass es ihn in seinem Wunsch noch einmal bestärkte.
Dr. Burney ging mit ihm zu den besten Schneidern, um Uniformen anfertigen zu lassen, alles auf Empfehlung der Königin Victoria, und in diesen musste sich mein Vater fotografieren lassen, denn die Königin zeigte sich alsbald äußerst beeindruckt von seinem Ehrgeiz.
Am 14. Dezember bestand mein Vater alle Prüfungen mit Bravour und durfte als Kadett ihrer königlichen Majestät nach Heiligenberg zum Weihnachtsfest zurückkehren. Nach seiner Rückkehr im neuen Jahr sollte er dann auf der *Bristol* seinen Dienst beginnen. Mein Vater trug seine Uniform mit Stolz jeden Tag, bei jeder Gelegenheit und als der Prince of Wales, Edward, ihm anbot, mit ihm als sein persönlicher Adjutant, als *aide-de-campe*, auf eine Mittelmeer-Seereise zu gehen, die als Urlaubsreise für Mitglieder des englischen Königshauses geplant war, fühlte sich Papa geehrt und sagte sofort zu. Doch es sollte für ihn eine sehr langweilige Reise werden. Er hatte noch kein praktisches Wissen, wurde von den erfahrenen Matrosen und Offizieren gemieden und das Ganze hatte einen reinen Ausflugscharakter. Papa sollte schon auf der Reise kurz nach Beginn seine Entscheidung bereuen, denn er diente allabendlich eher als Gesellschafter für die anwesenden Damen und ihre Entourage, als dass er etwas lernte.
Doch Papa ließ sich von dieser Erfahrung nicht abschrecken und ließ sich bald auf anderen Schiffen ausbilden. Bereits am 7. April des Jahres 1874 wurde er zum Unterleutnant befördert. Im nächsten Jahr reiste er mit dem Prince of Wales auf der *Serapis* nach Indien und am 18. Mai 1876 wurde er schließlich Leutnant. Seine Karriere bei der *Royal Navy* war erfolgreich und er arbeitete darauf hin, bald ein eigenes Schiff unter seinem Kommando zu führen.

Mein Vater und seine Brüder als junge Männer in Heiligenberg – links Sandro,dahinter mein Vater, neben ihm rechts Liko und ganz rechts Franzjos

Die großherzogliche Familie zu Hessen und bei Rhein - die Familie meiner Mutter

Mamas Eltern waren der bereits erwähnte Prinz Ludwig von Hessen und bei Rhein und die englische Prinzessin Alice, Tochter der Königin Victoria von England. Mein Urgroßvater war der jüngere Bruder des Großherzogs Ludwig III. von Hessen und bei Rhein, Prinz Karl.
Der Großherzog hatte zwar im Jahre 1833 die Prinzessin Mathilde Karoline, eine Tochter des Königs Ludwig I. von Bayern geheiratet, doch die Ehe war kinderlos geblieben und Mathilde bereits mit achtundvierzig Jahren im Jahre 1862 verstorben. Da der Großherzog seit dem Jahre 1868 eine nicht standesgemäße Ehe mit der Balletttänzerin Anna Magdalena Appel eingegangen war, der er den Titel einer *Freifrau von Hochstätten* verlieh, wären Nachkommen aus dieser Verbindung nicht erbberechtigt gewesen, was seine direkte Erblinie unterbrochen hätte. Doch auch diese zweite Ehe blieb kinderlos und schon kurz nach der Hochzeit zog sich der Großherzog aus dem öffentlichen Leben zurück. Er verbrachte seine letzten Lebensjahre bis zu seinem Tod im Jahre 1877 auf Schloss Braunshardt, einem Rokokoschloss und Landsitz in der Nähe des südhessischen Ortes Weiterstadt. Er verfügte, dass sein Neffe, mein Großvater Ludwig, nach seinem Tode der neue Großherzog werden sollte. Und so gelangte Großvater unverhofft zur Herrschaft über das Großherzogtum als Großherzog Ludwig IV. von Hessen und bei Rhein.
Die erste Zeit ihrer Ehe, bis Großvater Großherzog wurde, war für das Paar nicht leicht. Zwar hatte Großmutter Alice eine gute Mitgift aus England in die Ehe miteingebracht, doch sie bauten sich ein eigenes Heim, das *Neue Palais* in Darmstadt, auf dessen Grund einmal die *botanischen Gärten* gewesen waren. Daher war auch der Park in Reminiszenz dementsprechend schön gestaltet. Die Prinzessin war eine sehr hilfsbereite Frau und so spendeten sie auch viel des Geldes, welches sie besaßen, an Bedürftige. Man kann das Paar daher in den ersten Ehejahren durchaus als wohltätig, aber aus gleichem Grunde nicht als vermögend bezeichnen.
Der Ehemann der Königin Victoria, Prinzgemahl Albert, war im Jahre 1861 mit gerade einmal zweiundvierzig Jahren an Typhus verstorben und Alice hatte ihren Vater überwiegend alleine hingebungsvoll gepflegt. Ihre Mutter war dazu nervlich nicht imstande gewesen. Zudem hatte die Königin nicht die Geduld im Umgang mit Kranken. Die älteste Tochter, die Princess Royal Victoria, war bereits seit 1858 mit dem Kronprinzen Friedrich von

Preußen verheiratet, dem späteren deutschen Kaiser Friedrich III. Alice sah es daher als ihre Pflicht an, als älteste lebende Tochter sich um den Vater und, nach seinem Tod, um ihre Mutter zu kümmern. Diese litt schrecklich unter dem Verlust ihres geliebten Mannes und so schmerzte es sie sehr, als Alice sich verheiratete. Sie bestand darauf, dass ihre Tochter sie so oft es ging in England besuchte, doch solche Reisen waren kostspielig und daher nicht so häufig möglich, wie die Queen es verlangte. Meine Mutter, Prinzessin Viktoria, erblickte am fünften April 1863 das Licht der Welt in Windsor Castle, denn die Königin hatte darauf bestanden, dass ihre Tochter in England entbinden sollte. Zudem verfügte sie als Familienoberhaupt, dass jedes Mädchen, welches in der Familie geboren wurde, ihren Vornamen trage. So war Mama das erste Enkelkind, welches im Hause der Königin zur Welt kam.

Auch der Großvater, Prinz Ludwig, war zugegen in England, um der Geburt seines ersten Enkels beizuwohnen. Die Königin liebte kleine Kinder nicht besonders, was sich aber nur auf ihre eigenen bezogen hatte, als diese Kleinkinder waren. Nun begrüßte sie aber jedes neue Leben in der Familie auf das Herzlichste. Hatte sie bei ihren eigenen Kindern stets etwas zu beklagen oder auszusetzen gehabt, so änderte sich das nach dem Tod ihres Gatten. Ihre jüngste Tochter, Prinzessin Beatrice, welche sie liebevoll *Baby* nannte, hatte jedoch einen Sonderstatus. Sie war erst viereinhalb Jahre alt gewesen, als ihr Vater starb, und die Königin projizierte all ihre Liebe auf die jüngste Tochter, eine Liebe, nach der sich die anderen acht Geschwister vielleicht das eine oder andere Mal sehnten oder gesehnt hatten. Ebenso verfuhr sie bei den Enkelkindern. Auch diese durften sich in ihrer Gegenwart relativ unbefangen geben.

Die Königin Victoria und meine Mutter im Sommer des Jahres 1864 bei einem Besuch in England

Der einzige Wermutstropfen für die Königin war die Taufe meiner Mutter am 27. April in Windsor, da sie nach lutherischem Ritus abgehalten werden musste, wofür eigens ein deutscher Pastor, der Hofprediger Bender, anreiste. Aber dass sie das Kind während der Zeremonie halten durfte, stimmte sie schnell wieder versöhnlich.

Großmutter Alice und Großvater Ludwig mit meiner Mutter, Juni 1864

Am ersten November des Jahres 1864 wurde Mamas Schwester, Prinzessin Elisabeth, geboren. Sie erblickte das Licht der Welt in Darmstadt und Königin Victoria störte sich daran, dass ihre Tochter jedes ihrer Kinder selbst stillte und versorgte, was damals unüblich war. Es ärgerte die Königin so sehr, dass sie kurzum eine Zuchtkuh in ihren Stallungen nach ihrer Tochter benannte.

Im Juli 1866 kam die dritte Tochter, Prinzessin Irene, zur Welt, im November 1868 der Prinz und spätere Erbgroßherzog Ernst Ludwig, im Oktober 1870 der Prinz Friedrich, den man *Frittie* rief, im Juni 1872 die Prinzessin Alix und ihr folgte als letztes Kind Prinzessin Marie, die man *May* rief, da sie im Mai 1874 ihren ersten Schrei tat.

Die sieben Kinder wuchsen in einer englisch angehauchten Atmosphäre auf, etwas, worauf Prinzessin Alice großen Wert legte. Sie übernahm auch die anfängliche Erziehung ihrer Enkelkinder, welche ebenfalls durch ihr eigene englische Erziehung beeinflusst war. Das Essen war spartanisch, dennoch angemessen, aber es gab keine extravagante Küche. Mama merkte später einmal an, wie sehr sie den ständig servierten Reiskuchen und die gebackenen Äpfel hasste, da es diese in ihrer Kindheit stets gegeben hatte.

Mama und ihre Mutter, um 1867

Großmutter war eine sehr warmherzige und gütige Frau, die ihre Kinder über alles liebte. Es wurde nie ein schlechtes Wort über sie verloren. Ebenso war Großvater wohl auch ein Familienmensch und spielte gerne mit seinen Kindern, war aber mit seinem Amtsantritt als Großherzog nur noch selten für diese verfügbar, sodass sie ihre gemeinsamen Momente mit ihm sehr genossen.

Jedes Jahr reiste man im Sommer nach England und verbrachte dort Zeit mit der Königin und den englischen Verwandten – entweder im Schloss *Balmoral* in Schottland, in *Osborne* auf der Isle of Wight oder in *Windsor Castle* in der Grafschaft Berkshire. Wie schon erwähnt galten die strikten Regeln, die die Königin bei ihren Kindern angewandt hatte, nicht für ihre Enkelkinder. Daher genoss man die Sommerfrische in einer sehr entspannten Atmosphäre.

Mama erzählte auch oft von den Kindermädchen und Gouvernanten, die sich um sie und ihre Geschwister kümmerten.

F. Backofen, Darmstadt.

Meine Mutter als kleines Mädchen, um 1868/69

Die erste war Mary Anne Orchard aus England, die 1867 in das Leben der Kinder trat. *Orchie*, wie die Kinder sie bald liebevoll nannten, war perfekt, denn sie führte zwar einen strengen zeitlichen Ablauf für das tägliche Leben der Kinder ein, dennoch regte sie sie auch zu allerlei lustigen Spielen an. Wenn ihre Mutter in ihrem Zimmer las oder Briefe schrieb, durften die Mädchen ihre abgelegten Kleider anziehen und damit *feine Dame* unter der Anleitung von Orchie spielen. Sie avancierte bald zur Ober-Gouvernante, war auch manchmal sehr strikt in ihren Bestrafungen für Vergehen oder Unsinn, aber plante jeden Tag doch so, dass die Kinder auch immer viel Zeit mit ihrer Mutter verbringen konnten. Orchie sollte in der Familie bis zu ihrem Tod im Jahre 1906 mit sechsundsiebzig Jahren bleiben. Als Mamas Schwester Alix den russischen Zarewitsch heiratete, ging Orchie mit ihr nach Russland und war ihre Gesellschafterin sowie Hilfe und Anleitung in der Erziehung der Kinder.

Orchie unterstanden in Darmstadt eine deutsche Kinderfrau namens Katherine, die man *kleines Katrinchen* rief, und eine Miss Emma Bailie aus Eng-

land. Doch es gab auch Kindermädchen, die nicht in die Familie passten.
Ein Kindermädchen namens Fräulein von Eckenstein aus einer noblen preußischen Familie brachte den Kindern das Lied *Die Wacht am Rhein* bei. Nach dem verlorenen Krieg Hessens gegen Preußen hielt man in Darmstadt jedoch nichts davon, Lobeslieder auf diese zu singen, als Preußen den *Deutsch-Französischen* Krieg von 1870/71 gewann.
Ein anderes Fräulein mit Namen Kitz litt ständig unter Migräne. Meine Mutter erinnerte sich an ein Spiel, bei dem sie und ihre Geschwister lautstark englische Ritter spielten. Das arme Fräulein saß auf einer Bank, ein feuchtes Tuch im Nacken, den Kopf in die Hände gesenkt und jammerte aufgrund der Schmerzen, die von dem Lärm nicht gerade besser wurden. Man legte ihr nahe, doch vielleicht bei einer kleineren Kinderschar als Gouvernante tätig zu werden.
Eine englische Gouvernante mit Namen Hasters flunkerte ständig, eine Miss Graves fand ein derartiges Wohlgefallen an meiner Mutter, dass sie stets nur um ihr Wohl besorgt war. Bald wollte sie Mama gar nicht mehr aus Umarmungen lassen, herzte und küsste sie so innig, dass Großmutter Alice sie kurzerhand aus dem Dienst entließ. Es stellte sich später heraus, dass man sie aufgrund eines diagnostizierten Verfolgungswahns in eine Anstalt hatte bringen müssen.
Miss Margaret Hardcastle Jackson, die man *Madgie* rief, fühlte sich bei der hessischen Großherzogsfamilie sehr wohl und zeigte sich als äußerst kompetente Person. Sie hatte ihre vorherige Stellung aufgegeben, nachdem die Lady dort zum katholischen Glauben konvertiert war. Durchweg eine konservative Protestantin, lehrte sie Kindern dennoch Nächstenliebe, Verantwortung und Redlichkeit. Klatsch war ihr mehr als verhasst, Bösartigkeit einander gegenüber wurde bei ihr nicht toleriert, dennoch war sie herzlich und sollte auch bei der Familie bleiben, bis alle Kinder erwachsen waren. Mit Orchie und Madgie pflegten vor allem die Mädchen auch als junge Frauen, als sie bereits verheiratet und ausgezogen waren, noch briefliche Kontakte oder trafen auf Orchie, wenn man Schwester Alix in Russland besuchte.
Ab und an wurde in den ersten Lebensjahren meiner Mutter das Geld in der Familie knapp, dann wurden auch einmal Gouvernanten zeitweise beurlaubt. Schon früh wurden ebenfalls Hauslehrer engagiert, die den Kindern Lesen und Schreiben beibrachten. Meine Mutter wurde von einem Herrn Geyer unterrichtet. Es waren nur kleine Lektionen Tag für Tag, doch mit sieben Jahren konnte sie schon in Deutsch und Englisch lesen. Bald ergriff sie jedes Kinderbuch, welches zur Verfügung stand. Auch in ihrem späteren Leben sollte sich ihre Leselust ungebrochen fortsetzen. Großmutter Alice besorgte ihr Bücher, unterstützte ihren Enthusiasmus bereitwillig, denn sie

las selbst auch gerne und viel.
Meine Mutter teilte ein Zimmer mit ihrer Schwester Elisabeth, genannt *Ella*, doch teilte nicht ihre Leidenschaft für Puppen, sondern liebte es, im Park auf Bäume zu klettern oder mit ihren Brüdern zu spielen oder gar zu rangeln. Der kleine *Frittie* bedurfte beim Toben aber besonderer Vorsicht, denn er litt an der *Hämophilie*, der Bluterkrankheit, die Großmutter Alice von ihrer Mutter glücklicherweise nur an einen Sohn vererbte. Doch sie wusste um die tückische Krankheit nur zu gut, denn auch ihr jüngerer Bruder Leopold litt daran. Als Frittie achtzehn Monate alt war, bemerkte man die ersten blauen Flecken, Einblutungen. Als er sich einmal am Ohr schnitt, konnte man die Blutung erst nach drei Tagen stillen, indem man feste Verbände mit Eisen getränkt auf die Wunde tat. Natürlich verursachte die Behandlung noch stärkere Schmerzen und der ansonsten lebhafte kleine Junge konnte kaum im Bett gehalten oder herumgetragen werden, weil er vor Schmerzen nicht zu beruhigen war.
Meine Mutter und ihre Geschwister lernten, auf den kranken Bruder besondere Acht zu geben. Die Großmama lehrte ihre Kinder alle, Mitgefühl mit dem Leid und Schicksal anderer zu haben, und so besuchte sie im *Deutsch-Französischen Krieg* auch Verwundete in den Hospitälern sowie Suppenküchen für die Armen, wobei ihr die beiden älteren Töchter stets folgten.
Im März des Jahres 1873 reiste Großmutter Alice alleine nach Italien, um dort Kirchen, Kathedralen und Kunstgalerien in Rom, Florenz und Neapel zu besuchen. Anfang Mai kehrte sie von ihrer Reise erholt, aber auch etwas erschöpft zurück nach Darmstadt. Sie blieb morgens lange im Bett, las viel oder spielte Klavier. Die Kinder durften sie zu dieser Zeit in ihren Räumen besuchen, bevor ihre Gouvernanten sich um sie kümmerten oder der Unterricht begann.
Am Morgen des neunundzwanzigsten Mai war die Großmama aufgestanden, hatte am Klavier Chopin gespielt, dann ging sie zurück in ihr Schlafzimmer. Ernst Ludwig, der den Spitznamen *Ernie* hatte, und sein jüngerer Bruder Frittie liefen ins Zimmer. Die Gouvernante hatte beide Jungen kurz aus den Augen verloren. Sie rannten zu den großen Fenstern, denn sie konnten, wenn einer in dem einen Raum stand und der andere im anderen, sich bei leicht geöffneten Fenstern zuwinken. So wollte Ernie vom Schlafzimmer aus seinem Bruder winken, doch Frittie war nicht zu sehen, und als Großmutter nach ihm rief, antwortete er nicht. Sie lief in den Nebenraum, sah ihn dann am Fenster stehen und war sich sicher, dass alles in Ordnung war. Die Jungen winkten einander zu, Ernie kam danach zu seiner Mutter, aber Frittie zeigte sich nicht. Die Großmama glaubte, er wolle sie necken, betrat das andere Zimmer wieder, aber der Junge war verschwunden. Voller Angst lief sie zu dem Fenster. Sie hatte auf dem Klavier unbewusst Chopins

Trauermarsch gespielt, weil sie Chopin so liebte. Nun schien es ihr wie ein böses Omen, denn Frittie war aus dem Fenster gefallen, direkt auf die Stufen der Steintreppe darunter. Eine ältere Dienstmagd hob den Jungen behutsam auf, übergab ihn seiner Mutter, die im Nachthemd hinuntergeeilt war. Man trug ihn ins Haus, doch kein Arzt der Welt konnte dem kleinen Jungen noch helfen. Seine Kopfverletzungen und die Einblutungen im Gehirn waren so schwer, dass das Kind nicht mehr zu Bewusstsein gelangte. Frittie starb in den Armen seiner verzweifelten Mutter.
Meine Mutter war damals zehn Jahre alt und sollte dieses schreckliche Ereignis nie vergessen. Es war der erste schlimme Verlust, der die Familie traf.

Mama, rechts, Frittie und Ella, im Frühjahr des Jahres 1873

Mamas Familie im Jahre 1876 – meine Mutter steht links, vor ihr kniet Irene,an der Seite der Mutter ist Alix, vorne Ernie, neben ihm links Ella und Großvater hat die kleine May auf dem Arm

Als Großpapa im Jahre 1877 Großherzog von Hessen und bei Rhein wurde, änderte sich auch die finanzielle Lage der Familie. Hatte man vorher die Sommerfrische in England verbracht, auf dem Jagdschlösschen Kranichstein bei Darmstadt, in Blankenberge an der Küste in Belgien, so konnte

man nun auch in ein vornehmeres französisches Seebad reisen.
Die Battenbergs und die Familie Mamas trafen sich oft, da Julie von Battenberg ein großes Interesse für sogenannte Amateur-Dramen hegte und auch Alice und ihre Kinder diese sehr gerne sahen. Zudem kamen oft viele bekannte deutsche Literaten und Musiker, Komponisten nach Darmstadt, da Großmutter Alice in ihrer Begeisterung für Literatur und Musik diese auch einlud. So spielte sie sogar einmal mit Brahms am Klavier.
Mama hatte ihr Talent für das Klavierspielen nicht geerbt, sie war sehr gut in Mathematik und Wissenschaften, liebte aber die Literatur, Theater und Oper. Konzerte und andere kulturelle Darbietungen genoss man meist mit den Battenbergs. Mama erinnerte sich gut an die Uniform meines Vaters, die der *Royal Navy*, die er wie erwähnt mit Stolz trug, wenn er zu Besuch zu Hause war.
Beide Familien standen sich sehr nahe, auch als Großvater noch nicht Großherzog war. Man genoss die Abende zusammen, an denen Familienmitglieder gemeinsam dramatische Stücke aufführten.
Die strenge englische Erziehung wirkte sich auf die Persönlichkeit der Kinder aus. Sie waren fleißig und strebsam, verlangten keine Sonderbehandlungen oder Extrawünsche. Morgens mussten sie früh aufstehen und abends früh zu Bett gehen. Mama erzählte einmal, wie sie jeden Tag um kurz nach sechs Uhr aufstehen mussten, sowohl im Winter als auch im Sommer. Der erste Unterricht begann um sieben Uhr in der Früh. Zwei Stunden später frühstückten Ella und Mama mit ihrer Mutter und ihrem Vater, wenn er Zeit hatte. Es gab Porridge, Würstchen und kaltes Fleisch wie Bratenaufschnitt. Danach mussten sie eine Stunde ins Freie, unabhängig vom Wetter, wobei sie entweder ausritten oder Spaziergänge im Park machten. Vormittags gab es noch ein kleines Frühstück mit Milch, Obst und Biskuit. Dann folgte wieder Hausunterricht bis um vierzehn Uhr, danach das Mittagessen mit den Eltern und allen Geschwistern. Es gab nie Schokolade, keine Süßigkeiten, nur etwas Zucker in den Tee. Großmama Alice forderte eine gewisse Einfachheit im Leben ihrer Kinder, eine gewisse Bescheidenheit. Und selbst in England, wenn die Königin ihre Enkel verwöhnen wollte, konnte sie ihnen nur heimlich eine Süßigkeit zustecken.

Ella, links, Großmama Alice und Mama, 1876

Der nächste sehr schwere Schicksalsschlag traf die Familie im Jahre 1878. Anfang November des Jahres las meine Mutter ihren jüngeren Geschwistern aus *Alice im Wunderland* vor. Sie hatte leichte Halsschmerzen, aber man maß dieser kleinen Sache im Winter keine große Bedeutung zu. Man glaubte, sie bekäme eine Erkältung und warmer Kamillentee würde dieser schon Abhilfe schaffen. Doch als Mama abends ins Bett ging, bekam sie Fieber, welches innerhalb kürzester Zeit anstieg. Sie litt bald unter schlimmen Nackenschmerzen und bekam kaum noch Luft. Man beorderte umgehend einen Arzt ins Schloss. Dieser erkannte sofort die Symptome einer Diphtherie. Man musste Mama umgehend von Ella trennen und brachte sie in ein anderes Zimmer. Ella zog zu Irene. Doch als diese nur einen Tag später dieselben Symptome zeigte, entschied die Großmama, es sei am besten, Ella ganz aus dem Schloss zu bringen, und schickte sie zu ihrer Großmutter väterlicherseits, der Prinzessin Elisabeth von Hessen und bei Rhein, die im

Seeheimer Schloss in Seeheim-Jugenheim bei Darmstadt lebte.
So entkam Ella als Einzige der verhängnisvollen Krankheit, die nun Stück für Stück die Familie erfasste.
Schon am übernächsten Tag erkrankte auch die sechsjährige Alix, die man *Alicky* rief oder aufgrund ihres fröhlichen Naturells *Sunny*. Dann Ernie und schließlich lag auch die kleine May mit hohem Fieber und Atemproblemen im Bett. Orchie kam in einem fort zu Großmutter Alice, berichtete ihr, dass das nächste Kind die weißen Membrane rechts und links im Hals hatte. Es war das erste Anzeichen für die Diphtherie. Bald liefen beide emsig mit dem Inhalierer, der ein Chlorat von Pottasche enthielt, von Kind zu Kind, um das Leiden zu lindern. Es war zu jener Zeit das einzige bekannte Mittel, das wenigstens etwas Abhilfe schaffte.
Nur sechs Tage, nachdem meine Mutter erkrankt war, traf es auch Großvater. Der Großherzog lag nun auch mit hohem Fieber im Bett und konnte Großmutter nicht mehr unterstützen, sodass sie kaum noch schlief. Acht Ärzte und Schwestern wurden in das Schloss beordert, um Großmutter bei der Pflege behilflich zu sein. In stetigem Turnus sandte man die Telegramme zwischen Darmstadt und Balmoral hin und her, damit die Königin über den Zustand ihrer Lieben Bescheid wusste.
Am fünfzehnten November schrieb Großmutter Alice an ihre Mutter, dass die kleine May furchtbar litt, es Irene und Ernie aber etwas besser ginge. Zu dem Zeitpunkt hatte meine Mutter die Krise bereits aufgrund ihrer ansonsten robusten physischen Natur überwunden, sie stand kurz vor ihrer Genesung.
Die Königin war in so großer Sorge, dass sie ihren Leibarzt, Sir William Jenner, nach Darmstadt schickte, aber er konnte auch nicht viel helfen.
Am sechzehnten November starb die kleine May mit gerade einmal vier Jahren. Großmutter war so verzweifelt über den Tod ihres Töchterleins, dass sie es nur Großvater sagte, aber noch vor den anderen Kindern geheim hielt. Und gerade als es Ernie besser zu gehen schien, hatte er einen schlimmen Rückfall. Im Delirium bat er seine Mutter, seiner kleinen Schwester May ein Büchlein zu bringen, damit es sie aufheitere. Großmutter konnte es nicht mehr ertragen, sie lehnte sich über das Bett, küsste seine Stirn. Man sagte später, sie habe sich auf diese Weise selbst mit der Krankheit angesteckt. Aber es konnte auch sein, dass sie sich bei ihrem Mann ansteckte, als sie sich neben ihm ins Bett legte, um ihm beizustehen.
Ganz Hessen betete für die kleine May und die Genesung der Familie des Großherzogs. Allmählich schienen sich alle zu erholen. Großmutter empfing am siebten Dezember am Bahnsteig in Darmstadt ihre Schwägerin Marie, Herzogin von Sachsen-Coburg und Gotha, die ihren Bruder Alfred geheiratet hatte. Aber beide Frauen kamen sich in der Kälte des Tages nicht

wirklich nahe, da es ein rein formeller Besuch war. Dies war wahrscheinlich das Glück der Herzogin.
An jenem Abend fühlte sich die Großmama nicht gut. Sie hatte bereits eine leichte Erkältung und nun stellte man fest, dass sie auch an Diphtherie litt. Die aufopfernde Pflege ihrer Lieben hatte ihren Körper ausgezehrt, sie wusste um ihren baldigen Tod und so traf sie alle nötigen Vorbereitungen. Solange sie sprechen konnte, sprach sie mit ihrer Familie, gab ihren Kindern Ratschläge mit auf den weiteren Lebensweg, sagte ihrem Mann, wie sehr sie ihn liebte. Sie verfasste Notizen an die Menschen, die nicht bei ihr sein konnten, bis ihre Kraft sie verließ.
Am zwölften Dezember schöpfte man Hoffnung, da sie noch nach allen verlangte, sprach, etwas aß. Doch zwei Tage später erwachte sie nur kurz, rief nach der kleinen May, ihrem Vater und verstarb. Sie folgte ihrer kleinen Tochter nach nur vier Wochen.

Alix und May um 1878

Besonders die kleine Alicky trauerte sehr um die Mutter und auch um ihre kleine Schwester, denn sie und May hatten sich aufgrund des Altersunterschieds von nur zwei Jahren sehr nahegestanden.
Mama war fünfzehn Jahre alt, als ihre Mutter starb, und so sagte sie, dass mit dem Tod dieser ihre eigene Jugend geendet habe, denn plötzlich musste sie als die älteste Tochter den schrecklichen Verlust versuchen auszugleichen, indem sie für die jüngeren Geschwister die Mutterrolle übernahm und für den Vater eine Gesellschafterin und Vertrauensperson mimte. Diese

plötzliche Bürde führte dann zu ihrer Einstellung, niemals selbst Kinder haben zu wollen, was sie aber in ihrem späteren Leben revidierte.
Vielleicht empfand sie es auch alles als schwierig, da die Königin aus England in einem regelmäßigen Turnus Briefe sandte, in denen sie ihr Lebenstipps gab, die manchmal mit elterlicher Strenge durchsetzt waren. Zu allem Überfluss erwartete sie stets eine schnelle Antwort.
So schrieb ihre Großmutter ihr am vierzehnten Januar des Jahres 1879, dass sie zwei Briefe von ihr erhalten habe, aber niemals einen, indem sich meine Mutter für ihren bedankte.
Und zugleich merkte sich die Königin jeden Todes-, Jahres- oder anderen besonderen familienbezogenen Feiertag, sodass sie meine Mutter immer wieder an den Tod ihrer Tochter erinnerte. Wie in dem besagten Brief, in dem sie darauf verwies, der unheilvolle Tag, der das Leben der Familie erschütterte, sei nun einen Monat her, was sie dann in Worten theatralisch ausschmückte, in denen sie sich darüber ausließ, wie traurig sie alle sein mussten, wenn sie an ihre liebe Mama dachten. Sie unterzeichnete den Brief als sorgenvolle Großmutter, was sie auch sicherlich so meinte, doch so war es für Mama und ihre Geschwister umso schwerer, den Tod sowohl der geliebten Mutter als auch ihrer Schwester zu verarbeiten, indem sie stets ihren eigenen Kummer voransetzte und damit auch gleichzeitig den Heilungsprozess in der Familie unterband.
Besonders für den kleinen, sehr sensiblen Ernie waren die Verluste schwerwiegend. Er hatte bereits nach Fritties Tod nächtelang schlimme Albträume gehabt, und als er vom Tod der kleinen Schwester erfuhr, was man eine Weile vor ihm geheimzuhalten versuchte, konnte er sich kaum von dem Schock erholen, als man es ihm endlich sagte. Der Tod der Mutter setzte ihm dann nochmals zu. Als er und sein Vater in Balmoral bei der Königin weilten, um Abstand zu bekommen, suchte Großvater Zerstreuung in der Jagd und nahm Ernie mit, den das Ganze jedoch so verstörte, dass er sich immer mehr zurückzog. Und da die Königin auch in engem brieflichen Kontakt mit dem Kindermädchen Miss Jackson stand, erhielt sie stets die neuesten Meldungen und Befürchtungen über die Entwicklung der Kinder, was sie dann wiederum in ihren Briefen etwas versteckt an meine Mutter richtete, in der sie nun kein Kind mehr, sondern eine junge Frau sah.
Zwar war meine Mutter an diesen Briefwechsel mit der Großmutter von Kindheit an gewöhnt, aber die Bedingungen, unter denen die Briefe verfasst wurden, hatten sich geändert.
Die Königin tat dennoch auch etwas für die Familie: Indem sie ihre Enkel stets zu sich einlud, versuchte sie ihnen den Kummer zu nehmen. Ebenso engagierte sich die andere Großmutter, die Prinzessin Elisabeth, und daneben andere Verwandte und Freunde.

Mama, links stehend, die Königin mit Alicky und rechts stehend Ella, 1879

Ein typisches Trauerbild der damaligen Zeit – von rechts nach links – Mama, Irene, Alicky und Ella vor einem Porträt der Mutter

Die Königin schickte ihren Sohn Leopold nach Darmstadt, der zehn Jahre älter war als meine Mutter. Als Bluter hatte die Königin immer ein besonderes Augenmerk auf ihn gehabt. Es gab für ihn eigentlich keine besondere Laufbahn im Königshaus, denn aufgrund seiner Erkrankung konnte er keinen militärischen Posten bekleiden. Zudem hatte er bereits schwere Knieprobleme nach einigen Attacken der Krankheit. Er verstand sich sehr gut mit Großvater Ludwig, beschäftigte sich gerne mit den Kindern und war meiner Mutter eine große Hilfe, da er sich auch als sehr guter Zuhörer für jeden Kummer erwies. Besonders die kleine Alicky und er hatten bald ein sehr vertrautes Verhältnis und er liebte seine Nichte abgöttisch. Die ansonsten so fröhliche Schwester meiner Mutter war durch die Verluste zu einem stillen, in sich gekehrten Kind geworden. Ihr Onkel schaffte es dennoch, sie oftmals aus ihrer Trauer herauszuholen.
Leopold sollte sich im Jahre 1882 mit der Prinzessin Helene zu Waldeck-Pyrmont verheiraten. Sie bekamen zwei Kinder, seine Tochter nannte er nach seiner Schwester Alice. Leider verstarb er 1884 infolge einer Knieverletzung, die er sich nach einem Sturz vom Pferd zugezogen hatte, doch meine Mutter sollte ihm auf ewig für seine Unterstützung dankbar sein.
Mama war durch ihre Erziehung sehr diszipliniert und besaß schon mit ihren fünfzehn Jahren eine große Reife, mit der sie sich alldem stellte. Ihr Vater hatte als Großherzog auch militärische Verpflichtungen und war nur selten zu Hause. Er schien aus ihrer Sicht aber auch nicht der Belastung gewachsen zu sein, nun ganz allein für die Kinder zu sorgen, gerade was die Fürsorge und Erziehung betraf. Großvater trauerte selbst, suchte Ablenkung, vertiefte sich in seine Pflichten. Unbewusst bürdete er sie so meiner Mutter auf. Doch wenn die Königin sie brieflich dazu aufforderte, in den Schuhen ihrer Mutter zu wandeln, sich selbstlos, liebevoll und gütig zu zeigen, ihren Rat stets zu befolgen, da es für sie nötig wäre, so meinte meine Mutter später, hätte dieses verordnete Pflichtbewusstsein sie manchmal fast erdrückt. Sie war nicht wie ihre Mutter, doch sollte wie sie werden, da die Königin die tote Tochter in ihrer Erinnerung zu einem Engel emporhob, wobei nicht infrage steht, dass die Großmutter stets ein übergroßes Herz für bedürftige Menschen hatte und sich für ihre karitativen Verpflichtungen stets aufrieb.
Mama gestand später, dass sie damals nicht besonders selbstbewusst war. Oftmals fürchtete sie, Menschen könnten sie nicht mögen, ihre Kleidung sei nicht angemessen oder sie sei nicht hübsch.
Die Königin schickte auch ihre Töchter Louise und Helena nach Darmstadt, damit sie auf die Mädchen einen guten Einfluss hätten. Helena, die man *Lenchen* nannte, war verheiratet mit dem Prinzen Christian von Schleswig-Holstein-Sonderburg-Augustenburg. Louise, die den Marquess of Lorne

John Douglas Sutherland Campbell geehelicht hatte, sah ihrer Schwester Alice sehr ähnlich und hatte wohl auch einige der Wesenszüge von Großmutter.
Die Kronprinzessin Victoria von Preußen, die älteste Tochter der Königin, reiste vor Alices Tod einmal im Jahr nach Darmstadt, nun aber nur noch selten, denn sie hatte auch Verpflichtungen in Berlin, zudem waren Großvater die Preußen zu militaristisch, sie teilten sein Interesse für Kunst nicht. Victoria war ihm schon vom preußischen Geist zu beeinflusst und ihr Sohn, der spätere Kaiser Wilhelm II., studierte in Bonn. Er war zwanzig und vier Jahre älter als meine Mutter, ein starker Raucher und verführte sie mit ihren sechzehn Jahren zum Rauchen. Sie sollte es niemals mehr aufgeben. In dieser Hinsicht zeigte meine Mutter dann eine gewisse Selbstsicherheit.
In England bei der Königin war das Rauchen strikt untersagt. Jedermann, der rauchen wollte, flüchtete in ein Zimmer, rauchte heimlich. Doch Mama wollte sich nicht verstellen und rauchte stets öffentlich, wann und wo sie wollte – auch in Gegenwart der Königin. Diese sah es ihr nach, denn sie liebte meine Mutter. Sie war bei ihrer Geburt dabei gewesen, versuchte ihr eine Stütze zu sein und so bat sie sie einmal, als die Mücken beim Tee zu sehr störten, sich eine Zigarette anzuzünden, um diese zu vertreiben. Die Königin selbst nahm auch einen Zug, fand den Geschmack aber widerlich. Zeitlebens hatte ihre Enkelin einen Sonderstatus inne.

Mama mit siebzehn Jahren, im Jahre 1880

Liebesbande werden geknüpft

Im Frühjahr des Jahres 1880 reiste die Königin zu Mamas und Ellas Konfirmation an und sah voller Trauer erstmals den Sarkophag der Tochter sowie die von Frittie und May. Dann verweilte sie im Schlafzimmer der Tochter, indem man auf Veranlassung des Großherzogs alles so gelassen hatte, wie es war. Sie hatte das Zimmer ihres Gatten all die Jahre ebenso behandelt und ließ ihm sogar jeden Morgen noch frisches Rasierwasser bringen und Wäsche hinlegen.
Meine Mutter war mit ihren siebzehn Jahren nunmehr zu einer Schönheit erblüht, die nur einen Makel hatte. Sie redete zu viel und zu laut, etwas, was sie ihr ganzes Leben lang wahren sollte. Ihre Mutter hatte sich auch gerne unterhalten, wobei jedes Gesprächsthema bis ins kleinste Detail zerpflückt werden konnte. Auch die Töchter der Königin, Louise und Beatrice, konnten stundenlang reden. Es gab nur drei Menschen, die Mama in ihrem Redefluss bremsen konnten – die Königin, in ihrem späteren Leben mein Vater, der sie dann streng, aber dennoch mit höflicher Bestimmtheit darum bat, doch endlich einmal den Mund zu halten, oder mein Bruder Dickie, indem er einfach nicht antwortete oder etwas anderes tat, während sie redete.
Meine Mutter galt in der Familie als *Tomboy*. So bezeichnete man ein lebhaftes Mädchen, einen Wildfang, der sich wie ein Junge verhielt. Und Mama machte auch als junge Frau dem noch alle Ehre, wenn sie ein Pferd in wildem Galopp ritt, was die Königin für nicht weiblich und unpassend hielt. Ebenso reizte es sie, wenn Mama in ihren Briefen an sie erwähnte, dass sie mit Großvater zur Jagd gewesen sei und auch auf Tiere geschossen habe. Für die Königin war das ein wenig damenhaftes Verhalten. Üblicherweise verabscheuten die Damen die Jagd und blieben dieser fern. Sie kommentierte es damit, dass nur *schnelle Damen*, also leichte Mädchen, sich so aufführten, die damit Männer beeindrucken wollten, indem sie sich hart und männlich zeigten.

Mit Beginn des Jahres 1883 versuchte Königin Victoria geeignete Heiratskandidaten für Ella und Mama zu finden. Obwohl sie stets dagegen protestierte, war die Königin eine leidenschaftliche *Matchmakerin*, wie man es im Englischen nennt. Es erschien ihr wie eine Lebensaufgabe, stets den geeigneten Partner für jede weibliche Verwandte zu finden. Leider hatten ihre *Kuppelversuche* nur selten Erfolg, was sie dann zumeist sehr kränkte. Sie sah sich als Oberhaupt der Familie, das natürlich solche Aufgaben innehat-

te.
Sie streute also eine Bemerkung über eine eventuelle Verbindung zwischen Ella und dem Erbgroßherzog Friedrich von Baden, dem Sohn des Großherzogs Friedrich I. von Baden, in einem Brief vom ersten Januar 1883 ein, verwies dabei auf die vielen guten Dinge, die sie über ihn gehört habe. Mama sollte ihrer Schwester diesen Vorschlag ganz nebenbei unterbreiten, doch sie tat es nicht. Die Königin gab den Rat, Ella solle in etwa zwei Jahren heiraten, dann allerdings niemanden aus Russland, denn sie fand, dass russische Adelige zu prunkvoll lebten, ihren Reichtum zu sehr zur Schau stellten, die Zaren überdies Tyrannen und Feinde einer parlamentarischen Monarchie waren. Für sie galt das für den französischen Hof ebenfalls, die Preußen waren ihr zu steif und zu sehr auf das Zeremoniell und Protokoll bei Hof bedacht und auch die Welfen in Hannover waren zu freigiebig. Sie und ihr verstorbener Gatte hatten darauf Wert gelegt, dass der englische Hof mehr dem eines Haushalts des gehobenen englischen Bürgertums entsprach, um auch eine gewisse Volksnähe zu zeigen. Man kann behaupten, dass dies sich nicht positiv auf ihr Ansehen in der britischen Bevölkerung ausgewirkt hatte.
Dennoch machte sie meiner Mutter klar, dass es auch im Sinne ihrer Tochter Alice sei, wenn die Mädchen sich so verheirateten, wie sie es wünschte. Großmutter Alice hatte bereits Kontakt zu Großherzogin Luise von Baden aufgenommen, da auch sie zu Lebzeiten eine Verbindung Ellas mit dem Erbgroßherzog befürwortete. Auch der spätere Kaiser Wilhelm II. von Preußen hatte sich bei seinen Besuchen in Darmstadt in Ella verliebt, aber sie hegte ihm gegenüber keine Gefühle und wollte auch nicht nach Baden heiraten. Großvater Ludwig sagte seinen beiden ältesten Töchtern, dass sie sich ihre Ehepartner selber wählen sollten, denn er hielt nichts von arrangierten Ehen.
Die Kaiserin Augusta von Preußen, die ihren Enkel Friedrich auch mit Ella verheiratet sehen wollte, arrangierte einen Ball, auf den sie Ella und Mama einlud. Sie wollte dort die Verlobung ihres Enkels mit Ella bekanntgeben, aber musste enttäuscht feststellen, dass Ella nicht zustimmte, und so schnitt sie die beiden jungen Frauen öffentlich. Für sie waren sie beide buchstäblich gestorben. Das lastete eine Zeit lang schwer auf meiner Mutter und ihrer Schwester.
Ella war bereits verliebt in den russischen Großfürsten Sergey Alexandrowitsch Romanow, den fünften Sohn Zar Alexanders II. von Russland und Bruder des Zaren Alexanders III. Sergey war mit seiner Mutter, der Zarin Marie, oft in Darmstadt zu Besuch gewesen, auf den Familientreffen war man sich näher gekommen. Sergey hatte einen schlechten Ruf, denn er galt aufgrund seiner schroffen Art und seines herrischen Auftretens als

Sonderling. Und auch, wenn die Königin Victoria gegen die Verbindung protestierte, heiratete Ella Sergey aus Liebe. Am dritten Juni des Jahres 1884 gab sich das Paar in der Kapelle des Winterpalastes in Sankt Petersburg das Ja- Wort. Und auf dieser Hochzeit traf die zwölfjährige Alicky, Mamas jüngste Schwester, auf den Zarewitsch Nikolaus Alexandrowitsch von Russland, der damals sechzehn Jahre alt war. Beide hegten sofort mehr als freundschaftliche Gefühle füreinander, doch mussten noch einige Jahre warten.

Mama hatte einen kurzen Flirt mit dem Großfürsten Michael Nikolajewitsch von Russland, aber zu jenem Zeitpunkt war ihr Herz eigentlich schon vergeben, auch wenn sie es nicht sofort realisierte. Sie war stets beeindruckt gewesen, wenn ihr Cousin Ludwig Alexander von Battenberg zu Besuch in Hessen war, und erinnerte sich an den großen Eindruck, den seine *Royal Navy*-Uniform auf sie gemacht hatte, als er ihr im Jahre 1870 auf einem Familientreffen begegnete. Er war damals sechzehn Jahre alt, sie erst sieben, aber über die Jahre und bei jedem weiteren Treffen waren ihre Gefühle für ihn gewachsen.

Im Sommer des Jahres 1878 war die großherzogliche Familie in England zu Gast und Mama erinnerte sich an diesen Sommer besonders gut, denn es war der letzte für sie alle als Familie mit der Mutter und May. Und ihr prägte sich ein Besuch im Buckingham Palace ein, wo ihr Onkel Edward, der Prince of Wales, eine Gartenparty in Marlborough House gab. Mein Vater war damals Leutnant und musste bald seinen Dienst auf der *Inconstant* antreten. Es waren Tage, in denen er und Mama sich oft sahen. Sie war sehr beeindruckt, wie galant er war und welch elegant-fröhliche Art ihm innewohnte.

Als sie und Ella auf dem See am Palast eine Bootstour machen wollten, fürchtete Orchie, ihnen könne etwas zustoßen, und engagierte so meinen Vater als Aufpasser. Denn wer schien dafür besser geeignet, als ein waschechter Seemann?

Im Winter des Jahres 1882 begegneten sich Mama und Papa wieder in Darmstadt. Für ihn war Mama erblüht – eine junge, frische, lebensfrohe Person, die auch mal ihre Meinung sagte und viel Esprit hatte. Papa begeisterte sie mit seinen Geschichten von fremden Orten, die er auf den Reisen sah, und plötzlich bemerkten beide, dass sie etwas füreinander empfanden. Mama meinte, mit einem Male habe der Mond schöner und größer gewirkt als zuvor, die Kälte des Winters sei verflogen, sie habe sich so glücklich gefühlt wie schon lange nicht mehr.

Papa war verwundert, was aus dem kleinen Wildfang geworden war, er hatte schon einige Liebeleien gehabt, doch diese war anders. Er verliebte sich Hals über Kopf in meine Mutter.

Diesen Winter tanzten sie auf allen Bällen gemeinsam, und bevor sie es selbst wussten, ahnte der ganze Hof, dass sie heiraten würden.
Königin Victoria lud Ella und Mama nach Balmoral ein, Mama wollte absagen – zum ersten Mal. Und Ella ging zu Großvater und meinte, dass, sollte ihre Schwester den Besuch absagen, der Grund eine Verlobung mit Ludwig von Battenberg sei. Es war nur eine humorvoll gemeinte Prophezeiung, aber im Juni des Jahres 1883 verlobten sich meine Eltern und man gab es am ersten Juli offiziell bekannt.
Großvater war zuerst gegen eine Verbindung der beiden gewesen, denn er glaubte, mein Vater habe es nur auf die Mitgift abgesehen, denn er war selbst wenig vermögend. Er bekam zwar einen guten Sold für seine Dienste in der *Navy*, hatte aber keine eigene Heimstatt, sondern nur das Zuhause seiner Eltern, wenn er in Darmstadt weilte. Mama kämpfte für ihre Liebe und so gab Großvater schließlich nach, denn er wollte seine Tochter glücklich sehen.
Für Ella bedeutete ihre Wahl eines russischen Großfürsten eine Erschütterung des Verhältnisses zur Königin in England, denn diese machte in einem Brief an meine Mutter unmissverständlich klar, dass, wenn Ella, so wie sie es geäußert habe, auch trotz ihrer neuen Heimat in Russland öfter eine Zeit bei ihren Verwandten verbringen wolle, sie nicht mit Sergey nach England reisen könne. In dem Brief vom einundzwanzigsten September des Jahres 1883 gab die Königin unmissverständlich zu verstehen, dass Ella nicht damit rechnen solle, Zeit mit ihr in England zu verbringen, wenn ihr Gatte mitreise, denn die Königin könne nicht für lange Zeit einen russischen Großfürsten um sich haben. Die Russen seien skrupellos und Ella würde zu einem Leben verführt werden, was nicht gut für sie sei. Aus diesen Gründen sei es ihr unmöglich, so einen Besuch zu ertragen.
Für Mama und Papa sei das aber anders, wie sie betonte, denn Papa stand in ihren Diensten und habe bei ihr immer ein Zuhause.
Die Königin war in ihrem Wunsch gefangen, Ella mit dem Erbgroßherzog von Baden zu verheiraten, und weil sie diesen Wunsch vereitelte und auch noch einen ihr verhassten Russen heiratete, erreichten Mama immer wieder Briefe, so wie auch Ella, in denen sie ihren Unmut äußerte und mit angeblich gehörten Gerüchten über Sergey versuchte, ihr ihren Zukünftigen schlecht zu machen. Sie musste zwar später einsehen, dass Ella Sergey wirklich liebte und dieser seine Frau vergötterte, und die Königin wünschte ihr alles Gute, aber ihr Unmut war stets präsent.
Sorgen bereitete ihr auch, dass die bescheidene Ella durch den ganzen Prunk, die Juwelen und Paläste, die den Reichtum der Königin übertrafen, zu sehr verwöhnt und eitel werden könnte. Mama versicherte ihr, dass Ella auf diese Dinge keinen Wert lege, nur ihr Glück für sie zähle und das sollte

sich im späteren Leben bewahrheiten.
Sie wollte bei Mamas Hochzeit zugegen sein, aber fürchtete um ihre Gesundheit, und, was weit schwerer wog, um die eines ihrer Hunde. Dies waren aber nur normale Probleme, die ihr Alter mit sich brachte und ihre Liebe zu ihren Hunden.
Am achtundzwanzigsten März des Jahres 1884 verstarb auch noch Onkel Leopold und dies berührte auch Mama sehr, hatte ihr der Onkel doch nach dem Tod ihrer Mutter sehr beigestanden.
Großvater hatte sich in eine Affäre mit der geborenen Comtesse Alexandrine von Hutten-Czapska geflüchtet. Sie war im Jahre 1884 dreißig Jahre alt, Großvater siebzehn Jahre älter und sie sicherlich keine standesgemäße Partie. Mama und ihre Geschwister wollten den Vater glücklich sehen, aber die Dame nahm den Platz der Mutter ein und ein Skandal bahnte sich in Darmstadt an. Die Comtesse, eigentlich Madame de Kolemine, war verheiratet gewesen mit dem kaiserlich-russischen Legations-Sekretär Alexander de Kolemine am Darmstädter Hof und hatte sich für Großvater scheiden lassen. Das war natürlich auch inakzeptabel.

Mama im Jahre 1884

Mama und ihre Schwestern im Jahre 1884. Von links nach rechts: Irene, Mama, Ella und Alicky

Papa und Mama während des Brautstandes

Am Tag von Mamas Hochzeit vermählte sich der Großvater abends mit seiner Geliebten und erhob sie in den Stand einer *Gräfin von Romrod.* Als Standesbeamter der schnellen Trauung fungierte Großvaters Staatsminister. Doch auf Intervention der Verwandtschaft und seiner Kinder ließ er die Ehe noch im selben Jahr, am neunten Juli, annullieren. Die in ihren Gefühlen verletzte Gräfin beschwor in der Presse europaweit damit einen Skandal hervor, dass sie ihre Geschichte und die ihr zuteil gewordene *Ungerechtigkeit* gewinnbringend verkaufte, obwohl man sie mit dem Titel und einer Abfindung bedacht hatte.
Königin Victoria war eigens zu Mamas Hochzeit nach Darmstadt angereist, hatte sich bereits darüber echauffiert, mit welchem Überschwang ihr Schwiegersohn sie am Bahnhof in Darmstadt begrüßt hatte, denn sie fand es unangemessen für einen Witwer, und nun zeigte sie sich äußerst empört über das Verhalten ihres Schwiegersohnes. Sie setzte sämtliche Verwandtschaft in Bewegung, um auf Großvater Druck auszuüben. Die Gräfin Alexandrine war nach den sofortigen Interventionen übereilt nach Moskau geflohen, natürlich mit den Liebesbriefen Großvaters im Gepäck und den Erpresserschreiben der Verwandten.
Die Gräfin heiratete kurz darauf erneut, doch ihre Abfindung wurde weiterhin gezahlt. Man kann durchaus sagen, dass sie Profit aus der Verbindung geschlagen hatte.
Für Mama legte sich so ein sehr bedauerlicher Schatten über den schönsten Tag ihres Lebens und den Beginn der Flitterwochen in Heiligenberg.

Papas Eltern waren von der Verbindung zu Mama von Anfang an sehr angetan gewesen. Für Großmutter Julie wurde damit eine gute und solide Bindung zwischen den Battenbergs und dem großherzoglichen Haus, dem Heiligenberg und dem *Neuen Palais* gelegt. Großmutter Julie bedauerte zuerst sehr, dass man Mama mit neunzehn Jahren für zu jung zum Heiraten befand und ihr die Bürde auferlegte, in erster Linie an ihren Vater und ihre jüngeren Geschwister zu denken. Die Battenbergs waren stolz auf den Sohn, es war für sie nicht verständlich, dass man dachte, eine Ehe mit ihm sei nicht akzeptabel, weil er zu oft auf See wäre.
Mama wollte mit ihrer Heirat nicht aus ihrem Zuhause ausbrechen, aber sie sah sich auch nicht in der Verantwortung, jeden Fehler der Geschwister korrigieren zu müssen. Als ihr Bruder Ernie seine Studien vernachlässigte, dem Unterricht nicht mehr folgte, ein Faible für Süßigkeiten entwickelte, wie Miss Jackson der Königin schriftlich berichtete, musste Mama dies korrigieren. Doch nun übergab sie diese Aufgabe an ihre jüngere Schwester Irene.
Mama sagte übrigens später, sie habe auch nie etwas gegen eine neue Ver-

bindung ihres Vaters gehabt, wobei ihr der Stand der Dame egal wäre, wenn sie nur eine vernünftige Person sei, die ihren Vater gut behandele. Ihr war bewusst, wie sehr Großvater unter dem Verlust seiner Gattin litt, doch er hätte damit warten sollen, bis alle drei ältesten Töchter aus dem Hause wären.
Auch die Worte der Großmutter Victoria, die diese ihr vor der Hochzeitsnacht mit auf den Weg gab, wurden später gerne in der Familie wiedergegeben. Wann immer sich eine junge Braut in der Familie Sorgen um die erste Nacht allein mit dem Bräutigam und ihre Entjungferung machte, gab die Königin ihr diesen Ratschlag:“Close your eyes and think of England!“

Auf Mamas Hochzeit wurde eine neue Verbindung geschmiedet. Die jüngste Tochter der Königin, Prinzessin Beatrice, die von ihrer Mutter als Gesellschafterin auf Lebenszeit auserkoren war, wie damals üblich für die jüngste Tochter, verliebte sich in Papas Bruder, den Prinzen Heinrich Moritz. Beide heirateten am dreiundzwanzigsten Juli des Jahres 1885 in Osborne House auf der Isle of Wight. Beatrice hatte acht Monate lang auf ihre Mutter eingeredet, diese darum gebeten, heiraten zu dürfen, bis die Königin endlich einwilligte, als sie einsah, dass die beiden sehr verliebt ineinander waren.

Mama und Papa verbrachten eine Woche in Heiligenberg und genossen ihre Flitterwochen. Meine Mutter kannte das Schloss aus Kindertagen und von Besuchen her, sie fühlte sich auch in der Familie sofort aufgehoben, doch nach diesen kurzen Tagen musste Papa wieder zurück nach England. Am vierzehnten September 1883 war er auf die königliche Yacht *Victoria and Albert* versetzt worden und musste nun wieder seinen Dienst auf dem Schiff antreten. Da man die Yacht aber gerade generalüberholte, konnte er noch Zeit mit Mama verbringen.

Mama als Braut

Papa als Bräutigam

Papa hatte ein Anwesen mit großem Garten, genannt *Sennicotts*, bei Chichester an der Südküste Englands, nahe Portsmouth, gemietet. So konnte er den Hafen schnell erreichen, aber auch gleichzeitig oft bei meiner Mutter sein. Mama und Papa verbrachten dort erst einmal nur drei Wochen, dann mussten sie zurück nach Deutschland reisen und von dort aus mit der Familie zur Hochzeit von Ella nach Russland.
In Darmstadt angekommen sah man sich gleich mit dem schlechten Gemütszustand Großvaters konfrontiert, der in Depressionen verfallen war seit seiner überraschenden Eheschließung und dem Skandal darum. Die Königin hatte ihn nach England zur Jagd eingeladen, was er immer sehr geliebt hatte, doch nun erfasste ihn keine große Freude beim Gedanken daran. Es war eine Versöhnungsgeste der Königin, aber Großpapa war so deprimiert, dass ihn nichts wirklich aufheitern konnte. Papa, Mama, Ella und Irene versuchten ihn in jeglicher erdenklichen Weise aufzumuntern, aber es schien nicht zu wirken.
Seit die Ehe annulliert war, hatte ihm ein jeder aus der weit gefächerten Verwandtschaft vergeben.
In Russland sah sich Papa dann mit der Situation zeitweise überfordert, dass man ihn für einen Überläufer hielt. Er hatte sich dem Feind Russlands verpflichtet, den Engländern. Mittlerweile hatte er die englische Staatsangehörigkeit inne, dort war sein Zuhause und obendrein war er noch in der *Royal Navy*. England verhinderte, dass Russland sich im Nahen Osten und Asien ausbreiten konnte, denn es hatte Schiffe zu den Dardanellen entsandt, um die russischen Truppen zu stoppen, und ausgerechnet Papa hatte auf einem dieser Schiffe gedient. Ausgerechnet dieser Mensch wurde nun der Schwager von Sergey und hatte eine Schwester seiner Braut geheiratet. Die russische Verwandtschaft ließ Papa die Verbitterung darüber deutlich spüren, was er aber gefällig ignorierte.
Es war eine lange Reise nach Russland gewesen. Großvater, Ella, die Braut, Irene, Ernie, Alix und Mama mit Papa hatten drei Tage und zwei Nächte mit dem Zug gebraucht. Es eröffneten sich für sie alle völlig neue Eindrücke und Mama schwärmte noch Jahre später von dieser ersten Reise nach Russland, denn die weiten Landschaften hatten sie sehr beeindruckt. Zudem zeigte sich Mama auch fasziniert von dem großen Palast Sergeys, in dem Ella nun in Sankt Petersburg lebte. Auch konnten sie und ihr Ehemann die Sommer auf dem weitläufigen Landgut Illinskoje außerhalb Moskaus verbringen.
Die einzige Bedingung für die Heirat war von Großvaters Seite aus gewesen, dass Ella ihre Religion behalten konnte, nicht vom lutherisch-protestantischen Glauben zum russisch-orthodoxen wechseln musste. Sergey hatte ihr dies zugebilligt und der angeblich so umtriebige Ehemann war

ganz anders, als alle durch die Gerüchte glaubten. Er war charmant, liebte Ella abgöttisch und zeigte sich sehr freundlich und ausgelassen.
Da Gäste aus England und Dänemark bei der Hochzeit zugegen waren, traf die englische Yacht *Osborne* einige Tage zuvor im Hafen von Sankt Petersburg ein. Papa trug die ganze Zeit während seines Aufenthalts und natürlich bei der Hochzeit seine Uniform.
Beim Bankett ließ man Papa nun aber nicht neben Mama sitzen, sondern platzierte ihn zwischen den anderen Offizieren der Yacht. Das war zwar ein Affront ihm gegenüber, doch Papa nahm es gelassen, schwatzte munter mit den Offizieren. Später sagte er aber, er sei froh, in England zu leben, einem freien Land, wo solche Schikane nicht an der Tagesordnung war.
Mama schrieb der Königin nach der Hochzeit von Sankt Petersburg aus, aber erzählte ihr keine Einzelheiten von derselben, dem Prunk oder ähnlichem und vermied auch den Fauxpas zu erwähnen, um sie nicht unnötig aufzuregen. Sie schrieb ihr einfach, dass es schön gewesen sei.
Meine Mutter hatte andere Dinge im Kopf, denn kurz nach ihrer Rückkehr nach England stellte sie fest, dass sie schwanger war.

Meine Kindheit und Jugendjahre, 1885 bis 1903

Da Mama guter Hoffnung war, verbrachte sie den Herbst des Jahres 1884 recht geruhsam. Sie befolgte den Rat der Königin, nicht zu reiten, unternahm lange Spaziergänge mit einem Hündchen, welches ihr die Tante Louise geschenkt hatte, oder fuhr in einer kleinen Kutsche durch die Landschaft um Chichester. Ab und an besuchte sie Freunde, las viel und widmete sich auch leichter Gartenarbeit.
Im September traf sie Großvater kurz in London, der auf der Durchreise nach Balmoral war, wo die Königin ihn wieder zur Jagd eingeladen hatte. Sie wollte sich nicht den Strapazen einer Reise nach Schottland aussetzen, verblieb lieber in Sennicotts, um die Zeit mit Papa zu verbringen, der gerade an einem Torpedo-Lehrgang teilnahm.
Die Königin war natürlich sehr aufgeregt, erwartete das neue Leben mit großer Freude und bat Mama darum, dass Kind bei ihr in Windsor zur Welt zu bringen. Die Königin verfügte bei neun Kindern über sehr viel Erfahrung, was Schwangerschaften, Geburten und die Erziehung betraf, so schrieb sie Mama in ihren Briefen Anweisungen, welche Amme sie wählen solle, welches Kindermädchen geeignet wäre und bot ihr jegliche Unterstützung an.
Anfang Februar des Jahres 1885 reisten Papa und Mama nach Windsor, um gemeinsam mit der Königin die Geburt des Kindes abzuwarten.
In der Nacht auf den fünfundzwanzigsten Februar lag Mama bereits im *Tapestry Room*. Es ist einer der schönsten Räume in Windsor mit wundervollen Stuckverzierungen an der Decke, kostbaren Gemälden und Tapeten an den Wänden. Natürlich hatte Mama dafür in den Wehen keinen Blick, aber es war der Raum, in dem sie selbst auch das Licht der Welt erblickte.
Den ganzen Tag über waren die Königin und Papa an Mamas Seite, bis ich endlich um zwanzig nach fünf am Nachmittag das Licht der Welt erblickte. Ich war etwas klein, aber die Königin bemerkte kurz darauf, dass ich ein sehr hübsches Baby sei. Mama und Papa waren natürlich sehr stolz.
Nach dem Wunsch der Königin, ihren Vornamen an jedes Mädchen, welches in die Familie geboren wurde, weiterzugeben, erhielt ich die Namen *Victoria Alice Elizabeth Julie Marie*, doch mein Rufname sollte *Alice* sein.
Mama erzählte mir, dass die Königin sehr glücklich gewesen sei, als sie mich nach der Geburt in einem Tuch trocken reiben durfte, meine kleinen Arme behutsam abrieb, so wie sie es bei der Geburt meiner Mutter mit ihr getan hatte. Sie war eine alte Dame, geboren in einer anderen Zeit, und so fand sich auch in der Freude stets ein Wermutstropfen, wenn sie an verstor-

bene Freunde dachte oder an ihren Lieblingshund *Noble*. Sie ließ ihrer Trauer dann in langen Zeilen ihren Lauf, indem sie sich wortreich darüber ausließ, wie dieser Stöckchen gejagt hatte, was auch nicht abebbte, als sie sich später in Briefen nach meinem Wohlbefinden erkundigte.
Mama blieb bis zum dreißigsten März mit mir bei der Königin. Viele Verwandte besuchten mich in dieser Zeit, um mich zu sehen, so auch die Kaiserin Eugenie von Frankreich, Witwe des Kaiser Napoleon III., die in Farnborough ein sehr zurückgezogenes Leben führte, aber die Königin regelmäßig besuchte.
Meine erste große Reise, der später noch viele weitere folgen sollten, unternahm ich mit Mama, meiner Nanny Mary Adams, Tante Beatrice und der Königin am dreißigsten März. Wir bestiegen in Portsmouth die Yacht ‚*Victoria and Albert*', segelten nach Frankreich. Die Königin wollte sich einige schöne Tage in Aix machen, bevor wir uns alle auf meiner Taufe in Darmstadt wiedersehen würden. Papa war auf dem Schiff und so konnte Mama Zeit mit ihm verbringen, bis wir Cherbourg erreichten, wo sich die Wege der Königin und unsere trennten. Tante Beatrice begleitete die Königin nach Aix als Gesellschafterin und Mama und ich reisten mit dem Zug weiter nach Maisons Laffitte, wo Onkel Heinrich auf uns wartete, Papas Bruder, um mit uns nach Darmstadt weiterzureisen. Mama erzählte mir später, ich sei ein so braves Baby gewesen auf der langen Reise, was sie dann in Darmstadt auch gleich Orchie berichtete, in deren Obhut sie mich gab. Natürlich war ich sofort der Liebling der gesamten Verwandtschaft.
Am fünfundzwanzigsten April des Jahres wurde ich in Darmstadt getauft. An diesem Tag wurde auch mein Onkel Ernie konfirmiert und Ella und Sergey waren extra aus Russland angereist. Die Königin hatte im Stillen gehofft, Sergey würde nicht mit Ella mitreisen, aber so ertrug sie seine Anwesenheit mit einer gewissen Haltung und verbarg ihren Unmut darüber. Sogar, als sie zwischen Ernie und Sergey beim Mittagessen sitzen musste, versuchte sie sich zusammenzureißen.
Mama nahm dies gelassen, denn die Königin war eine alte Frau. In England musste sie im Rollstuhl von Raum zu Raum geschoben werden oder ihre indischen Diener stützten sie beim Gehen. Sie litt an Rheuma, konnte nicht mehr gut sehen und hatte Zahnprobleme. Da sie oft an schweren Gichtanfällen litt, trank sie nur noch zu den Mahlzeiten Whiskey, allerdings stets mit einem Glas Wasser dazu.
Dennoch brachte dieses Jahr auch einiges an Trauer mit sich, denn am einundzwanzigsten März war Großmutter Elisabeth in Bessungen bei Darmstadt verstorben. Großvater Ludwig war sehr traurig darüber und auch Mama und ihre Geschwister bedauerten ihren Tod.
Papas Bruder Sandro war nach dem *Berliner Kongress*, auf dem man das

autonome Fürstentum Bulgarien, einen Klientelstaat des Osmanischen Reiches, gegründet hatte, im Jahre 1879 zum ersten Fürsten von Bulgarien gewählt worden. Doch in dem Land brodelte es aus politischen Gründen. Das russische Zarenhaus war mit der Wahl Sandros nicht einverstanden, erkannte das Fürstentum nicht an und bald versuchten prorussische Kräfte ihn zu entführen. Im Jahre 1886 sollte der dann abdanken, da die Konflikte und Machtansprüche Russlands ihm zu sehr zusetzten. Sandro war seit dem Jahre 1883 verlobt mit der Prinzessin Viktoria von Preußen, genannt *Moretta*, einer Tochter der Kronprinzessin Victoria von Preußen und Schwester des späteren Kaiser Wilhelms II. Ihr Großvater Kaiser Wilhelm I. und der Reichskanzler Bismarck waren gegen diese Verbindung, was rein politische Gründe hatte. Sie verboten eine Heirat und Sandro und Moretta sollten jahrelang um ihre Liebe kämpfen, bis beide erschöpft waren. Ihre Mutter befürwortete die Verbindung, doch im Jahre 1888 mussten sie das Verlöbnis aus Gründen der Staatsräson lösen, was beide sehr bedauerten. Moretta heiratete den Prinzen Adolf zu Schaumburg-Lippe, Sandro die Opernsängerin Johanna Loisinger. Das Paar nahm den Namen *Graf und Gräfin von Hartenau* an, doch sie zogen sich aus der Öffentlichkeit zurück, gingen nach Graz.
Im Jahre 1885 war das Verlöbnis wieder ein großes Gesprächsthema, denn auch die Königin versuchte zu schlichten. Das Liebesleid berührte sie sehr, doch auch sie war machtlos. Umso mehr empfand sie die Preußen als steif und halsstarrig.
Wie erwähnt heiratete am dreiundzwanzigsten Juli des Jahres 1885 Tante Beatrice den Bruder Papas, Liko, in England. Beide waren sehr glücklich und bekamen vier Kinder.
Am dreißigsten August wurde Papa zum Offizier ernannt. Am ersten September und dann zum Winter hin ging Papa in eine, wenn man so will, halbe Stelle, legte sein Kommando auf der Yacht erst mal nieder. So konnte er Mama an Weihnachten nach Darmstadt begleiten.
Die Königin tadelte Mama ab und an, weil ihr auffiel, wie sie und Papa Wortgefechte ausfochten, die durch meine Mutter manchmal eine aufdringliche Lautstärke annahmen, wie sie einmal traurig feststellte. Doch Papa liebte Mama, beide kannten sich sehr lange und er zeigte sich äußerst beeindruckt von ihrer Wortgewandtheit und Argumentationsfähigkeit. Daher liebte er auch die Wortgefechte, die kleinen Machtkämpfe untereinander und nahm diese mit einem Schmunzeln hin, was er der Königin stets versicherte. Die Königin meinte, Mama müsse sich auch unterordnen, aber wie erwähnt, bei Diskussionen gab sich meine Mutter selten schnell zufrieden.
Meinen Vater belastete die Situation seiner beiden Brüder sehr. So war er froh, wenigstens seine Schwester Marie Karoline glücklich zu sehen, die

seit dem Jahre 1871 mit dem Grafen Gustav Ernst zu Erbach-Schönberg verheiratet war. Das Paar hatte mittlerweile vier Kinder – Alexander, dreizehn Jahre alt, Maximilian, sieben Jahre alt, Viktor, fünf Jahre alt, und die kleine Edda, die zwei Jahre alt war. Marie Karoline war bereits eine recht erfolgreiche Schriftstellerin. Sie hatte ein Buch über ihre Reise zum Bruder nach Bulgarien im Jahre 1879 geschrieben und veröffentlichte später noch einige Bände ihrer Memoiren sowie die Übersetzung des englischen Werkes von Kate Marsden *Eine Reise nach Sibirien.*

Mama mit mir als Baby, 1885

Es gab keine Anzeichen dafür, dass etwas mit mir nicht stimmte oder ich gesundheitliche Probleme haben könnte, denn ich entwickelte mich zuerst ganz normal. So berichtete Mama im Juni des Jahres 1885, dass ich gut wuchs, viel lachte und schon versuchte herumzukrabbeln.
Mit fünf Monaten, auf der Hochzeit von Tante Beatrice und Onkel Liko, freute sich die anwesende Königin sehr darüber, wie ich mich schon aufsetzen konnte.
Im Winter bemerkte Mama in einem Brief an die Königin, dass ich nicht zahnte, sich auch keine ersten Zähnchen zeigen wollten. Das Krabbeln fiel mir schwer und ich rollte meist auf dem Boden wie ein Tümmler herum,

meinte Mama. Dennoch war ich sehr aufgeweckt, gedieh unter ihrer Pflege und war wohl schon früh sehr geschickt mit den Fingerchen. Mama glaubte, ich sei einfach etwas langsam in meiner Entwicklung.

Auf dem Heiligenberg zur Hochzeit von Beatrice und Liko, 1885 von links nach rechts:
Marie Karoline, Papas Schwester, stehend, davor sitzend Irene, neben ihr Alicky, neben Marie Karoline steht Sandro, dahinter Großvater Alexander, vor ihm Liko, dahinter der Ehemann Marie Karolines, davor Beatrice, hinter ihr der Mann ist leider nicht erkennbar, daneben rechts Großvater Ludwig und Papa, vor ihm sitzend Mama mit mir und vor Ernie

Mama links, hinter ihr Papa, Großpapa Ludwig und ich, 1885

Zu meinem ersten Geburtstag im Jahre 1886 schenkte mir die Königin ein selbst genähtes Käppchen und eine Brosche. Mama berichtete ihr, dass ich mich sehr darüber gefreut habe, das Käppchen trug ich stets auf dem Kopf und die Brosche wollte ich immerzu berühren. Sie fügte hinzu, ich könnte stehen, wenn ich mich an einem Stuhl festhielte.

Mama und Papa lebten zu dieser Zeit von einer finanziellen Hilfe durch Großvater Ludwig, aber als die Königin sie für den Sommer einlud, Zeit mit ihr zu verbringen, zögerte Mama, denn dafür fehlten eigentlich die finanziellen Mittel. Eine große Reise war nicht möglich, da man auch ein Kindermädchen für mich mitnehmen musste, denn mittlerweile konnte man mich kaum aus den Augen lassen. Das war eigentlich normal für ein Kind meines Alters, aber ein Kindermädchen in Daueranstellung kostete viel Geld. Die Königin ignorierte die Einwände und übernahm gerne alle anfallenden Kosten, damit Mama bei ihr sein konnte. So verbrachten wir den Sommer in Osborne, Windsor, Cumberland Lodge, einem großen Haus im Park von Windsor, welches Tante Lenchen gehörte, und in Balmoral. Als wir uns im Mai in Cumberland Lodge aufhielten, tat ich meine ersten Schritte. Mama dachte, es sei eine gute Idee, wenn ich eine kleine Spielgefährtin hätte, doch die kleine Nichte von Tante Lenchens Hofdame Emily Loch war zwar in meinem Alter, aber wir krabbelten aufeinander zu, zerrten uns sogleich gegenseitig an den Haaren und wollten uns mit den Fingern in die Augen stechen. Mama glaubte, das andere Mädchen habe in mir so wie ich in ihr eventuell eine Puppe gesehen, und wunderte sich sehr, dass ich danach lieber alleine spielte und das andere Kind gänzlich ignorierte. Diese Zurückgezogenheit war ihr schon bei mir aufgefallen, aber sie glaubte einfach, dass ich mich auch ab und an halt gut selbst beschäftigen könnte. Dies war bei einem Kind eine durchaus angenehme Tatsache.

Die Königin, Tante Beatrice, Mama und ich im Sommer 1886

Im Laufe des Jahres machte sich Mama die ersten Sorgen um mich, weil ich nicht zu sprechen begann. Sie fand es seltsam, dass ich nicht wie andere Kleinkinder Sprachfetzen von mir gab und auch keine Anstalten machte, erste Worte wie zum Beispiel *Mama* zu formen. Ich war ein ruhiges, aber doch recht fröhliches Kind. Sie konnte mir stundenlang dabei zusehen, wie geschickt ich mit den Fingerchen war, meine Fertigkeit verbesserte, indem ich früh eine Schleife öffnen konnte, ohne am Knoten zu ziehen. Ich wusste sofort, dass man an einem Ende ziehen musste. Ebenso verwunderte es meine Mutter, wie geschickt ich dabei war, mein Nachthemd vorne selbst auf- und zuzuknöpfen. Daher meinte sie, es sei das eine sehr ausgeprägt und man könne daher Nachsicht mit dem anderen haben.

Mrs. Mary Ann Orchard, Orchie, und ich im Sommer 1886 auf Burg Friedberg bei Friedberg, Hessen

In diesem Jahr besuchten wir auch noch einmal Tante Ella und Onkel Sergey in Russland. Mama reiste mit mir nach Darmstadt und von dort ging es mit Großvater Ludwig, Alix, Irene und Ernie wieder auf weite Fahrt.
Irene hatte sich bei einem Besuch des Prinzen Heinrich von Preußen, einem Sohn der Kronprinzessin Viktoria, in diesen verliebt. Beide kannten sich durch Besuche in Darmstadt von Kindheit an und auch Heinrich empfand viel für sie. Die Königin zeigte sich von dieser Verbindung nicht begeistert, denn Preußen hatte sich in die Affäre um das Fürstentum Bulgarien eingemischt, stand nun auf Russlands Seite. Prinz Heinrich war in der deutschen Marine und auch das war ihr nun völlig zuwider, denn diese war eine Konkurrenz für die englische. Doch Irene und Heinrich waren glücklich miteinander und beide verlobten sich trotz der Einwände der Königin Anfang des Jahres 1887.
Sie musste schließlich resignieren, hatte sie doch versucht, alle Verwandten,

besonders die hessischen, gegen die Verbindung aufzubringen. Ihre Hoffnungen ruhten nun auf Alix, die aus ihrer Sicht eine hoffentlich bessere Entscheidung bezüglich einer Ehe treffen würde.

Mama mit mir im Jahre 1887

Mama mit Papa und mir, 1887

Am neunundzwanzigsten Juli des Jahres 1887 übernahm Papa wieder ein Kommando auf der ‚*Dreadnought*'. Damit war seine *Elternzeit* so gesehen vorüber und er bezog wieder ein volles Gehalt, was für meine Eltern vieles leichter machte. Sie verloren nie ein Wort darüber, aber ich denke, beiden war es nicht recht, auf Almosen der Verwandtschaft angewiesen zu sein.
Meine Eltern führten eine sehr glückliche Ehe und für beide zählten andere Dinge als Geld und Besitz.
Schon kurz nach ihrer Hochzeit hatte Papa einmal gegenüber einem Freund erwähnt, dass Mama durch und durch die Gattin eines Seemannes sei. Sie zeigte ein für eine Frau untypisches großes Interesse an allem, was die Seefahrt betraf, hörte ihm stets sehr aufmerksam zu, wollte alles über seine Arbeit wissen. Weiter sinnierte sie oft, was schon weltliche Dinge bedeuteten, ein Leben mit wenig Reichtum, wenn man nur das Eine besitze, das, was das Leben wirklich bedeutungsvoll und glücklicher mache.

Während Papas Auszeit hatte er zwar auf der ‚*Excellent*' und der ‚*Vernon*' an Torpedolehrgängen teilgenommen, aber eine Fahrt mit der ‚*Dreadnought*' ins Mittelmeer, dem neuen gepanzerten Turmschiff, freute ihn ganz besonders. Ein Freund von Onkel Bertie, dem Prince of Wales, Kapitän Sir Henry Stephenson hatte ausdrücklich darauf bestanden, Papa als seinen zweiten Offizier oder sogenannten *Second-in-command* an seiner Seite zu haben. Dies löste einen Sturm der Entrüstung im Unterhaus des britischen Parlaments aus, denn Kritiker meinten, dass man dreißig oder sogar vierzig sehr gute Offiziere ausgelassen habe, um ihn aufgrund seiner verwandtschaftlichen Beziehungen zur englischen Königsfamilie vorzuziehen. Natürlich hatten die guten Beziehungen bereits dafür gesorgt, dass Papas Karriere voranschritt, aber dennoch zählte doch mehr seine Leistung, denn er war ein hervorragender Offizier und sehr engagiert. Der erste Vorsitzende der Admiralität stellte sich sofort hinter Papa. Er vertraute voll auf seine ausgezeichneten Fähigkeiten, bekannte er öffentlich, und es ginge nicht darum, einen deutschen Prinzen in der englischen Marine zu bevorzugen, sondern eben darum, einen fähigen Offizier so zu beschäftigen, wie es angemessen sei.
Mein Vater zeigte Courage und Engagement, womit er seine Neider beeindruckte, denn er war sich auch nicht zu fein dafür, auf der *Dreadnought*' selbst mit Kohlen zu schaufeln. In einem Brief berichtete er Mama darüber, wie er sein Essen mit den anderen arbeitenden Männern im Stehen einnahm, nur eine Stunde an Deck schlief, bis er mit ihnen weiterschaufelte in der sengenden Sonne und Gluthitze des Tages. Das Schiff wurde in Smyrna, dem späteren Izmir, an der türkischen Ägäisküste mit Kohlen beladen, was drei Tage dauerte. Mein Vater war sich für keine Arbeit zu fein und das mussten seine Kritiker auch sehr bald einsehen.
In den Sommern fuhren wir stets nach Darmstadt, meist begleitete uns Papa. Im Sommer des Jahres 1887 erkrankte Mama aber an Typhus und so wurde ich in Darmstadt in die Obhut der Großeltern Battenberg gegeben. Meine Eltern konnten sich durch ihr kleines Budget kein großes Personal leisten, das uns dann stets hätte begleiten können, so gab es für mich nicht viele Kindermädchen. Dies war aber ein Vorteil, denn so kümmerten sich Mama, Papa oder die Verwandten stets selbst um mich. Bei Letzteren konnte ich dann von den Kindermädchen dort aufgenommen werden, die diese hatten. Man nahm mich einfach als weiteres Kind mit unter die Fittiche.

Durch seine Tätigkeit verbrachte Papa seine Zeit abwechselnd in England und im Mittelmeer, sodass es sich für Mama anbot, Onkel Alfred und seine Familie auf Malta zu besuchen. Der Herzog Alfred von Sachsen-Coburg und Gotha war dort als Marineoffizier stationiert. Seine Familie hatte aufgrund seiner beruflichen Tätigkeit einen zweiten Wohnsitz auf der Insel und die jüngste Tochter Beatrice war damals zwei Jahre alt. In der Familie wurde sie als jüngstes Kind *Baby Bee* genannt. Onkel Affies Frau Marie führte eine sehr unglückliche Ehe mit ihrem Mann, was aber auch daran lag, dass sie als geborene Großfürstin von Russland und Tochter des Zaren Alexanders II. eine sehr verwöhnte Jugend genossen hatte. Sie war nach dem Tod der ersten Tochter die einzige geblieben und der Zar erfüllte ihr stets jeden Wunsch. So eckte sie auch in der englischen Gesellschaft stets an, da sie sich als Großfürstin und Tochter eines Zaren stets über anderen Frauen in der Familie sah. Malta bot ihr so eine angenehme Zuflucht.

Wir reisten das erste Mal im Oktober 1887 nach Malta, auch, damit Mama sich in dem warmen Klima von ihrer Typhuserkrankung erholen konnte.

Marie war nicht gerade überfürsorglich, was Mama sofort auffiel, denn am liebsten übergab sie die Kinder an die Kindermädchen, und wenn sie sich selbst um sie kümmerte, war sie sehr streng mit ihnen. So waren auch die Mahlzeiten sehr anstrengend, denn die Kinder sollten sich nicht die Bäuche vollschlagen, sondern in einer vornehm zurückhaltenden Art und Weise speisen. Ich war ein sehr guter Esser, was sich in meinem späteren Leben dadurch äußerte, dass ich oft viel zu viel aß und es mir danach schlecht ging, aber es schmeckte mir einfach. Bei einem Abendessen schmierte mir meine Mutter also üblicherweise Brot mit viel Butter darauf, wie ich es liebte. Doch die kleine *Baby Bee* war recht frühreif und schon so erzogen, dass Völlerei nicht geduldet wurde. Daher merkte sie laut an, ich äße Butter mit Brot, statt Brot mit Butter. Mama war das keineswegs peinlich, eher fand sie das Verhalten der Kleinen unangebracht. Tante Marie hieß es jedoch gut, denn auch sie übte gerne laustark Kritik am Fehlverhalten anderer. Bei einem Spiel später versuchte ich *Baby Bee* zu beißen, weil sie mich ständig auf eine unangenehme Art und Weise neckte.

Meine Mutter wollte den Urlaub eigentlich nicht unnötig ausdehnen, da sie befürchtete, wenn ich einen Fehler machte, der Kleinen etwas antat, würde man mir das nicht verzeihen. Doch wenn Papa an ihrer Seite war, schien es ihr alles leichter. Wir sollten dort bis zum April des Jahres 1888 bleiben.

Malta war eine Insel voller Leben. Es gab dort viele Prozessionen, Festivitäten wie den Karneval in Valetta, der Hauptstadt. Affie lebte in einem sehr großen Anwesen mit allem Reichtum. Er war der Oberbefehlshaber über die Schiffe in dem Gebiet und lebte mit seiner Familie ein recht vornehmes Leben in San Antonio. Wir bezogen ein kleines Haus in Valetta, mieteten eine kleine Wohnung nebenan, wo meine Heimstatt war. Mama bestand darauf, dass ich ein eigenes kleines Reich hatte, was ich dann später mit einem Kindermädchen teilen konnte. Aus England war eine Miss Joey Rolleston angereist, die mich von nun an betreuen sollte. Sie war sehr lieb

und verständnisvoll.
Manchmal durfte ich mit den Kindern Affies auf den Ponys ausreiten, die man eigens für sie aus England hergebracht hatte. Der älteste Sohn Alfred, *Young Affie*, war 1887 dreizehn Jahre alt, seine Schwester Marie zwölf, Victoria Melita elf, man rief sie aufgrund ihrer etwas seltsamen Stimme *Ducky*, und Alexandra, die man *Sandra* nannte, war neun Jahre alt. Letzte im Bunde war die bereits erwähnte *Baby Bee*.

Ich mit zwei Jahren, aufgenommen in Darmstadt 1887

Das Jahr 1887 war auch ein besonderes für die Königin von England, denn sie feierte ihr fünfzigjähriges Thronjubiläum, das *Golden Jubilee*. Die Festlichkeiten dauerten von Mai bis Juni. Der Gottesdienst in der *Westminster Abbey* bildete am einundzwanzigsten Juni den feierlichen Höhepunkt. Nachdem bereits über fünfzig Monarchen und Fürsten aus Europa und Delegationen aus Übersee angereist waren, huldigten nach dem Gottesdienst die Verwandten der Königin. Zuerst mussten alle Söhne, Schwiegersöhne und Enkel vortreten, um ihr die Hand zu küssen, dann alle Töchter, Schwiegertöchter und Enkelinnen. Es war wohl sehr bewegend, wie meine Mutter einmal erzählte.
Nur das russische Zarenhaus war nicht zu den Feierlichkeiten geladen und die Freude wurde für alle etwas von der Nachricht überschattet, dass der Kronprinz Friedrich von Preußen an Kehlkopfkrebs erkrankt war. Die Königin war sehr in Sorge um ihren Schwiegersohn und sandte ihm einen ihrer besten Ärzte nach Berlin.
Mama war glücklich, an den Feierlichkeiten teilnehmen zu können. Nur durch Papas gute Pflege, wie sie stets betonte, habe sie schnell genesen können.
Die Königin überreichte mir im Zuge der Feierlichkeiten eine kleine Medaille, die eigens zu ihrem goldenen Thronjubiläum angefertigt worden war, und ich hielt meinen Schatz wohl sehr fest in der Hand, war stolz auf das Geschenk.

Im Dezember freuten sich meine Eltern auf das bevorstehende Weihnachtsfest in Malta, denn es sollte groß gefeiert werden, man von Schiff zu Schiff für die Bescherung gehen und es wurden englische Gerichte wie Plumpudding serviert.

1888 in Heiligenberg – von links nach rechts, Onkel Ernie, Tanta Ella mit mir auf dem Arm, daneben Tante Alix, neben ihr Gretchen von Fabrice, ihre Hofdame, sitzend Onkel Sergey, neben dem Onkel Großpapa Ludwig, vor ihm sitzend Mama, links, daneben Tante Marie Karoline

Mama und ich im Jahre 1888

Das Jahr 1888 brachte für Preußen große Veränderungen mit sich. Am neunten März verstarb Kaiser Wilhelm I. im Alter von einundneunzig Jahren. Ihm folgte sein Sohn auf den Thron als Kaiser Friedrich III., womit Viktoria, die Tochter der Königin, nun Kaiserin des Deutschen Reiches wurde. Der Kehlkopfkrebs bei ihrem Ehemann hatte jedoch eine sehr schlechte Prognose und so war seine kurze Regierungszeit geprägt von unsäglichem Leiden. Bereits am fünfzehnten Juni des Jahres verstarb er mit nur siebenundfünfzig Jahren. Man nannte dieses Jahr später das „Drei-Kaiser-Jahr", denn mit seinem Tod kam sein Sohn als Kaiser
Wilhelm II. von Preußen an die Macht. Die Kaiserinwitwe, die sich von da nur noch *Kaiserin Friedrich* nannte, zog sich in ihrer Trauer um den gelieb-

ten Ehemann auf Schloss Kronberg im Taunus zurück, wo sie ihren Lebensabend verbringen sollte.
Jeder in der Familie bedauerte den Tod Friedrichs.
Die Königin hatte ihren Schwiegersohn und ihre Tochter noch einmal in Berlin besucht, aber ihr Kummer war dementsprechend groß, vor allem, weil sie ihren Enkelsohn Wilhelm mit neunundzwanzig Jahren für zu jung hielt, um die Regierungsgeschäfte zu übernehmen. Sie teilte in ihren Briefen ihren Kummer mit Mama und erkundigte sich dennoch auch gleich immer nach mir.
Mit drei Jahren begann ich zwar endlich einige Worte zu formen, aber heraus kam nur Gebrabbel, welches so unverständlich war, dass sich meine Mutter sehr bemühte, um meine Aussprache zu verbessern, aber es gelang ihr nicht. Sie versuchte sich mit meiner doch sehr auffällig langsamen Sprachentwicklung zuerst abzufinden, da ich erst drei Jahren alt war. Dennoch bereitete es ihr Sorgen.

Am vierundzwanzigsten Mai des Jahres heirateten Tante Irene und Onkel Heinrich in der Kapelle des Charlottenburger Schlosses. Wir reisten zur Hochzeit an, doch auf dieser lag eine leicht bedrückte Stimmung, da Kaiser Friedrich III., Onkel Heinrichs Vater, so schwer krank war.

Kurz nach dem Tod des Kaisers verbrachten wir den Sommer wieder in Darmstadt und Papas Vater war in keiner guten Verfassung. Er litt an starken Rückenschmerzen, konnte kaum noch laufen und hatte viel Gewicht verloren. Papa konnte sich eine längere Auszeit von der Marine nehmen, wollte aber seinen Vater nicht beunruhigen. Die Ärzte teilten ihm mit, dass sein Vater sterben würde, denn er litt an Nierenkrebs. Mama unterstützte meinen Vater natürlich in jeglicher Hinsicht und teilte seine Trauer, ebenso wie sie sich bemühte, auch Großmutter Julie Trost zu spenden. Dennoch sollte trotz seines schweren Leidens für Großvater alles so bleiben wie bisher. Der Alltag sollte nicht verändert werden oder sich nur noch auf ihn beschränken, da alle dachten, er würde dann in großer Angst seine letzten Wochen verbringen müssen.
So reisten wir dann auch im Winter wieder nach Malta, um bei Papa zu sein, der seinen Dienst wieder aufgenommen hatte. Dort erhielten meine Eltern dann die Nachricht, dass Großvater am fünfzehnten Dezember verstorben war. Großmutter Julie hatte ihn aufopfernd gepflegt und war tief erschüttert über sein Ableben. Daher meinte Mama, dass sie eine Ablenkung brauche. Sie blieb auch nach der Beerdigung ihres Schwiegervaters noch in Darmstadt, konnte so auch ihrem Vater noch Gesellschaft leisten.

Großmutter Julie um 1888

Meine Mutter glaubte auch, dass ein längerer Aufenthalt in Darmstadt mir guttun würde, denn so konnte ich mit meiner Cousine Edda spielen, die nur ein Jahr älter war als ich. Tante Marie Karoline war ebenfalls angereist, um ihre Mutter in der Zeit der Trauer zu trösten.
Doch auch, wenn ich mit Edda spielte, verbesserte es meine sprachlichen Fähigkeiten nicht.
Kurz nach meinem vierten Geburtstag äußerte die Großmama den Verdacht, dass ich vielleicht taub sein könnte, denn ich war zwar ein aufgewecktes und lebhaftes kleines Mädchen, formte aber selbst erdachte Wörter und hatte eine sehr unverständliche Aussprache. Die Verwandten hatten sich daran gewöhnt, bemühten sich zu verstehen, was ich meinte, aber für Außenstehende war es unmöglich mich zu verstehen.
Großmutter meinte, vielleicht seien meine Ohren durch die Fahrten auf See beschädigt worden. Der strenge Wind habe eventuell dazu geführt, dass die Gehörgänge Schaden genommen hätten. Sie fasste schließlich den Entschluss, mit mir einen Arzt aufzusuchen, der auf meine Symptomatik spezi-

alisiert war, um mich gründlich zu untersuchen. Er stellte fest, dass ich mit einem Defekt zur Welt gekommen war. Die Eustachischen Röhren in meinem Kopf waren verdickt. Dies würde immer ein Problem sein, mit dem ich zu leben lernen musste.

Mama begann sofort mit mir zu üben, damit ich den Menschen die Worte von den Lippen ablesen konnte, was sehr schwierig war. In unserer Familie wurde sowohl Deutsch als auch Englisch gesprochen. Aber Mama war unermüdlich, sie wollte, dass ich auch in der Lage war, Gesprächen zu folgen, und so forderte sie auch alle Verwandten dazu auf, mich wie jeden anderen Menschen zu behandeln, also wie jemanden ohne eine Behinderung. Sie befürchtete, eine Sonderstellung würde mir in meinem späteren Leben nicht weiterhelfen, sondern mich nur ausgrenzen. Ich weiß nicht, ob sie sich jemals die Schuld an meiner Behinderung gab, obwohl niemand etwas dafürkonnte. Sicher wird sie als Mutter schon betroffen gewesen sein, aber gleichzeitig war sie so engagiert darin, mich zu unterstützen und mir zu helfen, dass ich ihr immer dankbar dafür war.

Es ist nicht leicht, wenn man die anderen Menschen nicht hören kann. Manchmal fühlte ich mich später dennoch ins Abseits gedrängt, denn wenn viele Menschen an einem Tisch saßen, sich unterhielten, war es für mich schwierig, den Gesprächen zu folgen. Wenn jemand lachte, befürchtete ich manchmal, man könne über mich lachen.

Allerdings begeisterte ich später meine Familie damit, ihnen die wahren Worte der Schauspieler in den Stummfilmen darzulegen, wenn wir Filme auf dem Cinematograph schauten. So erinnere mich an einen Film, in dem es um eine Liebesbezeugung zwischen einem Mann und einer Frau ging. Der eingeblendete Text ging im Wortlaut um Liebe, aber in Wirklichkeit sprach der Mann davon, dass er die Miete für seine kleine Wohnung nicht zahlen konnte und befürchtete, auf der Straße zu landen. Das fanden alle sehr lustig.

Durch Mamas strengen Unterricht lernte ich auch zu sprechen, wenn auch in einer eigenen Art und Weise, und ich verständigte mich mit Gesten, erlernte die Gebärdensprache, denn diese wurde im neunzehnten Jahrhundert populär.

Taube Kinder auch zum Sprechen zu erziehen, zu sogenannten *Oralisten*, griff man erst Anfang des zwanzigsten Jahrhunderts auf. Meine Mutter war gewissermaßen darin eine Vorreiterin.

Meine Mutter war im Jahre 1889 wieder schwanger und das Baby sollte im Juli zur Welt kommen. Wir verbrachten also nach unserer Rückkehr nach England zum Sommer hin einige Tage bei der Königin.

Diese wollte sich auch ein Bild von meinen Fortschritten machen. Als wir sie also besuchten, war es üblich, dass man ihr zur Begrüßung die Hand

küsste. Die Königin war mit kleinen Kindern nicht besonders nachsichtig, wenn es um Etikette ging, und so war sie empört darüber, wenn ein Urenkel- oder Enkelkind ihr nicht die Hand zur Begrüßung küssen wollte. Als ich mich nun weigerte, schlug sie mir sanft auf das Händchen, nannte mich ein freches Kind. Doch ich erwiderte sehr zu ihrem Erstaunen ihren Schlag, haute auf ihren Handrücken und nannte sie eine freche Großmutter. Natürlich musste ich sofort von Mama, die sich sehr beschämt zeigte, aus den Augen Großmamas entfernt werden.
Dabei sprach ich seit dem Mai des Jahres 1889 sehr schön, meinte Mama, und sie bereute nach der Situation etwas, der Königin davon so vorgeschwärmt zu haben.

Am dreizehnten Juli wurde meine Schwester Louise in Heiligenberg in Hessen geboren. Großmutter Julie hatte sich sehr gefreut, dass meine Mutter in ihrer Nähe entbinden wollte, so konnte sich Großmutter um sie und das Baby in der ersten Zeit kümmern. Die Königin hatte Mama stets dazu angeregt, noch ein Kind zu bekommen, damit ich einen Spielgefährten hätte.
Louise wurde um einige Wochen zu früh geboren, nachdem Mama auf einer Kutschfahrt nach Felsberg etwas zu stark durchgeschüttelt wurde. Sie entsprach aus Mamas Sicht so gar nicht ihr selbst, es fehlte jede Ähnlichkeit. Louises Nase war ihr zu groß, das Baby insgesamt zu klein, eher ein *elendes Würmchen*, wie sie es ausdrückte, und daher bekam meine kleine Schwester den Spitznamen *Shrimp*, der ihr ihre gesamte Jugend anheften sollte.
Am neunten August wurde sie in Heiligenberg getauft und ich erinnerte mich stets gerne daran, wie ich bemerkte, dass der Pastor Louise nicht richtig den Kopf wusch, was für einige kleine Lacher während der Zeremonie sorgte.
Tante Irene hatte am zwanzigsten März des Jahres den kleinen Waldemar zur Welt gebracht. Sie lebte mittlerweile mit ihrem Ehemann auf dem Gut Hemmelmark bei Kiel, da der Onkel bei der preußischen Marine beschäftigt war. Leider sollte sich bald herausstellen, dass der kleine Waldemar an Hämophilie litt. Für Tante Irene war es ein großer Schock, als man es ihr mitteilte, denn sie wusste um die Gefahren dieser Krankheit durch ihren kleinen Bruder Frittie und Onkel Leopold. Als Überträgerin konnte jeder weitere geborene Sohn auch die Krankheit von ihr erben. Und es bedeutete für sie auch gleichzeitig, ständig Obacht auf den Sohn zu geben, damit er sich nicht verletzte. Ihr im Jahre 1896 geborener zweiter Sohn Sigismund sollte gesund sein, doch der dritte Sohn, Heinrich, geboren im Jahre 1900, erbte die Krankheit. Mit nur vier Jahren sollte er an den Folgen eines Sturzes sterben. Tante Irene gab sich dafür ewig die Schuld, hatte sie den Kleinen doch kurz alleingelassen. Er war am Tisch auf einen Stuhl geklettert

und mit diesem umgekippt, auf seinen Kopf gefallen. Obwohl es für ein gesundes Kind nur mit einer kleinen Beule geendet hätte, starb Heinrich an den inneren Blutungen.
Mama und ihre Schwestern wussten alle um die Krankheit, doch jede hoffte, diese nicht an ihre Söhne weiterzugeben. Auch Mama hatte sicherlich stets Angst, wenn sie schwanger war, doch sie sollte die Krankheit nicht vererben.

Ein Bild von mir mit vier Jahren

Mama, Louise, Papa und ich 1889

Papa war am dritten Oktober 1889 zum Dienst auf die *‚Scout'* beordert worden und hatte auf dem Schiff das Kommando inne.
Mit Großvaters Tod hatte mein Vater als ältester Sohn das Schloss Heiligenberg geerbt. Großmutter Julie genoss dort lebenslanges Wohnrecht, aber dennoch hatten wir so endlich ein richtiges eigenes Zuhause, für das meine Eltern keine Miete zahlen mussten. Deshalb verbrachten wir natürlich dann auch mehr Zeit in Darmstadt.
Mama wollte den Winter wieder in Malta verbringen, und da Louise noch zu klein war, beschloss man ihr die lange Reise zu ersparen und übergab mich und meine Schwester für fünf lange Monate in die Obhut unserer Großmutter Julie, die ich durchaus sehr gern hatte, aber meine Eltern fehlten mir dennoch sehr.
Die Königin fand es mehr als befremdlich, dass Mama ein so kleines Kind über eine so lange Zeit alleine lassen konnte, aber meine Mutter versicherte ihr, dass wir gut aufgehoben seien, denn Tante Alix, Onkel Ernie und Großvater Ludwig waren auch noch da, zudem war Louise so schwächlich, dass sie erst einmal auf dieser Welt Fuß fassen sollte. Meine Mutter war eine sehr liebevolle Frau, aber sie wollte Papa unbedingt nach Malta begleiten, um bei ihm sein zu können.
Die Königin hielt viel von Julie, da diese sehr gebildet war, und ich war unbestritten ihr Liebling. Zudem hatte sie zwei sehr große Verluste ertragen müssen. Einmal den Tod ihres Ehemannes und dann den Bruch mit ihrem Sohn Sandro, den sie nie wiedersehen sollte. Tante Marie Karoline fand ihre Mutter eingeschlossen in einem Schneckenhaus, traurig und verbittert, doch wir Kinder heiterten ihr Gemüt schnell wieder auf. Großmutter Julie sprach vier Sprachen, las Dante in Italienisch und Shakespeare in Englisch.
Als die Königin später einmal Sandros Frau traf, die ehemalige Opernsängerin Johanna Loisinger, zeigte sich sich sehr beeindruckt von der Freundlichkeit der Frau, aber als sie dies gegenüber Großmutter in einem Brief erwähnte, schmerzte es diese umso mehr. Sie kannte den Schmerz und Kummer um eine morganatische Ehe, hatte versucht ihrem Sohn davon abzuraten und am Ende auf diese Weise den Bruch mit ihm verursacht.
Großmutter verwöhnte mich in jeder Hinsicht, vielleicht auch aufgrund meiner Behinderung. Ebenso wie Mama war sie sehr engagiert darin, mir zu helfen und mich im Lernen zu unterstützen.
Als Mama am achten April des Jahres 1890 endlich zurückkehrte, wich ich tagelang nicht von ihrer Seite, so sehr hatte ich sie vermisst. Das Erste, was ihr an mir auffiel, war mein Wachstum und dass ich etwas schmaler geworden war. Die frühkindlichen Rundungen hatten sich verwachsen.
Die nächste Trennung stand bevor, als Mama im September gemeinsam mit Großvater Ludwig, Ernie und Alix, Tante Ella Onkel Sergey in Russland

besuchte und einige Wochen mit ihnen auf ihrem Landgut Ilinskoye verbrachte.

Da Tante Alix mittlerweile achtzehn Jahre alt war, wollte sich die Königin Victoria wieder als Vermittlerin in Liebesdingen beweisen und schlug Mama vor, ihrer Schwester ihren Enkel, Prinz Albert Victor, den erstgeborenen Sohn von Onkel Bertie, als Heiratskandidaten gewissermaßen schmackhaft zu machen. Er war acht Jahre älter als Alix und wurde in der Familie *Eddy* gerufen. Wenn Alix in England zu Besuch war, fühlte er sich anscheinend sehr zu ihr hingezogen und war wohl auch etwas verliebt in sie. Aber Tante Alix schrieb sich schon lange Briefe mit dem Zarewitsch Nikolaus von Russland und auch dieser hoffte von ihrer ersten Begegnung an, dass er sie einmal heiraten könnte. Für die Königin war es ein Gräuel, noch eine zweite Enkelin an das russische Zarenhaus zu verlieren, zudem wollte Tante Alix ihren protestantischen Glauben nicht gegen den russisch-orthodoxen eintauschen. Konvertieren kam für sie aus ihrer tiefen religiösen Überzeugung nicht infrage, aber als zukünftige Zarin hätte sie dies tun müssen. Zar Alexander III. und seine Gattin Zarin Marie, die eine geborene Prinzessin von Dänemark war, hatten auch ihre Einwände gegen eine Verbindung. Alix war keine Prinzessin aus einem Königshaus, sondern *nur* die Tochter eines Großherzogs und dazu noch aus einem relativ unbedeutenden Großherzogtum. Hinzu kam, dass sie eine Deutsche war. Die Zarin hasste die Deutschen eigentlich, da ihr Vater, König Christian IX. von Dänemark im *Deutsch-Dänischen Krieg* von 1864 das Herzogtum Schleswig an Preußen abtreten musste. Für sie war Alix alles in allem keine gute Partie. Auch schien sie ihr aufgrund ihrer Schüchternheit nicht zur Zarin geeignet und überdies sprach sie kein Französisch, welches aber Hofsprache am russischen Zarenhof war. Tante Alicky litt schrecklich darunter, denn sie liebte Nicky, wie wir alle ihn nannten, sehr, doch der Druck, der auf ihr lastete, war immens.

Sie teilte ihren Kummer mit Mama und ihren anderen Schwestern, wobei besonders Ella ihr gut zuredete, auf ihr Herz zu hören. So wusste Alicky ganz genau, dass sie Eddy niemals heiraten wollte, was wiederum die Königin sehr verletzte, denn sie fühlte sich wieder einmal in ihren Wünschen zurückgewiesen. Mama wurde in Briefen der Königin dazu aufgefordert zu schlichten und zu vermitteln, aber sie hatte selbst aus Liebe geheiratet und wollte ihre kleine Schwester selbst glücklich sehen. Großvater Ludwig sah das ebenso. Er war schon lange kein glücklicher Mensch mehr, ständig von großer Trauer um seine Frau, den *Fauxpas* mit seiner nicht standesgemäßen Ehe zermürbt und letztendlich in Depressionen versunken. Man sah ihn nur selten lächeln. Selbst die Jagdurlaube in England, für die die Königin ihn gerne einlud, brachten ihm nur kurze Freude.

Mama war im Oktober wieder zurück aus Russland und ich musste Abschied nehmen von meinem lieb gewonnenen Kindermädchen Mary Jones, die noch von der Königin zu uns gesandt wurde, sich aber aus privaten Gründen aus dem Dienst zurückziehen wollte. Sie wurde ersetzt durch Ellen Hughes, eine sehr freundliche Frau, überaus engagiert.
Da Louise sich mittlerweile gut entwickelte, verbrachten wir den Winter des Jahres 1890 wieder in Malta und ebenso den nächsten ein Jahr später, denn am einunddreissigsten Dezember 1891 stieg Papa zum Kapitän auf. Natürlich war meine Mutter sehr stolz auf ihn.

Mama, Louise, Papa und ich, 1889

Miss Hughes unterrichtete mich in Malta unter Mamas Anleitung und Ende des Jahres 1889 konnte ich bereits flüssig in Deutsch lesen, was auch ein Verdienst von Großmutter Julie war, die mit mir während Mamas Abwesenheit stets eifrig lernte.
Ich begann die ersten Worte in Englisch zu schreiben, hatte eine Stunde Unterricht am Tag.

Als Kind wusste ich noch nicht, warum meine Eltern oftmals in der ersten Zeit ihrer Ehe finanziell so schlecht dastanden, obwohl mein Vater bei der *Royal Navy* einen guten Sold bekam. Jahre später sollte ich erst erfahren, dass er im Jahre 1880, also vor der Ehe mit Mama, eine heimliche Affäre mit der Schauspielerin Lillie Langtry gehabt hatte, die auch Onkel Berties Mätresse gewesen war. Lillie wurde bedauerlicherweise schwanger von Papa und gebar am achten März des Jahres 1881 eine Tochter namens Jeanne-Marie. Das Mädchen wuchs größtenteils auf der Insel Jersey bei Pflegeeltern auf und ihre Mutter war für sie *die Tante*. Es wäre damals ein großer Skandal gewesen, denn Lillie war zum Zeitpunkt ihrer Affäre mit Papa noch verheiratet. Man einigte sich darauf, alles geheim zu halten. Mein Vater zahlte aber dennoch Unterhalt für die gemeinsame Tochter, auch nachdem wir, seine eigenen Kinder, geboren waren. Erst im Erwachsenenalter sollte Jeanne-Marie über ihre Mutter und ihre Beziehung zu Papa Bescheid wissen und es war für sie ein ebenso großer Schock wie für uns. Dennoch waren Mama und Papa zum Zeitpunkt der Affäre noch nicht verheiratet und meine Mutter tat es daher als etwas ab, was vor ihrer Zeit war und dort auch bleiben sollte. Ein Kontakt von Seiten Papas mit dem Kind fand nie statt, auch wir lernten unsere Halbschwester nie kennen.
Es war ein offenes Geheimnis in unserer Familie, da Langtry durch ihre Affäre mit Onkel Bertie bereits in der englischen Gesellschaft aufgefallen war. Seine Gattin, Tante Alexandra, wusste von dieser und anderen Mätressen, aber sie ignorierte es tapfer.

Jeanne-Marie um 1886

Papa besaß nur ein Foto von Jeanne-Marie, welches ich aber erst viele Jahre später einmal sehen sollte. Sie sah mir selbst als Kind durchaus sehr ähnlich.
Außereheliche Affären waren in unserer Familie nichts besonderes. Zumeist lag es daran, dass Paare nicht aus Liebe heirateten, sondern weil sie sich dem Druck und den Wünschen der Verwandtschaft beugen mussten, was die Partnerwahl betraf. Tante Irene und Onkel Heinrich auf dem Gut Hemmelmark bei Eckernförde waren in der Familie zwar als *The amiables*, also als die Liebenswürdigen bekannt, weil sie stets sehr freundlich waren und immer bei guter Laune. Aber Onkel Heinrich hatte während der Ehe mit Tante Irene eine außereheliche Affäre mit der deutsch-ungarischen Sängerin Julie Salinger. Daraus gingen zwei Söhne hervor, Otto, Graf von

der Schulenburg, und sein Bruder Gustav. Nach außen wirkte Tante Irene lediglich manchmal bedrückt um die Bluterkrankheit ihrer zwei Söhne, dann betroffen nach dem Tod des jüngsten, aber sie ließ sich nie anmerken, wie sehr sie die Affäre ihres Mannes belastete.

Mittlerweile war ich schon recht gut im Lippenlesen geworden und konnte beobachten, wie manche Verwandte und Gäste, vornehmlich die weiblichen, sich oftmals die Hände vor den Mund hielten, sich dicht zueinander beugten bei Unterhaltungen. Zuerst dachte ich, sei seien vielleicht erkältet, aber dann erklärte mir Mama, dass sie über andere, abwesende Personen sprachen – kurzum lästerten. Meine Mutter mochte dies überhaupt nicht, es war aus ihrer Sicht eine weibische Angewohnheit und sehr unschön. Um sich über andere Personen auszulassen, senkten die Damen ihre Stimmen, flüsterten und tuschelten, aber da ich Lippen lesen konnte, fürchteten sie, ich könne die Worte vielleicht doch deuten. Also bedeckten sie ihren Mund leicht mit einer Hand, was mir dann aber stets verriet, dass sie eben lästerten.

Als Mama in Ilinskoye Onkel Sergey und Tante Ella besuchte, versuchte Ella ihre Schwester Alix davon zu überzeugen, dass der russisch- oder griechisch-orthodoxe Glauben dem lutherischen doch nicht unähnlich sei. Sie selbst war kurz zuvor konvertiert. Als die Königin davon erfuhr, zeigte sie sich äußerst bestürzt, umso mehr, als Ella Alix damit noch darin bestärkte nach Russland einzuheiraten. Für die alte Dame bedeutete dies, dass sie Alix verloren hätte. Auch wenn sie Mama bat zu intervenieren, ahnte sie doch, dass es nichts mehr nützen würde.
Ella hatte einen Großfürsten geheiratet, doch Alix würde bei einer Heirat mit dem Zarewitsch einmal Zarin von Russland werden, was aus Sicht der Königin eine sehr bedeutungsvolle Position in einem aus ihrer Sicht derart rückständigen Land war. Während durch die Industrielle Revolution England in voller Blüte stand, setzte sie sich in Russland nur langsam durch, die meisten Menschen dort waren Bauern. Die Mutter des Zarewitsch war Alix gegenüber immer noch nicht wohlgesonnen als Heiratskandidatin für ihren Sohn und obendrein meinte die Königin, dass Großvater Ludwig doch endlich ein Machtwort sprechen solle, um seiner Tochter diese Heirat zu verbieten.
Mama meinte, es sei eine gute Idee, der Urgroßmutter eine schöne, selbst gebastelte Weihnachtskarte zu senden, um sie von der Sorge um Alix` Zukunft abzulenken und so bastelte ich ihr eine. Natürlich erfreute sie das Geschenk sehr, aber Anfang des Jahres 1891 hatte die Königin bereits an den Großpapa Ludwig geschrieben mit der Bitte um ein Machtwort gegen-

über seiner jüngsten Tochter im Bezug auf ihre Ehepläne und schlug auch sogleich den Prinzen Maximilian von Baden als Heiratskandidaten vor, der fünf Jahre älter war als Alix. Eigentlich hatte sie ihn für ihre Enkelin Prinzessin Maud, eine Tochter von Onkel Bertie, vorgesehen, wie sie anmerkte. Zudem schien es sie nicht zu stören, dass seine Mutter eine geborene Prinzessin aus der russischen Linie des herzoglichen Hauses von Leuchtenberg war. Sie bedrängte Mama auch noch im September des Jahres 1891 doch mit Großvater Ludwig zu sprechen. Der Prinz jedoch, so korrigierte sie sich selbst in einem Brief, wollte eigentlich keine englische Prinzessin heiraten, weswegen Maud ausschied. Daher wäre Alix eine passende Partie gewesen und später fand die Königin sogar, dass Onkel Ernie Maud heiraten sollte.
Die Pläne der Königin sollten sich aber wieder einmal nicht erfüllen. Maud verliebte sich in den Prinzen Francis von Teck, der jedoch ständig sein Geld beim Glücksspiel und bei Pferdewetten verlor. Obwohl die Eheschließung mit der Prinzessin aus dem Hochadel durchaus finanziell positiv für ihn gewesen wäre, hatte er kein Interesse an der burschikosen Maud. Im Jahre 1896 heiratete sie den Prinzen Carl von Dänemark, der 1905 als Haakon VII. König von Norwegen wurde, sie wurde somit Königin.
Großvater Ludwig war seit geraumer Zeit häufig krank und gesundheitlich zu schwach, um einem seiner Kinder im Weg zu stehen oder um väterliche Machtansprüche auszuüben, zudem wollte er seine Kinder glücklich sehen. Meine Mutter beruhigte die Königin schriftlich, dass man Alix auch noch ruhig ein Jahr Zeit geben könne, um sich zu entscheiden, wen sie heiraten wollte.
So beobachtete die Königin dann im September des Jahres 1891 wohlwollend, dass Ernie, der in England zu Besuch war, sich bestens mit Victoria Melita, der Tochter von Onkel Affie verstand. Auf einem Ball waren die beiden sehr ausgelassen miteinander gewesen, was sie Mama sogleich berichtete und auch ansonsten verstanden sie sich aus ihrer Sicht prächtig. So reifte in der Königin wieder ein neuer Heiratswunsch für zwei ihrer Enkelkinder heran.
Mama befand sich im Sommer 1891 in England und so verbrachten meine Schwester und ich unsere Zeit mit einem neuen Kindermädchen namens Sophie Hahn. Großmutter Julie hielt Louise nun alt genug für kleine Ausflüge und so fuhren wir mit der Kutsche nach Schönberg zu Tante Marie Karoline, nach Seeheim und in die nähere Umgebung. Es waren wunderschöne Ausfahrten. Ich konnte in Schönberg in dem wundervollen alten Schloss mit meinen Cousins und Cousinen spielen, im Wald auf Entdeckungsreise gehen und Großmutter war überaus bemüht, uns jeden Tag zu einem besonderen zu machen. Sie tröstete mich und Louise, wenn wir uns nach Mama sehnten oder nach Papa, doch ihre sehr liebevolle, mütterliche

Art ließ uns diese Sehnsucht schnell überwinden.
Sie war für mich mehr wie eine Großmutter als meine Urgroßmutter in England und ich liebte sie abgöttisch.
Mama kam nur für zwei Tage heim, reiste dann weiter nach Venedig und an Louises zweitem Geburtstag im Juli war sie wieder in Heiligenberg.
Als die Kaiserin Friedrich sich mit Mama und uns in Bad Homburg traf, konnte sie ihre Begeisterung über meine Erscheinung kaum zügeln. Es machte Mama sehr stolz, als sie ausrief, was für ein wunderhübsches, kleines Gesichtchen ich habe, was für wundervolle braune Augen und wohlgeformte Augenbrauen! *Shrimp* dagegen war für sie einfach nur wohlgeraten. Da Mama dies ebenso sah, waren die beiden Frauen sich einig – ich war die hübschere und meine Taubheit zählte nicht. Auch Onkel Bertie erwähnte einmal, dass mir mit diesem Gesicht und den Augen jeder Thron in Europa zu Füßen läge.

Im August hatte Großvater Ludwig bei den kaiserlichen Manövern in Kassel plötzlich über stechende Schmerzen am Herzen geklagt, worauf man ihn nach Hause bringen musste. Nach einiger Ruhe empfahlen ihm die Ärzte kürzer zu treten. Er erholte sich etwas, doch nur einige Wochen später, als er mit seinem Cousin, dem Prinz von Leiningen, auf Jagd war, hatte er erneut so starke Schmerzen, nachdem er eine Anhöhe emporsteigen musste, dass man die Jagd abbrechen musste. Er wurde zusehends kurzatmiger, konnte kaum noch laufen und erholte sich nicht mehr wirklich.
Wir waren mit Mama und Papa im Winter in Malta gewesen und im Februar des Jahres 1892 nach Darmstadt zurückgekehrt, wo uns Großvater eine Wohnung im *Alten Palais* zur Verfügung stellte, für die meine Eltern eine kleine Miete entrichteten. Er hatte unbedingt darauf bestanden, noch einmal nach London zu reisen und traf dort die Königin, der auch auffiel, wie angeschlagen er gesundheitlich wirkte.
Zu jener Zeit bekam ich meine ersten Reitstunden auf meinem eigenen Pony *Marstall*, was mir viel Freude bereitete. Die Königin hatte es mir aus England schicken lassen. Und wenn wir die Tante Marie Karoline in Schönberg besuchten, fuhr ich mit den Cousins und der Cousine Schlitten. Manchmal zogen die beiden Cousins mich und Louise auch. Selbst Mama und die Tante setzten sich auf Schlitten und glitten die Hügel hinab.
Da es Großvater so schlecht ging, verbrachten wir auch viel Zeit mit ihm. So waren wir oft zum Abendessen bei ihm eingeladen. Am vierten März erlitt er einen schweren Schlaganfall während eines dieser Essen, als wir uns im *Neuen Palais* bei ihm trafen. Die ganze Familie versammelte sich an seiner Seite, auch wir Kinder besuchten ihn. Doch es war ein schrecklicher Anblick für uns, da Großvater sich kaum mehr bewegen oder sprechen

konnte. Er litt schrecklich. Am dreizehnten März verstarb er mittags mit gerade einmal vierundfünfzig Jahren.
Die Königin kondolierte mit einem tief erschütterten Brief über den frühen Tod ihres Schwiegersohnes und es traf sie umso schwerer, da am vierzehnten Januar ihr Enkel Prinz Albert Victor, der älteste Sohn von Onkel Bertie mit nur achtundzwanzig Jahren gestorben war. Obwohl der Prinz, ein Lebemann par excellence, dem Alkohol und dem Tabak nie abgeneigt, zahlreiche Affären hatte, wobei man auch von Besuchen in Männerbordellen sprach, rechnete niemand mit seinem Tod. Offiziell starb er infolge einer Grippe an einer Lungenentzündung, doch der Prinz war stets von Gichtanfällen geplagt gewesen und inoffiziell galt Syphilis als Todesursache aufgrund seiner zahlreichen sexuellen Kontakte zu beiden Geschlechtern. Es war daher verständlich, dass sowohl Tante Alix als auch eine Prinzessin von Orleans, um deren Hand er anhielt, ihn aufgrund seines bekannten Lebenswandels nie heiraten wollten.
Da die Königin aber nicht besonders im Bilde war über seine Exzesse, hatte sie ihn im Dezember 1891 zu einer Verlobung mit der Prinzessin Maria von Teck überredet. Die Hochzeit sollte im Februar 1892 stattfinden.
Kurioserweise machte sein Bruder George, der nun Kronprinz war, der Verlobten seines Bruders bald den Hof.

In Darmstadt herrschte nach dem Tod von Großvater Ludwig Trauer. Seine Beerdigung fand am siebzehnten März statt, alle Geschäfte hatten geschlossen und von den privaten Häusern hingen lange, schwarze Trauerbanner. Er fand seine letzte Ruhestätte neben Großmutter Alice im Mausoleum.
Doch meine Familie kam aus der Trauer nicht heraus. Nur zwölf Tage nach dem Tod des Großpapas starb Maximilian, der vierzehnjährige Sohn meiner Tante Marie Karoline. *Maxi* war geistig behindert gewesen, weil er bei seiner Geburt zu wenig Sauerstoff bekommen hatte. Die Tante hatte ihren Sohn stets als kleinen Engel bezeichnet, dennoch empfand sie seinen Tod als Erlösung für den Jungen, der zu einem wenig hoffnungsvollen Leben aufgrund seiner schweren Behinderung bestimmt war. Für sie war es trotz alldem ein schwerer Verlust.
Mit Großvater Ludwigs Tod war nun Onkel Ernie der neue Großherzog von Hessen und bei Rhein. Er war erst dreiundzwanzig Jahre alt und in den Augen vieler zu jung für diese Aufgabe. Im April reiste die Königin nach Darmstadt und überreichte ihm den *Order of the Garter* seines Vaters, den Hosenbandorden, der für Mitglieder des englischen Königshauses eine Art Ehrenmitgliedschaft im Ritterorden, dem *Orden des Heiligen George* war. Als ausländischer Monarch hatte ihn Großvater einst von der Königin überreicht bekommen. Es war eine sehr große Ehre für Onkel Ernie, dem die

Königin nun auch nahelegte, schnellstmöglich eine Ehefrau zu finden, wobei sie auf Victoria Melita verwies, mit der sich Ernie in Balmoral bereits so gut verstanden hatte. Sie sah es als eine große Aufgabe an, die beiden zusammenzuführen, und dies sollte zwar von Erfolg gekrönt sein, aber sie auch kurz darauf ein für alle Mal eines Besseren belehren. Mit dieser Verbindung schwor sie der *Kuppelei* in ihren letzten Lebensjahren endgültig ab.

Doch zurück zum Sommer des Jahres 1892, der für Darmstadt immer noch Hoftrauer bedeutete, die laut Protokoll stets ein Jahr dauerte, wenn ein Herrscher verschied. Von dieser Trauer bekam ich nur wenig mit. Ich vermisste Großvater, sah die traurigen Gesichter Mamas, meiner Tanten und Onkel, das von Großmutter Julie, die auch noch das Ableben des kleinen Maxi sehr bedrückte, und hatte doch andere Sorgen. Mir mussten bei einem Zahnarzt in Frankfurt am Main die Milchzähne entfernt werden. Mein Kindermädchen Sophie Hahn bemerkte aber später, ich sei sehr tapfer gewesen und hätte nicht geweint.

Ein sehr schockierendes Erlebnis überraschte uns im Juli des Jahres. Die Tante Beatrice und der Onkel Liko waren bei uns aus England zu Besuch in Heiligenberg. Sie hatten ihren Sohn Alexander, genannt *Drino*, mitgebracht. Er war sechs Jahre alt und sollte mir und meiner Schwester Louise als Spielgefährte dienen. Tante Beatrice und Onkel Liko hatten es nicht leicht. Erst hatten sie viele Monate um ihre Ehe kämpfen müssen, weil die Königin die Tante als jüngstes ihrer Kinder als Gesellschafterin bei sich behalten wollte, dann war die Verbindung nur möglich gewesen, indem beide einwilligten, sich stets und ständig bei der Königin aufzuhalten, also mit ihr zu leben. Der Onkel hatte wenig Geld, keine Möglichkeit im preußischen Militär aufzusteigen und die Verbindung mit der Tante war nicht ganz standesgemäß. Also nahm man das Übel auf sich, der Königin stets und ständig als Gesellschaft zur Verfügung zu stehen, wobei man auch hinnehmen musste, dass diese sich in die Erziehung der Kinder, die Lebenshaltung und eigentlich das gesamte Leben des Paares einmischte. Die beiden waren froh, ihrem Einfluss für eine geraume Zeit zu entkommen.

Der Sommer war sehr heiß, es gab eine wahre Mückenflut und die arme Tante Beatrice war bald völlig zerstochen. Mit ihrer Kammerfrau versuchte sie nachts in ihrem Schlafzimmer mit einer brennenden Kerze die Mücken anzulocken und zu fangen. Im Prinzip war dies eine effektive Methode, doch die beiden Frauen waren dabei so engagiert, dass sie mit der Kerze ein Insektennetz streiften, welches am Bett angebracht war. Sie öffneten das Fenster und im Nu stand das gesamte Schlafzimmer der Tante in Flammen. Die beiden Damen flohen nach draußen, doch das Feuer ergriff das Dach des Pavillons darüber mit dem alten Glockenturm und der Turmuhr. Als

unser Kindermädchen Sophie Hahn von den Schreien und dem Rufen der Tante und ihrer Kammerfrau aus dem Schlaf hochschreckte, lief sie sofort zu meiner Mutter, wir wurden eiligst angezogen. Meine Mutter ordnete an, einige Wertsachen, die greifbar waren, schnell in einen Korb zu werfen.
Drino, Louise und ich wurden an einem sicheren Platz entfernt von dem Inferno platziert und sahen staunend auf die Flammen. Die Tante war natürlich auch ein Punkt unserer Aufmerksamkeit, wie sie völlig kopflos im Nachthemd, nur mit Mamas Umhang über den Schultern herumrannte und um ihre Perlen und ihren Schmuck weinte. Das war natürlich traurig, denn die Tante besaß wahrlich nicht viel, doch niemand konnte etwas aus dem Feuer retten.
Die Feuerwehr kam aus Jugenheim. Die Kammerfrau befürchtete, da auch sie nur ein Nachthemd trug, obgleich der sommerlichen Hitze der Nacht eine Bronchitis zu bekommen und Mama sorgte dafür, dass Drino vor Angst erbebte, als sie ihm sagte, dass die Feuermänner da wären. Er interpretierte das als Männer, die brennend aus dem Feuer kämen, um alle zu ängstigen. Sofort war er in Tränen aufgelöst. Er hatte in seinem kurzen Leben noch keine Feuerwehrmänner gesehen und dies war seine persönliche Vorstellung davon, vor allem da Mama es falsch aussprach.
Da es keinen Wind gab, war das Feuer um fünf Uhr morgens gelöscht, aber der Schaden war massiv.
Die Tante saß am nächsten Vormittag in dem Chaos ihres Schlafzimmers, von dem nur noch Asche übrig war. Sie beweinte den Verlust von Smaragden, die zerbrochen waren, Perlen, zerbröckelt wie Kreide, und auch viele ihrer schönsten Kleider waren ein Raub der Flammen geworden. Es war für sie umso schlimmer, dass sie nun auch noch mit den Menschen der Feuerversicherung sprechen musste, ihren Kopf bedeckt von einem Hut, denn ihre Perücke war auch verbrannt.
Mama schlug die ganze Aufregung auf die Nerven. Sie war im vierten Monat schwanger und fürchtete das Kind zu verlieren.
Meine Mutter berichtete meinem Vater von den ganzen Ereignissen schriftlich, er konnte sein momentanes Kommando auf der *‚Andromache'* aber nicht verlassen und er wusste auch um die Stärke meiner Mutter.
Sie blieb bis zum Winter in Heiligenberg.
An einem Sonntag, dem 6. November 1892, war Großmutter Julie auf dem Weg zur Kirche, als ihr alter Diener auf sie zulief und ihr sagte, es sei ein Prinz im *Alten Palais* angekommen. Großmutter war entrüstet, denn sie fand es unerhört, dass Besuch, dazu noch unangemeldet, zu Mama kam, wo sie sich doch auf die Geburt ihres Kindes vorbereitete. Es machte sie wütend und sie verlieh dem verbal Ausdruck, bis ihr Diener endlich dazwischenkam, doch da kamen schon Ernie und Alix zu ihr und erklärten, es

ginge um das Baby. Sogleich legte sich natürlich ihre Wut und sie kehrte sofort um, damit sie den neuen Erdenbürger begrüßen konnte.
George, oder *Georgie*, wie wir ihn bald nannten, war sofort der Liebling aller. Die Geburt war leicht gewesen für Mama, das Kind gesund und ein richtiger Wonneproppen. Vor allem Louise war von unserem kleinen Bruder fasziniert, sah sie in ihm so etwas wie eine Puppe, die man umsorgen musste. Sie sollte ihm auch im späteren Leben sehr nahestehen.
Ich freute mich natürlich auch über meinen Bruder und für die Königin war es das dreizehnte Ur-Enkelkind, was sie auch sehr stolz machte.
Am dreiundzwanzigsten November stieg Papa zu einem *Naval Adviser to Inspector General of Fortifications* auf. Dies war ein sehr bedeutender Posten in der *Royal Navy* und bedeutete, dass er nun als Sekretär beim Kriegsministerium für die Belange in Friedens- und Kriegszeiten zuständig war. Es ging dabei um die Verteidigungssysteme der Schiffe. Papa bekam ein Büro bei den *Horseguards*, einer Reiterstaffel des Militärs in Whitehall und mietete ein Haus in Pimlico. Beides lag in einem Stadtbezirk in der *City of Westminister* in London.
Meine Mutter reiste im März des Jahres 1893 zu ihm und wir Kinder blieben bis zum Mai in Darmstadt, dann zogen wir zurück nach England. Bis zum Sommer des Jahres 1894 reisten wir mit Mama wieder zu den Residenzen der Königin und standen in sehr engem Kontakt mit ihr, was sie sehr freute.
Bevor es so weit war, bestand meine Mutter aber darauf, dass wir als eine normale kleine Familie eine dreimonatige Auszeit nahmen. Meine Eltern mieteten ein kleines Haus in Sandgate bei Folkstone. Das Haus lag in der Nähe des Meeres und es war eine wunderbare Zeit dort, in der wir Kinder oft am Strand spielten.
Da ich mittlerweile sieben Jahre alt war, bekam ich nun richtigen Unterricht bei einer Hauslehrerin namens Miss Robson. Sie war bereits in Indien die Gouvernante der Prinzessin Margaret von Connaught gewesen und hatte beste Empfehlungen. Margaret war die Tochter Onkel Arthurs, einem Sohn der Königin, der in Indien als General und Oberbefehlshaber der Armee in Bombay diente.

Louise, links, Mama mit Georgie auf dem Schoß und ich, 1893

Louise, links, Georgie und ich, 1893

Ich vermisste eine neu gewonnene kleine Freundin in England sehr. Im Frühjahr 1893 war der englische Diplomat Sir George Buchanan mit seiner Familie nach Darmstadt gekommen, um als sogenannter Geschäftsträger oder *Chargé d`Affaires* tätig zu sein, also die englische Botschaft in Darmstadt zu vertreten. Als er uns das erste Mal mit seiner Tochter Meriel auf dem Heiligenberg besuchte, waren wir Mädchen uns sofort sympathisch. Es gab ein kleines Holzhäuschen, indem wir Kinder immer spielten. Meriel und ich verbrachten bald viel Zeit dort zusammen, spielten Hausfrauen, in dem wir das Häuschen mit kleinen Besen auskehrten, Tee kochten oder versuchten Scones zu backen. Bei Letzterem war immer eine Gouvernante anwesend, um uns zu helfen und aufzupassen. Meriel war ein Jahr älter als ich. Schon nach kurzer Zeit wuchs ihre Verehrung mir gegenüber dermaßen an, dass sie mich in nahezu allem kopieren wollte. Sie wollte ebenso wie ich bald kein Band mehr in den Haaren tragen, sondern eine Spange und immerzu sagte sie mir, ich habe schöne, braune Augen. Einmal gestand sie mir, dass mein leicht ferner Blick ihr am meisten gefiel. Es wirkte wohl manchmal so, als ob ich träumte, wenn ich nicht zuhörte oder bemerkte, wenn mich jemand ansprach. Ich konnte es kaum erwarten, wenn Meriel zum Spielen kam, und die Trennung war sehr schlimm für mich.
Da ihr Vater in vielen Ländern als Diplomat tätig war, wie in Italien, den Niederlanden, Luxemburg und anderen, war ihre Familie ständig auf Reisen. Sie konnte nicht sesshaft werden und bedauerte dies sehr. Denn immer, wenn sie Freunde gefunden hatte, wurde ihr Vater versetzt. Im Jahre 1910 wurde ihr Vater Botschafter in Russland. Meriel schrieb später ein Buch über ihre Zeit als Tochter eines Botschafters, wobei die Zeit in Russland besondere Beachtung fand. Sie schrieb auch Romane, die dagegen kein großer Erfolg waren. Erst als sie in schriftlichen Erinnerungen ihre eigenen an die Zarenfamilie in den Wirren der Russischen Revolution mit einbrachte, konnte sie Erfolge feiern.

Am sechsten Juli des Jahres 1893 fand die Hochzeit der Prinzessin Mary von Teck mit dem Prinzen George, Herzog von York, statt. Mary war wie erwähnt erst mit seinem jüngeren Bruder Albert Victor verlobt gewesen, aber nach dessen Tod machte man ihr George gewissermaßen schmackhaft und sie willigte ein, ihn zu ehelichen. Beide verlobten sich im Mai. Mit dem Ableben seines älteren Bruders würde Onkel Berties Sohn George später König werden. Auch aus diesem Grund war er für Mary, die alle nur *May* nannten, eine gute Partie. Sie trauerte eigentlich noch um ihren ersten Verlobten, doch auch ihre Eltern übten wohl großen Druck auf sie aus. Ihre Mutter Mary wurde bei Hofe hinter vorgehaltener Hand aufgrund ihrer Leibesfülle *Fat Mary* genannt, die Eltern lebten beide sehr exklusiv, residierten unter anderem in Frankreich in sehr vornehmen Hotels und hatten trotz einer guten königlichen Apanage hohe Schulden. Die Tochter in ein vermögendes Haus zu verheiraten, hatte auch für sie nur Vorteile.

Man lud mich ein, eine der Brautjungfern an Marys Seite zu sein. Mama war wie ich sehr stolz über diese Ehre.
Allerdings erfuhren wir erst nach der Hochzeit, dass man zuerst die Prinzessin Alice von Albany, die Tochter des verstorbenen Onkel Leopold, erwählt hatte. Alice war elf Jahre alt, freute sich sehr und hatte schon eine Einladung erhalten. Sie weilte mit ihrer Mutter, Tante Helene und ihrem Bruder bei Verwandten in Arolsen zu Beginn des Sommers, denn die Tante war eine geborene Prinzessin von Waldeck-Pyrmont. Während dieses Urlaubs erreichte die arme, kleine Alice nun die Nachricht, dass man sich doch anders entschieden habe und sie wurde kurzerhand ausgeladen. Die Königin hatte mich als eine der zehn Brautjungfern empfohlen und der simple Grund für Alices Ausladung war, dass man mich hübscher fand.
Alice von Albany wusste darum. Es kränkte sie sehr, dass May von Teck sich gegen sie entschieden hatte, und sie sollte mir das nie verzeihen, obwohl mich daran keine Schuld traf.
Sie war ein hübsches blondes Mädchen, das ihrem Vater wie aus dem Gesicht geschnitten ähnlich sah. Vielleicht hätte ich als Kind mit Mama darüber gesprochen, wenn man mir alles erzählt hätte, denn als meine Mutter davon erfuhr, war sie doch nicht gerade glücklich über die Situation. Und Tante Helene ließ auch sie später wissen, wie gut sie sich noch nach langer Zeit an diese Ungerechtigkeit ihrer Tochter gegenüber erinnern konnte.
Die Hochzeit fand in der *Chapel Royal* im *St. James Palace* in London statt. Ich trug ein wunderschönes Kleid aus Satin mit einer kleinen pinken und einer roten Rose an der Schulter und kleinen Schleifen an den Schuhen. Es war eine wunderschöne Feier, aber solche großen Feiern lagen mir eigentlich nicht besonders, denn unter den vielen Menschen konnte ich nur schwer zuordnen, was jemand sagte oder ob man mit mir sprach. Vielleicht lag es an meiner Taubheit, dass ich mich in kleineren Gruppen immer wohler fühlte als bei großen Gesellschaften.
Natürlich musste mir Alice von Albany später gleich versichern, wie sehr sie solche großen Familienfeiern genoss, und machte so auch gleich deutlich, *wie* sehr ich sie gekränkt hatte, obwohl ich doch am wenigsten dafürkonnte.
Die Königin lud Mama und uns Kinder ein, nach der Hochzeit zehn Tage mit ihr in Windsor zu verbringen. Sie verpflichtete mich während dieser Tage zu Tanzlektionen, bei denen sie einer mit einem kritischen Auge beiwohnte. Da ich nicht hören konnte, musste ich die Musik fühlen, was sehr

schwer war. Da der Mann aber die Frau führt, meinte die Königin, würde es schon gehen und ich solle lediglich darauf achten, dem Tanzpartner nicht auf die Füße zu treten. Ich merkte an, es könnte aber sein, dass der entsprechende Partner vielleicht kein Taktgefühl habe, dann würden wir beide ein sehr merkwürdiges Paar abgeben auf der Tanzfläche. Wenn ein großes Orchester spielte, fühlte ich die Schwingungen, aber wenn jemand nur Klavier spielte, hörte ich nichts. Für die Königin gehörten aber Tanzstunden zur Erziehung einer jungen Dame ebenso dazu wie das Erlernen anderer Etikette.

Die Hochzeit von Prinzessin Mary von Teck und Prinz George, Duke of York im Juli 1893. Das Paar mit den Brautjungfern, von links nach rechts: vorne sitzend Prinzessin Beatrice von Sachsen-Coburg und Gotha, Baby Bee, hinter ihr auf der Bank Prinzessin Margaret of Connaught, links daneben ich, hinter uns stehend Prinzessin Alexandra, Sandra, von Sachsen-Coburg und Gotha, neben ihr Prinzessin Helena Victoria von Schleswig-Holstein und Sandras Schwester, Prinzessin Victoria Melita. In der Mitte Mary von Teck, die Braut, zu Füßen ihres Gatten sitzt die Prinzessin Ena, daneben Prinzessin Patricia von Connaught. Die beiden Damen rechts stehend sind die Schwestern von George, Prinzessin Victoria, genannt Toria, und Maud.

Interessanterweise ging das Gerücht um, dass unter den Brautjungfern drei junge Damen waren, die nur allzu gerne mit Mary getauscht hätten in Bezug auf George als Ehemann und damit dem zukünftigen König von England. Eine dieser Damen war Sandra und es war ein offenes Geheimnis, um das jeder wusste.

Meine Eltern hatten davon gehört, dass es bei meiner Hörbehinderung eventuell die Möglichkeit einer Operation gäbe, und so ging Mama im Sommer mit mir zu einem Ohrenarzt in London, der einen sehr guten Ruf hatte. Sie und Papa machten sich große Sorgen, da ich keine Fortschritte machte und mittlerweile acht Jahre alt war. Bei manchen Hörbehinderten trat im Laufe der Entwicklung vom Kindesalter zum Erwachsenen wohl eine Besserung ein, wenn wie bei mir die *Eustachischen Röhren* verdickt waren. Es kam vor, dass es zu einer leichten Abschwellung kam und man dann in der Lage war, Geräusche wahrzunehmen. Natürlich niemals wie ein Mensch ohne Hörbehinderung, aber wenigstens leise und dumpf. Wie alle Eltern eines behinderten Kindes klammerten sie sich an jede noch so kleine Hoffnung, doch der Arzt konnte meiner Mutter nach einer intensiven Untersuchung keine Chance auf eine Verbesserung des Hörvermögens mitteilen. Eine Operation war bei mir nicht möglich. Allerdings merkte er an, dass manchmal die Entfernung der Mandeln etwas bringen könne.
So musste ich mir in diesem Sommer während unseres Aufenthalts im Buckingham Palast von dem Doktor der Königin, Sir James Reid, die Mandeln operativ entfernen lassen. Da Louise oft erkältet war und dann unter starken Halsschmerzen litt, wurde sie auch operiert.
Leider brachte die Operation aber keine Besserung in Bezug auf meine Behinderung, stattdessen erholte ich mich nur schwer von dem Eingriff. So reisten wir einige Tage nach der Operation nach Sandgate zurück, damit wir Mädchen in der frischen Seeluft unsere Blässe und Angeschlagenheit verlieren konnten.
Es folgte ein kurzer Aufenthalt bei Großmutter Julie in Darmstadt und Ende Juli zogen wir in unser Haus in London. Es hatte einen schönen Garten, in dem wir spielen konnten, und bei schönem Wetter machten wir Ausflüge in den nahegelegenen Battersea Park, der nur eine Viertelstunde Fußweg von dem Haus entfernt lag. Onkel Bertie, der uns einmal besuchte, fand das Haus sehr nett eingerichtet, aber die Wohngegend doch sehr *bürgerlich* – also *billig* – und meinte zu Mama, nur arme Musiker würden dort leben. Dabei muss man erwähnen, dass der Onkel keine Ahnung von unserem geringen Einkommen hatte, also dem von Papa, mit dem er uns alle ernähren musste. Für einen großspurigen Lebensstil im Luxus reichte es nicht. Meine Mutter fand die Wohngegend *gutbürgerlich* und angenehm. Sie

brauchte keinen Palast, um glücklich zu sein.
Die Königin fand es überhaupt nicht gut, als sie erfuhr, wie wir Kinder in einem öffentlichen Park spielten, denn London war nicht gerade eine saubere Stadt, wie sie es ausdrückte. So gab sie Mama einen Schlüssel für den Garten am Buckingham Palace. Doch auch in den rußgeschwärzten Büschen desselben machten wir uns schmutzig. Durch die umliegenden Fabriken kam der Schmutz und Staub auch nach London. Der Wind trug ihn durch die Stadt, verteilte die feine Schicht auf allem. Dort, wo die Mittelschicht lebte, die Bürger, waren die Straßen relativ sauber, wenn man von den Pferdeäpfeln durch die Kutschen absah, aber in den Arbeitervierteln waren die Lebensbedingungen von Gestank und Abfall geprägt und für die Königin war es natürlich auch nicht schön zu hören, dass wir uns in den Büschen tummelten und wie Straßenkinder spielten.
Weihnachten im Jahr 1893 war etwas ganz Besonderes für uns Kinder, denn zum ersten Mal durften wir mit der Königin und den Verwandten in Osborne House auf der Isle of Wight feiern.
Die Räume für die Kinder lagen direkt über dem Wohnbereich der Königin. Es gab einen Raum voller Betten, in dem alle Kinder gemeinsam schlafen konnten, ein riesengroßes Spielzimmer angefüllt mit den herrlichsten Spielzeugen, von denen manch ein Kind nur träumen konnte, Klassenzimmer, von denen eines für die Kleinen war, eines für die Kinder über sechs Jahre. Zumeist hatten in beiden die Kinder von Tante Beatrice Unterricht.
Auf dem Grundstück gab es ein Häuschen im Schweizer Stil, wo wir Kinder spielen konnten. Dies hatte der Großvater Albert, der Ehemann der Königin, einst für seine Kinder bauen lassen. Es hatte eine Speisekammer, eine kleine Küche, ein Esszimmer und war wie ein richtiges Haus eingerichtet. Die Kinder der Königin, vor allem die Mädchen hatten hier einst auf spielerische Art und Weise Haushaltsführung, Kochen und Backen gelernt. Albert hatte immer gewollt, dass seine Kinder, auch wenn sie von königlichem Geblüt waren, auch ein bodenständiges Leben kennenlernten.
Daneben gab es ein Museum, in dem ein jeder aus der Familie etwas aus einem fernen Land mitgebracht hatte. Es war angefüllt mit sehr interessanten Dingen aus aller Welt. Wir Kinder konnten stundenlang die Artefakte bestaunen.
Für die Jungen gab es ein kleines originalgetreues Fort zum Bespielen mit Miniaturkanonen, die man richtig bedienen konnte, und wir durften die sogenannte *Bademaschine* der Königin bewundern. Es war ein Viereck mit Holzumrandung, mit dem sie sich ins Wasser begeben konnte, wenn es warm war, und sichtgeschützt, sodass niemand einen Blick auf sie im Badekleid und mit Badekappe erhaschte.
Für die Königin war dieses Weihnachten ein sehr trübsinniges Fest. Ihre

Lahmheit hatte zugenommen, sie konnte immer schlechter laufen und auch ihre Augen wurden schwächer.
Zudem war am siebzehnten November Papas Bruder Sandro verstorben. Ich hatte erwähnt, dass die Königin Sandros Gattin kennengelernt hatte und in Kontakt mit Großmutter Julie stand, die ihren Sohn nach seiner morganatischen Heirat nicht mehr wiedersehen sollte.
Die Nachricht von Onkel Sandros Tod hatte uns alle überrascht, denn es hieß vonseiten seiner Frau, dass er plötzlich verstorben sei. Auch Papa und seine Brüder hatten keinen richtigen Kontakt mehr mit ihm gehabt. Wie sich später herausstellte, hatte der Onkel eine Blinddarmentzündung gehabt und, da die chirurgischen Möglichkeiten damals noch nicht völlig ausgereift waren, kam es nach der Operation zu einer Bauchfellentzündung, an der er kurz nach dem Eingriff verstarb.
Johanna, Onkel Sandros Ehefrau, machte aber auch nach seinem Tod keine Anstalten, sich nun vielleicht in die Familie zu integrieren. Möglicherweise, weil sie Großmutter Julie nicht verzeihen konnte, wie sehr diese gegen die morganatische Eheschließung ihres Sohnes gewesen war. So zog die Witwe mit den Kindern Assen und Zwetana nach Wien. Da der Onkel aber für einige Jahre Fürst von Bulgarien war, erhielt er in Sofia ein Staatsbegräbnis. An diesem nahm aber niemand aus unserer Familie teil.

Weihnachten wurde bei der Königin traditionell an Heiligabend gefeiert. Da ihr Ehemann Deutscher gewesen war, aus dem Hause Sachsen-Coburg und Gotha, und sie selbst auch deutsche Wurzeln hatte, hielt man sich an die deutsche Tradition. Die Königin und ihre Familie hatten unter anderem den Weihnachtsbaum in England als Brauchtum eingeführt. Die bürgerlichen Familien und anderen Adeligen hatten sich dann in dieser Tradition an der königlichen Familie orientiert, man könnte auch sagen, es war in Mode gekommen, einen Weihnachtsbaum zu haben.
Der Weihnachtsgottesdienst fand um elf Uhr mittags statt, abends um achtzehn Uhr wurden die Kerzen an dem wundervoll geschmückten Baum angezündet und die Geschenke verteilt.

Am zweiten Januar des Jahres 1894 war die Königin zugegen, als Drino, Ena und mich ein Wachtmeister auf eine spielerische Art und Weise exerzieren ließ. Er war in *Parkhurst* beschäftigt, einem der bekanntesten Gefängnisse Englands auf der Isle of Wight. Man nannte es auch die *Parkhurst Barracks*. Neben den *Albany Barracks*, die in Newport lagen, etwas außerhalb der Insel galt das Gefängnis als eines der berüchtigtsten. Beide Gefängnisse waren streng bewacht und eine Flucht nahezu unmöglich. Von *Parkhurst* aus schickte man in der Mitte des neunzehnten Jahrhunderts aus

auch viele Kriminelle in die Kolonien nach Neuseeland und Australien.
Ich kann mich nicht mehr erinnern, warum er mit uns spielte, aber es war eine interessante Erfahrung.
Die Tage auf der Insel waren ansonsten angefüllt mit Teegesellschaften, und da wir Kinder alle beisammen waren, kam nie Langeweile auf. Es fand sich immer jemand zum Spielen.
Meinen neunten Geburtstag feierte ich auch bei der Königin und man richtete mir ein schönes Fest aus. Die Königin fand, dass ich nun alt genug sei, um Mama und sie auf nachmittäglichen Ausfahrten mit der Kutsche nach West Cowes und Newport zu begleiten. Diese Ausfahrten sollten von nun an bei Besuchen der Königin ein besonderes Ereignis für mich werden, denn sie ließ mich wissen, wie sehr sie es genoss, wenn ich dabei war. Einmal sagte sie frei heraus, sie liebe mich und meine Geschwister so sehr wie unsere Eltern.
Von Osborne aus reisten wir dann zu Onkel George und Tante May nach Sandringham. Wir blieben ein Wochenende dort. Man kann ohne Zweifel sagen, dass einem dort noch mehr geboten wurde als bei der Königin. Es gab eine sehr große Teegesellschaft, der Onkel zeigte uns die Stallungen, die Hundezwinger, seine Fasanerie, und bevor wir abreisten, veranstaltete man uns zu Ehren ein großes Festessen mit vielen Gästen, für welches vorher 400 Rebhühner geschossen wurden.
Kurz darauf erfuhren wir von einem schrecklichen Unfall, der die Königin in sehr große Sorge versetzt hatte. Ena, die siebenjährige Tochter von Tante Beatrice, war beim Reiten von ihrem Pony gefallen und unter dessen Hufe geraten. Das Pony kam ins Straucheln, fiel auch noch auf sie drauf. Tagelang fürchtete man, dass die kleine Ena schwere Hirnschäden davongetragen haben könnte, doch als sie endlich aus ihrer Bewusstlosigkeit erwachte, zeigte sich bald, dass sie sich bis auf Prellungen, Blessuren und eine Gehirnerschütterung, nichts weiter zugezogen hatte. Doch natürlich machten wir uns alle sehr große Sorgen um sie. Ena war mir eine lieb gewonnene Spielgefährtin geworden und es wäre schlimm gewesen, wenn sie nach dem Unfall behindert gewesen wäre. Da ich dies von Maxi von Erbach-Schönberg kannte und um eine solche schwere Behinderung wusste, war ich sehr erleichtert, als sie sich erholte.
Vor Ostern zogen wir von London nach Elm Grove in *Walton-on-Thames.* Die Stadt liegt in der Grafschaft *Surrey* im Südosten Englands. Die Themse floß in der Nähe der Stadt vorbei und wir durften ab und an mit einem kleinen gemieteten Boot den Fluss hinauffahren. Unser neues Zuhause war dagegen weitaus geräumiger als das in London, die Möbel aber eher antik, dennoch komfortabel und es gab einen kleinen Garten. Die Stadt hatte etwa zweiundzwanzigtausend Einwohner. Das Leben dort war also wesentlich

beschaulicher als in der Großstadt London.

Louise, links, ich, Mama und Papa mit Georgie auf dem Schoß, 1894

Ende des Jahres 1893 hatten sich Onkel Ernie und Ducky von Sachsen-Coburg und Gotha verlobt. Es war ein ausdrücklicher Wunsch der Königin gewesen, dass die beiden heirateten, und auch die Mutter von Ducky, die Herzogin Marie war von einer Verbindung sehr angetan gewesen. Beide waren künstlerisch interessiert, fröhliche Menschen und hatten am fünfundzwanzigsten November Geburtstag. Zudem hatten sie sich bei gemeinsamen Treffen in England so gut verstanden, dass die Königin den mittlerweile fünfundzwanzigjährigen Ernie förmlich drängte, Ducky zu heiraten. Die Herzogin hatte bereits die älteste Tochter Marie gut verheiratet. Sie ehelichte den Kronprinzen Ferdinand von Rumänien und würde einmal Königin werden, für Ducky fand sie den zukünftigen Titel einer Großherzogin auch überaus gut.

Ducky war erst siebzehn Jahre alt, doch eine ausgesprochene Schönheit mit lockigen, dunklen Haaren und groß gewachsen. Sie hatte als Kind sehr unter ihrer Schüchternheit gelitten, war eher introvertiert und unterzeichnete auch Fotografien von sich nur mit „*Das hässliche Kind*".
Die Herzogin und der Herzog waren nur selten für die Kinder verfügbar gewesen, oftmals ersetzten Erzieher und Gouvernanten, die sehr streng waren, die elterlichen Rollen und Ducky wurde von diesen oftmals so sehr gegängelt wie auch von der Mutter, damit sie ihre Schüchternheit überwinden würde. Selbst ihre Schwester Marie merkte oftmals an, wie sehr man dem armen Kinde zusetzte. Vielleicht sah Ducky in der Heirat eine Möglichkeit zur Flucht aus der Enge des Elternhauses, der Strenge der Mutter, doch auf Außenstehende wirkten Ernie und sie wirklich sehr verliebt.
Am neunzehnten April 1894 heirateten sie auf Schloss Ehrenburg in Coburg in Bayern, dem elterlichen Wohnsitz.
Für Tante Alix bedeutete die Heirat von Onkel Ernie, dass die innige Bindung zwischen ihr und ihm, die beide seit dem Tod der Mutter und des Vaters verband, sich lockerte. Sie brauchte sich nicht mehr länger verantwortlich für den Bruder zu fühlen, und als sie hörte, dass der Zarewitsch Nikolaus aus Russland zur Hochzeit anreisen würde, bat sie ihn um eine Aussprache. Hatte die Königin in England gehofft, Alix Bestreben, Nicky zu ehelichen, sei durch den Religionswechsel und die anderen Umstände vielleicht erloschen, so irrte sie sich. Beide liebten einander immer noch, hatten all die Jahre einen engen Briefkontakt gepflegt und bei jedem familiären Treffen war ihre Liebe stetig gewachsen. Nun, als sie sich in Coburg trafen, versprach ihr Nicky, dass sie ihre Religion nicht aufgeben musste, sie musste zwar konvertieren, aber er würde ihr niemals Vorhaltungen machen, wenn sie für sich den lutheranischen Glauben beibehielte. Es war für ihn zweitrangig, denn er sagte ihr, er könne sich ein Leben ohne sie nicht vorstellen. Zur Überraschung aller verlobten sie sich am zwanzigsten April in Coburg. Für Mama zählte nur das Glück ihrer Schwester und sie setzte alles daran, auch die Königin davon zu überzeugen, die daraufhin anbot, Alix solle nach England reisen, um sich dort mit dem Bischof von Ripon, Dr. Boyd Carpenter zu treffen, der ihr die Gemeinsamkeiten zwischen dem russisch-orthodoxen und dem lutheranischen Glauben darlegen sollte. Sie zeigte damit, dass sie die Entscheidung ihrer Enkelin nun akzeptierte und

sie loslassen musste. Wenn es ihr innigster Wunsch sei, nach Russland zu gehen und einmal Zarin zu werden, so würde sie dem Glück nicht im Wege stehen.
So feierten wir in Coburg gleich zwei große Feste und es freute mich, Onkel Ernie und Tante Alix glücklich zu sehen.

Die Hochzeit in Coburg 1894 – vorne links sitzend Kaiser Wilhelm II. von Preußen, hinter ihm stehend Nicky, daneben rechts Alix, neben ihr rechts Mama und Tante Irene, vor Alix sitzend die Königin und neben dieser rechts die Kaiserin Friedrich, ihre Tochter Viktoria, hinten im Bild die zweite von rechts ist Tante Ella und vor dem Mann vor ihr ist Onkel Sergey

Tante Alix und unser zukünftiger Onkel Nicky am Tag ihrer Verlobung 1894

Tante Alix reiste einige Tage nach ihrer Verlobung zuerst zu Onkel Ernie und Tante Ducky nach Darmstadt, dann zur Königin nach Windsor, wobei sie Gretchen von Fabrice, ihre Hofdame, begleitete. Margarethe, die Gretchen gerufen wurde, war seit Tante Alix` sechzehntem Lebensjahr ihre treue Begleiterin und eine enge Vertraute. Gretchen war sehr religiös, ebenso wie Alix, sollte sie anleiten, ihren Platz im Leben zu finden, da sie um einige Jahre älter war, doch hatte einen Nachteil – ebenso wie Alix war sie sehr schüchtern und eher zurückhaltend. Auch sie errötete schnell in Gesellschaft, wenn zu viele Menschen um sie herum waren. Aber vielleicht war dies auch ein Grund, weshalb beide Frauen sich so gut verstanden, und Gretchen sollte Alix für immer verbunden bleiben.
Beide besuchten uns Ende April in unserem neuen Zuhause in Walton. Ich liebte Tante Alix sehr, weil sie so ein freundlicher und offenherziger Mensch war. Sie verstand es, jedem Menschen Mitgefühl gegenüber zu empfinden, was auch dafür sorgte, dass sie niemanden aufgrund einer Behinderung oder einer anderen Schwäche verurteilte. Alles, was sie tat oder

sagte, zeugte von einer Ehrlichkeit und Wärme, die mir oft imponierte.
Mitte Juni kam uns dann auch Onkel Nicky in Begleitung seines alten Kammerdieners besuchen und er war uns gegenüber ebenso herzlich und unbefangen wie Alix. Ich fand, dass die beiden ein wunderbares Paar waren, man spürte förmlich, wie verliebt sie waren. Sogar als es einige Tage lang heftig regnete, gingen sie unter einem Schirm eng beieinander lachend im Regen miteinander spazieren. Es war für sie beide eine kleine Auszeit. Onkel Nicky lud Louise und mich ein, einige Kutschfahrten mit ihm und Alix in der Gegend um Walton zu unternehmen. Er sollte diese Einladung etwas bereuen, da wir beide in der Kutsche oft aufsprangen, um den beiden etwas zu zeigen. Die Ruckelei setzte ihm ein wenig zu, doch er nahm es mit Humor.
Auch Onkel Franzjos besuchte uns für einige Tage und Mama meinte, dass das Haus langsam sehr überfüllt wurde mit so vielen Menschen und wir müssten wohl bald auf den Garten ausweichen. Sie liebte Familientreffen. Es war nicht böse gemeint, sondern eher als Scherz.
Ich erinnere mich an eine Ruderpartie mit Onkel Fanzjos auf der Themse, wobei er sich als wirklich schlechter Ruderer erwies. Also gab man mir ein Seil und verfrachtete mich an Land, damit ich das Boot auf Kurs halten solle, doch gegen die Strömung anzukommen war sehr schwer, da Onkel Fanzjos und ich nicht wirklich im Einklang waren in unseren Bemühungen. Ich versuchte schneller zu laufen, der Onkel schwang die Ruder und sie berührten immerzu die Böschung und das Ufer. Für die anderen im Boot war es eine wirklich schwer auszuhaltende Ruderfahrt, denn ein jeder befürchtete ins Wasser zu fallen.
An einem Tag nach Onkel Franzjos Abreise, erreichten uns zwei königliche Kutschen mitsamt einem livrierten Vorreiter, um uns alle auf Einladung der Königin zu einem Besuch nach Windsor zu fahren. Die Bewohner der umliegenden Häuser standen auf den Bürgersteigen und staunten nicht schlecht über das Spektakel.
Im August des Jahres 1894 reisten wir nach Darmstadt. Papas Vater wurde in das neu gebaute Mausoleum auf dem Heiligenberg umgebettet und es war sehr traurig zu sehen, wie Großmutter Julie weinend hinter dem Sarg herging.
Am sechzehnten Oktober erhielt Papa ein neues Kommando auf der ‚*Cambrian*' und war wieder getrennt von uns. Wir würden ihn erst im Winter auf Malta wiedersehen und mehr Zeit mit ihm verbringen können.
Inzwischen ging es dem russischen Zaren Alexander III. gesundheitlich immer schlechter. Im Jahre 1888 war der kaiserliche Zug bei Borki im Kaukasus durch eine nicht näher geklärte Ursache entgleist. Der Zar, ein großer, starker Mann, hatte das Dach des Zuges angehoben, damit seine Familie

sich in Sicherheit bringen konnte. Man ging davon aus, dass diese übermenschliche Anstrengung Schäden an seinen inneren Organen hervorgerufen hatte.
Seit einiger Zeit litt er an einer schweren Nierenentzündung, einer Nephritis, und die Ärzte waren machtlos. Die Familie hatte sich nach Livadia auf der Krim zurückgezogen, dem Sommeraufenthalt am Schwarzen Meer, denn man hoffte, das dortige warme Klima könne ihm vielleicht helfen. Onkel Nicky telegrafierte Tante Alix, dass sein Vater im Sterben lag, und sie reiste umgehend dorthin, um ihm und auch ihren zukünftigen Schwiegereltern beizustehen. Mama begleitete ihre Schwester ein Stück der Reise von Darmstadt aus, bis Tante Ella ihnen beiden auf dem Wege entgegengekommen war und mit Alix weiterreiste.
Doch der Zar verstarb am ersten November. Man bestattete ihn in St. Petersburg und Onkel Nicky war damit der neue Zar von Russland. Sein Vater war gerade einmal neunundvierzig Jahre alt geworden. Sein Tod traf alle völlig überraschend. Am sechsundzwanzigsten November heirateten Tante Alix und Onkel Nicky im kleinen Kreis in der Kapelle des Winterpalastes in St. Petersburg. Aufgrund des Trauerjahres musste man aber mit der Krönung warten. Denn dafür war ein großes Fest vorgesehen.
Für die Königin in England waren mit der Hochzeit alle Hoffnungen verflogen, dass ihr Enkelkind Alicky sich vielleicht noch umentscheiden könne. Sie hatte sie zwar etwas unterstützt, aber innerlich, wie sie in Briefen an Mama schrieb, doch noch eine stille Hoffnung gehabt, dass es nicht zur Hochzeit kommen würde. Sie mochte Onkel Nicky, aber befürchtete, ihre Enkelin kaum oder gar nicht mehr wiederzusehen, und sagte frei heraus, sie habe sie an die Russen verloren.
Schon im Herbst des Jahres 1894 hatte uns aus Darmstadt die freudige Nachricht erreicht, dass Tante Ducky schwanger war, und das Baby sollte im März des folgenden Jahres zur Welt kommen. Die Königin war natürlich auch hocherfreut über die Tatsache, ein neues Urenkelkind zu bekommen, doch sie bestand darauf, wie so oft bei Geburten in unserer Familie, einen guten Gynäkologen auszuwählen. Bei der Geburt von Onkel Willy, dem Sohn der Kaiserin Friedrich, war es zu Fehlern gekommen, weswegen einer seiner Arme unterentwickelt war. Zudem schob die Königin Maxi von Erbachs Behinderung auch auf einen Fehler der Ärzte bei dessen Geburt. Duckys Mutter forderte nur eine russische Amme für das Baby. Das wollte ihr die Königin auch zugestehen, aber bei Ärzten hatte sie stets die besten und fachkundigsten zur Hand, da konnte man sich auf ihren Rat verlassen.
Am elften März des Jahres 1895 kam die kleine Prinzessin Elisabeth in Darmstadt zur Welt. Ich freute mich sehr über die Geburt meiner kleinen Cousine. Am vierundzwanzigsten März wurde sie in Darmstadt getauft,

wobei wir alle zugegen waren. Auch Tante Ella, Duckys Schwester und die Kronprinzessin Marie von Rumänien waren angereist, denn sie waren als Taufpaten des Babys auserwählt. Auch die Königin in England und Tante Alix waren Taufpaten, doch sie konnten beide nicht kommen. Die Königin fühlte sich nicht wohl, die Reise war ihr zu anstrengend und Tante Alix war schwanger.
Die kleine Elisabeth war vom Tag ihrer Geburt an das Ein und Alles ihres Vaters. Onkel Ernie liebte sein kleines Mädchen und kümmerte sich rührend um sie. Sie war mit einem dunklen Schopf gesegnet und wundervollen braunen Augen, denen jedoch auch in den späteren Jahren immer eine Traurigkeit innewohnen sollte, die wir damals aber noch nicht als ein böses Omen deuteten. Tante Ducky liebte ihr Kind natürlich auch, aber man hatte das Gefühl, sie vergöttere es nicht so wie ihr Mann.
Im Vorfeld der Geburt war ein kleiner Streit zwischen Duckys Mutter und der Königin entbrannt, weil die Herzogin Marie letztendlich doch eher einem deutschen Gynäkologen vertrauen wollte als einem englischen. Gekränkt wandte sich die Königin brieflich an Mama, denn ihre Bemühungen waren offensichtlich nicht erwünscht.

Im Sommer des Jahres 1895 befanden wir uns in Heiligenberg und genossen die Zeit mit den Verwandten sehr, besonders freute ich mich, bei Großmutter Julie zu sein. Es war für mich dann ein sehr großer Schock, als sie am neunzehnten September völlig überraschend mit neunundsechzig Jahren verstarb. Wir hatten ihren runden Geburtstag im November groß feiern wollen. Es war nicht der erste Trauerfall, mit dem ich in unserer Familie konfrontiert wurde, aber es traf mich sehr, denn ich verlor eine sehr liebevolle Großmutter und innige Vertraute. Für Papa wog der Verlust seiner Mutter natürlich auch schwer, wie überdies für unsere gesamte Familie.
Es war schlimm für Mama, wie sehr ich litt. Oftmals kam ich aus dem Weinen um die geliebte Großmutter nicht mehr heraus, und als sie es der Königin berichtete, zeigte sich diese ebenso erschüttert. Sie hatte jahrelang einen sehr guten brieflichen Kontakt mit Großmutter Julie gepflegt und sprach in höchsten Tönen von ihr. Umso mehr verstand sie mich in meinem Kummer. Ich nahm von meiner Großmama Abschied, die man im Wintergarten des Schlosses aufgebahrt hatte. Und es war sehr schmerzlich, sie so still in ihrem Sarg zu sehen, mit all den schönen Blumen, die wir um sie herum drapierten. Mein Bruder Georgie heiterte uns etwas auf, denn er meinte, sie habe Blumen zwar geliebt, aber Obst umso mehr und besonders Birnen. So lief er los, kam mit einer Birne zurück und legte sie neben sie. Niemand zeigte sich erbost darüber, denn er hatte recht. Nicht nur einmal hatte Großmutter gesagt, wie wichtig Obst für die Gesundheit sei. Es erschien

meinem kleinen Bruder einfach logischer, dass sie mit einer Birne im Himmel besser bedient wäre.
Dennoch vermissten Louise und Georgie sie nicht so sehr wie ich, jedenfalls empfand ich es so. Ihr Tod ließ mich für eine Zeit sehr mürrisch und in mich gekehrt werden.
Wir reisten im Herbst noch zu Tante Irene und Onkel Heinrich nach Hemmelmark, wo wir im Meer baden konnten, angeln gingen an einem See oder mit der Yacht ‚*Esperance*' des Onkels auf dem Meer segelten. Es war eine schöne Abwechslung und diese Besuche sollten bald in regelmäßigem Turnus stattfinden, doch mir brachte es nur wenig Ablenkung. Mama befürchtete sogleich, ich könne in meiner bisher erlangten Entwicklung zurückfallen. Ich war noch nicht ganz elf, aber so groß gewachsen, dass die meisten Menschen, die mir begegneten und mich nicht kannten, mich für vierzehn Jahre alt hielten. Und für meine Mutter war es dann umso schlimmer, dass ich so verschlossen war. Sie musste mir nur einfach etwas Zeit geben und einige Wochen später öffnete ich mich wieder. Ich zeigte mich wieder vernünftig und erstaunte meine Mutter mit meiner Wandlung zu einem durchaus *zahmen* Kind. Man muss hierbei nochmals erwähnen, dass Mama eine große Rednerin war, was sich auch auf Streitereien erstreckte. Wenn sie etwas zu bemängeln hatte, konnte sie es bis in das kleinste Detail ausdiskutieren. War man also in ihren Augen unartig, so schimpfte sie einen nicht, sie analysierte das Missverhalten bis zum Äußersten, sodass einem eigentlich dann schon die Lust verging, unartig zu sein.
Am fünfzehnten November brachte Tante Alix im Zarenpalast Zarskoje selo in St. Petersburg die kleine Großfürstin Olga zur Welt.
Die Königin wurde natürlich eine ihrer Patentanten. Obwohl man sie auch hier vor der Niederkunft wieder spüren ließ, dass ihre Hinweise und Vorschläge bezüglich eines englischen Gynäkologen nicht beachtet wurden. Tante Alicky wählte einen deutschen Arzt, den man ihr empfohlen hatte.
Wir verbrachten den Winter dann wieder in Malta und Papa freute sich mit uns zusammen sein zu können, denn nachdem er eine Zeit lang nicht auf See gewesen war, sondern mehr im Büro, war er fast schon traurig darüber gewesen, wieder ein Kommando zu übernehmen, jedenfalls deutete er dies einmal an. Natürlich liebte er die See, seinen Beruf, aber eben auch seine kleine Familie. Er und Mama waren nur sehr ungern für längere Zeit getrennt, wobei sie sich natürlich Briefe schrieben, aber es war eben nicht vergleichbar mit dem Zusammenleben.

Mama, links, Georgie, Louise, Papa und ich, rechts, 1896

Im Jahre 1895 hatte man erfahren, dass im Gebiet von Aschanti in Ghana, welches eine Kolonie Großbritanniens war, Einheimische gefangen und als Sklaven verkauft wurden. Man versuchte dem Stammeshäuptling Prempeh, den man dort als König ansah, eine derart grausame Art von Handel zu verbieten. Prempeh weigerte sich jedoch, diese sehr lukrative Einnahmequelle aufzugeben. So sah sich die Königin gezwungen, eine militärische Expedition unter Sir Francis Scott, einem britischen Generalmajor, dorthin zu entsenden, um Prempeh mit Gewalt zu begegnen. Onkel Liko war des Herumsitzens in England müde, wenn man so will. Er wollte für sein Heimatland England kämpfen und der Königin beweisen, dass auch in ihm ein Militarist schlummerte. Sie fand seine Entscheidung zwar ehrenhaft, wollte ihn aber zuerst nicht gehen lassen. Er hatte Familie und sie wusste, wie sehr

ihre Tochter, Tante Beatrice, leiden würde, wenn er fort wäre, denn bisher waren die beiden keinen einzigen Tag voneinander getrennt gewesen. Zudem war da natürlich die Befürchtung, er könne in dem Krieg, der sich an der Goldküste nun anbahnte, sein Leben lassen. Doch Onkel Liko blieb hartnäckig und so gab die Königin schließlich nach. Natürlich fühlte sie sich auch geehrt, in seinem Mut sein Leben für die Krone zu opfern.
Als sein Regiment am siebten Dezember 1895 abreiste und eine Militärkapelle *Auld Lang Syne* spielte, standen Tante Beatrice die Tränen in den Augen.
Onkel Liko sollte aber dann auf der Reise nur die Topografie des Landes studieren und war schon froh darüber, wie er der Tante schrieb, den starken Wellengang am Golf von Biskaya überstanden zu haben. In Afrika angekommen begab er sich mit der Hauptgruppe der Expedition in die Hauptstadt Kumasi.
Am vierten Januar 1896 überquerten sie den Pra-Fluss und kurz darauf zeigten die ersten Soldaten Symptome eines schweren Fiebers. Nur wenig später, am zehnten Januar, als sie die Stadt Kwisu erreichten, brach die Krankheit auch bei Onkel Liko aus. Schnell diagnostizierten die Ärzte Malaria. Der Onkel war tapfer, wollte nicht heimreisen, weil er keine Sonderbehandlung wollte, doch man brachte ihn an Bord der *HMS Blonde*, die ihn zurück nach England bringen sollte. Doch kaum passierte das Schiff die Küste von Sierra Leone, ging es dem Onkel so schlecht, dass er kurz darauf verstarb. Es war der zwanzigste Januar, und als Tante Beatrice die Nachricht erhielt, brach sie zusammen. Man legte Onkel Likos Leichnam in Rum ein und brachte ihn zu seiner Beisetzung nach England zurück, was ich als Kind, als ich davon erzählt bekam, sehr befremdlich fand.
Mein Vater konnte den Tod seines Bruders auch nur schwer verwinden, hatte er doch gerade erst die Mutter beerdigen müssen, und die Tante in ihrem Kummer zu sehen, war für uns alle ebenso schmerzlich. Sie hatte ihre Kinder, und, da sie nun wieder alleine war, als Witwe verbrachte sie wieder mehr Zeit mit der Königin, ihrer Mutter. Sie wurde so wieder zu ihrer Gesellschafterin und Sekretärin wie schon in den Jahren vor ihrer Eheschließung und konzentrierte ihr Leben auf ihre Mutter.

Am vierzehnten Mai des Jahres 1896 wurden Onkel Nicky und Tante Alix in Moskau gekrönt. Wir reisten natürlich dorthin und mein Vater war sehr stolz, dass er bei der Parade zu Ehren des Zarenpaares mitreiten durfte. Zudem wurde er dieses Mal sehr viel herzlicher in Russland empfangen, eben wie Alix` und Nickys Schwager, als Ehrengast. Die Battenbergs waren nach vielen Jahren wieder willkommen, bemerkte mein Vater mit einem Lächeln.

Tante Irene wäre auch gern zu den Feierlichkeiten mit angereist, aber sie stand kurz vor der Geburt ihres zweiten Kindes, des Prinzen Sigismund.

Ich hatte während der Krönungsfeierlichkeiten in Moskau eine seltsame Seite an Mama entdeckt. Sie schien plötzlich abergläubisch zu werden, denn sie meinte in all der Freude etwas Dunkles zu spüren, eine Art seltsame Vorahnung, dass etwas Schlimmes passieren könnte. Sie nannte es einen fatalen Schatten, der um die Ecke lugte. Es waren zuerst nur Kleinigkeiten, die sie innerlich erbeben ließen.
Zuerst kam es zu einem mysteriösen Brand, der in Onkel Sergeys und Tante Ellas privater Kapelle am Morgen vor der Krönung ausbrach. Die Kapelle befand sich in *Usovo*, einem soliden Backsteinhaus am Ufer der Moskwa, in dem wir während unseres Aufenthalts residierten. Besonders an dem Haus war, dass es eine für die Zeit ungewöhnliche technische Neuerung besaß – eine Zentralheizung. Onkel Sergey, der schon für die Feierlichkeiten seine Uniform trug, entdeckte den Brand, löste den Feueralarm aus und hastete in unsere Zimmer, um unsere Kleider zu retten. Nur dreißig Minuten später wäre das Feuer völlig außer Kontrolle geraten und es hätte niemand mehr etwas tun können, weil alle bei den Feierlichkeiten gewesen wären. Es war aber ein Rätsel, weshalb das Feuer ausgebrochen war, denn wie man später feststellte, war die Zentralheizung nicht defekt.
Während des Balls im Moskauer Kreml wandelte Mama herum, denn sie war schon immer stets neugierig gewesen, was sich in so großen Gebäuden alles abspielte. In einem kleinen Nebenraum sah sie einige Männer stehen und sich unterhalten. Einige trugen eine Uniform, manche einen Frack, zwei oder drei trugen einfache Bauernkleidung. Mama erkundigte sich, wer diese Männer seien, und man klärte sie darüber auf, dass es sich um Nachfahren von Männern handelte, die alle einem Zaren das Leben gerettet hatten, seit die Romanows an der Macht waren. Es war eine sehr alte Tradition, diese Nachfahren zur Krönung eines neuen Zaren einzuladen. Mama wurde an die Attentate auf die Zaren erinnert, das letzte lag erst dreizehn Jahre zurück. Damals war Zar Alexander II., Nickys Großvater, durch die Granate eines Attentäters so schwer an den Beinen verwundet worden, dass er nur eine Stunde später im Palast verstarb, und Onkel Nicky, der gerade erst zwölf Jahre alt war und vom Schlittschuhlaufen kam, konnte den Anblick seines sterbenden Großvaters nie vergessen. Das schlimme Ereignis hatte dafür gesorgt, dass er eigentlich keinen Wert darauf legte, jemals Zar zu werden, das wussten alle, denn er hatte davon erzählt. Ebenso fiel Mama im gleichen Atemzug ein, wie Onkel Nicky bemerkte, er habe Angst davor Zar zu werden, denn dann würde niemand mehr ehrlich zu ihm sein.
Die Attentate und die Unterwürfigkeit gegenüber dem Herrscher Russlands

stimmten Mama nachdenklich, aber ein weiteres schlimmes Ereignis ließ die Schatten auf ihrer Seele noch dunkler werden.
Vier Tage nach der Krönung sollte auf dem Chodynka-Feld bei Moskau, auf dem normalerweise Truppen der Moskauer Garnison exerzierten, ein großes Volksfest stattfinden. Das Feld war von Gräben durchzogen, was später auch ein wichtiger Fakt für die Katastrophe war.
Um zehn Uhr morgens sollten dort vierhunderttausend Beutel mit Geschenken an die Menschen verteilt werden. In diesen Beuteln befanden sich Süßigkeiten und je ein Emaille-Becher, der speziell zur Krönung angefertigt und dekoriert worden war. Daneben gab es hundertfünfzig Buffets für die Menschen mit kleinen Speisen sowie fünfzehn Pavillons mit Theater- und Musikgruppen. Und als Besonderheit sollte sich um vierzehn Uhr der Zar persönlich mit der Zarin zeigen. Doch man rechnete nicht mit dem Ansturm an Menschen, die sich bereits schon in der Nacht vor dem Fest auf dem Feld versammelten. Obwohl es eine mondhelle Nacht war, fielen die ersten in die Gräben, verletzten sich dort leicht. Es kamen immer mehr Menschen, und noch bevor die Sonne aufging, waren es bereits eine halbe Million Menschen, die auch aus dem Moskauer Umland zu Fuß kamen, um an dem Fest teilzunehmen und die Geschenke zu erhalten. Die bereitgestellten Ordnungskräfte merkten bald, dass sie bei den vielen Menschen nicht mehr Herr der Lage werden konnten. Um sechs Uhr morgens ging das Gerücht durch die Menge, dass nun die ersten Geschenke verteilt würden. Wie Tiere stürmten die Menschen zu den aufgebauten Buffets. Es waren viele arme Menschen unter ihnen, die sich auf die Geschenke freuten – Kinder, Erwachsene, alte Menschen. Als die ersten in einen neunzig Meter langen und etwa drei Meter tiefen Graben stürzten drängten die Nachfolgenden einfach weiter, fielen auf sie drauf oder stiegen und krabbelten über sie hinweg. An diesem Tag starben 1389 Menschen, weitere 1300 wurden zum Teil schwer verletzt.
Für Onkel Nicky und Tante Alix, wie auch für uns und alle anderen war dies ein schreckliches Unglück. Den ganzen Tag über besuchten Onkel und Tante Verletzte in den Hospitalen und Onkel Nicky verfügte sofort, dass jede Familie eines Getöteten eintausend Rubel aus seinem Privatvermögen erhalten solle, auch für ein jedes Begräbnis würde er aufkommen.
Doch am Abend des Tages fand ein Ball für die französische Gesandtschaft statt, und da Frankreich der einzige wirkliche militärische Verbündete Russlands war, bestand Onkel Sergey darauf, dass man den Ball nicht absagte, und Onkel Nicky und Tante Alix mussten dort erschienen. Beide hatten dies abgelehnt angesichts der Tragödie, aber schließlich willigten sie ein. Dies sollte man Onkel Nicky stets während seiner Regentschaft vorhalten. Er habe im Angesicht der vielen Toten getanzt, sagte man.

Natürlich suchte man einen Verantwortlichen für das Unglück, aber Onkel Nicky, der den Vorfall untersuchen ließ, konnte Onkel Sergey nicht öffentlich anklagen lassen. Er hatte diesen zwar mit der Organisation des Festes beauftragt, aber Onkel Sergey gehörte zur Familie und war Tante Ellas Ehemann. Zudem befürchtete man, dass die russische Monarchie an Autorität verlieren könne, wenn Familienmitglieder vor Gericht kamen. Man zog also den Moskauer Oberpolizeimeister Alexander Alexandrowitsch Wlassowski zur Verantwortung, doch das Volk akzeptierte dies nur widerwillig und verpasste Onkel Sergey den Spitznamen *Fürst Chodynskij* – nach der Tragödie auf dem Chodynka-Feld.
Wenn man meine Tante Alix später als gefühllose, kaltherzige Frau beschrieb, die nur an ihr Vergnügen dachte, da sie den Ball besuchte, muss ich dem widersprechen. Denn nur wir sahen die Tränen in ihren Augen. Mama und Tante Ella versuchten sie zu trösten, sprachen ihr Mut zu, den Ball zu besuchen, doch sie ging nur sehr ungern, ebenso wie Onkel Nicky, denn beide traf die Tragödie sehr schwer.
Für meine Mutter jedoch war diese Anhäufung von Vorkommnissen und das Unglück auf dem Chodynka-Feld ein böses Omen und leider sollte sie ihre Vorahnung nicht trügen.
Auch die Königin in England zeigte sich entsetzt als sie von der Tragödie erfuhr und noch empörter war sie, dass man den Ball besucht hatte. Auch für sie warf es einen dunklen Schatten auf Onkel Nickys Regentschaft.

Wir reisten nach den Feierlichkeiten weiter nach Ilinskoye zu Onkel Sergey und Tante Ella. Ilinskoye war etwa dreiundsechzig Kilometer außerhalb von Moskau. Das Landgut umfasste über neuneinhalb Quadratkilometer und es lag am linken Ufer des Moskwa-Flusses, Onkel Sergey hatte es von seiner Mutter geerbt.
Neben einem Palast in St. Petersburg besaßen die beiden auch noch eine Villa bei Peterhof, der Sommerresidenz der Zarenfamilie am Finnischen Meerbusen.
Ilinskoye war ein Traum. Tante Alix reiste mit uns dorthin, und obwohl sie und Tante Ella nun reicher waren als meine Mutter es sich jemals vorstellen konnte, beneidete sie die beiden nicht. Für sie waren es immer noch ihre Schwestern und sie waren in ihren Persönlichkeiten gleich geblieben, wie sie sich auch in den folgenden Jahren durch ihren Status nicht veränderten, obschon dieser weit über dem meiner Mutter lag.
Wir verbrachten unsere Tage in Ilinskoye recht entspannt, gingen schwimmen, fischen, genossen die Freizeit mit Spielen und kleinen Tanzveranstaltungen am Abend.
Onkel Sergey und Tante Ella kümmerten sich oft um die Kinder des Groß-

fürsten Paul Alexandrowitsch, Onkel Sergeys Bruder. Seine Ehefrau, Großfürstin Alexandra, eine geborene Prinzessin von Griechenland, die man in der Familie *Aline* nannte, war im Jahre 1891 verstorben. Aline war eine sehr zierliche und oftmals blasse Person, die oft krank war. Im Jahre 1890 kam ihre Tochter Maria zur Welt. Als sie im darauffolgenden Jahr im siebten Monat schwanger war, wollte sie bei einem Besuch bei Tante Ella in Ilinskoye in ein Boot einsteigen und fiel auf dessen Rand. Zuerst schien ihr nicht viel passiert zu sein, aber am nächsten Tag kollabierte sie abends bei einem Ball, litt an starken Leibschmerzen. Sie brachte kurz darauf den Sohn Dmitri zur Welt, aber fiel nach der Geburt in ein Koma, aus dem sie nicht mehr erwachen sollte. Sechs Tage später starb sie im Beisein von Tante Ella und ihrem Ehemann auf Ilinskoye. Bei ihrer Beerdigung in St. Petersburg wollte sich ihr Ehemann in das Grab werfen, weil er so sehr um sie trauerte. Und für Tante Ella war es ebenfalls schwer zu ertragen, denn sie hatte sich mit Aline sehr gut verstanden. Zudem war das Unglück ausgerechnet bei ihr passiert. Niemand machte ihr Vorwürfe, denn sie traf keine Schuld, aber sie sah es fortan als ihre Pflicht an, sich um ihre Kinder zu kümmern. Der Großfürst Paul fühlte sich überdies in der Trauer um seine geliebte Frau dazu auch nicht in der Lage.

Im Jahre 1895 hatte der Großfürst eine Affäre mit einer verheirateten Frau begonnen, Olga von Pistohlkors. Sie hatte vier Kinder, die jüngste Tochter war erst im Jahre 1890 geboren worden. Auf einem Ball bei Hofe trug Olga dann Juwelen, die einst der Mutter des Großfürsten gehört hatten, welche die Zarenwitwe Marie erkannte. Der Großfürst hatte sie Olga geschenkt, doch nun verwies man sie des Balles, wodurch die Affäre publik und zu einem Skandal wurde.

Im Dezember 1896 gebar Olga dem Großfürsten Paul den Sohn Vladimir. Doch erst im Jahre 1902 durfte sie sich scheiden lassen, unter der Prämisse ihres Gatten, dass sie niemals den Großfürsten heiraten würde. Aber kurz nach der Scheidung floh das Paar nach Italien und heiratete morganatisch. Für Onkel Nicky war dies ein unverzeihlicher Fauxpas und der Großfürst sowie seine Gattin wurden aus Russland verbannt. Da die beiden Kinder Maria und Dmitri schon viele Jahre lang von Tante Ella und Onkel Sergey wie eigene Kinder großgezogen wurden, übertrug Onkel Nicky seinem Onkel dann die Patenschaft für die beiden. Besonders Tante Ella sollte in dieser Aufgabe aufgehen, da ihr die Kinder leidtaten, denn deren leiblicher Vater zeigte nur wenig Interesse an ihnen. Und da Tante Ella nie eigene Kinder haben konnte, behandelte sie die beiden wie ihre eigenen.

Schon im Jahre 1896, als wir in Ilinskoye waren, trafen wir auf die beiden Kinder, die damals noch klein waren.

Am fünfzehnten Juni musste Papa uns verlassen und nach St. Petersburg

reisen. Da er immer noch seinen Posten im Verteidigungsministerium innehatte und die Königin große Stücke auf ihn hielt, ließ sie ihn durch Vermittlung des englischen Premierministers Lord Salisbury den russischen Premierminister Fürst Lobanoff-Rostofsky in St. Petersburg treffen, um einige politische und militärische Probleme zu besprechen. Es war eine sehr ehrenvolle Aufgabe für meinen Vater. Bei den Gesprächen ging es hauptsächlich um den Suez-Kanal. Dieser war im November 1869 fertiggestellt worden. Der Kanal war eine wichtige Verbindung, da man nach seinem Bau wesentlich schneller Güter auf dem Seeweg transportieren konnte. Die Seehandelsmächte der Mittelmeerländer profitierten davon, genau wie Großbritannien und Deutschland, die wirtschaftliche Beziehungen in den Nahen und Fernen Osten hatten. Österreich-Ungarn hatte sich am Bau des Kanals beteiligt und die *Österreichische Lloyd*, 1822 gegründet, expandierte schnell zur größten österreichischen Seehandelsgesellschaft und außerdem zur größten des Mittelmeeres.
Russland war in wirtschaftlichen Dingen noch eher rückständig, was Onkel Nicky zu ändern suchte. Trotzdem war man vom Suez-Kanal und dem Handel dort komplett ausgeschlossen. Man hatte nur Frankreich als Verbündeten und diesem Bündnis standen Deutschland, Italien und Österreich-Ungarn als Dreier-Bündnis gegenüber. Russland und Frankreich waren Verbündete, um sich quasi links und rechts in Europa gegen Deutschland in der Mitte abzusichern, welches zur wirtschaftlich wichtigsten Macht in Mitteleuropa avancierte.
Nun war man durchaus bereit, eventuell auch ein Bündnis mit England zu schließen. Diese Gespräche zwischen Papa und dem russischen Premierminister waren inoffiziell und mein Vater reiste danach weiter nach Windsor, um der Königin einen ersten Bericht vorzulegen. Mit dem Fürsten sollte ihn nach diesem Treffen eine tiefe langjährige Freundschaft verbinden und auch Onkel Nicky wusste mit meinem Vater einen Verbündeten an seiner Seite, der stets zwischen ihm und England vermitteln würde. Die Königin war sehr zufrieden mit Papa, auch erfüllte er ihre Hoffnung, dass er mit Onkel Nicky ebenso vertraulich sprechen konnte wie mit seinem Premierminister.
Eine andere von Papas Pflichten war es, neben seinem Kommando auf einem Schiff im Mittelmeer die Königin auf ihrer jährlichen Frühjahrsreise an die französische Riviera zu begleiten. Im Jahre 1895 war er über diese Aufgabe nicht glücklich gewesen, weil er eigentlich froh war in Malta zu sein, auch wegen der Nähe zu uns. Doch Tante Beatrice sagte ihm, dass nicht die Königin ihn mit dieser Aufgabe betraut habe, sondern es ein Befehl der Admiralität sei. Die Königin wollte ihn ohnehin nicht allzu lange von uns fernhalten.
Im Frühjahr des Jahres 1896 hatten Mama und ich ihn begleiten dürfen. Wir

lebten in Nizza zusammen mit Tante Beatrice und ihren Kindern in der *Villa Liserbe*, nahe des *Hotels Cimiez*, in dem die Königin residierte. Die Villa als auch das Hotel lagen etwas über Nizza und man hatte eine wundervolle Aussicht. Nachmittags fuhr die Königin mit der Kutsche aus. Sie bestand bald darauf, dass ich sie begleiten solle. Es war natürlich eine Ehre für mich und sehr imposant. Die Urgroßmutter in der Kutsche neben mir, vor uns und hinter uns je zwei livrierte Diener auf Pferden. Kinder kamen zu uns gelaufen, pflückten schnell Blumen vom Wegesrand, reichten sie der Königin und sie belohnte einen jeden mit einem Franc. Manche riefen voller Verzückung „*Madame la Reine!*“ aus. Dann und wann sauste ein neuartiges Automobil an uns vorbei, wirbelte Staub auf und hüllte uns in eine Wolke ein, die die Königin und mich nicht nur zum Husten brachte. Sie zeigte sich mehr als empört darüber.

Louise, links, Georgie, Mama und ich im Jahre 1896

Tante Alix und Onkel Nicky sollten später im Jahre 1896 noch die Königin in Balmoral besuchen, damit sie Olga kennenlernen konnte. Auf ihrer Reise machten sie auch Halt bei Onkel Ernie und Tante Ducky in Darmstadt. Mama bemerkte, es sei wieder wie in den alten Zeiten, wenn die Zarenfamilie zu Besuch kam, denn mit ihnen reiste ein halber Hofstaat an mit zahlreichen Bediensteten und einem kompletten Spielzimmer für die kleine Olga nebst Gouvernante und Kindermädchen. Doch Tante Alix kümmerte sich entgegen jeglicher Konvention sehr viel um das Baby und stillte Olga auch selbst, ganz in der Tradition ihrer Mutter, Großmama Alice.

Anfang des Jahres 1897 reisten Mama und ich wieder mit der Königin im Frühjahr nach Nizza. Diesmal durften wir mit ihr in einem neu erbauten Hotel, dem *Excelsior Hotel Regina* residieren. Das Gebäude war sehr imposant und für mich wirkte es *so* hoch, dass ich all seinen Pomp gar nicht richtig verarbeiten konnte. Tante Beatrice begleitete uns wieder mit ihren Kindern und diesmal auch die Tochter von Tante Lenchen, die Prinzessin Helena Victoria von Schleswig-Holstein, die damals sechsundzwanzig Jahre alt war. Helena wurde in der Familie *Thora* oder auch *Snipe* gerufen, da sie sehr scharfe und markante Gesichtszüge hatte. Sie war eine Cousine Mamas und sehr gebildet, künstlerisch interessiert, doch hing sehr an ihrer Mutter, sodass bisher alle Versuche sie zu verheiraten erfolgreich von ihr unterbunden wurden. Sie lehnte stets mit guten Begründungen jeden Kandidaten ab, dies sollte ihr ganzes Leben so bleiben.
Bei unserer Ankunft in dem Hotel in Nizza musste ich die Königin wie immer förmlich begrüßen. Sie stellte nur fest, dass ich mittlerweile sehr groß gewachsen sei.
Da sie mich für noch nicht alt genug befand, um mit ihr und den anderen Erwachsenen zu speisen, durfte ich dafür aber wieder ihre ständige Begleitung bei den nachmittäglichen Ausfahrten mit der Kutsche sein. An einem Nachmittag fuhren wir alle gemeinsam nach La Turbie, wo sich Onkel Franzjos mit der montenegrinischen Königsfamilie aufhielt. Er hatte in Frankreich bei einem Besuch der Königin die Tochter des Königs Nikola I. von Montenegro kennengelernt, Prinzessin Anna, und sich sofort in sie verliebt.
Während wir nun alle eine *Camera Obscura*, eine neumodische Lochkamera, an einem Stand bestaunen durften, entfernten sich der Onkel und Anna, am nächsten Morgen beim Frühstück verkündete uns Papa, dass sie sich verlobt hatten. Der König von Montenegro kam zur Königin und unterhielt sich mit ihr hervorragend, denn auch sie war von dem Heiratsplan des Onkels begeistert.
Am achtzehnten Mai des Jahres heiratete das Paar dann in Montenegro. Dadurch, dass die Schwestern Annas, Anastasia und Militza, bereits nach Russland verheiratet waren und vor allem Anastasia eine enge Freundin von Tante Alix wurde, knüpfte nun auch Onkel Franzjos gute Beziehungen zum russischen Zarenhaus. Man munkelte später, Anna habe eine Mitgift von einer Million Rubel in die Ehe eingebracht.
Wir freuten uns natürlich alle für den Onkel, der sich im Jahre 1894 nach einem Treffen in London Hoffnungen gemacht hatte, die Tochter des amerikanischen Eisenbahnmagnaten Vanderbilt, namens Consuelo, heiraten zu

können. Doch ihre Mutter hatte bereits einen englischen Herzog für sie im Auge.
Im Juni 1897 beging man in London die Feierlichkeiten zum *Diamond Jubilee*, dem sechzigjährigen Thronjubiläum der Königin. Sie war damals die am längsten amtierende Monarchin Großbritanniens, denn sie hatte bereits am dreiundzwanzigsten September des Jahres 1896 König George III. überholt, der einundvierzig Jahre regierte. Um auch die anderen Länder des britischen Empire zu würdigen, wurden die Feierlichkeiten zu einem Fest des gesamten Empires.
Wir wurden bei Tante Louise im Kensington-Palast einquartiert.
Am Sonntag, dem zwanzigsten Juni 1897, war die Königin genau sechzig Jahre Regentin und die Feierlichkeiten begannen mit einem Dankgottesdienst zu ihren Ehren in Windsor Castle.
Viele Verwandte waren aus allen Winkeln Europas angereist, um an den Festivitäten teilzunehmen. Danach reiste die Königin nach London und nahm Quartier im Buckingham Palace.
Am einundzwanzigsten Juni morgens versammelten wir uns alle im *Bow Room* im Schloss, der so hieß, weil er viele Säulen hatte. Die Königin wurde in ihrem Rollstuhl in den Raum geschoben und ein jeder begrüßte und beglückwünschte sie einzeln. Aufgrund ihres hohen Alters von nun achtundsiebzig Jahren und ihrer Korpulenz konnte sie kaum noch laufen. Dennoch war sie immer noch eine imposante Gestalt, die so viele Jahre die Geschicke Englands und der Familie geleitet hatte, und da ich zu jenem Zeitpunkt zwölf Jahre alt war, konnte ich auch besser an den Feierlichkeiten teilnehmen als viele Jahre zuvor bei ihrem *Golden Jubilee*. Es war für mich eine beeindruckende Sache und ich erfasste alles aufgrund meines reiferen Alters mit mehr Faszination für meine Urgroßmutter. Sie war nicht nur die Königin des Empires, eines Weltreiches, sondern auch die Namensgeberin eines Zeitalters – des viktorianischen.
Die Feierlichkeiten in London begannen mit einem erneuten Dankgottesdienst in der *St. Paul`s Cathedral*. Auf dem Weg dorthin durfte Papa als Schwiegersohn der Königin in der Ehrengarde mitreiten, die Königin führte diese in ihrer Kutsche an, Mama saß in einer und ich teilte mir eine Kutsche mit Louise, Georgie und den Kindern von Tante Beatrice. Immer wenn wir die Königin besuchten, spielte ich gerne mit ihnen.
Damit wir beaufsichtigt wurden, nahm sich die Kleiderfrau der Königin, die alte Herzogin von Buccleuch, unserer an und saß auch mit uns in der Kutsche.
Die Kinder von Tante Beatrice verhielten sich mit zunehmendem Alter oftmals sehr seltsam, was auch Gesprächsthema in unserer Familie war. Da sie Halbwaisen waren, meinten die Königin und ihre Mutter sie verwöhnen

zu müssen, und die Königin nannte sie stets *poor fatherless ones*. Da wir nun zur Kathedrale fuhren, stand Ena immer wieder auf und verbeugte sich nach links und rechts, was niemand von uns besonders lustig fand. Die Herzogin forderte sie freundlich auf, damit aufzuhören, aber Ena ließ sich nicht beirren. Später fand es sogar eine Erwähnung in der Presse.
Ena war sehr intelligent, aber auch frühreif, was oftmals beim Spielen mit ihr nicht einfach war.
Dennoch war die Fahrt durch London sehr bewegend, denn die Menschen hatten sich in den Straßen versammelt und jubelten der Königin zu. An den Balkonen der Häuser waren überall Flaggen mit dem *Union Jack*, Blumengirlanden schmückten die Straßenzüge – es war ein Meer von Farben. Kinder schwenkten kleine Flaggen und der Jubel brandete umso lauter auf, wenn die Königin in ihrer Kutsche die Menschenmenge passierte. Wir sahen sogar Menschen auf Hausdächern stehen, die winkten und begeistert die Arme emporhoben.
Wir erfuhren später, dass bereits in der Nacht zuvor Tausende Menschen in den Parks übernachtet hatten, nur um am nächsten Morgen einen guten Platz zu ergattern, damit sie einen Blick auf ihre Königin werfen konnten.
Man hatte die Tage der Festlichkeiten offiziell zu freien Tagen, also Feiertagen ernannt, denn so konnten auch Berufstätige an diesen teilnehmen.
Wir fuhren vorbei an Ständen, an denen die Menschen Flaggen kaufen konnten, spezielle Porzellanbecher, die nur für diesen Tag angefertigt wurden, sowie ein Programmheft für die Festlichkeiten.
Es waren neun Kilometer vom Palast bis zur Kathedrale und ich kann nur sagen, dass ich schon völlig beeindruckt war, als die Königin vor unserer Abfahrt einen Knopf drückte, der eine telegrafische Nachricht in jeden Winkel ihres Empires sandte, um ihren Untertanen zu danken. Und unser Konvoi von siebzehn Kutschen, das Donnern der Kanonen, die man im Hyde Park abfeuerte, als er sich in Bewegung setzte, um zu verkünden, dass die Königin den Palast verließ – diese ganzen Eindrücke haben bei jedem von uns einen bleibenden Eindruck hinterlassen. Ich fühlte mich stolz, stolz auf diese Frau, die ich meine Urgroßmutter nennen durfte, und dieses Gefühl konnte mir auch Enas überhebliches Verhalten nicht nehmen. Selbst meine Geschwister, vor allem Louise, saßen staunend in unserer Kutsche, wandten ihre Köpfe nach rechts und links, um ja nichts zu verpassen.
Als wir die Kathedrale erreichten, sangen die Menschen spontan die englische Nationalhymne *God save the Queen*. Es musste die Königin so stolz machen wie mich, denn bei unserem Halt wischte sie sich Tränen aus den Augen. Und vielleicht beeindruckte es die Menschen umso mehr, dass sie kein pompöses Kleid trug, sondern in schlichtes Schwarz gekleidet war, da sie immer noch um ihren Gatten und ihre zwei verstorbenen Kinder, Groß-

mama Alice und Onkel Leopold, trauerte. Vielleicht brachte gerade dies sie ihrem Volk umso näher.
Da Urgroßmama aufgrund ihrer Arthritis die Stufen zur Kathedrale nicht mehr emporsteigen konnte, sie aber auch nicht vor all den Menschen hochgetragen werden wollte, fand die Zeremonie vor der Kathedrale statt. Sie verblieb in der Kutsche, da schon die Mitglieder des Chors kaum Platz auf den Stufen hatten, denn auch wenn Ordnungshüter, Soldaten der Kolonialtruppen, in prachtvollen Uniformen die Menschen zurückhielten, wollte doch jeder der Königin so nahe wie möglich sein. Die Zeremonie dauerte zwanzig Minuten, nach dieser ließ sich der Erzbischof von Canterbury dazu hinreißen auszurufen: „Ein dreifach Hoch für die Königin!"
Die Massen fielen mit ein. Louise meinte, der Jubel sei ohrenbetäubend, und Georgie hielt sich die Ohren zu. Ich konnte es zwar nicht hören, sah aber die Freude auf den Gesichtern der Menschen, wie die Männer ihre Hüte hochhoben, die Jungen ihre Kappen.
Wir kehrten schließlich zurück in den Buckingham Palace, fuhren wieder vorbei an den Menschen. Es wurde ein kleines Mittagessen serviert und am Abend gab es noch ein großes Bankett, denn es waren auch viele Staatsoberhäupter aus dem Empire zugegen.
Als es Nacht wurde, gab es ein großes Feuerwerk und etliche auf den umliegenden Hügeln für die Bevölkerung. Doch der Jubel der Menschen ebbte auch in der Nacht noch nicht ab. An diesem besonderen Tag hatten die Pubs bis zwei Uhr dreißig geöffnet und natürlich nutzten die Menschen dies, um noch ausgiebig zu feiern.
Die Königin meinte später, es habe sie so sehr bewegt und innerlich berührt, dass sie diesen besonderen Tag niemals vergessen würde, und ich konnte es nachvollziehen, denn das Volk hatte ihr bewiesen, wie sehr sie verehrt wurde.
Ein paar Tage später gab es noch eine große Gartenparty am Buckingham Palace und am sechsundzwanzigsten Juni eine große Parade der Schiffe der Royal Navy in Spithead vor der Küste Hampshires im Süden Englands. Anschließend wurde ein feierliches Mittagessen auf der *Majestic* serviert, an dem auch Georgie und Louise mit mir teilnehmen durften. Das stolze Schiff war erst im Jahre 1895 fertiggestellt worden und zu seiner Zeit das weltweit größte Linienschiff. Papa hatte bereits am siebten Juni das Kommando über das Schiff übernommen und kannte es daher in allen Einzelheiten. So konnte er uns auch viel darüber erzählen und natürlich war es für ihn eine besondere Aufgabe, gerade auf diesem Schiff das Kommando zu führen.
Tante Alix konnte als einzige der Schwestern nicht an den Feierlichkeiten teilnehmen, da sie erneut schwanger war. Am zehnten Juni des Jahres 1897

wurde meine Cousine, die Großfürstin Tatjana, geboren. In Russland hatte man mit der eventuellen Geburt eines Thronfolgers gerechnet, aber es war erst das zweite Kind für das Zarenpaar und beide freuten sich über jedes neue gesunde Baby.

In diesem Sommer begegneten wir Nona Kerr zum ersten Mal und sie sollte bald ein wichtiges Mitglied unserer Familie werden. Meine Mutter hatte bis dato keine Hofdame gehabt. Mark Kerr war ein Freund von Papa, den er von der Marine her kannte. Er hatte sechs Schwestern und Nona war die jüngste von ihnen. Der Vater war Admiral, mittlerweile verstorben, aber er war auch Kammerdiener der Königin gewesen. Nona, gerade einmal zweiundzwanzig Jahre alt, äußerst gut erzogen, freundete sich mit Mama kurz vor den Feierlichkeiten zum *Diamond Jubilee* an. Beide verstanden sich auf Anhieb so gut, dass meine Mutter sie als Hofdame für sich und Gouvernante für uns Kinder einstellte. So bestand ihre erste Aufgabe darin, einem Dinner mit zweihundertsiebzig Gästen in einem Zelt in den Gärten des Buckingham Palace an Mamas Seite beizuwohnen. Man setzte sie zwischen zwei deutsche Offiziere, und da sie kein Deutsch sprach, war die Situation für sie nur schwerlich zu meistern. Zudem war sie etwas schüchtern, so überforderte sie das Ganze sichtlich. Doch als man sie dann noch der Königin vorstellte, war sie endgültig verschreckt. In diesen Kreisen verkehrte sie bisher nicht, Mama fand aber, sie könnte es lernen.
Nur drei Wochen später, als wir wieder in Heiligenberg waren, fand sich die arme Nona in einem Haushalt wieder, in dem Deutsch und Französisch gesprochen wurde, doch nur sehr wenig Englisch. Mama reiste bald wieder ab und überließ uns Nona mit der Aufgabe zusammenzuwachsen. Sie warf sie sogleich ins kalte Wasser, doch Nona bemühte sich sehr. Für die nächsten neunzehn Jahre sollte sie mit uns verbunden sein, und als sie im Jahre 1915 heiratete, blieb dennoch eine lebenslange Freundschaft mit uns bestehen, besonders aber mit Mama.
Einzig Papas Begeisterung für sie nahm im Laufe der Zeit Züge an, mit denen die doch eher unscheinbare Nona nur schwerlich zurechtkam, da sie sie nicht wirklich deuten konnte. So schrieb er ihr einmal, dass er sie ebenso vermisse wie uns Kinder und Mama. Und nach ihrer Heirat bekundete er brieflich, wie sehr er ihren Verlust bedauere. Seine weiteren Zeilen klangen für sie, als sehe er in ihr eine Tochter, die er an den Ehemann verliere. Nona berichtete es Mama, aber diese beruhigte sie jedes Mal, dass es rein freundschaftlich und in Dankbarkeit für ihre Tätigkeit gemeint war. Es lag vielleicht an Nonas Schüchternheit, der eigenen Unterschätzung ihrer Persönlichkeit, dass sie Lob vonseiten meines Vaters oder einfache Nettigkeiten völlig falsch deutete, als würde er etwas für sie empfinden. Und natürlich

erschütterte sie dies, da er verheiratet war. Papa lachte darüber, meine Mutter war darüber auch nur verwirrt und etwas belustigt. Weder mein Vater noch meine Mutter waren einander jemals untreu, sie vertrauten dem jeweils anderen und es verband sie eine tiefe Liebe.
In den Jahren 1898 und 1899 lebten wir überwiegend in Heiligenberg. Dies wurde nur durch Besuche im Januar bei der Königin unterbrochen, wo wir mit ihr in Osborne House auf der Isle of Wight wohnten. An der Seite von Mama und der Königin fuhr ich oftmals mit der Kutsche aus und hatte immer noch eine besondere Stellung in den Augen meiner Urgroßmutter inne.

Darmstadt 1898, Besuch der Zarenfamilie, von links nach rechts: die kleine Großfürstin Tatjana auf meinem Schoß, neben mir Louise, hinten stehend Großfürstin Olga, Georgie, Prinz Waldemar von Preußen mit seinem kleinen Bruder Sigimund auf dem Schoß, Prinzessin Elisabeth, Ella, stehend

Im Verlauf des Jahres 1898 war bei meiner zierlichen Schwester Louise eine Verkrümmung des Rückgrats festgestellt worden, die einen etwas schiefen Gang verursachte. Mama bereitete dies großen Anlass zur Sorge, aber Louise erhielt Massagen und musste Bewegungsübungen unter Anleitung eines Arztes machen, sodass es sich bald wieder besserte.
Louise sollte von nun an mit mir gemeinsam Unterricht erhalten, wofür Mama ein Fräulein Textor engagierte. Das Fräulein hatte ein großes, breites Lachen, wenn sie fröhlich gestimmt war, aber wohl auch eine überaus laute Stimme, wenn sie verstimmt oder unzufrieden mit unseren Lernerfolgen

war. Ich konnte es nur anhand ihrer Züge wahrnehmen, sah ihre Lippenbewegungen, aber Louise sagte mir, dass ihre Stimme wirklich sehr laut sein konnte für eine Frau. Sie leitete nebenbei eine Abschlussklasse in Englisch an einer Schule für Mädchen und hatte ein überaus großes Faible für Goethe, weshalb wir sehr viel von ihm lesen mussten. Aber der Unterricht bei ihr war auch sehr facettenreich und bot viel Abwechslung, denn sie ließ uns kleine Theaterstücke aufführen, zu denen wir befreundete Kinder, meist aus der Verwandtschaft, einladen durften. Danach gab es immer von ihr organisierte kleine Parties, wo sie englischen Früchtekuchen, den sogenannten *Simnel Cake*, süße Brötchen, Marmelade und Honig reichen ließ. Als Getränk ließ sie heiß begehrte Schokolade mit geschlagener Sahne servieren. So wurden diese Aufführungen unsererseits nebst den anschließenden Leckereien stets begehrte nachmittägliche Veranstaltungen.
Meine Mutter meinte, ich sei nun alt genug, um meine Bildung zu erweitern. Sie nahm mich mit in die Oper. Dies war möglich, nachdem sich bei mir eine leichte Verbesserung des Hörens eingestellt hatte. Ich konnte sehr laute Geräusche ab und an wahrnehmen. Es war zwar nicht kontinuierlich, aber wenn ich dann wieder *nichts* hörte, las ich wieder von den Lippen ab. Vielleicht ist mir so auch das eine oder andere in der Oper entgangen, aber die Musik war so laut, dass ich ihre Schwingungen wahrnahm, und zudem freute ich mich sehr, Mama begleiten zu können. Ich wollte sie nicht enttäuschen, indem ich zugab, nicht viel gehört zu haben, und sagte stets, es habe mir ganz ausgezeichnet gefallen.
Ferner durfte ich nun auch mit Mama, Onkel Ernie und Tante Ducky im Neuen Palais das Abendessen einnehmen.
In der Freizeit spielten wir Tennis auf dem Lawn-Tennis-Platz am Neuen Palais, schwammen im Schwimmbecken am Heiligenberg, bis es im Herbst zu kalt dafür wurde. Aus England hatte mir die Königin ein neues Pony bringen lassen. Es hieß *Cheril* und wir beide waren bald unzertrennlich.
Onkel Ernie lobte mich, was für ein ruhiges, liebes Mädchen ich sei, niemals überheblich, eingebildet oder peinliche Situationen herausfordernd, was manchen jungen Mädchen auf der Schwelle zur Frau eigen ist. Sie kichern übertrieben, sind manchmal neckisch und albern, aber ich sei immer sehr beherrscht und höflich. Manchmal denke ich, es lag daran, dass ich viel Zeit an der Seite der Königin verbrachte. Sie war sehr strikt in ihren Traditionen und legte großen Wert auf gutes Benehmen. Es hat mich als Kind und junges Mädchen sehr geformt, in ihrer Gesellschaft zu sein.
Als uns Onkel Nicky und Tante Alix im Sommer mit den Cousinen Olga und Tatjana in Hessen besuchten, wohnten sie bei Onkel Ernie und Tante Ducky im Schloss Wolfsgarten.
Wir besuchten sie stets, aber ich zeigte mich den Kleinen gegenüber distan-

ziert, denn die Kinderspiele langweilten mich. Ich verstand aber, dass Georgie und Louise sie genossen. Ich fand die meisten Dinge, die sie taten oder über die sie lachten, einfach nur *kindisch,* was aber nicht heißen soll, dass ich sie nicht alle sehr gern hatte. Der Altersunterschied war dennoch eine große Hürde.

Onkel Ernie, links, mit Ella und Onkel Nicky, rechts, mit Olga, Wolfsgarten, 1898

Tante Ducky hatte Spiele für die Erwachsenen, die durchaus interessanter waren. Unkonventionell, wie sie stets war, erfand sie ein Spiel namens *Finde den Schatz*. Es erinnerte eher an das Suchen von Ostereiern. Bevor sie alle Erwachsenen zum Abendessen rief, ließ sie vorher Teile des Essens, natürlich in geschützter Verpackung, in einem Teil des angrenzenden Waldes verstecken. Es war jedes Mal ein anderer und sie gab vorher bekannt, in

welchem Abschnitt zu suchen war. So machten sich alle auf die Suche, die manchmal doch etwas dauerte, sodass man auch Fackeln mitnehmen musste. Irgendwann rief dann jemand aus, er habe gekochte Kartoffeln in seinem Päckchen gefunden, ein anderer fand ein Sandwich und es war zwar erheiternd, aber Mama fand es auch übertrieben albern. Tante Ducky hatte ihren Spaß. Sie verkörperte nicht das Klischee ihrer strikten, resoluten Mutter, der Herzogin, sondern war eine eher lebensfrohe Großherzogin, die auf die Etikette buchstäblich pfiff. So erschien sie auch mit ihrem Lieblingspferd an ihrer Seite zum Tee, welches dann neben ihr graste, wenn wir draußen saßen, und sie rauchte wann immer und wo es ihr eben beliebte. Bei einer Feier im Schloss war es ihr wohl auch einmal zu langweilig geworden und sie floh durch ein geöffnetes Fenster, ließ sich ein Pferd im Stall satteln und ritt dann zur Verwunderung der Gäste einfach in die Nacht hinein – im Ballkleid. Es war oft peinlich, wie sie sich verhielt, aber Onkel Ernie nahm es aufgrund ihrer Jugend mit einem Lächeln. Da auch alle über ihre mehr als traurige, strenge Kindheit Bescheid wussten, sah man es ihr nach, wenn sie den Zwängen des Hofes für einen Moment entwischte.
Es war aber offensichtlich, dass die Ehe von Onkel Ernie und Tante Ducky durch ihre Eskapaden nicht einfach war. Der Onkel hatte allerdings auch ein Geheimnis, welches niemand offen aussprach, aber was damals den Erwachsenen, besonders seinen Schwestern durchaus bekannt war und bald auch ebenso seiner Gattin. Onkel Ernie liebte Tante Ducky, aber er liebte junge Männer umso mehr. Allerorten stand diese homosexuelle Neigung unter Strafe. Daher reiste der Onkel oft nach Capri, wo sich die Fischerjungen oft Männern anboten, junge Männer, die gegen eine Entlohnung für Liebesdienste bereitstanden. Während man in Deutschland nur im Verborgenen seine Triebe ausleben konnte, stets auf der Hut sein musste, war dies in Capri möglich, weil die Behörden wegschauten.
Onkel Ernie machte durchaus auch männlichen Bediensteten bei Hofe Avancen. Für die kleine Elisabeth, die der Onkel und die Tante aber sehr liebhatten, versuchten sie sich trotz allem zusammenzuraufen und nach außen hin eine glückliche Familie zu sein.
Diese Neigungen waren in unserer Familie nicht unbekannt. Auch Onkel Sergey war Männern mehr zugetan als Tante Ella, die dies akzeptierte. Er zeigte sich allerdings auch mit seinen jungen Liebhabern öffentlich im Theater, der Oper oder im Ballett und trug unter seiner Kleidung stets ein Korsett. Ich denke, Tante Ella liebte ihren Ehemann sehr, daher *übersah* sie seine Eskapaden.
Am achtundzwanzigsten Juni beförderte man Papa zu einem *Assistant Director of Naval Intelligence.* Das *Naval Intelligence Department*, oder auf Deutsch etwa der *britische Marine-Nachrichtendienst* war ein britischer

Geheimdienst der Royal Navy. Er war im Jahre 1882 unter anderem Namen gegründet worden. Kapitän William Henry Hall war der erste Direktor und Papa unterstand ihm nun, war sozusagen seine rechte Hand. Es ging darum, geheime Nachrichten anderer Seemächte, besonders in Kriegszeiten, zu entschlüsseln.
Papa musste für seine Tätigkeit im Herbst wieder nach London ziehen. Er mietete ein Haus in *40 Grosvenor Gardens* nahe seines Büros und des Buckingham Palace für uns, damit wir in seiner Nähe sein konnten. So ging es für uns alle im Oktober wieder zurück nach England.
Ende des Jahres 1898 stellte Mama fest, dass sie wieder schwanger war. Es überraschte sie zugegeben etwas, nach Georgie, dessen Geburt nun sechs Jahre zurücklag, noch einem weiteren Kind das Leben zu schenken, aber natürlich freuten Papa und sie sich sehr. Louise und Georgie waren auch aus dem Häuschen, doch ich war bald vierzehn Jahre alt. Es ist ein Alter, in dem man kleine Kinder nicht so interessant findet, denn man fühlt sich doch schon mehr wie eine Erwachsene.

Das neue Jahr 1899 begann mit einer guten Nachricht von Tante Alix aus Russland, die ebenfalls wieder schwanger war. Das Baby sollte im Juni zur Welt kommen und natürlich hoffte man dort wieder auf die Geburt eines Sohnes, eines Thronerben für Onkel Nicky.
Eine schlechte Nachricht erreichte uns kurz darauf, denn am sechsten Februar starb Tante Duckys Bruder *Young Affie* mit nur vierundzwanzig Jahren in Meran in der Schweiz. Offiziell hieß es, er sei an Tuberkulose verstorben, aber die Wahrheit war weitaus schockierender.
Als Erbprinz des Herzogtums Sachsen-Coburg und Gotha musste er eine militärische Laufbahn anstreben und war Leutnant im preußischen 1. Garde-Regiment zu Fuß in Potsdam. Dort war er aber sehr unglücklich. Abstand vom militärischen Drill suchte er bald in zahlreichen Liebesaffären, die alle nicht standesgemäß waren. Im Jahre 1897 hatte er heimlich die Irin Mabel Fitzgerald geehelicht, und als seine Mutter, die Herzogin Marie, davon erfuhr, war sie außer sich und bedrängte ihn, diese Ehe sofort annullieren zu lassen. Die Streitereien mit ihr eskalierten und sein Vater, der nur selten zu Hause war, da ihn keine wirkliche Beziehung mehr zu seiner Gattin verband, mischte sich nicht ein. Aus seiner Sicht hätte seine Gattin, die sehr resolut war, dies schon geregelt. Als nun Onkel Affie und Tante Marie Ende Januar ihre silberne Hochzeit feierlich in Coburg begingen, versuchte ihr Sohn sich in seinem Zimmer mit einem Gewehr zu erschießen. Die Herzogin ließ ihren schwer verletzten Sohn gegen den Rat der herbeigerufenen Ärzte im abgedunkelten Raum in seinem Bett liegen, während sie sich wieder den Feierlichkeiten widmete. Sie fürchtete einen öffentlichen Skandal,

verheimlichte es auch ihren Töchtern und ließ ihren Sohn nur kurz darauf nach Meran bringen, wo er eine Woche später verstarb. Offiziell sollte er dort eine Kur machen.
Der Herzog, machtlos gegenüber seiner dominanten Gattin, war so voller Kummer über den Tod seines sehr sensiblen Sohnes, dass er sich nach der Beisetzung in Coburg von seiner Ehefrau trennte. Um seiner Trauer Herr zu werden und diese zu betäuben begann er zu trinken.
Da es nun keinen Erben für das Herzogtum mehr gab, wollte Onkel Affie seinem jüngeren Bruder Arthur die Nachfolge anbieten, aber dieser lehnte die Thronfolge für sich und seinen Sohn ab. So übertrug man die Erbfolge auf Carl Eduard, den Sohn von Onkel Leopold. Er war zwar erst vierzehn Jahre alt, aber zu jenem Zeitpunkt ging man davon aus, dass Onkel Affie noch viele Jahre regieren würde.
Die Königin hatte bereits im Dezember um das Leben von *Young Affie* gebangt, denn als er sie besuchte, spürte sie in seinen Worten und Erzählungen, wie sehr ihn das Leben in Potsdam psychisch belastete, wie wenig er dem militärischen Drill zurecht kam. Sie hatte diese Befürchtungen Mama schriftlich mitgeteilt, aber nicht gewagt, der Herzogin davon zu berichten. Es war schwierig, sich mit dieser auf eine Diskussion einzulassen, daher konnten auch Tante Ducky und ihre Schwestern nichts für den Bruder tun. Bei ihrer Mutter stießen sie auf taube Ohren, zudem wussten sie, wie gefühllos und kaltherzig die Herzogin sein konnte – eben aus ihren eigenen Erfahrungen mit ihr.
Ich fand das alles auch sehr traurig, denn Mama wollte Tante Ducky beistehen in der Trauer um ihren Bruder. Auch sie verstand nicht, wie eine Mutter sich so verhalten konnte gegenüber ihrem Kind.
Nun kam dazu, dass Onkel Affie sich bei einem Besuch im Frühjahr kurz nach dem Tod seines Sohnes dort auch betrank und es bereitete ihr große Sorgen, den eigenen Sohn in so einer Situation zu sehen. Sie versuchte ihn zu trösten, aber musste einsehen, dass seine Ehe zerstört war. Onkel Affie war im Jahre 1898 nach Alexandria gereist und dort von einem Moskito am Auge gestochen worden. Die dadurch hervorgerufene Infektion bereitete ihm auch gesundheitliche Probleme, da er auf dem Auge nicht mehr gut sehen konnte und oft Schmerzen hatte. Wenn er uns besuchte oder wir uns in Malta trafen, war er immer ein sehr freundlicher, lustiger Mensch, der aber, obwohl er Herzog in Coburg war, nicht viel Deutsch sprach. Er machte sich auch nie die Mühe es groß zu lernen.
Der Herzogin Marie bin ich natürlich auch oft begegnet, aber sie wirkte stets etwas eingebildet und reserviert. Mir war aber aufgefallen, dass sie im Umgang mit ihren Kindern nie so liebevoll und herzlich gewesen war wie Mama im Umgang mit uns.

Mein Vater war bald sehr eingespannt in seiner Tätigkeit aufgrund der Lage in Südafrika. Die beiden Burenrepubliken, *Oranje-Freistaat* und *Transvaal*, die sich zur *Südafrikanischen Republik* zusammengeschlossen hatten, beharrten auf ihrer Unabhängigkeit und der Konflikt schwelte schon lange. Nachdem die Niederlande im Jahre 1806 ihre Kapkolonie an Großbritannien abgetreten hatten, wurden die dort ansässigen Buren schnell zu einer Minderheit. Da man den Sklavenhandel verbot, verloren sie auch eine ihrer Existenzgrundlagen und so wichen sie von 1836 bis 1844 ins Hinterland zurück. Etwa sechs- bis zehntausend Buren hofften, so den britischen Gesetzen zu entkommen und ihre Identität bewahren zu können. Nördlich des Oranje-Flusses gründeten sie 1842 den *Oranje-Freistaat* mit der Hauptstadt Bloemfontain, im Jahre 1853 nördlich des Flusses Vaal die Republik *Transvaal* mit der Hauptstadt Pretoria. Als Großbritannien nun 1881 die Südafrikanische Republik annektierte, kam es zum Ersten Burenkrieg, nach welchem die Republik ihre Unabhängigkeit zurückerlangte. Dennoch kam es weiterhin zu Konflikten, weil Großbritannien seine Machtposition gefährdet sah.
Ein zweiter Krieg stand bevor, denn besonders bedeutend war die Tatsache, dass man 1869 und 1886 genau auf dem Gebiet der Burenrepubliken große Diamant- und Goldvorkommen entdeckt hatte. Angelockt durch die Möglichkeit auf schnellen Reichtum reisten viele Goldgräber aus den benachbarten englischen Kolonien, der *Kapkolonie* und *Natal*, in das Gebiet der Buren. Wieder sahen sich diese bedrängt. Zudem verweigerte man europäischstämmigen Bürgern, die dort lebten, die rechtliche und politische Gleichstellung.
Eine Konferenz im Mai 1899 scheiterte, ein Ultimatum wurde gesetzt und verstrich. So kam es am zwölften Oktober zum *Zweiten Burenkrieg*. Dieser sollte bis zum Jahre 1902 andauern und für Großbritannien siegreich enden. Die Burenrepubliken mussten sich ins englische Kolonialreich eingliedern und unterwerfen.

Wir feierten Weihnachten bei der Königin in Windsor, da sie mittlerweile so gebrechlich war, dass sie nur noch schwerlich reisen konnte. Es war ein besonderes Fest, bei dem sich die ganze Familie traf. Bei einem Teeempfang in der imposanten *St. George`s Hall* des Schlosses überreichten wir kleine Geschenke an die Frauen und Kinder von Soldaten. Die Königin wurde dabei in ihrem Rollstuhl von einem Bediensteten hin- und hergeschoben, um die Menschen zu begrüßen, mit ihnen zu sprechen. Danach nahm sie ihren Tee in ihren privaten Gemächern ein.
Die Jahrhundertwende an Silvester war etwas Besonderes. Man befand sich am Ende eines Jahrhunderts und fragte sich, was das neue wohl bringen

würde. Wir begingen das Fest in einer stilleren Atmosphäre und kleineren Gesellschaft in *Sandringham House*, dem Landsitz der Königin in der englischen Grafschaft Norfolk. Als es Mitternacht schlug, fühlte ich mich wie an der Schwelle zum Erwachsenwerden. Es war ein seltsames Gefühl, so als würde mit den letzten Sekunden des alten Jahrhunderts meine Kindheit beendet werden und mit den Sekunden des neuen wäre ich reifer, erwachsener. Mich erwarteten bald Veränderungen, die nur jungen Frauen zu eigen waren. Man entwuchs den kurzen Kinderkleidern, durfte bodenlange Röcke tragen, trug das Haar nicht mehr offen, von einem Band gehalten, sondern hochgesteckt oder im Nacken zusammengebunden. Und vor mir lagen Hoffeste, an denen ich nun teilnehmen durfte, und irgendwann auch eine Heirat. Es stimmte mich sehr nachdenklich, doch gleichzeitig war ich neugierig auf die nächsten Jahre, auf das, was vor mir liegen, was das Leben für mich bereithalten sollte. Mit einem kleinen Hauch Wehmut verabschiedete ich mich an jenem Abend von den unschuldigen Tagen meiner Kindheit, denn bei der Wandlung zur Frau lägen auch viele Pflichten auf meinem Weg.
Einen feinen Stich im Herzen versetzte mir der Anblick der Königin, denn sie war nun einundachtzig Jahre alt, sehr gebrechlich und ich fragte mich innerlich, wie lange sie noch regieren könnte. Sie hatte immer noch ein straffes Arbeitspensum, an dem Onkel Bertie als ihr Nachfolger nicht teilhaben durfte. Sie sah sich in der alleinigen Verantwortung, die Geschicke des Empires zu regeln, und sagte selbst zu dem Krieg in Afrika nicht mehr, als dass sie eine Niederlage niemals dulden werde. Ihre Minister nahmen dies so hin.
Doch die Schicksalsschläge der letzten Zeit zehrten auch an ihr. Ende des Jahres 1898 hatte man bei der Kaiserin Friedrich, ihrer ältesten Tochter, Brustkrebs diagnostiziert, und diese war durch die Schwere der Erkrankung zunehmend ans Bett gefesselt. Es war eine erneute Sorge, die die Königin seelisch niederwarf.
In der Ehe von Onkel Ernie und Tante Ducky kriselte es zusehends mehr. Es war mittlerweile ein offenes Geheimnis, dass die Ehe mehr als unglücklich verlief. Die Streitereien zwischen den beiden eskalierten meist so sehr, dass auch Geschirr nicht davon verschont blieb, von Tante Ducky als Wurfgeschoss verwendet zu werden. Der arme Onkel wurde dann zur unfreiwilligen Zielscheibe. Es hieß, dass das Personal im Schloss mittlerweile an das Geräusch von zerberstendem Porzellan gewöhnt sei. Tante Duckys einzige wirkliche Leidenschaft war das Reiten. Die Auswahl ihrer angeschafften Pferde erinnerte an den Hofstall einer weitaus höherstehenden Person, denn in den Stallungen von Wolfsgarten standen bald prachtvolle Lippizaner, die sie direkt aus Wien kaufte, Hengste aus Russland, deren

Wildheit legendär war, und Reitponys aus England mit der besten Abstammung. Ein jeder war beeindruckt, wenn sie eine Führung durch die Stallungen machte. Für Onkel Ernie waren Pferde ein Mittel zum Zweck, die man eben vor die Kutsche spannte, aber die nicht für eine sportliche Verwendung gedacht waren, wobei auch er seiner Frau durchaus anerkannte, wie gekonnt sie ritt. Selbst im wildesten Galopp gab sie eine perfekte Figur auf dem Tier ab.
Ich erinnere mich an einen sehr wilden russischen Hengst namens *Bogdan*. Die Tante ließ ihn gerne auf dem Hof laufen und er hörte nur auf *sie*, war ein zahmes Lämmchen in ihren Händen, aber für alle anderen der Schrecken, denn er jagte jeden, der ihm über den Weg lief, mit wilden Bocksprüngen über den Hof. Als Onkel Ernie einmal vor ihm flüchtete, folgte ihm der Hengst sogar bis auf die Stufen zum Schloss, biss ihn in den Hintern und zerriss seine Hose, was die Tante mehr als belustigend fand. Da sie sich krümmte vor Lachen über den Anblick ihres Gatten, war sofort jedem klar, dass sie den Pferden mehr verbunden war als ihrem Ehemann.
Beide lebten mehr oder weniger ihre eigenen Leben. So fuhr die Tante auch alleine nach Frankfurt zu Pferderennen, nebst ihren Lippizanern, und lief in den prunkvollsten Kleidern auf.
Bei der Krönung von Tante Alix und Onkel Nicky hatte sie den Großfürsten Kyrill Wladimirowitsch Romanow kennengelernt und vor aller Augen heftig mit ihm geflirtet. Mama meinte einmal, dass sie dies als Retourkutsche täte, weil der Onkel sich so oft mit Männern vergnügte, aber weiter wollte sie darüber auch nicht sprechen, denn das Thema war tabu. Es ging nur Onkel Ernie etwas an und eben die Tante.
Doch auch die Königin in England musste bald einsehen, dass ihr *Matchmaking* diesmal völlig aus dem Ruder gelaufen war, und da sie von der Ehekrise hörte, man ihr von den Streitereien und Eskapaden berichtete, sprach sie offen aus, dass sie fortan ihrer Leidenschaft in dieser Hinsicht nicht mehr nachgehen wolle.
Im Mai des Jahres 1900 brachte Tante Ducky eine Totgeburt zur Welt. Es war ein Junge und somit hätte Onkel Ernie einen Thronerben gehabt, aber die Tante hatte auf ihre Schwangerschaft keine Rücksicht genommen, ritt weiterhin aus, was uns alle erschütterte, und so war es für niemanden verwunderlich, dass das Kind tot war. Für Onkel Ernie war es ein sehr schwerer Schicksalsschlag, denn er gab seiner Gattin die alleinige Schuld, weil sie eben starrköpfig, wie sie nun einmal war, den Rat der Ärzte nicht befolgte und das Reiten während der Schwangerschaft nicht einstellte.
Für die kleine Tochter Elisabeth hielt man die Ehe noch aufrecht, doch es war abzusehen, dass beide nicht mehr miteinander auskamen und sich trennen würden.

Am vierzehnten Juni schenkte Tante Alix der kleinen Großfürstin Maria das Leben. Nachdem nun auch das dritte Kind ein Mädchen war, sah sich die Tante zunehmend größeren Anfeindungen seitens ihrer Familie ausgesetzt. Onkel Nicky freute sich sehr über seine kleine Tochter, aber die anderen Verwandten äußerten offen ihre Bestürzung über die Tatsache, dass es kein Junge war. Besonders die Schwester Onkel Nickys, die Großfürstin Xenia, setzte meiner Tante sehr zu. Sie hatte seit dem Jahre 1895 in schöner Regelmäßigkeit nach der erstgeborenen Tochter stets einen Sohn geboren, so auch im Jahr 1900 den kleinen Nikita. Und, wenn meine Tante niemals einen Sohn bekommen würde, dann ginge die Thronfolge an den Großfürsten Michail über, den Bruder meines Onkels Nicky. Es war sehr schwer für meine Tante Alix den Kopf hochzuhalten, wenn sie ständig Vorwürfe zu hören bekam. Sie konnte das Geschlecht des Kindes nicht beeinflussen, denn dies lag nicht in ihrer Hand, auch wenn sie darum betete oder Ikonen in ihrem Schlafzimmer aufstellte, von denen man sagte, sie könnten Einfluss auf das Geschlecht des Ungeborenen haben.
Im Sommer leisteten wir der Königin für einige Wochen Gesellschaft in *Frogmore House*, welches in der Nähe von Schloss Windsor liegt. Da die Königin zusehends gebrechlicher wurde, hatte Mama ihr versprochen, das Baby in ihrer Nähe zu bekommen.
Frogmore House ist sehr schön gelegen inmitten einer großen Gartenanlage. Es gab einen kleinen Privatzoo mit zwei großen Straußen, zwei Kängurus und einem Zebra. Ab und an fuhr eine *Brougham*, eine einspännige kleine Kutsche für zwei Personen, durch den Park, deren Sonnenschutz jedes Mal heruntergelassen war, sodass man nicht hineinsehen konnte. Es hieß, darin führe die Frau des *Munshis* der Königin herum. Der *Munshi* namens Abdul Karim war ein Bediensteter aus Indien, der auch gleichzeitig zu einem engen Vertrauten und Freund für Urgroßmama geworden war.
Es war eine besondere Zeit, denn bevor wir uns in *Frogmore* einquartierten, war die Königin auf einer letzten großen offiziellen Reise in Irland gewesen und nun waren wir quasi ständig mit ihr zusammen. Bei ihrer allmorgendlichen Ausfahrt mit der Kutsche hielt sie zu einem Frühstück mit uns, besuchte dann die Tiere in ihren Gehegen. Zumeist blieb sie in ihrer Kutsche sitzen, da ihr das Ein- und Aussteigen inzwischen zu beschwerlich wurde, arbeitete auch dort ihre Papiere durch und begab sich dann zurück ins Schloss Windsor zum Mittagessen. Zum Tee kehrte sie zu uns zurück, und wenn es abends kühler wurde, fuhr sie noch einmal durch den Park. Manchmal begleiteten Louise und ich sie zur Kirche. Da Mama hochschwanger war, ging sie ab und an zum Abendgebet, wobei ich sie stützte.
Kurz vor ihrer Niederkunft zog Mama ins Schloss Windsor um, wo sie am fünfundzwanzigsten Juni einen kleinen Jungen zur Welt brachte. Da es ihr

viertes Kind war, bereitete ihr die Geburt keine allzu großen Beschwerden, doch es war sehr heiß in diesem Sommer. Er wurde um sechs Uhr morgens geboren und die Königin besuchte natürlich Mama im Laufe des Tages, wie auch wir. Er erhielt den Rufnamen Albert nach meinem Urgroßvater, da es ein Wunsch der Königin war. Sein zweiter Name sollte Louis sein. Zuerst wollten wir anderen Kinder dies nicht, denn es war Papas Name und dann würde niemand wissen, wer gemeint war, da meine Mutter meinen Vater in der englischen Form von Ludwig auch Louis rief. Er sollte einen eigenen Namen haben, aber wir lehnten Mamas Vorschlag Nicky, nach dem Onkel Nicky, der sein Patenonkel werden sollte, ab. Es würde nur zu Verwechslungen führen. So kamen wir schließlich alle überein, dass seine Taufnamen zwar Albert Victor Nicholas Louis Francis sein sollten, auch im Bezug auf seine Paten, ihn aber alle *Dick* rufen würden, woraus dann schnell *Dickie* wurde. Diesen Spitznamen sollte mein Bruder auch sein ganzes Leben behalten. Mama nannte meinen Vater oftmals Dickie, wenn sie allein miteinander waren, daher war sie auf diesen Spitznamen für mein Brüderchen gekommen.

Sein Rufname war eigentlich Albert, doch nach dem Tod der Königin setzten meine Eltern Louis an diese Stelle und Francis an die zweite.

Seine Geburt war für mich ein Meilenstein, denn von jenem Abend am Tag seiner Geburt, durfte ich abends an der Tafel der Königin mitessen.

Am nächsten Tag nach dem Dinner um einundzwanzig Uhr ging ich mit der Königin, Papa, Ena, Arthur von Connaught, Tante Lenchen und ihrem Gatten, Onkel Christian, in die *Waterloo Chamber*, einem großen Saal im Schloss Windsor, um Stücke aus der Oper *Carmen* zu hören und aus *Cavalleria Rusticana*, gesungen von der bekannten französischen Sopranistin Madame Emma Calvé, die eigens dafür angereist war. Man hatte für die Aufführung vor der Bühne ein wahres Blumenmeer aufgebaut und es war ein wunderschöner Abend, auch wenn ich die Musik nicht so wahrnahm wie alle anderen.

Am siebzehnten Juli wurde Dickie in der *St. George`s Chapel* getauft und strampelte dabei so sehr, dass er der Königin, die ihn halten durfte, die Brille von der Nase schlug, sich mit dem anderen Händchen ein Band ihrer Haube griff und daran zerrte, was Papa mit einem verschmitzten Lächeln und der Feststellung kommentierte, er sei wohl mit großem Kampfesgeist gesegnet. Als Dickie diese Anekdote später erzählt wurde, kam er niemals mehr umhin, einem jeden Menschen zu erzählen, er sei derjenige gewesen, der der Königin die Brille von der Nase gehauen habe, was er dann natürlich auch gestenreich zu untermalen wusste, wobei man erwähnen muss, dass die Königin selbst während und nach der Taufe Dickies Gestrampel nicht übel nahm. Das Kind zeigte aus ihrer Sicht einfach eine gesunde Leb-

haftigkeit.
Die Königin war allerdings zum Zeitpunkt seiner Geburt schon fast blind und musste daher eine Brille tragen. Sie zitterte auch sehr aufgrund ihrer rheumatischen Beschwerden, weshalb meine Eltern etwas bangten, sie könnte Dickie in das Taufwasser oder auf dem Weg zum Taufbecken schon fallenlassen.
Der Dekan von Windsor, Dr. Elliott, war eigens zu Dickies Taufe angereist. Da es, wie erwähnt, ein sehr heißer Sommer war, ließ die Königin Eimer mit Eiswasser unter die Tische stellen und sogar Eis unter den losen Bezügen von Stühlen platzieren. So setzte sich der Dekan auf einen dieser Stühle, bis der bereits in die Jahre gekommene Mann plötzlich einen fürchterlich ziehenden Schmerz im Rücken bemerkte. Seine Beine wurden kalt und steif. Er nahm die Taufe noch vor, litt danach allerdings unter einer sehr schlimmen Entzündung des Ischias, von der er sich nicht mehr vollständig erholen sollte. Bis an sein Lebensende konnte er nur noch am Stock gehen, was aber mehr einem Humpeln glich.
Mit dem neuen Brüderchen reisten wir dann auch alle als Familie nach Filey, einer Kleinstadt in der englischen Grafschaft North Yorkshire, welche direkt an der Nordseeküste liegt. Besonders Mama sollte sich in dem Ferienort erholen. Danach ging es wieder zurück nach *Frogmore House*. Kurz darauf mietete mein Vater ein Haus für uns am *4 Hans Crescent* im Stadtteil *Knightsbridge* in London. Wir wohnten damit nicht unweit des bekannten Kaufhauses *Harrods*, welches nach einem Brand im Jahre 1883 zerstört und seit 1894 neu aufgebaut wurde, es sollte allerdings erst 1903 fertiggestellt werden. Etwas südlich von uns lag der *Hyde Park*. Knightsbridge war schon damals ein eher exklusives Wohnviertel.

Louise und ich hatten noch gemeinsam Hausunterricht und besuchten regelmäßig das *MacPherson`s Gymnasium* in der Sloane Street in Chelsea für junge Mädchen. Dort unterrichtete man uns in Handarbeiten, gutem Benehmen, körperlicher Ertüchtigung, Korrespondenz, Konversation und es gab sogar einen Fechtkurs für Damen. Neben dem Unterricht besuchten wir von der Schule aus auch die Armen und Bedürftigen, damit wir in Nächstenliebe geschult wurden.
Miss Jackson führte mich zu Hause in die englische Literatur ein und half mir, mich auf meine anstehende Konfirmation vorzubereiten.
Georgie wurde an der vornehmen privaten Jungenschule *Mr. Moreton`s School* am Eaton Square unterrichtet.

Am dreißigten Juli des Jahres 1900 verstarb Onkel Affie auf seinem Sommersitz Schloss Rosenau bei Coburg an Kehlkopfkrebs. Es war erst kurz zuvor bekannt geworden, dass er an der Krankheit litt, und die Königin konnte den Tod ihres Sohnes mit nur fünfundfünfzig Jahren nur schwer verkraften. Sie hatte im Laufe ihres Lebens viele Lieben an den Tod verloren, aber nun, in ihrem hohen Alter und aufgrund ihres eigenen schlechten Gesundheitszustands traf es sie umso mehr. Man kann es vielleicht so ausdrücken, dass sie dem einfach nicht mehr gewachsen war. Sie wusste, dass ihre Tochter, die Kaiserin Friedrich, nicht mehr lange leben würde, und versuchte sich trotzdem aufrecht zu halten, die starke Königin zu sein, die sie für eine so lange Zeit gewesen war.

Kriege waren ihr eigentlich verhasst, denn sie fand es schrecklich, wenn Männer gegen Männer kämpfen mussten und oftmals noch sehr jung ihr Leben im Kampfe verloren. Doch der *Zweite Burenkrieg* war unvermeidlich. Großbritannien durfte in diesem Konflikt keine Schwäche zeigen und sie versuchte zu Hause in England den Menschen, ihrem Volk, zu zeigen, wie sehr sie mit ihnen fühlte, wenn die Männer in den Krieg zogen. Sie besuchte Verwundete in den Hospitälern, Truppenverabschiedungen und Paraden, Kasernen, empfing Witwen und deren Kinder, die Ehefrauen von Soldaten. Deutschland, Frankreich und Österreich griffen England offen an für die Kriegspolitik in Südafrika und das setzte der Königin umso mehr zu. In dieser Zeit bot sie alle ihre Reserven auf, das konnte man nicht übersehen.

Und als am neunundzwanzigsten Oktober Tante Lenchens Sohn in Pretoria an Malaria verstarb, verzweifelte die Königin fast an dem Verlust des erst dreiundzwanzigjährigen Christian Victor. Er war ein Offizier gewesen, hatte bereits militärische Erfolge zu verzeichnen und die Königin hatte ihn nur sehr widerwillig in den Krieg ziehen lassen. Dass er nicht im Kampfe fiel, sondern an einer heimtückischen Krankheit verstarb, wie schon Onkel Liko, war für sie noch schrecklicher.

Von Mamas Kindheit an hatten sie und die Königin einen regen Briefwechsel geführt, ihr letzter Brief datierte vom dreizehnten Juli. Sie sah Mama und uns öfter, doch hatte stets brieflich Kontakt gehalten, auch wenn wir nur um die Ecke wohnten. Nun konnte sie nicht mehr schreiben, weil ihre Hände so sehr zitterten. Sie bedauerte, dass das Rheuma sie an der lieben Gewohnheit hinderte, denn nur so hielt sie Kontakt zu allen Verwandten und Freunden.

Am ersten September reiste die Königin noch nach Balmoral, wie jedes Jahr, und kehrte am ersten November nach Windsor zurück. Am achtzehnten Dezember begab sie sich nach Osborne auf der Isle of Wight für das Weihnachtsfest. Wir feierten das Fest wieder alle zusammen und jedem fiel auf, wie schlecht es ihr ging. Sie klagte über Appetitlosigkeit und fühlte sich müde. Dennoch konnte sie nachts kaum in den Schlaf finden. Obwohl sie

bereits ein stolzes Alter erreicht hatte, machten wir uns alle große Sorgen um sie.
An Silvester bat sie dann meinen Vater, dem sie sehr vertraute, Treuhänder über ihr Privatvermögen zu werden, es ehrte Papa natürlich, mit so einer Aufgabe betraut zu werden – vor allem, dass sie ihm den Vorzug gab, statt einem ihrer Kinder. Er nahm diese Aufgabe gerne an.
Sie freute sich sehr, als am dritten Januar 1901 Lord Frederick Roberts, der Oberbefehlshaber der britischen Truppen in Südafrika siegreich zurückkehrte. Er hatte unter anderem im März des Vorjahres Bloemfontain eingenommen, im Juni Pretoria und so den *Oranje-Freistaat* und die *Südafrikanische Republik* zu britischen Kolonien erklärt. Der burische Oberbefehlshaber Piet Cronjé wurde durch ihn zur Kapitulation gezwungen. Man glaubte den Krieg bei der Rückkehr des Lords gewonnen, doch die Buren sollten noch bis zum Jahr 1902 Widerstand leisten, den man dann aber auch niederschlagen konnte. Zu jenem Zeitpunkt aber, Anfang des Jahres 1901, war die Königin über die gute Neuigkeit sehr erleichtert. Es schien ihr Gemüt für einige Zeit aufzuhellen, ebenso die Nachricht über eine erneute Schwangerschaft von Tante Alix.
Doch am elften Januar ging es ihr dann sehr schlecht. Die Ärzte sagten uns, dass sie sich nicht mehr erholen würde, und so versammelte sich die Familie an ihrer Seite. Kaiser Wilhelm II. reiste aus Deutschland an, als er von ihrem Zustand erfuhr, obwohl ihn niemand darum gebeten hatte. Er drängte sich stets in den Vordergrund, auch an Urgroßmamas Sterbebett, meinte als Begründung, er sei doch immer ihr Lieblingsenkel gewesen. Mama fand das ungeheuerlich, doch man wollte sich in der Nähe der Königin nicht streiten. Viele ihrer Kinder, Enkelkinder und Urenkel trafen nach und nach in Osborne ein. Meine Mutter und Papa wichen auch nicht von der Seite der Königin, aber als sie am zweiundzwanzigsten Januar um achtzehn Uhr dreißig starb, war es Onkel Willy, der sie die letzten zweieinhalb Stunden in seinen Armen gehalten hatte. Mama bemerkte nur, es sei die einzige gute Sache, die er jemals für England getan habe.
Mit dem Tod der Königin endete eine Ära. Onkel Bertie würde nun endlich König werden, als Edward VII., doch da sie ihn nie mit Staatsaufgaben betraute, sah er sich einer allzu großen Bürde gegenüber. Sicher, die Minister würden ihm beistehen, ihm helfen, sich in sein neues Amt hineinzufinden, aber er war sehr unglücklich darüber, wie seine Mutter es ihm all die Jahre vorenthielt, um ihn dann ins kalte Wasser zu stoßen. Auch wenn er natürlich wusste, dass sie nicht ewig regieren würde.
Die Kaiserin Friedrich war das einzige ihrer Kinder, welches nicht anreisen konnte, da sie zu jenem Zeitpunkt bereits so schwer krank war, dass es ihr das Reisen unmöglich machte.

Wir nahmen alle Abschied von der Königin an ihrem Sterbebett, bevor Onkel Willy, Onkel Bertie und Onkel Arthur sie am fünfundzwanzigsten Januar in den Sarg betteten. Es war ihr Wunsch gewesen, in einem weißen Kleid mit ihrem Brautschleier bestattet zu werden, und man legte ihr einige ihrer Lieblingsstücke mit in den Sarg, wie einen Alabasterabdruck von der Hand ihres verstorbenen Gatten, einige Fotos und eine Locke ihres vor vielen Jahren verstorbenen Freundes und Stallknechtes John Brown.
Am zweiten Februar wurde sie für zwei Tage in der *St. George`s Chapel* in Windsor aufgebahrt und dann im Mausoleum bei *Frogmore House* beigesetzt, welches sie im italienischen Stil für ihren Gatten hatte errichten lassen.
Die englische Bevölkerung betrauerte den Verlust ihrer Königin ebenso wie wir und aufgrund des anstehenden Trauerjahres würde Onkel Bertie erst im nächsten Jahr gekrönt werden.
Besonders Mama trauerte sehr, denn zum einen war die Ehe zwischen ihr und Papa die einzig wirklich gute Verbindung, die die Königin jemals vermittelt hatte, zudem war sie seit über zwanzig Jahren wie ein Mutterersatz für meine Mutter gewesen, eine Führerin, innige Vertraute und ein Halt. Als Kind hatte Mama in ihr, wie alle anderen auch, eine imposante, fast erschreckende Persönlichkeit gesehen, die als Patriarchin nicht nur die Geschicke Englands, sondern auch die ihrer Familie fest in den Händen hielt. Aber als Großmama Alice starb, führte die Trauer sie beide enger zusammen.
Meine Mutter sollte noch lange trauern und uns immer wieder mit kleinen Details unterhalten, die ihr über die Königin einfielen. Als sie das Parfum der Königin mit dem Duft von Orangen nirgendwo mehr bekommen konnte, weinte sie bitterlich darüber.
Und auch Papa war sehr traurig, denn besonders nach dem Tod seines Bruders Liko hatten er und die Königin sich noch mehr angenähert. Sie bat ihn oft nach Balmoral, Windsor oder Osborne zu kommen, um etwas für sie zu regeln. Sogar Anmerkungen und Vorschläge im Bezug auf die *Royal Navy* hatte sie nur von Papa angenommen.
Natürlich betrauerten auch wir Kinder ihren Tod, aber ich denke, Louise nicht so wie ich. Als die Älteste konnte ich oftmals Zeit mit der Königin verbringen, wenn sie meine jüngere Schwester dafür noch nicht als reif genug befand. Und Georgie war noch zu jung, um ihren Verlust so richtig zu begreifen.
Onkel Bertie und seine Gattin, Tante Alexandra, die wir auch alle Alix nannten, eine geborene Prinzessin von Dänemark und die Schwester von Onkel Nickys Mutter, waren herzlich zu uns.

Wir verbrachten gerne Zeit mit ihnen, aber man kann sagen, dass sie nicht von diesem Flair der Königin umgeben waren.

Georgie mit Dickie im Jahre 1901

Ich hatte Windsor und Osborne immer als Orte betrachtet, an denen meine Familie und ich stets willkommen waren, doch nun mussten wir auf eine Einladung von Onkel Bertie warten, anstandshalber, meinte Mama. Man konnte sich nicht mehr kurz vorher ankündigen und einfach anreisen. Im Buckingham Palace roch es bald in jedem Raum sehr streng nach den Zigarren Onkel Berties. Er fegte auch die strenge Etikette und Regeln des Hoflebens hinfort, somit auch ihre Aura der Macht. Als wir im März zu einem Besuch eingeladen wurden, waren er und seine Gattin gerade dabei Möbel umzudekorieren, Räume neu zu gestalten und einzurichten. Meine Mutter fand das mehr als befremdlich, denn alles erinnerte sie an ihre Großmutter, war ihr lieb geworden. Und eine Umgestaltung war natürlich völlig in Ordnung, denn Onkel Bertie und Tante Alix wollten buchstäblich den *alten*

Muff hinauskehren, sich ihr Heim selbst gestalten. Wir speisten im großen Esszimmer, danach wurden die Männer zum Kartenspiel nach nebenan gebeten.
Das Paar hatte vorher in *Sandringham House* in der Grafschaft Norfolk gelebt. Es war bekannt, dass die Ehe nicht sehr glücklich war, da Onkel Bertie oftmals Affären hatte, sich nur wenig um seine Frau und die Kinder kümmerte.
Die Tante liebte ihre Kinder sehr, doch verlangte von ihrer Tochter Victoria, dass sie stets bei ihr blieb, dadurch war Tante *Thora* unverheiratet. Tante Alix litt an schwerem Rheuma, hatte daher ein steifes Bein und durch eine Erkrankung des Innenohres, einer *Otosklerose*, war sie stark schwerhörig. Sie umgab sich stets mit vielen Tieren wie Papageien, Hunden und Katzen, um ihnen all ihre Liebe zu schenken.
Leider verstand sie sich mit ihrer englischen Verwandtschaft nicht besonders gut. Sie bevorzugte die Gesellschaft ihrer dänischen Verwandten. Einmal im Jahr reiste sie nach Dänemark, wo sie mit ihrer Schwester, der Zarenwitwe Minnie, eine Villa gekauft hatte. In *Hvidore* fand sie eine Zuflucht vor ihrer Schwiegermutter, denn auch mit der Königin hatte sie sich nie wirklich arrangieren können. Sie war zwar sehr karitativ, engagierte sich in vielen Vereinen und Verbänden, doch eigentlich lebte die Tante ein sehr in sich gekehrtes Leben, was eben nur durch Besuche bei ihrer Schwester in Russland, denen in Dänemark oder bei Besuchen ihrer Schwester in Deutschland, der Herzogin Thyra von Braunschweig und Lüneburg, Prinzessin von Hannover durchbrochen wurde.
Bei dem Besuch nun im März 1901 traf ich zum ersten Mal auf den Neffen von Tante Alix, den Prinzen Andrew von Griechenland und Dänemark, der Andreas oder Andrea gerufen wurde. Er war drei Jahre älter als ich und der vierte Sohn des Königs George I. von Griechenland. Der König war der Bruder von Tante Alix. Als dänischer Prinz geboren, hatten ihn die Griechen nach der Absetzung des Königs Otto im Jahre 1863 durch die Nationalversammlung zum König ernannt. Er war verheiratet mit der russischen Großfürstin Olga Konstantinowna.
Prinz Andreas war sehr freundlich mir gegenüber. Mich beeindruckte sehr die Tatsache, dass er fließend Griechisch, Deutsch, Englisch, Dänisch, Russisch, Französisch und Italienisch sprach, mit seinen Eltern aber nur auf Griechisch kommunizierte. Mit allen anderen sprach er zumeist Englisch.
Er studierte zudem in Heidelberg an der Ruprecht-Karls-Universität griechische und europäische Geschichte. Als Sohn eines Königs hatte er von klein auf eine militärische Karriere angestrebt, war ein Offizier in der griechischen Armee und dies nicht ehrenhalber. Durchaus bereit, sein Land zu verteidigen, zeigte er ein großes Interesse in Politik, hatte einen scharfen

Verstand und sein ganzer Charakter, unsere kurzen Gespräche imponierten mir sehr.
Ich war zwar erst sechzehn Jahre alt, doch da war etwas an Andreas, was mir auf Anhieb gefiel. Vielleicht war es die Offenheit, mit der er mir trotz meiner Behinderung begegnete, sein Charme, sein Humor ... Ich kann es nicht genau sagen. Es schien ihn in keiner Weise zu stören, dass ich taub war, denn er erwiderte nur, er sei kurzsichtig, weswegen er ein Monokel trug und so etwas sei ihm völlig egal. Er wollte im Mai des Jahres eine Karriere als Kavallerieoffizier in der griechischen Armee anstreben und das, obwohl er kurzsichtig war. Mich beeindruckte seine Zielstrebigkeit sehr und er machte mir Komplimente, weil ich so gut von den Lippen ablesen, sprechen konnte. Als er mich hübsch nannte, war ich etwas verunsichert, denn es war mein erstes Kompliment von einem Mann, der nicht zur Familie gehörte. Doch er fing meine Unsicherheit auf, indem er völlig offen bemerkte, man müsse mir doch sagen, dass ich etwas Besonderes sei, jedenfalls aus seiner Sicht. Denn ich hatte gerade trotz meiner Behinderung viel Energie aufgebracht, um all das zu erlernen, was Hörenden so leichtfiel.
In meinem Alter hatte ich natürlich schon an die Liebe gedacht, an die Ehe, aber noch stand ich unter der Obhut meiner Eltern, die diese Themen noch gar nicht mit mir besprochen hatten, denn ich war noch jung. Doch ich fühlte etwas gegenüber Andreas und ahnte, dass es ihm ebenso ging. Aber nach diesem Besuch trennten sich unsere Wege leider vorerst wieder.

Mama, links mit Dickie auf dem Schoß, ich stehe hinter ihr, vor mir ist Georgie, daneben Papa und vor ihm Louise, 1901

Louise und ich, 1901

Durch den Tod der Königin bekam Mama nun eine jährliche Unterstützung von 2000 englischen Pfund vom Königshof. Mit Papas Einkommen waren wir jetzt finanziell recht gut gestellt. Meine Mutter hatte aber nie viel Wert auf großen Reichtum gelegt und war der Ansicht, dass zu viel Geld einen schnell ins Unglück stoßen könne und es verderbe zudem den Charakter. Es gab für sie Wichtigeres im Leben, daran änderte auch die erhöhte finanzielle Zuwendung nichts.

Ich musste mich auf meine Konfirmation vorbereiten, wobei mir Pastor Frisius, der Kaplan der deutschen königlichen Kapelle in *Marlborough House* zur Seite stand. Als wir Anfang April nach Heiligenberg reisten, war ich sehr aufgeregt, denn kurz danach wurde ich von Pfarrer Matthes aus Jugenheim geprüft. Nachdem ich meine Prüfung bei ihm mit Bravour ablegte, wurde ich am neunten April in einer kleinen Zeremonie in der Stadtkir-

che von Jugenheim konfirmiert.
Noch im April streckten uns alle die Masern nieder und zeitgleich verkündeten Onkel Ernie und Tante Ducky, dass sie nun, nach dem Tod der Königin, eine Trennung anstrebten. Tante Ducky hatte sich bereits in den letzten Monaten mehrfach dem Hof entzogen, indem sie in den Süden Frankreichs reiste, dort an den Spieltischen Unmengen von Geld beim Kartenspiel verlor oder sie verprasste das Geld für teure Garderobe.
Onkel Ernie hatte auf der Mathildenhöhe bei Darmstadt eine Künstlerkolonie gegründet und freute sich sehr darauf, diese öffentlich nebst einer Kunstausstellung zu präsentieren. Nebenbei nutzte er die Abwesenheit seiner Gattin, um in Wolfsgarten alles neu zu gestalten und zu renovieren. Nachdem wir alle genesen waren, besuchten wir das Schloss und ich muss zugeben, dass mir seine ledernen Tapeten überhaupt nicht gefielen. Es wirkte alles zu neumodisch und passte so gar nicht zu dem alten Gebäude. Aber ich verstand sein Bestreben, sein Leben neu zu ordnen.
Die Königin hatte gewusst, wie sehr es zwischen dem Paar kriselte, doch sie hoffte stets, man würde sich für die kleine Ella zusammenraufen. Tante Ducky liebte die Kleine sehr, begann von ihrer Kleinkindzeit an, Ella an den Umgang mit Pferden zu gewöhnen und ihr das Reiten beizubringen. Mutter und Tochter teilten die Leidenschaft für die Reiterei sehr bald. Doch die Tante verstand Onkel Ernies tiefe Zuneigung für das Kind, denn er verehrte seine Tochter, glaubte sogar, sie beide würden sich auch ohne Worte verstehen. Dies rührte daher, dass, als die Kleine gerade sechs Monate alt war, man sie in einen neuen Raum verbringen wollte, in dem alles natürlich vorher renoviert werden musste. Onkel Ernie zeigte dem Baby Farbmuster und bei einem lilafarbenen stieß sie kleine Freudenquiekser aus. So wurde ihr Zimmer mit diesen Tapeten dekoriert. Er baute ihr im Laufe der Jahre ein Spielhaus im Schlosspark, welches einem echten kleinen Häuschen mit kleiner Küche und Aufenthaltsraum nicht unähnlich war. Erwachsene hatten keinen Zutritt. Und so gingen die Hauslehrer und Gouvernanten vor dem Häuschen auf und ab, bis die Kinder ihr Spiel beendeten. Elisabeth wünschte sich sehnlichst ein Geschwisterchen, wenn sie uns andere mit unseren beisammen sah. Sie bettelte, ihre Eltern sollten eines von Tante Alix` Kindern adoptieren, damit sie einen Spielgefährten habe. Als ihr Brüderchen tot zur Welt kam, war sie untröstlich. Ich erinnere mich daran, wie sie die Königin zum Lachen bringen konnte. Wenn wir in Windsor waren und sie hörte die Kutsche der Königin kommen, lief sie zum Balkon, winkte und rief auf Englisch aus: „Granny Gran, I`m here!“
Manchmal lag da etwas in den Augen meiner kleinen Cousine, das selbst Mama auffiel, der Gouvernante, Miss Eagar, und auch Onkel Ernie. Sie waren dann und wann beseelt von einer tiefen Traurigkeit, die man nur

schwer begreifen konnte, da dieses kleine Mädchen so voller Lebensfreude und Liebe für einen jeden war. An ihr gingen die Streitereien der Eltern nicht spurlos vorüber, so dachten wir alle damals. Irgendwie ahnte sie wohl, dass die Ehe ihrer Eltern zerrüttet war.
Meine Mutter meinte immer, man könne nichts anderes tun, als dieses Kind einfach nur lieb haben und sie verstand ihren Bruder in seiner Vergötterung seiner Tochter, die für ihn sein kleiner Sonnenschein war.

Ella und Tante Ducky, um 1900

Tante Ducky mit Ella, um 1900, aus einem Fotoalbum der Kammerfrau von Tante Alix, namens Madeleine Zanotti, später Delacroix

Am fünfzehnten Mai eröffnete Onkel Ernie feierlich seine Ausstellung, die mit *Eine Dokumentation deutscher Kunst* betitelt war, es war ein sehr großer Erfolg für unseren kunstliebenden Onkel. Ich hatte nicht so ein großes Kunstempfinden wie er, fand die *Art Nouveau* eher uninteressant, doch er war so stolz auf alles, was er geschaffen hatte, dass ich meine Meinung für mich behielt und ihm einfach anerkennend gratulierte.

Tante Alix gebar am achtzehnten Juni eine vierte Tochter, die Großfürstin Anastasia. Wieder war es *nur* ein Mädchen. Da in Russland keine Möglichkeit bestand, dass man die Gesetze dahingehend änderte, damit auch eine Frau den Thron besteigen konnte, wuchsen die Anfeindungen gegenüber der Tante innerhalb der Familie. Zar Paul I. von Russland, der Sohn der Zarin Katharina der Großen, hatte in einem Dekret im Jahre 1797 verfügt, dass nur noch männliche Nachkommen den russischen Thron besetzen durften. Dies geschah wohl mehr aus Hass auf seine Mutter, aber im traditionellen Russland stand eine Diskussion über eine Abschaffung dieser Regelung nicht in Frage. Tante Alix musste also einem Sohn das Leben schenken oder Onkel Nicky würde seinen Thron an seinen Bruder Michail verlieren.
Im Sommer reisten wir Kinder, Papa, Mama und Nona nach Russland. Wir freuten uns sehr darauf, unsere Tanten wiederzusehen, die Onkel und die kleinen Cousinen. Zuerst verbrachten wir einige Zeit bei Tante Ella und Onkel Sergey sowie ihren Ziehkindern Maria und Dmitri in Ilinskoye, wo wir den Sommer genossen, schwimmen und angeln gingen. Zu jenem Zeitpunkt verbrachten Dmitri und Maria überwiegend die Sommer bei Tante Ella, wobei es ihnen an nichts fehlte. Meine Tante ging darin auf, die Kinder zu verwöhnen, wobei Onkel Sergey auch mal ein Machtwort sprach, aber zumeist über kleine Flausen der Kinder mit einem Lächeln hinwegsah. Beide Kinder wurden zu Hause von Tutoren und Hauslehrern unterrichtet, die dabei auf die große und sehr umfassende Bibliothek des Landguts zurückgreifen konnten. Wie Mama las auch Tante Ella sehr gerne. Dies hatten beide von ihrer Mutter, der Großmama Alice geerbt. Meine Mutter war es dabei zur lieben Gewohnheit geworden, ihre gelesenen Bücher mit Titeln in große, braune Lederbücher einzutragen, sodass sie stets nachschauen konnte, was sie bereits gelesen hatte und auch ihre Aufzeichnungen für Leseempfehlungen nutzen konnte. Tante Ella legte wie Mama sehr viel Wert auf eine gute Allgemeinbildung. So wurden die Kinder in Mathematik, Kunst, Geschichte, Geografie, Tanz, Musik und Sprachen unterrichtet. Neben Russisch lernten sie Deutsch, Englisch und Französisch. Für Maria hatte man eigens die Gouvernante Mademoiselle Hélène eingestellt, die ihre ständige Begleiterin und Vertraute war. Es tat mir leid, dass ihr leiblicher Vater sich kaum um die beiden kümmerte. Sie verloren auch kein Wort über ihn.

Beim Russland-Besuch in Ilinskoye in traditionellen Bauerntrachten – unten links sitzt der Großfürst Dmitri, links stehend Georgie, neben ihm die Großfürstin Maria, rechts knieend Louise und ich sitze in der Mitte, aufgenommen im Jahre 1901

Wir reisten dann weiter zu Tante Alix und Onkel Nicky nach Peterhof, den Sommersitz der Zarenfamilie. Peterhof ist ein beeindruckendes Schloss am Finnischen Meerbusen mit einem wundervollen Park, extravaganten Springbrunnen und Wasserspielen. Es liegt direkt am Meer und wir genossen unseren Aufenthalt dort sehr. Das Leben am russischen Hof war für uns Kinder doch recht ungewohnt und gleichsam überwältigend. Ein Zimmer des Schlosses war prunkvoller als das andere, es gab eine Unmenge an Dienstboten und man fühlte sich zeitweise von dem ganzen Glanz und Reichtum, den kostbaren Antiquitäten nahezu erschlagen. Die Etikette waren streng, doch wir bekamen einen Einblick in eine Welt, die uns damals unerreichbar und traumhaft zugleich erschien. Wir reisten im kaiserlichen Zug, in prachtvoll ausgestatten Waggons mit jeglichem Komfort. Während wir in diese Welt eintauchen durften, die ich auf dieser Reise mit den Augen einer jungen Frau wahrnahm, schienen Mamas Befürchtungen völlig unbegründet zu sein. Wo immer Onkel Nicky auftauchte, jubelte ihm das Volk zu, wirkte seine Macht gefestigt und gesichert. Und einziger Makel war der fehlende Thronfolger.

Peterhof, 1901 – links sitzt Louise, neben ihr Olga, vorne auf dem Boden sind Marie und Georgie, auf der Bank rechts Tatjana, neben ihr ich mit Dickie auf dem Schoß

Peterhof, 1901 – von rechts nach links, auf dem Stuhl sitzend Georgie, hinter ihm Papa,in der Mitte Mama mit Dickie auf dem Schoß, vorne auf dem Boden sitzend Louise undich bin links neben Mama- Papa trägt ein Trauerband an der Uniform aufgrund des Todes der Königin

Während wir in Russland weilten, erreichte uns die Nachricht, dass die Kaiserin Friedrich am fünften August auf ihrem Witwensitz Schloss Friedrichshof bei Kronberg im Taunus verstorben war. Man wollte sie in Potsdam beisetzen, doch am dreizehnten August fand ihr zu Ehren ein Gedenkgottesdienst in St. Petersburg statt, zu dem wir mit der kaiserlichen Yacht von Peterhof aus anreisten. Von da aus reisten wir weiter nach Narva in Estland in den Finnischen Meerbusen. Onkel Nicky wollte Papa eine Freude machen und präsentierte ihm während eines militärischen Manövers dort die zaristische Flotte. Für einige Tage lebten wir auf der kaiserlichen Yacht, der *Standart*, die in ihrer Ausstattung den Schlössern und dem Zug in nichts nachstand. Für die Kinder von Tante Alix stand jeweils eine sogenannte *Sailor Nanny* bereit – ein Matrose, der sich nur allein um das Mädchen kümmerte, ihm auch die Zeit vertrieb und ebenso waren die Offiziere sehr

vertraut mit der Tante und ihrer Familie. Es war kein so strenges Leben wie bei Hofe. Das Deck war der Spielplatz der kleinen Großfürstinnen. Es gab sogar Katzen an Bord, die Junge hatten und mit denen man spielen konnte, und die Hunde der Zarenfamilie reisten natürlich auch stets mit.
Es war ein wunderschöner Aufenthalt in Russland und wir Kinder zehrten noch lange von den Eindrücken dieser Reise.
Am zehnten September des Jahres übernahm Papa wieder ein Kommando, diesmal auf der *Implacable*. Er reiste nach Plymouth und bereitete sich darauf vor, wieder im Mittelmeer mit der Flotte seinen Dienst aufzunehmen. Im Oktober folgten wir ihm nach und diesmal hatte er ein Haus angemietet, 25 Strada Mezzodi, und es bereits komplett einrichten lassen für uns. Dazu hatte er einen *Buggy* gekauft, eine kleine Zweisitzer-Kutsche, damit Nona, Louise und ich damit Ausfahrten machen konnten. Mama engagierte eine neue Gouvernante namens Fräulein Grau, die in unserer Nähe in der Hauptstadt Valette einquartiert wurde. Sie sollte uns bei unseren weiteren Studien, dem Hausunterricht, unterstützen.
Tante Ducky und Onkel Ernie ließen sich am einundzwanzigsten Dezember des Jahres 1901 scheiden. Es war das Ende einer desaströsen Ehe, die Onkel Ernie mehrfach versuchte zu retten.
Tante Ducky hatte in der ersten Zeit der Ehe Onkel Ernies homosexuelle Neigungen nicht wirklich wahrgenommen. Wenn sie auf Capri Urlaub machten, pflegte er die jungen Fischer, die sich für Liebesdienste anboten, heimlich zu treffen. Bald aber flüsterten die Bediensteten in Darmstadt auf den Fluren, wenn Ducky an ihnen vorbeiging, manche kicherten auch hämisch. Einige wandten sich ab, vermieden einen Augenkontakt mit ihr, weil es sie beschämte. Doch Tante Ducky hatte erst Gewissheit, als sie eines Morgens Onkel Ernies Schlafzimmer betrat, ohne anzuklopfen, und ihn mit einem Küchenjungen im Teenageralter im Bett vorfand. Es traf sie so heftig, dass sie für einige Tage seelisch am Boden zerstört war, sich in ihr Zimmer verzog und niemanden mehr sehen wollte. Und als sie ihre Schwester in Rumänien besuchte, lebte Onkel Ernie seine Neigungen derart offen aus, dass es bald ein jeder im Palais wusste. Sie sagte später völlig frei, wie hemmungslos Onkel Ernie mit allen schlief. Kein Junge war vor ihm sicher, von den Stallburschen bis zur Küchenhilfe. Aus diesem Umstand resultierte auch die große Fluktuation von Bediensteten im Palais und in Wolfsgarten. Die doch eher sexuell unerfahrene Tante glaubte damals noch, dass nur Onkel Ernie so etwas praktizierte. Sie hatte einfach vorher noch nie davon gehört. Ich hatte bereits Tante Duckys sehr strenge Erziehung durch die Mutter und Gouvernanten erwähnt. Sie wuchs auf Malta im *San Anton Palace* auf, mit jeglichem Komfort. Die weiße Villa umgab ein großer, herrschaftlicher Park. Der Vater war stets auf See. Und die Mutter schickte

die Kinder bei Wind und Wetter nach draußen zum Spielen, sie akzeptierte keine Krankheiten oder ein faules Herumgeliege in den Kissen, also langes Ausschlafen. Dadurch war aber Tante Ducky als Kind mit einer robusten Gesundheit gesegnet. Die schottische Nanny Nana Pitcathly platzierte im Kinderzimmer von Ducky und Marie eine braune und eine schwarze Lederpeitsche über den Betten, was die Disziplin förderte. Auch, wenn keine der Peitschen jemals zum Einsatz kam.
Ich war als Kind bei ihnen zu Gast, wenn wir auf Malta weilten, und bereits damals fand ich es sehr beeindruckend, wie Tante Ducky und die anderen bei jedem Wetter im Freien ihre Freiheit genossen. Sie kletterte sogar auf Bäume. Und es war bezeichnend, dass ihre Mutter sich Wunderkinder wünschte, die aber diesen hohen Anforderungen nicht entsprechen konnten. Stattdessen war der Druck zu hoch. Mama fand es befremdlich, dass die Herzogin dann, als sie nach Rosenau in Deutschland zogen, meinte, Mädchen dürfen nicht älter als zwanzig Jahre sein bei ihrer Verheiratung. Sonst stellten sie zu viele Fragen, hätten zu viele eigene Ideen und würden zu viel denken. Daher musste man sie im Teenageralter verheiraten.
Später traf sie eine andere Aussage, die eher bezeichnend für Tante Duckys gescheiterte Ehe war. Frauen sollten flirten, sich amüsieren, aber dabei niemals ihr Herz verlieren. Männer seien es nicht wert, denn wenn man ihre Leben betrachtete, dann die Wirklichkeit realisierte, würde man sich angewidert abwenden, denn man sähe nur Schmutz und das selbst bei Männern, die nach außen hin gut und edel erschienen. Hier sprach aber auch sicher ihr eigenes gekränktes Herz aus ihr.
Eine sexuelle Aufklärung war in der strengen Erziehung nicht vorgesehen, woraus sich dann Tante Duckys Sturz ins kalte Wasser ergab.
Bei der Heirat hatten Tante Duckys Eltern verfügt, dass sie von Onkel Ernie eine jährliche Apanage von fünfzigtausend Mark zu erhalten hatte, die er in jeweils monatlichen Raten beglich. Hätte sie Onkel Ernie überlebt, wäre sie mit achtzigtausend Mark im Jahr abgefunden worden. Dies betraf auch eine angenehme, entsprechende Wohnung und Ausstattung derselben. Bei all diesen Vereinbarungen hatte man aber nie eine Scheidung einkalkuliert.
Da Onkel Ernie seine Neigungen so öffentlich auslebte bei Hofe, gab es bald für die Tante auch keine moralischen Bedenken mehr. Sie traf sich offen mit dem Großfürsten Kyrill, plante mit ihm eine neue Zukunft. Zum Ende des Sommers im Jahre 1901 war sie nicht mehr am Hof, sondern lebte mit Kyrill mal in Nizza, kam nur kurz mit ihm nach Wolfsgarten, erschien mit ihm auf Festen und Familienfeiern. Am sechzehnten Oktober verließ sie mit der kleinen Elisabeth und einem Großteil ihrer Habe Darmstadt, zog in Rosenau bei ihrer Mutter ein. Die Herzogin verstand, als Ducky ihr erklärte, warum sie sich trennen wollte, und beide schrieben an Onkel Ernie mit der

Bitte um Scheidung. Doch dieser glaubte, da sie nun einen Liebhaber hatte, er diesen duldete, könne er auch leben wie er wolle. Man konnte so der Öffentlichkeit eine intakte und glückliche Ehe vorgaukeln. Was hinter den Mauern geschah, brauchte niemanden zu interessieren. Tante Ducky bestand aber auf einer gerichtlichen Scheidung.

Am zwanzigsten November schrieb Onkel Ernie seiner Gattin, sie möge zurückkehren, doch sie antwortete nur knapp aus Nizza, dass sie dies verweigere.

Mama und wir alle, die Familie, waren empört, was vor sich ging, und vor allem darüber, dass Onkel Ernie sich erst mal im Oktober, trotz allem, einen Urlaub auf Capri gegönnt hatte.

Was man Tante Ducky sehr hoch anrechnen musste, war die Tatsache, dass sie Onkel Ernies homosexuelle Neigungen nicht vor Gericht erwähnte, um dem Ansehen des Hauses Hessen nicht zu schaden. Zudem wollte sie die kleine Ella schützen und sich gütlich über das Sorgerecht einigen. Sie verzichtete sogar auf ihren Titel, um wieder standesgemäß heiraten zu können. Wie in den meisten Fällen wurde sie schuldig geschieden, doch nahm es hin.

Ella würde nun ein halbes Jahr bei ihrer Mutter in Coburg oder in deren Haus an der französischen Riviera leben und ein halbes Jahr beim Vater. Es zeichnete sich jedoch schon bald ab, dass das Kind Onkel Ernie derart nahestand, dass e sich, wenn es zur Mutter ging, unter einen Tisch oder ein Sofa flüchtete, bitterlich weinte und ihm sagte, nur er würde ihr zeigen, wie sehr er sie liebe. Und für den Onkel waren die Trennungen ebenso schwer, denn ihn und sein Töchterchen verband etwas Besonderes, sie war alles für ihn und sie traurig zu sehen, belastete ihn sehr. Natürlich schrieben sie sich Briefe, aber die räumliche Trennung voneinander war bald eine wirkliche Belastung für beide Seiten. Onkel Ernie verlor aber gegenüber Ella nie ein böses Wort über ihre Mutter oder versuchte das Kind zu beeinflussen. Es war meine kleine Cousine selbst, die es ihrer Mutter nicht verzeihen wollte, den Vater verlassen zu haben. Tante Ducky bemühte sich, ihr die Aufenthalte in Coburg angenehm zu gestalten, doch Ella ließ sie oftmals wohl spüren, wie groß ihre Sehnsucht nach Darmstadt und ihr Unmut über die Scheidung waren.

Mama traf die Scheidung Onkel Ernies sehr. Ich weiß nicht, ob sie ihm je Vorwürfe machte oder ihn einfach so akzeptierte, wie er eben war. Aber sie war traurig, weil Ella so darunter litt, nicht immer bei ihm sein zu können.

Ella war ein so reifes Kind für ihr Alter, dass man manchmal glaubte, man habe eine Erwachsene vor sich, keine Siebenjährige. Ich mochte sie sehr, auch wenn wir aufgrund des Altersunterschieds nicht so viel Zeit miteinander verbrachten wie meine jüngeren Geschwister. Man kann aber zweifelsfrei sagen, dass Ella einfach liebenswert war, und da sie stets brav war, sehr gut erzogen, waren Launen an ihr ohne Zweifel auf die Trennung zurückzuführen, sowohl die der Eltern und auch die von ihrem Vater.

Nach meinem siebzehnten Geburtstag im Februar des Jahres 1902 meinte Louise, sie sei sich sicher, dass ich einmal einen König heiraten würde, denn aus ihrer Sicht hatte ich das Aussehen und die Qualitäten einer Königin. Ich hegte keine derartigen Ambitionen, strebte nicht nach einem solchen Leben, denn wenn ich bei den Verwandten sah, wie behaftet von Etiketten und Zwängen, ständigen anstrengenden öffentlichen Auftritten, ihr Leben war, schreckte mich das eher ab. An eine Königin hatte man viele Erwartungen, denn sie repräsentierte auch ihr Land, und zudem war für Tante Alix damit sogar der Zwang behaftet, einem Jungen das Leben zu schenken. Nein, das war ganz sicher kein Leben für mich. Ich vertiefte mich gerne in die mir angeborene Stille, konnte zu Beginn des Jahres viele Stunden damit verbringen, die Stürme und tobenden Wellen zu betrachten, die die Insel erfassten.

Nach Malta blieben wir vom Frühjahr bis zum Sommer wieder in Heiligenberg.

Am sechsundzwanzigsten Juni sollten die Feierlichkeiten zur Krönung von Onkel Bertie in England stattfinden. Man lud Mama und mich ein, daran teilzunehmen. Am zweiundzwanzigsten Juni reisten wir nach England, wobei Nona uns begleitete, und in *Flushing* in *Cornwall* stießen Onkel Heinrich und Tante Irene zu uns.

Man ließ uns im Buckingham-Palast wohnen. Doch am dreiundzwanzigsten Juni erschien Onkel Bertie zum Mittagessen und wirkte sehr elend. Er war blass, hatte starke Bauchschmerzen, keinen Appetit. Zuerst glaubten wir, es sei die Aufregung vor der Zeremonie, der Stress der Vorbereitungen, aber am Abend bekam er hohes Fieber, litt unter schrecklichen Schmerzen. Die Ärzte diagnostizierten eine akute Blinddarmentzündung. Es bestand Lebensgefahr. Man musste ihn operieren und die Feierlichkeiten absagen. Damals war so ein Eingriff selbst auch noch gefährlich für das Leben des Patienten. So waren wir alle in sehr großer Sorge um den Onkel.

Natürlich waren schon viele hohe Gäste und Verwandte für die Krönungsfeierlichkeiten angereist. Unter ihnen waren auch die griechischen Verwandten von Onkel Berties Frau, wie der Kronprinz Konstantin von Griechenland und seine Gattin, die Kronprinzessin Sophie, eine geborene Prinzessin von Preußen, Schwester von Onkel Willy. Die beiden wurden von den Prinzen Andreas und George begleitet, beides Brüder des Kronprinzen. Ich kannte Andreas bereits, freute mich ihn wiederzusehen und nannte ihn *Andrea* wie seine Familie. Er war mittlerweile als Offizier in der griechi-

schen Armee fest verankert.
Als wir uns wiedersahen, wirkte er auf mich wie ein griechischer Gott. Da war etwas an ihm, was mich fesselte, mehr und mehr. Und er empfand ebenso, konnte mich gar nicht aus den Augen lassen. Während alle um das Leben von Onkel Bertie bangten, in langen Stunden nichts weiter zu tun hatten, als zu warten, schienen auch Andreas Verwandte plötzlich davon beseelt zu sein, uns zusammenzubringen.
Andrea und ich verstanden uns so gut, dass uns beiden schnell bewusst wurde, dass wir dabei waren, uns ineinander zu verlieben. Ich merkte, dass es meiner Mutter nicht recht war, wie eng wir beieinandersaßen, ständig Zeit miteinander verbrachten. Sie hielt mich für zu jung, sah in dem allen nur eine erste Liebelei zwischen einem jungen Offizier und ihrer hübschen Tochter. Aber mehr war von ihrer Seite ausdrücklich nicht erwünscht.
Onkel Bertie überstand die schwere Operation gut, doch er musste sich erst wieder erholen und so wurde die Krönung verschoben. Es schmerzte mich sehr, Andrea wieder zu verlassen, als wir am fünften Juli nach Heiligenberg zurückreisten. Zu jenem Zeitpunkt konnte Mama nicht ahnen, dass Andrea und ich uns heimlich verlobt hatten, nachdem Tante Alix sich meine Nöte anhörte, die Verbindung ganz wunderbar fand. Und auch Onkel Bertie, den ich kurz am Krankenbett besuchte, war hoch erfreut über meine Wahl.
In Heiligenberg entging es niemandem, wie glücklich ich war. Vielleicht kann man sagen, dass ich voll der neuen Gefühle war, die auf mich einströmten. Ich wollte diesen Mann heiraten, koste es, was es wolle, und es erregte nur noch mehr Mamas Unmut. Sie informierte Papa, der in Korfu weilte, wie sehr sie sich um meine Zukunft sorgte. Er konnte sich kurzfristig von seinen Verpflichtungen freinehmen, kam für fünf Tage nach Heiligenberg. Die Verbindung würde mich zu einer griechischen Prinzessin machen und Papa war überrascht, dass ich so sehr darauf bestand zu heiraten. Andererseits wollten weder er noch Mama mir einen Heiratskandidaten aufzwingen.
Doch Mama schrieb auch noch an ihre Schwestern, um sich Rat zu holen. Ich glaube, ihre größte Befürchtung war, dass ich aus meiner Jugend heraus vorschnell eine Entscheidung treffen könnte, die aber mein ganzes weiteres Leben beeinflusste und ich mir dessen aus der ersten Liebe heraus nicht bewusst war. Auch wenn ich ihr immerzu versicherte, dass es mir wirklich ernst sei mit meinem Herzenswunsch. Und als sie von der heimlichen Verlobung erfuhr, war sie enttäuscht darüber, mit welcher Eigenmächtigkeit wir, Andrea und ich, gehandelt hatten. Tante Alix erinnerte sie dann in einem Brief daran, wie sie und Ella um ihre Liebe, ihr Glück, kämpfen mussten. Auch Mama hatte aus Liebe geheiratet, war ihrem Herzen gefolgt, aller Widerstände zum Trotz. Es gab meiner Mutter zu denken. Papa sah

bereits ein, dass man mich nicht mehr umstimmen konnte.
Wir redeten viel über meine Zukunft in den fünf Tagen, die er bei uns war, und er meinte, es zähle doch nur mein Glück. Das war das Wichtigste.
Ich erwartete sehnlichst einen neuen Termin für die Krönungsfeierlichkeiten, um Andrea in England wiederzusehen.

Andrea, um 1901

Ich liebte meine Familie sehr, wusste, dass eine Heirat bedeutete, das schützende Nest zu verlassen, ein eigenes Leben zu beginnen. Aber es verlangte mich danach, auf eigenen Füßen zu stehen.
Meine Eltern standen einfach vor der Problematik aller Eltern. Das Kind wird flügge und man muss es ziehen lassen.
Man setzte die Krönungsfeierlichkeiten auf den neunten August an. Ich zählte die Tage, bis wir nach England reisten. Und ich fühlte eine solche Erleichterung in meinem Herzen, da wir endlich abfuhren.
Auf dem Weg zur *Westminister Abbey*, wo die feierliche Zeremonie stattfand, platzierte man Mama, Andrea, seinen Bruder George und mich in einer Kutsche. Meine Mutter nahm es mit einem leichten Unmut hin, das

konnte ich spüren. Da man die Krönung verschoben hatte, waren dieses Mal weniger Gäste aus Übersee angereist, da sie sich nicht ein zweites Mal auf den weiten Weg machen wollten, was durchaus verständlich war.
Onkel Bertie wählte den Herrschernamen *Edward VII.,* und als wir der Zeremonie vorne unter den royalen Gästen und Verwandten beiwohnten, wobei ich als eine der Ehrendamen fungieren durfte, war es sehr beeindruckend, denn mit der Krönung des Onkels war die *Viktorianische Ära* nun endgültig vorüber und die *Edwardianische Ära* begann. Der Erzbischof von Canterbury, Frederick Temple, der die Zeremonie vornahm, war achtzig Jahre alt. Er musste dem neuen König die Wange küssen. Als er sich auf den Onkel zubewegte, kam er ins Straucheln, wäre fast gefallen, was viele der anwesenden Gäste zutiefst erschreckte.
In den Tagen nach der Krönung versuchte ich jede Minute mit Andrea zu verbringen und er mit mir. Man kann sagen, dass wir unzertrennlich waren. Und es brach uns beiden fast das Herz, als wir uns erneut trennen mussten. Denn am dreizehnten August reisten Mama und ich zurück nach Heiligenberg.
Ich litt schrecklich, denn da Andrea seinen Dienst beim griechischen Militär versehen musste, würden wir uns eine qualvoll lange Zeit nicht sehen, uns nur schreiben können. Und meine Mutter sah, wie ich litt. Es brachte sie zum Umdenken, denn sie sagte nun auch zu Nona, dass sie wohl einen griechischen Schwiegersohn bekäme.
Eigentlich war ich sehr glücklich darüber, einen Mann gefunden zu haben, mit dem ich mein Leben teilen wollte. Eine Seele, die meiner ebenbürtig war. Doch Andrea liebte das Militär, er wollte seine Pflicht als Offizier erfüllen, ebenso wie jeder andere, der dort diente. Er hatte mir erzählt, dass seine ganze Erziehung von Jugend an auf eine militärische Karriere hin abzielte. In einer Militär-Akademie war er auch von deutschen Aufsehern erzogen und dann in die Hände des wohl sehr strengen Aufsehers Panayotis Danglis übergeben worden, der ihn in Waffenkunde für großkalibrige Geschütze, Militärgeschichte, Waffentechnologie, Geografie und Befestungen unterrichtete. Selbst als sich die Familie im Urlaub auf Korfu befand, musste Andrea weiter lernen, während seine Brüder sich bei Picknicks amüsierten. Doch er liebte all das und seinen daraus resultierenden Beruf. Sein einziger Gedanke war, seinem Land zu dienen.
Eine von Andreas Schwestern war *Aline* gewesen, die im Jahre 1891 unter tragischen Umständen bei einem Besuch bei Tante Ella verstarb, nachdem sie noch den kleinen Dmitri gebar. Andreas Schwester Maria, die man auch die griechische Minnie oder im englischen Greek Minnie nannte, heiratete im Jahre 1900 den russischen Großfürsten George Michailowitsch, einen Cousin von Onkel Nickys Vater, dem Zaren Alexander III. von Russland.

Seine Brüder George, Nikolaus und Christopher waren noch unverheiratet wie er.
Mir imponierte es sehr, wie zielstrebig Andrea in Bezug auf seine militärische Karriere war und ich versuchte bei unseren Unterhaltungen ein ebensolches Interesse zu zeigen, wie Mama es bei Papa auch stets für seinen Beruf zeigte.
Und bei unserem Abschied versprachen wir einander zu schreiben.
Ich schrieb ihm täglich, und als ich seit über einer Woche auf einen Brief von ihm wartete, übermannten mich meine Gefühle. Voller Kummer flüchtete ich mich in einen Raum von Fräulein Textors Mädchenschule, die ich zu jener Zeit besuchte, wo mich ein anderes Mädchen fand – das Haar zerzaust, das Gesicht rot geweint und mein Kleid zerknittert hockte ich gramgebeugt auf dem Boden. Sie versuchte mich zu trösten, wollte wissen, warum ich so bitterlich weinte. Ich weihte sie in meinen Kummer ein, gestand, dass ich Angst um Andrea hatte. Wenn er sich nicht meldete, musste er krank sein, einen Unfall gehabt haben oder – und dies war meine schlimmste Befürchtung – er hatte seine Meinung geändert, wolle mich gar nicht mehr heiraten. Das Mädchen zeigte sich tief berührt, meinte, es könne doch an der Post liegen, aber ich war so am Boden zerstört, dass ich nach Hause gehen musste.
Am nächsten Morgen kam ich jedoch wieder völlig entspannt und gelöst zur Schule. Alle meine bitteren Tränen, die ich vergossen hatte, waren vergessen, denn mich hatten fünf Briefe meines Geliebten erreicht. Die Post war schuld gewesen, die Briefe erreichten mich leicht verspätet.
Immer wenn ich einen Brief von Andrea erhielt, konnte ich nicht warten, ihn zu lesen. Ich lief in mein Zimmer, verschloss die Tür, legte mich auf mein Bett, las seine Zeilen wieder und wieder, bis ich sie fast auswendig konnte. Meine Mutter fand das Verhalten sehr befremdlich, aber sie tolerierte es, obgleich sie alles immer noch für eine Schwärmerei hielt, die auch schnell wieder verfliegen konnte. Sie ließ oftmals Sätze fallen, wie jenen, dass die Herzen von jungen Mädchen leicht zu gewinnen und zu beeinflussen seien. Doch ich versicherte ihr immer wieder, wie ernst es mir sei. Und sie musste es doch langsam einsehen, so wie ich jeden seiner Briefe erwartete, mich nach seinen geschriebenen Worten fast verzehrte.
Im September des Jahres 1902 wurde Papa *Kommodore*, also Befehlshaber über einen Verband von Schiffen und deren Kapitänen bei den Zehnten Flottenmanövern vor Argostoli, der Hauptstadt der Insel Kefalonia in Griechenland und im November Direktor des *Naval Intelligence Departments*. Es war ein weiterer Meilenstein in seiner Karriere und es erfüllte uns alle mit Stolz.
Weihnachten feierten wir in diesem Jahr in Kiel bei Onkel Heinrich und

Tante Irene. Wir fuhren mit Onkel Heinrich in seinem Dampfwagen herum, einem neuartigen Automobil, welches mit einer Dampfmaschine mithilfe von Wasserdampf angetrieben wurde. Als Brennmaterial für den Kessel konnte man Koks, Braunkohle, Holz oder Öl verwenden. Es gab damals nur fünfzig Exemplare davon weltweit. Ab und an mussten wir anhalten, um an Bauernhäusern Wasser nachzufüllen, aber es war sehr interessant, sich mit diesem Gefährt fortzubewegen. Auch meine Mutter war für technische Neuerungen stets offen und Papa ebenso.

Wir fuhren auch mit Onkels Henrys Yacht. An Weihnachten waren auch Verwandte zugegen, wie die Kaiserin Auguste Victoria, Onkel Willys Gattin, die mit uns zur Kirche ging, auf der Yacht mit uns Tee in der Offiziersmesse trank. Danach wurden die Geschenke verteilt. Sie schenkte mir einen sehr schönen und edlen Pelzmantel und Muff. Es freute mich sehr, aber noch mehr erfreute ich mich an den Geschenken, die mich aus Griechenland erreichten. Der König übersandte mir ein wunderschönes Armband, die Königin echte feine Seide für ein Kleid und einen edlen Brieföffner und von Andrea erhielt ich einen holzgeschnitzten Entenkopf als Handgriff für einen Schirm und eine wunderschöne Brosche. Es traf genau meinen Geschmack. Ich war verwundert darüber, dass er genau wusste oder ahnte, was mir Freude bereiten könnte. Dabei hatte ich ihm noch kein Geschenk übersenden lassen, da ich einfach nicht wusste, was ich ihm schenken könnte. Es beschämte mich etwas, doch ich würde mir etwas einfallen lassen müssen, mich mit Mama besprechen. Sie wunderte sich darüber, dass ich nicht vor Weihnachten damit zu ihr gekommen war. Denn ich hatte doch Geschenke aus Griechenland erwarten können aufgrund der Umstände und Andreas Beziehung zu mir.

Da Papa nun eine hohe Position innehatte, zogen wir im Januar 1903 in ein Haus nach *70 Cadogan Square* in *Knightsbridge* in London. Das doch eher gehobene Wohnviertel lag nahe des vornehmen Stadtteils *Belgravia.* Ich sollte meine Studien zu Ende bringen, indem ich bei diversen Tutoren Klavierunterricht nahm, in Musikgeschichte, Kunst und englischer Literatur unterrichtet wurde. Daneben erhielt ich Lektionen in französischer und griechischer Sprache.

Andrea wollte uns bald besuchen, aber es war unklar, ob er Anfang oder erst Mitte März kommen könnte.

Onkel Bertie freute sich sehr, uns stets in England zu haben, denn er hielt viel von meinem Vater und fand, er sei einer der besten Offiziere in der *Royal Navy* sowie von unschätzbarem Wert auf den Positionen, die er innehatte.

Am zehnten März luden uns der Onkel und Tante Alix zur Feier ihres vierzigsten Hochzeitstages ein. Es gab ein kleines Familienessen und anschlie-

ßend einen Ball mit vierhundert Gästen. Die Ballsaison hatte eigentlich noch nicht begonnen, doch ich erfreute mich an Walzern, Polkas und Quadrillen, auch wenn ich keine sehr gute Tänzerin war aufgrund meiner Behinderung. Es gab ansonsten nicht viele Möglichkeiten der Ablenkung, da Andrea seinen Besuch auf den Mai verschoben hatte, allerdings konnte er kein genaues Datum nennen. Er begründete es mit seinem Dienst bei der griechischen Armee, denn es gab leichte politische Unruhen in Griechenland.
Mir wurden die Monate lang, die Wartezeit schier unerträglich. Es deprimierte mich zeitweise so sehr, dass ich mich zu nichts wirklich aufraffen konnte, mir nichts Freude bereitete.
Im April zogen wir nach *Sopwell* in *Hertfordshire*. Das *Sopwell House* war ein ganz besonderes Gebäude, denn es war ein sogenanntes Witwer-Haus für den Earl und die Countess of Verulam, Papa mietete es für drei Monate. Das zum Haus gehörende Gelände, der Park war sehr groß. Mein Vater kaufte uns eines der ersten Automobile mit einem Motor, eine sogenannte *Vier-Sitzer-Wolseley-Wagonette*. Es war ein sehr exklusives Gefährt und zumeist machten Louise und ich mit unserem Vater kleine Ausfahrten.

Shrimp, Louise im Jahre 1903

Und endlich kündigte Andrea für den achten Mai seinen Besuch bei uns an. Er reiste ohne einen Adjutanten an, und als er endlich wieder vor mir stand, konnte ich mein Glück kaum fassen. Endlich waren wir wieder vereint. Und meine Eltern, die auch wussten, wie sehr Tante Alix und Onkel Bertie unsere Beziehung guthießen, willigten endlich ein – am zehnten Mai gaben sie offiziell unsere Verlobung bekannt. Ich war nun achtzehn Jahre alt, Andrea einundzwanzig. Onkel Bertie, der gerade in Schottland weilte, zeigte sich hocherfreut und gab natürlich gerne seinen Segen.
Onkel George und Tante May, der Prinz und die Prinzessin von Wales, gaben in *Marlborough House* eine kleine Gesellschaft im Rahmen eines Dinners für uns und dort verkündete Onkel Bertie offiziell unsere Verlobung.
Am fünfzehnten Mai nahm Mama Andrea und mich mit zu einem *Te Deum*, einem Dankgottesdienst zu Ehren unserer Verlobung. Dieser Gottesdienst fand in der griechischen Kirche in der Moscow Road in *Bayswater*, einem Stadtteil von London statt. Zwei *Archimandriten*, Vorsteher in der griechisch-orthodoxen Kirche und vergleichbar mit Äbten, empfingen uns. Die Zeremonie war recht kurz. Doch die Abordnungen von hochrangigen Persönlichkeiten aus der Kirche und aus London, wie dem ehrenvollen Sekretär der *Byron Society* bei einem Empfang in der griechischen Botschaft, waren lang. Ein jeder hielt eine Rede, so auch der Sekretär, der Andrea sagte, es sei eine große Ehre, dass seine Wahl gerade auf mich, die Prinzessin Alice, Tochter des Prinzen Ludwig von Battenberg, einen besonderen Offizier der königlichen Marine und Enkeltochter der von ihnen sehr verehrten Prinzessin Alice, Großherzogin von Hessen, gefallen sei, deren Andenken immer in den Herzen der Briten weilen werde. Damit sei diese Wahl eine hohe Auszeichnung für Andrea. Mein Verlobter fühlte sich sichtlich unwohl und zeigte sich sehr eingeschüchtert, doch er dankte dem Sekretär mit fester Stimme, versuchte seine Unsicherheit nicht zu zeigen.
Onkel Bertie und Tante Alix luden uns einige Tage später noch in den Buckingham Palast zu einem Dinner und anschließendem Theaterbesuch. Der Onkel war manchmal etwas seltsam in seinem Humor. An diesem Abend erschien er zu dem Dinner in einem frisch gebügelten weißen Hemd und einem Jackett. Als er zu essen begann, fiel ihm etwas Spinat auf sein Hemd. Es bildete sich ein kleiner Fleck, doch er aß weiter, bemerkte es zuerst nicht. Dann sah er den Fleck, tauchte seine Serviette in sein Glas Wasser und verrieb ihn absichtlich, sodass er nun weitaus größer war. Nach dem Essen meinte er, nun müsse er kurz noch seine Kleidung wechseln. Tante Alix verlor kein Wort über den Fleck, doch Andrea und ich waren buchstäblich konsterniert. Onkel Bertie kehrte in einem frischen, sauberen Hemd für den Theaterbesuch zurück und meinte nur, so habe es sich wenigstens ge-

lohnt das Hemd zu wechseln. Er war auch der einzige mir bekannte Mensch, der Unmengen von Worcester-Sauce über sein Fleisch schütten konnte beim Essen.
Papa wählte Darmstadt als Ort für die Hochzeitsfeierlichkeiten. Es lag für unsere Verwandten recht zentral, wenn man es so ausdrücken möchte. Aus allen Richtungen konnten sie es gut erreichen. Man setzte den Termin auf den siebten Oktober fest. Onkel Nicky konnte so vorher im September noch mit dem österreichischen Kaiser in der Steiermark auf die Jagd gehen und würde bereits in der *Nähe* sein.
Andrea besaß selbst nicht viel, aber ich war für ihn eine lohnende Partie, auch wenn dies für ihn nicht zählte. Alle Verwandten wollten uns als Paar einen sorgenfreien Start in die gemeinsame Zukunft ermöglichen und so würden die Hochzeitsgeschenke dementsprechend großzügig ausfallen.
Zu unserer Verlobung erreichten uns natürlich viele Glückwünsche und Mama bekam nur mit, wie die alte Großherzogin von Mecklenburg-Strelitz, Auguste Caroline, eine ehemalige Prinzessin von Cambridge, sehr bedauerte, dass ich nicht auf ihren Enkel Adolf Friedrich warten würde, der damals so alt wie Andrea war, aber nicht ans Heiraten dachte. Sie nannte mich zudem hübsch, aber eben auch taub. Was dann für *ihren Fred* sicher schwer sein könne, aber wenn andere Prinzen das nicht störe, sollte der griechische mit mir glücklich werden.
Ihr Fred würde im Jahre 1914 Großherzog von Mecklenburg-Strelitz werden, doch musste 1918 abdanken, und da er schwer depressiv war danach, erschoss er sich noch im selben Jahr aufgrund seiner Melancholie sowie einer wohl gescheiterten Affäre. Er wäre keine gute Partie für mich gewesen. Und da auch sein Bruder auf dieselbe Weise aus dem Leben scheiden sollte, schien das Problem der schwerwiegenden Melancholie und Depression familiär bedingt zu sein. Mama tat aber die Spitze der Großherzogin schon mit einem Lächeln ab.
Andrea reiste am neunzehnten Juni nach Darmstadt ab, denn mit Erlaubnis des griechischen Königs, seines Vaters, durfte er bei den hessischen *Roten Dragonern* dienen. Ich wäre gerne mit ihm nach Darmstadt gereist, aber meine Mutter scherzte, ich würde doch noch mein ganzes Leben mit Andrea verbringen, da könne ich die paar Monate wohl noch abwarten. Dennoch fieberte ich dem großen Tag entgegen.
Am siebten Juli kam der französische Präsident Emile Loubet zu einem Staatsbesuch nach England. Mama und Papa nahmen mich zum Ball mit, der ihm zu Ehren mit rund eintausend Gästen im Buckingham Palast stattfand. Im Rahmen dieses Balles sang auch die bekannte australische Sopranistin Nellie Melba. Ich tanzte viel mit meinem Vater und wir blieben bis nachts um drei Uhr dort. Es war eine willkommene Abwechslung.

Ende Juli dann reisten wir endlich nach Darmstadt. Nona begleitete uns, um bei der Planung der Hochzeit zu helfen und Andrea besuchte uns in Heiligenberg, wenn es seine militärischen Verpflichtungen zuließen, dass er sich freinehmen konnte. Im August war ihm diese für sieben kurze Besuche bei uns möglich, da er auch bei den Planungen helfen wollte. Und im September gewährte man ihm nochmals einige freie Tage im Hinblick auf unsere bevorstehende Vermählung.
Ich konnte die Hochzeit nicht mehr erwarten. In England war ich auch schon ganz krank vor Heimweh nach Heiligenberg gewesen und vor Sehnsucht nach Andrea. Zudem hatte ich in Darmstadt viele Freundinnen, die ich nun alle wiedersah.

Ich im Jahre 1903 vor meiner Hochzeit

Ein bisschen fürchtete ich mich davor, zu vereinsamen, wenn Andrea nach der Hochzeit beim Militär eingebunden wäre, denn ich war noch jung. Ich musste mich daran gewöhnen, erklärte Mama, denn sie selbst hätte sich auch daran gewöhnt, dass Papa oft nicht zu Hause war. Vielleicht würde es mich belasten, aber dafür wäre dann das Wiederbeisammensein umso schöner und Trennungen täten einer Ehe auch durchaus gut. Ich verstand, was sie mir damit sagen wollte, und sah das auch ein. Aber es begann ein völlig neuer Lebensabschnitt für mich. Dies war aufregend und beängstigend zugleich.

Andrea in Uniform im Jahre 1903

Liebesglück, Liebesleid und das Ende der alten Welt, 1903- 1922

Unsere Trauung sollte in der russischen Kirche in Darmstadt stattfinden. Das war eine besondere Ehre, denn diese Kirche war auf Wunsch von Tante Alix und Onkel Nicky auf der Mathildenhöhe erbaut worden. Onkel Nicky hatte dafür Geld aus seinem Privatvermögen gespendet, damit er und seine Familie bei Besuchen in Darmstadt stets einen angemessenen Ort zum Beten hatte. Man wollte auf die russisch-orthodoxen Gottesdienste bei seinen Verwandtenbesuchen nicht verzichten. Durch die Finanzierung aus dem russischen Zarenhaus gehörte die Kirche damit auch zum Besitz desselben. Die Kirche hat den Stil der Jaroslawer Kirchen, sie ist nicht wuchtig, hat vergoldete Zwiebelkuppeln und reich verzierte, vergoldete Dachfirsten. Die Erde, auf der sie steht, wurde eigens aus diversen Gouvernements aus Russland nach Darmstadt gebracht. Der Marmor im Sockelbereich stammt aus dem Kaukasus. Innen und auf den Dachfirsten ist alles mit kleinen Zarenadlern verziert. Die Ikonen malte eigens der bekannte russische Kirchenmaler Karl Timoleon Neff.

Die Grundsteinlegung fand am sechzehnten Oktober 1897 im Beisein von Onkel Nicky und Tante Alix statt, die Weihe erfolgte am sechsundzwanzigsten September 1899, ebenfalls in Gegenwart von Onkel und Tante.

Die Herzogin Marie von Sachsen-Coburg und Gotha spendete aus ihrer Londoner Privatkirche ein Altartuch, die Ikonostase und die Kirchenfahnen. Ebenso schenkte sie der Kirche einen holzgeschnitzten Sarkophag mit dem Grab Christi. Die innere Ausschmückung der Kirche wurde erst im Jahre 1903 kurz vor unsere Hochzeit vollendet und ich freute mich sehr, gerade an diesem Ort Andrea mein Ja-Wort zu geben.

Es war für Onkel Ernie schon ein sehr großer Aufwand, all die vielen Gäste unterzubringen. Tante Alix und Onkel Nicky reisten mit ihren Töchtern, dem Großfürsten Paul, Onkel Sergey, Tante Ella und ihren Ziehkindern Marie und Dmitri am fünfzehnten September an, wobei Onkel Nicky am vierundzwanzigsten wieder abreiste, um weiter mit dem österreichischen Kaiser zu jagen, wobei es auch um politische Probleme ging, die man besprechen wollte. Zur Hochzeit reiste er aber wieder an und dann blieben die russischen Verwandten bis Ende Oktober bei uns. Sie brachten auch den kaiserlich-russischen Chor mit, der nationale Volkslieder und gregorianische Betgesänge für uns darbieten sollte. Tante Alix und Onkel Nicky

machten Andrea und mir die wahrhaft schönsten Hochzeitsgeschenke und die kostbarsten. Eines waren eine Million Rubel, damals etwa 2.530.000 Mark. Ein studierter Lehrer verdiente damals etwa zweitausend Mark im Jahr. Es war also ein sehr großzügiges Geschenk. Daneben bekam ich Schmuck im Wert von 250.000 Mark. Es handelte sich um ein Diadem, Halskette, Brosche und Armband aus Diamanten vom reinsten Wasser und abwechselnd mit hellgrünen Aquamarinen besetzt.
Mama überließ mir zur Hochzeit als Geschenk ihre Diamant-Sterne, die man auch einzeln, zum Beispiel ins Haar gesteckt, tragen konnte. Sie lagen auch vor als Halsband, Diadem und Armband. Das Halsband trug ich auch als Bandeau im Haar.

Andrea und ich, eine Aufnahme zu unserer Vermählung 1903

Unsere Trauzeugen waren der König George von Griechenland und Papa. Onkel Bertie konnte nicht persönlich erscheinen aufgrund der Staatsgeschäfte, stellvertretend für ihn kamen Tante Alix mit ihrer Tochter Toria und die Tante Beatrice mit Ena. Onkel Ernie quartierte Tante Alix und Toria bei sich im *Neuen Palais* ein, ebenso die russischen Verwandten.
Die gesamte griechische Verwandtschaft mit der Schwester der Königin Olga, Herzogin Vera von Württemberg, wohnten im *Alten Schloss*. Das doch recht große Schloss direkt in Darmstadt wurde auch noch die Unterkunft von Tante Irene, Onkel Heinrich, ihren Kindern, dem Herzog Aldophus von Teck, der Onkel Bertie vertrat, und Prinz Albert von Schleswig-Holstein. Dazu kamen noch Tante Beatrice und ihre Tochter Ena.
Zur Hochzeit selbst reisten natürlich noch einige Freunde aus kleineren Häusern an, wie Gäste aus Österreich, dänische und französische Prinzen. Natürlich brachten alle Gäste ihre Bediensteten mit, sodass es, wie Onkel Ernie meinte, doch bald recht *crowdy* im alten Darmstadt wurde.

Mit dem Bandeau aus den Diamant-Sternen meiner Mutter im Haar, 1903

Für die kleine Ella, die zu meiner Hochzeit natürlich auch in Darmstadt war, bot die Anwesenheit ihrer Cousinen aus Russland und die der Cousins von Preußen eine willkommene Abwechslung. Auch meine beiden Brüder genossen es, dass man so viele Kinder zur Gesellschaft hatte. Sie konnten sich den ganzen Tag lang gemeinsam unter Aufsicht der Kindermädchen und Gouvernanten miteinander amüsieren.
Louise, die nun schon vierzehn Jahre alt war, schloss sich mittlerweile lieber den Erwachsenen an oder vergnügte sich mit der Großfürstin Marie und Dmitri. Doch generell wurden in meiner Familie Treffen aller Verwandten immer sehr hochgehalten. Durch die Entfernungen zu den anderen Orten, an denen man lebte, hielt man doch stets guten Kontakt per Brief und Familienfeiern waren dann jedes Mal ein großes Wiedersehen.

Beim Spielen in Wolfsgarten – oben links steht Ella, neben ihr ist Tatjana, davor Olga, Marie versucht den Hügel zu erklimmen und Anastasia ist schon hinuntergerutscht, 1903

Ella, rechts, und Tatjana, links, versuchen über einen Zaun zu klettern. Hinten ist Mrs. Eagar, die Nanny, mit Marie, Wolfsgarten, 1903

Vor unserer Hochzeit gab es schon einige Festivitäten. Ein Vorteil an Darmstadt war, dass hier nicht die strenge Etikette bei Hofe galten, wie etwa in Russland. Die hohen Gäste konnten sich recht frei bewegen, mussten sich nicht an ein strikt vorgeplantes Zeitfenster halten. So konnte ein jeder die Tage vor der Hochzeit recht ruhig verbringen.
Einzig für Onkel Nicky mussten dreihundertundfünfzig russische Detektive und Aufpasser durch die Stadt patrouillieren, um seine Sicherheit zu gewährleisten. Wir fanden das etwas übertrieben, aber er war der Zar, einer der mächtigsten Männer der Erde, und seine Sicherheit hatte stets Vorrang.
Onkel Ernie richtete für alle Verwandten, Gäste und ihre Bediensteten ein großes Gala-Diner im Schloss aus und am Abend vor der Hochzeit luden Papa und Mama zu einem Hochzeitsball mit Buffet ein, zudem sich dann zweihundertundsechzig Menschen im Ballsaal des *Alten Palais* einfanden. Ein einziger Makel war der Fisch, den man servierte, denn Mama bemerkte beim ersten Probieren sogleich, dass er alles andere als frisch war, und ließ ihn sofort abräumen. Papa trug seine Uniform des *Großherzoglichen Hessischen Feldartillerie-Regiments Nr. 25* und sah sehr stolz darin aus.

Der Herzog von Teck schien etwas verunsichert angesichts der hohen Gäste, die ihn umgaben. Er schrieb ständig an seine Frau und erkundigte sich hinter vorgehaltener Hand bei meinen Eltern, ob es wohl vor dem anstehenden Opernbesuch der nächsten Tage genug zu essen gäbe oder ob man das Essen erst danach servierte. Denn er wollte nur ungern mit knurrendem Magen in der Gesellschaft unangenehm auffallen. Und er war es nicht gewohnt, sich stets in Uniform zu zeigen. Daher fragte er an, ob er jedes Mal in Gesellschaft von Tante Alexandra so auftreten müsse, denn sie sei ja immerhin eine Königin, oder vor Tante Alix, denn die sei eine Zarin. Und ob er stets exakt grüßen müsse, wenn dann auch noch der König und die Königin von Griechenland vor ihm stünden. Er war erst zweiunddreißig Jahre alt, aber bald verwirrt wie ein alter Mann und wohl nicht die beste Wahl in Vertretung von Onkel Bertie. Er wurde in der Familie *Dolly* gerufen. Der Grund dafür ist mir nicht bekannt, aber gerade in Gesellschaft von Königen, Zaren und deren Gattinnen war es für ihn sichtlich unangenehm, wenn man ihn so nannte. Seine Schwester war die Kronprinzessin May von England.

Zu unserer Hochzeit gab es drei Zeremonien. Einmal die zivile Trauung im Rahmen der deutschen Gesetzgebung, dann eine in der alten protestantisch-lutheranischen Kapelle im Schloss und eine in der russischen Kirche auf der Mathildenhöhe.

Am sechsten Oktober fand die standesamtliche Trauung um zwölf Uhr im *Alten Palais* in Darmstadt statt. Der Beigeordnete des Stadtrates, Dr. Glässing, nahm diese in Vertretung des Oberbürgermeisters vor. Es waren nicht viele Gäste dabei anwesend, nur die beiden Trauzeugen, wie erwähnt Papa und der König von Griechenland, mein Schwiegervater, Mama, Tante Alexandra, die Königin von Griechenland, meine Schwiegermutter und der griechische Minister Namgabe.

Am siebten Oktober folgten dann die beiden anderen Zeremonien. Onkel Bertie hatte sich eine vierte in der britischen Botschaft in Darmstadt gewünscht, aber Andrea und ich wandten ein, dass uns dies zu viel der Feierlichkeiten werden würde. Es war schon alles sehr anstrengend für uns. Auch wenn er meinte, als jemand mit britischen Wurzeln hätte er mir dort auch gerne eine kleine Feier ausgerichtet.

Eine Hochzeit ist etwas sehr Schönes, aber wenn die endlos scheinenden Vorbereitungen beendet sind, der große Tag endlich gekommen ist, möchte man ihn auch gerne etwas genießen und nicht von Feier zu Feier hetzen.

Am siebten Oktober nun schien die Sonne, es war insgesamt sehr schönes Wetter. Zuerst heirateten wir nach protestantisch-lutherischem Ritus in der Kapelle im *Alten Schloss*.

Andrea in Uniform und ich in meinem Hochzeitskleid, Oktober 1903

Als Braut, 1903

Andrea trug für die zeremoniellen Trauungen seine rote Uniform der Dragoner und den Orden des *Grand Cross of the Royal Victorian Order*, den ihm Onkel Bertie für die Hochzeit verlieh. Mein Brautkleid war aus weißer Spitze mit Sträußchen aus Myrte und Orangenblüten verziert.

Unter den Augen von schaulustigen Darmstädtern sind wir und unsere Gäste auf dem Weg in die Kapelle im Schloss – Ansichtskarte, erstellt in Erinnerung zu unserer Vermählung, Darmstadt, Oktober 1903

Zur Trauung in der Kapelle im Schloss fanden sich dreißig Gäste ein, die immer in Paaren einschritten. Die von niederem Stand gingen voran, die von höherem folgten in gebührendem Abstand. Da Onkel Ernie keine Gattin an seiner Seite mehr vorweisen konnte, übernahm Tante Alix als seine Schwester diese Rolle. Onkel Nicky geleitete Tante Alexandra in die Kirche, da Onkel Bertie nicht anwesend sein konnte. Ihnen folgte Andrea mit seinen Eltern, dann kamen meine Eltern und ich, wobei Papa mich führte.
Bei unserem Eintritt wurde ein Hochzeitslied gesungen, welches der Komponist William de Haan, der Leiter des Musikvereins in Darmstadt, eigens für uns aus Worten aus dem Buch Ruth für uns komponiert und mit dem Chor des Hoftheaters einstudiert hatte. Für die Zeremonie bildeten die Gäste einen Halbkreis um Andrea und mich.
Nahe der Orgel saßen die Töchter von Onkel Nicky und Tante Alix, die ständig kicherten und kaum stillsitzen konnten. Ihr Kindermädchen hatte große Mühe sie unter Kontrolle zu halten. Eine stachelte die andere immer wieder an, wobei die kleine Anastasia, die man auch aufgrund ihrer ständigen Scherze *imp*, Kobold nannte, zumeist die Urheberin war.
Es lenkte mich etwas ab und ich war so aufgeregt, dass ich auf die alles entscheidende Frage des Pastors, ob ich aus freiem Willen heiratete, mit *Nein*, statt mit einem *Ja* antwortete. Und als er mich dann fragte, ob ich

meine Hand bereits jemand anderem versprochen hatte, verwechselte ich nochmals *Nein* und *Ja*. Dies sorgte natürlich für Gelächter und Amüsement.

Für die anschließende Fahrt zur russischen Kirche hatte Onkel Ernie für mich eigens die antike großherzogliche Parade-Kutsche bereitstellen lassen und so wurde ich in großem Prunk vor die Kirche gefahren. Für den siebten Oktober waren natürlich noch mehr Gäste angereist.
Mark Kerr, Nonas Bruder, fand schnell, dass unsere gesamte Familie selbst bei so besonderen Anlässen unglaublich humorvoll sein konnte. Jeder war stets für einen Scherz gut. So empfand er es bald eher wie einen lustigen Familienurlaub, anstatt einer hohen, gesellschaftlichen Festivität. So wurde Mark gebeten, vor der Zeremonie Andreas Mantel und seinen Hut in der Kapelle zu halten. Er stand damit neben der Herzogin Vera, als Prinz George von Griechenland den Hut aus seinen Händen griff, ihn einfach auf den der Herzogin setzte, dabei ihre Brille herunterriß und auch gleichzeitig ihre Frisur ruinierte, was die alte Dame nicht sehr lustig fand. Aber sie konnte auch nicht mehr sehen, wer ihr da einen Streich gespielt hatte. George war natürlich aus dem Blickfeld seiner Tante verschwunden und so sah sie nur Mark neben sich. Kurzerhand riss sie sich den Hut vom Kopf, schlug damit auf Mark ein. Tante Alexandra hatte alles genau beobachtet, machte sich jedoch einen noch größeren Scherz aus der ganzen Angelegenheit, als sie zu Nona ging, ihr alles berichtete, indem sie Mark beschuldigte und meinte, er habe wohl zu tief in sein Champagnerglas geschaut. Nona schämte sich schrecklich für ihren Bruder, wollte ihn aus der Kirche bringen, als sie Tante Alix lauthals lachen hörte und andere mit ihr. Mark nahm es gelassen, aber unsere arme Nona zog sich tief errötet zurück. Sie war solche derben Scherze von einer englischen Hohheit nicht gewohnt.

Beim Verlassen der russischen Kirche, Oktober 1903

Abfahrt von der russischen Kapelle, Erinnerungskarte, Oktober 1903

Die russische-orthodoxe Trauung war natürlich etwas sehr Besonderes und wurde durch einen Archimandriten und einen hohen Priester vorgenommen. Drei Priester in goldverzierten Roben geleiteten uns zusätzlich durch die Liturgie. Andrea und ich standen auf einem roten Teppich aus Seide, der den Weg des Lebens symbolisierte. Vier Prinzen waren nötig, um die Kronen von Zarin Katharina der Großen und Zar Peter III. von Russland, die Onkel Nicky und Tante Alix eigens für unsere Hochzeit mitgebracht hatten, über unsere Köpfe zu halten. Sie waren so schwer und reich verziert, dass nicht nur Andrea sich fürchtete, man könne sie über uns fallenlassen. Dabei mussten wir auch noch brennende Kerzen halten. Dreimal mussten wir beide mit den Kronen über uns den Altar umschreiten, was nicht leicht für alle Beteiligten war. Am Schluss gab es noch ein Te Deum, dann führte mich Andrea, gefolgt von unseren Eltern aus der Kirche.
Nach der russisch-orthodoxen Zeremonie reichte Onkel Nicky jedem Gast Tütchen mit Reis und ein Paar Satin-Slipper. Der Reis sollte in die Luft geworfen, die Slipper hinten an unserer Kutsche befestigt werden. Einige der Slipper wurden auch in unsere Richtung geworfen. Onkel Nicky und Onkel Ernie trieben es dabei auf die Spitze.
Andrea und ich fuhren in der Kutsche von der Kirche ab, diese hielt ab und zu an, damit wir den Menschen aus Darmstadt, die sich jubelnd auf der Mathildenhöhe versammelt hatten, zu danken, ihnen zuzuwinken. Onkel Nicky rief vor der Kirche aus, dass alle ihm folgen sollten, um uns noch in der Kutsche draußen zu erwischen. Alle liefen ihm nach, allen voran Onkel Ernie. Und natürlich liefen die Cousinen und Cousins nur allzu gern mit den beiden Erwachsenen um die Wette. Die Bewacher von Onkel Nicky kannten offensichtlich den Brauch mit den Tütchen voll Reis nicht und vermuteten, als sie eine sahen, dass sich darin etwas Schlimmes verbergen könne. Sie übersahen, dass alle Gäste Tütchen in den Händen hielten. Und die Satin-Slipper wirkten auf einige wie blitzende Messer aus der Entfernung. Sie hasteten also schnell zur Menge, doch während Onkel Ernie sowieso die Puste ausging, er stehenblieb, lief Onkel Nicky mit dem Kopf voran durch die jubelnden Menschen. Die Kinder, die ihm folgten, rutschten teilweise aus, purzelten lachend übereinander auf das Gras. Als Onkel Nicky unsere Kutsche erreichte, warf er sein Tütchen mit Reis und ein Paar Slipper. Ich war gerade dabei mich wieder zu erheben, um den Menschen mit einem Kopfnicken zu danken, als mich das Tütchen mitten ins Gesicht traf, doch ich fing zielsicher einen Slipper auf. Als der Onkel nun neben mir erschien, lachend, schlug ich ihm den Slipper mehrmals über den Kopf, sagte ihm laut und deutlich, was ich von ihm hielt. Es verblüffte ihn derart, wie ich ansonsten stille und beherrschte Person derart laut werden konnte, trotz meiner Behinderung. So blieb er stehen, brach dann in schallendes Geläch-

ter aus und beruhigte die Bewacher, die ihn mittlerweile erreicht hatten. Ich setzte mich wieder in die Kutsche, lächelte den Menschen zu, winkte und Andrea schenkte mir ein respektvolles Lächeln. Er begriff in diesem Moment, dass sein kleines Frauchen durchaus aus sich herausgehen konnte, wenn es sein musste. Ich nahm es Onkel Nicky natürlich etwas übel, aber es war auch schnell vergessen.
Am Abend gab es ein großes Familiendinner, ohne die Bediensteten. Es ging dort sehr locker und gelassen zu, wobei Onkel Heinrich als Erster sein Glas ergriff und ein *Hoch!* auf uns ausrief.
Für Andrea und mich begannen danach die Flitterwochen, in die wir mit einem weiteren Geschenk von Onkel Nicky starten durften. Er schenkte uns einen *Wolseley*, wie ihn auch mein Vater für unsere Familie gekauft hatte. An diesem waren auch hinten Satin-Slipper befestigt und so fuhren Andrea und ich nachts damit nach Heiligenberg, wo wir erstmal bleiben wollten.
Onkel Ernie lud die Gäste ein, ab dem vierzehnten Oktober noch etwas bei ihm in Wolfsgarten zu bleiben. Sie statteten uns alle für einen Tag einen kurzen Besuch in Heiligenberg ab, dann waren wir dort acht Tage für uns allein. Zur Abreise unserer Gäste richtete Onkel Ernie eine große abendliche Feier im Schloss in Darmstadt aus.
Andrea musste dann wieder seine militärischen Pflichten beim hessischen Militär wahrnehmen und meine Eltern überließen uns erstmals ihre Wohnung im *Alten Palais*. So sollten wir noch einige Wochen in Deutschland bleiben, bis Andreas Dienstzeit beendet war.

Wolfsgarten, Oktober 1903, von links nach rechts: Onkel Ernie, Tante Alix, Onkel Nicky, Tante Irene, Onkel Heinrich, Tante Ella, Onkel Sergey, Mama und Papa

Einige unserer Gäste im Garten des Neuen Palais, Oktober 1903: vorne rechts steht Tante Alix mit ihren Töchtern und der kleinen Ella, daneben links Georgie und die Herzogin Vera von Württemberg, Onkel Ernie steht links mit Stock, neben ihm rechts Andreas Bruder Nikolaus und seine Gattin Elena, Onkel Nicky steht auf den Stufen über Tante Alix, Tante Ella steht rechts neben Andreas Vater, fünfter von links oben ist Onkel Sergey, neben ihm rechts Toria, Tante Alexandra und Marie, Tante Ellas Ziehtochter, neben Tante Alix links Tante Irene und etwas über ihr Dmitri, Tante Ellas Ziehsohn, meine Schwiegermutter, die Königin Olga steht links neben Onkel Sergey und die anderen griechischen Verwandten, wie Andreas Geschwister stehen ganz hinten links

Eine Erinnerungskarte, veröffentlicht zu unserer Hochzeit, 1903

Natürlich erreichten uns in den kommenden Tagen und Wochen sehr viele Glückwünsche zu unserer Vermählung und Mama half mir, diese zu beantworten.

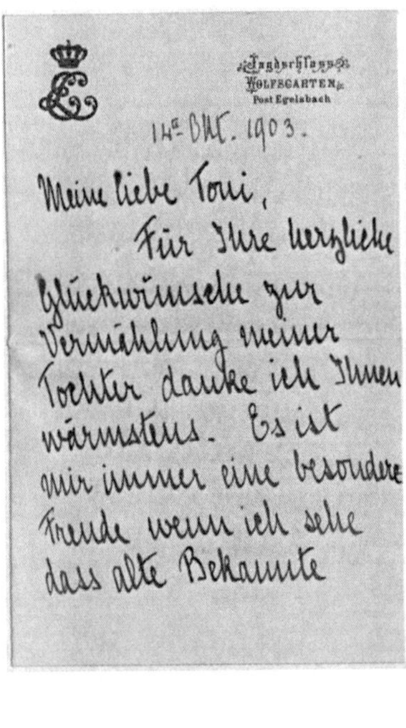

Jagdschloss
Wolfsgarten
Post Egelsbach

14. Okt. 1903.

Meine liebe Toni,

Für Ihre herzliche Glückwünsche zur Vermählung meiner Tochter danke ich Ihnen wärmstens. Es ist mir immer eine besondere Freude wenn ich sehe dass alte Bekannte

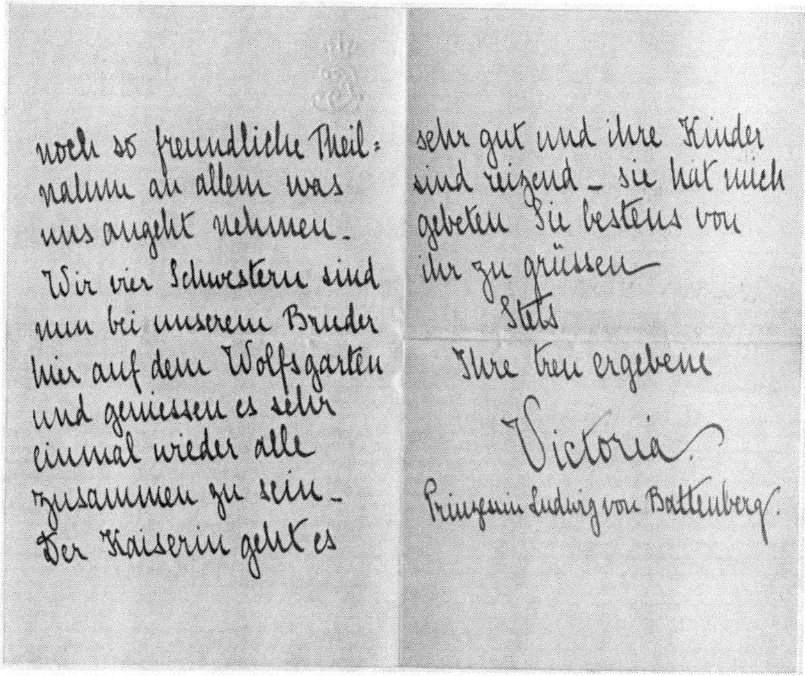

noch so freundliche Theil-
nahme an allem was
uns angeht nehmen.
Wir vier Schwestern sind
nun bei unserem Bruder
hier auf dem Wolfsgarten
und geniessen es sehr
einmal wieder alle
zusammen zu sein.
Der Kaiserin geht es

sehr gut und ihre Kinder
sind reizend – sie hat mich
gebeten Sie bestens von
ihr zu grüssen –
Stets
Ihre treu ergebene
Victoria.
Prinzessin Ludwig von Battenberg.

Ein Dankschreiben von Mama an Toni Becker-Bracht, eine Jugendfreundin von Tante Alix und dadurch auch Freundin unserer Familie; mit der Kaiserin ist Tante Alix gemeint, 14. Oktober 1903

Eine weitere Aufnahme von mir, aufgenommen zur Vermählung, Oktober 1903. Ich habe einen Diamant-Stern von Mama im Haar.

Als verheiratete Frau, aufgenommen Ende Oktober 1903

Am vierten November traf sich Onkel Nicky noch mit Onkel Willy in Wiesbaden und am siebten November um vier Uhr sechzehn in der Frühe verließ der Zug mit Onkel Nicky und seiner Familie den Bahnhof in Egelsbach. Mit ihnen reisten Onkel Ernie und die kleine Ella. Man wollte einige Zeit gemeinsam im Jagdgebiet von Onkel Nicky in Skierniewice verbringen. Die Zarenfamilie besaß dort ein recht komfortables Anwesen gleich einem Jagdschlösschen. Die Kinder spielten gemeinsam im Wald und unternahmen viele Ausflüge mit ihren Gouvernanten. Die Erwachsenen gingen zur Jagd, veranstalteten Picknicks oder besuchten das Theater, die Oper. Onkel Ernie, der die ganze Hochzeit so perfekt für uns ausgerichtet hatte in Darmstadt, hatte sich etwas Ruhe verdient, obwohl er auch familiäre Treffen sehr schätzte und genoss.
Eines Abends feierten die Erwachsenen bei Fackelschein ein kleines Beisammensein vor dem Anwesen und Ellas Gouvernante und Erzieherin, die

Hofdame Freiin Georgeina von Rotsmann, die diese Aufgabe mit sehr großem Einsatz seit dem fünften Februar 1902 übernommen hatte, wollte ihrem Schützling eine Freude machen. So ließ sie Ella im Nachthemdchen am Fenster sitzen und einen Blick auf die Erwachsenen im Park werfen. Die Nacht war kühl, dennoch war es nicht für lange Zeit und so ging niemand davon aus, dass sich Ella eventuell erkälten könne. Sie erfreute sich bester Gesundheit.

Am fünfzehnten November erwachte die Kleine mit einem starken Husten, Halsschmerzen und Schmerzen in der Brust. Ihre Gouvernante glaubte an eine Verkühlung, gab sich die Schuld. Die Freiin liebte Ella sehr und nannte sie liebevoll *mein Baby*. Man schickte nach dem Leibarzt der Zarenfamilie, Dr. Botkin, doch dieser meinte, es sei nur eine harmlose Erkältung. Das Kind habe sich bei den vielen Spielen und dem Toben im Wald mit den Cousinen ermüdet, brauche einfach etwas Ruhe.

Für diesen Tag, einen Sonntag, war um zehn Uhr ein Besuch der Kirche angesetzt, dann wurden Onkel Ernie die Abgeordneten des Kosaken-Regiments *Klastizki* vorgestellt, man frühstückte gemeinsam. Dann fuhr man zur Jagd zur Remiza. Es wurden Fasanen, Rebhühner und Hasen geschossen, die man wie alles Wildbret in der Küche des Anwesens zubereiten ließ. Onkel Ernie sorgte sich um sein Töchterlein, schaute öfter nach ihr, doch unter der Pflege ihrer Gouvernante, der russischen Kinderfrau Mrs. Eagar, und den Besuchen ihrer kleinen Cousinen schien es ihr besser zu gehen.

Man aß zu Mittag. Abends gab es im Theater ein kleines Konzert und Ballett. Man glaubte nicht an eine ernsthafte Erkrankung, entfernte aber vorsorglich wegen der Ansteckungsgefahr bei einer Erkältung die Cousinen als Schlafgefährtinnen aus dem Zimmer Ellas. Als die Erwachsenden um vierundzwanzig Uhr zurückkehrten, hatte sie bereits hohes Fieber, welches auf über vierzig Grad stieg.

Ella verlangte im Delirium nach ihrer Mutter, fantasierte von Spielen mit den Cousinen. Onkel Ernie sandte umgehend ein Telegramm nach Rosenau in Coburg zu Tante Ducky, um sie darüber zu informieren, dass Ella erkrankt war.

Ihr Zustand verschlimmerte sich in den folgenden Stunden rapide. Sie rief aus, dass sie sterben müsse. Onkel Ernie wich nicht mehr von ihrer Seite, hielt die Hand seines kleinen Mädchens, nannte es wie in seinen Briefen an sie, wenn sie getrennt waren, *Babysweet*.

Bald bekam sie kaum noch Luft, wand sich in den Laken und ein eigens noch herbeigerufener Arzt aus Warschau stellte fest, dass ihr Herz immer schwächer wurde. Man gab ihr Injektionen mit Kampher und Koffein, um ihr Herz zu stärken. Tante Alix blieb bei Onkel Ernie und Ella, ebenso On-

kel Nicky, denn an Schlaf war in dieser Nacht nicht mehr zu denken. Man schrieb ein neuerliches Telegramm an Tante Ducky, dass Ellas Zustand nun lebensbedrohlich sei.
Als die Sonne aufging, gab es keine Hoffnung mehr. Bis zuletzt hatte Ella den Blick auf ihren Vater geheftet, der ihr Mut zusprach und von so heftigen Weinkrämpfen geschüttelt wurde, dass Tante Alix meinte, es sei besser, er verlasse kurz den Raum, um das Kind nicht so zu ängstigen, da es um sein nahendes Ende wisse. Den über alles geliebten Papa allein zu lassen, war sicher umso schwerer für sie. Doch mein Onkel blieb bei ihr, bis sie um neun Uhr dreißig nach kurzem, schweren Leiden verstarb. Es war ohne Zweifel der schlimmste Tag seines Lebens, da der *Sonnenschein seines Lebens*, wie er sie immer nannte, gestorben war.
Man ordnete eine Obduktion an und stellte fest, dass Ella an *Typhus* oder an einer rapide verlaufenen Form der *Kindercholera* verstorben sei.
Tante Alix bekam fürchterliche Kopfschmerzen und war untröstlich darüber, dass ihr Bruder sein Kind gerade bei einem Besuch bei ihnen verloren hatte. Sie musste sich hinlegen.
Onkel Ernie brach zusammen, ihm wurde Bettruhe verordnet, um den Schock zu verkraften. Dennoch ließ er noch ein Telegramm an Tante Ducky absenden, in dem er sie von Ellas Tod unterrichtete.
Was als fröhlicher Familienurlaub geplant war, musste nun abgebrochen werden. So schickte Onkel Nicky seine Töchter in Begleitung ihres Kindermädchens zurück nach St. Petersburg.
Am siebzehnten November erreichte Tante Ducky erst das letzte Telegramm, kurz davor waren die zwei anderen eingegangen. Sie hatte beim Frühstück in Rosenau gesessen und wollte schnell etwas zusammenpacken, nach Polen zu Ella reisen. Eigentlich hatte sie auf ein Telegramm gewartet, in dem ihr Onkel Ernie mitteilen sollte, wann die beiden wieder in Darmstadt wären. Nun war sie in Panik vor Sorge um ihr Kind. Ihre Mutter brachte ihr beim Kofferpacken das letzte Telegramm und Tante Ducky sah an deren tränennassen Augen, dass etwas Schlimmes darin stand – es war die Nachricht von Ellas Tod.
Bei Tante Alix hatte man inzwischen eine Mittelohrenentzündung festgestellt, weswegen sie nicht abreisen konnte, das Bett hüten musste. Onkel Ernie informierte uns alle per Telegramm und bereitete sich auf seine Abreise vor.
Onkel Nicky schenkte ihm einen silbernen Sarg für Ella mit einem Glasdeckel, in den man sie bettete, sodass sie mit ihren dunklen Augen darin wie ein schlafendes kleines Schneewittchen aussah. Man schloss den Sargdeckel, dann wurde im Beisein eines Pastors ein Gebet gesprochen. Onkel Sergey war auch eigens angereist. Er stand mit Spalier, als man den Sarg an

Kosaken und Ulanen, die auch dort zu Ehren Ellas waren, zum Bahnhof trug. An einem Teich feuerten Ulanen Salutschüsse ab. Man platzierte den Sarg im gleichen Abteil wie Ernie, der mit der Freiin Rotsmann den Sarg nach Hause brachte. Um zwei Uhr vierzig am Nachmittag fuhr der Zug in Richtung Darmstadt ab.

Als wir in Darmstadt die Nachricht von Ellas Tod durch ein Telegramm Onkel Ernies erhielten, traf uns diese Nachricht wie ein Schock. Mama erklärte sich sofort bereit, bei der Organisation der Beisetzung zu helfen, und natürlich standen auch Andrea und ich ihr sofort zur Seite. Ich weiß, wie uns alle die Trauer immer wieder übermannte, wir in Tränen ausbrachen, uns in den Armen lagen. Auch meine Geschwister konnten nicht glauben, dass ihre Cousine tot sein sollte. Wir mussten auch sie in ihrem Kummer trösten.

Papa war in London und Mama informierte ihn natürlich auch umgehend.

Es war eine so schöne Hochzeit gewesen, eine wunderschöne Zeit mit all den Gästen und Verwandten und nun lag die Trauer gleich einem dicken, schwarzen, undurchdringlichen Schleier über Darmstadt. Am achtzehnten November berichtete die Darmstädter Zeitung in einem nachmittäglichen Extrablatt über den Tod Ellas.

Nach der Obduktion hatte man Gewissheit, woran meine Cousine verstorben war, aber dennoch gab es Gerüchte, ob vielleicht ein vergiftetes Essen für den Zaren schuld sein könne an ihrem Ableben, denn Onkel Nicky hatte die Gewohnheit, wenn Kinder mit am Tisch saßen, stets den Mädchen mit *Ladies first* den Vortritt zu lassen. Doch es war eher wahrscheinlich, dass Ella im Wald Beeren gegessen haben konnte, beim Spiel, die die Krankheit auslösenden Bakterien enthalten hatten. Die Freiin Rotsmann hatte zwar stets ein gutes Auge auf ihren Schützling gehabt, ebenso Mrs. Eagar auf die Großfürstinnen, doch vielleicht war es in einem unbeobachteten Moment geschehen. Niemand konnte es genau sagen. Und Spekulationen waren nun sinnlos, sie halfen niemandem mehr.

So erwarteten Mama, Andrea und ich Onkel Ernie, die Freiin, Tante Ducky, die dem Zug in Frankfurt am Main zustieg, und Ellas Sarg am Bahnhof in Darmstadt. Sie kamen am neunzehnten November an.

Sogleich erfolgte die Beisetzung Ellas. Es war halb vier Uhr nachmittags, als sechs Pferde, drapiert in weißen Tüchern, den Sarg zur Mathildenhöhe brachten. Es war ein regnerischer Tag, der Himmel grau und wolkenverhangen, so als würde auch er weinen. Vom Rhein-Neckarbahnhof durch die Rheinstraße, Alexanderstraße, Mühlstraße und die Erbacher Straße geleiteten wir und viele angereiste Verwandte Ella auf ihrem letzten Weg zum Mausoleum auf der Rosenhöhe. Die Straßen waren gesäumt von Menschenmassen, die alle ihrem kleinen Prinzesschen die letzte Ehre erweisen wollten. Viele weinten und Onkel Ernie meinte, er könne es hören. Einige Darmstädter hatten Ella stets auf ihrem Schulweg hüpfend und lachend durch die Straßen laufen sehen. Zudem der frühe Tod mit gerade einmal acht Jahren nun wirklich jedes Herz bewegte.

Der Trauerzug

Tante Ducky erwies Ella eine letzte Ehre, indem sie im Mausoleum ihren Orden des Hauses Hessen, den sie bei ihrer Hochzeit erhalten hatte, zu ihrer Tochter legte.

Kurz darauf setzte man Ella dann in einem Grab auf der Rosenhöhe im engsten Familienkreis bei. Onkel Ernie ließ einen großen Steinengel zu ihrem Kopf platzieren, der ihren ewigen Schlaf bewachen sollte, und auf dem Grabstein wurde ein Bild von dem schlafenden Schneewittchen und den sieben Zwergen eingemeißelt.

Mit Ella starb auch etwas in meinem Onkel, sodass er noch viele, viele Jahre später immer wieder in stillen Momenten um sie trauern sollte. Dann erwähnte er Anekdoten von ihr, meinte, er vermisse sie immer noch.

Die Freiin verwand Ellas Tod auch nur schwer. Als wir in Ellas Zimmer waren, besah sie nachdenklich die Bücher, die sie ihr abends vorlas, wie *Heidi*. Sie wollte ihre Trauer verarbeiten und dem Mädchen ein Andenken setzen. So schrieb sie ein Märchen, in dem eine kleine Prinzessin, die in einem Spielhäuschen lebt, die Himmelsleiter erklimmt. Da Ella auch die Märchen der Gebrüder Grimm liebte, gab sie dem Buch den Titel *Es war*

einmal …
Mama betonte immer wieder, wie froh sie sei, dass sie uns Kinder alle durch die Kinderkrankheiten gebracht hatte, ohne eines verlieren zu müssen, denn ein Kind zu verlieren, sei das Schlimmste auf der Welt. Doch wir alle verstanden den Onkel. Tante Ducky trauerte auch, aber auf ihre Weise, und sie hatte Ella nie so nahegestanden wie er.

Grossherzog Ernst Ludwig mit Prinzessin Elisabeth von Hessen.

Eine Karte, die die Innigkeit und Verbundenheit von Ella und ihrem Vater sehr gut ausdrückt, veröffentlicht im Jahre 1902

Mama war ihrem Bruder eine Stütze, aber oftmals hatte ich das Gefühl, dass sie zwar mit ihm litt, aber beim Tode der Königin Victoria doch stärker getroffen war. So sagte sie einmal, sie befürchte nicht, dass Onkel Ernie sich von sich von seiner Trauer um Ella erdrücken ließe oder gar daran verzweifeln oder zerbrechen könne. Das fand ich doch etwas hartherzig von ihr.

Tante Ella und Onkel Sergey reisten in den nächsten Tagen an, um Onkel Ernie beizustehen, der sehr still und in sich gekehrt war. Seinen Geburtstag am fünfundzwanzigsten November begingen wir nur in einer sehr leisen Form mit einem kleinen Essen, an dem er aber nur wenig Freude hatte. Auch das erste Weihnachtsfest ohne Ella war für ihn sehr schwer zu ertragen. Mama reiste vorher mit meinen Geschwistern nach London ab zu Papa, Tante Ella und Onkel Sergey reisten zurück nach Russland. So begingen nur Andrea und ich das Fest mit dem Onkel.

Anfang des Jahres 1904 packten wir unsere Sachen zusammen, um uns auf die lange Reise nach Griechenland zu begeben. Wir würden einen Großteil der Strecke in dem *Wolseley* zurücklegen, den uns Onkel Nicky zur Hochzeit geschenkt hatte. Wir wollten unsere Reise beginnen, als man uns darüber informierte, dass die königlich-griechische Yacht *Amphitrite* zuerst die Königin Olga aus Odessa abholen musste, da sie ihre russischen Verwandten besucht hatte.

Also mussten wir später in Darmstadt losfahren. Wir verabschiedeten uns von Onkel Ernie, fuhren los und ich machte mir auf der langen Fahrt viele Gedanken über meine neue Heimat, ein Land, das ich bisher nie besuchte. Es würde alles neu für mich sein. Wir bestiegen die Yacht, wurden von meiner Schwiegermutter auf das Herzlichste begrüßt. Am sechsten Januar erreichten wir Piräus, den drittgrößten Mittelmeerhafen des Landes. Im Korinth-Kanal überraschte uns ein heftiger Sturm und Regen, sodass wir vor der Halbinsel Peloponnes kurzfristig aufgehalten wurden. Der Großfürst George Michailowitsch von Russland und seine Gattin, die Großfürstin Marie, die *griechische Minnie*, wie man sie nannte, eine Schwester Andreas, begleiteten die Schwiegermama und verbrachten an Bord der Yacht nun auch Zeit mit mir und Andrea. Sie hatten zwei Kinder, die aber in Griechenland geblieben waren, da sie noch zu klein waren, um nach Russland mitzureisen. Die kleine Nina war im Jahre 1901 geboren worden, Xenia erst im August 1903. Ich fand es bemerkenswert, dass Minnie kein Problem damit hatte, das Baby für eine lange Zeit alleine zu lassen.

Andrea ließ mich wissen, dass Minnie und George nicht wirklich glücklich miteinander waren. Sie hatte schon vor der Hochzeit stets betont, dass sie ihn nicht liebe, aber George verehrte sie und hoffte, die Liebe könne von ihrer Seite aus wachsen mit der Zeit. Leider konnte man spüren, dass dies

auch nach erst vier Jahren Ehe niemals so sein würde, denn sie war ihrem Gatten gegenüber eher kühl und auch zu mir doch eher distanziert als herzlich.
In Piräus gingen wir von Bord. Dort erwartete uns auch mein Schwiegervater König George I. von Griechenland. Wir wurden nach Athen gebracht. Gemeinsam mit der Schwiegermama geleitete uns der König nach einem offiziellen Empfang am Hafen in Athen dann zu einer Kathedrale, wo uns ein *Metropolit*, ein Oberbischof, der einem Verbund von Bistümern vorstand, sowie andere hochrangige Mitglieder der *Heiligen Synode* begrüßten. Wir nahmen an einem *Te Deum* teil, zu dem man auch griechische Minister, Diplomaten und Offizielle des Hofes eingeladen hatte.
Schon auf dem Weg zur Kathedrale hatten uns Athener zugejubelt und, als wir die Kathedrale wieder verließen, brandete der Jubel wieder auf. Auch auf dem Weg zum Palast waren die Straßen von Menschen gesäumt, die uns zuwinkten, willkommen hießen. Ich erfuhr, dass unsere Ankunft ein freier Tag für die Menschen war. Daher waren die Schulen geschlossen und ebenso die Geschäfte, sodass die Athener uns einen schönen Empfang bereiten konnten.
Die königliche Familie lebte in einem Schloss auf dem *Syntagma-Platz* in Athen, den man auch den *Alten Königspalast* nannte. Ferner hatte der König im Jahre 1871 ein Grundstück zwanzig Kilometer nördlich von Athen bei *Dekeleia* gekauft und im Stil von Peterhof für seine russische Gattin eine Sommerresidenz erbauen lassen. *Tatoi*, wie man den Landsitz nannte, glich eher einem Sommerhaus denn einem Palast. Andrea war dort als einziger unter seinen Geschwistern geboren worden.
In Athen gab es noch ein *Kronprinzenpalais*, in dem Andreas Bruder Konstantin oder *Tino* mit seiner Gattin Sophie und den Kindern George, Alexander, Elena und Paul lebte. George war dreizehn Jahre alt, Alexander zehn, Elena sieben und Paul drei. Sophie war hochschwanger und sollte am dreizehnten Februar die kleine Irene zur Welt bringen.
Der Palast in Athen, in den man uns zuerst brachte, war recht schön. Andrea wies mich daraufhin, dass er sich hier durch unreine Wasserleitungen mit Typhus infiziert habe, als er gerade acht Jahre alt war. Daher war mein Gatte natürlich zutiefst getroffen über die Tatsache, dass die kleine Ella daran gestorben sein sollte. Sie teilten das selbe Alter der Erkrankung, doch er hatte überlebt. Es zeigte mir wieder einmal, wie feinfühlig mein Mann war, denn er war auch bereits in Darmstadt sehr fürsorglich zu Onkel Ernie in seinem Kummer gewesen.
Der Bürgermeister hielt im Palast eine Rede für uns und nannte es eine große Freude, dass eine Prinzessin von edlem Geblüt nun eine Zierde für die griechische Nation werden würde, was mich sehr ehrte.

Am Abend fand ein großes Feuerwerk statt, welches die ganze Stadt erleuchtete.
Der König unterrichtete mich davon, dass er bereits ein Telegramm nach London gesendet hatte, um meinen Eltern mitzuteilen, wir seien wohlbehalten in Griechenland angekommen. Ich bedankte mich bei ihm dafür, da ich, ebenso wie Andrea, zwar überwältigt von unserem Empfang, aber auch sehr müde von der Reise war.
Ich erfuhr an diesem Abend auch, dass ich Christopher bei seinem Spitznamen *Christo* nennen durfte, George, den *großen George*, da er wirklich sehr groß gewachsen war und um ihn von seinem Vater zu unterscheiden. Er lebte auf Kreta und Minnie hatte noch ein Haus in Athen, um dem Hofleben auch einmal entfliehen zu können. Viele Familienmitglieder, vor allem die Kinder, lernte ich erst an diesem Abend kennen.
Andreas Bruder Nikolaus und seine Gattin Elena, Ellen oder Helena, wie man sie in Griechenland nannte, hatten die kleine sieben Monate alte Tochter Olga und auch Helena war schwanger. Sie erwartete die Geburt ihres zweiten Kindes im Mai.
Mein Schwiegervater legte großen Wert auf ein enges Familienleben und so trafen sich alle regelmäßig zu sonntäglichen Mittagessen. Die Familie hielt zusammen. Mein Schwiegervater war auch gegenüber mir sehr freundlich, führte mich herum, stellte mich allen vor, auch den hohen Gästen, wobei er sehr einfühlsam aufgrund meiner Taubheit war. Zudem meinte er, es müsse alles verwirrend sein für mich, denn ich musste ein neues Land kennenlernen, neue Gesichter. Ich kannte hier niemanden und sollte Zeit finden mich einzuleben.
Der König hatte eigentlich kein großes Ansehen bei den Griechen, denn er war eingesetzt worden in diesem Land, kein König von Geburt an und verhielt sich oftmals nicht seinem Status entsprechend. So hielt er offizielle Anlässe auf ein Minimum beschränkt, liebte es, ohne Bewacher durch die Straßen Athens zu spazieren. Im Jahre 1898 hatte er ein Attentat überlebt, doch sah es nicht ein, sich so abschirmen zu lassen wie etwa Onkel Nicky. Er war ein demokratischer Monarch, fortschrittlich in diesem Punkt, hielt viel von der Verfassung und für den eher ruhigen Mann war Politik zwar wichtig, aber nicht alles.
Seine Gattin Olga war sehr beliebt beim Volk, denn sie engagierte sich karitativ, hatte ein christliches Hospital in Athen gegründet, zwei Militär-Hospitäler und ein russisch-orthodoxes in Piräus. Sie war sechzehn Jahre alt gewesen, als sie nach Athen kam, um den König zu ehelichen, ihre Aussteuer bestand zu einem großen Teil aus wertvollen Puppen. Ihre Zimmer waren angefüllt mit prächtigen Ikonen und sie war sehr christlich, aber ihre Liebenswürdigkeit kam stets von Herzen.

Die Ehe meiner Schwiegereltern war überaus glücklich und das sah man auch an ihrem Familienleben. Einmal im Jahr machte der Schwiegerpapa Urlaub in Frankreich in *Aix-les-Bains*, einem bekannten Thermalbad in der Region *Auvergne-Rhone-Alpes*. Die Gemeinde konnte mit dem größten Süßwasser-Yachthafen Frankreichs aufwarten und war ein beliebtes Feriениziel vieler adeliger Kurgäste aus Europa.

Meine Schwiegereltern, König George I. von Griechenland und Königin Olga, um 1904

Der König fuhr allerdings alleine dorthin, während seine Frau ihre russischen Verwandten besuchte. Auch Tino begleitete seinen Vater oft dorthin und seine Frau Sophie war wohl zuerst unsicher, ob sie mitfahren sollte, wie sie mir erzählte. Aber der König meinte nur zu ihr, sie solle nicht unsicher sein, weil es ein reiner Männerurlaub sei, und einfach die Königin fragen, was diese dazu meinte, wenn sie mit den Herren reiste. Natürlich war es in Ordnung.

Sophie, als Schwester Onkel Willys, hatte protestantisch und orthodox geheiratet wie Andrea und ich. Doch ihr Bruder, als Kaiser von Preußen, verbot ihr daraufhin, ihn in Berlin zu besuchen. Man verwehrte ihr schlichtweg aufgrund ihres Wechsels zum orthodoxen Glauben eine Einreise nach Deutschland. Sie nahm es gelassen, da sie ihren Bruder nicht sehr schätzte

und sich von ihm nicht einschüchtern lassen wollte. Berlin war eine Weltstadt zu jener Zeit und Sophie fand Athen eher provinziell, die Athener oftmals sehr langsam im Organisieren, so merkte sie an, daher kämen ihre karitativen Engagements oft ins Stocken.
Andreas Brüder waren alle Soldaten in der griechischen Armee.
Christo erzählte mir kurz darauf, wie sehr er sich für das Okkulte interessiere. Er war fasziniert von Geistern und versuchte bei Seancen Kontakt mit ihnen aufzunehmen. Als ich in Athen ankam, war er gerade einmal sechzehn Jahre alt. Aufgrund des geringen Altersunterschieds zwischen uns verstanden wir uns auf Anhieb sehr gut, denn er war ein sehr ruhiger und besonnener junger Mann.
Ellen, die eine geborene russische Großfürstin war, war mir gegenüber sehr distanziert, denn sie sah sich im Stand über mir. Ich kam aus einer Linie, die sich durch eine morganatische Ehe gegründet hatte, und dies war ihr ein Dorn im Auge. Durch die Heirat mit Andrea war ich aus ihrer Sicht nur aufgestiegen zu einer royalen Hoheit, aber eben keine von Geburt an. Die Linie meiner Mutter, die die Tochter einer englischen Prinzessin war, zählte für sie nicht. Man kann es vielleicht so ausdrücken, dass sie mich als einen *Emporkömmling* ansah, mehr nicht.
Doch Ellen verhielt sich auch gegenüber ihrer Schwägerin Sophie oft kühl, da sie dieser, als Tochter Kaiser Friedrichs III. von Preußen, Respekt zeigen musste, aber sich dennoch in ihrem Rang über allen anderen stehend sah. Das, was meiner Schwiegermutter fremd war aufgrund ihrer Geburt, sich über andere zu erheben oder gar diese geringer zu schätzen, perfektionierte Ellen. Wir sollten nur in der Philosophie später zueinander finden. Nun, im Jahre 1904, kurz nach meinem Eintreffen in Athen fühlte ich mich nicht von ihr geachtet oder respektiert.
Der Palast lag zentral in Athen. Es war ein recht imposantes Gebäude, größtenteils aus Marmor errichtet, aber bot kaum Komfort. Die Räume waren groß und zugig.
Es gab wenig festgelegte Regeln. Eine war, dass, wenn ein offizieller Ball stattfand, man die Gäste für acht Uhr dreißig abends einlud und pünktlich mit einer halben Stunde Verspätung als Familie um neun Uhr den Ballsaal betrat.
Wir richteten uns bei den Schwiegereltern im Palast ein. Christo als Jüngster wohnte noch bei seinen Eltern und Andrea und ich bekamen eine kleine Wohnung zugewiesen. Nikolaus, Andreas Bruder, und Ellen hatten noch den sogenannten *Nikolaus-Palast* in Athen, in den er sich zurückzog.
Daneben würden wir zukünftig Zeit auf dem Landsitz Tatoi verbringen mit seinen Wildgehegen, in denen Rehe grasten, den Pinienwäldern, die es umrahmten und den Weinhängen.

Am fünfundzwanzigsten Februar, meinem neunzehnten Geburtstag, weckte mich Andrea in aller Frühe. Es war noch dunkel draußen. Er beglückwünschte, küsste und umarmte mich, gestand mir, dass mein Geschenk im Schlafzimmer stehe. Und so machte ich Licht und mein Blick fiel auf ein Motorrad, welches er in seinem oft sehr überzogenen Humor des Nachts, als ich schlief, ins Zimmer hatte bringen lassen. Mein Gatte war immer für eine Überraschung gut, ich freute mich sehr über sein Geschenk.

Im März kam Onkel Ernie uns in Griechenland besuchen und blieb bis zum April. Er war anwesend, als wir die Taufe der kleinen Irene im April begingen, die im Februar geboren worden war.
In Griechenland schien Onkel Ernie etwas aufzublühen, doch man spürte, dass er lange brauchen würde, um Ellas Tod zu verwinden. Zudem musste er auch an die Erbfolge denken, denn ohne Frau und Kind, einem Sohn, konnte das großherzogliche Haus in Hessen nicht weiter bestehen. Doch die Scheidung, der Verlust der Tochter, waren noch zu frisch. Es verlangte ihn noch nicht sofort danach, wieder auf Brautschau zu gehen.
Mit Mama und den anderen Verwandten stand ich brieflich in Kontakt und so erhielt ich die Nachricht, dass Tante Alix wieder schwanger war. Das Baby sollte Ende Juli zur Welt kommen und man hoffte natürlich wieder, dass es diesmal ein Sohn sei. Meine Tante war durchaus für Übersinnliches empfänglich. So waren sie, Onkel Nicky und Tante Ella im Jahre 1903 nach Sarow zur Diwejewo-Abtei gereist, wo man während einer Zeremonie den Mönch und Mystiker Serafim heiligsprach. Diesem Mönch soll die Mutter Gottes erschienen sein, zudem ist er einer der bekanntesten Mönche in Russland aufgrund seiner guten Taten. Man übergab Onkel Nicky während der Zeremonie einen über siebzig Jahre alten Brief von Seraphim, den dieser vor seinem Tod im Jahre 1833 *an den Zaren, der nach Sarow kommen wird*, verfasst hatte. In diesem Brief beschrieb der Mönch das Lebensende des Zaren und prophezeite, das Russland am Ende desselben Jahrhunderts wieder frei sein würde. Näheres habe ich nie erfahren, aber Seraphim kann man wohl in dieser Hinsicht mit Nostradamus vergleichen. Seine Prophetie konnte man vielfältig deuten. Doch Tante Alix war derart ergriffen, dass sie zur heiligen Quelle im nahestehenden Wald ging, dort in dem Wasser badete und für die Geburt eines Sohnes betete. Es gab damals viele Menschen, die davon überzeugt waren, dass das Wasser dieser Quelle sie von allen erdenklichen Leiden befreien konnte. Tante Alix drapierte auch viele geweihte Ikonen um ihr Bett, wie ich bereits erwähnte, denn aufgrund ihrer tiefen Spiritualität griff sie nach jedem Strohhalm. Es ging nicht nur um einen Erben für den Thron an sich, sondern auch um ihre Popularität im russischen Volk. Sie trug ihren Kummer oftmals nicht zur Schau, da sie eine

eher introvierte Frau war, aber man sah ihr an, wie sie sich fröhlich gab, obwohl sie wahrscheinlich oft Tränen vergoss über die Last, die man ihr aufbürdete.
Im Mai besuchte uns Prinz Franz von Teck, der jüngere Bruder der Kronprinzessin May von England. Sein Taufname war eigentlich *Francis* im Englischen, aber da man auch verwandt war mit dem Hause Württemberg, rief man ihn *Frank* in der Familie. Er war ein *schwarzes Schaf* in seiner Familie, da er nicht wirklich Wert auf gutes Benehmen legte, bereits als Kind deswegen Schulen hatte verlassen müssen. Seine Geldprobleme waren legendär, denn er spielte, wettete bei Pferderennen und hatte sich militärisch unter anderem im *Zweiten Burenkrieg* als Major bewiesen, was ihm ein gewisses Ansehen und Auskommen verschaffte. Wie seine Eltern liebte er das Reisen, frönte dabei gerne einem gewissen Luxus und so bot es sich für ihn an, uns in Griechenland einen Besuch abzustatten. Mittlerweile war er Vorsitzender des *Middlesex Hospitals* in London, wo man sich auf die Pflege von Cholera-Kranken spezialisiert hatte. Da die Erkrankten meist aus der Arbeiter- oder Unterschicht stammten, hatten sie kein Geld, um die Behandlung zu bezahlen, und so sammelte der Prinz Spenden. Darin war er auch ziemlich erfolgreich. Die bekannte englische Krankenschwester *Florence Nightingale* engagierte sich auch ehrenamtlich in dem Krankenhaus. Ihr Name bedeutete für das Krankenhaus eine recht gute Reputation.
Ich fand Franks Engagement sehr interessant und schätzte es. Wir verstanden uns gut und es war ein angenehmer Besuch, bei dem wir die überwiegende Zeit in Tatoi verbrachten. Frank fand, dass Andrea und ich ein sehr schönes Paar seien, man uns unser Glück ansah. Zudem machte er mir ständig Komplimente über mein gutes und strahlendes Aussehen, wozu Andrea nur meinte, er sei ein Charmeur und wisse eben, was eine Frau hören wollte. Zweifelsfrei hatte mein Gatte recht, denn Frank war in der englischen Gesellschaft als Frauenheld bekannt, seine Affären zahlreich.

Am vierundzwanzigsten Mai gebar Ellen die kleine Prinzessin Elisabeth. Ich nahm an Ellens Lektionen in Griechisch mit teil und es erstaunte mich, wie schnell sie nach der Geburt wieder in das Lernen vertieft war, sehr konzentriert und mit Ehrgeiz. Russische Adelige waren es nicht gewöhnt sich selbst um ihre Kinder zu kümmern. Sie liebten ihre Kinder, aber scheuten sich nicht, auch die Kleinsten schon an Gouvernanten oder Kindermädchen abzugeben. Es war einfach eine Tradition. Meine Tante Alix bildete da eher die Ausnahme, da sie sich stets viel Zeit für ihre Mädchen nahm, diese auch selbst stillte als Babys, was für Ellen undenkbar war. Sie hatte Zeit für andere Dinge, wenn die Kinder betreut waren, und so lernten wir beide recht schnell Griechisch, beherrschten es bald fließend. Es war auch not-

wendig, denn es war die Sprache des Landes, in dem wir lebten, und nur so konnte man sich für etwas engagieren. Man setzte voraus, dass eine Prinzessin aus dem königlichen Haus eine karitative Aufgabe oder sogar mehrere übernahm.
Die königlich-griechische Schule für Handarbeit und Spitze in Athen war im Jahre 1897 von Lady Olga Egerton gegründet worden. Mrs. Egerton war eine geborene russische Prinzessin und Gattin des Sir Edwin Henry Egerton, seines Zeichens britischer Botschafter und Minister in Griechenland von 1892 bis 1903. Seine Frau, eine sehr gute Stickerin, hatte die antiken griechischen Stickereien und Techniken zur Erstellung von Spitze studiert, wofür sie auch auf die griechischen Inseln gereist war, um den byzantinischen Stil für beides zu erlernen. Man verfolgte das Ziel, Mädchen und jungen Frauen aus armen Familien eine Arbeit zu bieten, mit der sie ihren Lebensunterhalt verdienen sowie ihre Familien unterstützen konnten. So gründete man ein Komitee, bei dem Mrs. Egerton bald zur Vorsitzenden ernannt wurde.
In dieser Schule wurden die traditionellen Handarbeiten hergestellt und später verkauft.
Zuerst war die Schule in einem privaten Gebäude untergebracht gewesen, doch als die Schülerzahlen wuchsen, erbaute man ein neues Haus eigens für die Schulräume auf einem privaten Grundstück in der *Michail Vada Street* in Athen. Reiche Athenerinnen unterstützten die Schule mit Spenden durch das Komitee, und als ich mich dort anmeldete, besuchten rund zweihundert Schülerinnen die Schule. Die wichtigsten Regeln waren sauber zu arbeiten, effizient und manierlich sowie kommerziell akzeptierte Designs zu verwenden, die man gut verkaufen konnte. Die englische Stickerin Louise Pesel war von einer Designerin zur Direktorin der Schule aufgestiegen und bekleidete diesen Posten von 1903 bis zum Jahre 1907.
Ellen und die Schwiegermama hatten bereits ein Patronat der Schule inne und ich folgte ihnen nun. Bei der Handarbeit konnte ich mich in meine Welt zurückziehen, mich ganz auf meine Arbeit konzentrieren und es machte mir viel Freude. So erlernte ich, wie man Batiste mit Stickereien verzierte, aber auch Wolle, Leinen und Seide. Die Vorlagen stammten aus der griechischen und byzantinischen Antike. Die Lehrerinnen reisten durch die Zentren Europas, um zu erfahren, welche Muster und Vorlagen gefragt waren und auch in der nahen Zukunft begehrt wären. Man verkaufte die Produkte nicht nur in Athen, bald wurden sie auch nach London, Paris und sogar nach New York exportiert.
Die Ausbildung der Schülerinnen war kostspielig, da man ihnen das Material und den Unterricht kostenlos anbot. Erst, wenn sie ihr Handwerk beherrschten, erhielten sie einen Lohn. Um diese Kosten geringer zu halten,

also auch mehr junge Frauen und Mädchen anzuwerben, auszubilden und später zu beschäftigen, wobei man die fertigen Handarbeiten dann gewinnbringend verkaufen konnte, entstanden bald neue Schulen, wie in Volo, Affya und anderen Städten und Gemeinden. So hatte manschnell Hunderte von Beschäftigten in Griechenland. Es kamen neue Unterrichtsfächer dazu, wie das Verarbeiten von Spitze und Stickereien auf Kleidung und sogenannte Durchbrucharbeiten, die per Hand sehr lange dauerten, weil sie aufwendig waren in den Vorlagen. Man brauchte schon einiges an Geschick und Erfahrung, um solche Stücke zu erstellen.

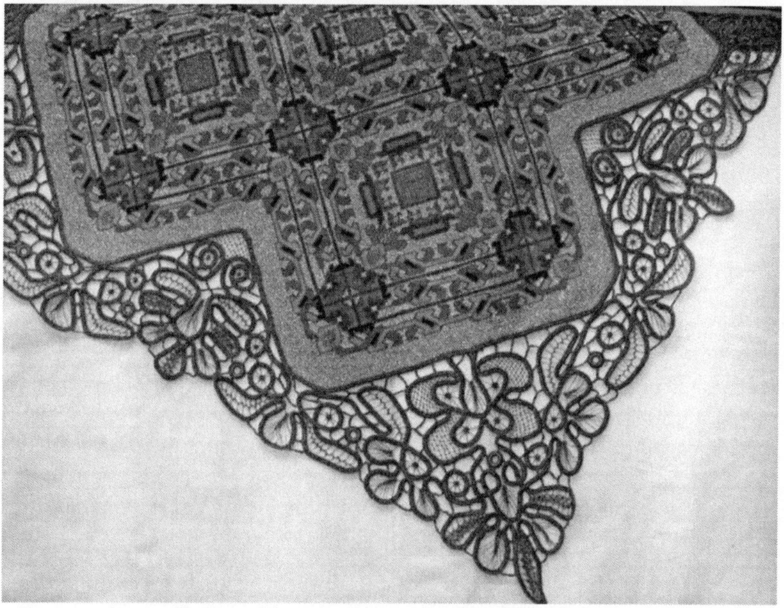

Eine traditionelle Durchbrucharbeit, im englischen cutwork embroidery genannt, nach einer antiken Vorlage aus Zypern, um 1903

Es ging nicht nur darum, Tischdecken zu erstellen, sondern auch viele andere Dinge, wie unter anderem Verzierungen für Sonnenschirme, Kleidung, Bücher, Decken, Läufer, Kissen, Taschen. Die Arbeit war sehr vielfältig und mir bot es einen guten Zeitvertreib, da Andrea seinem Dienst beim griechischen Militär sehr gewissenhaft nachging. Er war dadurch sehr eingespannt, doch ich brauchte auch eine Beschäftigung. Bald verbrachte ich Stunden dort, vertiefte mich in das Erlernen der Stickerei, wie man Farben miteinander mischen konnte und erfuhr alles über die verschiedenen Ar-

beitsweisen.
Am ersten Juli 1904 wurde Papa zum Konteradmiral ernannt. Er stieg stetig auf der Karriereleiter in der *Royal Navy* empor. Georgie, der mittlerweile zwölf Jahre alt war, wollte unbedingt in Papas Fußstapfen treten, mein Vater war dadurch sichtlich berührt. Auch Mama stand den Wünschen meines Bruders durchaus positiv gegenüber. Er musste aber noch etwas warten, bevor er das *Royal Naval College* in Dartmouth besuchen konnte, um eine Ausbildung in der *Royal Navy* zu beginnen.

Die erste Zeit unserer Ehe war relativ sorgenfrei. Andrea liebte es zu reiten. Er hatte einen Flügeladjutanten, den Hauptmann Menelaos Metaxas, der ihm auch ein guter Freund und seine rechte Hand war. Mit diesem und Andrea reiste ich oft zum *Actaeon Palace Hotel*, etwa sechs Kilometer außerhalb von Athen. Dort konnte man in der umliegenden Natur Ausritte unternehmen, doch Andrea und sein Adjutant waren bessere Reiter als ich. Sie ritten schnell und ich versuchte ihnen in gleichem Tempo mit meinem Pferd zu folgen. Einmal ließ Andrea die Pferde anhalten, bat Metaxas mir vom Pferd zu helfen, weil er befürchtete, ich könne mir sonst noch das Genick brechen. Ich verstand ihn nicht in Gänze sofort, da er zu schnell auf Griechisch sprach. So forderte Metaxas meinen Gatten auf, es in Englisch zu wiederholen, und statt es mir genauestens Wort für Wort wiederzugeben, meinte Andrea nur, sein Adjutant solle mir nur die Wahrheit sagen. Mit anderen Worten, dass ich einfach nicht für ihre wilden Ritte geeignet war, mein Pferd nicht so im Griff hatte wie sie. Es war keine Äußerung, die ich ihm übel nahm, denn es war eine Tatsache. Ich konnte reiten, denn man hatte es mir von klein auf beigebracht, aber mir waren langsamere Ritte lieber und so blieb ich dann eben stets mit meinem Pferd ein Stück hinter ihnen zurück.

In griechischer Nationaltracht, links die griechische Minnie, in der Mitte die Königin Olga und ich rechts 1904

1904, eine Aufnahme von mir alleine in der griechischen Nationaltracht

Es war eine Tradition in der griechischen Königsfamilie, dass man die Sommermonate nicht in Athen verbrachte, sondern auf Reisen ging. Diese konnten auch oftmals viel länger dauern und sich Monate hinziehen, bis man zurückkehrte. Da mir Verwandtenbesuche stets sehr wichtig waren und ich auch Sehnsucht nach meiner Familie hatte, griffen mein Mann und ich diese Tradition auf. So besuchten wir im Sommer 1904 meine Eltern und Geschwister in *Hertfordshire*, einer Grafschaft in England nördlich von London, wo Papa ein Haus gemietet hatte. Danach reisten wir mit Mama und meinen Geschwistern nach Wolfsgarten zu Onkel Ernie. Mittlerweile war der Onkel auf eine *sanfte Art* der Brautschau gegangen, wenn man es so nennen möchte. Er hatte sich nach unverheirateten Prinzessinnen erkundigt, dabei die Prinzessin Eleonore zu Solms-Hohensolms-Lich aus Lich bei Gießen kennengelernt. *Onor*, wie man sie nannte, war bereits zweiunddreißig Jahre alt und eine Tochter des Fürsten Hermann zu Solms-Hohensolms-Lich. Mein Onkel fand sie sehr herzlich und war von ihr durchaus angetan. Auch wenn es erst zarte Bande waren, die die beiden verbanden, so schien es ihn doch wieder glücklich zu machen. Das freute uns alle sehr, denn Onor schien ihn von seinem Kummer abzulenken, ihm Mut auf eine neue Zukunft mit einer Frau und eventuellen Kindern zu machen.
Unser Urlaub wurde leider dadurch getrübt, dass ich mir ein schlimmes Fieber zuzog und viele Tage das Bett hüten musste. Andrea war sehr besorgt um mich, doch ich war eigentlich mit einer recht robusten Gesundheit gesegnet. So gesundete ich zwar schnell, aber brauchte danach noch einige Zeit der Erholung und Schonung.
Als Mama mir mitteilte, dass Tante Alix am dreißigsten Juli endlich einem Sohn das Leben geschenkt hatte, konnte ich mich nicht so freuen, wie ich es gerne getan hätte. Erst etwas später gratulierte ich Tante Alix zu ihrem Sohn per Brief. Meiner Tante in Russland war damit eine Bürde genommen, wie es schien. Man taufte den Kleinen am dritten September auf den Namen *Alexei*. Bereits einige Tage nach seiner Geburt stellte man jedoch fest, dass der Nabel des kleinen Jungen nicht aufhörte zu bluten. Man konnte die Blutung schließlich stoppen, aber für meine Tante war es eine unheilvolle schwarze Wolke, die sich am Himmel zusammenzog. Es ergriff sie die Angst, dass ihr kleiner Sohn, auf dessen Geburt sie so viele Jahre gewartet hatte, an der Bluterkrankheit leiden könne. Nun ist es nicht ungewöhnlich, wenn ein Baby am Nabel etwas länger blutet, die Wunde nicht schnell verheilt, aber die Hämophilie schwebte wie ein Damoklesschwert über unserer Familie und so beteten Onkel Nicky und Tante Alix, dass Alexei gesund sein möge. Denn ansonsten war er ein strammer Junge, ein wohlgeratenes Baby.
Mama zeigte sich tief betroffen, denn am sechsundzwanzigsten Februar des

Jahres hatten Tante Irene und Onkel Heinrich ihren jüngsten Sohn Heinrich durch einen tragischen Unfall an eben diese Krankheit verloren. Ihr Sohn Waldemar litt ebenfalls daran und nur Sigismund war von der Hämophilie nicht betroffen.
Meine Mutter hatte die Krankheit nicht an uns Kinder weitergegeben und so konnte ich eigentlich sicher sein, dass auch meine Kinder es nicht bekommen könnten. Denn Mama war damit keine Überträgerin.
In unserer Familie hatte Tante Beatrice die Krankheit an ihren Sohn Leopold vererbt. Ihre anderen zwei Söhne waren gesund. Und ihre Tochter Ena konnte damit auch eine Überträgerin sein. Es war aber eine derart tückische Krankheit, bei der man nie wusste, wen es treffen konnte von den männlichen Nachkommen. Und die Königin Victoria, meine Urgroßmutter, war die Erste gewesen, die es in die Familie brachte.
Damals war die Hämophilie noch so unerforscht, dass man auch nur schwerlich bei Blutungen helfen konnte. Man gab vorrangig Schmerzmittel, aber eine wirkliche Hoffnung auf Heilung oder zumindest Linderung oder gar eine Therapie gab es nicht.
Zu all diesem kam die freudige Tatsache, dass ich im September sicher war, schwanger zu sein, und nach einer Untersuchung durch einen Gynäkologen bestätigte der mir meine Vermutung. Das Baby sollte im April des nächsten Jahres zur Welt kommen. Meine Eltern freuten sich sehr, auch meine Geschwister und Onkel Ernie. Andrea war natürlich der stolzeste Mann auf der Welt. Er freute sich auf das Baby und war froh darüber, dass mein Fieber diesem nicht geschadet hatte.
Wir blieben noch lange in Wolfsgarten und Heiligenberg und trafen erst Mitte Oktober wieder in Athen ein, wo wir die frohe Nachricht auch gleich der Familie berichteten. Ein jeder freute sich mit uns.
Ich vertiefte mich wieder in die Arbeit an der Schule, widmete mich der Handarbeit und Andrea nahm seinen militärischen Dienst wieder auf. In Vorfreude auf mein erstes Kind fertigte ich auch einige Kleidungsstücke für es an.
Es kamen oft viele Besucher aus dem Ausland nach Athen, da Griechenland an sich ein sehr geschichtsträchtiges Land ist und natürlich auch seine Hauptstadt. Man buhlte förmlich um Reisende, wollte sich weltoffen geben. Viele Ausgrabungsstätten wurden für Besucher freigegeben, um diese für das Land und seine Geschichte zu begeistern.
Da ich schwanger war, konnte ich leider bald nicht mehr viel reisen oder das Land kennenlernen. Ich verpasste auch einige offizielle Termine, aber wollte mich voll und ganz auf die Mutterschaft konzentrieren.

Eine offizielle Aufnahme von mir als griechische Prinzessin, Ende des Jahres 1904

Am zweiten Februar des Jahres 1905 heiratete Onkel Ernie in Darmstadt die Prinzessin Eleonore, leider konnte ich an dieser Hochzeit aufgrund der Schwangerschaft nicht teilnehmen, aber ich wünschte den beiden brieflich alles Gute. Ich hatte Onor kurz in Wolfsgarten kennenlernen dürfen und sie erschien mir eine wirklich liebevolle Frau zu sein, die den Onkel wieder glücklich machen würde. Sie stand mitten im Leben durch ihr Alter und war, wie man so sagt, bodenständig. Es gab nichts Negatives über sie zu berichten. Man gönnte es dem Onkel, dass er nach der mehr als turbulenten Ehe mit Tante Ducky nun zur Ruhe kommen konnte.
In diesem Februar erreichte uns jedoch auch eine schreckliche Nachricht aus Russland.

Onkel Sergey hatte eine glänzende Karriere beim russischen Militär gemacht. Seit dem Jahre 1882 war er beim *Preobrazhensky Leibgarde-Regiment*. In diesem sehr angesehenen Regiment stieg er zum Generalmajor in der Stadt Preobrazhenskoy auf. Schnell wurde er dort der kommandogebende Offizier. Er war Generaladjutant der kaiserlichen Garde, auch *Svita* genannt. Sein Bruder, Zar Alexander III., war seiner bisherigen Karriere sicher förderlich, doch Sergey war auch ein zielstrebiger Mann, der für das Militär lebte.
Im Frühjahr des Jahres 1891 ernannte ihn sein Bruder zum General-Gouverneur von Moskau, was eine sehr große Ehre für den Onkel war, dennoch nahm er diese Aufgabe nur ungern an. Zum einen, weil er in seinem Regiment sehr beliebt gewesen war, und dann liebten Tante Ella und er mehr das beschauliche Leben in St. Petersburg als das in der großen Stadt Moskau. Sergey handelte im Auftrag des Zaren und war ein politischer Hardliner, wie man so sagt. Er war mit dem Streben seines Bruders nach einer harten Hand in Bezug auf das Volk durchaus eins. In einer seiner ersten Amtshandlungen wurden zwanzigtausend Juden aus Moskau vertrieben, vor allem Handwerker und Händler. Man tat dies in drei Schritten und brauchte dafür ein Jahr. Zuerst traf es die unverheirateten Juden, die kinderlosen und die, die weniger als drei Jahre in Moskau lebten. Dann Familien mit bis zu vier Kindern, die weniger als sechs Jahre in der Stadt wohnten. Im letzten Schritt traf es alle Familien mit vielen Kindern, Angestellte vor allem, aber hauptsächlich Menschen, die die Stadt teilweise seit über vierzig Jahren ihren Heimatort nannten. Junge jüdische Frauen durften in der Stadt bleiben, wenn sie sich als Prostituierte anmeldeten und verdingten. Man kam meist nachts mit Soldaten, umstellte die Häuser und vertrieb die Menschen auf eine sehr aggressive Weise aus ihren Häusern und Wohnungen. Im Januar des Jahres 1892 standen Hunderte von ihnen aller Altersklassen und Geschlechter bei minus 30 Grad Celsius in Brest auf dem Bahnhof, neben sich ihre wenige Habe, die sie mitnehmen konnten, und wurden abtransportiert. Viele flüchteten in den Westen oder Süden des Landes, die meisten emigrierten aber aus Russland.
Die jüdischen Fabrikanten, die vor allem Seide in ihren Betrieben erstellten und verarbeiteten, mussten gehen. So verloren wiederum Hunderte russische Arbeiter ihre Arbeit, gleichzeitig ruinierte es diesen Produktionszweig, für den Moskau bekannt war.
Der Onkel tat auch Gutes für die Stadt, engagierte sich für die Schaffung von komfortablen Schlafstätten für Studenten, unterstützte in seiner hohen Funktion karitativ Schulen für blinde Kinder und einiges mehr. Doch seine politischen Handlungen hatten oftmals einen sehr negativen Beigeschmack, wenn Professoren an Universitäten bespitzelt wurden, um festzustellen, ob

sie loyal zum Zaren standen und auch politisch konform mit dem Regime, der Autokratie des Zaren waren.
In Bezug auf die Behandlung der jüdischen Bevölkerung Moskaus sahen das auch meine Mutter und andere Verwandte sehr skeptisch. Hätte ich damals gewusst, was uns viele, viele Jahre später bevorstünde bezüglich des Antisemitismus, so wäre ich damals wohl nicht mehr aus dem Schaudern herausgekommen.
Ich würde dem Onkel zugute halten, dass er auch inkognito durch die Stadt streifte, um sich selbst ein Bild über die Lebensverhältnisse der Armen zu schaffen und es auch Tante Ella bewegte, wenn er ihr davon berichtete.
Doch bald war er auch zu einer Zielscheibe von Revolutionären geworden, weswegen er, seine Frau und die beiden Kinder im *Nikolaus-Palast* im *Kreml* lebten, wo es sicherer für sie alle war.
Am fünfzehnten Februar kam die Familie aus dem *Bolshoi-Theater,* Revolutionäre wollten ein Attentat ausüben, sahen aber die Kinder in der Kutsche und Tante Ella. So gaben sie ihren Plan an diesem Tag auf. Man wollte nur den Onkel töten, nicht die Kinder oder seine Gattin.
Am siebzehnten Februar nun fuhr Onkel Sergey gegen zwei Uhr fünfundvierzig nachmittags in sein Büro im Gouverneurshaus. Seinen Adjutanten hatte er gebeten, ihn nicht zu begleiten, denn dieser war verheiratet und hatte Kinder. Der Onkel wusste um die Gefahr für sein Leben bei jedem seiner Schritte in Moskau. An diesem Tag aß er aber noch mit der Tante zu Mittag und war bei guter Laune. Er rechnete nicht damit, dass man ihm auf seinem Weg auflauern würde. Ein Attentäter schleuderte eine Bombe direkt in Onkel Sergeys Schoß in der Kutsche. Es zerfetzte den Onkel buchstäblich, sein Fahrer wurde schwer verletzt und starb drei Tage später in einem Krankenhaus.
Meine Tante hörte den Knall der Bombe, spürte die Erschütterung und lief ins Freie zu dem Platz, an dem das Attentat geschehen war. Die Menschen, die sich eingefunden hatten, standen unter Schock, aber als sie meine Tante sahen, wollten sie sie zurückhalten. Sie trugen die Einzelteile des Onkels zusammen, wie seinen Kopf, und die Tante holte sich einen Korb, begann die Überbleibsel einzusammeln, rief aus, dass ihr Mann Unordnung doch so sehr hasste. Noch Tage später brachte man ihr Finger des Onkels, an denen noch seine Ringe waren, oder andere Überbleibsel seines Körpers.
Der Attentäter hieß *Ivan Kalyayev*. Da er selbst durch die Explosion verletzt worden war, konnte man ihn fassen und brachte ihn ins Gefängnis. Tante Ella, gebrochen vor Kummer um ihren Gatten, fasste sich ein Herz. Sie war wie Tante Alix sehr religiös. So ging sie ins Gefängnis, fragte Kalyayev, warum er ihren Ehemann getötet habe. Er sagte ihr, es musste geschehen, weil Sergey für die Tyrannei stand, es war eine Art Rache für das russische

Volk. Meine tapfere Tante bat ihn zu bereuen, dann würde sie den Zaren um sein Leben bitten. Sie habe ihm bereits vergeben. Kalyayev war sehr berührt von ihrem Geständnis, ihrem Bestreben sein Leben zu retten. Doch er entgegnete ihr, dass er für seine Tat mit Stolz sterben würde, denn sein Tod als Attentäter und Mörder von Sergey habe mehr Gewicht als der Tod des Onkels. Er wäre von größerer Bedeutung für das russische Volk.
Man hängte Kalyayev am dreiundzwanzigsten Mai des Jahres 1905.
Tante Ella war die Zeit nach dem Attentat nur ein Schatten ihrer selbst. Sie betete viel und glaubte daran, dass Gott die Menschen prüfe und bestrafe. Und sah so in der Vertreibung der Juden aus Moskau den größten Fehltritt ihres Mannes. Sie verlor keine Tränen, gab sich stolz und tapfer, auch als Onkel Nicky, Tante Alix und ihre beiden Ziehkinder sie baten, endlich ihrem Kummer freien Lauf zu lassen. Doch dies konnte sie nur in ihren privaten Räumen. Jeder in unserer Familie befürchtete, sie könne an diesem Schicksalschlag zerbrechen.
Mama reiste umgehend nach Moskau, um Tante Ella auch für die Beerdigung beizustehen. Man setzte den Onkel in der *Chudov Abtei* im Kreml in einer *Krypta* bei. Kurz darauf organisierte Tante Ella ein Essen für viertausendfünfhundert arme Menschen der Stadt.

Tante Ella als Witwe in Trauerkleidung im Jahre 1905

Tante Ella mit ihren Ziehkindern Marie, links, und Dmitri, rechts, 1905

Tante Ella mit dem kleinen Alexei, 1905

Im Februar 1904 hatte Russland durch einen Angriff auf den Hafen von *Port Arthur* einen Krieg mit Japan angefangen. *Lüshunkou* am *Gelben Meer* war von 1898 an russisches Pachtgebiet. Der koloniale Name der Stadt war stets *Port Arthur*. Japan erhob Anspruch auf dieses Gebiet und der Krieg sollte für Russland sehr verlustreich sein. Onkel Nicky sollte den Krieg im Sommer des Jahres 1905 verlieren und *Port Arthur* fiel an Japan.
Tante Ella suchte Ablenkung und eine Aufgabe nach dem Tod ihres Gatten und engagierte sich nun auch bald in den Hospitälern, wo sie sich um verwundete russische Soldaten kümmerte.
Meine Mutter schrieb mir, dass die Tante eine sehr starke Frau sei und sie würde aus diesem Trauma gestärkt hervorgehen, sich eine neue Zukunft aufbauen, ihren Kummer überwinden. Denn sie sah in allem einen Sinn, auch im Tod ihres Mannes, wie ich bereits erwähnte. Ich kannte meine Tante auch nur so und war nun umso mehr beeindruckt von ihrem Charakter. Ich würde mich noch oftmals in meinem späteren Leben an ihrer Stärke orientieren. Sie war ein beeindruckendes Vorbild für eine Frau, die ihre Ziehkinder liebte, ihnen natürlich auch beistand, denn diese trauerten auch um den Onkel und dennoch in ihrer eigenen Trauer noch Freude an Familientreffen fand, sich vom Schicksal nicht niederdrücken ließ.

Am achtzehnten April um ein Uhr nachts gebar ich im königlichen Palast in Athen die kleine Prinzessin Margarita. Mama war in der Nacht zuvor in Athen eingetroffen, um mir bei der Geburt beizustehen und sogleich ihr erstes Enkelkind in Augenschein nehmen zu können. Auch die Schwiegermama war bei der Geburt anwesend. Es tat mir gut, denn ich lag sehr lange in den Wehen. Die Königin Olga sagte Andrea, dass er mir ruhig Beistand leisten solle, denn auch Männer sollten mit ansehen, in welches Leiden sie ihre Frauen versetzten, und es war aus ihrer Sicht nicht in Ordnung, diesem stets fern zu bleiben. So war Andrea an meiner Seite, konnte es dann aber nicht mehr ertragen, ging und kam dann wieder. Doch die ganzen langen Wehen war er nervlich nicht imstande, wenn auch nur als Beisitzer, zu ertragen. Es ist das Los der Männer, dass sie nur danebensitzen, aber die Schmerzen nicht teilen oder nachempfinden können. Für die meisten kam ein Kind einfach zur Welt. Es war sehr positiv, dass mein Mann es für eine Weile mitbekam, wie schmerzvoll und anstrengend so eine Geburt sein kann.
Das Baby war gesund und Andrea und ich freuten uns sehr über unser kleines Mädchen.
Mein Vater kommandierte seit dem ersten Februar als Konteradmiral ein Kreuzerschwadron auf der *Drake*. Sie war das Flaggschiff der Schwadron und so kam er mit dem Schiff nach Athen, um sein Enkelkind zu sehen und

am elften Mai seiner Taufe beizuwohnen.

Trotz der anstrengenden Geburt erholte ich mich recht schnell und so reiste Mama am sechzehnten Mai wieder nach Darmstadt ab. Als Papa wieder weg musste, war er sehr traurig, denn er bedauerte es sehr, wie oft und wie lange die Familie voneinander getrennt war. Durch seine Arbeit war er so eingespannt, dass er auch Louises Konfirmation in Jugenheim verpasst hatte. In Louise hatte Mama aus seiner Sicht noch eine weibliche Vertraute, denn ich hatte die Familie viel zu früh verlassen. Dennoch war er aber froh, mich glücklich zu sehen.

Durch meine Schwangerschaft und die Geburt sowie das Wochenbett danach war ich nicht in der Lage gewesen, im April an der Eröffnung der *Internationalen Archäologischen Konferenz* teilzunehmen. Ich konnte nur an einem Tag der Einweihung der neuen Bibliothek an der *Britischen Schule für Archäologie* beiwohnen. Auch den Besuch von Onkel Willy verpasste ich, der aber mehr spontan geschah und den besonders seine Schwester Sophie nicht als willkommen begrüßte. Als Tante Alexandra aus England uns besuchte, hätte ich gerne mehr Zeit mit ihr verbracht, doch auch das war mir nicht möglich. Und letztlich verpasste ich auch noch die *Panhellenischen Spiele* im Mai. Es schien sich alles ausgerechnet auf die Zeit meiner Schwangerschaft und der Geburt von Margarita zu konzentrieren. Ich bereute nicht, dass ich nicht alles mitbekam, dazu war ich zu glücklich mit meinem Baby und widmete mich ganz ihrer Pflege und Fürsorge.

In all der Freude über das neue Leben musste ich dennoch bald erkennen, dass es auch in Griechenland politisch gärte. Am dreizehnten Juni entstieg der griechische Premierminister Theodore Delyannis gerade seiner Kutsche, um das Parlament zu betreten, als ein Mann aus der Menge der Menschen auf der Straße hervorstürmte, so als wolle er ihn begrüßen, und ein Messer in seine Brust rammte. Delyannis verstarb eine Stunde nach dem Attentat. Sein Mörder war der Besitzer eines Hauses, in dem man Glücksspielen nachgehen konnte. Er hatte Delyannis ermordet, weil dieser gegen solche Etablissements mit harten Regeln vorgehen wollte, wobei es für die Besitzer um viel Geld ging – Einnahmen, die ihnen dann entgehen würden, wenn man diese Häuser per Gesetz schließen ließ.
Nur vier Tage nach dem Attentat wurde Delyannis beerdigt. Mein Schwiegervater, Nikolaus und Andrea folgten dem Sarg bis zur Kathedrale, während viele trauernde Menschen die Straßen säumten, die Delyannis zu Lebzeiten schätzten und das Attentat verurteilten.
Es war ein großer Schock, nach Onkel Sergeys gewaltsamem Tod nun auch solch einen feigen Mord im eigenen Land erleben zu müssen.
Ich war froh, dass wir im August nach Heiligenberg reisten, um auch meinen Geschwistern, Tante Onor und Onkel Ernie die kleine Margarita vorzustellen. Allerdings bemerkte Dickie nur ein paar Tage nach unserer Ankunft, dass es in Heiligenberg wesentlich angenehmer und ruhiger zugegangen war ohne ein stets schreiendes Baby. Man musste es dem damals fünfjährigen Buben nachsehen.
Dickie bereitete sich auf seine Aufnahmeprüfung für die Kadettenschule der *Royal Navy* vor, er liebte seine kleine Nichte auf Anhieb, ebenso war Louise fasziniert von der Kleinen. Sie fand, dass Margarita sehr fröhlich sei, viel lachte und nur wenig schrie.

Mit Margarita auf dem Arm und Mama im Hintergrund, August 1905, Heiligenberg

Mama und ich mit Margarita 1905

Papa mit Dickie, links, und Georgie, rechts, 1905

Auch Tante Onor und Onkel Ernie kümmerten sich gerne um Margarita. Sie wollten auch unbedingt gemeinsame Kinder haben und Onor knuddelte die Kleine so herzlich, spielte mir ihr, dass Mama meinte, es könne schon fast ihr eigenes sein. Die Erbachs waren natürlich auch sehr angetan von der Kleinen, als sie uns besuchten.
Mein Mann liebte Tiere sehr, vor allem Hunde. Aber er besaß auch einen Kakadu, der sprechen konnte, und mit uns gereist war. Dieser war natürlich bei meinen Brüdern sehr beliebt, weil man sich mit dem Tier unterhalten

konnte, es sehr gelehrig zuhörte, wenn man ihm neue Worte beibrachte. Andrea und ich ließen das Tier bei den Verwandten, übergaben Margarita in die Obhut meiner Mutter, was mir sehr schwerfiel. Doch Andrea wollte seinen Großvater König Christian IX. in Dänemark besuchen, der schon siebenundachtzig Jahre alt war. Er litt an einem Hexenschuss und sehr starken Rückenbeschwerden. So fuhren wir Mitte August für zwei Wochen nach Kopenhagen. Andreas Großmutter Königin Louise war bereits im Jahre 1898 verstorben. Wir trafen dort auch die dänischen Verwandten meines Mannes. Dem Großvater ging es jedoch sehr schlecht. Im Januar des Jahres 1906 verstarb er. Daher war es im Nachhinein gut, dass wir ihn in jenem August noch einmal besucht hatten.

Im Jahre 1905, aufgenommen im Palast in Athen

Im September kehrten wir nach Griechenland zurück. Zu jenem Zeitpunkt ahnte ich, dass ich erneut schwanger sein könnte. Doch da man generell die ersten drei Monate abwartet, da es immer noch zu Komplikationen kommen kann, man das Baby eventuell wieder verliert, behielt ich meine Ahnung vorerst für mich.

Andrea musste wieder seinen militärischen Dienst aufnehmen und wurde vom zweiten zum

Ersten Kavallerieregiment befördert. Er wurde zum Kommander einer *Eskadron*, einer kleinsten taktischen Einheit der Kavallerie ernannt. So eine *Eskadron* umfasst etwa hundertfünfzig Pferde und fünf Offiziere. Andreas Aufgabe war es, Rekruten zu trainieren. Er musste seinen Posten in der Hauptstadt *Larissa* in der griechischen Region *Thessalien* beziehen. Die Stadt ist landschaftlich schön in einem Talkessel gelegen, unter anderem abgeschirmt durch den Berg *Ossa* und der Fluss *Pinios* zieht sich durch das Tal. Auch der bekannte *Olymp* liegt in der Nähe. Wir würden dort vom Herbst des Jahres 1905 bis zum Frühjahr 1906 leben, denn natürlich ging ich mit meinem Mann mit.

Andrea sollte bald feststellen, dass die Menschen dort, wie man so sagt, *einfache Menschen* waren. Die meisten von ihnen waren Bauern aus den Bergen, grobschlächtig, die niemals ihre Ziegenherden verlassen hatten und noch nie in ihrem Leben einem Pferd begegnet waren. Sie kannten Esel, die sie als Lastentiere benutzten. Es waren nur die Kinder, die auch darauf ritten. Mit anderen Worten musste Andrea aus einem Haufen Bauern Soldaten machen und ihnen das Reiten auf einem Pferd beibringen. Er war der Verantwortliche, doch ich fand es befremdlich, diese Bauern, die so abgelegen lebten, für das Militär zu gewinnen und auszubilden.

Ich hatte meine kleine Margarita, um die ich mich kümmerte. Sie war ein sehr aufmerksames Kind, liebte es mit Billy, dem größten von Andreas Hunden, herumzutollen und konnte bald an der Hand einige Schrittchen laufen. Mein Mann behandelte seine Hunde manchmal wie Kinder, indem er sie sehr verwöhnte und mit ihnen sprach wie mit einem Kind. Ich mochte Tiere, aber war niemals so derart vernarrt in sie wie er. Margarita schien die Leidenschaft für Hunde von ihrem Vater geerbt zu haben, da sie keine Scheu zeigte, sich den größten unter ihnen als Freund auszusuchen.

Unser Koch hatte einen zahmen kleinen Affen, mit dem mein Töchterlein und ich manchmal spielten. Doch unser Leben war in Larissa beschaulicher als in Athen.

Andrea und ich unternahmen oft kleine Ausflüge in die Gegend mit einem Automobil, welches er gekauft hatte, und nahmen auch Margarita mit, die diese Ausfahrten sehr liebte, jauchzte und quiekte vor Vergnügen.

Es war für mich nicht leicht, ein Baby oder Kleinkind großzuziehen, denn

ich hörte mein Kind nicht schreien oder nach mir rufen. Daher war ich vielleicht auch so etwas wie eine Glucke, sah ständig nach ihr, auch wenn sie schlief, denn ich fürchtete, sie könne erwachen und nach ihrer Mama verlangen. Wenn sie spielte, hatte ich sie stets im Auge. Ich konnte sprechen, aber es war nie wie die Stimme eines gesunden Menschen. Da ich mir darüber durchaus im Klaren war, bemühte ich mich, Margarita das Sprechen beizubringen, wobei ich vielleicht auch überdeutlich die Worte formte. Andrea fand es schön, wie sehr ich mich um unser Kind kümmerte, und er bemerkte auch mir gegenüber, wie stolz er auf mich sei, dass ich sie eben nicht stets in die Hände von Kindermädchen gab, ihr selbst das Sprechen beibringen wollte. Margarita musste früh lernen, dass ihre Mutter sie nicht hören konnte, aber in manchen stillen Momenten, wenn ich nachdachte, für mich war, wünschte ich mir, ihre Stimme hören zu können, ebenso wie die ihres Vaters. Das erste Wort ist etwas Besonderes aus dem Mund eines Kindes und ich hätte es gerne gehört. Es waren Momente, in denen mich meine Behinderung dann doch etwas belastete, ich etwas traurig war. Doch ich denke, dies geht jedem Menschen so, der eine Behinderung hat. Wer nicht laufen kann, lernt damit zu leben, aber wünscht sich doch in manchen Situationen sicher, er könne laufen.
Ich erfuhr im Herbst, dass Tante Ducky am achten Oktober den Großfürsten Kyrill nach russisch-orthodoxem Ritus am Tegernsee ehelichte. Unsere ehemalige Tante durfte sich nun Großfürstin nennen, aber das *Hochzeitsgeschenk* von Onkel Nicky war für die beiden die Aberkennung sämtlicher königlicher Privilegien für Kyrill und seines Titels innerhalb der Marine. Tante Ducky und Kyrill waren Cousins ersten Grades. Eine Eheschließung unter diesen Voraussetzungen war nach russischem Hausrecht verboten. Das Paar durfte nicht nach Russland einreisen, so blieben sie in Coburg auf Schloss Rosenau, bekamen drei gemeinsame Kinder.
Nach der katastrophalen Ehe mit Onkel Ernie gönnte ich zwar auch Tante Ducky wieder ihr Glück, aber sie hatte mit Kyrill eine Affäre begonnen, als sie noch mit meinem Onkel verheiratet gewesen war.

Im April des Jahres 1906 feierten wir Margaritas ersten Geburtstag und ich war zu jenem Zeitpunkt hochschwanger. Das Baby sollte Ende Mai zur Welt kommen.
Andrea und ich reisten zuerst zurück nach Athen, wo er blieb, während ich mich nach Tatoi zurückzog, um mich auf die Geburt vorzubereiten, wofür meine Schwiegermutter an meiner Seite war, wie schon bei Margaritas Geburt. Eigentlich waren wir für den siebzehnten Mai zur Hochzeit meiner Cousine Ena von Battenberg nach Madrid in Spanien eingeladen, denn sie heiratete den König Alfons XIII. Doch ich konnte aufgrund der Schwanger-

schaft nicht reisen und so musste Andrea alleine dorthin.
Die Hochzeit stand unter keinem guten Stern, denn es herrschte zu der Zeit in Spanien gerade eine Staatskrise. Das Baskenland und Katalonien forderten ihre Unabhängigkeit ein, Anarchisten richteten sich gegen den König, drohten mit Gewalt. Es kam zu Ausschreitungen und am Tag vor der Hochzeit demonstrierten katalanische Nationalisten in Barcelona. Am Tag der Vermählung eskalierte die Situation und ein Anarchist namens Matteo Morral verübte ein Attentat auf das Hochzeitspaar. Es geschah auf dem Hauptplatz, der Calle Mayor in Madrid, wo sich viele jubelnde Menschen versammelt hatten, bei dem Bombenanschlag wurden dreiundzwanzig Menschen getötet. Als ich davon erfuhr, waren wir alle in großer Sorge um Andrea und natürlich auch um Ena und ihren Gatten. Ihnen passierte aber zum Glück nichts, doch es starben Menschen, die dem Paar fröhlich zugejubelt hatten, dies musste sehr belastend für Ena gewesen sein. Ihr schönster Tag im Leben endete in einer Katastrophe.
Die arme Ena sollte auch die Hämophilie weitergeben an zwei ihrer Söhne, wobei es auch den Kronprinzen, ihren erstgeborene Sohn Alfons Pius traf. Dies war dann ebenfalls ein Grund dafür, dass die Ehe sehr unglücklich verlief, denn ihr Mann verzieh ihr nicht, dass sie diese Krankheit vererbte, obwohl sie daran keine Schuld traf. Er flüchtete sich in Affären und hatte fünf außereheliche Kinder. Im Hinblick auf das Kommende in ihrer Ehe war das Attentat ausgerechnet an ihrem Hochzeitstag ein schlechtes Omen gewesen.
Ich war nur erleichtert, dass Andrea gesund war. Doch er blieb noch in Madrid, um Ena und ihrem Gatten beizustehen. Dafür hatte ich vollstes Verständnis.
Am dreißigten Mai des Jahres 1906 brachte ich um elf Uhr fünfundvierzig die kleine Prinzessin Theodora zur Welt. Andrea sah sein Töchterlein erst einen Tag später, als er aus Spanien zurückgekehrt war. Wir zeigten sie Margarita, die ihre kleine Schwester sofort ins Herz schloss. Da sie aber *dear Dolla* verstand, da wir ihr sagten, wie das Baby heißen sollte, bekam Theodora damit ihren Spitznamen und wurde von uns fortan *Dolla* genannt. Die Geburt war nicht so anstrengend wie die erste, aber dennoch musste ich mich danach ausruhen, das Wochenbett hüten.
Während der letzten Wochen meiner Schwangerschaft hatte ich Anfang April die Eröffnung der Olympischen Spiele in Athen verpasst. Der Prinz von Wales, George und seine Gattin May waren im April kurz auf einen Besuch bei der Königsfamilie vorbeigekommen, als sie auf der Durchreise von Indien nach England waren, und ich hatte sie kurz gesehen, ihnen Margarita vorgestellt, aber hatte an dem Bankett nicht teilnehmen können, auf dem Onkel Bertie sprach, der die beiden begleitete. Ich bedauerte dies et-

was, doch es lag in der Natur der Dinge, dass man sich mit einem dicken Bauch, hochschwanger, damals nicht in der Öffentlichkeit zeigte. Und es wäre mir auch vieles zu beschwerlich gewesen.
Nun kümmerte ich mich um meine zwei Kinder, doch wollte ich mich bald wieder karitativen Aufgaben widmen. Eine Gesellschaft bildete junge Mädchen zu Krankenschwestern aus und diese Organisation brauchte dringend Spenden, die ich für sie sammeln wollte.
Mama konnte bei der Geburt ihres zweiten Enkelkindes nicht anwesend sein. Sie besuchte zu der Zeit Tante Ella in Moskau. Sie reisten gemeinsam mit den Ziehkindern nach Ilinskoye, doch meine Tante lebte nun unter ständigem Schutz von bewaffneten Soldaten. Mama fand eine völlig veränderte Person vor, die in stetem Kontrast zu der energischen Frau stand, die sie vor Sergeys Tod gekannt hatte. Es war Tante Ella nicht recht, Tag und Nacht unter Schutz zu stehen, auch wenn Onkel Nicky dies nur zu ihrer Sicherheit angeordnet hatte. Zudem war sie noch in Trauer. Dennoch engagierte sie sich, suchte Abwechslung, indem sie eines der Gästehäuser im Park des Landguts als eine Krankenstation für Soldaten eingerichtet hatte, die durch ihre Verwundung im Russisch-Japanischen Krieg körperlich eingeschränkt waren. Viele dieser Soldaten saßen nun im Rollstuhl und Tante Ella kümmerte sich sehr rührend um sie. Das berichtete mir meine Mutter in ihren Briefen aus Russland.
Einige Angehörige der Zarenfamilie fanden ihr Engagement nicht beeindruckend, weil sie fanden, Tante Ella bemuttere diese Männer viel zu sehr und sie fordere zu viele Kutschen aus dem Besitz der Familie ein, um ihre Schützlinge auszufahren. Sie wollte diesen verzweifelten Menschen Hoffnung machen, sie ablenken von ihren körperlichen Einschränkungen, die sie immerhin im Kampf für den Zaren und Russland hatten erdulden müssen. Daher kümmerte sie sich auch nicht um negative Kritik. Nona, die Mama begleitete, fühlte auch, dass eine Form von Sorglosigkeit in Tante Ella erloschen war, da sie nicht lachte und auch nicht mehr von Herzen fröhlich sein konnte. Meine Tante hatte ein sehr großes Herz, daher belastete sie das Schicksal ihrer Schützlinge auch immens.
Es lag aber auch eine Schwere auf dem Land. Als Mama und Nona weiterreisten nach St. Petersburg, hörten sie von den Attentaten auf Armee-Offiziere und hohe Offizielle. Diese waren mittlerweile an der Tagesordnung, seit der Krieg andauerte. Als Mama und Nona am Bahnhof ankamen, erzählte man ihnen, dass nur kurz vor ihrer Ankunft ein General erschossen worden war – im Zug, während seine Frau und seine Mutter neben ihm saßen.
Tante Alix und Onkel Nicky waren auch in schlechter Stimmung und verzweifelt. Zum einen natürlich, weil Onkel Nicky einsehen musste, dass der

Krieg für Russland verloren war. Und dann stand mittlerweile fest, dass mein kleiner Cousin Alexei an der Hämophilie litt. Es war ein offenes Geheimnis in der Familie geworden, der Leibarzt der Familie und zwei Kindermädchen waren eingeweiht. Seine Schwestern mussten nun beim Spielen mit ihm sehr aufpassen. Tante Alix sah in ihrer ältesten Tochter Olga, die fast elf Jahre alt war, jemanden, der auf den kleinen Bruder achten musste. Mama fand, sie bürdete dem Mädchen damit zu viel auf, denn Olga war selbst noch ein Kind. Doch wenn Alexei fiel, erschienen sogleich dunkle blaue Flecken auf seiner Haut, die Stelle schwoll an und die Schmerzen wurden für den nun Zweijährigen so unerträglich, dass er nur noch weinte.
Ihre Nichten wirkten auf Mama dennoch fröhlich, denn sie versuchten stets ihre Mutter und den Vater aufzuheitern, sie abzulenken von den Sorgen.
Mama und Nona blieben bis zum August, besuchten mit Onkel Nicky und Tante Alix in Kronstadt, einem militärischen Seehafen, auch eine Parade von Kriegsschiffen, von denen nur wenige aus dem Krieg zurückgekehrt waren.
Alles in allem fand Mama ihre Reise sehr belastend und bedrückend. Sie freute sich darauf, ihr zweites Enkelkind endlich zu sehen.
Wenigstens gab es frohe Neuigkeiten aus Darmstadt, denn Tante Onor war schwanger. Onkel Ernie und sie hatten während Mamas Abwesenheit auf Dickie aufgepasst. Mein kleiner Bruder genoss diese Aufmerksamkeit, verbrachte seine Tage in Wolfsgarten mit Reiten, spielte in dem Häuschen von Ella und war in kurzer Zeit zum Liebling aller Bediensteten geworden, da er für seine sechs Jahre sehr höflich war, nie um etwas bettelte. Georgie war nun Kadett am *Naval College* in Dartmouth. Mein Vater hatte ihn dorthin begleitet, sah in ihm sich selbst wieder, wie er vor vielen Jahren seine Karriere bei der Marine begonnen hatte. Er durfte im Sommer nach Heiligenberg reisen, wobei meine Schwester Louise ihn begleitete.
Andrea und ich besuchten meine Familie im Oktober in Heiligenberg. Alle freuten sich sehr, auch die kleine Dolla kennenzulernen. Und Margarita war bereits während der Reise so aufgeregt gewesen, dass sie dies in Heiligenberg kaum ablegen konnte. Papa konnte sich auch einige Tage freinehmen von seinen Verpflichtungen. Solche Familientreffen waren immer etwas Besonderes. Wir schwelgten in Erinnerungen, erfuhren Neues aus dem Leben der jeweils anderen, doch nach Mamas Bericht aus Russland war ich auch bedrückt. Meine Kinder waren beide gesund, aber ich ahnte, wie schlecht es Tante Alix vor Sorge um ihren kleinen Sohn ging, ebenso Onkel Nicky. Meine Tante neigte zudem zu Migräneanfällen, litt an Gesichtsschmerzen, Rückenschmerzen. Die seelische Last verstärkte ihre psychischen Leiden umso mehr. Meine Mutter nannte ihre Wesenszüge einmal stark neurotisch, aber ich denke, sie meinte es nicht abschätzig oder gehäs-

sig. Sie verstand ihre Schwester in diesen Dingen einfach nicht so gut. Mama war ein jegliches Hineinsteigern in psychische Belastungen fremd.

Louise mit Dolla auf dem Schoß, neben ihr Dickie und Margarita, Heiligenberg, Oktober 1906

Louise, links, Papa, mittig, Mama mit Margarita und Dolla, vorne sitzend Dickie und Georgie,hinten rechts stehend Andrea und ganz rechts sitze ich, Heiligenberg, Oktober, 1906

Ich war stolz auf Georgie, der sich uns in seiner Uniform präsentierte, und ich sah den Glanz in Papas Augen. Für meinen Vater war es sicher eine der schönsten Erfahrungen, seinen Sohn so zu sehen, mit der gleichen Energie und Strebsamkeit, die er auch einst in sich gehabt hatte.

Louise, nun siebzehn Jahre alt, hatte noch keine Gedanken übrig für eine eventuelle Heirat. Es gab keinen Mann in ihrem Leben, zu dem sie sich hingezogen fühlte, und meine Mutter schien erleichtert darüber zu sein. Sie solle sich Zeit lassen, sagte Mama, denn sie brauche sie auch noch an ihrer Seite. Meine Schwester war ihr eine willkommene Gesellschafterin, kümmerte sich auch gerne um Dickie. Wenn Papa beruflich zu sehr eingespannt war, konnte Mama auf Nona zurückgreifen oder eben auf Louise, die stets alles organisierte, immer hilfsbereit war, sich nie weigerte, etwas zu tun.

Andrea, rechts, mit Margarita auf dem Schoß und ich mit Dolla, 1906

Am achten November gebar Tante Onor den Erbprinzen George Donatus, der schnell den Spitznamen *Don* bekam. Onkel Ernie und seine Frau waren überglücklich über die Geburt eines Sohnes und Erben. Sie wählten den zweiten Vornamen Donatus, weil es *der von Gott Geschenkte* bedeutet.
Weihnachten feierten wir alle zusammen und genossen diese Zeit. Wir fuhren Schlitten, gingen Eislaufen, machten Schneeballschlachten. Jeder konnte etwas abschalten, sich einfach darüber freuen, die ganze Familie zusammen zu sehen.
Meine Mutter war glücklich über ihre zwei gesunden Enkelkinder, ihren kleinen Neffen und dennoch erinnerte sie sich an Weihnachten daran, wie ihre Großmutter, die Königin, ihre beiden Schwestern nicht nach Russland gehen lassen wollte. Mama befürchtete mittlerweile, dass diese damit gar nicht so unrecht gehabt hatte.
Uns erreichte aus Griechenland die Nachricht, dass Ellen am dreizehnten Dezember ein kleines Mädchen zur Welt gebracht hatte, die Prinzessin Marina.

Mein Vater erhielt am vierundzwanzigsten Februar des Jahres 1907 eine Beförderung zu einem aktiven Vize-Admiral auf der *HMS Venerable*, einem Kampfschiff und nun unter Papas Kommando Flaggschiff der englischen Flotte im Mittelmeer. Papa war auf dem besten Wege Admiral zu werden, unterstand diesem jedoch noch in seiner Funktion. Aber er bewährte sich

auch in dieser Position, sodass man ihm am zwölften August des Jahres ein ebensolches Kommando auf der prestigeträchtigen *HMS Prince of Wales* übertrug.
Ich fand es seit meiner Kindheit stets beeindruckend, wie meine Mutter mit ihrem Leben an der Seite eines Mannes umging, der fast nie zu Hause war. Es war ihre Aufgabe, ihm den Rücken freizuhalten. So organisierte sie jeden Umzug, plante, bei jedem neuen Kommando meines Vaters oder eines neuen Postens vorausschauend für die nächsten Monate, wie sich das Leben gestalten sollte. Jede neue Heimstatt in England wurde von ihr liebevoll eingerichtet, sodass mein Vater stets in ein behagliches Heim zurückkehrte, sie plante lange im Voraus Familientreffen und schrieb daneben noch unzählige Briefe an Verwandte, Freunde, um Kontakt zu halten. Nur die ständige Ungewissheit nervte sie manchmal. Es betraf die simple Tatsache, dass man als Gattin eines Marine-Angehörigen meist nicht wusste, wohin er versetzt wurde oder auf welchen Posten. Sie bemerkte, es mache sie manchmal sehr müde, wenn sie zu viel organisieren müsse, aber sie wolle keinesfalls meinen Vater damit belasten, denn er sollte sich voll und ganz auf seine Karriere konzentrieren können.
Mein Bruder Dickie verhielt sich, was Umzüge betraf, kontraproduktiv, da er sich zu einem Tierliebhaber entwickelt hatte, der einen Hund namens *Scamp* besaß, ein kleines Lamm namens *Milly*, welches ihm auf Schritt und Tritt wie ein Hündchen folgte, und viele weiße Mäuse. Deren intensive Vermehrung brachte meine Mutter an den Rand der Verzweiflung, aber sorgte auch gleichzeitig dafür, dass immer Ersatz zur Hand war, wenn eines der Tierchen entwischte oder verstarb. Dickie bestand darauf, dass seine tierischen Freunde mitreisen mussten. Sie konnten nicht alleine in Heiligenberg bleiben. Also musste Mama auch dies organisieren, doch nahm es mit Humor, denn sie sah auch, dass mein Bruder sich sehr gut um seine Tiere kümmerte. Er vergaß nie, sie zu füttern oder sich um sie zu kümmern. Nun war er ja auch der Jüngste, was mir etwas leidtat für ihn. Mit Georgies Fortgang zur englischen Marine blieben ihm nur Mama, Louise und Nona. Die Kinder von Tante Marie Karoline waren alle auch schon erwachsen, und bis er mit dem kleinen Don spielen konnte, würde einige Zeit vergehen.
Wenigstens verstand er sich ausgezeichnet mit Margarita, die seine Liebe für Tiere teilte.
Was ich an meiner Mutter stets auch sehr bewunderte, war ihr stetiger literarischer Appetit. Wo immer sie auch hinfuhr, sie hatte stets eines oder mehrere Bücher dabei. Ich hatte bereits ihre Lederbücher erwähnt, in die sie die gelesenen Bücher eintrug. Diese Lederbände waren betitelt mit *Bücher, die ich gelesen habe,* und innerhalb von drei Monaten schaffte sie es normalerweise, einundzwanzig Bücher zu lesen, darunter geschichtliche Bücher

ebenso wie Romane oder Dramen. Das Bemerkenswerte war ihre Fähigkeit, sich auch an jedes der gelesenen Bücher und seinen Inhalt genauestens zu erinnern.
Als wir im Frühjahr wieder nach Griechenland zurückgekehrt waren, spürten wir zum ersten Mal, dass sich auch die Presse basierend auf Gerüchten gegen das Königshaus stellte. Es hieß, dass die königlichen Prinzen allesamt finanzielle Zuwendungen vonseiten des Staates erhielten, die ihnen nicht zustanden. Man bezichtigte Andrea und seine Brüder, dabei nichts für das Land an sich zu leisten, womit sie dann auch solche Finanzmittel nicht verdient hätten. Eine Zeitung argumentierte, man sei nicht an Problemen Griechenlands interessiert. Und finanzielle Zuschüsse für das Nichtstun seien ein Privileg von russischen Großfürsten. Ein anderes Blatt meinte sogar, man würde nie von den königlichen Prinzen hören, vor allem nicht in Krisenzeiten. Als Thessaloniki, oder kurz Saloniki, im Jahre 1902 das Ziel von Terrorattentaten wurde, ausgeführt von einem bulgarischen revolutionären Komitee, hatten die Prinzen nicht eingegriffen, obwohl sie alle militärisch engagiert waren, so die Zeitung, stattdessen bummelten sie auf den Boulevards von Paris herum und genossen ihr Leben. Die Stadt Anhialo war niedergebrannt worden, doch angeblich hatte kein Prinz die Flüchtlinge besucht, und die griechische Bevölkerung gab ihr letztes Hemd für diese Menschen. Zudem waren Andrea und seine Brüder angeblich reicher als alle anderen europäischen Prinzen.
Dies war ein direkter Angriff gegen das Königshaus und traf natürlich auch meinen Schwiegervater, denn diese Gerüchte und Anschuldigungen waren unfassbar. Der britische Botschafter, Sir Francis Elliott, der von 1903 bis 1917 in Griechenland weilte, hatte die Aufgabe, die griechischen Belange für das Büro in London in ein rechtes Licht zu rücken. Er war der königlichen Familie gegenüber loyal, stand hinter meinem Schwiegervater. So äußerte er sich öffentlich, dass die Prinzen stets alles taten, was sie konnten, aber eben in ihrem Handlungsspielraum begrenzt seien. Aus seiner Sicht seien die Attacken symptomatisch für ein Land, in dem man Respektlosigkeit für eine Form der Unabhängigkeit halte, Freiheit verwechselt werde mit der Freiheit, Lügen zu publizieren, um zu schaden.
Es war eine recht ungemütliche Situation und natürlich auch schwer zu ertragen für meinen Schwiegervater und die Familie überhaupt. Durch die Reisen, die Andrea und ich machten, kann man sagen, dass wir in jener Zeit überall anders lieber waren als in Griechenland.
Im Sommer des Jahres 1907 waren wir in England eingeladen. Die alljährliche Pferderennsaison wurde immer am achtzehnten Juni in Ascot durch den König eröffnet. Man nannte das Spektakel auch *Royal Ascot* und es tummelten sich viele Adelige neben der königlichen Familie auf der Rennbahn.

Damen präsentierten ihre schönsten Hüte und Kleider. Mir war das eigentlich zu viel Angeberei, zu viel Prunk, aber Andrea und ich wurden dafür von George, dem Prinzen von Wales, nach Windsor eingeladen. Onkel Ernie und Tante Onor waren auch anwesend.
Für mich war diese Einladung etwas Besonderes, denn obwohl ich in England geboren war, zur Familie gehörte, behandelte man mich an Andreas Seite wie jeden der anderen royalen Gäste. Es war etwas befremdlich für mich, aber ich freute mich immer auf Familientreffen. Man fuhr uns am neunzehnten Juni in einem Landauer mit Emblem des Schlosses Windsor nach Ascot, den wir uns mit May, der Prinzessin von Wales, teilten. Nach den Rennen fand eine Feier im Schloss statt, bei der, wie May anmerkte, sich allerhand Adel einfand. Tante Onor und Onkel Ernie fühlten sich auch etwas verloren in der Ansammlung von hohen Häuptern, denn man hatte sogar den König von Siam eingeladen.
In den folgenden Tagen zogen wir in den Buckingham Palast um. Man lud uns zu einem Ball in der russischen Botschaft ein. Die Geburtstagsparade des Königs fand im Sommer statt, denn Onkel Bertie hatte Anfang November Geburtstag und da war das Wetter dann zumeist nicht mehr für eine solche Festlichkeit unter freiem Himmel geeignet. Andrea durfte bei der Parade direkt hinter dem Onkel reiten, was für ihn eine große Ehre war. Ich fuhr mit in der Kutsche von Tante Alexandra, der Königin, ebenso wie Tante Onor und Toria, die unverheiratete Tochter der Königin. Wir folgten dem König und seinem Gefolge zu Pferd in Kutschen über die *Mall*, die Prachtsstraße in London vom Buckingham Palast bis zum Exerzierplatz der *Horse Guards*, dem Paradeplatz in der Nähe von Whitehall.
Am Abend lud Tante Alexandra Onor und mich nach Covent Garden in das königliche Opernhaus ein, wobei uns Toria wieder begleitete. Man führte die Oper *Un Ballo in Maschera* auf. Natürlich war dies eine wirklich besondere Einladung, denn wir saßen in der Loge der Königin, dennoch hatte ich nicht so viel für die Oper übrig, was meiner Behinderung geschuldet ist und war.
Am ersten Juli fand ein Ball mit fünfhundert Gästen in *Grosvenor House* statt. Das Haus befindet sich in der *Park Lane* in London und ist eines der prächtigsten Stadthäuser, in dem seit jeher die *Dukes of Westminster* residierten. Die Duchess von Westminster hatte zu diesem Ball geladen.
Hugh Grosvenor, der zweite Duke von Westminster, war seit 1901 verheiratet mit Constance Edwina Cornwallis-West. Ihr Vater war ein britischer Oberst und sie entstammte einer recht angesehen Familie. Ihre Schwester Mary Theresa, genannt *Daisy*, hatte 1891 den deutschen Fürsten Hans Heinrich XV. von Pless geehelicht. Die besagte Daisy hatte ihrer Schwester die Tür in die hohe Gesellschaft geöffnet, denn sie veranstaltete auf ihren Gü-

tern in Schlesien sehr exklusive Jagden und ihre Bälle und Partys waren so geschätzt, dass ein jeder, der geladen wurde, sich glücklich schätzen konnte. Die Namensliste ihrer Freunde reichte vom deutschen Kaiser, Onkel Willy über Onkel Bertie, Ducky, ihre Schwester Marie, die Königin von Rumänien bis hin zu allerlei anderen Namen von Rang. Ebenso wie Constance hatte sie auch reich geheiratet, doch Daisy überbot als *Fixstern* der Gesellschaft alles.

Ihre Freundschaft zu Daisy sollten die hohen Häupter allerdings, beziehungsweise ihre Nachfahren, in den dreißiger Jahren bereuen, als Daisy ihre Memoiren veröffentlichte, in denen sie so manche Pikanterie aus der Welt des Adels preisgab.

Auch Constance gab sich weltgewandt und als perfekte Gastgeberin.

Die Tage in London waren sehr anstrengend und ich war etwas erleichtert, als wir am dritten Juli nach Deutschland reisten. Wir hatten unsere beiden Töchter mitgenommen, doch sie waren die meiste Zeit in den Händen von Kindermädchen gewesen, als es nun nach Heiligenberg ging, freute sich besonders Margarita Louise und Dickie wiederzusehen. Dolla war noch zu klein, obwohl sie sich stets über Aufmerksamkeit freute. Meine beiden kleinen Mädchen standen sich sehr nahe. Wenn Außenstehende sie sahen, wurden sie aufgrund ihrer sehr hellen blonden Haare oft für Zwillinge gehalten.

In Heiligenberg war Mama sehr erfreut, ihre beiden Enkelkinder wieder um sich zu haben, und sie sagte, sie müsse sogleich an Georgie im College schreiben, dass ich gewachsen sei, aber auch etwas breiter, wodurch Louise noch schmaler wirke. Ich gab zurück, es läge an der Geburt der Kinder und sie lachte darüber, meinte, mit der Ausrede käme jede Frau gerne.

Dickie, inzwischen sieben Jahre alt, war ein sehr eigenwilliges Kind. Er war der Einzige, der Mama Paroli bieten konnte, wenn sie ihn tadelte oder zurechtwies, was er gar nicht mochte. Immer wenn beide aneinander gerieten und Mama zu diskutieren begann, ihm eine Strafpredigt hielt, hängte er sich eine Papptafel um den Hals, auf der er die Buchstaben *IAO* geschrieben hatte. Jeder fragte ihn, was es bedeutete, und er erklärte, es heiße *I am offended, Ich bin gekränkt.* Damit gab er meiner Mutter zu verstehen, dass er ihren Tadel nicht in Ordnung fand, denn er marschierte mit der Tafel um den Hals stundenlang durch das Haus. Ihn störte es auch sehr, wenn Mama immer so laut sprach, was ich nicht hören konnte. Schon von klein auf hatte meine Mutter mir gesagt, ich solle es mir nicht anmerken lassen, wenn ich bei einem Gespräch etwas nicht verstand, die Leute nicht bitten, es zu wiederholen, sondern einfach versuchen, dem Gespräch dann wieder zu folgen. Dickie war auch hierbei der Einzige, der dies nicht in Ordnung fand, denn er meinte, man sähe an meinem Gesicht, dass ich etwas nicht verstanden

habe, und dann könnten die Menschen es doch durchaus wiederholen. Manchmal war ich aber auch froh, Mama nicht zu hören, denn sie unterbrach auch gerne Gespräche, wenn sie meinte, sie müsse etwas dazu sagen.
Dickie wurde einmal gefragt, was er später werden wolle. Tante Alix schlug Seemann, wie Papa und Georgie, vor, einen Soldaten oder Lokomotivführer, denn kleine Jungen hatten oft den letzteren Wunsch. Mein Bruder antwortete sofort schlagfertig, dass ihn gar nichts davon interessiere, denn ein Seemann könne ertrinken, ein Soldat erschossen werden und eine Lok könne entgleisen. Also sei alles zu gefährlich für ihn, denn er war nicht sehr mutig.
Mama erzog Dickie, es gab für ihn ein Kindermädchen, welches ihm eigentlich mehr Gesellschafterin war. Einmal gestand sie uns, dass sie als Kind immer Lehrerin werden wollte. Daher hatte sie auch große Freude daran, Dickie zu unterrichten, denn eigentlich hatte sie uns alle so unterrichten wollen, was aber aufgrund ihrer wenigen Zeit nie möglich gewesen war. So hatte mein Bruder nun eine kleine Schulbank, in der sie ein Blatt mit einem Stundenplan befestigt hatte. Mama war eine ausgezeichnete Lehrerin, denn sie war sehr gebildet in Geschichte, wobei sie keinen Wert auf Könige oder Königinnen legte, sondern eher auf gesellschaftliche Entwicklungen und Gegebenheiten. In Geografie konnte sie viel über Länder und Menschen erzählen. Die Sprachen waren bei uns nie ein Problem, denn wir alle wuchsen zweisprachig auf. Deutsch und Englisch waren die Basis, Französisch musste unterrichtet werden.
Mama förderte Dickies Talent für Pantomime, Theater und Amateurvorstellungen, denn er liebte es sich zu verkleiden und brachte auch oft kleine selbst eingeübte Stücke dar.
Vielleicht nahm sich Mama aber auch so viel Zeit für ihn, weil er der Jüngste und oft alleine war.
Nur ab und an eskalierten ihre Streitigkeiten so sehr, dass sie ihn in einen Kleiderschrank verbannte, wobei er erst wieder herauskommen durfte, wenn er wieder brav war. Sie meinte, es sei ihr letztes Mittel, um ihn zu bändigen, doch meist bekam sie Angst, er könne sich im Schrank fürchten. Sie sah dann nach ihm, aber er gab stets zurück, er sei noch nicht wieder brav und müsse im Schrank bleiben, was sie dann noch mehr verärgerte. Irgendwann rief er nach ihr, meinte, sie könne ihn nun herauslassen, denn er sei wieder lieb. Da konnte dann auch eine halbe oder ganze Stunde vergangen sein.
Meine Mutter wollte ihn in eine Schule schicken, wenn er etwas älter sein würde, aber aufgrund seines manchmal unberechenbaren Verhaltens fürchtete sie, er könne sich dort nicht benehmen.

Mama liebte es, Porträts von ihren Lieben zu besitzen. Da sie bereits einige

Bilder von allen Familienmitgliedern hatte malen lassen, bat sie mich nun, auch für eines zu sitzen. Sie hatte dafür eigens den ungarischen Maler Philip de Lázló engagiert. Er war vor Kurzem nach London gezogen und hatte dort auch Onkel Bertie porträtiert.

Also musste ich vom fünfzehnten Juli bis zum zwanzigsten Modell sitzen. Während des Zeichnens sang der Maler ungarische Lieder und wurde dabei von Conny Pauer begleitet. Sie war eine Sängerin und Schwester des bekannten Musikers Max Pauer. Ihr Vater war der Wiener Pianist Ernst Pauer gewesen. Die Sängerin lebte mit ihrer Familie und ihrem Bruder in Jugenheim in unserer Nähe.

Eigentlich hatte ich keine große Lust, stundenlang für ein Porträt auf einem Stuhl dazusitzen, stets in der gleichen Haltung. Zudem mochte ich de Lázlós Arbeiten nicht, denn er erfasste für mich nicht die Personen in ihrem gesamten Ausdruck. Er fertigte eine Skizze an, dann füllte er sie aus und aus meiner Sicht wirkten seine Linien recht steif. Aber ich wollte Mama den Gefallen tun.

Ab und an wurde mir die Zeit zu lang und ich bat Louise für mich zu sitzen.

Ein Foto von einer der Porträtsitzungen mit dem Maler, neben mir links sitzt Andrea, Heiligenberg im Juli 1907

Das fertige Porträt von mir, 1907

Im August reisten wir nach Griechenland zurück. Andrea hatte für uns ein Haus in Tatoi bauen lassen, damit wir für uns sein konnten.
Mein Vater hatte seit dem zwölften August ein Kommando auf der *Prince of Wales* inne und befand sich im Mittelmeer. Im Herbst konnte sich Papa auf dem Weg nach Malta für einige Tage freinehmen und uns in Tatoi besuchen.

Papa mit mir und Margarita und Dolla im Herbst 1907

Papa, links, mit Margarita, Andrea hinten stehend, Dolla und ich auf der Bank im Herbst 1907

Andrea mit seinem Bruder Christopher und Dolla auf der Bank, links Andreas Bruder Nikolaus mit Margarita und ich, im Herbst, 1907

Andrea, seine Brüder Konstantin und Christo mussten nach Papas Abreise zu Manövern und ich blieb mit den Kindern in Tatoi.
Im Dezember fuhren wir nach Athen, da Andreas Bruder George heiratete. Seine Braut war die Prinzessin Marie Bonaparte, eine Ur-Großnichte des ehemaligen Kaisers Napoleon I. von Frankreich, die *Mimi* genannt wurde. Sie war fünfundzwanzig Jahre alt und sehr reich. George war dreizehn Jahre älter als sie und die Hochzeit arrangiert worden.
Der Vater der Braut, Prinz Roland Bonaparte, hatte bei einem gemeinsamen Mittagessen mit meinem Schwiegervater im September 1906 seine einzige Tochter als Heiratskandidatin erwähnt. Man überlegte, ob George und Marie nicht gut zusammenpassen würden, denn die Prinzessin wollte sich verheiraten, ihr Vater war aber sehr wählerisch. So hatte er einen Prinzen aus der noblen Pariser Familie Murat abgewiesen, ebenso den Prinzen Hermann von Sachsen-Weimar-Eisenach und Louis II., Fürst von Monaco. Die Mutter der Prinzessin Marie war eine geborene Blanc, die bei der Geburt des Kindes verstorben war, aber ihrem Gatten stolze 8,4 Millionen Francs hinterließ. Die Blancs waren reich geworden mit Casinos in Monte Carlo. Maries Vater war *Präsident der Gesellschaft für Geographie* und Botaniker in Paris, und da ihm nur noch die Tochter geblieben war, wollte er nur das

Beste für sie – einen Königssohn. Es hieß, die Prinzessin habe in ihrer Jugend an Phobien und Hypochondrie gelitten, weil er so überfürsorglich war. George traf Marie zum ersten Mal am neunzehnten Juli 1907 im Haus der Bonapartes in Paris. Man gab dem Paar achtundzwanzig Tage Zeit, um sich näher kennenzulernen, dann verlobten sie sich.
Der Prinz Bonaparte zeigte sich mehr als erstaunt, als George in einem Ehevertrag auf eine *Klausel Braut* verzichtete, die ihm eine finanzielle Unterstützung durch seine Braut zusicherte, sollte es zu einer Scheidung kommen. Immerhin erhielt Marie aus einem Fond achthunderttausend Francs im Jahr und würde beim Tod des Vaters sechzig Millionen Francs erben. Doch George hatte sich auf den ersten Blick in sie verliebt und das Geld bedeutete ihm nichts. Er fand es schlimmer, dass Marie sich erhoffte, sie würden als Ehepaar in Paris leben. George musste diese Hoffnung zerschlagen, denn er hatte royale Pflichten in Griechenland zu erfüllen, aber er versprach ihr Urlaube in ihrer Heimatstadt, damit sie ihren Vater besuchen konnte.
Als das Paar im Dezember in Athen eintraf, kam es zu einem Eklat, denn Andreas Bruder Konstantin fühlte sich am Bahnhof durch die anwesende Presse gestört. Er sagte laut, sie sollen sich zum Teufel scheren. Sein Ausspruch führte dazu, dass man in den Zeitungen nicht über Mimis Ankunft berichtete. Man legte seine Worte vielmehr so aus, dass er sie zu dem Paar gesagt habe, was natürlich eine infame Lüge war, aber in ähnlichem Wortlaut den Weg in die Zeitungen fand.
George und Mimi heirateten zuerst standesamtlich am einundzwanzigsten November in Paris und am zwölften Dezember in einer griechisch-orthodoxen Zeremonie in Athen.
Ich fand meine Schwägerin sehr nett, aber auch etwas speziell, denn sie interessierte sich sehr für die Psychoanalyse, war eine Freundin von Sigmund Freud und beschäftigte sich auch mit sexuellen Problemen, die man in der Psyche eines Menschen zu ergründen suchte. Sie plante auch Bücher darüber zu schreiben, war darin völlig offen und frei. So bot sie sofort an, die Psyche eines jeden in Gesprächen zu analysieren, was ich etwas aufdringlich fand. Und zudem fand ich nicht, dass man sexuelle Dinge derart frei besprechen musste.
Vom ersten Moment an bemerkte Mimi aber mir gegenüber, dass Ellen ihr schon bei der ersten Begegnung sehr stolz und eingebildet vorkam, wozu ich mich nicht äußerte. Ich mochte solche Lästereien nicht. Dennoch waren die beiden Frauen sich sehr ähnlich, denn beide wirkten auf mich stolz. Mimi sollte sich schon kurz darauf eine Rüge einfangen, als die Familie sich nachmittags ausruhte und Ellen durch eine Tür gehen wollte, als Mimi auf sie zukam, sich einfach vordrängelte. Sie hob dabei ihren Rock zur Seite, so als solle er Ellen nicht einmal berühren. Der englische Botschafter

berichtete Onkel Bertie in einem Brief von dem Vorfall und der Onkel tat es mit der Bemerkung ab, dass Marie sehr reich sei und sich dadurch ihre Position innerhalb der Schwiegertöchter des Königs schon sicherte. Damit sollte er recht behalten, denn Mimi benahm sich, wie sie wollte, da sie um ihren Status wusste. Sie stand über Tadeleien, nahm sich diese nicht zu Herzen, denn sie interessierten sie schlichtweg nicht.
Mir war Hochmut fremd, so hielt ich mich aus eventuellen Streitigkeiten unter meinen Schwägerinnen raus.
Mama war im Sommer des Jahres 1907 in Russland, um Tante Ella in Ilinskoye zu besuchen. Meine Tante hatte sich aus ihrer tiefreligiösen Überzeugung heraus entschlossen, bedürftigen Menschen zu helfen. Sie plante ein eigenes Kloster zu eröffnen, mit ihr als Vorsteherin, aber ihr Plan war noch nicht völlig ausgereift. Mittlerweile war sie aber Vegetarierin geworden, was Mama befremdlich fand. Aus ihrer Sicht kasteite sich ihre Schwester mit der Entscheidung, fortan auf Fisch und Fleisch zu verzichten.

Das Jahr 1908 sollte ich wieder mehr außerhalb Griechenlands verbringen. Im März reiste ich mit Margarita und Dolla nach Malta, um meine Eltern zu besuchen. Papa nahm seine Pflichten gewissenhaft wahr, doch seit Kurzem litt er an Gichtanfällen, die so schlimm wurden, dass er teilweise im Rollstuhl saß.

Meine Eltern im Jahre 1908

Meine private Reise artete in einem kleinen diplomatischen Konflikt aus. Mein Schwiegervater hatte mir einen griechischen Orden mitgegeben, den ich dem britischen Offizier und Kapitän Robert Hornby überreichen sollte. Eigentlich waren solche Auszeichnungen offizieller Natur und mussten durch den König selbst vorgenommen werden. Natürlich kam ich meiner Pflicht nach, aber als man in England davon erfuhr, war Onkel Bertie nicht sehr glücklich darüber. Ich hatte mir weder Gedanken darüber gemacht, warum der Kapitän diese Auszeichnung erhielt, noch darüber, dass ich eigentlich nicht dazu berechtigt war, diese zu überreichen. Es brachte zu-

dem den armen Mann in Bedrängnis, denn er wusste nicht, ob er den Orden nun tragen sollte, wenn er meinem Schwiegervater begegnete oder nicht.
Ende März reiste ich zurück nach Griechenland.
Am dritten Mai heiratete Tante Ellas Ziehtochter Marie in Zarskoje Selo den schwedischen Prinzen Wilhelm, Herzog von Södermanland. Marie war Andreas Nichte, da ihre verstorbene Mutter Aline seine Schwester gewesen war. So war die griechische Königsfamilie zur Hochzeit eingeladen, ebenso wie meine Eltern und Geschwister.
Ich hatte Maria bereits kennengelernt und es war etwas bedrückend, dass Tante Ella sie in diese Heirat drängte. Der Prinz und Marie verstanden sich nicht besonders gut, sie hatten vor der Hochzeit auch zu wenig Zeit miteinander verbracht, aber meine Tante dachte wohl, er sei eine gute Partie, denn sein Vater war König Gustav V. von Schweden. Marie hatte nicht mehr die gleichen hohen Vorstellungen von Ella als einer besonderen Persönlichkeit. Vielmehr sollte sie ihr nie verzeihen, in welches Unglück diese sie mit der Heirat zwang.
Man feierte die Hochzeit im Palast von Zarskoje Selo, aber unter ihren Juwelen, eingehüllt in ein prächtiges Kleid der russischen Großfürstinnen, welches mit dem bestickten Stoff so schwer war, dass sie kaum ihre Füße heben konnte, wirkte Marie sehr unglücklich. Ich konnte Tante Ella für ihre Entscheidung nicht böse sein, denn in meinen Augen war sie immer noch eine beeindruckende Frau. Aber die Ehe sollte leider nicht glücklich verlaufen. Nur ein Jahr nach der Heirat kam Maries Sohn, Prinz Lennart Bernadotte, zur Welt, doch da Prinz Wilhelm Offizier bei der Marine war, musste Maria oft alleine in Schweden bleiben und im Jahre 1913 verließ sie ihren Mann. Die Scheidung folgte im Jahre 1914, ihr Sohn blieb bei seinem Vater und sie sah ihn nur selten.
Schon bei der Vermählung war es für Marie wie ein Affront, als ihr Vater, der Großfürst Paul, mit seiner zweiten, nicht standesgemäßen Gattin Olga und den Kindern Wladimir, Irina und Natalia auflief.
Bei unserem Besuch wurde mir schnell eines bewusst. Es war für meine beiden Tanten dort nicht leicht, ihre traditionellen Rollen, als Zarin und Großfürstin, mit dem Bestreben dem Volk zu helfen zu verbinden. Für Tante Ella war ein gewisser Freiraum möglich, aber Tante Alix kämpfte stets mit Anforderungen, die man an sie stellte, denen sie nur schwerlich gerecht werden konnte. Erst musste sie dem Druck standhalten, als sie nur Mädchen gebar. Dann schenkte ihr Gott endlich einen Sohn, aber dieser war krank und die Öffentlichkeit durfte dies nicht wissen. Wenn man erfahren hätte, dass der Thronfolger an Hämophilie litt, wäre meine Tante wieder angefeindet worden, denn sie hatte die Krankheit in die Familie gebracht. Zudem war Tante Alix eine sehr schüchterne, zurückhaltende Frau, eher introviert.

Eine Zarin musste aber repräsentieren, sich bei Terminen öffentlich zeigen, was sie sehr belastete, denn sie wurde schnell rot, wenn man sie ansprach. Das Verhältnis zu ihrer Schwiegermutter war nicht leicht, ebenso verstand sie sich nur mit wenigen Personen bei Hofe. Nur Onkel Nickys Schwester Olga war ihr eine gute Freundin sowie einige Hofdamen und auch der Leibarzt Dr. Botkin verstand sich sehr gut mit der Tante.

Bei den Automobilrennen St. Petersburg – Moskau, am Ziel in Moskau, stehend rechts, Andreas, rechts sitzend eine Hofdame, links sitzend ich, 1908

Seit dem ersten November 1905 hatten Onkel Nicky und Tante Alix die Bekanntschaft eines Mönches namens Grigori Jefimowitsch Rasputin gemacht. Er war ihnen in Peterhof vorgestellt worden und Militza und Anastasia, zwei Freundinnen von Tante Alix und ehemalige Prinzessinnen von Montenegro, hatten ihn empfohlen, denn er sollte über heilende Kräfte verfügen. Onkel und Tante ließen diesen Mönch in ihr Leben, denn als Alexei im Frühjahr 1907 an einer Blutung gelitten hatte, betete Rasputin für ihn und schon am nächsten Morgen hatte sich Alexei erholt, die Blutung hörte auf. Sie nannten ihn *Vater Grigori* und er sie *Mama* und *Papa*. Meine Tante schwärmte von ihm, glaubte Gott tue durch diesen Mann Wunder. Da die Ärzte oftmals machtlos waren gegen die Blutungen, ihre Methoden wie Schlammbäder nicht halfen, klammerte sich Tante Alix an jeden Strohhalm, der sich ihr bot. Und der Mönch schaffte es auch durch seine Gebete, ihre

Migräne zu lindern sowie auch die seelische Belastung von ihr zu nehmen. In ihrer strengen Religiosität sah sie in ihm einen Heilsbringer.
Tante Ella stand dem eher skeptisch gegenüber, vor allem, da ihre Schwester und ihr Schwager diesen Mann so vollständig in ihr Leben ließen, denn er wurde auch zu einem guten Freund und Vertrauten der Mädchen. Man munkelte, er besuche sie sogar in ihren Schlafgemächern, sie saßen dann in ihren Nachthemden auf seinem Schoß. Es waren Lügen, aber die Gerüchte wuchsen, denn indem sie Rasputin in den Palast ließen, kamen Neider auf, die sein Verhältnis zur Zarenfamilie missgünstig beäugten. Mit seiner Position bei Hofe konnte er sich ein gutes Leben in St. Petersburg leisten, fiel aber auch durch Trunksucht, Vielweiberei und Fauxpas in der Gesellschaft auf, die Onkel und Tante veranlassten, ihn zu ermahnen sich zu zügeln. Für meine arme Tante war dieser Mann wie ein Messias, der sie aus dem Dunkel ans Licht führte.
Erst viele Jahre später sollte man herausfinden, dass es nicht seine Gebete waren, die Alexeis Blutungen stoppten. Immer, wenn der Mönch herbeigerufen wurde, untersagte er die Gabe jeglicher Medikamente und so setzte man das damals übliche Schmerzmittel Aspirin ab, dessen blutverdünnende Wirkung noch nicht bekannt war. Dennoch konnte der Mönch vielleicht eine Art Autosuggestion ausüben und so unter anderem die Migräne der Tante heilen, wenn sie einen Anfall hatte.
Anfang Juli brachte man Andrea, unsere Kinder, Mama, Louise und Dickie im *Nikolaus-Palast* in Moskau unter. Die Bediensteten wurden im nahegelegenen Zarenpalast der Stadt einquartiert. Die Bedingungen waren dort nicht schön. Alles war etwas heruntergekommen und Mamas Zofe, Edith Pye, die wir alle *Pye-Crust*, also übersetzt *Kuchenkruste* nannten, musste in einem Badezimmer auf einer Liege schlafen, was sie sehr unkomfortabel fand. Sie war neben Nona eine enge Freundin Mamas und sollte lange in unserer Familie bleiben.
Während Andrea eines abends Bridge mit Nona und anderen Damen spielte, wobei es sehr humorvoll zuging, unterhielt ich mich sehr angeregt mit Tante Ella. Sie offenbarte mir, dass sie sich Anfang des Jahres einer Operation unterziehen musste, weil sie an *Endometriose* litt. Da sich zu viel Gewebe in ihrer Gebärmutter gebildet hatte, was aber gutartig war, musste man die Gebärmutter entfernen. So eine Operation war sehr riskant damals, da man noch keine Bluttransfusion kannte. Wie Tante Alix litt sie auch an Nervenschmerzen im Gesicht und unter Migräneattacken, die sich nun hoffentlich bessern sollten. Sie hatte niemanden über den genauen Grund der Operation unterrichtet, damit sich keiner aus der Familie um sie sorgte. Selbst Mama hatte nichts Genaues von ihr erfahren.
Meine Tante Ella war sehr schmal geworden, wirkte müde, aber wollte

endlich ihren Plan für ein eigenes Kloster in die Tat umsetzen. Sie war dabei, ihren gesamten Schmuck und alle luxuriösen Dinge nebst vielen Stücken aus ihrem privaten Besitz zu verkaufen, wobei sie auch ihren Ehering bereits veräußert hatte, um sich ihren Traum zu erfüllen. Mit dem Erlös hatte sie Besitz in der Stadt erworben, auf dem zwei Häuser standen. Eines sollte als Krankenhaus genutzt werden, in dem anderen Gebäude wollte sie mit den Nonnen leben. Auch den Bau einer Kirche plante sie.
Ihr Ziel war es, ein Kloster zu gründen, in dem Frauen aller Schichten Zutritt finden konnten, um sich im Sinne der *Heiligen Maria* und der *Heiligen Martha* zum Gebet zu versammeln und den Armen zu helfen. Sie würde dafür eine eigene Schwesterntracht schaffen, die in weiß gehalten sein sollte.
In dem Krankenhaus sollten Schwestern ausgebildet werden, die sich um die Armen und Kranken in den Armenvierteln der Stadt kümmerten. Gleichzeitig sollten Gemeindeeinrichtungen gefördert werden wie Kindergärten und ein Waisenhaus. In einer eigenen Apotheke sollten die Menschen kostenlos Medikamente erhalten können.
Tante Ella griff damit etwas auf, was ihre Mutter bereits in Darmstadt geschaffen hatte. Großmutter Alice hatte Frauen angeworben, die als *Alice-Schwestern* bekannt waren. Diese Frauen ließen sich zu Krankenschwestern ausbilden, arbeiteten in Bezirken und Gemeinden. Sie konnten ein Gelübde ablegen und für zwei oder fünf Jahre tätig sein, nach fünf Jahren konnten sie ihr Gelübde erneuern.
Meine Tante ließ am zehnten Juni in einer feierlichen Zeremonie den Grundstein für ihre Kirche legen. Wir nahmen an der Zeremonie und der anschließenden langen Segnung teil.
Mama fand die Idee ihrer Schwester sehr gut, unterstützenswert, dass Tante Ella ihr Leben mit einer wichtigen Herzensaufgabe füllen wollte, doch sie zweifelte noch, ob ihre Schwester wirklich selbst eine Nonne und damit Äbtissin ihres Klosters werden würde. Die anderen Familienmitglieder befürchteten, Tante Ella könne sich mit ihrer Aufgabe überlasten und von der Familie ausklammern. Aber meine Tante strafte alle Lügen, setzte zielstrebig ihren Wunsch durch und zwei Jahre später war sie eine Nonne.
Noch im Jahr 1908 verschenkte sie viele private Stücke aus ihrem Besitz innerhalb der Familie, womit sie dann allem weltlichen Besitz endgültig abschwor.
Das Gespräch mit ihr und auch, was sie vorhatte, beeindruckten mich so sehr, dass ich ihrem Vorbild folgen wollte, aber nur in der karitativen Hinsicht. Als sie sagte, sie sei auf dem Weg, die Welt voller Prunk zu verlassen, die ihr quasi in den Schoß gelegt worden war, um eine weitaus größere zu betreten, indem sie ihr Leben den Armen und Kranken widmete, war uns

allen bewusst, dass sie von einem starken Willen beseelt ihr Ziel erreichen würde.
An einem der letzten Tage, die wir in Moskau weilten, nahm die Tante uns mit zum Besuch der festungsähnlichen *Abtei des Heiligen Sergius*, die einige Kilometer außerhalb der Stadt lag. Um dorthin zu gelangen, musste man eine recht lange Fahrt mit dem Zug machen, dann fuhren wir in kleinen Kutschen auf unebenen Straßen mit vielen Schlaglöchern weiter, durchquerten einen Wald, in dem Händler an Ständen Wolle an Pilger verkauften und irgendwann erreichten wir endlich die Abtei.
Bei unserer Ankunft empfingen uns der Archimandrit und die Priester. Sie führten uns in die Kirche, die bereits mit Menschen angefüllt war, und begann mit der Liturgie. Es war nur ein kurzer Gottesdienst, nachdem der Archimandrit Andrea mit sich nahm, ihm den Sarkophag mit den Gebeinen des *Heiligen Sergius* zeigte. Wir anderen folgten ihnen nach einiger Zeit und jeder, der dem orthodoxen Glauben angehört, kniete vor dem Sarg nieder, betete, berührte mit der Stirn den Boden vor dem Sarkophag. Dann küssten wir die Reliquie des Heiligen. Es war sehr bewegend und eine schöne Idee von Tante Ella uns dorthin einzuladen.
Der *Heilige Sergius von Radonesch* ist der bekannteste Heilige der orthodoxen Kirche. Er lebte von 1314 bis 1392 und war ein Einsiedler, der eine Kapelle der Dreifaltigkeit gründete, viele Anhänger hatte, die mit ihm in einer Gemeinschaft von Einsiedlern lebte, die alles Weltliche ablehnten.
Nach Moskau reisten wir weiter nach St. Petersburg, wo wir Margarita und Dolla in der Obhut von Mama, Louise und Tante Alix im Winter-Palast ließen, denn Andrea und ich reisten weiter nach Schweden und Dänemark, um Verwandte zu besuchen.
Ende Juli kehrten wir nach Russland zurück, trafen unsere Töchter und den Rest der Familie wie auch Tante Ella in *Haapsalu* in Estland wieder. Aufgrund der vielen Wasserläufe nennt man die Stadt auch das *Venedig des Nordens*. Nomme ist ein Dorf in der Nähe der Stadt, dort hatte Zar Alexander III. oft mit seiner Familie Urlaub gemacht. Rund um die Stadt Haapsalu gibt es wunderschöne Natur, zudem viele heilige Quellen. Tante Ella war mitgereist, um das Wasser der Quellen im Rahmen einer Trinkkur einzunehmen, was ihren Körper für die vor ihr liegenden Aufgaben stärken sollte.
Nach einem längeren Aufenthalt dort reisten wir wieder zurück nach St. Petersburg, um noch einige Zeit mit Tante Alix, Onkel Nicky und ihren Kindern zu verbringen.

Der kleine Alexei und ich im Park von Zarskoye Selo, 1908

Tatjana und ich, 1908

Von unten nach oben – Alexei, Anastasia, Marie, Tatjana und ich, 1908

In Tante Alix sogenanntem Mauve Boudoir, dem Malvenzimmer, Zareskoye Selo, 1908

Marie, links, mit Dolla und Anastasia, rechts, mit Margarita, 1908

Von links nach rechts: Tante Ella mit Olga, dahinter Louise, vor ihr Marie, dann Mama mit Anastasia, hinter ihr steht Dickie und rechts ist Tatjana

Es war ein wunderschöner Aufenthalt. Besonders die Kinder hatten viel Spaß miteinander und es war nach diesem Aufenthalt in Russland, dass Dickie anmerkte, er wolle einmal Marie heiraten. Wir belächelten seine Schwärmerei, doch mein Bruder sollte ein Leben lang für sie etwas empfinden und ein Bild von ihr stand auch später immer auf seinem Nachttisch. Vielleicht hätte er sie geheiratet, wenn die Geschichte anders verlaufen wäre.

Marie war sehr hübsch, etwas rundlich, aber anders als ihre Schwestern eher etwas still und introvertiert, etwas, in dem sie ihrer Mutter sehr ähnelte. Olga, die Älteste, konnte manchmal etwas stur sein, Tatjana war diejenige, die immer um alle besorgt war, weswegen die Schwestern sie oft *die Gouvernante* nannten. Anastasia war ein Kobold, vor deren Scherzen niemand sicher war. Tante Alix war der Meinung, dass die Mädchen sich selbst Gesellschaft genug waren, daher gab es nicht viel Abwechslung in ihrem Leben. Die beiden jüngeren Cousinen rief man *little pair*, die beiden älteren *big pair*.

Tante Alix mit Alexei, 1908, sie nannte ihren Sohn liebevoll Baby oder auch Alyoscha Sunbeam

Ich denke, meine Cousinen und mein kleiner Cousin führten ein Leben in Luxus, bei dem sie nichts an Spielzeug oder anderen Dingen vermissten, aber es war im eigentlichen Sinne ein *goldener Käfig*. Meine Tante erzog sie zur Sparsamkeit, dennoch war alles da, was sie sich erträumen konnten. Doch dies bezog sich eben nur Dinge, die man kaufen konnte.

Meine Tante war oft krank, dann sahen die Mädchen sie nur selten und ihre wenigen Freunde beschränkten sich auf Hofdamen, die Offiziere auf der kaiserlichen Yacht oder andere Bedienstete. Onkel Nickys Schwester Olga holte die Mädchen oft ab, um Zeit mit ihnen zu verbringen. Aber andere Kinder wurden nur selten in den Palast eingeladen und die Welt um sie herum, das eigentliche Russland, blieb ihnen fremd. Sie liefen nie durch die Straßen

St. Petersburgs, außer zu Paraden oder anderen öffentlichen Anlässen. Mama merkte an, dass sie so ein *richtiges Leben* außerhalb der Palastmauern nicht kennenlernen konnten.

Dickie, links, neben ihm rechts Tatjana, Marie und Anastasia, Peterhof, 1908

Olga, links, Louise und Tatjana, 1908

Ende August reisten Andrea und ich mit unseren Töchtern zurück nach Griechenland, wobei wir einen kurzen Zwischenstopp in Konstantinopel machten, wo uns dort ansässige Griechen freundlich begrüßten, aber der Sultan hatte keine Zeit, uns willkommen zu heißen. Die griechische Presse berichtete über diesen Affront nur einen Tag später.
Für den Rest des Jahres blieben wir dann in Tatoi. Dort erfuhr ich, dass Tante Onor am zwanzigsten November einem zweiten Sohn das Leben geschenkt hatte, dem kleinen Prinzen Ludwig, der von allen aber nur *Lu* genannt werden sollte.
Mimi, die Gattin von Andreas Bruder Nikolaus, war ebenfalls schwanger. Das Baby sollte im Dezember zur Welt kommen.

Im Jahre 1908 mit meinen zwei Schätzen – Dolla links, und Margarita rechts

Meine Schwester Louise, im Jahre 1909 fast zwanzig Jahre alt, hatte sich mit dem Gedanken angefreundet, sich nun bald zu verheiraten. Böse Zungen in der Familie befürchteten, sie könne enden wie Tante Toria, Tante Alexandras Tochter in England, die ihr Leben ausschließlich auf ihre Mutter konzentrierte und daher auf eine Heirat verzichtete. Es gab durchaus einige potenzielle Heiratskandidaten für meine Schwester seit einiger Zeit, aber Mama hatte Louise stets für zu jung befunden, um sich zu vermählen. Ich denke, meine Schwester sah es zuerst auch gelassen, denn es war für eine Frau etwas sehr Schönes, wenn Männer ihr Avancen machten, aber wenn dies nicht mit beiderseitigen Gefühlen verbunden war, so Louise, brauchte man auch keinen Gedanken an eine eventuelle Hochzeit verschwenden. Bei meiner Schwester kam hinzu, dass sie jemanden suchte, der wie Papa war. Aus ihrer Sicht war unser Vater für sie ein *beau ideal*, wie sie es ausdrückte, ein schöner, perfekter Mann. So verglich sie jeden Heiratskandidaten mit ihm. Meinem Vater schmeichelte dies, doch er witzelte oft darüber, indem er anmerkte, er sei leider bereits vergeben.

Onkel Bertie hatte schon vor einiger Zeit mit dem Gedanken gespielt, Louise mit Prinz Manuel von Portugal zu verheiraten.

Portugal war im weltpolitischen Geschehen betrachtet ein eher uninteressantes Land. So hatten im Jahre 1891 wirtschaftliche Probleme zu einem Staatsbankrott geführt, republikanische und sozialistische Strömungen stellten sich gegen die Monarchie und die innenpolitischen Zustände waren eher chaotisch. Man versuchte, die Republikaner mit einer Zensur der Presse zum Schweigen zu bringen, und drohte ihnen mit Verbannung in die Kolonien nach Mosambik und Angola in Afrika. Nur mit militärischem Druck konnte König Karl I. seine Machtposition halten und am ersten Februar des Jahres 1908 schossen Attentäter auf die Kutsche, in der er mit seinem Sohn, dem Thronfolger Ludwig Phillip, durch Lissabon fuhr. Der König starb sofort, sein Sohn, gerade einmal zwanzig Jahre alt, erlag etwa zwanzig Minuten später seinen schweren Verletzungen. So wurde Manuel, sein Bruder, der neue Thronfolger und im Jahre 1908 zum König Manuel II. gekrönt. Auch er sollte der Unruhen im Land nicht Herr werden können und musste 1910 mit seiner Mutter nach seiner Absetzung und Ausrufung der Republik in Portugal durch Anarchisten ins Exil nach England flüchten. Man bedenke nur, in welches Unglück die arme Louise geraten wäre, wenn sie in eine Hochzeit mit Manuel eingewilligt hätte. Aber als die beiden sich begegneten, waren von ihrer Seite aus keine Gefühle für ihn vorhanden.

Meine Eltern stellten sich gegen Onkel Berties Wunsch und wiesen den Prinzen ebenso ab. Beide fanden allein den Gedanken schon infam, ihre Tochter in ein Land einheiraten zu lassen, das von Unruhen beherrscht war. Vor allem, weil sie nach dem Attentat auf den König und Thronfolger auch um ihr Leben fürchteten.

Mittlerweile hegte meine Schwester auch eher Gefühle für Andreas Bruder Christo, die dieser erwiderte. Meine Eltern waren in diese Tatsache noch nicht eingeweiht, da Christo und Louise einander noch besser kennenlernen wollten. Aber meine Schwester fand eine solche Verbindung durchaus positiv, denn dann wäre sie in Griechenland an meiner Seite.

In Griechenland gab es erneut Unfrieden, als mein Schwiegervater im Dezember 1908 nach viermonatiger Abwesenheit zurückkehrte und immer

noch keine greifbare Lösung für den Konflikt um Kreta vorweisen konnte. Die Insel hatte eine Sonderstellung, sie gehörte nicht zum griechischen Staat. Die Türken hatten von 1645 bis 1648 die gesamte Insel erobert, sie danach dem Osmanischen Reich einverleibt und umbenannt in *Girit*. Nur die Stadt Heraklion auf der Insel hatte der Belagerung bis 1669 standhalten können. Im neunzehnten Jahrhundert war es erstmals zu zahlreichen Aufständen der Bevölkerung gegen die osmanische Herrschaft gekommen, die man aber blutig niederschlug. Von 1830 bis 1840 stand Kreta dann unter der Verwaltung des *Walis*, Provinzgouverneurs von Ägypten Muhammad Ali Pascha. Im Jahre 1898 mischten sich Frankreich, England und Russland in den Konflikt um die Insel ein, erzwangen damit eine vollständige Autonomie derselben unter der sogenannten *Hohen Pforte*, dem Sitz eines osmanischen Großwesirs.
Vonseiten der griechischen Inselbewohner wollte man zu Griechenland gehören, dennoch lebten dort etwa fünfzigtausend Türken. Diese machten aber nur eine Minderheit in der Bevölkerung aus. Der Konflikt war schwerwiegend, denn die Osmanen wollten ihre politische Macht auf der Insel nicht einbüßen. Da man fand, dass der König von Griechenland sich nicht wirklich um die Belange der Griechen auf der Insel oder deren Status kümmerte, forderte man sogar den König und seinen Sohn, den Kronprinzen Konstantin abzusetzen. Stattdessen erhoffte man sich, dass Konstantins Sohn George, der erst achtzehn Jahre alt war zu jenem Zeitpunkt, aufgrund seiner Jugend etwas bewegen könne. Er sollte den Thron besteigen.
Am siebenundzwanzigsten Mai des Jahres 1909 trat der junge George der Infanterie im griechischen Militär bei und wurde Unterleutnant. Dies führte zu weiteren Spannungen nun innerhalb des Militärs, denn unzufriedene Offiziere formierten sich zu einer militärischen Liga, einem Zusammenschluss, der gegen Ungerechtigkeiten demonstrierte. Ein Hauptproblem waren die Adjutanten, die ein ums andere Jahr von den Prinzen auserwählt wurden, doch man bediente sich stets derselben Offiziere, überging andere, die auch gerne in diesem angesehenen Dienst gestanden hätten. Als man nun einen neuen Premierminister wählte, Dimitrios Rhallys, der im August dann sein Amt antrat, forderte dieser und seine Partei sogar, man solle alle königlichen Prinzen aus den höheren Positionen beim griechischen Militär verbannen. Hatte Rhallys dies zuerst noch unterstützt, so hielt er sein Wahlversprechen bei Amtsantritt nicht ein. Am achtundzwanzigsten August kam es zu einem Putsch seitens der Offiziere. Es brach buchstäblich das Chaos in Athen aus.
Onkel Bertie bot sofort an, Schiffe der Mittelmeerflotte zur Hilfe zu schicken und mein Schwiegervater bat ihn darum, zwei englische Kampfschiffe vor der Küste von Phaleron zu positionieren.

Da die griechische Königsfamilie sich im Zuge des jährlichen sommerlichen Exodus nicht im Land befand und nur Ellen und ich in Athen zurückgeblieben waren, erschütterte uns die Situation in der Stadt. Andrea und seine Brüder waren im militärischen Dienst, versuchten die Aufstände niederzuschlagen.
Mimi hatte am dritten Dezember 1908 den kleinen Prinzen Peter zur Welt gebracht, doch sie und George waren seit März des Jahres 1909 in Paris, um sich in der Nähe der Stadt auf einem Landgut niederzulassen. Die sehr eigenwillige Mimi hatte Andreas Bruder sehr schnell klargemacht, dass ihr Lebensmittelpunkt immer in Frankreich liegen würde. Für Nationalfeiertage oder Festivitäten im Rahmen der Königsfamilie wolle sie in Griechenland gerne anwesend sein, ansonsten zöge sie aber Frankreich oder Reisen nach Wien vor, weil sie dort Sigmund Freud in seiner Wohnung und Praxis in der Berggasse 19 aufsuchen konnte. George zog dagegen Aufenthalte bei den Verwandten in Dänemark vor oder eben sein Leben in Athen innerhalb seiner Familie, wo er auch militärische Verpflichtungen hatte. Es wurde schon bald klar, dass beide nicht die Interessen des anderen pflegten. Zudem Mimi bei einem Besuch der Verwandten in Dänemark ohne Umschweife mit den dort anwesenden jungen Prinzen zu flirten begann. Allerdings in einer Heftig- und Auffälligkeit, dass es sehr peinlich für alle Anwesenden, inklusive der Prinzen war, doch George ignorierte es.

Nachdem Ellen und ich nun mit unseren Kindern in Athen verblieben waren, fürchtete sich Ellen mehr als ich. Ich muss gestehen, dass mir derartige Unruhen oder Kriege nie eine Todesangst machten, denn es war zumeist besser ruhig zu bleiben, statt in eine völlige Panik zu verfallen. In mir lag die Gewissheit, dass man uns nichts tun würde in diesem Sommer. Allerdings war ich mir sicher, Konstantin und Nikolaus würden das Militär verlassen müssen, wenn die aufständischen Offiziere sich durchsetzen konnten. Doch irgendwie glaubte ich daran, dass man Andrea in seiner Position beließe, was mein Gatte nun gänzlich unerfreulich fand, wenn man seine Brüder vom Militär ausschlösse. Es war eine Situation, in der er meinen Gedankengang und meine Ansichten nicht teilen konnte, es eher anmaßend von mir fand, seine Brüder *abzuschreiben* und ihn in die Rolle eines Bevorzugten zu drängen. So etwas würde er nie akzeptieren. Es war ein erster Streit, den wir führten, was vielleicht auch der angespannten Lage anzulasten war, die herrschte, aber meinen Mann mehr bedrückte als mich. Er sah auch die Machtposition seines Vaters gefährdet.
Aus meiner Sicht wollte man mit diesem Putsch eigentlich nur die Regierung, die schon schwach war, noch mehr schwächen, sie bloßstellen, um zu verdeutlichen, wie unfähig sie war, das Land zu regieren.

Ellen und Nikolaus, links, mit ihren Töchtern Elizabeth, Marina und Olga, rechts Andrea und ich mit Margarita und Dolla, Sommer 1909

Andreas Bruder George war seit dem neunten Dezember 1898 Generalgouverneur auf Kreta. Sein Gegenspieler dort war Eleftherios Venizelos, ein Krete, der sich als Politiker und Aktivist in der *Enosis-Bewegung* einen Namen gemacht hatte. Seit dem Jahre 1888 engagierte sich diese Bewegung für den Anschluss Kretas an das griechische Festland. Im *Türkisch-Griechischen* Krieg von 1897 war er unter den Anführern auf der griechischen Seite. Aus diesem ging dann Kreta, wie bereits erwähnt, mit einer begrenzten Autonomie hervor.

Bevor mein Schwiegervater seinen Sohn als Generalgouverneur auf der Insel einsetzte, stand Kreta auch unter der Verwaltung eines Exekutivkomitees, dem Venizelos angehörte. So unterstützte er auch eine Proklamation, die eben den Anschluss Kretas an Griechenland forderte, die vom elften März 1905 datierte. Im Zuge des Ganzen konnte Venizelos George stürzen und dieser musste am zwölften September 1906 sein Entlassungsgesuch unterzeichnen. Im Herbst 1908 proklamierte Venizelos nochmals den Anschluss Kretas an Griechenland.

Im Zuge des Militärputsches in Athen setzte man den gewählten Premierminister Rhallys ab, holte heimlich Venizelos in die Stadt und er bekam

vorerst die Funktion eines Beraters zugewiesen. Mittlerweile kriselte es auch im griechischen Teil Makedoniens, denn auch dort lehnte man sich gegen die osmanische Obrigkeit auf.
Das Land war von Unruhen geschüttelt und mein Mann musste schmerzlich einsehen, dass man ihn und seine Brüder sämtlicher hohen Titel im griechischen Militär berauben wollte, wie er es nannte, und sie zudem nicht als Unterstützter in jeglicher Art und Weise für die politische Situation gewünscht waren. Für den König war es umso schwieriger. Er musste sich mit den Aufständischen arrangieren und Venizelos`Anwesenheit und Funktion akzeptieren. Man verdammte ihn quasi dazu, wie eine Marionette zu agieren. Andrea wollte seinem Vater beistehen, aber kam nach langen Unterredungen mit seinem Vater und seinen Brüdern zu dem Entschluss, dass sie sich alle vom Militär zurückziehen mussten.
Am ersten September 1909 unterschrieben Andrea, Nikolaus und Christo ihre Entlassungsgesuche für das griechische Militär und George seines für die Marine. In der Presse schrieb man, sie haben sich dem Willen des Volkes beugen müssen, aber der britische Botschafter korrigierte dies, indem er öffentlich feststellte, sie hätten nicht mehr länger in der alten Tradition mit den anderen Offizieren Seite an Seite dienen können.
Konstantin, als Kronprinz, folgte dem Beispiel seiner Brüder einige Tage später und trat als Oberbefehlshaber des griechischen Militärs zurück. Man kritisierte, er sei durch seine aggressive Haltung gegenüber anderen Untergebenen aufgefallen, habe seine militärischen Pflichten vernachlässigt, die er bei den Herbstmanövern hätte wahrnehmen müssen. Angesichts der Situation für die königlichen Prinzen in Griechenland war ein normaler Ablauf der jährlichen Manöver gar nicht möglich gewesen. Die Kritik diente lediglich dazu, auch ihn zu diskreditieren.
Konstantin und seine Familie reisten kurz darauf nach Paris ab. Bei der Abreise standen Menschen am Hafen und riefen aus, man wolle ihn nicht gehen lassen. Es ging das Gerücht um, die Familie sei auf dem Weg nach Deutschland zu Onkel Willy, doch dieser hatte Konstantins Frau Sophie, seiner Schwester, eine Einreise strikt für alle Zeiten verweigert. Von diesen internen Familiendingen wusste aber die Öffentlichkeit natürlich nichts.
Dennoch zeigten sich Konstantins Freunde empört darüber, dass er ausgerechnet nach Paris floh, was in ihren Augen für reine Vergnügungssucht stand, statt sich um die Belange des Landes zu kümmern. Sie fanden es seinem Stand und seinem Alter nicht angemessen. Mit anderen Worten amüsierte sich die Familie in der Weltstadt, während in Athen die Unruhen tobten. Ein Verhalten, was einem Kronprinzen aus Sicht der meisten nicht gebührte. Dies sah auch der britische Botschafter Elliot so und verurteilte die Reise aufs Äußerste. Kosta und seine Familie sollten erst im April 1910

nach Athen zurückkehren.
Nikolaus war Oberst und Inspekteur der Artillerie gewesen. Er trat nun in die russische Armee ein, was für ihn durch die russische Herkunft seiner Gattin möglich war.
Christo ging nach Deutschland, um dort für drei Jahre zu studieren. George war Konteradmiral bei der Marine gewesen und nun konnte er sich mehr seinen Reisen zu den Verwandten nach Dänemark widmen und seine Zeit in Frankreich auf seinem Landgut bei seiner Frau Mimi verbringen.
Konstantins Sohn George begann eine Laufbahn beim 1. Regiment der Garde zu Fuß in Berlin. Im Gegensatz zu seiner Mutter hatte Onkel Willy nichts gegen die Kinder seiner Schwester.

Mein Schwiegervater wirkte in dieser Zeit wie ein gebrochener Mann. Er blickte zurück auf sechsundvierzig Jahre der Regentschaft und hätte gern ein rundes Jubiläum von fünfzig Jahren auf dem Thron erreicht. Aber er fühlte sich nun so gedemütigt, dass es ihn schmerzte, auch nur eine Menschenseele im Palast empfangen zu müssen. Gegenüber dem britischen Botschafter sprach er offen aus, wie ihn der Gedanke einer Abdankung beschäftige.
Mitte September hatten Andrea und ich eigentlich nach Berlin reisen wollen, aber nun befand er es für besser, wenn wir im Land blieben. Er fürchtete, man könne uns allen ansonsten die Einreise, eine Rückkehr verweigern. Dies bezog sich aber auch auf seine Brüder und ihre Familien, die das Land verlassen hatten.
Am siebenundzwanzigsten September fand eine Kundgebung der Gilden von Athen und Piräus *Champ de Mars-Parc* in Athen statt. Etwa fünfzigtausend Menschen fanden sich dort ein, die der Verlesung einer Resolution beiwohnten, in der man die Tätigkeit der militärischen Liga begrüßte. Man übergab diese Resolution dort feierlich an den König und die Menge jubelte ihm zu, als er sie annahm. Die Menschen forderten Veränderungen in der Regierung. Es ging das Gerücht um, man plante, den König zu ersetzen, was sich aber als eben solches erwies. Der britische Botschafter kommentierte es mit der Feststellung, dass sich die Menschen jeden Tag irgendwelchen Fantastereien hingaben.
Doch erst an Weihnachten sollte sich die Position meines Schwiegervaters als König von Griechenland wieder gefestigt haben.
Meine Eltern, denen ich schriftlich von den Vorgängen in Athen berichtete, zeigten sich sehr besorgt um uns, doch sie verstanden auch Andreas Sorge, man könne uns zwar in dieser prekären Situation ausreisen, aber nicht wieder einreisen lassen. Ich vermisste sie alle sehr und wäre auch Weihnachten gerne zu Onkel Willy nach Berlin gefahren, aber musste auch diese Einla-

dung ausschlagen.
Auch mein Vater, selbst nun in seiner Position als Vize-Admiral der Royal Navy, konnte uns nicht besuchen. Es war schwer, ihn in der Nähe zu wissen, im Mittelmeer, und dennoch durften wir einander nicht sehen.
Mein Bruder Dickie besuchte nun die *Locker`s Park School* in Hertfordshire. Es war ein renommiertes Internat für Jungen ab zehn Jahren und Mama hatte ihn gut darauf vorbereitet, denn die anderen Schüler kamen alle aus angesehenen Familien, dennoch hatte Dickie als Prinz einen anderen Status. Er war an sonntägliche Einladungen zum Mittagessen mit dem König in Schloss Windsor gewöhnt, wie meine Mutter es ausdrückte, und nicht an Diners in dem feinen Restaurant des *King`s Arms Hotel* in Berkhamsted. Man musste schon aufpassen, wie man sich den anderen Jungen gegenüber benahm, was man sagte und wie man es sagte. Er würde die Schule drei Jahre besuchen und meine Mutter vermisste ihn schon an den ersten Tagen, die er dorthin ging. Sie war stolz darauf, wie gut er sich dort einfügte, fleißig lernte und sich von seiner besten Seite zeigte, aber sie hatte ihn die ersten Jahre unterrichtet, zugegeben sehr gut, sonst hätte man ihn an der Schule nicht aufgenommen, aber ihr fehlte diese Nähe zu ihrem kleinen Jungen. In ihren Briefen an ihn konnte sie ihre Einsamkeit und Sehnsucht oft nicht verbergen, was meinen Bruder sehr belastete. Denn er vermisste sie auch.
Wenn sie ihm schrieb, dass Fleiß und Eifer ihn ablenken würden von seinem Kummer von ihr getrennt zu sein, versuchte sie sich eher zu beruhigen.
Die Schule wurde von einem Rektor namens Percy Christopherson und seiner Ehefrau geleitet, die beide sehr verständnisvoll, aber auch streng waren. So schrieb mein Bruder oft an Mama, wie ungerecht er sich behandelt fühle und sie antwortete ihm, er solle in dem Rektor einen Menschen sehen, der auch Fehler mache, diese sicher einsehen werde.
Meine Mutter wollte Dickie in seinem Charakter festigen, aber manche Dinge konnte er auf dem Weg zum Erwachsenwerden nicht in der Schule lernen. Dachte er selbstständig an Geburtstage in der Familie, schrieb der betreffenden Person eine Karte, wurde er von ihr gelobt. Vergaß er einen Geburtstag, weil er noch ein Kind war, tadelte sie ihn zu arg dafür. Sie wies ihn in Briefen an, was er zu schreiben hatte, an welche Adresse, wie der Brief aufgebaut sein musste und überforderte meinen kleinen Bruder oft mit ihren hohen Ansprüchen.
Natürlich gab es in dem Internat auch Streitigkeiten unter den Jungen, kleine Rangeleien, aus denen man Dickie aber aufgrund seines Status heraushielt. Niemand wagte es, ihn in so etwas zu verwickeln und mein Bruder kannte so etwas auch nicht. In seinem weiteren Werdegang sollten ihm aber Situationen begegnen, in denen er sich anderen gegenüber behaupten muss-

te, was ihm dann sehr schwerfiel.
Da Christo sich für sein Studium in Deutschland aufhielt, konnten Louise und er sich näherkommen. Er besuchte sie in Heiligenberg und so verlobten sich beide einfach. Meine Eltern zeigten sich mehr als entsetzt darüber. Sie verstanden zwar, dass beide etwas füreinander empfanden, aber Christo war genau genommen mittellos, lebte von der Unterstützung seines Vaters und meine Eltern wollten keine finanzielle Verantwortung für das Paar tragen. Kurzerhand mussten beide ihre Verlobung wieder lösen, was meine Schwester in eine tiefe Trauer stürzte.

Louise, 1909

Auch wenn sie die Entscheidung unserer Eltern verstand, hatte sie sich doch bereits eine Zukunft an der Seite Christos erträumt und Hoffnungen gemacht, die nun buchstäblich zerschmettert wurden. Und die arme Louise befürchtete, als eine alte Jungfer zu enden.

Im Winter reisten wir nach Tatoi. Dort verbrachten wir die Feiertage mit meinen Schwiegereltern und dem geknickten Christo, der meiner Schwester Louise nachtrauerte.
Man lud Nikolaus, Ellen, Andrea und mich im November zu Abendgesellschaften in die britische und belgische Botschaft ein, die wir dankend annahmen. Es war das erste Mal seit dem Putsch, dass wir uns wieder trauten zu solchen Veranstaltungen zu gehen.

In der Nacht auf den sechsten Januar des Jahres 1910 klingelte das Telefon und schreckte uns alle aus dem Schlaf. Man teilte uns mit, dass der gesamte Mittelteil des königlichen Palastes in Athen in Flammen stand. Das Feuer hatte sich zuerst in der orthodoxen Kapelle des Schlosses ausgebreitet, dann erfasste es die oberen Flure und schließlich den Mittelteil. Alles wurde komplett zerstört.
Die beiden britischen Kampfschiffe in der Bucht von Phaleron befanden sich zum Glück noch dort und man rief die Mannschaften zu Hilfe, sodass schließlich vierhundert Männer Besatzung die Feuerwehr unterstützten, indem man Erde und Sand in Eimern herbeischaffte, um das Feuer zu ersticken.
Wir begaben uns umgehend nach Athen, um bei der Löschung des Brandes zu helfen und eventuell noch etwas von unserer Habe zu retten. Zwanzig bewaffnete Matrosen fanden sich bald darauf ein, denn man befürchtete, es könne sich um Brandstiftung durch Aufständische handeln, und in diesem Fall musste man auch den König beschützen. Doch mein Ehemann fand dies in der angespannten Lage, in der sich Athen immer noch befand, zwar löblich, aber dennoch unangebracht. Er befürchtete, es könne einen negativen Effekt haben, wenn man eine solche militärisch beeinflusste Präsenz verbunden mit dem Schutz des Königs zeigte. So schickte er die Männer fort. Und er sollte Recht behalten, denn nur einen Tag später schrieb man in der Presse, dass diese Männer in ihrer aggressiven Haltung die Belange des Volkes untergraben würden.
Wir konnten das Archiv retten, wichtige Dokumente und Unterlagen, einige Bilder und Möbel. Die Zimmer meines Schwiegervaters konnten fast gänzlich ausgeräumt werden, ohne dass ein Schaden zu beklagen war. Aber die persönlichen Besitztümer in den Räumen meiner Schwiegermutter wurden größtenteils zerstört oder fielen Dieben in die Hände. Um Mitternacht stürzte das Dach des Schlosses ein, womit nichts mehr zu retten war, da man das Gebäude nicht mehr betreten konnte. Um drei Uhr dreißig nachts reisten wir zurück nach Tatoi.
Der britische Botschafter Elliot musste im folgenden Onkel Bertie darüber informieren, dass, nachdem er eine halbe Stunde am Ort des Unglücks gewesen war, die ersten Gerüchte kursierten, der König habe den Palast selbst in Brand gesetzt, um Sympathie vonseiten des Volkes zu erlangen. Angeblich wollte er bereits am Heiligenabend alles in Flammen aufgehen lassen, damit das Volk noch mehr Mitleid mit ihm hatte. Es handelte sich natürlich wieder um ein schreckliches Gerücht, denn das Schloss war die Heimstatt des Königs und seiner Familie gewesen, sodass man nun gänzlich in Tatoi Residenz beziehen musste. Es war abwegig, von meinem Schwiegervater so

etwas zu denken, und ich fand es mehr als absurd, dass jemand mit Absicht sein Heim anzündet, um wieder beim Volk beliebt zu werden.
Es schmerzte uns alle und Andrea wandte ein, es sei doch schon beleidigend genug, wenn er und seine Brüder nun alle zivile Kleidung bei öffentlichen Auftritten tragen mussten, anstatt ihrer Uniformen. Da Andrea nun keine militärischen Verpflichtungen mehr hatte, konnte er viel Zeit mit mir und den Kindern verbringen, was unsere beiden Mädchen ebenso genossen wie ich. Dennoch wusste ich natürlich, wie sehr mein Mann unter der Situation litt. Sein Herz gehörte dem Militär und er sah sich einer Aufgabe beraubt, die er als sehr wichtig in seinem Leben erachtete.
Am zehnten Februar brachte Georges Frau Marie die kleine Prinzessin Eugénie in Paris zur Welt, da das Paar sich überwiegend im Ausland aufhielt und Marie ihre Heimatstadt Athen vorzog.

Im April des Jahres 1910 reisten wir nach Korfu, wo wir im Schloss *Mon Repos* lebten. Hier erhielt mein Schwiegervater vonseiten der Bevölkerung steten Zuspruch, dass man ihn als König behalten wollte. Es freute ihn sehr, doch wir waren alle ausgelaugt durch die Ereignisse der letzten Zeit und ich teilte meinen Eltern brieflich mit, wie sehr wir uns danach sehnten, das Land einmal wieder verlassen zu können.

Margarita, links, und Dolla, rechts, April 1910, Korfu

Andrea war sehr skeptisch gegenüber Venizelos und war gespannt, was dieser Mann noch buchstäblich in petto hatte. Er sollte mit seiner Vermutung richtig liegen, dass Venizelos mehr Macht anstrebte. Denn dieser gründete im Jahre 1910 die *Liberale Partei*, die fortschrittsorientiert war.
Im März hatte man die *militärische Liga* bereits aufgelöst, da ihre Offiziere erschöpft waren und sich nun mehr der Politik widmen wollten, statt ihren militärischen Verpflichtungen nachzukommen. Viele von ihnen engagierten sich als Mitglieder in Venizelos Partei. Es kehrte etwas Ruhe in Athen ein und mein Schwiegervater beugte sich Ende März den Forderungen nach Reformen, indem er im Parlament eine neue Nationalversammlung einberief, um in einer überarbeiteten Verfassung Reformen auszuarbeiten, die sich auf Griechenland selbst im Bezug auf die Bevölkerung und auswärtige Angelegenheiten positiv auswirken sollten. Diese neue Nationalversammlung beruhte auf einer Übereinkunft zwischen Venizelos, der *militärischen Liga* und dem König. Bei der ersten Sitzung musste mein Schwiegervater Venizelos zum Premierminister ernennen, da er bei den Wahlen die Mehrheit gewann.
Venizelos hatte damit seine Machtposition gefestigt, war sich seines Einflusses auf den König sicher.
Andrea kommentierte die Entwicklung mit der Feststellung, dass diese ganzen Unruhen ihn seine Arbeit gekostet hatten. Und ich konnte nur erwidern, es sei in eben dem Moment geschehen, als er dabei war, militärisch Karriere zu machen.
Tante Alexandra, die in Venedig Urlaub gemacht hatte, kam uns am zwanzigsten April auf Korfu besuchen. Aus England erreichte uns die Nachricht, dass es Onkel Bertie sehr schlecht ging.
Er war im März im Urlaub in Biarritz in Frankreich gewesen und dort mit Brustschmerzen zusammengebrochen. Da er stets ein Lebemann war, der gerne aß und pro Tag zwanzig Zigaretten und zwölf Zigarren rauchte, litt er schon lange an seinem Übergewicht und chronischer Bronchitis. Nun, mit neunundsechzig Jahren, hatte dieser Lebenswandel seine Spuren hinterlassen.
Sein Zustand ließ eine schnelle Rückreise nach England nicht zu und so konnte man ihn erst am siebenundzwanzigsten April zurück nach London bringen.
Tante Alexandra musste sofort nach England reisen, um an der Seite ihres Mannes zu sein, Andrea und ich begleiteten sie mit Margarita und Dolla.
Am späten Nachmittag des fünften März kamen wir alle in London an, Andrea, die Kinder und ich fuhren nach *Chesham* in *Chiltern*, einem Distrikt der Grafschaft *Buckinghamshire*, wo meine Eltern ein Haus gemietet hatten. Es war etwa vierzig Kilometer von London entfernt.

Onkel Bertie hatte in den folgenden Tagen nach seiner Rückkehr nach England mehrere Herzinfarkte erlitten und verstarb am sechsten Mai im Buckingham Palast.
Auch wenn mich der Tod meines Onkels sehr schmerzte, so war ich doch irgendwie erleichtert, Griechenland für eine Weile entfliehen zu können.
Onkel Berties Sohn George, der Prinz von Wales, erbte mit seinem Tod die Königswürde und wurde am siebten Mai im *St. James`s Palace* formal zum König George V. von England proklamiert und leistete den monarchischen Treueeid. Tante May wurde damit an seiner Seite zur Königin Mary von England. Die offiziellen Krönungsfeierlichkeiten verlegte man aufgrund des Trauerjahres auf das Jahr 1911.
Das Paar hatte sechs Kinder, ein Mädchen und fünf Jungen. Ihr jüngster Sohn Prinz John war fast fünf Jahre alt, ein Jahr zuvor hatte man Epilepsie bei ihm diagnostiziert. Zudem zeigte er Anzeichen von Autismus, was seine Mutter sehr belastete. Sie schämte sich für dieses Kind so sehr, dass sie ihn weitgehend von der Außenwelt abschirmte, denn sie fürchtete sein ungehaltenes Benehmen, welches auf seine Behinderung zurückzuführen war, könne ihrem Ansehen schaden. Der Junge tat mir sehr leid, denn auch seine Geschwister empfanden ihn als eine Belastung. Seine Mutter sollte ihn im Jahre 1917 unter der Obhut seines Kindermädchens auf eine Farm verbannen, wo er kaum Besuch erhielt und 1919 im Schlaf an einem Anfall der Epilepsie verstarb.
Papa, in seiner Funktion als der persönliche Adjutant des Onkels, ging in der Prozession auf dem Weg zur Aufbahrung in der Kapelle in Westminster direkt vor dem Sarg, den Pferde zogen, neben sich den Lieblingshund des Onkels, den Terrier Caesar. Andrea ging mit anderen hinter dem Sarg her, während ich in einer Kutsche fuhr.
Am zwanzigsten Mai fand das offizielle Staatsbegräbnis für Onkel Bertie statt. Viele Oberhäupter aus den europäischen Adelshäusern, Verwandte und Freunde reisten an und auch mein Schwiegervater, Konstantin und Christo kamen nach England. Mama, Nona, Dickie, Papa, Andrea und die Kinder nahmen wie viele andere am Trauergottesdienst in der St. George`s Chapel teil. Georgie hatte für die Beerdigung vom College frei bekommen und war aus Portsmouth angereist. Allein neun Könige aus Europa erwiesen Onkel Bertie die letzte Ehre.
Papa merkte nach der Beerdigung an, dass sich nun einiges bei Hofe ändern würde. Onkel Bertie hatte zahllose Affären gehabt und so waren am englischen Hof auch stets die elegantesten Frauen ein- und ausgegangen, wenn auch oft mit zweifelhaftem Ruf. Sein Sohn dagegen war seiner Gattin absolut treu, hielt eheliche Werte sehr hoch und legte mehr Wert auf das Sammeln von Briefmarken oder die Jagd, statt sein Vergnügen auf Reisen zu

suchen wie sein Vater. Ihm fehlte Elan, so Papa, und er wirkte nicht so beeindruckend wie der Onkel.
Für mich bedeutete Onkel Berties Tod, dass ich von nun an nur noch eine von vielen Cousinen des Königs bei Hofe war. Es entfremdete mich etwas von dieser Welt und das, wo ich mich gerade auch so entfremdet von meiner neuen Heimat Griechenland fühlte.
Wir blieben nach dem Begräbnis noch in England. Mama fand unsere Töchter sehr unterhaltsam, da Dolla sehr viel Fantasie hatte, ihr von Feen erzählte, die in den Bäumen lebten, und deren Geschichten sie, sich selbst erdacht, in voller Gänze wiedergab. Dolla konnte sich schon früh in von ihr selbst erfundene Welten träumen, sich dabei völlig von allem ausklammern, was sie umgab, während Margarita eher lebhaft war und stets auf jeden zuging, niemals Angst vor etwas zeigte. Leider neigte Margarita auch dazu, ihre kleine Schwester gerne zu verspotten und zu ärgern, wenn diese wieder ihren Träumen nachhing. Ich tadelte sie oft dafür, doch Mama fand, ich solle mich nicht einmischen. Dolla würde sich schon irgendwann gegen ihre große, tonangebende Schwester behaupten.

Am vierundzwanzigsten Juni waren Mama, Andrea, Nona und Louise zur Konfirmation des Prinzen Eduard in Windsor eingeladen. Er war der älteste Sohn von Onkel George und nun Prince of Wales. Auf Außenstehende musste es seltsam wirken, wie wir Frauen alle in schwarzer Trauerkleidung dasaßen, Andrea in Abendgarderobe mit schwarzem Frack und dem Ritterkreuz am Band, welches ihm ehrenhalber von Onkel Bertie zu unserer Hochzeit verliehen worden war. Mein Gatte konnte sich den Scherz nicht verkneifen, dass wir auf andere wie eine Ansammlung von Witwen wirken mussten, begleitet von einem Zauberkünstler.

Andrea und ich fanden, dass wir eigentlich nicht nach Griechenland zurückkehren mussten, denn so wie es sich verhielt, brauchte man uns dort nicht und auf Reisen mussten wir uns wenigstens nicht mit der Situation dort auseinandersetzen, sondern konnten Abstand gewinnen. Die nächsten Wochen wurden für uns daher eine Mischung aus Amüsement, gefolgt von Unentschlossenheit und einer gewissen zunehmenden Lustlosigkeit, was Andrea mehr betraf als mich.

Also reisten wir von London aus nach Paris. Dort konnten wir ungezwungen leben, da die Stadt nicht wie London in Trauer lag und wir auch weit weg von der griechischen Presse waren. Die Gattin des Prinzen Karl Joseph zu Isenburg und Büdingen, Prinzessin Bertha, verbrachte ihre Sommerfrische in Paris und sie nahm uns unter ihre Fittiche, sodass wir von einer

Einladung zur nächsten gingen. Prinzessin Bertha, eine geborene Lewis, stammte aus New Orleans und hatte den Prinzen 1895 morganatisch geheiratet. Die adelige Familie derer von Isenburg-Büdingen aus Birstein in Hessen war mir bekannt.
Wir hatten eine sehr schöne Zeit, bis ich eine Grippe bekam und das Bett hüten musste. Dadurch verzögerte sich auch unsere Abreise aus Paris, sodass wir erst am vierzehnten Juli wieder in Heiligenberg waren und Louises einundzwanzigsten Geburtstag um einen Tag verpassten. Es war nicht schlimm, denn ich fühlte mich immer noch schwach. Zudem hatte Andrea nun auch noch eine Erkältung.
Papa konnte sich einige Tage freinehmen, ebenso reisten auch Georgie und Dickie aus England an.
Als es mir und Andrea besser ging, konnten wir die Tage mit meiner Familie endlich genießen. Wir besuchten Onkel Ernie, Tante Onor und ihre beiden Söhne in Wolfsgarten und ich ritt jeden Morgen mit Louise vor dem Frühstück aus.

Dickie, links, Georgie, Louise und ich, Heiligenberg, 1910

Von links nach rechts: Margarita, Louise, Georgie, Papa mit Dolla, Mama, Dickie,und ich sitze vor meinem Bruder, Heiligenberg, 1910

Auf Andrea und mir lastete etwas die Sorge um unsere Zukunft. Mein Ehemann fühlte sich seinem Heimatland verpflichtet und konnte die Tage in Hessen nicht richtig genießen, da die Ungewissheit ihn sehr bedrückte. Seine Brüder Christo und Nikolaus, die auch in Deutschland weilten, waren ebenso verunsichert, ob es nicht besser sei, nach Griechenland zurückzu-

kehren.
Anfang August entschloss sich Andrea zurückzureisen, und wenn es nur für eine Weile war, um gewissermaßen *Goodwill* mit seiner Präsenz vor Ort zu zeigen. Seine Brüder folgten seinem Beispiel, was Louise damit quittierte, dass besonders Christo, den sie immer noch sehr gern hatte, stets unter dem sprichwörtlichen Pantoffel seines Bruders stand und ihm stets nacheiferte. Ich sah darin aber nichts Verwerfliches, denn Andrea war der Ältere der beiden Brüder und so ein Verhalten normal. Keiner von uns wusste, was besser war. Es verlangte mich nicht viel danach nach Athen zurückzureisen, aber ich wollte meinen Mann auch nicht im Stich lassen. Ebenso wusste er aber, wie gern ich Zeit mit meiner Familie verbrachte und so entschloss er sich dazu, im September wieder nach Darmstadt zu kommen, um mich und unsere Töchter abzuholen, damit wir gemeinsam nach Athen reisten.
Doch schon kurz nach seiner Ankunft in Athen erreichte mich ein Telegramm, in dem er seinen Plan über Bord warf, mir schrieb, ich müsse mit den Kindern alleine wieder nach Athen reisen. Kurzerhand musste ich mich nach einem Kindermädchen umsehen, welches mich und die Mädchen auf der Reise begleiten konnte. Dies telegrafierte ich Andrea, doch er erhielt dieses Telegramm nicht. Stattdessen erreichte mich ein neuerliches von ihm, in welchem er mir deutlich machte, wie hin- und hergerissen er sich fühle und fragte, ob ich sein Telegramm erhalten habe. Ich verstand nicht, worauf er hinauswollte mit seinen letzten Worten und mich überkam die Angst, er könne auf eine Trennung hinauswollen, weil ihn die Situation in Griechenland so sehr belastete. Für eine gewisse Zeit fühlte ich mich abgeschoben, verlassen in Darmstadt, um mir anzudeuten, dass wir kein Paar mehr waren. Ich klagte Louise und Mama mein Leid. Doch beide beruhigten mich, es sei sicher so gemeint, dass ich ihn auf der Rückreise unterwegs treffen musste, er aber niemals von Trennung gesprochen habe.
Meine Mutter wandte auch ein, dass ich trotz der Spannungen in Griechenland oder gerade deswegen an die Seite meines Mannes gehöre, obwohl sie mich auch gerne mit ihren beiden Enkelkindern in der Nähe hatte. Aber sie war auch stets ihrem Ehemann gefolgt, egal wie hart die Zeiten waren. Natürlich wusste ich darum und ich liebte Andrea, aber gleichzeitig fühlte ich mich in Athen nicht wirklich heimisch. Die andauernden Probleme im Land trugen nicht gerade dazu bei, meine Gefühle dahingehend zu ändern.
Ich wusste um Andreas innere Zerrissenheit und konnte diese doch nicht so teilen, da ich mich Griechenland nicht so verpflichtet fühlte wie er. Ich verspürte kein großes Heimweh nach diesem Land, welches von der ebensolchen Zerrissenheit geprägt war wie mein Ehemann.
Es war nicht egoistisch von mir gemeint, aber ich fürchtete mich vor neuerlichen Spannungen in Athen, denn man hing in der Schwebe. Ich war auch

sehr empört darüber, dass mein Mann und seine Brüder ihre militärischen Posten eingebüßt hatten. Keinem von ihnen war es um irgendwelche Privilegien gegangen, denn sie wollten nur ihrem Land dienen.
So versuchte ich die Zeit mit meiner Familie zu genießen, um mich von den Sorgen abzulenken.

Mama links, mittig Louise, vor ihr Papa mit Dolla und Margarita, daneben rechts Dickie und ich stehe rechts, Wolfsgarten, 1910

Onkel Ernie, rechts, Louise und ich, links, bei der Handarbeit, Wolfsgarten, 1910

Tante Alix und ihre Familie reisten im Juli zur alljährlichen Regatta nach Cowes in England, wobei sie Tante Ella begleitete. Sie trafen auch die königliche Familie in Osborne und kamen danach nach Darmstadt, wo ihnen Onkel Ernie das Schloss Friedberg nahe Bad Nauheims zur Verfügung stellte. Meine Tante litt an Herzbeschwerden und einer schweren Neuralgie im Gesicht. Ferner hatten sich ihre Ischias-Beschwerden verschlimmert sowie die Migräne. In Bad Nauheim sollte Tante Alix sich einer Bade- und Trinkkur unterziehen, um ihre Leiden zu bessern. Sie reisten am dreißigsten August an und sollten bis zum vierundzwanzigsten Oktober bleiben, wobei man auch zwischendurch nach Hemmelmark zu Tante Irene und Onkel Heinrich reisen wollte. Onkel Nicky wollte sich für einige Tage in Potsdam mit Onkel Willy treffen.
Es war ein großes Familientreffen und wir alle freuten uns sehr darüber. Vor allem für die Kinder war es wundervoll. Es gab Spielkameraden in Hülle und Fülle, die Erwachsenen plauderten, spielten Tennis mit den Kindern oder wir unternahmen Ausflüge in die Umgebung.
Die Leiden meiner Tante waren sicher größtenteils seelisch bedingt, aber dies betraf nicht ihre Rückenprobleme, die so schmerzhaft waren, dass sie

meist nicht in der Lage war, lange Strecken zu gehen und im Rollstuhl geschoben werden musste.

Tante Alix, rechts im Rollstuhl, daneben Alexei, eine Hofdame der Tante und Tatjana sowie zwei Bedienstete bei einem Ausflug, 1910

Alexei war ein fröhlicher kleiner Junge und freute sich sehr über die Gesellschaft meiner Töchter und der Söhne von Onkel Ernie und Tante Onor. Allerdings war er durch die Anfälle der Hämophilie auch ein sehr zarter Knabe, der keine weiten Wege zu Fuß absolvieren konnte. Für seine Betreuung hatte man inzwischen zwei sogenannte *Sailor-Nannies* engagiert. Onkel Nicky fand es sinnvoller, dass ein Mann auf Alexei aufpasste, damit er sich beim Spielen und Herumtoben nicht verletzte, ihn trug, im Rollstuhl schob oder auf einem speziell angefertigten Fahrrad mit einem Sitz vorne für ihn herumfuhr. Eines dieser männlichen Kindermädchen hieß Nagorny, er war in Russland geblieben. Der andere war leicht untersetzt und hieß Derevenko mit Nachnamen. Dieser war mit nach Darmstadt gekommen. Dadurch, dass Tante Alix ihr *Baby* verhätschelte und ihm vieles durchgehen ließ, benahm sich Alexei oftmals nicht seinem Stand entsprechend oder nutzte den Status eines Thronfolgers aus. Er neigte dazu, andere herumzukommandieren und zu bevormunden, nahm sich Streiche heraus, die sehr unschön waren. So warf er Dinge in Brunnen, forderte Bedienstete auf, diese herauszufischen und hatte auch schon den einen oder anderen ins Wasser gestoßen. Manchmal nannte er Derevenko *den Dicken*, rief auch so nach ihm. Alexei war dennoch ein Kind, welches durch sein Leiden schon genug bestraft war und so sah man ihm vieles nach.

Mama fand es oft etwas nachlässig von Tante Alix, aber wie wir alle hatte man seine Krankheit zuerst im Blick und dies war für meine Tante so schlimm, dass sie seine Lebensfreude nicht noch mehr unterdrücken wollte, indem sie ihn immerzu tadelte. Er musste mit Einschränkungen leben, die er bei anderen Kindern, wie bei seinen Schwestern, nicht einsah. Denn Reiten, Fahrradfahren, wildes Herumtoben, auf Bäume klettern, Fußball spielen und vieles mehr waren ihm versagt, da jede kleine Verletzung unweigerlich zu einem schlimmen Anfall führen konnte.

Und wenn er dann einen hatte, nach seiner Mutter rief, ihr sagte, er wolle sterben, damit die Schmerzen endlich aufhörten …, wer konnte meiner Tante da ihre Nachlässigkeit in seiner Erziehung, die fehlende Strenge vorwerfen?

Die Mädchen waren daran gewöhnt, entweder auf ihre Mutter, wenn diese krank war, oder ihren Bruder Rücksicht zu nehmen. Daher waren besonders Olga und Tatjana mit ihren fünfzehn und vierzehn Jahren sehr vernünftig. Marie war eine Träumerin, die meiner Dolla sehr ähnelte, und Dickie war immer noch verliebt in seine russische Cousine, sodass er immerzu an ihrer Seite sein wollte.

Anastasia war ein Wirbelwind, den man nicht nur einmal aus einem Baum holen musste. Sie dachte sich den ganzen Tag Scherze aus, konnte aber auch Menschen aufheitern, was ihrer Mutter sicher guttat, und sie fühlte sich Alexei sehr verbunden.

Alexei, in der Mitte mit Onkel Ernies Söhnen, links Lu und rechts Don, 1910

Anlässlich des Besuches der Zarenfamilie machten Tante Onor und Tante Alix viele Fotos der Kinder, die dann als Ansichtskarten für einen guten Zweck von der hessischen Bevölkerung gekauft werden konnten. Ein großer Teil des Erlöses floss unter anderem in karitative Einrichtungen unter der Leitung des *Roten Kreuzes*, aber auch an Kinderheime, die unter der Schirmherrschaft von Tante Onor standen, wurde viel gespendet.

Alexei, links, Margarita, Lu, Dolla und Don in einer russischen Tracht, einem Geschenk von Tante Alix, 1910

Anastasia, links, Alexei, vorne, dahinter Olga, rechts Marie und Tatjana, 1910

Lu und ich, Wolfsgarten, 1910

Für meine russischen Cousinen bot ihr Aufenthalt in Deutschland den klaren Vorteil, dass sie sich unter anderem in Darmstadt völlig frei bewegen konnten und nur eine Hofdame als Gesellschafterin dabeihatten. Niemand erkannte die Mädchen. So genossen sie es, durch die Stadt zu gehen, Läden zu betreten, etwas zu kaufen. Diese Dinge waren ihnen in Russland verwehrt, daher tat sich ihnen eine völlig neue Welt auf. Manchmal kamen sie aus dem Erzählen über einen Stadtbummel gar nicht mehr heraus und es machte einem jeden schnell deutlich, wie abgeschirmt sie in ihrer Heimat von der Außenwelt leben mussten.

Margarita und Dolla im Vordergrund, hinten in der Tür Tante Alix, daneben links die Hofdame von Rotsmann, 1910

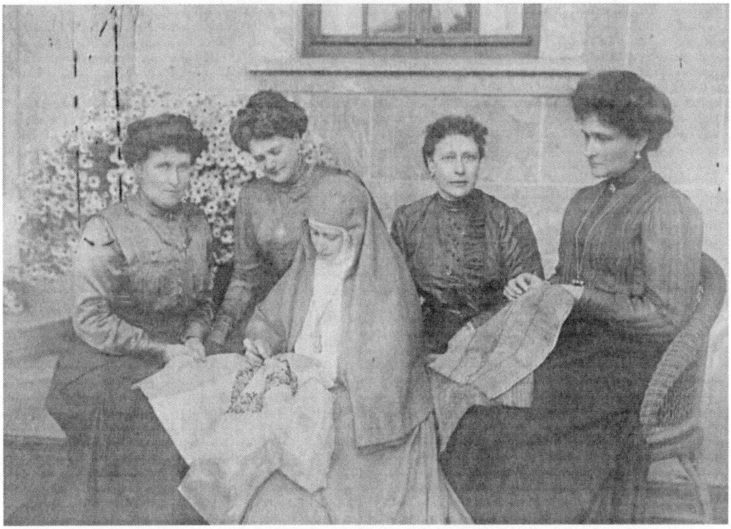
Tante Irene, links, Tante Onor, rechts daneben, vorne Tante Ella in ihrer Tracht als Äbtissin,rechts Mama, daneben Tante Alix, 1910

Beim gemeinsamen Spiel: Anastasia, links, Dolla und Lu mit Alexei, dahinter Margarita und Olga, daneben rechts Don und Dickie, hinten auf der Treppe ist Marie zu sehen, 1910

Friedberg 1910, von links nach rechts: Georgina, Freiin von Rotsmann, Don, Tante Onor mit Lu, Louise, Tatjana, Dickie, Papa, Tante Alix, Margarita, Alexei und Dolla

Sommeridyll, 1910, von links nach rechts, Olga, Tante Alix, Tatjana, Anastasia, Onkel Nicky und Marie

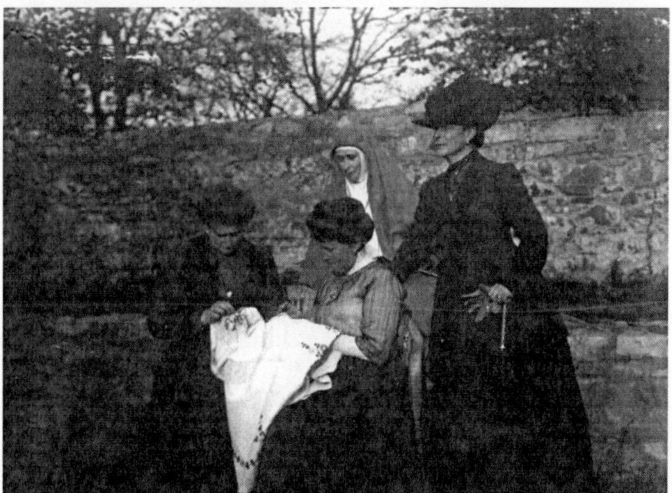

Die vier Schwestern vereint, links Tante Alix, daneben Tante Irene und Tante Ella, rechts Mama, 1910

Eine Porträtaufnahme von mir mit Margarita, links, und Dolla, rechts, 1910

Tante Ella hatte sich im Jahre 1910 ihren Traum erfüllt und alle ihre Besitztümer endgültig veräußert, um ihr Kloster eröffnen zu können. Am zweiundzwanzigsten April, nach einer nächtlichen Mahnwache voller Gebete, teilte sie den mittlerweile sechzehn anwesenden Schwestern mit, dass sie nun bereit sei, die Welt der Armen und Bedürftigen zu betreten. In der Kapelle des Klosters wurden ihr und den anderen Frauen die Köpfe von einem Bischof geschoren. Dies geschah während einer Liturgie, denn es handelte sich um eine rituelle Scherung. Die Heilige Synode hatte eigens für diese Zeremonie eine besondere Liturgie organisiert, denn von jenem Moment an waren meine Tante und die anderen Frauen sogenannte *Schwestern der*

Liebe und Barmherzigkeit im Zeichen des Kreuzes, wie es die russisch-orthodoxe Kirche formulierte. Man übergab ihnen die Trachten, die Tante Ella eigens für die Frauen hatte anfertigen lassen. Sie bekam vom Bischof ihre spezielle überreicht, die sie von den anderen Nonnen abheben sollte.
Am nächsten Tag fand noch eine göttliche Liturgie statt, wobei sogar der Metropolit Vladimir von Moskau, der Oberbischof, anwesend war und jeder Schwester ein handgefertigtes Kreuz aus Zypressenholz an einem weißen Band gab, welches, da von ihm gesegnet, ihr neues Leben als Nonnen symbolisieren sollte. Tante Ella bekam eines an einer Holzkette dargereicht und in diesem heiligen Akt verlieh ihr der Metropolit auch den Namen *Matuschka Yelisaveta* oder auch *Mutter Elisabeth* und hob sie in den Rang einer Äbtissin. Damit war der Wechsel von ihrem alten Leben als Großfürstin zur Äbtissin und Leiterin ihres eigenen Klosters endgültig vollzogen, schloss sie ihre Erzählungen stolz, als sie uns allen davon berichtete.
Ich konnte meine Tante verstehen, denn sie hatte etwas geschaffen, ihr ganzes Hab und Gut sinnvoll angelegt, um für andere Menschen da zu sein, die ihre Hilfe benötigten. Wieder einmal wurde mir bewusst, was für eine bewundernswerte Frau sie war.

Leider konnte ich nicht die ganze Zeit ihres Aufenthaltes in Darmstadt mit meinen russischen Verwandten verbringen, was besonders Dolla und Margarita bedauerten. Am fünfzehnten September kam Andrea nach Heiligenberg zurück. Wir blieben gemeinsam noch zehn Tage dort, dann mussten wir uns von allen verabschieden und reisten zurück nach Griechenland.
Dort stellte ich in den folgenden Wochen fest, dass ich nach vier Jahren wieder schwanger war. Das Kind sollte im Juni des nächsten Jahres zur Welt kommen.

In Athen war der Premierminister Venizelos mittlerweile ins Schwanken geraten, ob die Restriktionen für Andrea und seine Brüder wirklich so angemessen gewesen waren, wie von ihm anfangs noch befürwortet. Er war nun der festen Überzeugung, dass man die königliche Familie zu sehr ausklammerte und wir dadurch alle in eine gewisse Isolation geraten könnten. Eine große Rolle spielten dabei die Uniformen, die keiner der Prinzen mehr tragen durfte. Es verkörperte jedoch einen gewissen Status, der nun eigentlich nicht mehr zählte, denn mein Mann und seine Brüder traten bei öffentlichen Auftritten gezwungenermaßen in ziviler Kleidung wie jeder andere aus dem Volk auf.
Venizelos hatte eine Unterredung mit uns, wobei er meine Schwiegereltern, Andrea und mich davon überzeugte, wieder mehr Zeit in Athen zu verbringen. Auch sollten sich alle Mitglieder der königlichen Familie mehr in das

soziale und kulturelle Leben der Stadt einbringen, um Präsenz zu zeigen. Der Premierminister war der Ansicht, es würde die Popularität wieder steigern. So wurde Nikolaus, der ein sehr talentierter Zeichner in seiner Freizeit war, nun zum Präsidenten der *Nationalgalerie der Schule der feinen Künste* ernannt.

Aus England erhielt ich im März des Jahres 1911 die Nachricht, dass mein Vater am vierundzwanzigsten zum Kommandant der dritten und vierten Division der heimischen Flotte in Sheerness befördert worden war. Die Flotte lag vor der Insel Sheppey in der Grafschaft Kent. Natürlich gratulierte ich ihm zu dieser Beförderung.

Georgie war mittlerweile ein Senior-Seekadett und diente auf dem Kreuzer *Cochrane.*

Mein Bruder Dickie litt Anfang des Jahres an einer Lungenentzündung und sowohl Mama als auch Georgie hatten ihn daraufhin im Internat besucht. Meine Mutter berichtete mir brieflich, dass Dickie sehr enthusiastisch den Geschichten von seinem älteren Bruder aus der Navy gelauscht hatte und für ihn sofort feststand, dass er auch eine Karriere bei dieser machen wolle.

Mama, Nona und Louise engagierten sich karitativ und hatten besonders in den kalten Wintermonaten in den Arbeitervierteln von East End in London sogenannte *Happy Evenings*, fröhliche Abende für kleine Jungen in einer Schule organisiert. Es gab Spiele und ein kleines Unterhaltungsprogramm, um die Kinder von ihrem Elend abzulenken. Dafür ernteten alle drei großes Lob von der Schuldirektion und mehr Menschen begannen sich für die Kinder dort zu interessieren, um zu helfen, als sie von dem Engagement der drei in der Zeitung lasen. Dennoch konnten sie dies nicht lange fortsetzen, da es im Rat der Stadt zwar viele *fortschrittliche Denker* gab, die dieses Engagement vonseiten höhergestellter Persönlichkeiten für etwas hielten, was allein den Status dieser emporheben sollte. Sie verbaten die Nutzung der Schule kurzerhand und meine Mutter war darüber mehr als empört. Denn sie wollte sich mit ihrer Hilfe nicht selbst in ein besonderes Ansehen drängen, sondern nur helfen.

Sie lebten zu der Zeit im angesehenen Stadtteil Kensington und meine Mutter schlussfolgerte, aus ihrem Wohnsitz könne man ihr einen sprichwörtlichen Strick gedreht haben. Ohne Zweifel war Mama aber jemand, der auch sofort in ein Armenviertel gezogen wäre, um zu helfen, denn auch auf eine noble Adresse legte sie keinen Wert.

Nach Papas Beförderung mussten sie nun nach Sheerness ziehen, wo Papa ein Büro in der dortigen Admiralität zugewiesen bekam.

Das neue Zuhause war nur unweit von Papas Büro, aber die Umgebung fand Mama nicht reizvoll. Man übte dort auch die Schützenabwehr, jede

Übung führte dazu, dass selbst im Winter die Fenster des Haues offen bleiben mussten, damit die Scheiben durch das Donnern der Kanonen nicht zerbarsten. Dazu kam die Klebstofffabrik, die in Queensborough, nur unweit von Sheerness lag. Der tagtägliche Gestank war schwer erträglich. Man produzierte diesen aus Tierabfällen und so roch es, laut Mama, stets nach Kadavern.
Sie nahmen es mit Humor. Nun, wo mein Vater Vize-Admiral war, bestand Mamas Aufgabe darin, öfter als üblich Gesellschaften zum Abendessen und auch einmal eine Gartenparty zu veranstalten. Daneben engagierte sich meine Mutter als Präsidentin der Vereinigung von Gattinnen von Seemännern, der *Friendly Union of Sailor`s Wives*.

Am fünfundzwanzigsten März nahmen nur der König und die Kronprinzessin Sophie an den offiziellen Feiern zum Unabhängigkeitstag teil. An diesem Tag gedenken die Hellenen dem Beginn des Freiheitskampfes gegen die Jahrhunderte währende osmanische Fremdherrschaft, die im fünfzehnten Jahrhundert ihren Anfang nahm und 1821 durch das griechische Volk beendet wurde. Es ist ein sehr besonderer Feiertag, doch Andrea und seine Brüder weigerten sich, an den Feierlichkeiten teilzunehmen, da sie bei diesen keine Uniformen tragen durften. Ich verstand dies völlig, hätte meinen Schwiegervater und Sophie gerne begleitet, aber da ich schwanger war, ergab sich diese Möglichkeit für mich nicht. Und mein Mann wäre darüber auch nicht sehr glücklich gewesen, wie er mir zu verstehen gab.
So erwarteten wir die Geburt unseres dritten Kindes, wofür ich mich Anfang des Sommers in unser Haus in Tatoi begab.
Am zweiundzwanzigsten Juni am Nachmittag erblickte unsere Tochter das Licht der Welt. Sie bekam den Namen Cäcilie. Wir riefen sie später aber auch oft Cécile. Ich erholte mich schnell von der Geburt, konnte schon nach zehn Tagen das Wochenbett verlassen, was für die damalige Zeit sehr ungewöhnlich war, doch ich blieb noch in meinen Zimmern.
Da sich die Geburt der Kleinen mit der Krönung in England überschnitten hatte, baten wir George, einer ihrer Paten zu werden, ebenso Onkel Ernie, Andreas Bruder Nikolaus und die Schwester meiner Schwiegermutter, die Herzogin Vera von Württemberg. Die Taufe fand am zweiten Juli, einem Sonntag, in Tatoi statt, wofür der Metropolit aus Athen eigens anreiste.
Unsere Kleine war ein gesundes, rundes Baby und ich freute mich darauf, sie auch bald Mama vorzustellen, wenn wir wieder nach Deutschland reisen würden.

Andrea, Dolla, links, Margarita, rechts und ich mit Baby Cäcilie, Sommer 1911

Eine andere erfreuliche Nachricht überbrachte uns der Premierminister Venizelos bereits Ende Juni. Nach einer heftigen Debatte im Parlament und einer Sitzung, die die ganze Nacht dauerte, hatte er ein Gesetz durchsetzen können, in welchem Andreas Bruder Konstantin wieder zu einem General der Inspektion für die griechische Armee ernannt wurde. Dies war ein kleines Zugeständnis für meinen Gatten und seine Brüder.

Ende Juli reisten wir nach Hessen und blieben bei Tante Onor, Onkel Ernie und ihren Kindern in Wolfsgarten. Dort besuchte uns *Mossy*, eine Schwester von Onkel Willy. Margarethe, wie sie richtig hieß, hatte im Jahre 1893 den Landgrafen Friedrich Karl von Hessen-Kassel geheiratet. Sie führte mit ihrem Gatten eine sehr harmonische Ehe, aus der sechs Söhne hervorgegangen waren. Das Paar lebte überwiegend auf Schloss Rumpenheim bei Offenbach, aber auch in Kronberg im Taunus, dem ehemaligen Witwensitz von Mossys Mutter, der verstorbenen Kaiserin Friedrich.

Im Juli 1911 mit Mossy, links, in Wolfsgarten

Mama kam erst im August aus England und war voller Freude über ihr neues Enkelkind. Sie schloss die Kleine sofort in ihr Herz.

Im September zogen wir mit Mama nach Heiligenberg um und blieben eine recht lange Zeit bei ihr. Da Andrea keine Verpflichtungen in militärischer Hinsicht mehr in Griechenland hatte, konnten wir unsere Zeit frei gestalten und so reisten wir am ersten November mit den Kindern nach Venedig. Erst am achtundzwanzigsten November begaben wir uns auf die Rückreise nach Athen.

Andrea, Nikolaus und Konstantin wurden kurz darauf zu einem Ball für Offiziere der griechischen Marine eingeladen. Sie waren dort keine Ehrengäste, aber Andrea meinte, er müsse sich dort zeigen, um den Schein zu wahren, dass er niemandem etwas übel nehme, den Verlust seines Status bereue. Er wollte sich stolz zeigen, schließlich hatte man sie seit 1909 nicht mehr zu einer solchen Festlichkeit eingeladen.

Mein Vater erklomm dagegen die Karriereleiter in der *Royal Navy* und wurde am sechsten Dezember zum *Senior Sea Lord*, zu einem Unterbefehlshaber des Stabes ernannt. Es ist der höchste Rang eines Senior Admirals in der britischen Marine und er war damit verantwortlich für personelle Fragen sowie die Einrichtungen der Marine an den jeweiligen Ufern, wo diese Schiffe stationiert waren.

Ich berichtete es freudig Andrea und mein Mann nahm es hin, wenngleich es ihn auch sicher schmerzte, wie die Männer in meiner Familie in militärischer Hinsicht Karriere machten und seine auf das sprichwörtliche Eis gelegt war.

Für meinen Schwiegervater war die Situation in Griechenland schwierig, denn er versuchte sich zu beugen, aber gestand uns einmal, er fühle sich, als lebe er auf einem Vulkan. Während des Putsches war es nicht nur einmal vorgekommen, dass er und auch andere Familienmitglieder stets mit gepackten Koffern in ihren Zimmern lebten, um das Land jederzeit auf einem der englischen Schiffe vor der Küste verlassen zu können. Und für Andrea und seine Brüder war diese schwankende Machtposition des Vaters belastend.

Wir versuchten alle stets Haltung zu bewahren, aber dennoch fürchtete man, es könne sich wieder etwas ändern und vor allem meinem Gatten und seinen Brüdern neue Repressalien auferlegt werden. Es war nicht so, dass das griechische Volk seinem König gegenüber nicht loyal war, doch es gab antimonarchistische Strömungen sowie die Griechen auf Kreta, die die Zugehörigkeit zu Griechenland forderten, aber einsehen mussten, dass ihr König seine Macht nicht dahingehen ausspielen konnte, ihre Forderung durchzusetzen.

Im Jahre 1911 in Galakleidung, ein offizielles Porträt von mir auf einer Ansichtskarte

So neigte sich das Jahr 1911 dem Ende und wir gingen fast erwartungslos in das neue Jahr 1912 über.

Im Februar besuchte uns Louise und ich freute mich sehr über ihre Anwesenheit. Es war zu jener Zeit bitterkalt in Athen und der Palast immer noch in gleichem Zustand wie nach dem Brand, für den man keine Ursache hatte finden können. Der mittlere Teil des Palastes war unwiederbringlich zerstört, man begann ihn neu aufzubauen, aber um vonm linken Teil in den rechten zu gelangen, musste man nun außen herumgehen. Louise meinte, so käme man immer in den Genuss einer kleinen Brise frischer Luft. Meine Schwester war vernarrt in meine Töchter, doch Cécil hatte gerade erst begonnen zu krabbeln. Sie war ein fröhliches kleines Baby, aber Margarita und Dolla konnten die Gesellschaft ihrer Tante mehr schätzen, denn Louise erklärte sich sofort bereit, etwas mit ihnen zu unternehmen. Beide Mädchen waren mit ihren nun sieben und sechs Jahren alt genug, um mit uns Erwachsenen das Mittagessen gemeinsam einzunehmen. Es war für sie etwas Besonderes, nicht mehr allein mit ihrem Kindermädchen zu speisen, denn so konnten sie zeigen, wie gut sie sich benehmen konnten, und sie enttäuschten mich nie. Manchmal sehnte ich mich danach, ihre Stimmen nur einmal hören zu können. Sie hatten lernen müssen, mit einer Mutter zu leben, die auf eigene Art Strenge zeigen musste, statt mit lauter Stimme oder verbalen Aufforderungen etwas nicht zu tun. Ich hob meist einfach einen Finger. Das reichte aus, denn meine beiden Schätze waren sehr rücksichtsvoll, eher pflegeleichte kleine Mädchen.
Louise nahm Margarita und Dolla mit zu den Feierlichkeiten an Karneval, folgten der Prozession, wobei sie Konfetti, bunte Papierkügelchen und Bänder in die Menge warfen, wie sie mir später freudig und gestenreich erzählten.
Einmal fuhren sie mit meiner Schwester zum Strand von Phaleron, wo sie auf den kleinen Felsen herumkletterten, um Krabben zu fangen.
Für beide Mädchen hatte der erste Unterricht begonnen und so bekamen sie von ihrem Kindermädchen die ersten Lektionen in Griechisch und Englisch, obwohl beide es neben Deutsch schon sehr gut sprachen. Für ihre körperliche Ertüchtigung erhielten sie Gymnastikstunden bei einer schwedischen Lehrerin.
Ich hätte gerne Ränke geschmiedet für meine Schwester, um sie mit Andreas Bruder Christo zusammenzubringen, denn beide empfanden immer noch etwas für den jeweils anderen und dennoch war seine ungeklärte finanzielle Situation zu gewichtig, als dass ich etwas hätte erreichen können. Tante Alix hatte Christo einen groß gewachsenen, dicklichen Jungen genannt und andere Stimmen in der Familie kritisierten seine Kurzsichtigkeit, die

Plumpheit seiner Statur. Diese Meinungen teilte ich nicht, zudem musste Louise ihn lieben, nahm ihn so wie er war. Für sie zählte sein Charakter, wie man sich verstand. Aber die Familie war gegen eine Heirat, daran gab es auch nichts zu rütteln und so tat mir meine Schwester sehr leid. Vielleicht war sie auch mit der Hoffnung im Herzen nach Griechenland gekommen, dass ich ihr helfen könne. Meine Schwiegereltern hatten nichts gegen eine eventuelle Vermählung der beiden einzuwenden, aber sie verstanden meine Eltern auch. Doch die arme Louise wurde nicht jünger, wie sie selbst anmerkte, und sie wollte auf keinen Fall als alte Jungfer enden, die an Mutters Seite ihr Leben verbrachte, auch wenn sie deren Gesellschaft natürlich schätzte.

Während Louises Anwesenheit in Athen ging ich morgens wieder in die Handarbeitsschule, da ich meine Technik verbessern wollte. Und meine Präsenz dort war sehr erwünscht, was sich auch positiv für meinen Gatten auswirkte. Jedenfalls fand ich es auch aus diesem Grund wichtig dorthin zu gehen.

Im März standen wieder Wahlen in Athen an. Mein Schwiegervater wollte während dieser Zeit nicht in Griechenland sein. So drängte er Andrea, Louise, Christo, Minnie und mich, ihn auf einer viertätigen Seereise im Mittelmeer auf der königlichen Yacht zu begleiten, bis die Stimmen ausgezählt waren. Mehr als erleichtert erhielten wir danach die Nachricht, dass man Venizelos wiedergewählt hatte.

Es kehrte etwas Ruhe in Griechenland ein. Die Presse verstummte, es folgten keine negativen Schlagzeilen über das Königshaus mehr. Man behandelte die Feindseligkeiten gegenüber dem König und dem Kronprinzen einfach so, als hätte es diese nie gegeben.

Man kreidete lediglich meiner Schwägerin, der Kronprinzessin Sophie an, sie würde sich nicht genug mit der griechischen Bevölkerung befassen, sich zu wenig in die Probleme der Menschen einbringen, dabei engagierte sie sich unter anderem schon lange für die Aufforstung von Wäldern, die jedes Jahr in den heißen Sommern vernichtet wurden, und sie war eine der Mitbegründerinnen der griechischen *Organisation zum Schutze der Tiere*. Wie meine Schwiegermutter Olga leitete sie daneben auch Suppenküchen für die Armen, übernahm Schirmherrschaften für Hospitäler und Waisenhäuser.

So waren die Anfeindungen in der Presse wohl mehr dem Zwecke dienlich, überhaupt etwas zu schreiben und eine reine Verleumdung eines durchaus mehr als engagierten Mitglieds der königlichen Familie.

Meine Schwester reiste am sechsten Mai ab und war froh, dass sich die Spannungen in Griechenland beruhigten, da sie auch stets, wie der Rest meiner Familie, um uns besorgt war.

In diesem Sommer waren wir zuerst in Tatoi und reisten dann weiter nach

Korfu, wo wir ein ruhiges, beschauliches Leben mit unseren drei Kindern genossen.
Onkel Ernie war im April mit seiner Familie nach Russland zu Tante Alix gereist. Mama nahm nun im Juli 1912 diese Reise auf sich, wobei Nona sie begleitete.
In meiner Familie traf man einander sehr gerne und Tante Irene war für Mama greifbarer als Tante Ella und Tante Alix in Russland, denn Hemmelmark war leichter zu erreichen, als sich auf die sehr lange und auch anstrengende Reise nach Russland zu begeben.
Natürlich berichtete mir meine Mutter alles schriftlich, was sie auf der Reise erlebte. Sie besuchte zuerst Tante Ella in Moskau, die nun das erste Kloster für Frauen, geführt von einer Äbtissin, in Russland leitete. Sie war sehr stolz auf das, was sie geschaffen hatte. Tante Ella hatte ihr Leben von Grund auf geändert, lebte direkt bei den Schwestern und trug ihre graue Uniform mit dem weißen Schleier ihres Ordens wie eine königliche Robe, fand Mama. Sie war auf ihre Weise angekommen im Leben und liebte ihr *Martha-und-Maria-Gewand*, wie sie es selbst nannte.
Das kleine Haus nahe des Konvents, welches dem sie umgebenden Milieu entsprach, war nicht gerade einladend, denn es war voller Käfer. Und nach einer schlaflosen Nacht zogen Mama und Nona in Ellas kleines Haus mit ein. Dort gab es nur einen großen Aufenthaltsraum, der mit einfachen Korbmöbeln eingerichtet war. Sie aßen in dem Raum, es wurden Gäste dort empfangen, bei denen es sich zumeist um alte Freunde Tante Ellas oder Angehörige anderer Kloster handelte. Meine Mutter hatte etwas Russisch gelernt, doch es reichte bei Weitem nicht aus, um die Menschen zu verstehen, und sobald ihre Schwester den Raum verließ, konnte sie sich nicht mehr unterhalten. Verständlicherweise für meine Mutter eine große Tragik, da sie so gerne sprach. Und so merkte sie in ihrem Brief an, dass sie das Gefühl bisher nicht gekannt hatte, *sprachlos* zu sein.
Der Sommer war sehr heiß und meine Mutter kam langsam in ein Alter, in dem ihr das Reisen doch etwas mehr Mühe bereitete. Sie hörte von den Konflikten auf dem Balkan, hatte Angst um Andrea, mich und die Kinder, musste sich aber auch sogleich um Tante Alix sorgen, die sie nach dem Besuch bei Tante Ella in Peterhof traf.
Sie fand ihre Schwester verändert vor, da diese zusehends neurotisch wurde, schwierig im Umgang, da sie keinerlei Kritik an ihrem Zutrauen zu dem Mönch Rasputin zuließ. Mama musste hinnehmen, dass ihre Schwester sich selbst als sorgenvolle Frau bezeichnete, die nur in den Gebeten des Mönches noch einen Halt fand. Ihr Leben drehte sich hauptsächlich um ihre eigene labile Gesundheit und die ihres Sohnes. Wenn sie danach gefragt wurde, wie sie sich fühlte, antwortete sie, dass die Ärzte mit dem Zustand

ihres Herzens zufrieden seien, sie habe aber Schmerzen im Rücken, in den Beinen, die Massagen, sehr sanft ausgeführt, würden keine Linderung bringen. Man vermute sogar, sie leide an einem Venenproblem. Ihre Herzschmerzen waren aber dennoch so schlimm, dass sie seit drei Jahren kaum noch selbst lief, sondern immer im Rollstuhl geschoben wurde. Nur bei offiziellen Anlässen lief sie selbst.
Sie meinte, sie bekäme Luftnot und Herzrasen, wenn sie lange selber gehen müsse, und für meine Mutter war dies eher eine Form von psychosomatischer Erkrankung als ein wirkliches Leiden. Ihre Schwester war zweifelsohne zu einem wahren Hypochonder geworden, was meine Mutter sehr entsetzte. Stets kam etwas Neues hinzu, wie die Nervenschmerzen im Gesicht, die bei seelischer Belastung für Tante Alix unerträglich wurden und in Migräneattacken endeten.
Während Mamas Besuch lag ihre Schwester also die meiste Zeit in ihrem Zimmer auf einer Chaiselongue oder auf einem Bett. Einmal hatte jemand gewagt, ihr zu sagen, dass sie wirklichen Sorgen begegnen könne, ihr der Herr schwere Prüfungen auferlegen könne und dann würde sie dem nichts entgegenzusetzen haben. Es verletzte meine Tante sehr, dennoch war sie auch aus Mamas Sicht eine *Queen of Sorrows*, Königin der Sorgen. Und sie fand schon in den Briefen der Schwester merkwürdig, dass ihr immer nur berichtet wurde, wie es Alexei ging, ebenso war es nun bei ihrem Aufenthalt in Peterhof. Es drehte sich alles um den Jungen. Er hatte sich verletzt und konnte nach einer Attacke der Hämophilie kaum laufen. Es war schon für Mama verständlich, dass ihre Schwester sich sorgte, aber als sie im August abreiste, ging es ihm etwas besser.
Meine Mutter war Leiden anderer gegenüber nie gefühlskalt begegnet, aber sie meinte auch, man müsse sich nicht jedes Mal zu Tode sorgen, sondern stets an eine Heilung oder Besserung glauben. Mit anderen Worten brachte *den Kopf in den Sand zu stecken* überhaupt nichts.
Einige Jahre später, als das Schicksal Tante Alix und ihre Familie wirklich hart traf, revidierte sie ihre Meinung über ihre Schwester, doch zu jenem Zeitpunkt, im Sommer 1912, kam ihr die Schwester nur sehr merkwürdig in ihrem Verhalten vor und war ihr etwas fremd geworden.
Da Tante Alix Kritik nicht vertragen konnte, akzeptierte sie auch keinerlei Einmischung oder Anregung, wenn sie den Sohn verhätschelte, die Mädchen aber stets zurückstecken mussten. Dabei waren Olga und Tatjana mit ihrem Vater in der Oper gewesen, als man dort den russischen Premierminister Stolypin erschoss. Beide hatten seinen Tod nur unweit von sich mit ansehen müssen.
Für Mama, so sagte sie, war an dem Besuch eigentlich nur die Anwesenheit der stets fröhlichen Mädchen und Alexeis, wenn es ihm gut ging, erträglich.

Onkel Nicky war freundlich, aber meist zu beschäftigt, um Zeit mir ihr zu verbringen. Sie sahen sich oft nur beim gemeinsamen Essen. Mama wollte ihren Schwager aber nicht mit ihren Gedanken über ihre Schwester belasten und behielt ihre Meinung ihm gegenüber für sich.
Sowohl Mama als auch Onkel Ernie hatten versucht, Tante Alix davon zu überzeugen, Rasputin nicht länger in ihr Leben zu lassen, da sie ihn für eine Gefahr hielten, doch es war sinnlos. Und zudem entzweite seine Anwesenheit auch Ella und Tante Alix, denn die ältere Schwester war keineswegs begeistert über den Einfluss des Mönches auf die jüngere.
Als Mama wieder in Deutschland war und zu Tante Irene nach Hemmelmark reiste, wo sie Louise und Dickie aufhielten, fühlte sie sich etwas wie ihre Großmutter Victoria, die ihre Enkelinnen vor einer Heirat nach Russland gewarnt hatte. Sie schrieb mir, dass sie die Großmutter nun endlich verstanden habe in ihren Ängsten.

Im Oktober des Jahres sollte sich für meinen Mann und seine Brüder sowie für mich die Möglichkeit eröffnen, sich wieder mehr für das Land zu engagieren, wenngleich auch verbunden mit den beiden *Balkankriegen.*
Im Vorfeld des *Ersten Balkankrieges* hatte es bereits gekriselt.
Im Jahre 1908 hatte Russland eine diplomatische Niederlage einstecken müssen, als Österreich-Ungarn Bosnien und Herzegowina annektierte. Einige dieser Gebiete hatten bis dato völkerrechtlich zum Osmanischen Reich gehört. Österreich-Ungarn hatte diese Gebiete bereits im Juli 1878 besetzt sowie einige Städte. Im Oktober 1903 beschlossen dann Österreich und Russland durch die sogenannten *Mürzsteger Protokolle,* gemeinsam die Unruhen auf dem Balkan in den Griff zu bekommen.
Im Folgenden einigten sich der österreichische und der russische Außenminister im September 1908 darauf, dass man Österreich Bosnien und Herzegowina zwar gerne überließe, aber die russischen Kriegsschiffe sollten im Gegenzug das Recht erhalten, freie Durchfahrt durch den Bosporus und die Dardanellen zu erhalten. Für Österreich-Ungarn klang dies vielversprechend, denn man verwaltete die Provinzen seit nunmehr dreißig Jahren und der Verwaltungsvertrag mit dem Osmanischen Reich lief im Jahre 1908 aus. Durch Revolutionen im eigenen Land war das Osmanische Reich geschwächt und innere Reformen für Bosnien und Herzegowina schienen verlockend, denn so konnte Österreich den Provinzen den eigenen Stempel aufdrücken. Es gab zudem mehrere Krisenherde in der Nähe. Kreta forderte den Anschluss an Griechenland, in Bulgarien, welches unter der Oberhoheit der Türken stand, erklärte man sich für uneingeschränkt souverän und im Zuge dessen wurde Fürst Ferdinand I. von Bulgarien zum Zaren ausgerufen. Offiziere, sogenannte *Jungtürken*, erzwangen im Juli 1908 im Osmanischen

Reich die Wiedereinführung der Verfassung von 1876, was ein klarer Affront gegen Österreich war, denn es sollten Parlamentswahlen stattfinden, die auch Bosnien und Herzegowina betrafen. Formell gehörten die beiden Provinzen noch zum Osmanischen Reich, doch Österreich hatte sie modernisiert, verwaltet und strukturell aufgebaut. Kaiser Franz Joseph I. von Österreich-Ungarn sah den Jahrzehnte währenden Einsatz in den Provinzen gefährdet und annektierte kurzerhand beide Provinzen, verstieß damit aber gegen den Verwaltungsvertrag von 1878.
Diese Annexion richtete sich nun nicht nur gegen das Osmanische Reich, sondern auch gegen Serbien, das alle Südslawen in einem Staat einen wollte.
Nun äußerte der österreichische Generalstabschef Franz Conrad von Hötzendorf die Möglichkeit einer Erweiterung des Machtbereichs des Kaisers, indem man Serbien erobern, Montenegro politisch ausschalten oder wenigstens einengen sollte. Für die Südslawen schlug er vor, dass man sie in das Habsburgerreich integriere, so wie Bayern im Deutschen Reich mit einem Sonderstatus integriert sei. Auch konnte man dann in einem Zuge gleich Albanien besetzen, das westliche Mazedonien, um strategisch Saloniki als eine österreichische Basis an der Ägäis zu nutzen. Seine imperialistischen Bestrebungen, die im Grunde genommen alle West- und Südslawen dem österreichischen Reich unterstellen sollten, rechtfertigte er mit dem Missionsgedanken der christlichen Kultur. Der österreichische Außenminister Alois Lexa von Aehrenthal wies solche Bestrebungen aber ab, da er darin eine zu große Gefahr für einen Affront gegen die Machtpositionen der anderen führenden Mächte Europas sah.
Die Annexion von Bosnien und Herzegowina durch Österreich löste natürlich wütende Proteststürme im Osmanischen Reich aus, wie auch in Serbien und Russland, denn gerade Onkel Nicky fühlte sich betrogen, als England nun einschritt, Einspruch erhob und die Durchfahrt von Kriegsschiffen Russlands durch die Dardanellen nicht duldete.
Einige Wochen bestand die Gefahr, dass es zu einem Krieg kommen könnte, da England und Russland nun Österreich drohten, das Osmanische Reich wieder in seiner alten Rechtsstellung einzusetzen. Österreich musste einen Handelsboykott seiner Waren von Seiten des Osmanischen Reiches aus hinnehmen, wodurch der Handel für Österreich doch nicht unerheblich litt.
Anfang des Jahres 1909 konnte man die jungtürkischen Revolutionäre endlich blutig niederschlagen. Ein drohender Krieg konnte nur verhindert werden, da ein militärisches Gleichgewicht zwischen dem Deutschen Reich und Österreich zu jenem Zeitpunkt nicht gegeben war und Russland noch vom verlorenen Russisch-Japanischen Krieg geschwächt, sich nicht auf seinen Bündnispartner Frankreich berufen konnte. Frankreich hielt ein Einschreiten

nicht für erforderlich, da es aus seiner Sicht Russland nicht militärisch zur Seite stehen musste. Man war der Überzeugung, der Konflikt würde sich auch ohne einen Krieg lösen lassen.
Das Deutsche Reich stand seit 1879 in einem geheimen Defensivvertrag, dem *Zweibund* mit Österreich-Ungarn und stellte sich so hinter seinen Partner, womit man Russland zum Nachgeben drängte.
Nach einigem Hin und Her beschloss Österreich, sich die Verwaltung von Bosnien und Herzegowina mit Ungarn zu teilen, da unter anderem Provinzen von Bosnien im Mittelalter zu Ungarn gehört hatten.
Für Österreich war die Annexion von Bosnien und Herzegowina nicht wirklich ein Gewinn, denn die Provinzen dort waren sehr arm, es gab nichts daraus zu erwirtschaften und nun musste man diese auch gegen Feinde verteidigen, innere und äußere Unruhen, die durchaus schwelten unter den verschiedenen Volksstämmen, im Zaum halten, wofür aber keine Bündnispartner zu Hilfe gerufen werden konnten. Der Herrschaftsanspruch Österreich-Ungarns beschränkte sich nur auf einen Rechtstitel für Bosnien und Herzegowina, der in Europa von den anderen Mächten nicht anerkannt wurde.
Österreich einigte sich im Folgenden mit dem Osmanischen Reich, so zahlte man fünfzig Millionen Kronen an dieses, verbesserte Handelsverträge, zog seine Truppen zurück und im Februar des Jahres 1909 erkannte das Osmanische Reich die Annexion an.
Russland gründete nach seiner diplomatischen Niederlage den Balkanbund mit Serbien und Bulgarien unter seiner Patronage. Griechenland und Montenegro schlossen sich dem Bündnis folgend an. Sicherheitspolitisch war nun nicht mehr länger Österreich das primäre Ziel, sondern das Osmanische Reich. Serbien und Bulgarien erklärten sich einverstanden für neu gewonnene Gebiete einen Schiedsspruch von Onkel Nicky zu akzeptieren. Griechenland mit seinen politischen Unterstützern England und Frankreich lehnte eine russische Oberhoheit ab und man bestand darauf, dass solche Entscheidungen nicht in der Hand Russlands, sondern durch eine internationale Konferenz geregelt werden sollten. Russland war unsicher, was seine Bündnispartner England und Frankreich betraf, wenn es in der Balkanfrage zu politischen Unstimmigkeiten kommen sollte. Anfang Oktober stimmte Russland nun einer im Namen aller Großmächte gestellten diplomatischen Note zu, die den territorialen Status quo am Balkan für gegeben ansah. Doch damit waren die Balkanstaaten nicht einverstanden, da sie die Deklaration als wirklichkeitsfremd ansahen.
Bevor der *Erste Balkankrieg* ausbrach, waren die bulgarischen Streitkräfte 233.000 Mann stark, die serbischen rund 130.000, die montenegrinischen 31.000 und die griechischen 80.000. Während des Krieges wurden natürlich

dann weitere Männer eingezogen, sodass Serbien dann fast 400.000 Mann unter Waffen hielt, Bulgarien 600.000 und Griechenland 300.000. Griechenland hatte den Vorteil, als einziger der Balkanstaaten auch eine Kriegsmarine zu besitzen.

Die osmanische Truppenstärke auf der Balkanhalbinsel umfasste etwa 290.000 Mann, die aber wie das gesamte osmanischen Heer schlechter ausgerüstet waren als die Truppen des Balkanbundes. Zudem hatten sie noch eine veraltete, aus dem neunzehnten Jahrhundert stammende Kommunikationsstruktur. Nachschub an Truppen konnte man nur über Asien anfordern, wobei die griechische und die bulgarische Marine dies behinderten, auch konnte man Truppen aus dem Kaukasus nicht entbehren, da man dort bald eine russische Invasion befürchtete. Seit September 1911 befand sich das Osmanische Reich auch noch in einem Krieg mit Italien, der sich im Mittelmeer und in Nordafrika abspielte.

Am fünfundzwanzigsten September 1912 erklärte Montenegro dem Osmanischen Reich den Krieg, am sechzehnten Oktober sollten dann Bulgarien und nur einen Tag später Serbien, Bulgarien und Griechenland folgen.

Der *Italienisch-Türkische Krieg* lief für das Osmanische Reich schlecht, man erlitt zahlreiche Niederlagen und so bedeutete ein zweiter Krieg für das Reich nun eine noch größere Schwächung.

Der Premierminister Venizelos war, wie viele Griechen, von dem Wunsch beseelt, das griechische Reich zu vergrößern und eventuell bis nach Konstantinopel vorzudringen. Zudem besetzten die Türken Gebiete in Thrakien, Mazedonien und der Ägäis. Ferner war die Frage um Kreta immer noch nicht geklärt, welches man Griechenland anschließen wollte.

Am zweiten Oktober bereits reiste Andrea aus Korfu nach Athen ab, denn er wollte seinen Teil beitragen, eventuell endlich wieder eine militärische Verpflichtung wahrnehmen. So wurde er beim Verteidigungsministerium vorstellig, bot sich selbst als Freiwilliger an, wenn man ihn brauchen sollte. Venizelos brauchte fähige Männer und setzte durch, dass alle königlichen Prinzen wieder ihre Verpflichtungen beim griechischen Militär aufnehmen konnten. Konstantin wurde als Oberbefehlshaber eingesetzt. Es war für meinen Mann und seine Brüder bewegend, endlich wieder für ihr Land kämpfen zu dürfen, was ich verstand, denn es war ihre Heimat, die es zu verteidigen galt.

Andrea wurde mit seinen anderen Brüdern am einundzwanzigsten Oktober wieder offiziell im griechischen Militär eingesetzt. Man ernannte meinen Mann zu einem Oberstleutnant des dritten Regiments der Kavallerie. Noch bevor man das Ganze offiziell machte, waren sie bereits alle nach Larissa in der Region Thessalien gereist, wo sich eine Feldarmee befand, die Konstantin nun leitete. Man hatte dort etwa hunderttausend Mann rekrutiert, es gab

eine Infanterie und eine Kavallerie. Diese Truppe bestand auch aus Reservisten sowie Hilfstruppen, etwa achtzigtausend Mann waren aber militaristisch geschult, also Soldaten, die der Armee angehörten.
Für die weiblichen Mitglieder der Königsfamilie war es selbstverständlich, sich nun karitativ zu engagieren und so erwartete man, dass ich mich in der Handarbeitsschule in Athen und ihren Außenstellen einbrachte. Es gab dort mittlerweile sehr viele beschäftigte Frauen und so wies ich diese an, Kleidung für die Soldaten und die Flüchtlinge, die der Krieg mit sich bringen würde, anzufertigen. Nur einen Monat nach Ausbruch des Krieges waren bereits achtzigtausend Kleidungsstücke produziert worden. Es wurden daneben auch sogenannte Bashliks, traditionelle Kappen aus Wolle, Leder oder Fell angefertigt, die nach oben spitzförmig sind, aber zwei lange Stoffstücke an den Seiten haben, die man um den Hals binden kann, um den guten Halt zu gewährleisten. Als ich später während des Krieges durch das Land reiste, sah ich viele Soldaten, die diese Kappen trugen, die wir in der Schule gefertigt hatten.
Ich begleitete meinen Mann und seine Brüder, als sie nach Larissa reisten, doch ich wurde bald in Elassona in der Nähe gebraucht, wo Reservisten warme Kleidung benötigten, die ich für sie mit Spenden sammeln wollte, und ich wollte ein Hospital dort aufbauen, in dem man die Erstversorgung von verletzten Soldaten gewährleisten konnte. Dafür schrieb ich an Mama und sie organisierte die Sendung von zwei ausgebildeten Krankenschwestern aus dem *Alice-Krankenhaus*, welches ihre Mutter einst aufgebaut hatte, aus Darmstadt. Ich unterrichtete Mama bald schriftlich von meinen Eindrücken, die nur schwer zu ertragen waren.
In Larissa hörte ich am zweiundzwanzigsten Oktober von etwa zwanzig Soldaten, die teilweise schwer verwundet nach Elassona gelangt waren. Nach vierzehn Stunden Fahrt über teilweise sehr schlechte Straßen erreichten sie endlich den Ort. Sie mussten über den Bergpass bei Melouna an der Grenze, der berüchtigt war, da es dort Steine gab, die die Straße blockierten, wenn sie vom Hang fielen, jederzeit konnten bei kleinsten Erschütterungen große Brocken auf den Pass hinunterstürzen, alles unter sich begraben. Mehrere von ihnen waren so schwer verwundet, dass man sie nicht nach Larissa ins Militärhospital bringen konnte, was mich darin bestärkte, ein kleines Hospital in Elassona zu errichten.
Ich organisierte einen Wagen und fuhr nach Elassona, wo ich mich auch gleich nach einem geeigneten Haus umsah. Man sagte mir, es würde die nächsten zwei Tage keine schweren Kämpfe in der Gegend geben und so ließ ich eilig einiges aus dem Hospital in Larissa herbeischaffen, auch um einen Operationssaal für Notfälle einzurichten. Mich begleiteten Madame Agyropoulo, die Gattin des Präfekten von Larissa, in deren Haus ich dort

lebte, ein Chirurg, sein Assistent und Schwester Margarethe aus Darmstadt, die eine Ausbildung in chirurgischer Erstversorgung hatte und gerade erst angekommen war, dennoch sofort helfen wollte. Um elf Uhr machten wir uns auf den Weg nach Elassona und trafen dort um halb fünf Uhr nachmittags ein. Die Straßenverhältnisse waren erbärmlich, sodass wir regelrecht durchgeschüttelt wurden, als wir dicht an Abgründen vorbeifuhren, über Steine und dann blieben wir auch noch zweimal in versandten Flussbetten stecken, sodass wir erst nach einer Stunde weiterfahren konnten.
Wenn wir durch Dörfer fuhren, grüßten uns die Menschen freundlich, kamen zu uns, um uns auf die Wangen zu küssen, einige weinten vor Freude, dass Hilfe kam. Hier hatten die Menschen lange unter den Türken gelitten, manche hatten Verletzungen erlitten, zeigten uns Narben, die von der militärischen Strenge der Herrschaft zeugten. Sie riefen aus, dass man sie nun befreien würde von den Unterdrückern oder dass Gott es nicht länger zulasse, denn fünfhundert Jahre seien genug.
Als wir in Elassona ankamen, uns einrichteten und ich endlich die griechische Flagge auf dem Dach meines Hospitals wehen sah, erfüllte es mich mit unendlichem Stolz. Es war einer der beeindruckendsten Momente meines Lebens.
Doch wir waren noch nicht vollständig eingerichtet, um wirklich allen Verwundeten zu helfen.
Am einundzwanzigsten Oktober waren die osmanischen Truppen beim Sarandaporos-Fluss, der durch die griechischen Regionen Epirus und Westmazedonien fließt, geschlagen worden.
Man berichtete uns in Elassona von den schweren Kämpfen und dass viele Verletzte in den nächsten Tagen eintreffen könnten. Da mein Hospital noch nicht vollständig eingerichtet und auch einer sehr großen Anzahl verwundeter Soldaten nicht gewachsen war, organisierte ich, dass man eine Schule bereitstellte. So mussten wir verlassene Häuser ehemals ansässiger Türken plündern, um an Matratzen, Federbetten und lange Kissen zu gelangen, damit zwei Männer in einem Bett liegen konnten. So waren wir bald gut genug ausgerüstet, um wenigstens hundertundzwanzig Verwundete aufzunehmen. Über Nacht forderte ich weitere Krankenschwestern aus Larissa an.
Ich schickte meinen Chirurgen und seinen Assistenten zur Erstversorgung Verletzter zum Schlachtfeld. Hierfür musste ich ein Automobil des Generalstabspersonals requirieren und unterzeichnete selbst die Order hierfür, obwohl es sich eigentlich meiner Befugnis entzog.
Die Armee hatte eigentlich auch gute Chirurgen, männliche Krankenschwestern, die erste Verbände auf dem Schlachtfeld anlegen konnten, aber sie waren einfach nicht in der Lage, in den Kriegswirren Transporte von

Verletzten in die nächste Stadt zu organisieren und hatten auch keine Ahnung davon, wie man auf die Schnelle ein Hospital an der Front einrichtete. Sie waren nicht in der Lage zu improvisieren, Essen und noch mehr Verbände her- und bereitzustellen. Man kann sagen, dass ihnen das Organisationstalent fehlte. Das Rote Kreuz von Athen war langsam und die Vereine von anderen Ländern ebenso. Es gab kein wirklich gut eingerichtetes Hospital nahe des Kriegsschauplatzes, als das in Athen.
So musste ich bei der Militärbehörde vorstellig werden, um alles zu erhalten, was man benötigte, um in vierundzwanzig Stunden einen gut eingerichteten Operationssaal bereitstellen zu können. Es fiel mir nicht schwer, weil ich für meine Sache einstehen musste. Die schlechten Verhältnisse fand ich unzumutbar, wenn Männer für das Land ihr Leben riskierten, um es zu verteidigen. Dann musste man ihnen auch die bestmögliche Versorgung bieten, wenn sie in den Kämpfen verletzt wurden.
Offiziell fühlte sich in Larissa und Elassona jedoch niemand zuständig, Transporte von Verwundeten von der Front in ein Hospital zu organisieren, Schwerverletzte oder Leichtverletzte mit Essen zu füttern, zu versorgen. Es gab keine Milch, keine Suppe, Kaffee oder Tee, Schokolade oder Cognac für Verletzte, um ihnen wenigstens eine kleine Freude zu machen.
Ich sah die Schuld beim französischen General Eydoux und dem Chefarzt Arnaud, den man zwar angewiesen hatte, schon vor Ausbruch des Krieges, als es auf eben diesen hinauslaufen würde, alles schnell zu organisieren, wobei jeder wusste, dass die Franzosen sich nicht mit den Angelegenheiten des Roten Kreuzes befassen wollten. Die Königin und wir anderen weiblichen Mitglieder des Königshauses argumentierten, wiesen auf die Zustände hin, bettelten um Hilfe, aber auch, wenn man beiden vorwarf, dass sie einen nur vertrösteten, wandten beide ein, sie würden sich schon kümmern, wenn es nötig wäre.
Bis zum Morgengrauen um sechs Uhr dreißig hörten wir Schüsse in der Ferne, die Kämpfe dauerten schon sehr lange. Die ersten Verwundeten trafen etwa zwei Stunden später durch meinen Chirurgen Meerminga ein, der sie in dem Automobil nach Elassona gebracht hatte. Als sie ankamen, stand nur Schwester Margarethe bereit, die anderen Schwestern waren noch nicht eingetroffen, und da es viele Verletzte waren, ergriff Madame Agyropoulo mit mir die Initiative und wir banden uns Schürzen um, setzten Schwesternkappen auf und begannen den Ärzten zu helfen. Wir brachten die ersten Verwundeten in der Schule unter, wo Matratzen bereitlagen und wir auch schon Verbandsmaterial hergestellt hatten. So wechselten wir die Erstverbände, und nachdem die Ärzte die Wunden versorgten, legten wir neue an. Es waren oftmals schreckliche Verwundungen. Manche waren sehr tief, grauenhafte Verletzungen, verursacht durch Granaten, gebrochene

Knochen und Schusswunden. Bei den Operationen mussten wir den Ärzten auch assistieren, von denen manche schwer mit anzusehen waren, rannten dann in aller Eile den Korridor hinunter, um Sterbende zu trösten, andere Verletzte in den Operationssaal zu bringen. Es war schlimm, wenn die Verwundeten in ihrer Agonie schrien, sich auf den Matratzen wanden, gepeinigt von Schmerzen, doch wir hatten keinen Raum übrig, in den wir diese hoffnungslosen Seelen hätten bringen können, damit die anderen nicht zu Zeugen ihres Todeskampfes wurden.
Es gab kein richtiges Licht, nur ein oder zwei schlechte Lampen. Ein jeder rief nach etwas zu essen und zu trinken. Zudem hatte es für viele Stunden fürchterlich geregnet, sodass sie alle nass waren, froren.
Man brachte immer mehr Verwundete zu uns, sodass es bald zweihundertundfünfzig Mann waren. Von acht Uhr dreißig an bis nachts um drei Uhr dreißig empfingen wir Verwundete, Sterbende und versuchten sie alle unterzubringen.
In der Ecke eines Raumes fand ich nach langem Suchen eine Öllampe und nahm etwas Öl von einer anderen sowie einen kleinen Topf, damit ich mit etwas Wasser und einer Dose Kondensmilch aus meinem privaten Besitz etwas zu trinken bereitstellen konnte. Es ließ sich nur leicht erwärmen und war sicher nicht sehr genießbar, aber so bekamen wenigstens einige Männer etwas warme Flüssigkeit. Ich ging von Mann zu Mann, verteilte kleine Schlucke, bis alles aufgebraucht war. Dann erstellte ich neues, doch ich konnte nicht jedem etwas geben.
Bei einer Operation musste ich assistieren, während neben mir auf einer Trage ein Sterbender lag. Nebenbei versuchte ich wieder etwas zu trinken herzustellen und zu erwärmen, rührte in dem Topf und der Mann flehte mich an, ich solle seine Hand halten, was ich auch so gut es ging versuchte, während das Blut von dem Verwundeten auf dem Operationstisch auf meine Schürze und meine Schuhe tropfte. Ich kam dabei nicht zum Nachdenken, sonst hätte es mich vielleicht verlangt zu weinen angesichts all des Grauens, was mich und die anderen umgab. So ging das alles drei Tage und drei Nächte, wobei es nur kurze Pausen gab, bei denen ich mich auf einen Stuhl setzte, den Kopf an die Wand lehnte und kurz wegdöste. Ab und an konnten wir in das nahegelegene Haus eines Bauern gehen, um dort zu schlafen, aber es war zugig dort, kalt und es gab nichts zu essen. Ich blieb die ganzen Tage in den selben Sachen, kam nicht dazu meine Kleidung zu wechseln.
In der ganzen Zeit aß ich jeden Tag nur eine Brotkruste und trank eine Tasse türkischen Kaffee.
Und es kamen immer neue Verwundete an. Oftmals verstarben Soldaten auf dem Weg, dann zogen wir ihre Leichen aus dem Wagen, wobei manche ihrer Kameraden ihren Tod nicht einmal bemerkt hatten und uns nicht da-

rauf hinwiesen. Das kalte und nasse Wetter sorgte ebenfalls dafür, dass viele es nicht bis zu uns schafften. Geschwächt wie sie waren durch ihre schweren Verletzungen, hatten sie der Kälte und Nässe dann nichts mehr entgegenzusetzen.
Ich musste weitere vier Häuser ausstatten lassen, um dort auch einige nicht so schwer Verletzte unterzubringen, die wir mit Decken zudeckten und ihre Jacken als Kissen benutzten. Wir konnten sie kaum mit Essen versorgen, aber ich bot allen Verwundeten den einzigen Operationssaal nahe des Schlachtfelds.
Irgendwann meldete sich ein Mann freiwillig bei uns, der uns mit dem Kochen von Speisen helfen wollte und Wasser in einem Kessel über einem Feuer erwärmte. Dennoch half ich weiterhin beim Kochen, Verbinden und im Operationssaal und immer, wenn uns neue Verletzte hereingebracht wurden, sich die Betten füllten, mussten wir neue Matratzen besorgen, herrichten, diese in ein einigermaßen komfortables Lager verwandeln. Bald lief ich von Haus zu Haus, um zu helfen.
Jemand hatte Brandy und Milch organisiert, sodass wir nun jedem Verwundeten nach dem Verbinden ein kleines Glas gegen die Schmerzen geben konnten, und etwas warme Milch, damit sie schliefen. Aber die meisten von ihnen waren so müde vom Transport auf den schlechten Straßen, dass sie auch ohne Milch sofort in einen tiefen Schlaf fielen.
Man brachte uns aber auch zusehends Verwundete, die weitaus schlimmer verletzt waren. Wir sahen zertrümmerte Arme, Beine und unaussprechlich grauenvolle Kopfverletzungen, die wir verbinden mussten. Überall auf den Korridoren, in den Zimmern roch es nach Blut und manchmal hatten wir so wenig Zeit, dass wir gebrauchte Verbände einfach zu Boden warfen, um später fast durch diese hindurchzuwaten. Jedenfalls kam es mir so vor.
Und nach diesen schier endlos drei langen Tagen und Nächten sandte man uns zwei ausgebildete Rote-Kreuz-Schwestern. Die eine kam aus Rom, die andere aus Paris, aber sie lebten beide schon lange in Griechenland. Beide waren drei Jahre für das Rote Kreuz tätig gewesen und freuten sich trotz all dieses Grauens um uns herum, zu helfen, uns Arbeit abzunehmen. Wir überließen ihnen gerne einen Großteil dieser, denn wir waren alle müde und ausgelaugt, doch warteten ab, bis keine Verwundeten mehr eintrafen und wir alle, die man uns gebracht hatte, von uns versorgt worden waren.

Als Andreas Bruder Konstantin von meinem unermüdlichen Engagement erfuhr, bat er mich und mein Gefolge, ein Hospital in Servia in Westmazedonien zu errichten. Denn am vierundzwanzigsten Oktober hatten die griechischen Truppen die Stadt und das dreißig Kilometer entfernte Kozani erobert.

Nun sollten wir in Servia dafür sorgen, dass man Verwundete dort in einem Hospital unterbringen konnte, Nahrung und den Transport dorthin gewährleisten.
Ich vermisste meine Kinder und schrieb ihnen nach Athen, dass sie tapfer sein sollten, denn ihre Mama habe wichtige Aufgaben wahrzunehmen und hoffe, bald wieder bei ihnen zu sein.
Meiner Mutter berichtete ich weiterhin schriftlich von allem, was ich erlebte, und sie war natürlich erschüttert, aber zugleich merkte sie an, wie stolz sie auf mich sei, dass ich dies alles meisterte. Dabei hatte ich doch früher Hospitäler gemieden, weil ich keine Wunden sehen konnte und Schmerzen bei anderen Menschen nur sehr schwer ertragen konnte. Das Leiden anderer hatte mich immer zu sehr berührt. Doch dieser Krieg war ein markanter Wendepunkt in meinem Leben, fand ich, denn plötzlich fühlte ich, dass ich eine Aufgabe hatte, die mir sehr am Herzen lag. Etwas, wonach ich mich viele Jahre sehnte. Ich wurde gefordert und konnte mich beweisen. Und meine Behinderung spielte keine Rolle, denn es waren meine Taten, die zählten.
Ich war erschöpft und wollte der Armee nicht mehr zu den Kriegsschauplätzen folgen, doch achthundert Verwundete, die ich betreut hatte, meine Erfahrung mit ihnen, verwandelten mich in eine Krankenschwester erster Güte und ich musste weitermachen. Mein Inneres forderte mich dazu auf, stark zu sein, mich nicht gehenzulassen. Und Konstantins Aufgabe war für mich eine Ehre, eine neue Gelegenheit, es mir selbst und anderen zu beweisen, was ich bewerkstelligen konnte, wenn man sein Vertrauen in mich legte.
Als wir endlich am fünfundzwanzigsten Oktober in Servia ankamen, erzählte man uns, dass die türkischen Einwohner und Truppen kopflos nach Saloniki und Monastir geflohen waren, zumeist ohne Nahrungsmittel, Waffen und Munition und sogar ohne Kleidung mitzunehmen. Es hatte daher auch keine großen Kämpfe gegeben. Dennoch gab es Spuren der türkischen Truppen, denn bevor sie abzogen, hatten sie Christen regelrecht abgeschlachtet, die in der Stadt lebten. Es sollten sich auch noch einige türkische Soldaten verstecken, die nur darauf warteten, das Gemetzel aus Rache fortzusetzen.
Auf unserem Weg durch die Stadt sahen wir Priester in den Straßen liegen, Frauen und Kinder, die man grausam ermordete, Blut bedeckte den Boden und es war ein schrecklicher Anblick. Die Christen nahmen diese Gräueltaten jedoch nicht hin, sie zündeten die nun leer stehenden Häuser der ehemals ansässigen Türken an.
Andrea und seine Brüder trafen am selben Tag wie ich in Servia ein. Ich war froh, wieder mit meinem Mann vereint zu sein, vor allem freute ich mich, ihn gesund zu sehen. Er war nun ein Mitglied von Konstantins Ge-

folgschaft und zum Oberst ernannt worden. Stolz erzählte er mir, dass sein Bruder nur einen Tag zuvor eine Schlacht nahe Elassona gewonnen hatte, woran auch Andrea beteiligt war. Mein Ehemann war auf dem irischen Sportpferd geritten, das mir Onkel Nicky einst schenkte, und dieses elegante Pferd mit dem Einfluss eines englischen Vollbluts hatte sich sogar im Schusswechsel mit dem Feind ausgezeichnet benommen. Die griechische Infanterie musste auch am Olymp über bergige Pässe reiten, war dort in Kämpfe verwickelt worden, bei denen ihr zwar die Artillerie vorweg Schutz bot, aber sie konnten nur in großer Eile den Feind besiegen und vorankommen. Sie mussten buchstäblich schneller als dieser sein. Dennoch waren alle Hauptmänner und alle Oberstabsfeldwebel in den Kämpfen gefallen. Unter den vierhundert Soldaten gab es viele Tote und Verletzte. Andrea meinte, er habe rund tausend Bomben in der Nacht explodieren sehen und ihre Einschläge gehört. Man schnitt den türkischen Truppen den Weg zum Rückzug ab, kreiste sie ein und Panik brach unter ihnen aus. Man nahm so vierhundert Männer gefangen, doch einige von ihnen wurden aus reiner Rache sofort getötet.
Konstantin, der Kronprinz, war siegreich gewesen und Andrea kommentierte es übermütig mit den Worten, dass, als sein Bruder zum Sieg ritt, der Weg hinunter vom Pass sowie die Straßen überfüllt gewesen seien mit den Leichen der Türken, zehn Fuß hoch aufgestapelt, gleich einer Wand. Auch wenn er damit vielleicht etwas übertrieb, verstand ich zwar seine Freude über den Sieg, konnte es aber nur als schrecklich bezeichnen.

Am sechsundzwanzigsten Oktober kam der König nach Servia, um die Truppen in Augenschein zu nehmen und ihnen für ihre Tapferkeit zu danken. Er wurde mit großen Ehren in der Stadt empfangen, war auch bereits in Elassona und Kozani gewesen, den drei Städten, die nun wieder in griechischer Hand waren.
Dem König folgten seine Söhne und in Kozani hatten ihnen wohl schon Schulkinder, die die Straßen säumten, zugejubelt, sie herzlich empfangen. In Servia war es nun ähnlich. Die Menschen begrüßten ihren König, feierten meinen Mann und seine Brüder überschwänglich.
Es gab einen Dankgottesdienst in einer schönen, kleinen Kirche und der Bischof trug sein feinstes Ordonnat. Für einige Tage konnte ich mich nun ausruhen und endlich wieder in einem richtigen Schlafzimmer unter Decken aus Spitze und Stickereien schlafen.
In dieser kurzen Ruhephase erreichte mich von Mama die Nachricht, dass es Alexei sehr schlecht gegangen war und der Junge eine Zeit mit dem Tode gerungen habe.
Am fünften September hielt sich Tante Alix mit ihrer Familie im Jagdgebiet

Bialowieza in der Region von Grodno und Brest auf, als Alexei in ein Ruderboot springen wollte und dabei auf eine der Ruderdollen fiel. Innerhalb weniger Minuten bildete sich eine Einblutung, doch man brachte Alexei sofort auf sein Zimmer und nach einer Woche bildete sich diese Einblutung zurück. Mitte September reisten sie weiter nach Spala in ihr anderes Jagdgebiet. Dort unternahm man eine Ausfahrt in Kutschen, wobei Alexei mit Tante Alix in einer saß. Auf den unebenen Wegen des Waldes bildete sich die Einblutung wieder aus und vergrößerte sich rasch, als mein Cousin mit der Hüfte gegen die Innenseite der Kutsche gestoßen wurde. Man beendete die Ausfahrt, kehrte umgehend zum Jagdschloss zurück, doch bis dorthin hatte sich die Blutung so weit verschlimmert, dass Alexei vor Schmerzen das Bewusstsein verlor. Seine Leiste war stark geschwollen, er bekam schnell sehr hohes Fieber und in sehr kurzer Zeit ging es ihm sehr schlecht. Er lag im Delirium, wand sich vor Schmerzen, sein Herzschlag wurde schwächer. Tante Alix saß Tag und Nacht an seinem Bett, bis die Ärzte kaum noch Hoffnung hatten. Am zehnten Oktober entschloss man sich schweren Herzens dazu, ein Bulletin herauszugeben, in dem man offiziell verkündete, wie es um den Zarewitsch stand. Man sprach zwar von einem Unfall, aber konnte nicht geheimhalten, dass er im Sterben lag. Onkel Nicky ließ nach einem Priester schicken und mein kleiner Cousin erhielt die Sterbesakramente.

In ihrer Not wandte sich Tante Alix an Rasputin, sandte ihm über ihre Hofdame Anna Wyrubowa ein Telegramm, in dem sie ihm mitteilen ließ, wie schlecht es um ihren Sohn stand. Rasputin erhielt dieses am zwölften Oktober in seinem Heimatort Pokrowskoye in Sibirien. Er antwortete ihr umgehend in einem Telegramm, versicherte Tante Alix, dass ihr Junge nicht sterben würde. Die Ärzte sollten ihn nicht zu sehr quälen, denn er betete für ihn.

Schon einen Tag nach Empfang dieser Zeilen des Mönches ging es Alexei besser.

Am neunzehnten Oktober war die Blutung verschwunden, ebenso die Schwellung der Leiste, doch er konnte sein linkes Bein noch nicht wieder richtig bewegen oder gehen. Orthopädische Massagen sollten ihm helfen, sein Bein bald wieder strecken zu können.

Mama war ebenso skeptisch wie ich über diese angebliche Wunderheilung, doch wir alle wussten, dass Onkel Nicky Rasputin nicht aus dem Leben seiner Frau verbannen konnte, denn wenn er dies tat und Alexei wirklich an einer Blutung sterben würde, wäre in ihren Augen sicher ihr Ehemann daran schuld, denn er habe den einzigen Menschen fortgeschickt, der ihrem Sohn half. Meine Mutter äußerte diesen Gedanken vorsichtig, doch jeder in der Familie sah es sicher ebenso wie wir. Tante Alix war diesem Mönch verfal-

len in ihrer steten Sorge um Alexei. Natürlich freute es mich zu hören, dass er wieder genesen war, aber ich fand es besorgniserregend wie man sich so an einen Menschen und seine angeblich heilenden Kräfte klammern konnte. Christo und ich hatten ab und an Seancen gemacht, Karten gelegt, aber ich sah darin mehr einen Zeitvertreib mit etwas, das gerade in Mode war, aber glaubte nicht wirklich an die Macht von Geistern auf die Lebenden. Andrea sah es nicht gerne, wenn man sich mit solchen okkulten Dingen befasste. Es beunruhigte ihn zu sehr, mit etwas zu spielen, was einem Menschen so den Kopf verdrehen könne, dass man es nicht mehr loswürde. Die berühmten Geister, die man rief, wurde man oftmals so schnell nicht mehr los.
Ich war eine bodenständige Person und ließ mich dadurch nicht verwirren. Womit ich nicht bestreiten möchte, dass Gebete einem Menschen helfen und Halt geben können, aber sie sind sicher nicht in der Lage, jemanden zu heilen. Doch Tante Alix schien sich zusehends tiefer in solche Mysterien zu verstricken.
Der Krieg ging voran und unsere Truppen erzielten den nächsten Erfolg, als sie am einunddreißigsten Oktober Giannitsa in Zentralmakedonien einnahmen. Nun marschierte die Armee in Richtung der Stadt Monastir.
Ich schrieb am zweiten November wieder an meine Mutter und befand mich zu diesem Zeitpunkt in Verria, westlich von Saloniki. In Kozani hatten mir französische Ingenieure meine Arbeit erleichtert und vor unserem Eintreffen bereits ein neues Militärhospital errichtet, daneben gab es einige zusätzliche Unterkünfte. Man ließ uns alle erforderlichen Materialien zukommen wie Verbände, Betten, Decken, Nachthemden, Lampen, Tassen, Waschschüsseln und vieles mehr. Es war alles ordentlich verpackt und wir konnten es in einem großen Lagerraum unterbringen. Bevor wir in Kozani ankamen, hatte es in dem Raum bereits einige Sachen gegeben, die man dort deponierte, aber die Türken ließen es sich nicht nehmen, alles zu durchwühlen und ein Chaos zu hinterlassen, bevor sie sich zurückzogen.
Vier Gebäude, die dicht beinander standen, ein Quadrat bildeten, waren ebenfalls verwüstet worden, die Böden verschmutzt. Madame Agyropoulo und ich organisierten eine Putzkolonne aus Frauen, die in der Stadt lebten. Sie wischten die Böden sauber, fegten alles aus. Einige anwesende griechische Soldaten erklärten sich spontan bereit, zweihundert Betten aufzubauen, die wir dann mit Matratzen, Decken und Kissen ausstatteten, was alles insgesamt zwei Tage dauerte. Wir bereiteten für uns auch Betten vor. Hier konnten wir erstmalig Lampen aufhängen, neben jedes Bett eine abgewaschene Tasse stellen, ebenso Spucknäpfe und in Schränken ließen sich Hemden und Unterhosen bereitlegen.
Mein Schwiegervater blieb eine Weile in Kozani, sodass wir mit ihm gemeinsam die Mahlzeiten einnahmen, der eine halbe Stunde von uns entfernt

in einem Gebäude untergebracht war. Andrea und seine Brüder mussten wieder fortziehen und die griechischen Truppen unterstützen.
Wir hörten, dass man die Türken aus Kailar verdrängen konnte. Der Sieg war am sechsundzwanzigsten Oktober erzielt worden, aber da es schwere Kämpfe gegeben hatte, mussten wir uns nun auf das Eintreffen von Verwundeten vorbereiten. So kleideten wir uns wieder in unsere Schwesterntrachten, schliefen alle eine halbe Stunde und kurz darauf trafen in Intervallen insgesamt hundertfünfundsiebzig Verwundete ein, die alle neue Verbände brauchten und deren Wunden begutachtet werden mussten. Wir waren die ganze Nacht auf den Beinen. Bis sechs Uhr morgens hasteten wir durch die Zimmer, versorgten einen nach dem anderen. Etwa hundertundsechzig Soldaten, die danach eintrafen, waren krank und wurden in einem anderen Teil des Hospitals separat von den anderen Verwundeten untergebracht.
Nachdem ich mir wenigstens für eineinhalb Stunden etwas Schlaf gönnte, arbeitete ich danach sofort weiter, wechselte die Verbände und fütterte die Verwundeten, die nicht selbst essen konnten.
Eines meiner schlimmsten Erlebnisse während dieses Krieges stand mir an unserem letzten Nachmittag in Kozani bevor. Ich musste bei der Amputation eines Beines helfen. Der Patient musste das Chloroform in einem bestimmten Moment erhalten, zudem musste man ihn gleich darauf davor bewahren, eventuell auf seine Zunge zu beißen. Gleichzeitig sollte ich aber auch Tupfer, eine Schüssel und anderes anreichen. Diese Amputation führte mein Chirurg in einem kleinen Raum durch, entfernt und abgeschirmt von den anderen Verwundeten, wofür ein Paravent aufgestellt worden war. Als ich die aufkommende Übelkeit überwunden hatte, konzentrierte ich mich auf die doch recht interessante Methode, wie der Chirurg das Bein amputierte. Als die Operation beendet war, lag das Bein noch auf dem Boden, wie ich kurz darauf bemerkte. Man hatte es einfach dort vergessen und ich wies Madame Agyropoulo darauf hin, fragte, ob es jemand entfernen könne, denn ich konnte es nicht anfassen. Hierbei konnte ich meinen Ekel einfach nicht überwinden. Sie verstand, hob es aber selbst auf, wickelte es in einige Tücher, klemmte es sich einfach unter den Arm und verließ das Hospital, um es draußen irgendwo zu vergraben. Sie ging also hinaus und die Tücher verschoben sich so beim Tragen, dass man nun doch einen Blick auf das blutige, unbedeckte Stück Fleisch werfen konnte. Da die Madame schon älter war und an starker Schwerhörigkeit litt, rief ich ihr nach, dass sie aufpassen solle, doch sie konnte mich nicht hören. Sie ging einfach weiter und jeder, der an ihr vorbeikam, blieb stehen, starrte auf das Bein unter ihrem Arm. Erst als ein Soldat zu mir kam, sich der grotesken Szenerie gewahr wurde, zu lachen begann, löste sich auch meine Anspannung und ich konnte

mir ebenfalls ein Lachen nicht verkneifen, denn er bemerkte humorvoll, dass sie ein drittes Bein habe.
An diesem Abend trafen noch mehr Verwundete ein, bis Mitternacht waren alle versorgt und ich legte mich hin, bekam etwas mehr Schlaf als üblich. Am nächsten Morgen trafen acht Ärzte und drei Krankenschwestern in Kozani ein, die für das athenische Rote Kreuz, und die zwei besagten Damen aus Elassona, die für das Rote Kreuz bereits tätig gewesen waren. Damit war meine Arbeit in Kozani beendet und ich konnte nach Verria weiterreisen, wo ich am ersten November eintraf, um Verwundete in Empfang zu nehmen. Man konnte sie aber nach der Erstversorgung nach Saloniki bringen, da es in nächste Nähe lag und über das Meer nach Piräus.
In Verria blieb ich vier Tage. Mein Schwiegervater war mit mir gereist, doch wir waren unter wirklich schlechten Bedingungen in einer kleinen Behausung untergebracht. Zudem regnete es jeden Tag und die Nächte ununterbrochen durch.
Die griechische Armee war noch auf dem Weg nach Monastir, musste aber dann die Stoßrichtung wechseln und am siebten November erreichten sie Saloniki, nur wenige Stunden bevor auch die bulgarischen Streitkräfte dort einmarschierten.
Wie ich später erfuhr, musste Konstantin seine Männer über einen engen Gebirgspass führen. Dann ließ er einige über die Berge weiter vorrücken, eine Truppeneinheit wurde abgeordnet, im Tale den nachrückenden osmanischen Soldaten den Weg abzuschneiden. In Verria konnte ich mittels eines Fernglases die Kämpfe beobachten, und auch wenn ich die Gewehrschüsse nicht hören konnte, so gaben mir andere zu verstehen, dass sie zahlreich waren.
Mittlerweile war der Regen in Schnee übergegangen und es war bitterkalt geworden. Durch die schnell einsetzende Kälte zog ich mir eine Neuralgie, starke Nervenschmerzen am Hals und im Gesicht zu, aber ein Arzt gab mir Aspirin und innerhalb einer halben Stunde wurden die Schmerzen erträglich. Ansonsten fühlte ich mich recht gut, hatte aber an Gewicht verloren und berichtete meiner Mutter, dass ich nun ebenso dünn wie Louise sei – flach wie ein Brett eben. Ich meinte, sie würde mich sicher nicht wiedererkennen. Obwohl ich so viel Gewicht verloren hatte, war ich immer noch mit dem gleichen Appetit gesegnet wie vor dem Krieg und meiner Arbeit als Krankenschwester, genoss Mahlzeiten, wenn es welche gab, durchaus. Es lag aber wohl auch an der Arbeit, denn ich war viel auf den Beinen, musste schnell sein, lief die meiste Zeit zwischen Verwundeten hin und her. So konnte ich kein Gewicht mehr ansetzen, sondern nur noch verlieren.
Gegenüber den bulgarischen und griechischen Truppen kapitulierten die sechsundzwanzigtausend osmanischen Soldaten in Saloniki recht schnell

und durften sich, nach der endgültigen Eroberung der Stadt am neunten November, unbehelligt zurückziehen. Doch es kam zu kleineren Auseinandersetzungen zwischen unseren Truppen und den bulgarischen. Die Soldaten sahen sich alle als Sieger, doch jeder wollte der eigentliche sein.
Nach diesem Sieg in Saloniki trafen bald die ersten Verwundeten in Verria ein und ich konnte sie dort in einem kleinen, bereits eingerichteten Hospital empfangen.
Es waren nicht nur die griechischen Truppen, die Erfolge erzielten, daher verwunderte mich, wie ein jeder Kämpfende in diesem Krieg, jede Partei so sehr darauf beharrte, einen Sieg für sich zu beanspruchen. Man kämpfte gemeinsam gegen die Türken und nur in der Gemeinsamkeit ließen sich große Schlachten gewinnen. Aber dennoch schwelten immer wieder Zwistigkeiten, wer wann und wo am besten gewesen war, mit der besten Strategie und es war etwas, was ich nicht verstand.
Die serbischen Streitkräfte hatten am dritten und vierten November die Türken in Kumanovo in Mazedonien besiegt. Sie rückten nur zwei Tage später in Üsküb ein, heute Skopje, nahmen Mitte November die Region Prilep ein und am neunundzwanzigsten November dann Monastir.
Auch die bulgarischen Truppen besiegten die osmanischen Truppen am ein- und zweiundzwanzigsten Oktober in Kirk Kilisse, nahe der Grenze zu Bulgarien, und Ende Oktober in einer Schlacht bei Lüleburgaz. In dieser grausamen Schlacht verloren beide Seiten jeweils zwanzigtausend Soldaten, in dem diese verwundet wurden, fielen oder gefangen genommen wurden von der jeweils anderen Truppe. Zeitweise ging das Gerücht um, dass Onkel Nicky erwäge, sich in den Krieg einzumischen, um dem Osmanischen Reich seine militärische Unterstützung anzubieten, denn die bulgarischen Streitkräfte wurden in ihrem Eroberungsdrang zu vehement. Russland ließ Truppen anlanden, um am Bosporus eine bulgarische Kontrolle der Meerengen zu verhindern, doch weiter mischte sich Onkel Nicky nicht in diesen Krieg ein.
Am vierten und achten November scheiterten die bulgarischen Truppen dann bei der versuchten Eroberung von Konstantinopel. Am zwanzigsten November schloss Bulgarien einen separaten Waffenstillstand mit der osmanischen Regierung. Dies war ein Alleingang, der aber die Türken nur für eine Weile in Sicherheit wiegen sollte, dennoch eigenmächtig und für die anderen beteiligten Streitkräfte in diesem Krieg ein Affront.
Ich erfuhr erst nach dem Krieg, dass Mama jeden meiner Briefe kopierte und in der gesamten Familie weitergab. So gestand mir Georgie später, dass er niemals vorher etwas so Interessantes gelesen habe. Und es habe ihn mit immenser Bewunderung und Stolz erfüllt, wie ich mich selbst in Tapferkeit und endlosen Bemühungen bewiesen habe.

Schwester Anna, die zweite Krankenschwester, die aus Darmstadt angereist war, traf erst etwas verspätet ein, aber sie musste stets einen Bericht an das *Alice-Hospital* telegrafieren und sie ließ es sich nicht nehmen, darin viel Gutes über mich und mein Engagement weiterzugeben.
Am elften November feierte der König mit uns im Gefolge den Sieg in Saloniki. Er verlieh Nikolaus den Titel eines Gouverneurs über die Stadt, Konstantin wurde zum General *honoris causa* ehrenhalber ernannt und machte sich mit seinen Truppen auf nach Monastir.

Zu Beginn des Krieges hatte ich nicht viele Helfer gehabt. Nona hatte mir sofort angeboten, von England aus als Freiwillige zu kommen. Ich sandte ihr daraufhin ein Telegramm, in dem ich ihr davon abriet. Doch als sie in meinem ersten Brief an Mama las, was ich mir für Aufgaben auferlegt hatte, warf sie meinen Einwand über Bord. Ich wollte eigentlich nicht verlangen, dass sie käme oder sich dazu genötigt fühlte, aber es war ihr freier Entschluss. Eine Krankenschwester namens Miss Boase, die am Charing Cross Hospital in London ausgebildet worden war und die Nona gut kannte, erklärte sich sofort bereit mit ihr zu reisen. Mama verkaufte einige ihrer Juwelen und konnte Nona so einhundert Pfund für die Reise mitgeben. Diese begab sich umgehend mit Miss Boase auf den Weg nach Athen. Von dort aus begleitete sie die Königin, eine Gruppe Ärzte und Krankenschwestern nach Saloniki, wo sie am dreizehnten November eintrafen.
Mein Schwiegervater, Andrea und ich konnten in Saloniki eine Villa beziehen, die vorher einem alten Sultan gehört hatte, der nun geflohen war mit seiner Familie.
Wir begrüßten Nona, meine Schwiegermutter, Miss Boase, Ärzte und Schwestern direkt nach ihrer Ankunft. Ich dankte Nona sehr, dass sie sich auf die weite Reise gemacht hatte, und auch Miss Boase. Sie zeigte sich erstaunt darüber, wie dünn ich geworden war. Daher wollte sie mir zuerst nicht glauben, als ich ihr sagte, ich sei völlig gesund und alles in Ordnung. Nachdem sie sich mit einigen Anwesenden unterhalten hatte, meinte sie, sie müsse alles Mama berichten, wie sehr mich jeder lobte für mein Engagement von den Doktoren bis zu den Offizieren, ein jeder meinte, ich habe Wunder bewirkt. Mir war das etwas zu viel, denn ich hatte das alles gerne getan.
Andrea bot mir an, doch nach Athen zurückzureisen, damit ich wieder bei den Kindern sein konnte. Aber ich lehnte es strikt ab, obwohl ich sie sehr vermisste. Ich gab ihm zu verstehen, dass mein Platz nun an seiner Seite sei und ich für die griechischen Truppen, die Truppen meines Heimatlandes, etwas tun wolle. Eine Abreise nach Athen empfand ich als feige und schwächlich. Mein Gatte kannte meinen starken Willen, wusste, es war

unmöglich, dies mit mir auszudiskutieren. Er bestand aber darauf, dass ich dann vor jedem Schlafengehen ein Tonikum zur Stärkung einnähme und einen warmen Kakao trinke, um wieder etwas anzusetzen.
Ein jeder befürchtete die Eindrücke, die ich gesammelt hatte, könnten sich bald auf meine Seele niederschlagen und ich würde dies nur im Moment unterdrücken. Aber ich hatte dies alles längst verarbeitet.
Die Hospitäler in Saloniki waren nicht gut geführt worden bisher und so machten Nona und ich uns daran, diese Missstände so gut es ging einzudämmen oder gar zu beseitigen.
Im jüdischen Hospital hatten die Menschen seit Tagen nichts mehr zu essen bekommen und viele Schwerkranke drohten zu verhungern. Die sanitären Bedingungen waren fürchterlich, sodass sich Typhus und Ruhr unter den Patienten ausbreiteten. Es war schrecklich, wie viele Kranke im Sterben lagen. Ich ließ nach einem Rabbi schicken, damit er den Menschen etwas Beistand leistete. Die Toten mussten schnell begraben und mit Kalk bestreut werden, um eine Ausbreitung der ansteckenden Krankheiten zu vermeiden.
Dreißig griechische Patienten wurden untersucht, als relativ gesund entlassen, damit wir Platz für andere schaffen konnten. Diese Menschen waren so aufgebracht, dass sie sogar einen Fußmarsch von fünf Kilometern auf sich nahmen, um zum König zu eilen und sich über mich zu beschweren. Andrea fand, wenn sie so weit laufen konnten, waren sie gesund. So fing mein Mann sie auf ihrem Weg ab, schickte sie zurück ins Hospital, damit sie ihre Sachen zusammenpackten, es dann verließen.
Nona redete mir gut zu, doch wenigstens für ein paar Tage nach Athen zurückzureisen, um meine Kinder zu sehen, und so willigte ich schließlich ein. Am dreiundzwanzigsten November reiste ich mit ihr nach Athen, um mir eine kleine Auszeit zu nehmen.
Meine Mädchen waren vor Freude außer sich. Sie wollten mich gar nicht mehr loslassen, als wir uns wiedersahen, und ich war natürlich auch froh, sie endlich wieder in meinen Armen zu halten. Ich erzählte ihnen aber nur, dass es ihrem Papa gut gehe, er wohlauf sei, tapfer gekämpft habe. Von meiner Arbeit erfuhren sie nur wenig. Sie sollten sich nicht ängstigen.
Premierminister Venizelos kam einige Tage später zu mir, um mir zu danken. Er sprach seinen Dank für seine Person aus, für alle Griechen und Kreten sowie für das gesamte Parlament. Jeder sei zutiefst berührt von meinem Engagement und meinem Einsatz. Aus reinem Taktgefühl dankte er auch den anderen Prinzessinnen, setzte aber mich an die erste Stelle bei seiner Rede.
Er erwähnte die nun einsetzenden Kämpfe um die Stadt Ioannina, die Hauptstadt der Region Epirus, und ich versprach ihm sofort, mich wieder für die Verwundeten einzusetzen, wenn er mir Pferde und Wagen organisie-

ren würde, was er sofort bejahte. Mein Gedanke war, ein Hospital aufzubauen, welches nicht an einem festen Ort stand, sondern alles so zu planen, dass es den Truppen nachreisen kann, um eine bessere Versorgung direkt am Kriegsgeschehen zu gewährleisten und Venizelos war davon so angetan, dass er mir schon wieder dankte. Ich sagte ihm, es sei genug, ich sehe darin meine Pflicht.
Ich wollte noch einige Tage in Athen verbringen, auch um Konstantins Frau Sophie etwas beizustehen, die schwanger war. Das Baby sollte im Mai des nächsten Jahres zur Welt kommen. Ihre letzte Geburt, die ihrer Tochter Irene, lag acht Jahre zurück und sie war zweiundvierzig Jahre alt. Eine späte Schwangerschaft, mit der niemand mehr gerechnet hatte. Der Krieg, die Trennung von ihrem Ehemann und die Schwangerschaft belasteten sie sehr. Ich konnte jedoch nicht länger in Athen bleiben und am sechsten Dezember machten Nona und ich uns auf die Reise nach Preveza in der Region Epirus. Als wir dort ankamen, regnete es in Strömen und wir sollten sogleich notdürftig aufgebaute Hospitäler in Filippiada in der Nähe ansehen, um sie zu begutachten. Da ich auf der Reise einen Nesselausschlag im Gesicht entwickelt hatte, musste ich mein Gesicht hinter einem Schleier verbergen.
Als wir wieder nach Athen zurückkamen, empfing mich Sophie bereits sehr aufgebracht. Sie war erbost darüber, dass ich Krankenschwestern aus Kairo, die ihr unterstanden, ohne ihre Erlaubnis nach Saloniki geschickt hatte, wo man sie dringend brauchte. Ich schob es auf ihren Zustand, dass sie so verärgert war über meine Eigenmächtigkeit, da ich nicht so gehandelt hatte, um sie in irgendeiner Art und Weise zu verletzen. Aber sie wollte mir wohl deutlich machen, welche Position ich in der königlichen Familie innehatte. Sie war die Kronprinzessin und ich nur die Prinzessin. Zudem engagierte sie sich auch, aber konnte eben zurzeit alles nur vom Schreibtisch aus leiten und organisieren. Das überschwängliche Lob des Premierministers mir gegenüber hatte sie mehr als gekränkt. Daran bestand kein Zweifel. Ich hatte aber keine Zeit, mich mit solchen Nichtigkeiten aufzuhalten, und reiste mit Nona nach Saloniki, wo ich ein Auffanglager für Flüchtlinge inspizierte, um mich davon zu überzeugen, dass diese heimatlosen Menschen auch ausreichend mit Nahrung versorgt wurden.
Wir blieben in Saloniki, wo wir an Heiligabend gemeinsam mit dem König Weihnachten feierten und seinen sechsundsechzigsten Geburtstag begingen. Danach ging es wieder zurück nach Athen.
Tante Alix hatte mir zu Weihnachten eine Brosche geschickt, aber ich hatte kein Telegramm oder eine Karte von Tante Ella erhalten. Wir standen in einem gelegentlichen Briefkontakt, aber seit der Krieg ausgebrochen war, gab es keine Nachricht von ihr. Ich schob es darauf, dass sie einfach in ihrem Konvent zu viel zu tun hatte. Mir fehlte auch die Zeit, Briefe zu be-

antworten.

Ich erfuhr in einem Brief von Mama, dass mein Vater am neunten Dezember zu einem *First Sea Lord*, Erster Seelord, der ranghöchsten Dienststellung in der Royal Navy aufgestiegen war. Mit seinen achtundfünfzig Jahren hatte mein Vater damit die Karriereleiter in der englischen Marine bis zur obersten Stufe erklommen und meine Mutter schrieb mir, wie stolz sie auf ihn sei, und Georgie und Dickie wollten nun auch unbedingt so weit kommen wie mein Vater. Sie versicherte mir auch, dass sie sehr stolz auf mich sei, aber Sehnsucht nach mir, Andrea und den Enkeln habe. Daher hoffe sie, so wie jeder, der Krieg auf dem Balkan möge bald beendet sein.

Papa in seiner Uniform als Erster Seelord, 1912

Ende des Jahres reisten Nona und ich wieder nach Saloniki, wo die Türken die Unterzeichnung eines Waffenstillstands absichtlich verzögerten.

Andrea erwartete uns, nur einige Tage später trafen auch unsere Mädchen in Begleitung eines Kindermädchens ein. Cäcilie war auf der Reise krank gewesen, hatte an Übelkeit gelitten, dennoch rannte sie sofort wie die ande-

ren auf Andrea zu, als sie ihren Vater sah.
Zu dieser Zeit waren sowohl mein Ehemann als auch ich etwas ausgelaugt von der Unstetigkeit, die unser Leben in den letzten Monaten prägte, dem Krieg an sich. Andrea litt unter der Tatsache, dass er momentan nicht in Kämpfen eingesetzt war, denn er hasste nichts mehr als Untätigkeit, wenn alle um ihn herum im Krieg waren, für Griechenland kämpften. So wirkte er etwas gelangweilt, depressiv und genervt. Ich bekam inzwischen Injektionen mit Arsen zur Stärkung, weil ich einfach nicht zunahm.
Wir feierten Silvester in einer etwas verhaltenen Stimmung, begrüßten das neue Jahr und sehnten uns alle nach Frieden.

Dolla, links, Cäcilie und Margarita, 1913

Als Krankenschwester mit Andrea, 1913

Andrea in Uniform, 1913

Am dreiundzwanzigsten Januar reisten wir nach Epirus. Dort sollte ich eigentlich die Hospitäler inspizieren. Doch Sophie nahm mir meinen Alleingang immer noch übel. Als sie erfuhr, dass ich nach Epirus reiste, zeigte sie sich noch wütender darüber. Sie verzieh mir meine Eigenmächtigkeit nicht und übertrug die Aufsicht über die Militär-Hospitäler in Epirus kurzerhand an Georges Gattin Minnie, die eigentlich nur noch in der Stadt war, weil sie eine schwere Erkältung davon abhielt abzureisen. Sophie machte sich trotz ihrer Schwangerschaft auf nach Filippiada, im dortigen Hospital ließ sie ihrem Ärger freien Lauf. Mir wurde später angetragen, dass sie sich sehr lautstark darüber beschwerte, wie ich mich einmischte, überall hinreiste, um angeblich alles durcheinanderzubringen wie schon in Saloniki. Doch die lokalen Ärzte und Schwestern fanden ihre Empörung ebenso lächerlich wie Andrea und ich. Mein Ehemann stand hinter meiner Arbeit. So fühlte ich mich geehrt, als man mich dennoch bat, die Hospitäler weiterhin zu inspizieren, einfach wie bisher fortzufahren und dafür zu sorgen, dass Verwundete schnell versorgt wurden, sie etwas zu essen bekamen. Ebenso inspizierte ich weiterhin die Suppenküchen für die Flüchtlinge, weil man mich auch darum bat. Ich sah nicht ein, wegen solcher, aus meiner Sicht lapidaren Streitigkeiten mit Sophie alles einfach hinzuwerfen oder mich gar ihren Anweisungen zu beugen. Wenn meine Hilfe benötigt wurde, wollte ich auch helfen. Da standen für mich Zuständigkeiten völlig außer Frage.
Minnie enthielt sich bei alledem. Es war für sie eher eine Bürde aufgrund ihrer Erkrankung, nun auch noch mehr Aufgaben auf Sophies Geheiß zu verrichten.
Ende Februar reisten Nona und ich weiter nach Eminaga nahe Ionannina.
Am einundzwanzigsten Februar waren die griechischen Truppen in Ionannina siegreich gewesen und hatten die Stadt nach einer mehrtätigen Schlacht bei Bizani eingenommen. Sie nahmen dreiunddreißigtausend türkische Soldaten in Gefangenschaft.
Trotz des ausgehandelten separaten Waffenstillstands zwischen den bulgarischen Streitkräften und der osmanischen Regierung versuchten die Bulgaren am zweiten Februar bereits wieder Konstantinopel einzunehmen. Nach einem Staatstreich durch die revolutionären Jungtürken dort sahen sie eine erneute Gelegenheit gekommen. Die Bulgaren rückten nun vor auf Andrianopel.
Wir versorgten die Verwundeten und Flüchtlinge in Eminaga. Am vierten März kam es zu schweren Kämpfen in der Gegend, aber am nächsten Tag erreichten uns rund hundert Verwundete, die alle nicht schwer verletzt waren. Die griechischen Truppen waren äußert erfolgreich und ständig trafen bei uns neue Meldungen über ihre Fortschritte ein.
Zeitweise hatten wir am frühen Morgen Schüsse gehört, schweres Ge-

schützfeuer und so standen wir sofort in unseren Schwesterntrachten bereit.
Als die Nachricht durchdrang, dass Ionannina endgültig gefallen war, sahen wir viele Soldaten, die einfach ihre Waffen fallenließen, Türken, die flohen, und Nona befürchtete, dass in diesem ganzen Getümmel doch noch jemand aus der Feindeslinie auf kopfloser Flucht zu uns kommen und uns erschießen könne.
Bei allem, was wir sahen, muss ich gestehen, dass mich die Behandlung der türkischen Gefangenen doch sehr berührte. Zwar waren sie Feinde, hatten gegen uns gekämpft, aber man behandelte sie sehr schlecht. Als wir nach Ionannina fuhren, säumten die Leichen von türkischen Soldaten die Wege. An einem Nachmittag besuchten wir die Gefangenen und in den Baracken, in die man sie verfrachtete, lebten sie schlechter als Tiere. Sie waren erschöpft, fragten nach Essen und Wasser, doch man verweigerte es ihnen und so lagen viele bereits fast leblos auf dem Boden. In einer Baracke lagen die verwesenden Leichen von hundertfünfzig türkischen Soldaten, die niemand begraben wollte.
Die griechischen Truppen erreichten am sechsten März die Hafenstadt Valona am Adriatischen Meer. Da dort die griechische Kriegsmarine die osmanische Flotte zwang, in den Dardanellen Schutz zu suchen, schnitt man damit auch gleichzeitig die logistische Unterstützung des osmanischen Heeres aus Kleinasien ab.
Nona und ich beendeten unsere Arbeit, da der Krieg so gut wie gewonnen war. Zwar gab es noch Kriegshandlungen, aber sie würden alle auf eine Niederlage des Osmanischen Reiches hinauslaufen.
Wir kehrten zurück nach Athen und nach all dem, was ich gesehen und erlebt hatte, wusste ich, dass ich nun auf alles Weitere in meinem Leben vorbereitet war. Es hatte mich charakterlich gefestigt und ich würde zukünftigen eventuellen Kriegen und anderen Widrigkeiten des Lebens stärker entgegentreten können.
Am sechzehnten März verabschiedete ich mich von Nona, dankte ihr für ihre Hilfe und Unterstützung und sie reiste zurück nach England. Ich war ihr sehr dankbar und das wusste sie.
Der König würde in diesem Jahr das fünfzigjährige Jubiläum seiner Thronbesteigung feiern und nach den Feierlichkeiten im Oktober plante er zugunsten seines Sohnes Konstantin abzudanken. Mein Schwiegervater war ein sehr volksnaher Mensch, daher hatte er sich auch nie um zu viel Schutz gekümmert oder darauf Wert gelegt, wenn er durch die Straßen einer Stadt ging, wie er es aus seinen Urlauben in Frankreich kannte oder von seinen üblichen Spaziergängen durch Athen. Seiner Meinung nach war der Aufwand um seinen Schutz, den Onkel Nicky betrieb, zu viel des Aufhebens und völlig unnötig. Es entfremdete einen Monarchen aus seiner Sicht nur

von seinem Volk.
So machte er sich am achtzehnten März nachmittags auf zu einem gemütlichen Spaziergang durch Saloniki, wo er sich immer noch aufhielt. Ihn begleiteten nur ein Stallmeister und zwei Polizisten. Er bestand aber stets ausdrücklich darauf, dass diese Männer ein gutes Stück weit hinter ihm hergingen. Als er den *weißen Turm*, das berühmte Baudenkmal der Stadt passierte, änderte er plötzlich seine Marschrichtung, ging einige Schritte zurück, kam an einem Café vorbei, aus dem eine ungepflegte Person herauslief und ihm aus nächster Nähe in den Rücken schoß. Mein Schwiegervater war sofort tot, da die Kugel sein Herz, die Lunge und den Magen getroffen hatte. Man brachte ihn zwar noch in ein nahegelegenes Krankenhaus, doch dort konnte man nichts mehr für ihn tun.
Man verhaftete den Attentäter umgehend, sein Name war Alexandros Schinas. Er war dreiundvierzig Jahre alt, kam aus Volos nahe Saloniki und hatte eine Zeit lang in New York im *Fifth Avenue Hotel* als Kellner gearbeitet, wo er durch seine Vorliebe für sozialistische Lektüre und seine Aussagen aufgefallen war, aus denen hervorging, dass er die Aristokratie und Monarchie auf das Tiefste verabscheute, ebenso war er gegen jegliche Art von unterdrückender Regierung.
Zuerst glaubte man, er sei ein Bulgare oder sogar ein Türke, der Rache üben wollte am König für all die gefallenen osmanischen Soldaten, aber er war nur ein verwirrter Grieche. Er hatte in Volos, nachdem das Hotel in New York im Jahre 1908 schloss und er nach Griechenland zurückkehren musste, eine Schule gegründet, in der er seine Hetzkampagnen verbreitete. Diese Schule wurde von der Polizei geschlossen, zwei Anhänger von Schinas festgenommen, die anderen konnten fliehen. Doch man fand in der Schule später Lektüre, die sich gegen die Monarchie richtete, und selbstverfasste Pamphlete gegen den König.
Man befragte Schinas, warum er den König getötet hatte, doch zuerst verweigerte er eine Aussage. Dann gestand er, er sei eben gegen jegliche Art von unterdrückender Regierung, zudem habe ihm der König auf seine Bitte hin, ihm etwas Geld zu geben, dies verweigert. Letzteres war eine Lüge, denn Schinas hatte einfach auf meinen Schwiegervater geschossen. Es hatte davor keinen Wortwechsel zwischen ihnen gegeben. Auch als die Polizisten einwandten, er habe wohl keinen Nationalstolz, da er eben den König erschossen habe, meinte er, dies alles interessiere ihn nicht. Man stufte ihn aufgrund seines Zustands als einen Trinker und Landstreicher ein, der wohl auch in den Gesprächen mit ihm augenscheinlich nicht als besonders gebildet erschien.
Man wollte herausfinden, ob er eventuelle Komplizen hatte. So wurde er bei den Verhören schwer misshandelt, dennoch erwies er sich als verwirrter

Alleingänger.
Schinas verblieb in Haft, wurde dort weiterhin unter Druck gesetzt. Als man ihn am sechsten Mai zur Präfektur in Saloniki brachte, um ihn nochmals zu verhören, sprang er angeblich plötzlich auf und stürzte sich aus dem Fenster im zweiten Stock. Er fiel neun Meter tief, war sofort tot. Man sagte, es sei Selbstmord gewesen, aber es ging auch das Gerücht um, man habe nachgeholfen, ihn aus dem Fenster geworfen. Doch das alles zählte nicht.
Uns erreichte die Nachricht vom Tod meines Schwiegervaters in Athen. Andrea, Konstantins Sohn George und ich mussten es meiner Schwiegermutter schonend beibringen. Wir waren zu jenem Zeitpunkt die Einzigen, die sich mit ihr im Palast aufhielten. Es war für uns alle ein sehr schwerer Schlag, doch für die Königin der schwerste, denn sie hatte ihren geliebten Ehemann verloren. Wir reisten alle umgehend nach Saloniki, um seinen Leichnam abzuholen.
Konstantin musste umgehend nach Athen kommen, denn er musste als neuer König Konstantin I. von Griechenland den Eid ablegen.
Der Premierminister Venizelos äußerte nach dem Attentat gegenüber dem britischen Botschafter, dass es ein grauenvoller Mord war, aber zum Glück war ein Grieche der Attentäter. Er fürchtete wohl im Zuge des Krieges nun auch noch mehr Unruhen, wenn Schinas ein Angehöriger einer verbündeten Kriegspartei oder gar des Feindes gewesen wäre. Die Presse und Sir Francis Elliot, der britische Botschafter, fanden aber nun alle keinen Kritikpunkt mehr an meinem Schwiegervater, stattdessen meinten sie, er sei glücklich gewesen über die errungenen Siege der letzten Zeit und hatte zum Schluss seine Macht gefestigt. Sein Sohn, der Kronprinz, sei ein Sieger auf dem Schlachtfeld gewesen, was ihn umso stolzer gemacht habe.
Wir brachten den Leichnam meines Schwiegervaters nach allen Ehren auf der Yacht *Amphitrite* zurück nach Athen, gefolgt von Schiffen der griechischen Kriegsmarine. Man bahrte seinen Sarg für drei Tage in der *Kathedrale Mariä Verkündigung*, die im Zentrum Athens liegt, auf, damit auch das Volk von seinem König Abschied nehmen konnte. Über seinen Sarg waren die griechische und die dänische Flagge drapiert.
Danach brachten wir den Sarg nach Tatoi und beerdigten den König dort. Es war der zweite April 1913. Ich trug den Erlöser-Orden, den mein Schwiegervater mir einst verliehen hatte. Seine Söhne warfen Veilchensträuße und Erde in das offene Grab. Es war eine sehr traurige, aber auch würdevolle Beerdigung. Wir alle waren auch sehr froh darüber, wie viele Menschen die Straßen in Saloniki, Athen und nun in Tatoi gesäumt hatten, um dem König eine letzte Ehre zu erweisen. Ich hatte meinen Schwiegervater sehr geschätzt, denn er war immer sehr gut zu mir gewesen. Es war ein großer Verlust für uns alle.

Die Beisetzung meines Schwiegervaters, vorne ist die Königin Olga am Sarg, auf der Treppe ist Sophie als zweite von links zu sehen, daneben Minnie, ich stehe links, vorne neben der Schwiegermutter ist Konstantin zu sehen, April 1913

Die Menschen in den Straßen von Athen erweisen ihrem König die letzte Ehre, April 1913

Am dreizehnten April wurde der letzte Wille meines Schwiegervaters in Bezug auf die Politik des Landes veröffentlicht. Seine Worte wurden sehr positiv von der Bevölkerung aufgenommen, denn der König hatte seinen Sohn Konstantin darin bestärkt, sein Land mit ganzem Herzen zu lieben, die Interessen der Menschen zu berücksichtigen, seinen Kindern eine gute griechische Erziehung angedeihen zu lassen und außerdem wies er ihn darauf hin, dass er es in Griechenland mit Südländern zu tun habe, einem Volk, welches sich schnell erregte, in dem einen Moment etwas sagte und tat, doch einen Streit schon nach wenigen Stunden wieder beigelegt und vergessen habe. Aus diesem Grund sollte Konstantin niemals vergessen, als König mehr zu leiden als sein Volk.

Das private Testament meines Schwiegervaters wurde nicht öffentlich gemacht. Es betraf nur die Familie und jeder wusste, dass die Königsfamilie nicht besonders reich gewesen war. So hinterließ er eine Summe von achtzigtausend englischen Pfund, von dem das meiste an Andrea und Christopher ging. Mein Ehemann und ich bekamen eine jährliche Apanage von viertausend englischen Pfund zugesichert und wir erbten Mon Repos auf Korfu inklusive allem Silber, Leinen und Glas darin. Es sollte von nun an unser eigentliches Zuhause werden.

Die Schwiegermama litt in ihrem Kummer. Man sicherte ihr einen Wohnraum auf Lebenszeit im Palast in Athen zu, aber sie wollte ohne ihren Ehemann nicht mehr in Griechenland bleiben. Vielleicht brauchte sie aber auch einfach Abstand und so entschloss sie sich dazu, erst einmal in das Land ihrer Geburt, nach Russland, zurückzukehren, um dort bei ihrem Bruder, dem Großfürsten Konstantin Konstantinowitsch Romanow im Pavlovsk-Palast in St. Petersburg zu leben. Ihr Bruder war ein recht erfolgreicher Schriftsteller und schrieb unter dem Pseudonym *KR* unter anderem recht bekannte Theaterstücke und Gedichte.

Eine Ansicht von Mon Repos, um 1910

Mama erfuhr in Briefen von mir, was in Griechenland vor sich ging und sie zeigte sich entsetzt über den Mord am König. Sie teilte mir mit, dass Georgie das Naval College in Dartmouth am fünfzehnten Januar bereits erfolgreich beendet hatte und zu einem Unterleutnant befördert worden war. Wir alle wussten, dass auch ihm eine glänzende Karriere in der englischen Marine bevorstand, denn mein Bruder war ein ausgezeichneter Mathematiker. Sogar wenn er reiste, las er stets Bücher über Kalkulationen und konnte die kompliziertesten Berechnungen einfach so im Kopf ausführen, wobei er überaus schnell war.

Dickie als Kadett, links, mit Papa als Erster Seelord und Georgie als Leutnant, 1913

Mein jüngerer Bruder Dickie sollte im Mai des Jahres auf das Naval College in Osborne gehen, wobei auch dies auf seinen eigenen Wunsch hin geschah. Er war dann zwar noch nicht ganz dreizehn Jahre alt, aber durch Papa und Georgie hatte er einen gewissen Vorteil, was die Aufnahme an dem College betraf.

Mama und Dickie in seiner Uniform als Kadett, 1913

Dickies Leben war bis zu seinem Eintritt in das College völlig durch meine Mutter bestimmt. Sie hatte den größeren Einfluss auf ihn, organisierte seine Erziehung und Bildung und konzentrierte den überwiegenden Teil ihrer mütterlichen Liebe auf den jüngsten Sohn. Da mein Vater nur peripher anwesend sein konnte, denn er war entweder auf Reisen, in der Admiralität beschäftigt oder musste sich um wichtige Staatsagenden kümmern, sah er ihn nur selten. Eben immer dann, wenn er an Land war. Papa lebte dann mit Dickie im *Burlington Hotel* in Dover, in Sheerness oder nahm ihn auch mit an Bord seines Flaggschiffs im Mittelmeer, wo mein Bruder schnell zu einem Liebling der gesamten Besatzung avancierte.

Mit Dickies Eintritt in das College war seine Kindheit im Grunde genommen vorbei. In der Marineschule in Osborne auf der Isle of Wight wurde er zum Kadett Prinz Louis von Battenberg, den man, um Verwechslungen zu vermeiden, den *jungen Prinzen Louis* nannte. Doch für meinen kleinen Bruder war eine andere Karriere niemals denkbar gewesen.

Allerdings musste er sich in Osborne recht schnell an ein sehr hartes Leben gewöhnen. Als Kadett war man den Drangsalierungen der älteren Schüler ausgeliefert und auch die Lehrer erzogen die Neulinge mit fester Hand. Bestrafungen waren an der Tagesordnung. Dies alles war erlaubt, solange es sich in Grenzen hielt, galt als perfekte Erziehungsmethode, um die jungen Menschen zu formen und abzuhärten. Der kleine Dickie, stets freundlich und höflich, wurde sofort von einigen als ihr Opfer auserkoren und man schlug ihm die Nase blutig. Doch Papa und Georgie wussten um diese Grausamkeiten, denn sie hatten sie selbst erlebt. Daher warnten sie ihn auch davor, verprügelt zu werden von den Älteren, wenn er sich nicht zur Wehr setzte. Dickie schüttete erst Mama sein Herz aus, die aber nichts tun konnte, ihn tröstete, ermahnte stark zu sein und so balgte er sich kurz darauf mit dem Sohn eines Admirals, den er vom Internat her kannte und der ihn stets drangsalierte. Dickie gewann. Stolz berichtete er, dass die anderen Jungen ihn aufgefordert haben zu kämpfen, und nachdem er als Sieger hervorgegangen war, war er nun unter ihnen ein Held, denn der andere Junge war ein Fiesling, bei allen Jungen unbeliebt. Doch Dickie war auch ein Neffe des Königs, der Sohn des *Ersten Seelords*, konnte sich manchmal nur durch Frechheit behaupten und das machte ihn bald auch einsam unter den Jungen. Viele fürchteten, es käme sie teuer zu stehen, wenn sie sich aufgrund seines Status mit ihm anlegten.

Mein kleiner Bruder war sehr gebildet, aber er tat sich schwer beim Lernen, weil er nicht wie Georgie schnell handelte oder einen Gedanken fasste, sondern alles immer wieder sorgsam abwägte.

Die Marineschule bedeutete Aufstehen um sechs Uhr dreißig, nackt zur kalten Dusche zu laufen, ein weniger als spartanisches Frühstück einzunehmen und dann gab es Lektionen, die ihm endlos schienen. Mathematik, Signalisieren, Knotenmachen, Navigation und sportliche Wettkämpfe. Er sollte sich nicht nur einmal nach den Ferien in Heiligenberg sehnen.

Doch Mama konnte ihrem Nesthäkchen nicht mehr helfen. Sie hoffte, er würde sich beweisen, aber ahnte, dass sein gedämpfter Lerneifer es ihm schwerer machen würde als Georgie.

Auf dem Balkan war der Krieg noch nicht beendet. Die bulgarischen Streitkräfte hatten nach der Belagerung Adrianopels am sechsundzwanzigsten März die Stadt nun endgültig erobert. Zwei serbische Divisionen waren ihnen zu Hilfe gekommen und fünfundsechzigtausend osmanische Soldaten kamen in bulgarische Kriegsgefangenschaft. Am ersten Mai 1913 erreichten die Osmanen endlich einen erneuten Waffenstillstand mit den Bulgaren.
Die europäischen Großmächte, also Großbritannien, Österreich-Ungarn, Deutschland, Italien, Frankreich und Russland traten nun als Vermittler in dem Krieg hervor und am dreißigsten Mai schloss man den *Londoner Vertrag* zwischen dem Osmanischen Reich und den Kriegsgegnern. Damit war der Krieg offiziell beendet.
Die Osmanen verzichteten auf alle europäischen Gebiete, beginnend westlich der Linie zwischen Midia am Schwarzen Meer und Enez an der Küste der Ägäis. Der osmanische Sultan *Mehmed V.* verzichtete formell auf alle Ansprüche an der Insel Kreta, doch erst im Dezember 1913 sollte dort wieder die griechische Flagge in Anwesenheit des Königs und dem dann griechischen Premierminister Venizelos gehisst werden. Die auf der Insel ansässigen Türken mussten die Insel verlassen.
Die am Krieg beteiligt gewesenen Staaten gründeten den *Balkanbund* als eine Art Zweckbündnis, um sich gegen das Osmanische Reich zu verteidigen.
Dieser erste Balkankrieg hatte den traurigen Beigeschmack, dass Hunderttausende Muslime von der Balkanhalbinsel Richtung Osten flohen. Des Weiteren wurden Moscheen dem Verfall überlassen oder in Kirchen umgebaut und mohammedanische Kleidung verboten. So endete in nur wenigen Monaten die jahrhundertelange Herrschaft der Osmanen auf der Balkanhalbinsel.
Albanien hatte bereits am achtundzwanzigsten November 1912 seine Unabhängigkeit vom Osmanischen Reich erklärt. Mit dem *Londoner Vertrag* sprach man dem Land auch ein größeres Gebiet zu. Es erklärte sich nun zum Fürstentum.
Es kam dennoch zu Streitigkeiten um die eroberten Territorien und es kriselte wieder, doch vorerst verhielten sich alle Parteien noch ruhig.

Der neue griechische König, Andreas Bruder Konstantin, hatte sich im Balkankrieg großen Respekt erworben. Doch dieser wurde dadurch zunichte gemacht, dass Tino schon während des Krieges eine Affäre mit einer Dame begonnen hatte, die in einem von Ellens Hospitälern gearbeitet hatte. Das ganze Militär wusste davon, aber Sophie, seine Gattin, zuerst nicht. Ich sah ihr inzwischen ihre Launen nach, denn wir alle schoben diese auf ihre Schwangerschaft.

Am vierten Mai 1913 schenkte sie der kleinen Prinzessin Katherine das Leben. Ein Baby zu bekommen war eigentlich ein freudiger Anlass, aber auf Sophies Glück legte sich bald der dunkle Schatten von Tinos Affäre. Und als er und uns anderen in der Familie diese gestand, sich sogar in der Öffentlichkeit mit der Dame zeigte, befürchtete er lediglich, dass ihn die Staatsgeschäfte, um die er sich als König kümmern musste, von seiner neuen Liebe fernhalten würden. Dies bedrückte ihn mehr als der Kummer seiner Gattin oder die Schande, die er seinen Kindern aufbürdete.

Wanda Paola Lottero war eine italienische Theaterschauspielerin und hatte im Jahre 1909 in London den Prinzen Hermann von Sachsen-Weimar-Eisenach geheiratet. Dieser hatte nach seiner morganatischen Eheschließung seine Ansprüche auf den Titel des Hauses verloren und nannte sich nun Graf von Ostheim. Nur zwei Jahre später hatte sich das Paar scheiden lassen, da der Gatte durch seinen extravaganten Lebensstil bereits Schulden in die Ehe mitbrachte, aber nun nicht mehr auf die finanzielle Unterstützung durch seine Familie hoffen konnte und so hatte er von dem Geld seiner Gattin gelebt. Diese reichte aufgrund dieser Tatsache die Scheidung ein, zudem gab sie an, er sei ihr gegenüber untreu und gewalttätig gewesen. Doch sie konnte sich mit dem Titel einer Gräfin von Ostheim schmücken und hatte nun Konstantin den Kopf verdreht. Sie hatte eine leichte Moral, wie man so sagt, keine Scheu davor, sich mit Männern zu schmücken, die Geld hatten, um sich selbst einen gewissen Lebensstandard zu sichern und als Mädchen aus einfachen italienischen Verhältnissen nun zu einem gewissen, wenn auch zweifelhaften Ansehen zu gelangen. Tino überschüttete sie mit Juwelen, teurer Garderobe, kostbarer Seide und scheute sich auch nicht davor, ihr wertvolle antike griechische Fundstücke wie Vasen zu schenken, die einst von bekannten Forschern wie Schliemann entdeckt worden waren. Sie schrieben sich Briefe und leider sollte diese Dame auch nach Tinos Tod noch Kapital aus diesen vor Liebe nach ihr schmachtenden Briefen schlagen, indem sie sie in einem Buch veröffentlichte.

Sophie litt still. Zwar war sie nun Königin von Griechenland, aber obwohl eine griechische Legende besagt, dass, wenn eine Sofia mit einem Konstantin auf dem Thron sitzt, dies viel Reichtum für das Land verspricht, half ihr dieses gute Omen ihres Namens nicht. Sie war nicht sonderlich beliebt im Volk, da sie eine Deutsche war, Schwester des Kaisers von Preußen, daher nahm man an, sie stünde in einem sehr guten Kontakt mit ihm, was nicht der Wahrheit entsprach. Sophie war völlig loyal gegenüber ihrem Heimatland Griechenland.

Paola, Gräfin von Ostheim, um 1913

Dennoch war sie auch eine sehr eifersüchtige Frau. Sie neidete mir meine Anerkennung im griechischen Volk, ebenso die der Königin Olga, unserer Schwiegermutter. Meine Mutter nannte es die *deutsche Empfindlichkeit*. Diese, so sagte sie, sei oft eine wirklich schwere Last für andere. Der Premierminister Venizelos kam an die neue Königin auch nicht heran, denn sie vermied jegliche Art von längerer Unterhaltung mit ihm.
Ich versuchte mich ihr gegenüber freundlich zu zeigen, aber musste einsehen, dass wir beide *nur miteinander auskommen konnten*, aber uns nie eine tiefere Freundschaft verbinden würde.

Am vierzehnten Juni wurde die kleine Katherine im Kronprinzenpalais in Athen getauft. König George V. von England, die gesamte griechische Armee und die Marine waren die Taufpaten, Letztere natürlich nur formell.
Sophie war nicht die Einzige in der Familie, die mit der Untreue ihres Ehepartners zurechtkommen musste. Georges Frau Marie begann 1913 eine

noch recht lockere, mehr auf intensiven öffentlichen Flirts basierende Liaision mit dem französischen Premierminister Aristide Briand, doch dieser hatte bereits eine Affäre mit der Schauspielerin Berthe Cerny und Marie wollte deswegen nicht weitergehen, da sie nicht bereit war, ihn mit seiner Geliebten zu teilen. George ertrug es, nahm diese offene Provokation seiner Gattin mit einer uns unverständlichen Leichtigkeit hin.

Ich begab mich wieder an meine karitative Arbeit, richtete ein neues Hospital in Athen ein und reiste im Juli nach Saloniki, um auch dort eines aufzubauen, denn am neunundzwanzigsten Juni hatten bulgarische Truppen völlig überraschend die griechischen und serbischen Armeen angegriffen, ohne Griechenland und Serbien vorher offiziell den Krieg zu erklären. Dies war der Beginn des *Zweiten Balkankrieges*. Es kam zu Kämpfen in Serres, einer Stadt und Gemeinde in Zentralmakedonien, und Saloniki, wobei die Serben und unsere Armee den Gegner schnell in die Knie zwangen. Am achten Juli erklärten Serbien und Griechenland Bulgarien offiziell den Krieg. Rumänien sah sich nun auch erst mal gezwungen einzugreifen und schloss sich der Kriegserklärung am zehnten Juli an, nur einen Tag später folgte auch das Osmanische Reich. Somit wurde Bulgarien von allen Seiten angegriffen. Die starken rumänischen Truppen fielen nun in dem Land ein, erreichten ohne einen nennenswerten Widerstand der bulgarischen die Vororte von Sofia und die osmanischen nahmen das nicht verteidigte Adrianopel am einundzwanzigsten Juli ein. Dies war möglich, da der Großteil der bulgarischen Streitkräfte in Kämpfe mit unseren Truppen verwickelt war. Die Bulgaren mussten einsehen, dass sie in diesem zweiten Krieg keine Chance hatten, und so mussten sie sich innerhalb weniger Wochen geschlagen geben.

In den letzten Tagen dieses Krieges kam es noch zu Auseinandersetzungen zwischen serbischen und griechischen Truppen in der Region um Kozani.

Bulgarien war unzufrieden gewesen mit der Aufteilung der europäischen Gebiete der Türkei, doch nun verlor es mit dem *Friedensvertrag von Bukarest* am achtundzwanzigsten Juli fast alle im ersten Krieg eroberten Gebiete wieder.

Der größte Teil von Makedonien fiel nun an Griechenland und Serbien, der Süden der Dobrudscha, einer Landschaft, die das Grenzgebiet zwischen Südostrumänien und Nordostbulgarien bildet, ging an Rumänien und Ostthrakien mit Adrianopel an das Osmanische Reich. Rumänien sollte durch seinen Eintritt in den Krieg einen stetig schwelenden politischen Konflikt mit Bulgarien verursachen. Den Bulgaren blieb nun nur noch ein kleiner Teil der östlichen Region Makedoniens.

Da Russland in die Verhandlungen eingriff, erhielt Bulgarien nach zähen

Verhandlungen der Großmächte Ende September im *Vertrag von Konstantinopel* Westthrakien zurück und so einen Zugang zu Ägäis.
Diese beiden Kriege hatten nicht nur viele Opfer unter den Soldaten gefordert. So hatten unter anderem etwa achtundvierzigtausend griechische ihr Leben gelassen, hundertsechsundfünfzigtausend bulgarische und hunderttausend osmanische, sondern es war auch erstmals zu ethnischen Gewaltausschreitungen gekommen, bei denen auf allen Seiten zahlreiche Zivilisten der jeweils anderen Völker ermordet oder vertrieben worden waren. Die Osmanen sollten jedoch in den Jahren 1915 und 1916 in Ostthrakien gewissermaßen Rache an den Bulgaren nehmen, indem sie die dort ansässigen Armenier, zwischen dreihunderttausend und über einer Million Menschen, auf grauenvolle Art und Weise ermordeten oder vertrieben. Eine genaue Zahl wurde nie bekannt.
Konstantin war im zweiten Krieg auf dem Balkan nun als König Oberbefehlshaber der griechischen Armee und führte die Truppen abermals siegreich in diesen gegen die Bulgaren. Durch die beiden Kriege nahm nun das Territorium Griechenlands um etwa neunzig Prozent zu und die Bevölkerungszahl wuchs von 2,6 auf 4,7 Millionen Menschen an.
Als erfolgreicher Feldherr und Monarch gewann Andreas Bruder nun an Popularität im Volk und hatte bald fast das gleiche Ansehen wie der Premierminister Venizelos. Zuerst arbeiteten beide recht eng zusammen, aber sie mussten schnell feststellen, dass sie doch sehr unterschiedliche Ansichten gerade in Bezug auf die Außenpolitik hatten. Konstantin war ein Abkömmling eines deutschen Hauses, Schleswig-Holstein-Sonderburg-Glücksburg. Seine Vorfahren waren griechisch-dänisch, er war ein Schwager des deutschen Kaisers und somit pro-deutsch. Dies empörte aber Venizelos, der sich in Bezug auf die Marine mehr an der englischen orientierte als an der deutschen.
Am vierundzwanzigsten Mai 1913 hatte es in Berlin ein großes Fest gegeben, als die Tochter Onkel Willys, Prinzessin Viktoria Luise den Erbprinzen Ernst August von Hannover, Erbherzog von Braunschweig und Lüneburg, heiratete. Aus allen Adelshäusern Europas waren Gäste angereist, so auch Onkel Nicky, der alleine dorthin reiste, da Tante Alix sich einer solchen Reise momentan nicht gewachsen fühlte und Alexei noch nicht so weit genesen war, dass er wieder alleine längere Strecken laufen konnte. Zudem feierte man im Jahre 1913 das dreihundertjährige Jubiläum der Romanows auf dem Zarenthron. Es standen viele Reisen durch das Land an und so hätte sich auch keine Gelegenheit geboten, im Zuge der Feierlichkeiten in Berlin noch nach Hessen weiterzureisen.
Ich sehnte mich aber danach, meine Familie wiederzusehen. Im August begaben sich alle Mitglieder des griechischen Königshauses wieder auf

Reisen und so überredete ich Andrea mit unseren Mädchen ebenfalls zu verreisen. Zuerst hatte mein Gatte Bedenken, denn er fürchtete, es könne vielleicht ein erneuter Krieg zwischen Griechenland und der Türkei ausbrechen, dann würde er umgehend zurückkehren müssen. Aber diese Befürchtung schien nur auf ihm zu lasten. Es ging sogar so weit, dass er meinte, es sei Unsinn, sich für die Reise bei seinem Schneider neu einzukleiden oder Geschenke oder Ähnliches einkaufen zu gehen. Man wusste nie, was käme, doch ich bestand darauf, dass wir, auch zur eigenen Erholung und um Abstand zu bekommen, abreisten. So gab sich Andrea schließlich geschlagen.
Zuerst fuhren wir nach England. In London wohnten wir bei meinen Eltern im *Mall House* in *Spring Gardens* in der Nähe des Trafalgar Square. Mein Vater hatte nun ein großes Ansehen als *Erster Seelord* und ihm gegenüber stand auf politischer Seite der *Erste Lord der Admiralität*, der später sehr bekannte Winston Churchill. Mein Vater hatte diverse Aufgabenfelder zu bewerkstelligen, doch als Oberbefehlshaber der Royal Navy lag sein Hauptaugenmerk darauf, die Schlagkraft der Flotte zu festigen und zu verbessern sowie diese auf einen eventuellen Kriegseinsatz vorzubereiten.
Mama war während unseres Aufenthalts besonders glücklich darüber, ihre Enkelkinder ihrem Onkel Arthur, dem Herzog von Connaugt und Strathearn zu präsentieren. Sie war dabei sehr überschwänglich und sagte den Mädchen, er sei ihr Groß-Groß-Onkel. Onkel Arthur, mittlerweise dreiundsechzig Jahre alt, zeigte sich amüsiert, doch etwas geschockt, denn er gab sogleich zurück, Mama mache so etwas wie ein antikes Artefakt aus ihm.
Andrea besuchte König George V. von England, um ihm einige englische Orden seines Vaters zurückzugeben.
Im September reisten wir mit Mama nach Darmstadt, um Onkel Ernie und Tante Onor sowie ihre beiden Söhne zu besuchen. Wir lebten in Heiligenberg, verbrachten aber auch viel Zeit in Wolfsgarten.

Lu und Cäcilie auf einem Fahrrad im Hof von Wolfsgarten, September 1913

Andrea mit Cäcilie im Hof von Wolfsgarten, September 1913

Die Kinder hatten viel Spaß miteinander und die Mädchen verstanden sich bestens mit ihren hessischen Cousins Lu und Don. Andrea und ich hatten nach den Kriegswirren nun auch endlich wieder Zeit für unsere Töchter und nutzten jeden Augenblick, um etwas mit ihnen zu unternehmen oder zu spielen.
Onkel Ernie war sehr technikbegeistert und liebte jeglichen Fortschritt. So organisierte er eine Fahrt in einem Zeppelin für uns. Am zwölften September flogen wir mit dem *Luftschiff Nr. 1* von Frankfurt am Main aus über Friedrichshof, Wiesbaden, Mainz, Oppenheim, Darmstadt, Odenwald und Wolfsgarten. Der Flug endete wieder in Frankfurt. Es gab an Bord des Luftschiffs jeglichen Komfort, so servierte man uns Champagner und Kaviar.

An Bord des Luftschiffs: Andrea, links, Onkel Ernie, ein Freund des Onkels, Mama steht hinter Andrea, vorne links ist Luise und ich sitze rechts in der Kabine

Eine zweite Aufnahme auf unserem Rundflug über Hessen, September 1913

Es war ein sehr schönes Erlebnis, denn ich war bisher noch nie geflogen. Diese Technik steckte damals quasi noch in den Kinderschuhen. Aber Zeppeline waren in Deutschland bereits ein beliebtes Mittel zum Reisen, so konnte man zum Beispiel auch nach Helgoland mit ihnen fliegen. Onkel Ernie hatte für Mama und Dickie auch schon öfter solche Rundflüge organisiert. Mein jüngerer Bruder war ebenso fasziniert von technischen Neuerungen wie sein Onkel und so hatte er es seinem Neffen auch einmal ermöglicht, mit einem *Aeroplan* zu fliegen. Es handelte sich dabei um ein noch recht primitives Wasserflugzeug, bei dem man rittlings auf dem Treibstofftank saß und sich an zwei Spannseilen festhalten musste, was aber großen Eindruck bei Dickie hinterließ. Er musste immer wieder von diesem Erlebnis erzählen.

Mein Bruder war diesen Herbst auch in Heiligenberg und Wolfsgarten, da er Ferien vom College hatte. König George V. überreichte ihm eine Erinnerungsmedaille an seine Krönung, die Dickie nun voller Stolz an seiner Uniform trug. Er liebte immer noch Tiere, die stets mitreisten, einige konnte man tragen, andere reisten in Käfigen. Mama hatte nun mit Louise die Aufgabe und Bürde, sich um diese alle zu kümmern, wenn Dickie im College war.

Anfang Oktober reisten wir zurück nach England, da wir am fünfzehnten zur Hochzeit von König Georges Nichte Alexandra, einer Tochter von Louise, Tochter von Onkel Bertie, geladen waren. Alexandra heiratete im St. James`s Palace ihren Onkel zweiten Grades, den Generalmajor Arthur von Connaught, den einzigen Sohn von Mamas Onkel Arthur. Die Braut

war zweiundzwanzig Jahre alt, ihr Gatte acht Jahre älter. Für Alexandra waren die letzten Jahre recht schwierig gewesen, denn im Jahre 1910 hatte sie sich in Andreas Bruder Christo verguckt, man munkelte, es sei ein Verhältnis gewesen, welches durchaus einen gewissen Tiefgang besessen habe, aber ihre Eltern lehnten eine Verbindung mit einem Ehemann aus einem deutschstämmigen Haus ab.
Im Dezember 1911 war die Familie auf einer Reise nach Ägypten in Marokko mit dem Schiff gekentert. Augenscheinlich hatte sich niemand verletzt, doch kurz darauf erkrankte ihr Vater an einer Rippenfellentzündung und verstarb Anfang des Jahres 1912.
Man gönnte der Braut eine glückliche Ehe, zudem diese auch für den Bräutigam den ansehnlichen Titel eines Duke of Fife mit sich brachte, denn Alexandra hatte den Titel als einziges überlebendes Kind ihrer Familie geerbt, aber keinen Sitz im *House of Lords* inne als Frau. Diese Position konnte nun ihr Gatte bekleiden.
Im Jahre 1914 sollte sie einen Sohn zur Welt bringen und sie und ihr Ehemann waren beide sehr karitativ engagiert.
Da Alexandra, wie ich, schon vor ihrer Hochzeit auch als Krankenschwester gearbeitet hatte, um den Armen zu helfen, fühlte ich mich ihr sehr verbunden und wir verstanden uns gut.
Nach der Hochzeit besuchte ich im Rahmen eines offiziellen Termins die griechische Botschaft und ebenso das *Charing Cross* und das *Londoner Hospital*.
Andrea saß derweil für ein Porträt von de László, was Mama organisiert hatte, damit sie eines von mir und eines von ihm besitzen konnte. Natürlich leistete ich meinem Mann dabei auch oft Gesellschaft, denn es dauerte schon eine Zeit, bis es fertiggestellt war.

Andreas Porträt, 1913

Nach der Fertigstellung des Gemäldes meines Ehemanns nahmen Andrea und ich uns wieder Zeit für die Kinder. Wir fuhren mit ihnen unter anderem mit dem Bus zur *St. Paul's Cathedral* und besuchten den Zoo in London. König George V. empfing mich Anfang November, um mich für meine Verdienste als Krankenschwester während der Balkankriege auszuzeichnen und verlieh mir den *Orden des königlich-englischen Roten Kreuzes*, was mich sehr freute. Da meine Mutter die Briefe, die ihr während der Kriegswirren schrieb, kopierte und in der Verwandtschaft weitergegeben hatte, wusste jeder in der Familie um mein Engagement. Es war mir etwas peinlich, weil ich es aus freien Stücken tat, es mir ein Anliegen gewesen war zu helfen, dennoch empfand ich es natürlich auch als sehr schön, wenn die Verwandten mich darauf ansprachen, mehr über meine Tätigkeit wissen wollten. Aber ich hatte nie das Gefühl, ich müsse mich aufgrund meiner Behinderung irgendwie vor anderen beweisen, denn niemand ließ mich je

spüren, dass man mich deswegen vielleicht nicht akzeptierte oder mir nicht alles zutraute wie einer Hörenden.
Am siebzehnten November reisten wir zurück nach Griechenland. Kurz darauf, im Dezember, stellte ich fest, dass ich wieder schwanger war. Das Baby würde im Juni des nächsten Jahres auf die Welt kommen. Andrea und ich freuten uns sehr, doch konnten nicht ahnen, was uns in jenem Jahr und den folgenden bevorstehen sollte.
Am Ende des Jahres 1913 hätte ich mir auch nie träumen lassen, dass ich einige meiner Verwandten niemals wiedersehen sollte, wie Tante Alix und ihre Familie und Tante Ella.

Margarita, Cäcilie und Dolla, Ende 1913

Andrea hatte wieder eine Aufgabe im griechischen Militär und war darüber sehr glücklich. Er war nun Oberst mit einem Kommando über die dritte Kavallerie. Seit fast vier Jahren hatte er sich bemüht, sein Regiment voranzubringen, sodass die Männer mit der größten Effektivität im Kriegsfall eingesetzt werden konnten. Daher war für ihn, der so sehr für das Militär und seine Verpflichtungen lebte, die Zeit auch sehr schwer zu ertragen gewesen, als man ihn von eben diesem Militär ausschloss. Doch nun, im Januar 1914, bot man ihm sogar ein Kommando an der Kavallerie-Schule an, wobei er einen französischen Offizier unter sich hatte.

Cäcilie, Ende 1913

Mein Bruder Georgie stieg am fünfzehnten Februar 1914 zu einem Leutnant der englischen Marine auf und diente nun auf dem Schlachtschiff *New Zealand.* Seit einiger Zeit liebäugelte er mit einer jungen Dame, Gräfin Nadejda de Torby. Sie war achtzehn Jahre alt, eine bildhübsche Erscheinung und uns bekannt. Ihr Vater war der Großfürst Michael Michailowna Romanow, der in der Familie nur *Miche-Miche* genannt wurde. Er war ein Enkel des Zaren Nikolaus I. von Russland und seit 1891 mit der Gräfin Sophie von Merenberg aus kleinerem russischen Adel verheiratet. Sie entstammte bereits einer morganatischen Ehe und schloss damit selbst auch eine. Da man im russischen Zarenhaus diese Ehe nicht anerkannte, musste das Paar das Land verlassen, lebte zuerst abwechselnd im Exil in Deutschland, Frankreich und im Jahre 1900, als Nadejda, die zweitgeborene Tochter vier Jahre alt war, zog man nach England. Ihre Mutter erhielt von ihrem

Onkel Großherzog Adolf von Luxemburg den Titel einer *Gräfin de Torby*. Die Familie von Nadejda war sehr angesehen in der höheren englischen Gesellschaft, man war mit Onkel Bertie bekannt gewesen und so kannten wir auch alle Nadejdas Eltern und Geschwister.
Georgie fand *Nada*, wie man sie rief, hübsch und fühlte sich zu ihr schon hingezogen, aber so wie mein Bruder Dickie einmal Marie heiraten wollte, hatte Georgie stets ein Auge auf unsere Cousine Tatjana geworfen. Er hoffte im Stillen, einmal Onkel Nickys Tochter heiraten zu dürfen, denn sie war mittlerweile fast siebzehn Jahre alt, mein Bruder fast zweiundzwanzig. Er war bereit, noch etwas zu warten, aber sein Herz gehörte eindeutig Tatjana.
Dickie machte sich leider nicht so besonders auf der Kadettenschule in Osborne, denn er war kein so fleißiger Schüler wie Georgie, sondern schlug sich eher so durch. Leider war er auch in der letzten Zeit oft krank gewesen, hatte Mumps und Scharlach, sodass er nicht regelmäßig dem Unterricht beiwohnen konnte. Seine Erkrankungen hatten ihn um einige Wochen zurückgeworfen und er tat sich sehr schwer damit, den verpassten Unterrichtsstoff nachzuholen.
Mein Baby sollte eigentlich Anfang Juni geboren werden, aber ich war überfällig, weswegen Andrea seinen militärischen Verpflichtungen nicht so nachkommen konnte wie geplant, denn er wollte einerseits bei mir sein, wenn das Baby zur Welt kam, andererseits konnte er sich aber nicht zu oft freistellen lassen vom Dienst.
Wir waren zu der Zeit auf Mon Repos und Mama war extra von der Isle of Wight angereist, um mir beizustehen und sich um die Mädchen zu kümmern. Mein Gynäkologe, Dr. Louros, befand sich in unserer Nähe, aber ließ sich nur zu den Mahlzeiten blicken, denn er schrieb gerade an einem Buch und besuchte daneben auch noch andere Patientinnen auf Korfu. Er meinte, das Baby könne auch erst um den neunundzwanzigsten Juni geboren werden. Man konnte damals noch keine Geburt einleiten und die Berechnungen für einen Geburtstermin waren oft sehr schwankend. Mama witzelte, dass es das erste Mal sei, dass ich mich in meiner Empfängnis verschätzt habe, aber da sie gehört habe, wie oft Sophie falsch gelegen habe, manchmal um einen ganzen Monat, würde ich diese bald überrunden.
In der Nacht vom fünfundzwanzigsten auf den sechsundzwanzigsten Juni setzen dann endlich die Wehen ein und am Morgen um sechs Uhr brachte ich erneut eine Tochter zur Welt. Meine Mutter zeigte sich etwas enttäuscht darüber, dass es wieder ein Mädchen war, und auch meinen Bruder Dickie bat sie kurz darauf, mir zur Geburt zu gratulieren, aber bezweifelte, dass ich jemals einem Sohn das Leben schenken würde. Andrea und ich waren sehr glücklich über das gesunde Baby und gaben der Kleinen den Namen Sophie. Doch schon kurz nach ihrer Geburt bekam sie den Spitznamen *Tiny*,

da sie die jüngste unter den Mädchen war, also übersetzt *die Kleine*.
Nur zwei Tage nach Sophies Geburt erschoss man in Sarajevo den österreichischen Thronerben Erzherzog Franz Ferdinand von Österreich-Este und seine Gattin, Sophie von Hohenberg. Als wir diese schreckliche Nachricht erhielten, ahnte Mama als Erste, dass unsere Welt nun ins Wanken geraten würde. Sie merkte an, sie hoffe, es würde nicht zu einem Krieg kommen, aber niemand ahnte, wie recht sie mit ihrer Befürchtung haben könnte.

Meine Kinder und ich auf einem offiziellen Porträt, 1914

Dolla, links, Margarita in der Mitte mit Tiny und Cäcilie, Korfu, 1914

Eine Einzelaufnahme von mir, 1914

Das Attentat in Sarajevo war von dem neunzehnjährigen Schüler Gavrilo Princip ausgeführt worden, der der Untergrundorganisation *Mlada Bosna*, *Junges Bosnien*, angehörte. Diese Organisation war anti-klerikal, serbisch-nationalistisch orientiert und bestand aus Schülern und Studenten, die eindeutig revolutionäre Tendenzen vertraten. Sie hatte sich im Jahre 1893 in Mostar gegründet und stand mit Personen der später entstandenen Geheimorganisation *Schwarze Hand* in Verbindung, die ab 1910 Attentate planten. Die Mitglieder waren überwiegend bosnische Serben, es schlossen sich aber bald auch Kroaten und Bosniaken, ebenfalls aus Bosnien-Herzegowina an. Die Ziele dieser Organisationen waren relativ einfach zu formulieren – man wollte das bosnische Nationalbewusstsein stärken, mit revolutionären Mitteln Bosnien-Herzegowina von der österreichisch-ungarischen Zwangsherrschaft befreien, den Zusammenschluss südslawischer Provinzen Österreich-Ungarns mit Serbien und Montenegro beenden, den osmanischen *Sandschak Novi Pazar* auflösen, ein Bezirk, dem der Südwesten Serbiens angehörte, ebenso wie der Nordosten Montenegros und Teile des Kosovo. Im Großen und Ganzen forderte man ein geeintes Jugoslawien. Gleichzeitig prangerten die Organisationen aber auch soziale Aspekte an wie den Bildungsmangel in der Bevölkerung, den Konservativismus, das jesuitische Schulwesen Österreich-Ungarns und sie vertraten die Gleichberechtigung von Frauen. Einige ihrer Mitglieder waren literarisch sehr begabt und aus ihnen ging unter anderem der spätere Schriftsteller und Nobelpreisträger Ivo Andrić hervor.

Der Attentäter Princip hatte 1912 im Balkankrieg kämpfen wollen, um seine Heimat zu verteidigen, doch man wies ihn als *untauglich* ab. Dies führte dazu, dass er aus Enttäuschung über die Abweisung beim Militär das Attentat plante. Er litt an Knochentuberkulose, ließ sich ohne Widerstand festnehmen und gestand seine Tat sofort ein. Allerdings bedauerte er, die Erzherzogin Sophie auch getötet zu haben, denn das Paar hinterließ drei Kinder.

Princip konnte nach österreichischem Recht nicht zum Tode verurteilt werden, weil er noch keine zwanzig Jahre alt war, obwohl der Staatsanwalt sofort die Todesstrafe forderte. Stattdessen verurteilte man Princip zu zwanzig Jahren schwerer Zwangsarbeit in der *Kleinen Festung Theresienstadt*. Man verhaftete zahlreiche seiner Familienmitglieder, obwohl viele von ihnen nichts von der Tat gewusste hatten.

In Theresienstadt verbrachte man Princip in Isolationshaft, jeglicher Besuch wurde ihm verwehrt und die meiste Zeit des Tages war er angekettet. Im April 1918 starb er schließlich aufgrund der schlechten Haftbedingungen an der Knochentuberkulose.

Aus meiner Sicht war die Bestrafung sehr hart, aber durchaus berechtigt,

weil er Kindern die Eltern geraubt hatte, und auch wenn es um den Thronfolger Österreich-Ungarns ging, der Erzherzog und seine Frau hatten so einen Tod nicht verdient.
Die Freiheitsbestrebungen von Völkern, das Aufbegehren gegen eine monarchistisch geprägte Herrschaft war durchaus auch verständlich, aber es rechtfertigte kein Attentat. Doch es brachte die *Alte Welt* zum Erzittern und erschütterte die Menschen.
Österreich-Ungarn musste handeln. So stellte man Serbien am dreiundzwanzigsten Juli 1914 ein Ultimatum, welches auf achtundvierzig Stunden befristet war. Man verlangte darin unter anderem, dass jegliche Aktionen und Propaganda gegen die territoriale Integrität der österreichisch-ungarischen Regierung sofort unterdrückt wurde und eine Untersuchung des Attentats durch österreichisch-ungarische Beamte. Dieses Ultimatum wurde so verfasst, dass ein souveräner Staat es nicht wirklich akzeptieren konnte, denn eigentliches Ziel von Österreich-Ungarn war es, nun Serbien durch einen Krieg unschädlich zu machen. Der k. und k. Außenminister Leopold Graf Berchtold hatte das Ultimatum eigens so mitverfasst, damit man nicht als Land dastand, welches mit einem Krieg drohte, man drohte daher nur mit dem Abbruch der diplomatischen Beziehungen. Serbien hielt die Frist ein, akzeptierte das Ultimatum aber nicht bedingungslos. Mit Deutschland als Verbündeten, der die Rückendeckung gab, erklärte Österreich-Ungarn Serbien am achtundzwanzigsten Juli den Krieg. Die Bündnisverpflichtungen der anderen Großmächte Europas ließen ihnen keine andere Wahl, als in den Krieg einzutreten. Es war der Beginn des *Ersten Weltkriegs.*
Andreas Bruder Tino sah den Beginn des Krieges mit gemischten Gefühlen, denn er befand es für besser, wenn Griechenland sich eine gewisse Neutralität bewahren würde. In erster Linie wollte er sich als König für Griechenlands Sicherheit und den Wohlstand der Menschen einsetzen. Ein Krieg sollte nicht zu einer erneuten Belastung für die Bevölkerung werden. Onkel Willy offerierte ihm schon in den ersten Tagen des Krieges die Option, dass Griechenland an der Seite Deutschlands kämpfen könne, aber Tino befürchtete, Deutschland könne als alleiniger Sieger aus dem Krieg hervorgehen, denn Onkel Willy war militärisch bestens vorbereitet. Aber dann wäre eben Griechenland nicht mehr neutral gewesen und hätte auf der Seite der Mittelmächte gestanden, wozu Deutschland, Österreich-Ungarn, das Osmanische Reich und Bulgarien gehörten. Das heißt, man wäre mit der politischen Linie in Bezug auf das Attentat in Sarajevo auch mit Österreich-Ungarn konform gegangen. Den Mittelmächten stand die *Triple Entente* gegenüber, ein informelles Bündnis zwischen Frankreich, Großbritannien und Russland.
Als der Krieg begann, hofften alle Parteien noch, er wäre bis zum Ende des

Jahres wieder beendet, jedenfalls verbreitete man es offiziell so. Und überall zogen die Soldaten jubelnd in diesen Krieg.
Kostantins Gattin Sophie schien sich als Deutsche auf die Seite ihres Bruders, Onkel Willy, zu schlagen, aber stattdessen war sie eher pro-britisch wie schon ihr Vater, bedingt durch die Heirat mit einer englischen Prinzessin. Ihre Mutter, die Kaiserin Friedrich, war immer noch ihren Wurzeln verbunden gewesen, auch als sie schon viele Jahre in Deutschland lebte.
Tino wollte nichts aufs Spiel setzen, denn man hatte in den Balkankriegen Land hinzugewonnen. Premierminister Venizelos war für die *Entente*, denn sie verfügte mit England über eine sehr starke militärische Marine, was Griechenland mit seiner Lage am Mittelmeer durchaus hilfreich sein konnte. Er war zudem fest davon überzeugt, dass der deutsche Kaiser ein Kriegstreiber war und nur auf den Beginn dieses Krieges hin aufgerüstet hatte.
Konstantin befand sich in einer gewissen Zwangslage. Einerseits meinte er, es könne sein, dass eben die *Entente* unser Land im Krieg nicht genug unterstützen würde, andererseits könne Deutschland uns besiegen und auslöschen.
Mein Standpunkt war völlig klar. Ich war Griechenland gegenüber loyal, obwohl ich als deutsche Prinzessin aus niederem Adel stammte, doch ebenso hatte ich über die Königin Victoria auch großen englischen Einfluss auf mein bisheriges Leben gehabt. Es würde mir bald genauso ergehen wie anderen Adeligen zu jener Zeit, da man Verwandtschaft in verschiedenen Ländern hatte, aber diese im Krieg nun zu Feinden wurden. Mein Vater war Erster Seelord, England absolut loyal gegenüber verbunden und meine Eltern, meine Geschwister lebten überwiegend in England. Mamas Cousin war der englische König und ich hatte viele Freunde und Verwandte in Windsor und Osborne, die ich schon seit meiner Kindheit kannte. Aber ebenso auch zwei Tanten in Russland.
Tante Irene war verheiratet mit einem Bruder Onkel Willys. Onkel Heinrich war ein Admiral in der deutschen Marine, da er ein überaus erfolgreicher Segler war, hatte er sich bei der alljährlichen Regatta in Cowes einen Namen gemacht, stand in gutem Kontakt mit dem König George V. von England. Im Dezember 1912 und im Juli 1914 hatte er den König gefragt, was England tun würde, wenn Deutschland und Österreich einen Krieg gegen Russland begönnen. Onkel Willy war stets dafür bekannt, nur das auch wirklich zu lesen, was er eben *lesen wollte*, ihm also zusagte. So überbrachte ihm Onkel Heinrich jedes Mal eine geschönte Version von den Worten des Königs, welche den deutschen Kaiser in dem Glauben ließ, England würde Deutschland seine stete Neutralität in so einem Fall zusichern. Onkel Heinrich erzählte davon jedes Mal mit einem gewissen Schmunzeln, denn er meinte, er habe so einen eventuellen Krieg verhindert. Der Zwang Onkel

Willys, schon seit Jahren sein Land aufzurüsten und so eigentlich nur auf einen Krieg zu warten, in dem man sich beweisen konnte, war überall bekannt.
Mich erreichte aus Deutschland die Nachricht, dass Onkel Ernie sich im Krieg engagieren wollte und nun in der deutschen Armee war.
Meine Schwägerinnen waren ebenso loyal zu Griechenland wie ich, auch wenn Ellen eine gebürtige Russin und Minnie mit einem Russen verheiratet, Georges Gattin Marie Französin war. Es war nun nicht mehr möglich, offen seine Meinung zu sagen, ich behielt meine privaten Ansichten zu den gegnerischen Parteien für mich, gab mich nach außen hin neutral, was es mir ermöglichen sollte, weiterhin mit Verwandten zu kommunizieren, so wie mit Tante Onor. Mama und Papa konnten dies aufgrund von Papas Position in der Royal Navy nicht, was meine Mutter sehr bedauerte.
So schrieb mir Tante Onor einen Brief, in dem sie mich bat, ihr zu helfen, Pakete weiterzuleiten, die eventuellen deutschen Gefangenen in ihrer Notlage eine gewisse Versorgung mit besonderen Lebensmitteln gewährleisten konnten. Ich lehnte es nicht ab, sagte es ihr aber verschlüsselt in einem Antwortschreiben zu und hoffte, sie würde es aus meinen unverfänglichen Zeilen herauslesen, in denen ich ihr von unserem ruhigen Leben auf Korfu erzählte. Meine Gedanken seien stets bei ihr, denn ich hatte zwei Kriege miterlebt, fühlte mit ihr und konnte mir ihre Sorgen ausmalen.
Wir mussten kurz nach diesem Brief wieder nach Athen zurückreisen, da Andrea seine militärischen Verpflichtungen wieder aufnehmen musste. Wir waren vier Monate auf Korfu gewesen, Dolla, Margarita und Cäcilie braun gebrannt vom Schwimmen im Wasser und Spielen am Strand. Tiny entwickelte sich prächtig und wäre nicht der Krieg gewesen, hätte unser Familienleben nicht harmonischer sein können.
Meine Mutter, Nona und Louise waren im Sommer nach Russland gereist, wo sie zuerst mit Tante Ella eine Fahrt auf der Wolga bis nach Jekaterinburg machten. Dann reisten sie zu Tante Alix und ihrer Familie weiter nach St. Petersburg. Papa hatte geplant, mit Dickie im August ebenfalls nach Russland zu reisen. Es sollte für ihn eine halb-offizielle diplomatische Reise werden. England und Russland standen vor der Schließung eines Bündnisses, welches die jeweilige Marine betraf, denn die russische hatte sich inzwischen von den Verlusten aus dem Krieg mit Japan erholt und Onkel Nicky war dabei, sie zu modernisieren und besser auszustatten. Doch dadurch sah sich Onkel Willy in Bedrängnis im baltischen Meer und die Türken am Schwarzen Meer. Papa hatte sich schon schriftlich mit Onkel Nicky und seinem Außenminister beraten, man konnte nun eine Lösung finden, aber der Ausbruch des Krieges verhinderte das Bündnis und Papas geplante Reise. Mein Vater telegrafierte Mama, sie sollen alle sofort nach Hause

zurückreisen, solange dies noch möglich sei. So packten sie hastig ihre Koffer und Mama übergab Tante Alix ihren Schmuck mit den Juwelen, damit diese ihn für sie aufbewahrte, bis sie sich wiedersahen, denn meine Mutter fürchtete, man könne ihn auf der Reise beschlagnahmen. Dennoch war die Rückreise nicht so einfach wie die Anreise, denn sie mussten zuerst mit dem Zug und einem Dampfer nach Hapsal in Estland und von dort aus mit dem Schiff ins neutrale Schweden. Das Geld, welches sie bei sich hatten, konnte sie als Bezahlung nicht mehr verwenden, also mussten sie notgedrungen mit Gold bezahlen, einige Schmuckstücke opfern, die sie noch in kleinen Beuteln am Gürtel befestigt um ihre Hüften bei sich trugen. Der Kronprinz von Schweden bot Mama, Nona und Louise sofort an, bei ihm und seiner Gattin auf Schloss Drottningsholm auf der Insel Lovön zu übernachten, bis sie am nächsten Morgen per Schiff nach England weiterreisen konnten. Kronprinz Gustav Adolf von Schweden war mit einer Tochter von Mamas Onkel Arthur von Connaught, Margaret, genannt *Daisy* verheiratet, zudem kannte man sich über Marie, Tante Ellas Ziehtochter, die den Bruder des Kronprinzen geheiratet hatte, sich aber gerade im Juli 1914 hatte scheiden lassen. Das Kronprinzenpaar kümmerte sich wohl sehr aufmerksam um seine gestrandeten Gäste und besonders Louise war beeindruckt von der Herzlichkeit des Kronprinzen, der in naher Zukunft noch eine große Rolle in ihrem Leben spielen sollte.
Mit dem letzten Schiff konnten sie am nächsten Morgen über Bergen in Norwegen nach England zurückkehren.
Für meine Mutter und Nona war die Heimreise aber noch unerquicklicher gewesen, weil beide an einer sehr schmerzhaften Mandelentzündung litten, hohes Fieber bekamen und man telegrafisch nach Ärzten schickte, die sie bei jedem Halt auf der Rückreise untersuchten und mit Kaustikum, einem leichten Ätzmittel behandelten, um die Viren abzutöten.
Mama berichtete mir, wie sehr sie sich alle immer noch um Tante Alix sorgten, die noch immer nicht einsah, von Rasputin Abstand zu nehmen. Mittlerweile kursierten sogar die ersten ernst zu nehmenden Gerüchte in Russland, dass sie eine Affäre mit ihm haben sollte und in der Presse kursierten sehr obszöne Karikaturen von ihr und dem Mönch, welche Onkel Nicky nur mit Mühe verbieten konnte. Es gefährdete zusehends mehr und mehr Tante Alix□ Ansehen im Volk und nun, mit Beginn des Krieges, kam noch die Tatsache dazu, dass sie eine Deutsche war. Man verdächtigte sie sogar bald der Spionage für Deutschland, unterstellte ihr, sie würde geheime Angriffspläne Russlands an den deutschen Kaiser verraten.
Dies waren schon erschreckende Neuigkeiten, und als meine Mutter mir auch von der Reise auf der Wolga berichtete, erwähnte sie Jekaterinburg. Nach jener Schifffahrt hielten sie sich in der Stadt auf und kamen an eben

jenem Haus eines reichen Fabrikanten vorbei, welches später das Schicksal von Tante Alix und ihrer Familie besiegeln sollte.

Im September schrieb mir Louise, dass sie sich in der *SSAFA*, der *Soldiers, Sailors, Airmen and Families Association* engagierte. Diese karitative Organisation, gegründet 1885, garantierte Angehörigen der britischen Streitkräfte und ihren Familien eine lebenslange Hilfe und Unterstützung, zum Beispiel in Bezug auf Wohnungen und Häuser oder eine ausgezeichnete medizinische Versorgung. Louise arbeitete dort als Freiwillige, wollte aber bald für das Rote Kreuz als Krankenschwester arbeiten. Sie teilte mir mit, dass Tante Marie in Erbach das Schloss in Heiligenberg nun in ein Heim des Roten Kreuzes umgewandelt habe. Sie erzählte mir auch von anderen Verwandten, die sich karitativ engagierten, und bat mich, ihr und Mama doch jegliche Information, die ich eventuell über Sophie von anderen deutschen Verwandten hörte, weiterzugeben.
Nur kurz zuvor hatte mich ein Schreiben von Tante Alix aus Zarskoye Selo erreicht, in dem sie mir erzählte, dass sie und meine beiden ältesten Cousinen Olga und Tatjana nun als Krankenschwestern arbeiteten, verwundete Soldaten versorgten, Ella zwei Tage bei ihnen gewesen sei und alle Männer aus der Familie im Krieg dienten.
Für Onkel Nicky, der eher ein feinfühliger und, wenn man so sagen will, zartbesaiteter Mensch war, erschien ein Krieg nicht akzeptabel. Er hasste Gewalt und zudem befürchtete er stets, dass ein Krieg die alte Ordnung der Welt komplett zerstören würde. Doch nach dem Attentat in Sarajevo stellte er sich hinter Serbien, denn Russland fungierte als dessen Schutzmacht, und ein Angriff von Seiten Österreich-Ungarns auf Serbiens Souveränität konnte er nicht hinnehmen. Papa war eingeweihter in politische Schachzüge als wir und er wusste, dass der Onkel sich sehr stark von seinen Ministern beeinflussen ließ, die ihm zu einem Krieg rieten. So hatte er am neunundzwanzigsten Juli die Generalmobilmachung in Russland angeordnet. Deutschland, als Österreichs Bündnispartner, setzte nun seinerseits Onkel Nicky unter Druck, Onkel Willy stellte sich als der Vermittler hin, der eigentlich den Frieden bewahren wollte, allerdings nur zum Schein. Es erging ein Ultimatum an Russland, innerhalb von zwölf Stunden den Befehl zurückzunehmen, die Generalmobilmachung einzustellen. Doch eine friedliche Einigung war nicht mehr möglich, Onkel Willy erklärte seinem Cousin den Krieg. Doch dieser traf Russland völlig unvorbereitet. Onkel Nicky hatte zwar zahlenmäßig das größte Heer der Welt, aber die Soldaten waren sehr schlecht ausgebildet und ausgerüstet. Alle Kommandostrukturen waren veraltet, die Führung lag in den Händen von Adeligen, wie Onkel Nickys Onkel, dem Großfürsten Nikolai Nikolajewitsch, und Berufsoffiziere gab es

nur wenige. Im August und September 1914 kam es nach dem Vorstoß Russlands bei Tannenberg südlich von Allenstein in Ostpreußen zur ersten großen Niederlage der russischen Truppen. Frankreich und Großbritannien als Russlands Verbündete mussten die materiellen Missstände des Heers und die erheblichen Nachschubprobleme ausgleichen, doch dies war ihnen kaum möglich. Man konnte nur Soldaten bereitstellen. Zu jenem Zeitpunkt befand sich Onkel Nicky noch nicht ständig bei seinen Soldaten an der Front oder im militärischen Hauptquartier in Mogilev. Er führte den Krieg mehr vom Schreibtisch aus.
Georgie hatte im August an seiner ersten Schlacht auf See vor Helgoland teilgenommen. Das Schiff, auf dem er diente, ging siegreich aus dieser hervor, es wurde nicht beschädigt und er blieb unverletzt. Mama teilte mir mit, er habe seinen Dienst auf dem Geschützturm sehr gut verrichtet, zweihundert Deutsche wurden verwundet und viele kamen als Gefangene nach Schottland. Unter ihnen war auch der Sohn des bekannten deutschen Admirals Tirpitz. Dies schrieb ich Tante Onor nach Hessen, damit auch sie im Bilde war.

Die Söhne von Tante Beatrice aus England waren mit Beginn des Krieges alle ins Militär eingezogen worden. Leopold war der Einzige, der nicht am direkten Kriegsgeschehen teilnahm, da er an der Bluterkrankheit litt. Seine Brüder Alexander und Maurice waren alle mit ihren Regimentern an der Front eingesetzt. Leopold diente als Leutnant im King`s Royal Rifle Corps und wurde am siebenundzwanzigsten Oktober in Ypern in Belgien durch einen Granatsplitter verletzt. Er verstarb noch am selben Tag. Es war das erste Opfer des Krieges in unserer Familie und traf uns alle sehr, denn Leopold war gerade erst dreiundzwanzig Jahre alt.
Doch uns sollte noch ein weiterer schwerer Schlag treffen, denn mein Vater musste am neunundzwanzigsten Oktober seinen Dienst bei der Royal Navy als Erster Seelord quittieren. Er war vor dem Beginn des Krieges verantwortlich gewesen für die Mobilisierung der Flotte und diese war somit gut vorbereitet auf den Ausbruch eines solchen. Mein Vater war stets sehr engagiert gewesen, hatte sich für seine Arbeit, seine Karriere aufgeopfert, doch das Problem lag nicht in seinen Aufgaben, seiner Leistung, sondern in seinem Gegenspieler Winston Churchill und seiner deutschen Herkunft. Da sich England im Krieg mit Deutschland befand, herrschte bald die Meinung vor, sowohl in der Navy als auch öffentlich, dass ein Deutscher nicht verlässlich den Befehl über die englische Marine führen könne oder in der Lage sei, nach bestem Gewissen deren Interessen in einer angemessenen Weise zu vertreten.
Die britische Presse schürte eine antideutsche Stimmung im Land und der

Lord Charles Beresford, seines Zeichens Admiral, verfügte über genügend Einfluss, diese auch in der Marine zu verbreiten. Churchill, als Erster Lord der Admiralität verstärkte diesen Druck auf meinen Vater noch immens.
Man griff jedes kleine Detail aus Papas Leben auf, um ihm zu schaden, wie unser Schloss Heiligenberg in Deutschland als Wohnsitz, die deutschen Bediensteten meiner Familie. Sogar Spionage für den deutschen Feind unterstellte man meinem armen Vater. Papa war immer loyal zur englischen Marine und zu England gewesen. Sechsundvierzig Jahre lang war dies sein Lebensinhalt gewesen. Nun fühlte er sich nach eigener Aussage wie Jonas, den die britische Regierung zwang, über Bord zu springen.
Schon im Jahre 1912, als man einen neuen Ersten Seelord benennen musste, befürchtete man, dass ein Deutscher nicht wirklich für diesen Posten geeignet sei, und trug dies auch dem Premierminister H. H. Asquith vor, wobei dieser auch nicht glücklich mit Papas Wahl war. Obwohl mein Vater alle durch seine gute Arbeit eines Besseren belehrte, wandte sich der von ihm als Unterstützer angesehene Churchill gegen ihn. Dieser Vertrauensbruch schmerzte Papa umso mehr. Obwohl er seit einiger Zeit wieder sehr an der Gicht licht, hatte er nie einen Tag Arbeit versäumt, sich eingebracht und alles gegeben.
Churchill wollte Baron John Arbuthnot Fisher, der von 1904 bis 1910 Erster Seelord gewesen war, wieder auf diesem Posten eingesetzt sehen. Er war zwar inzwischen dreiundsiebzig Jahre alt, aber Fisher erschien aus Churchills Sicht mehr Ansehen zu genießen und sich als Engländer eben besser für die englische Marine einsetzen zu können.
Als nun auch in den sogenannten *Gentlemen`s Clubs* der Elite offen gegen meinen Vater gehetzt wurde, musste er sich beugen und reichte sein Rücktrittsgesuch ein. König George V. stellte sich gegen das Rücktrittsgesuch, wollte Fisher nicht auf dem Posten meines Vaters sehen, der sich diesen eben auch hart erarbeitet hatte. Papa sah dies zwar mit Wohlwollen, doch er fühlte sich körperlich und seelisch nicht mehr in der Lage, unter diesen Bedingungen, dem Druck, seine Arbeit fortzusetzen. Auch Politiker und Mitglieder der britischen Marine zeigten sich öffentlich äußerst bestürzt über Papas Entschluss. Doch mein Vater zeigte Würde, bat Churchill wenigstens zu akzeptieren, wenn König George, wie er es ihm nun anbot, ihn zu einem Mitglied des *Privy Councils* zu machen. Dieser sogenannte *Geheime Kronrat* ist ein politisches Beratungsgremium der britischen Monarchen. Und der König versprach ihm, dass man ihn nach dem Krieg sofort wieder auf seinem Posten einsetzen würde.
Mein Vater hatte damit keinen öffentlichen Posten mehr inne und konnte sich so gesehen als Pensionär betrachten, von der Hoffnung geleitet, eben nach dem Krieg, wie versprochen, wieder seine Position zurückzuerhalten.

Er zog sich ins *Kent House* auf der Isle of Wight zurück und begann Bücher über die britische Marine zu schreiben. Ein dreibändiges Werk über militärische Auszeichnungen sollte schließlich zum Standardwerk werden, was wenigstens ein kleiner Erfolg für meinen Vater war.
Meine Mutter war natürlich völlig außer sich. Sie zeigte sich ebenso tief enttäuscht von den Menschen, denen man vertraut hatte, die man als Freunde betrachtete und die sich nun gegen meinen Vater stellten. Der König war für sie ein *Hanswurst*, der sich nicht wirklich für jemanden einsetzen konnte.
Mein jüngerer Bruder Dickie war voller Tränen, als er die Nachricht erfuhr, denn mein Vater war sein Vorbild und nun sagte er, müsse er alles daransetzen, um durch eine eigene Karriere bei der britischen Marine Papas Namen wieder reinzuwaschen, seine Ehre wiederherzustellen.
Ich fand es schlimm, wie man jemanden so behandeln konnte, dessen ganzes Herzblut in seiner Arbeit für die britische Marine lag. Zwar widmete sich mein Vater dem Schreiben, aber ich denke, es war damals etwas in ihm zerbrochen, was man nicht wiedergutmachen konnte. Auch nicht, indem man ihn damit vertröstete, seinen Posten später irgendwann wieder innezuhaben, was wir alle als reine Augenwischerei betrachteten. Zwar war er noch formell ein Mitglied der Royal Navy, aber eben nur noch auf dem Papier.

Am zweiten November erklärte Russland dem Osmanischen Reich den Krieg. Die Osmanen wollten im Krieg ihre Expansionsziele verwirklichen, die besonders auf Mittelasien und den Kaukasus gerichtet waren, blieben aber vorerst neutral, sprachen jedoch von einer *bewaffneten Neutralität.* Das Osmanische Reich war eigentlich noch nicht gerüstet für einen Krieg, aber für Österreich-Ungarn, Bulgarien und Deutschland bedeutete eine Beteiligung derselben, dass man den Seeverkehr zwischen Russland und seinen Verbündeten unterbinden konnte.
Am fünften November erfolgte eine offizielle Kriegserklärung Englands und Frankreich schloss sich dieser einen Tag später an. Schon bald darauf kam es an der *Westfront* zu einem Stellungskrieg, der Jahre andauern sollte. Die sogenannte Westfront erstreckte sich auf über siebenhundertfünfzig Kilometer vom Ärmelkanal bis an die Schweizer Grenze, betraf vor allem Frankreich und Belgien sowie ein kleines deutsches Gebiet von Elsass-Lothringen. Im Norden wurde die Front durch die Nordsee auf belgischem Terrain begrenzt, welche etwa sechzig Kilometer lang war.
Meine Mutter berichtete mir kurz darauf, dass sie ihre deutsche Zofe Eugenie auf deren Wunsch mit Tante Irenes englischer namens Knight ausgetauscht habe. Vielleicht wollte sie damit auch einfach das Britische nach

außen in ihrem Haushalt wieder mehr hervorbringen. Doch ihre deutsche Zofe hatte Verwandte, in deren Nähe sie sein wollte. Dafür hatte meine Mutter auch vollstes Verständnis. Keiner dieser Wechsel geschah jedoch aus einer eventuell aufkommenden Antipathie seitens der Damen gegenüber ihrer Arbeitgeberinnen bedingt durch den Krieg.
Ich konnte nicht so viel tun in Griechenland. Zumeist hörte ich nur schriftlich von den Notlagen der Verwandten und Freunde. So verkaufte ich ein Kleid aus feiner Brüsseler Spitze, um Nona, die in Rouen in der Normandie als Krankenschwester tätig war, mit dem Erlös zu helfen, denn sie war mir auch eine große Hilfe gewesen während des Krieges auf dem Balkan.
Onkel Franzjos und seine Gattin Anna lebten die meiste Zeit über im *Prinz-Emil-Schlösschen*, einem kleinen Gartenpalais in Darmstadt-Bessungen. Sie hatten keine Kinder. Als der Krieg ausbrach, hatte Onkel Ernie sie gebeten, Deutschland zu verlassen. Tante Anna war eine montenegrinische Prinzessin und Onkel Franzjos willigte ein. Als Onkel Ernie ihm etwas später anbot, zurückzukehren, lehnte Franzjos dies ab, da er die Ausweisung als Affront empfunden hatte. Das Paar lebte zuerst in Italien, da sich das Land als neutral im Krieg erklärte. Doch als Italien am dreiundzwanzigsten Mai des Jahres 1915 auf Seiten Englands, Russlands und Frankreichs in den Krieg eintrat, mussten die beiden das Land verlassen. Sie flohen in die neutrale Schweiz, der Onkel vertiefte sich in die von ihm so geliebten ökonomischen Studien, doch sie waren von nun an stets unterwegs von einem Exil ins andere. Und da sie nie besonders reich waren, kamen sie gerade so durch das Leben. Da Anna musikalisch überaus begabt war, komponierte sie seit Langem, aber nicht unter ihrem richtigen Namen, doch sie hatte damit durchaus kleinen Erfolg und von dem Verkauf dieser Kompositionen lebte das Paar. Anna hatte sogar 1899 eine Oper komponiert und Hilfe von dem bekannten italienischen Komponisten Pietro Mascagni erhalten, als das Paar in Neapel weilte. Im August 1916 sollte mir der Onkel dann berichten, dass er so gut wie pleite war, aber ich konnte ihm nicht helfen.
Und Onkel Ernie, der eigentlich ebenso wie Onkel Nicky den Krieg verabscheute, litt unter der Situation, seine Schwestern in England und Russland nicht mehr sehen zu können, in ihnen nun Feinde zu haben, was er absolut nicht akzeptieren wollte. Er war sehr musikalisch, ein naturliebender Philosoph, kunstbegeistert und musste an die Front zu seinen Soldaten, obwohl er Mama berichtete, wie fehl am Platze er sich dort fühlte. Er bewunderte den Mut der Soldaten, ihre Kameradschaft und die Bereitschaft zur Selbstlosigkeit, ihr Leben zu geben für ihr Heimatland, aber er teilte das alles nicht. Und die schrecklichen Dinge, die er mit eigenen Augen sehen musste, wie Schwerverletzte und Tote, setzten ihm sehr zu. Bald darauf litt er regelrecht an Depressionen, weil er sich alldem nicht gewachsen fühlte und seine

Familie, Tante Onor und die Jungen zu sehr vermisste.
Am dreizehnten Mai 1915 entfernte man sein Banner als *Extra Knight of the Garter*, des Hosenbandordens, aus der St. George`s Chapel in London ebenso wie das von Onkel Willy, Onkel Heinrich, dem Herzog Carl Eduard von Sachsen-Coburg und Gotha sowie anderen deutschen Adeligen. Diese Banner waren noch von Königin Victoria verliehen worden, doch nun im Krieg waren sie wie Mahnmale an die Kriegsfeinde. Nicht nur Onkel Ernie war darüber mehr als betrübt.
Es tat mir leid, wie es einigen Verwandten erging, aber ich konnte nichts für sie tun. Man konnte sich nicht mehr besuchen und das war schon sehr schwer, denn wir hatten die großen Familientreffen immer alle sehr genossen.
Meine Mutter machte ihrem großen Bedauern stets in ihren Briefen Luft, denn sie vermisste mich, Andrea und ihre Enkelkinder schrecklich. Sie war als Fatalastin davon überzeugt, dass alles vorherbestimmt sei im Leben, man seine eben begrenzte Lebenszeit auf Erden habe und daran nichts ändern könne. Es lag aus ihrer Sicht daran, dass sie ihre kleine Schwester, den kleinen Bruder und die Mutter so früh verloren habe, zudem an Krankheiten, die mit großer Härte ihre Lieben einfach nahmen. Nun, im Krieg, müssten Menschen sterben, man könne nichts dagegen tun und es sei so sinnlos.
Mama hatte Angst um Georgie, der aktiv in der britischen Marine diente, und um Dickie, dem dies vielleicht noch bevorstand, je länger der Krieg dauerte. Sie musste akzeptieren, dass das Schicksal ihr Georgie jederzeit nehmen konnte, doch es war kein Trost für sie, wenn er für sein Vaterland fallen sollte wie Maurice. Papas Ausschluss aus der Marine und die Sorge um ihre Söhne lasteten auf ihr, dennoch versuchte sie stets, sich aufrecht zu halten, besonders für meinen Vater, damit er nicht in seinem Kummer versank.
Als dann auch noch herauskam, dass der Herzog von Sachsen-Coburg und Gotha dafür verantwortlich war, dass man die Banner entfernt hatte, weil er seine britischen Orden und Auszeichnungen nach England zurücksandte, wuchs der Unmut in meiner Verwandtschaft zusehends. Onkel Ernie hatte es durch einen Zufall erfahren. Es war eine Kurzschlusshandlung nach der Kriegserklärung Englands gewesen, ein stiller Protest, doch selbst König George V. fand es lächerlich, fügte sich aber dem Rat seines Kabinetts. Der sah die Retoure der Stücke als Abwertung Englands an und es stand für sie in keinem Zusammenhang mehr mit einer einst feierlichen Verleihung durch Königin Victoria.

Unsere kleine Sophie, Ende des Jahres 1914

Wie ich schon sagte, lebten wir noch sorglos in Griechenland. Andrea hatte seine Verpflichtungen beim Militär, aber für uns war der Krieg eigentlich weit weg. Unser Familienleben gestaltete sich beschaulich, alles ging seinen gewohnten Gang. So erfuhren wir die Nachrichten aus den Zeitungen, informierten uns über das aktuelle Kriegsgeschehen, aber es berührte uns nicht wirklich.

Cäcilie und Tiny, Ende des Jahres 1914

Meine Schätze, im Frühjahr 1915- Cäcilie, Margarita, Dolla und Sophie

Natürlich fragten besonders Dolla und Margarita nach ihren Großeltern, den Verwandten, die sie alle sehr vermissten. Ich erklärte ihnen, dass wir sie momentan nicht besuchen konnten wegen des Krieges, und sie schrieben meinen Eltern, Tante Onor Briefe, in denen sie alle grüßen ließen, aber es war nicht das selbe, wie sie wiederzusehen.
Unsere Nona schied im Januar aus Mamas Diensten endgültig aus, als sie am vierundzwanzigsten den Hauptmann Richard Crichton, den alle nur Dick nannten, heiratete. Er hatte bereits zu Friedenszeiten um ihre Hand angehalten, doch Nona hatte zuerst gezögert, da sie sich unserer Familie und besonders Mama so verbunden fühlte. Er war im Krieg in Afrika verwundet worden. Daher war eines seiner Beine aus Eisen und Papa witzelte, er sei nun Nonas *lahmer Dick*, was er aber nicht böse meinte, sondern eher dahingehend, dass Nona sich gerne um Menschen kümmerte, wenn sie krank oder behindert waren. Sie hatte vollsten Respekt, wie auch mir gegenüber, war sehr besorgt um ihren Gatten. Als sie mir schrieb, wirkte sie sehr glücklich. Und da Mama ihr gesagt hatte, wie sehr sie sie schätzte, eben als Familienmitglied, sie liebte ebenso wie ihre Kinder und sie nur schweren Herzens gehen ließ, aber einsah, dass so nun einmal das Leben war, war sie erleichtert.
Im Juni 1915 musste Nona dann leider von einem Arzt erfahren, dass sie nie eigene Kinder haben könne, da sie an Zysten in der Gebärmutter litt, die sich auch nach einer Entfernung immer wieder neu bilden würden. Dennoch nahm sie es mit Fassung, meinte, sie könne auch nur allein mit ihrem Mann glücklich sein, der sie nicht dafür liebte, weil sie ihm einmal Kinder gebären solle. Dickie sollte auch in seinem späteren Leben den engsten Kontakt mit ihr halten und sie sah in ihm wohl so etwas wie einen Kinderersatz.

Louise, inzwischen eine junge Frau von fünfundzwanzig Jahren, suchte eine Aufgabe und so bewarb sie sich als Krankenschwester, ging im März 1915 nach Nevers in Frankreich. Sie schloss sich einem Team von Schwestern an, welches Lady Paget, die Gattin des Admirals Sir Alfred Paget ins Leben gerufen hatte. Sie wollte sich an mir orientieren, aber Louise war wesentlich zerbrechlicher als ich, schlank und nicht von so robuster Natur. So kam sie schnell an ihre Grenzen bei den Amputationen, den Operationen, bei denen man Schrapnelle aus allen möglichen Körperteilen entfernen musste, und der Gestank der eiternden Wunden machte es ihr umso schwerer. Zuerst besuchte sie Papa an ihrem Einsatzort, dann Mama gemeinsam mit der Pye-Crust. Doch hatte meine Mutter befürchtet, ihre fragile Tochter könne an der schweren Aufgabe scheitern, so zeigte sie sich sehr beeindruckt, wie Louise sich zusammenriß, sich in dem Team integrierte und sich in dem Hospital fast zu Hause fühlte.

Eine männliche Krankenschwester beeindruckte meine Mutter sehr, als sie Louises Kollegen und Kolleginnen traf. Er wirkte ein wenig *urig* auf sie. Sein Name war Alexander Stuart-Hill, er war ein Maler aus Paris, gehörte der ganz modernen Schule an. Sein Äußeres hatte etwas von *Shakespeare* und so hatte man ihm diesen Spitznamen gegeben. Louise schwärmte Mama vor, wie lustig er sein konnte, zugleich aber auch schüchtern und trotz seiner schönen, manikürten Fingernägel war er sich für keine schmutzige Arbeit zu schade. Meine Mutter hörte Louises Schwärmereien zu, dachte sich aber zuerst nichts dabei. Sie hörte sich aber genauer um und fand heraus, dass Alexander 1888 in Perth in Australien geboren worden war. Seine Eltern waren Schotten. Er hatte mittels eines Stipendiums an der Edinburgher Schule der Künste studiert, war nach Europa gegangen, weil er vor allem in Paris leben und arbeiten wollte, denn er war fasziniert von der französischen Lebensart. In einem Hospital in Nevers begann er seine Tätigkeit, doch pflegte daneben die Liebe zur Kunst. Einmal im Jahr stellte er Werke an der *Königlichen Akademie* aus. Von seiner Persönlichkeit her war er faszinierend, aber meine Mutter befürchtete bald, er könne sich aufgrund seines Charmes, seines Auftretens doch eher zu Männern hingezogen fühlen als zu Frauen. Und meine doch recht bodenständige Mutter sah in Louises Schwärmereien eben nichts weiter als dieses. Aber ein Künstler war aus ihrer Sicht nicht wirklich als Ehemann geeignet. Sie berichtete mir darüber in einem Brief, aber ahnte nicht, dass meine Schwester dabei war, sich in den Mann zu verlieben.

Dolla, Cäcilie, Margarita und Sophie, 1915

Im Januar 1915 waren Frankreich, England und Russland an Bulgarien und Griechenland herangetreten, um beide Länder zu bitten, sie im Krieg zu unterstützen. Man bot Bulgarien dafür das östliche Makedonien an, Griechenland sollte nach dem Krieg Land in Kleinasien von der Türkei erhalten. Tino lehnte dieses Angebot aber vehement ab, denn er wollte immer noch, dass Griechenland neutral blieb, Premierminister Venizelos war dafür es anzunehmen. Venizelos war ein Anhänger der *Megali Idea*, der Idee eines Groß-Griechenlands unter Einschluss Konstantinopels und der kleinasiatischen Westküste. Es war eine Strömung des griechischen Nationalismus. Der Premierminister war sehr populär, wodurch er auch im Parlament viel Rückhalt und die Mehrheit der Stimmen auf seiner Seite hatte.
Als die anderen Mächte um Österreich-Ungarn am achtzehnten März 1915 bei ihrer Landung auf der Insel Gallipoli in den Dardanellen scheiterten, fühlte sich Tino darin bestätigt, nicht in den Krieg einzutreten. Doch der Premierminister sah das anders, sprach sich nun für eine Unterstützung aus, meinte, man könne nicht ewig neutral bleiben. Griechenland müsse Stärke zeigen und seine Zugehörigkeit. Doch Tino hatte sich mit seinem militärischen Stab beraten und dieser riet ihm von einem Eingriff bei Gallipoli ab, also beharrte er weiterhin auf der Neutralität.
Venizelos reichte sein Rücktrittsgesuch ein, was im April zu Neuwahlen im Parlament führte und aufgrund seiner Machtposition in demselben wurde er einstimmig wiedergewählt.

Ich verbrachte meine Tage damit, die Mädchen großzuziehen, Zeit mit ihnen zu verbringen und hielt die Korrespondenz mit den Verwandten aufrecht. Andrea musste im September 1915 wieder seinen Dienst in der Garnisonsstadt Saloniki verrichten, wo er seit vier Jahren bemüht war sein Regiment perfekt auszubilden. Er lebte dort die nächsten sechs Monate in einem gemieteten Haus, eingespannt in seine Pflichten. Bei einer militärischen Übung wäre er um ein Haar durch eine Bombe getötet worden.
Ich besuchte ihn dort im September und ließ die Mädchen bei ihren Kindermädchen auf Korfu. Da sich alle Züge und Schiffe in militärischen Diensten befanden, wäre es zu gefährlich gewesen, die Mädchen mitzunehmen, aber ich wollte wenigstens für eine kurze Zeit bei meinem Mann sein.
Da sich vor allem Truppen aus England in Griechenland befanden, sah ich es als meine Pflicht an, Konstantins Einstellung zum Kriegseintritt zu verteidigen. Ich bat also den Earl of Granard um ein Gespräch. Er war der Sekretär im militärischen Dienst des Oberbefehlshabers der britischen Streitkräfte, die in Saloniki stationiert waren. Ich wusste, dass man jedes meiner Worte an König George in England weiterleiten würde. Daher versi-

cherte ich dem Earl, dass der König von Griechenland in keiner Weise prodeutsch sei, aber eben auf dem besten Wege die Interessen seines Landes verteidigen wollte, und befürchtete durch einen Eintritt in den Krieg die eroberten Gebiete aus dem Balkankrieg wieder zu verlieren. Ich verwies darauf, dass der König sich an den Premierminister wenden solle, wie es in einer konstitutionellen Monarchie üblich sei. Ferner war aus meiner Sicht auch der englische Botschafter Elliot Venizelos mehr zugewandt als dem König und ich machte deutlich, für wie gefährlich ich den Premierminister hielt, denn er war bereits fast mächtiger als mein Schwager. Es ging mir nicht darum, Venizelos in Verruf zu bringen, aber es war eben meine Meinung und so sahen wir es alle in der königlichen Familie.

Mein Bruder Georgie war im Herbst des Jahres noch einmal auf militärischem Wege nach Russland gereist. Er besuchte Tante Alix und ihre Familie und er sagte uns nie, ob er diese Reise auf sich nahm, um vielleicht doch noch Tatjanas Hand zu erbitten.
Die Zarenfamilie war im Juni 1914 nach Rumänien gereist, um die dortigen Verwandten zu besuchen, wobei der Kronprinz Carol und Olga einander nähergebracht werden sollten. Doch meine stolze Cousine prostestierte gegen eine Vermählung, denn sie mochte Carol nicht und wollte auch Russland nie verlassen. Meine Tante und mein Onkel hatten selbst aus Liebe geheiratet, so nahmen sie die Entscheidung Olgas hin. Doch Carol reiste bald darauf selbst noch einmal nach Russland, versuchte Olga für sich zu gewinnen, was misslang. So bat er schließlich um Maries Hand, doch da diese zu jenem Zeitpunkt erst sechzehn Jahre alt war, lehnte Onkel Nicky ab. Mit dem Krieg waren die potenziellen Heiratskandidaten in weite Ferne gerückt. Viele sahen auch von einem Werben um meine beiden Cousinen Olga und Tatjana ab, denn sie wussten um Alexeis Krankheit. In der Familie war es ein offenes Geheimnis. Eine Ehefrau, die einem Thronfolger die Hämophilie vererbte, war keine gute Partie.
Georgie hat uns nie erzählt, ob Onkel Nicky eine eventuelle Heirat vielleicht auf die Zeit nach dem Krieg verschob oder Tatjana eine Verbindung mit Georgie ablehnte, was ich aber bezweifelte. Denn sie mochten einander sehr. Entscheidungen sind eben auch für einen weiteren Lebensweg *entscheidend*, doch niemand konnte ahnen, was alles noch kommen würde in den folgenden Jahren. Meine Tante und mein Onkel hätten sicher anders entschieden, wenn sie in die Zukunft hätten schauen können.
So traf Georgie die russischen Verwandten, und als er ihnen Lebewohl sagte, wusste er nicht, dass dies ein Abschied für immer sein sollte.
Nach seiner Rückkehr nach England begann mein Bruder nun aber intensiver um Nada de Torby zu werben, wenn er nicht seinen militärischen Ver-

pflichtungen in der Marine nachkommen musste.

Georgie in Peterhof, 1915, neben ihm auf dem Boden steht eine sogenannte Box-Brownie, eine Kodak-Kamera

Georgie, in der Mitte, mit Anastasia, vorne, Marie, links, Olga, rechts und Onkel Nicky, 1915

Das Königreich Bulgarien trat am vierzehnten Oktober an der Seite Österreich-Ungarns, Deutschlands und dem Osmanischen Reich in den Krieg ein. Bulgarien war die stärkste militärische Macht auf dem Balkan. Auch die Entente hatte das Land auf seine Seite ziehen wollen, aber Bulgarien hoffte, mithilfe der anderen Mächte das verlorene Mazedonien von Serbien wieder zurückzugewinnen. Mit Bulgarien kontrollierten die Mittelmächte nun ein zusammenhängendes Territorium, welches von der Nordsee bis zum Roten Meer reichte. Und es gab noch Exklaven in Kamerun und Ostafrika. Man versuchte weitere Staaten außerhalb Europas als Verbündete zu gewinnen, wie Afghanistan und Abessinien, aber dies misslang. Viele Staaten verhielten sich wie Griechenland neutral.
Serbien, das nun von Bulgarien angegriffen wurde, war ein Verbündeter von uns. Venizelos bestand jetzt auf einem Kriegseintritt Griechenlands, aber Konstantin gab zu verstehen, dass es sich hier nicht um einen Krieg auf dem Balkan handelte, der ein Einschreiten seitens Griechenlands als Verbündeter rechtfertigte, sondern um einen globalen Krieg. England bot Konstantin das von ihnen seit 1914 annektierte Zypern als Gegenleistung an, wenn man sich am Krieg beteiligte, doch weiterhin lehnte mein Schwager ab.
Nun ließ Venizelos eigenmächtig die griechischen Truppen mobilisieren, nachdem er schon einige Zeit davor mit dem Gedanken spielte, etwa hundertfünfzigtausend englische und französische Soldaten als Streitmacht in Saloniki zu stationieren, um Serbien zu helfen. Konstantin hatte ihm dies untersagt, denn er sah darin einen Missbrauch von griechischem Territorium. Der Premierminister griff aber nun diesen Gedanken wieder auf, ließ die Männer in Saloniki anlanden, auch um eine Verteidigung Serbiens zu gewährleisten, die aber nicht dem Willen des Königs entsprach. Mein Schwager war über dieses eigenmächtige Handeln so erzürnt, dass er Venizelos seines Amtes enthob. Gleichzeitig sprach er sich öffentlich gegen das Bündnis mit Serbien in diesem Falle aus.
Venizelos floh nach Kreta, Tino ersetzte ihn durch Alexandros Zaimis, den Sohn eines ehemaligen Premierministers von Griechenland, der auch bereits Innenminister und Justizminister gewesen war. Doch nur einen Monat später musste Zaimis zurücktreten, weil seine Regierung kein Vertrauensvotum erhielt. Das Parlament stand immer noch hinter Venizelos.
Und Konstantin glaubte, diesen Mann zum letzten Male gesehen zu haben, aber Venizelos ließ sich nicht beirren. Er begann eine provisorische Regierung in Kreta aufzubauen und wartete wie eine Spinne im Netz darauf, dass sein Opfer, mein Schwager, einen Fehler machte, denn er wollte um jeden Preis wieder an die Macht kommen.
Griechenland befand sich nun in einer politischen Krise, die Tino zu meis-

tern versuchte, wobei er die Neutralität nicht aufgab.
Ich traf mich ein zweites Mal mit dem Earl of Granard, um mit ihm im griechischen Hauptquartier in Saloniki darüber zu sprechen, dass Konstantin seine Truppen offiziell besuchen wollte, um seinen Standpunkt zu verdeutlichen. Bei unserem Treffen sprach ich auch das Bündnis mit Serbien an. Ich erklärte, dass die Serben vor zwei Jahren auch nicht eingegriffen hatten, als es zu Auseinandersetzungen zwischen Griechenland und Bulgarien, welches gegen die Türkei kämpfte, gekommen war. Sie hatten sich rausgehalten und so konnte man doch keine Achtung oder eine Loyalität gegenüber diesem Land mehr zeigen. Der Earl zeigte sich beeindruckt von meinem politischen Interesse und hörte sich alles geduldig an, versprach meine Worte weiterzugeben an den König in England weiterzugeben.
Mein Ehemann wusste um meinen verbalen Einsatz und tolerierte es, denn es ging um seinen Bruder. Er stand hinter diesem, war ebenso schockiert über Venizelos Einfluss, seine Machtbestrebungen.
Um Saloniki herum hatte man militärische Camps errichtet, die mit Stacheldraht eingezäunt und durch Gräben voneinander getrennt waren. Ich schrieb an Dickie, wie interessant ich das alles fand, denn man sagte Kämpfe voraus. Und so erwarteten wir einen Angriff. Ich entschloss mich kurzerhand, in Saloniki zu bleiben, sodass meine Mädchen Weihnachten ohne mich in Athen feiern mussten, aber ich schrieb ihnen, wie wichtig es für mich war, an der Seite ihres Vaters zu sein.

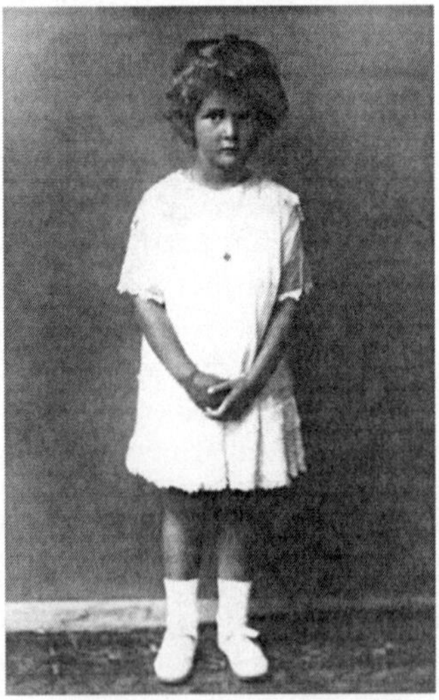

Cäcilie, Ende 1915

Margarita, Ende 1915

Dolla, Ende 1915

Andrea und ich am 17. Januar 1916 in Saloniki

Im April 1916 trennte sich der französische Premierminister Aristide Briand von seiner Geliebten Berthe Cerny und nun stürzte sich Marie, Georges Frau, in eine richtige Affäre mit dem Premierminister, wobei sie die treibende Kraft war, denn er schrieb ihr in einem Brief, wie sehr er ihre Affäre bedauere, da er George einmal kennengelernt habe. Diese Affäre, die bis zum Jahr 1919 andauern sollte, war nicht nur eine Schande für das Königshaus. George wurde zunehmend eifersüchtig, da seine vergnügungssüchtige Gattin ihre Liebelei öffentlich in Paris auslebte. Ferner hatte das Ganze politische Konsequenzen, denn George versuchte den Premierminister für Konstantins Ansicht einer Neutralität Griechenlands zu gewinnen und konnte diesen auch davon überzeugen, französische Streitkräfte nach Saloniki zu entsenden, um Serbien gegen die Bulgaren zu verteidigen. George und Marie waren nur selten in Griechenland. So besuchten sie uns nur kurz im Juli 1915, um dann schnellstens nach Paris zurückzukehren, wobei Marie keinen Hehl daraus machte, dass sie Sehnsucht nach Aristide hatte. Doch man verdächtigte Briand bald, seine politischen Entscheidungen unter dem Einfluss Maries zu treffen.
Die beiden Kinder des Paares waren wie Fremde für uns alle, denn sie lebten zumeist in Paris. Den kleinen Peter hatte ich 1912 nur kurz gesehen, als er vier Jahre alt war. George nahm die Kinder auch mit zu den Verwandten in Dänemark, aber mit ihrer eigentlichen Heimat hatten sie nie viel zu tun.

Wir erwarteten in Saloniki immer noch einen Angriff, aber bis zum Mai tat sich nichts. Es gab Gerüchte, dass Deutschland eventuell einen Friedensschluss anstrebe, aber es blieb nur bei einem Gerücht.
Anfang Juli brach in Tatoi ein Feuer aus, welches so verheerend war, dass es vom Wald auf das Gebäude übergriff. Bei diesem Brand verloren achtzehn Menschen ihr Leben, unter ihnen auch Tinos Flügeladjutant. Tino und seine Frau waren zu dem Zeitpunkt dort, konnten aus dem Gebäude fliehen, wobei Sophie mit der kleinen Katherine auf dem Arm lief und lief, bis man sie endlich einholen und beruhigen konnte.
Erst nach achtundvierzig Stunden konnte man den Brand löschen, doch es fand sich keine Ursache für diesen. Tino war davon überzeugt, dass es sich um Brandstiftung handelte, die jemand vorsätzlich verübte, um ihm und seiner Familie zu schaden. Natürlich ahnten wir alle, wen er im Visier hatte, doch auch, wenn Venizelos durch Handlanger darin verwickelt gewesen sein sollte, konnte man niemandem etwas nachweisen.
Konstantin fasste den Entschluss, Andrea im Juli 1916 nach London und Paris zu entsenden, damit er dort Griechenlands Position im Krieg deutlich machen konnte, wobei er einerseits die Entscheidung seines Bruders, neut-

ral zu bleiben, vertreten sollte. Ferner wollte Konstantin über ihn die Gerüchte aus der Welt schaffen, dass Griechenland ein geheimes Bündnis mit Deutschland und auch nicht mit Bulgarien hatte. Dieser diplomatische Schachzug meines Schwagers erfolgte unabhängig von der griechischen Regierung. Andrea nahm diese Aufgabe gerne an, denn er stand hinter seinem Bruder.
Er reiste zuerst nach London und hatte dort am zweiundzwanzigsten Juli bei einem Spaziergang eine Unterredung mit König Georg V., welche allerdings zu nichts führte, da dieser ihn nur anhörte, aber keine Stellung zu seinen Aussagen bezog. Dafür wurde Andrea von Sir Edward Grey, dem Sekretär für außenpolitische Belange angehört, der ihm aufmerksam folgte in seinen Ausführungen und diese wohlwollend zur Kenntnis nahm. Mit dem Vizekönig, Lord Hardinge of Penshurst, dem Staatssekretär im Büro des Auswärtigen Amtes, stieß er allerdings zusammen, da dieser die griechische Regierung und somit auch Tino als König beschuldigte, die griechischen Soldaten und Militärs, die Venizelos eigenmächtig mobilisiert hatte, gegen diesen aufzubringen, damit sie bei einer Wahl gegen ihn stimmten. Nur kurz nach diesem Gespräch erschienen Plakate in England, auf denen etwas über Konstantins *neuen Verrat* zu lesen war. Es war schier unglaublich, dass Penshurst seine Meinung offenkundig deutlich gemacht und an die Presse weitergegeben hatte.
Es kursierten aber schon länger Gerüchte über meinen Schwager. So munkelte man auch in der griechischen Presse, dass das Feuer in Tatoi von Agenten der Entente gelegt worden sei, um Tino in die Enge zu treiben. Man verdächtigte ihn sogar, zwischen den Bäumen Gerätschaften versteckt zu haben, um geheime Botschaften über Stellungen der Entente an die Deutschen zu verraten. In Mon Repos sollte ein geheimer Platz geschaffen worden sein, an dem deutsche U-Boote angeblich auftanken konnten.
Andrea reiste weiter nach Paris, wo ihn der Premierminister Briand mit einiger Skepsis empfing. Vielleicht lag es an der Affäre mit der Gattin seines Bruders, dass Briand befangen wirkte, da zudem bereits die Gerüchte kursierten, die Affäre diene auch der politischen Beeinflussung Briands. Tino hatte seinen Bruder Nikolaus gebeten, Andrea bei dem Gespräch mit Briand beizustehen, aber dies machte die ganze Unterredung nur noch grotesker. Und für den Premierminister natürlich wesentlich unangenehmer.
So reiste Andrea zurück nach London, besuchte meine Eltern in Kent House auf der Isle of Wight, wo Mama ihm gestand, dass mein Vater sehr darunter litt, wie man ihn von seinem Posten verdrängt hatte, und er sei nun endgültig genervt von der Marine. Dennoch wirkte er wohl recht entspannt, war in der Arbeit an den Büchern vertieft und Andrea berichtete mir, wie sehr meine Mutter sich bemühte, das Thema Marine außen vor zu lassen, um ihn

nicht immer und immer wieder zu kränken.

Ende August war mein Mann zu Gast in Schloss Windsor, wo ihn bei einem Essen der Marquis de Soveral, der portugiesische Minister in London und ein ehemals sehr enger Freund und Vertrauter von Onkel Bertie, schier bedrängte, seinen Bruder doch davon zu überzeugen, wie positiv es für Griechenland wäre, sich England, Frankreich und Russland im Krieg anzuschließen. De Soveral war ein Gast wie Andrea, aber führte sich auf, als gehöre er zur englischen Regierung und für meinen Mann war es so, als wolle er ihn in die Enge treiben, doch er konnte nicht für seinen Bruder entscheiden, worauf er den Marquis hinwies, denn er sei nicht der König.

Als der politische Teil seiner Reise beendet war, traf sich Andrea mit Nona und Dick Crichton. Dann reiste er wieder auf die Isle of Wight, wo er bei meinen Eltern noch einige Tage blieb. Er musste in Georgies Raum schlafen, benutzte sein Bett, dass für meinen armen Gatten viel zu kurz war, sodass er seine Beine durch die eiserne Verzierung am Bettende schieben musste, um daraufzupassen. Er schmuggelte Whiskey auf das Zimmer, und als er noch einmal in Schloss Windsor zu Gast war, verlor er seinen Flügeladjutanten Major Metaxas, der sich in dem Labyrinth von Korridoren verlief, irgendwann in der Nacht die Nerven verlor und so einfach auf einer Treppe nächtigte. Als ihn Bedienstete morgens dort fanden, hielten sie ihn zuerst für einen Einbrecher, was einen großen Tumult auslöste.

Andrea schrieb mir über die heiteren Erlebnisse, die Kinder und ich mussten sehr darüber lachen.

Währenddessen schrieb mir Louise aus Frankreich, dass sie nicht verstand, was Konstantin mit Griechenland vorhabe. Aus ihrer Sicht war er dabei, das Land zu ruinieren mit seiner Neutralität und er hatte nun schon zu lange gewartet. Er würde nicht mehr wirklich etwas bewegen mit einer Entscheidung. Ich ging darauf nicht ein, denn ich verstand meinen Schwager auch. Alles war so unübersichtlich geworden in diesem Krieg. Plötzlich war es überaus wichtig, zu wem man stand und gegen wen man sich richtete. Dennoch war er der König. Natürlich diskutierten wir seine Position, aber er musste selbst herausfinden, was am besten für das Land war.

Als Andrea Ende August wieder in Griechenland ankam, nahm er sofort seine militärischen Verpflichtungen bei seinem Regiment wieder auf. Ich hatte mich in Mon Repos befunden, blieb nun aber die überwiegende Zeit in Athen mit den Kindern, denn es kam mittlerweile zu ersten Protestmärschen von Anhängern von Venizelos, die in den Straßen seine Rückkehr forderten, damit er das Land rettete. Im September weiteten sich diese Proteste aus, immer mehr Menschen schlossen sich an und stellten sich auf Venizelos□ Seite. Morgens konnte man in den Straßen die ersten Toten dieser Unruhen sehen, die von den Aufständlern ermordet worden waren.

Serbien war mittlerweile vernichtend geschlagen worden, Montenegro durch Österreich-Ungarn erobert, König Nikola I. und seine Familie befanden sich auf der Flucht.
Meine Schwiegermutter befand sich noch in Russland, sie hatte sich dort karitativ engagiert und mit Marie, Tante Ellas Ziehtochter, und der Großfürstin Helen, der Gattin ihres Neffen Ioann Konstantinowitsch Hospitäler in Palästen eingerichtet, in denen aber nur Generäle und Offiziere versorgt wurden, so auch im Pavlovsk-Palast ihres Bruders Konstantin, der am fünfzehnten Juni 1915 verstorben war. Er hatte einen Sohn und einen Schwiegersohn im Krieg verloren und die Schwiegermutter glaubte, diese Schicksalsschläge hätten ihn gesundheitlich ruiniert, da es Oleg aus dem Leben riss, den Sohn, der sein schriftstellerisches Talent geerbt hatte und für den er eine große Zukunft voraussah als Autor.
Meine Schwiegermutter fand es ihre Pflicht, ihrer Schwägerin Elizaveta beizustehen, auch diese engagierte sich für die Hospitäler. Doch die Lage in Russland war keineswegs mehr gut.
Onkel Nicky hatte am fünften September 1915 selbst das Oberkommando über die Streitkräfte Russlands übernommen. Seine Minister hatten ihm dringend davon abgeraten, denn sein Onkel, der Großfürst Nikolai Nikolajewitsch, war ein Stratege und Militarist durch und durch. Dieser hatte bisher diesen Posten bekleidet, doch es war zu Konflikten zwischen den beiden gekommen. Onkel Nicky war nicht zum Feldherrn geboren, wie es auch mein Vater anmerkte, und dies machte sich recht schnell bemerkbar. Es stellte sich ein Verlust nach dem anderen ein, die Schlachten endeten mit Tausenden von toten russischen Soldaten. Die Versorgungslage der Truppen als auch der Menschen in den Städten wurde immer katastrophaler. Das Volk litt bald an Hunger, es kam zu ersten Protestmärschen gegen die Regierung.
Der Onkel setzte den General Michael Alexejew zu seinem neuen Generalstabschef ein, dieser war zwar ein Militarist, aber man kann sagen, dass Russlands Position im Krieg bereits wackelte.
Und zu allem Übel mischte sich Tante Alix nun über Rasputin in die Regierung ein, schrieb dem Onkel bald, wen er einsetzen oder entlassen sollte, weil ihr Freund ihr dazu riet. So war nicht nur meine Schwiegermutter bald der Ansicht, dass man den Mönch ein für alle Mal beseitigen und Tante Alix aus den Fängen dieses Dämons, wie sie es ausdrückte, befreien musste. Die überwiegende Mehrheit der russischen Zarenfamilie teilte diese Meinung.
So machten wir uns nicht nur Sorgen um Andreas Mutter im fernen St. Petersburg, sondern auch um Tante Alix und ihre Familie. Revolutionäre, Bolschewiki genannt, drängten an die Macht, es kam zu Streiks in den Fab-

riken und bald begehrte auch das Militär auf, weil man die hohen Verlustzahlen nicht mehr länger hinnehmen wollte. Das Volk verlangte nach Reformen, aber Onkel Nicky befand sich die meiste Zeit über im militärischen Hauptquartier in Mogilev, statt in St. Petersburg, welches nun Petrograd hieß, und erhielt nur Berichte über die Situation von seinen Ministern oder seiner Familie.

Doch nicht nur seine Machtposition geriet ins Wanken. In Griechenland brodelte es ebenso.

Der britische Botschafter Sir Francis Elliott trat noch einmal an Konstantin heran und versuchte ihn davon zu überzeugen, an der Seite von England, Frankreich und Russland in den Krieg einzutreten. Tino geriet ins Schwanken, beharrte aber weiterhin auf seiner Neutralität. Elliott sah aber sicher auch in Venizelos eine große Gefahr für die Machtposition des Königs. Doch Tino zeigte sich störrisch. Man kann sagen, dass er eben diese Gefahr verkannte.

Venizelos kehrte von Kreta zurück und installierte im Oktober 1916 eine republikanische Gegenregierung in Saloniki. Dort waren immer noch die englischen und französischen Soldaten stationiert, um die Mittelmächte an ihrer südöstlichen Front unter Druck zu setzen.

Konstantin traf sich nun endlich mit Abgesandten der französischen Botschaft in Athen, versuchte ihnen zu versichern, dass er die guten Beziehungen mit Frankreich, Russland und England niemals gefährden wollte, und um jeden Preis einen Krieg zwischen der Entente und Griechenland vermied. Französische Reservisten stürmten während dieses Treffens in den Garten der Botschaft, riefen *„Lang lebe der König"* aus und *„Nieder mit Frankreich und England"*. Sie feuerten Schüsse aus ihren Revolvern ab, verließen dann aber wieder das Areal.

Es gab in Griechenland nun zwei Regierungen. Auf einer Seite stand Konstantin mit der neutralen, auf der anderen Seite Venizelos mit seiner republikanischen in Saloniki. Man streute Gerüchte ausgehend von der republikanischen Regierung, dass Konstantin Tatoi, welches sich gerade im Neubau befand, aus Angst vor einem Bürgerkrieg mit Truppen, Waffen und allerlei Verteidigungsmöglichkeiten ausgestattet habe, um wie ein König im Mittelalter seine Burg gegen die revoltierenden Massen zu verteidigen. Dies war natürlich nur ein dummes Gerücht. Doch wir begannen uns nun alle wirklich ernsthafte Sorgen zu machen, erste Zweifel an Konstantins Beharrlichkeit kamen auch in der königlichen Familie auf.

Als die Prostete in Athen zunahmen, schickte man uns Soldaten aus den französischen und englischen Reihen in die Stadt, die als eine Art Polizei unter der Leitung Englands und Frankreichs die Ordnung aufrechterhalten sollten. Dies war ein Zugeständnis an Konstantin, doch er wusste es nicht zu

würdigen. Man wollte Auseinandersetzungen zwischen Königstreuen und Anhängern Venizelos vermeiden, denn ihnen schlossen sich nun auch griechische Soldaten und andere Angehörige des Militärs an.
Es war zu spät, mein Schwager hatte alle Chancen vertan.

Am einundzwanzigsten November verstarb Kaiser Franz Josef I. von Österreich-Ungarn mit sechsundachtzig Jahren. Mit seinem Tod endete die Ära eines Kaisers im Habsburger Reich und es war dabei sich aufzulösen. Er hatte sein Testament nicht mehr geändert und auch keinen Nachfolger genannt, denn sein Sohn, der Kronprinz Rudolf, hatte sich das Leben genommen. Mit dem Mord an Erzherzog Franz Ferdinand schied auch dieser als potenzieller Nachfolger aus, so griff man auf den Erzherzog Karl zurück, einen Sohn eines Neffen des Kaisers, der als Kaiser Karl I. von Österreich-Ungarn aber nur zwei Jahre, bis 1918, regieren sollte.

Ich im Jahre 1916, als unsere Welt noch in Ordnung war

1916

Mein Bruder Georgie heiratete am fünfzehnten November 1916 in der russischen Botschaft in London Nada Torby und ich bedauerte sehr, dass ich nicht an der Hochzeit teilnehmen konnte. Mama berichtete mir schriftlich von der kleinen Feier und ich gratulierte meinem Bruder und seiner Gattin telegrafisch. Nach der Hochzeit zogen sie in das *Lynden Manor*, auch *Bray* genannt, bei Holyport in Berkshire.

Georgie und Nada am Tag ihrer Hochzeit, 1916

Mein jüngerer Bruder Dickie hatte im Juli bereits auf dem Schlachtkreuzer *HMS Lion* gedient, als das Schiff in Kämpfe verwickelt wurde, versetzte man ihn auf die *HMS Queen Elizabeth*, wo er sich während seines Dienstes unglücklicherweise ein Bein brach. Der Heilungsprozess zog sich über lange Zeit hin, sodass er zum Ende des Jahres an den Abschlussprüfungen vom Krankenbett aus teilnehmen musste. Es ärgerte ihn sehr, dass er durch den Unfall nicht mehr den Schlachten beiwohnen konnte.
Man verschonte die jungen Kadetten zumeist davor, aber im Krieg war dies nicht immer möglich, wenn ein Schiff zur Verteidigung gebraucht wurde. Dickie sah es jedoch als seine Pflicht an, da Papa vom Dienst suspendiert war, nun für ihn gewissermaßen für England zu kämpfen. Er war ja erst fünfzehn Jahre alt, aber Papas guten Ruf wiederherzustellen, indem er sich pflichtbewusst wie dieser einst zeigte, war ihm damals schon sehr wichtig.

Am ersten Dezember bombardierten englische und französische Kriegsschiffe Athen, um die Stadt unter ihre Kontrolle zu bekommen. Viele Geschosse kamen gleich einem tödlichen Regen am Palast herunter. Die Soldaten in der Stadt begannen mit ihren Gewehren zu schießen, sogar ein großes rundes Maschinengewehr, wie man es auf dem Schlachtfeld einsetzte, sah ich in den Straßen. Ich hatte gerade in der Handarbeitsschule gearbeitet, als das Chaos ausbrach. Die Menschen in den Straßen rannten in wilder Panik umher, einige stürzten getroffen zu Boden, und als ich hörte, dass der Palast auch unter Beschuss sei, eilte ich aus Sorge um meine Kinder nach Hause. Ich rannte durch einen Kugelhagel, sah Tote und Verletzte in den Straßen, die Geschosse pfiffen um mich herum, doch ich ignorierte alles, hatte nur meine Kinder im Kopf und ich hörte zum Glück das Geschrei der Menschen nicht, die Schüsse. Es war ein Moment, in dem ich Gott für meine Behinderung dankte. Dennoch entgingen mir nicht die schreckgeweiteten Gesichter der Menschen, die Aggressivität in den Mienen der Soldaten.

Am Palast sah mich Sophie, die sich wie die anderen auf dem Weg in den Keller befand. Sie hatte bereits meine Mädchen im Schlepptau und so folgte ich ihnen nach unten. Dort umarmte ich meine weinenden Kinder, die sich an mich drängten. Ich sah in ihre angstvollen Gesichter, die der anderen, streichelte die Köpfe meiner Töchter, versicherte ihnen, dass alles wieder gut werden würde. Doch aus den Augenwinkeln fiel mir auch Sophie auf, die die kleine Katherine in ihren Armen hielt, leicht wiegte. Ihre Lippen bewegten sich und ich bemerkte, wie sie ihren Mann verbal dafür verurteilte, dass er es so weit hatte kommen lassen.

Als sich diese Unruhen legten, wir den Keller nach vielen bangen Stunden endlich wieder verlassen konnten, sagte mir Margarita, dass sie sich wünsche, sie könne auch nicht hören so wie ich, denn dann hätte sie nicht so große Angst gehabt. Ich antwortete ihr, es sei schon ein gewisser Vorteil, wenn man Schüsse nicht hören könne oder Bomben, aber dennoch wünschte ich mir nichts sehnlicher, als einmal nur die Stimmen meiner Kinder, die meines Mannes, meiner Eltern und all der lieben Verwandten zu hören. Margarita war damals schon erwachsen für ihre elf Jahre und verstand, was ich meinte. Doch die Situation, der Krieg, dies war für die Kinder neu, denn es war nicht wie die Kriege auf dem Balkan. Es passierte nicht fernab von ihnen, sondern direkt vor ihren Augen.

Während des Krieges hörten wir natürlich, was los war in der Welt, erklärten den älteren Kindern einiges, aber es ist ein Unterschied, ob man nur davon liest oder es direkt mitbekommt. Hierbei kam nun noch hinzu, dass Konstantin nicht ganz unschuldig an alledem war.

Ich muss aber gestehen, wie sehr ich mich auch in diesen Tagen als Griechin fühlte, das Land als meine Heimat betrachtete und niemals einen Gedanken daran verschwendet hätte, es zu verlassen.

Die Krise verschlimmerte sich zusehends in Athen und weitete sich auf das ganze Land aus. Es kam zu Versorgungsengpässen, die Menschen litten bald auch bei uns Hunger, sie waren erschöpft von der allgemeinen Lage,

hoffnungslos.
Sophie und ich arbeiteten bald darauf in Suppenküchen, um vor allem unterernährte Kinder vor dem Hungertod zu retten.
Tief in meinem Herzen wünschte ich mir Frieden und diesen besonders für meine eigenen Kinder, damit wir alle wieder zur Ruhe kämen.

Am siebzehnten Dezember ermordeten Fürst Felix Jussopow, der mit Irina, der Tochter von Onkel Nickys Schwester Xenia verheiratet war, und Dmitri, Tante Ellas Ziehsohn, gemeinsam mit zwei anderen Männern Rasputin. Felix lud ihn unter einem Vorwand in seinen Palast ein, dort wollte man ihn zuerst vergiften. Aber da er von dem vergifteten Wein und den Törtchen nichts zu sich nahm, weil er seit einem Attentat durch eine gekränkte Verehrerin mit einem Messer an Magenproblemen litt und nicht mehr alles essen und trinken konnte, begannen sie ihn mit Tritten und Schlägen zu foltern. Als er immer noch lebte, schoss man auf ihn, warf seinen scheinbar leblosen Körper in die eiskalte Newa. Doch der Mönch war zäh, er lebte noch, war nur bewusstlos gewesen, doch ertrank nun in dem Fluss.
Für meine Tante Alix brach eine Welt zusammen, als man sie vom Fund der Leiche unterrichtete. Ihr einziger Halt, die aus ihrer Sicht einzige Person, die ihrem Sohn helfen konnte, war von den eigenen Verwandten ermordet worden. Sie bestand auf einer Obduktion und ließ den Mönch in der Nähe des Palastes in Zarskoye Selo beerdigen. Es war nur ein kleines Begräbnis, an dem sie und ihre beiden ältesten Töchter teilnahmen, doch sie forderte eine Bestrafung von Felix und Dmitri. Beide hatten für sie einen Verrat begangen an ihrer Person und ihrer Familie, auch wenn der Einfluss Rasputins auf meine Tante unwiderlegbar zu groß geworden war.
Einige Verwandte taten sich zusammen, unterschrieben eine Petition, um um Gnade für Dmitri zu bitten. Meine Schwiegermutter Olga unterzeichnete diese auch, denn es ging um ihren Enkel. Sie war bereits bei Tante Alix in Ungnade gefallen, da sie sich in deren Gegenwart gegen Rasputin ausgesprochen hatte und meine Tante davor warnte, diesem Mann immerzu so viel Gehör zu schenken. Nun vermied Tante Alix aber jeglichen Kontakt mit ihr.
Onkel Nicky wusste, wie sehr seiner Frau an einer Genugtuung für den Mord lag, es war immerhin ein brutaler Mord gewesen, den man bestrafen musste. So verwarf der Onkel die Petition, verbannte Dmitri an die persische Front, was ihm allerdings im Folgenden das Leben retten sollte.
Jussopow, Dmitri und ihre Mitverschwörer hatten sich zu dem Mord öffentlich bekannt, was ihnen aber in der Petersburger Bevölkerung Zuspruch verschaffte. Tante Alix hatte die Hinrichtung der Mörder verlangt, aber die Petersburger Behörden wollten diese drastische Maßnahme nicht durchset-

zen, da die Mehrheit eben hinter den Tätern stand. Man verhaftete sie nicht, hörte sie aber gerichtlich an. Jussopow wurde von Onkel Nicky auf die Familiengüter in Rakitnoje bei Kursk verbannt. Die Mitverschwörer entgingen straffrei und setzten sich ab.
Meine Mutter war erleichtert, dass ihre Schwester nun nicht mehr unter dem Bann Rasputins stand, doch sie befürchtete auch, diese könne nun in noch tiefere Depressionen verfallen, was sich dann in ihren psychosomatischen Erkrankungen widerspiegeln würde. Mit anderen Worten, ihre Leiden verschlimmerten sich und es gab keine Hilfe mehr. Dazu käme dann noch die Sorge um Alexei.
Und in Russland bahnte sich ein politischer Umbruch an, der meine Mutter in Angst um ihre Schwestern versetzte. Dennoch hoffte sie, es würde sich noch alles zum Guten wenden. Vielleicht, so merkte sie in einem Brief an, käme ihre Schwester Alix nun zur Besinnung, nachdem der Mönch tot war. Sie sorgte sich auch sehr um uns in Griechenland und bat mich, wann immer es mir möglich war, Neuigkeiten zu berichten, was ich auch gerne tat.

Wir versuchten trotz des Krieges unseren Mädchen einen halbwegs normalen Alltag zu bieten. An Karneval durften sie sich zu einem kleinen Kinderfest verkleiden und einige befreundete Kinder und Cousins und Cousinen einladen. Es sollte für sie alle auch ein wenig Ablenkung bieten.

Tiny, links, Dolla, Margarita in der Mitte und Cäcilie, rechts, Februar 1917

Anfang des Jahres 1917 eskalierte die Situation in Russland. Immer mehr Menschen gingen auf die Straßen in Petrograd und protestierten in sogenannten Hungermärschen. Hinzu kamen Streiks der Arbeiter in den Fabriken, Demonstrationen von Bolschewiken. Onkel Nicky lehnte die Forderung des Präsidenten der Duma Michail Rodsjanko ab, eine Regierung mit Mehrheit der Duma zu ernennen. Die bürgerlichen Parteien der Duma bildeten daraufhin unter dem Fürsten Lwow ein Komitee, aus dem eine provisorische Regierung hervorgehen sollte. Zeitgleich traf der überzeugte Kommunist und Revolutionär Wladimir Iljitsch Lenin aus dem Schweizer Exil in Petrograd ein. Er hatte sich schon einmal gegen die russische Monarchie gewandt und sah nun seine Chance zur Stürzung Onkel Nickys gekommen.
Mein Onkel blieb im militärischen Hauptquartier in Mogilev, er verkannte die Brisanz der Situation und ließ die Duma auflösen. Ferner erging von seiner Seite aus am elften März ein Schießbefehl gegen die Aufständischen, der aber aufgrund der Opfer, die dieser forderte, von denen viele aus der Zivilbevölkerung stammten, die friedlich demonstriert hatten, zu noch mehr Protesten und Unruhen führte. Die Polizei und das Militär waren bald außerstande, die Ordnung noch aufrechtzuerhalten. Stattdessen meuterten viele, verweigerten die Befehle und liefen zu den Demonstranten über. Die Regimenter entsagten sich dem Dienst meines Onkels, auch sie schlossen sich den Aufständischen an. Uns erreichten über die Zeitungen immer neue Berichte über die nun einsetzende Revolution in Russland.
Tante Alix berichtete Mama schriftlich darüber, aber sie war nicht nur in großer Sorge um ihren Gatten, sondern auch um ihre Kinder, die alle an den Masern litten. Auch ihre treue Freundin und Hofdame Anna Wyrubowa war erkrankt.
Als sich Onkel Nicky nun mit dem kaiserlichen Zug auf die Heimreise nach Petrograd begeben wollte, leitete man den Zug nach Pskov um, wo die Generäle meinen Onkel davon überzeugten, dass es besser sei abzudanken. Für meinen armen Onkel, der seine Macht als gottgegeben ansah, war dies ein sehr schwerer Schritt. Er wollte in Alexeis Namen abdanken, aber sein Leibarzt Dr. Botkin riet ihm, dies nicht zu tun, denn Alexei würde nach seiner Einschätzung nicht sehr alt werden, bedingt durch die Hämophilie. Zudem wäre diese Erkrankung für einen Zaren nicht von Vorteil, um seinen Pflichten ausreichend nachkommen zu können. So besann sich der Onkel auf seinen Bruder Michail, doch dieser lehnte dann ab, weil er sich nicht in der Lage sah, die Situation in Russland in den Griff zu bekommen. So endete am fünfzehnten März des Jahres 1917 die dreihundertjährige Herrschaft der Romanows mit einer einzigen Unterschrift unter der Abdankungsurkunde.
Mein Onkel durfte zu seiner Familie nach Petrograd zurückkehren, doch

von nun an standen sie unter Hausarrest in ihrem eigenen Palast, kontrolliert durch die provisorische Regierung unter Alexander Kerenski, einem russischen Politiker. In Zarskoye Selo wurden sie nun von den einst loyalen Soldaten bewacht, die man jedoch nach und nach austauschte. Dennoch schrieb Tante Alix an Mama, dass Onkel Nicky irgendwie befreit wirkte, als sei eine große Last von ihm abgefallen, und sie waren wenigstens alle beisammen. Sie hofften sehr, dass man meinem Onkel nicht den Prozess in Moskau machen würde, sondern dass sie alle ins Exil ins Ausland gehen durften oder vielleicht auf die Krim. Dorthin hatte Onkel Nicky glücklicherweise bereits seine Mutter vor Ausbruch der Revolution geschickt, die im Palast Ai-Todor mit ihrer Tochter Xenia, ihrer Tochter Olga, deren Ehemann und ihrem kleinen Sohn lebte. Sie waren in Sicherheit.
Um Tante Ella sorgten wir uns auch. Aber sie schrieb Mama bald nach England, dass in Moskau ebenso Unruhen an der Tagesordnung seien. Man hatte dort Kriminelle, die verrückt oder psychologisch eingeschränkt waren, aus den Gefängnissen und Anstalten befreit, die nun in den Straßen herumlungerten, Menschen auflauerten, diese verletzten oder sogar töteten, was aber in keinem Fall geahndet wurde. Revolutionäre und bewaffnete Soldaten fuhren in Lastwagen umher, ergriffen willkürlich Passanten, drängten sie auf die offene Ladefläche zu steigen, nahmen sie mit. Niemand sah diese Menschen je wieder. Sie waren der Willkür der Aufständischen ausgesetzt. Die provisorische Regierung riet Tante Ella, sich in das Innere des Kremlin, also in den Nikolaus-Palast zurückzuziehen, was sie aber ablehnte. Denn sie hatte diesen nicht verlassen, um durch eine Revolution wieder hineinzufliehen. Er gehörte zu einem Leben, welches sie abgelegt hatte. Eine schriftliche Kommunikation war äußerst schwierig in Russland zu dieser Zeit, so erfuhr sie zwar von der Abdankung ihres Schwagers, nahm diese aber als gottgewollt zur Kenntnis, doch vom Hausarrest der Familie von Tante Alix berichtete man ihr erst viel später. Briefe und Telegramme erreichten sie zuerst gar nicht und die, die sie schrieb, kamen als unzustellbar zurück.
Selbst Onkel Willy schickte ihr einen schwedischen Minister, der ihr mitteilte, dass der Onkel sie in Deutschland bei sich aufnehmen wolle, ihr Asyl anbot, aber Tante Ella, die wusste, wie verliebt er einst in sie gewesen war, was sie nie erwiderte, lehnte auch dies ab. Das Leben in ihrem Konvent sollte weiterhin so ablaufen wie vor der Revolution und sie wollte um keinen Preis Russland, in dem sie nun seit dreißig Jahren lebte, verlassen. Auch ihre Schwestern im Konvent brauchten sie und jedes Schicksal, welches diese erwarten sollte, würde sie ohne zu zögern mit ihnen teilen.
Meine Tante war sich sehr sicher, dass ihr nichts geschehen konnte, denn sie war zwar noch eine Romanow, aber tat so viel Gutes für die Armen und

Kranken, das aus ihrer Sicht ihr guter Ruf ein Schutz für sie sei. Eine politische Rolle spielte sie nicht, so meinte sie, und sie hatte sich auch ausdrücklich gegen Rasputins Einfluss bei Hofe ausgesprochen. So stürzte sie sich wieder in ihre Arbeit. Als kurz darauf, durch mangelnde Hygiene und die schlechte Versorgungslage alles abge- oder gekocht werden musste, musste man diese Vorsichtsmaßnahme selbst auf Salat anwenden. Doch meine Tante versorgte auch Menschen, die durch diese schlechte Lage an Typhus litten. Ob sie sich dort ansteckte oder sich durch Wasser oder Nahrung infizierte, ließ sich nicht mehr feststellen, aber sie erkrankte selbst. Dennoch wollte sie weiterarbeiten, benutzte einen Mundschutz, doch als sie immer schwächer wurde, holte man einen Arzt. Sie bestand jedoch selbst dann noch darauf, sie nur auf für einige Stunden am Tag auf eine dünne Matratze in der Nähe der Kranken zu legen. Ihre Ziehtochter Maria besuchte sie und war überrascht, wie robust die Tante war. Selbst liegend auf der Matratze mit erhöhter Temperatur lehnte sie eine Decke ab, blieb in ihrer Tracht mit Schuhen an den Füßen nie ruhig, sondern hörte jedem, der kam, aufmerksam zu, gab Ratschläge, Anweisungen, und wenn man ihr sagte, sie brauche Ruhe, brachte sie dies sehr auf. Denn sie habe Gott ein Versprechen gegeben zu helfen, da könne sie keine Krankheit der Welt von abhalten.

Dennoch musste ich an meine Urgroßmutter Königin Victoria denken, die sowohl Tante Ella als auch Tante Alix davor hatte bewahren wollen, nach Russland einzuheiraten. Wenn sie dies nun alles hätte miterleben können, so wäre sicher der Satz über ihre Lippen gekommen, dass sie es geahnt habe. Damit meine ich nicht die Abdankung des Zaren, denn mit so etwas hätte sie sicher niemals gerechnet. Aber dass das Schicksal ihren beiden Enkelinnen dort nicht hold sein würde.

Mit der einsetzenden Revolution in Russland schied dieses auch als Kriegspartei von Bedeutung aus. Tino hatte gerade auf dieses Land als einen Verbündeten gehofft, denn er war nun dabei sich zu besinnen, da sich die öffentliche Meinung immer mehr gegen ihn wandte.

Er hatte Griechenland vor einem Krieg schützen wollen, was ein durchaus ehrbares Ziel war, aber nun musste er sich seine Niederlage eingestehen.

Im April kam zum ersten Mal der Gedanke auf, dass Tino und die gesamte griechische Königsfamilie das Land verlassen solle. Monsieur Ricaud, seines Zeichens oberster Offizier des französischen Geheimdienstes, äußerte den Verdacht, dass, wenn nur noch ein einziger Schuss in Athen fiele, man den Palast bombardieren und zerstören würde.

Am zweiten Mai äußerte Tino erstmals gegenüber Sir Francis Elliot, dass er überlege, mit seiner Familie in die neutrale Schweiz ins Exil zu gehen.

Die neu geformte Regierung Tinos unter Zaimis, der sein Amt offiziell immer noch bekleidete, versuchte die Ordnung zu halten. Aber bei einem Treffen im Club des Militärs, an dem auch Andrea teilnahm, sollte er Tinos Wunsch überbringen, dass man sich doch allgemein diszipliniert verhalten und die Obrigkeiten weiterhin anerkennen solle. Mein Schwager befürchtete ebensolche Revolten des Militärs gegen die Monarchie wie in Russland. Doch Andrea spürte keine negativen Schwingungen dort, wie er es ausdrückte. Es war eher so, dass viele die Situation in Russland nicht nachvollziehen konnten, das heißt, eine solche Eskalation der Zustände.
Ich erfuhr von Mama, dass die britische Regierung und somit der König Onkel Nicky und seiner Familie politisches Asyl in England angeboten hatten. Doch kurz darauf hatte man dieses Angebot zurückgezogen, da der König um seine Popularität fürchtete und im Volk Protest aufkommen könne, wenn man jemanden wie den Zaren, der in England als strenger Herrscher und eingefleischter Autokrat verschrien war, aufnehmen würde. George V. glaubte, die Anwesenheit meines Onkels würde auch in England zu einer Revolution führen.
Mama war darüber sehr wütend, denn immerhin war Onkel Nicky ein Cousin des Königs und es ging doch auch um die Kinder. Aber Tante Alix wäre auch niemals ohne ihren Ehemann aus Russland fortgegangen, wie sie meiner Mutter schrieb. Eine Trennung kam für sie nicht infrage, auch nicht von den Kindern. Und ebenso wie Onkel Nicky sah sie sich als Russin. Das Land zu verlassen wäre trotz allem für sie beide nicht richtig und feige gewesen. Vielleicht, so meinte Mama, gab sich der Onkel auch der Illusion hin, man würde ihn wieder einsetzen, wenn die Revolution scheiterte, also die neue provisorische Regierung nicht das erreichte, was sich das Volk und die Militärs erhofften.

Im Juni feuerte die griechische Marine ohne Befehl auf französische Matrosen, die mit ihrem Schiff in Piräus angelandet waren. Dies veranlasste England und Frankreich, nun Tino zur Abdankung aufzufordern, obwohl er den Schießbefehl nicht gegeben hatte. Die Franzosen besetzen Saloniki und Monsieur Jonnart, der Oberkommissar der französischen und englischen Truppen in der Stadt reiste nach Athen. Jonnart überreichte Zaimis ein Ultimatum, in dem man Tino aufforderte, zugunsten einer seiner Söhne abzudanken. Der Premierminister arbeitete ein Dokument aus, welches besagte, dass ein Sohn bis zum Ende des Krieges als Vizekönig agieren solle. Konstanins Sohn George schied als Kandidat aus, denn er hatte seine militärische Ausbildung als junger Mann in Berlin erhalten. So entschied man sich für Tinos zweitgeborenen Sohn Alexander. Er war fast vierundzwanzig Jahre alt und wurde kurz darauf im Palast in Athen als König Alexander I.

von Griechenland vereidigt. Es war nur eine kleine formelle Vereidigung und niemand aus der königlichen Familie nahm daran teil.
Wir hatten nun zwar alle im Palast Zuflucht bezogen, aber die Abdankung Tinos nahm uns alle sehr mit. Zwar war diese Entwicklung abzusehen gewesen, aber dennoch rechnete niemand damit. Für Tino war die einzige Genugtuung, dass die Monarchie weiterhin Bestand hatte in Griechenland und einer seiner Söhne diese nun weiterführte, in, wie er meinte, hoffentlich bessere Zeiten. Man kann auch feststellen, mein Schwager war einfach nicht zum Herrschen geboren und zu wankelmütig. Ein König musste aber Entscheidungen treffen können und durfte nicht zögern. Gerade nicht in einem Krieg, wo es wichtig war, an wessen Seite man kämpfte oder auf wessen Seite man stand.
Als die Menschen in Athen nun begriffen, dass der König das Land verlassen würde, änderte sich die öffentliche Meinung über ihn in eine positive Richtung. Eine große Ansammlung von Reservisten versammelte sich vor dem Palast, um ihn von einer Abreise abzuhalten. Man verhaftete einige der Menschen. Doch so konnte Tino mit seiner Familie nicht wie geplant in der Nacht vom zwölften Juni abreisen.
Erst am nächsten Tag um fünf Uhr nachmittags zerstreute sich die Ansammlung und Tino, Sophie, ihre Kinder, der ehemalige Kronprinz George, Paul, Helene, Irene und die kleine Katherine reisten mit einem Gefolge nach Tatoi. Es waren insgesamt fünfundvierzig Menschen, die den Palast verließen.
In Tatoi mussten sie zwei Tage warten, bis sie am vierzehnten Juni im Hafen von Oropos mit zwei griechischen Schiffen, eskortiert von französischen Zerstörern, in Richtung Schweiz abreisen konnten.
Andrea und ich waren der festen Überzeugung, dass wir unter der Regierung seines Neffen in Griechenland bleiben durften. Mein Mann merkte an, dass er und seine Brüder nun die Rollen der *bösen Onkel* innehatten, nachdem ihr Neffe an die Macht gekommen war. Sie standen noch für die Regentschaft Tinos, der ganz reell betrachtet nichts für das Land erreichte, sich gegen Venizelos nicht hatte behaupten können und schließlich durch andere Mächte entthront worden war. Unter dem jungen König Alexandros I., wie man ihn in Griechenland nannte, sollte nun alles besser werden. Alexander hatte erst im Jahre 1912 die Ausbildung auf der Athener Militärakademie *Scholi Evilpidon* beendet und war als Offizier der Artillerie an den Balkankriegen beteiligt. Man hoffte, er würde frischen Wind in die Regentschaft miteinbringen. Dennoch war der Einfluss meines Mannes und seiner Brüder nun geschrumpft. Daher bat die Regierung sie auch mehr oder weniger alle höflich, doch das Land zu verlassen, bis die Krise überwunden sei.

Eine antike Ansichtskarte der Zeit

Andreas Bruder George weilte in Dänemark und Frankreich, Nikolaus war mit Ellen, den Kindern und Christo kurz nach Tinos Abreise auch in die Schweiz geflüchtet.

Mein Vater schrieb uns, dass er fest davon ausging, man würde uns in Griechenland bleiben lassen. Venizelos würde der neue Premierminister des Landes werden, er respektierte Andrea. Doch aus Sicht meines Papas wäre der neue König nur eine Randnotiz in der Geschichte, der durch meinen Ehemann als noch einzig anwesenden Prinzen im Land hilfreiche Ratschläge erhalten könne. Andrea solle sich als sein Berater bewähren und so gewissermaßen unersetzlich für ihn und Venizelos machen. Ferner bemerkte Papa, man hätte Andrea zum König machen sollen, denn er habe viel Einsatz darin gezeigt, den anderen Mächten Tinos Zurückhaltung im Krieg zu erklären, womit er diesen unterstützte, aber in seiner eigenen Meinung neutral blieb. Dies sei eine sehr vorteilhafte Einstellung für einen Berater eines Königs. Alexander war nie auf eine Regentschaft vorbereitet worden, da er der zweitgeborene Sohn war. Hier konnte Andrea sich nun bewähren.

Papa hatte sicher recht. Er hatte zwar auch einen Posten als Berater des Königs inne, aber dies war eigentlich nur pro forma. Allerdings zeichnete meinen Vater aus, dass er während seiner Dienstzeit in der Marine gelernt hatte, wie man mit Autoritäten umgehen musste. Aber dies waren zumeist

alteingsessene Admiräle, Offiziere gewesen. In Griechenland hatte man einen jungen Mann auf den Thron gesetzt, der seine Rolle als Regent erst von der Pike auf lernen musste, und hinzu kam, dass man ihn im Krieg und in Krisenzeiten einsetzte.
Ich sah für meinen Ehemann eine entsprechende Rolle in Griechenland, wenn man ihn die Gelegenheit wahrnehmen ließe. Andrea hatte aber bereits unter dem Druck der neuen Regierung sein Kommando in der Armee niedergelegt und auch, wenn wir beide Griechenland niemals verlassen wollten, wurde auch hier der Druck auf uns zusehends größer.
Man versicherte Alexander, dass seine Onkel lediglich eine kurze Auszeit außerhalb des Landes nehmen würden und alle nach einem Monat mit ihren Familien zurückkehren könnten, aber in Wahrheit widerstrebte der Regierung eine solche Möglichkeit. Man befürchtete zudem, dass es Menschen geben könne, die aus der Anwesenheit Andreas Möglichkeiten schlagen könnten, um uns durch Gerüchte zu schaden. So mussten wir uns beugen.
Wir verließen mit unseren Kindern Griechenland und reisten nach St. Moritz in der Schweiz. Da mein Ehemann etwas Geld gespart hatte, würden wir dort recht gut leben können, dennoch saß in uns allen der Trennungsschmerz tief. Wir mussten unser geliebtes Mon Repos verlassen, unser Heimatland. Mit der Hilfe seines Flügeladjutanten Metaxas hatte mein Mann kurz vor unserer Abreise noch die Automobile verkauft, die sich ausschließlich in unserem Besitz befanden. Metaxas begleitete uns ins Exil. So lebten wir bald alle gemeinsam in einem Hotel, welches nicht allzu teuer war.
Die griechische Königsfamilie war nun in alle Winde zerstreut. Andreas Schwester Maria, die griechische Minnie, die in ihrer Ehe mit dem russischen Großfürsten Georgei mehr als unglücklich gewesen war, lebte schon seit Langem getrennt von ihm außerhalb Russlands, was sie mit der Gesundheit der Kinder Nina und Xenija begründete. Bei Ausbruch des Krieges war sie in England und dachte auch nicht daran, nach Russland zurückzukehren. Ihr Ehemann diente als General in der russischen Armee und wir wussten nur, dass die beiden Mädchen schrecklich unter der Trennung vom Vater litten, großes Heimweh nach Russland hatten. Aber die Revolution verhinderte dann ein für alle Mal eine Rückkehr. Maria lebte in Harrogate in North Yorkshire, finanzierte während des Krieges drei Lazarette und engagierte sich auch dort. Der Kontakt war nicht besonders innig zu ihr.
Christo hatte sich 1914 auf Capri bereits mit der wohlhabenden Amerikanerin Nonnie May Leeds, die *Nancy* genannt wurde, verlobt. Aber das Ganze war nicht offiziell geworden, eine Heirat durch den Krieg in einige Entfernung gerückt, doch die beiden waren sehr verliebt ineinander. Nancys erste Ehe hatte nur vier Jahre gedauert, dann heiratete sie den Millionär William

Bateman Leeds, und als dieser 1908 starb, erbte sie sein doch recht beträchtliches Vermögen, nahm ihren damals sechsjährigen Sohn aus dieser Ehe und reiste durch Europa. Sie gehörte zur feinen Gesellschaft in Biarritz und war für Christo eine überaus gute Partie. Nancy war zehn Jahre älter als mein Schwager, aber niemanden in der Familie störte dies oder ihre zwei vorherigen Ehen. Alle wollten Christo nur glücklich sehen.

Andreas Mutter Olga befand sich weiterhin in Russland. Nachdem ihre Angehörigen im Februar im Zuge der Revolution ins Ausland geflohen waren, verblieb sie mit einer Bediensteten namens Anna Egorova im Pavlovsk-Palast. Sie lebten nur von etwas Brot, welches sie in Öl eintauchten, ansonsten war die Versorgungslage sehr schlecht. Meine Schwiegermutter weigerte sich aber weiterhin Russland zu verlassen und glaubte, es würde sich bald alles wieder beruhigen, wenn erst mal eine neue Regierung installiert war und Fuß fasste. Die Abdankung des Zaren fand sie vollkommen gerechtfertigt, denn er war nicht mehr Herr der Lage geworden. Dass ihr Sohn seinen Thron zugunsten seines Sohnes verloren hatte, verstand sie nicht wirklich, denn Tino hatte sich aus ihrer Sicht korrekt verhalten, nur an sein Land gedacht. Weiter ging sie in ihren Briefen aber nicht darauf ein. Das Einzige, was sie und uns sehr schockierte, war die Tatsache, dass man nun in Griechenland begann, ehemalige Unterstützer Tinos zu verhaften und zu exekutieren.

Alexander, der nun als Einziger aus der Königsfamilie in Athen war, wurde als König immer mehr zu einer Marionette. Man tauschte die einst loyalen Bediensteten im Palast gegen welche aus, die Venizelos gegenüber loyal waren, auch einstige Feinde Tinos waren darunter, man trennte Alexander von Menschen, die ihm als neuem König wohlgesonnen eingestellt waren. Diese wurden versetzt oder verhaftet. Bald war er völlig isoliert. Sogar Bilder der königlichen Familie entfernte man aus öffentlichen Gebäuden, zerstörte sie öffentlich und Alexanders Minister scheuten sich nicht davor, ihn auch vor dem Parlament den *Sohn eines Verräters* zu nennen.

Am sechsundzwanzigsten Juni zwang man Alexander Venizelos als neuen Premierminister Griechenlands einzusetzen. Es bewahrheitete sich also die Ahnung meines Papas. Und auch wir anderen hatten nie daran gezweifelt, dass Venizelos wieder die Machtposition anstrebte, die er unter Tino innegehabt hatte, bis dieser ihn absetzte. Zaimis, den Tino einsetze, musste seinen Rücktritt bekannt geben. Als Alexander, der seinem neuen Premierminister gegenüber nicht positiv eingestellt war, dieses offen ihm gegenüber aussprach, drohte ihm Venizelos, er habe die Mittel und die Macht ihn absetzen zu lassen und seinen Bruder Paul einzusetzen. Da dieser aber noch minderjährig war, müsse man dann eben mit einem Regierungsrat an seiner Seite arbeiten. Der arme Alexander berichtete dies dem britischen Botschafter und die Entente ermahnte Venizelos sich zu zügeln, doch der neue König war dennoch bald ein Gefangener in seinem eigenen Palast. Seine Anweisungen wurden ignoriert und Venizelos Spione verfolgten alles, was er tat, auf Schritt und Tritt, gaben alles sofort an den Premierminister weiter. Wenigstens konnte er es mithilfe des britischen Botschafters durchsetzen, dass er Dokumente vorher genau lesen durfte, bevor er sie unterzeichnen musste. Man gestattete ihm auch zur Front zu reisen, um die Truppen moralisch zu unterstützen, aber ansonsten war seine Position eben nur die eines Handlangers. Andrea bezeichnete es noch korrekter, indem er seinen Neffen einen Diener Venizelos nannte.

König George in England sah sich zunehmend mit der wachsenden antideutschen Stimmung im Volk konfrontiert, je länger der Krieg andauerte, und so beschloss er, alles Deutsche auch aus seinem Namen zu verbannen. Das britische Königshaus musste sich um der Popularität Willen neu erschaffen und so änderte er den Nachnamen der königlichen Familie von *Sachsen-Coburg und Gotha* in *Windsor* nach dem Schloss Windsor. Dies wurde am siebzehnten Juli 1917 öffentlich bekannt gegeben und überall durchaus positiv aufgenommen.
Meinem Vater wurde vom König der Vorschlag unterbreitet, seinen Nachnamen in *Battenhills* zu ändern, doch dies empfand Papa als Verballhornung seines doch recht edel klingenden Nachnamens und so stimmte er nach reiflicher Überlegung in die Umbenennung in die anglisierte Form *Mountbatten* zu. Mit dieser Umbenennung erhielt er dann auch den Titel eines *ersten Marquess of Milford Haven*, wodurch meine Mutter zu einer *Marchioness* wurde und Louise zu einer *Lady*. Daneben erhielt Papa die nachgeordneten Titel eines *Earl of Medina* nach dem Fluss auf der Isle of Wight und den eines *Viscout Alderney* nach der Kanalinsel. Jeweils der älteste Sohn, in diesem Fall mein Bruder Georgie, würde nun auch den Titel eines *Earl of Medina* als Höflichkeitstitel führen.
Wie auch der König verzichtete mein Vater damit auf sämtliche deutschen Namensrechte und Titel. Selbst den deutschen Verwandten der Königin aus dem Hause Teck wurden nun britische Adelstitel verliehen. Tante Beatrice, die sich bis dato in der Öffentlichkeit *Princess Henry of Battenberg* nach ihrem verstorbenen Ehemann genannt hatte, änderte ihren Namen einfach in *Her Royal Highness Princess Beatrice*. Ihr ältester Sohn bekam den Titel *Sir Alexander Mountbatten* mit dem Zusatz *Marquess of Carisbrooke*. Auch ihr jüngster Sohn bekam den Titel *Lord Leopold Mountbatten* verliehen. Er erhielt den erblichen Titel eines *Marquess of Carisbrooke*, durfte diesen aber erst führen, falls sein älterer Bruder vor ihm sterben sollte. Da ich bereits verheiratet war, hatte ich als Einzige aus unserer Familie noch den

Namen einer *geborenen Prinzessin* von Battenberg inne. Und Onkel Franzjos, da nicht in England ansässig, führte den Nachnamen und Titel eines Prinzen von Battenberg ebenfalls weiter.

Anfang August mussten Tante Alix und ihre Familie Zarskoye Selo verlassen, da man angeblich um ihre Sicherheit fürchtete. Hatte meine Tante, wie sie uns mitteilte, zuerst noch gehofft, man würde sie alle auf die Krim reisen lassen, wo es warm war und das Klima positiv für sie und ihren Sohn, so erfuhren sie erst bei ihrer Abreise, dass es nach Tobolsk in Sibirien gehen würde. Am zwölften August quartierte man sie dort im Haus des ehemaligen Gouverneurs der Stadt ein. Nachrichten erreichten uns nur schleppend, zumeist Mama, deren Adresse gleich geblieben war. Diese reichte die Neuigkeiten dann an mich weiter. Für meine Tante Alix war es schlimm, ihr Zuhause verlassen zu müssen, aber sie war mit ihrer Familie vereint, es hatte keinen Prozess gegen Onkel Nicky gegeben und so versuchte sie ihr Schicksal zu akzeptieren. Sie waren nun nur noch die Bürger Romanow, keine kaiserlichen Hoheiten mehr, doch einige Bedienstete durften mitreisen und diese waren ihnen gegenüber so loyal, dass sie nicht zögerten, die Familie zu begleiten, wie der Französischlehrer Pierre Gillard. Sie durften zwar nicht im gleichen Haus wohnen, aber lebten in einem gegenüber und durften die Familie besuchen. Die Soldaten waren noch recht freundlich, das Leben war beengt, aber man richtete sich ein. Es gab einige Tiere wie Hühner und Truthähne, die man versorgen konnte, Onkel Nicky hackte Holz oder arbeitete im Garten, den man zu gewissen Zeiten betreten durfte und in dem es für die Kinder auch eine Schaukel gab, die die Soldaten aufgebaut hatten. Man musste sich einschränken, aber Onkel Nicky bezeichnete es als recht angenehmes Leben, denn er liebte schon immer körperliche Betätigung und ging förmlich darin auf, für den Winter Holz zu hacken oder auch seine Kinder selbst zu unterrichten wie in Geografie.
Tobolsk war weit weg von Petrograd. Die Menschen wussten natürlich um die Abdankung des Zaren, aber als man der Familie gestattete, die öffentliche Kirche des Ortes zu besuchen, fielen noch sehr viele auf die Knie. Da den Bewachern dies bald nicht mehr behagte, unterbanden sie diese Kirchenbesuche und es gab nur noch Gottesdienste im Haus.
Mama war dennoch sehr besorgt, denn sie glaubte, dies sei noch nicht das Ende des Weges für ihre Schwester und sie hörte nichts von Tante Ella aus Moskau.
Ich wollte meine Mama endlich wiedersehen, auch meinen Vater und überlegte lange, ob ich um eine Genehmigung bitten dürfte, sie auf der Isle of Wight zu besuchen. Christo hatte der Sekretär des britischen Auswärtigen Amtes eine Genehmigung verweigert nach England einzureisen, weil Tinos

Brüder als Unterstützer seiner Neutralität im Krieg galten. Kein griechischer Prinz sollte eine Einreiseerlaubnis erhalten. Allerdings galt dies nicht für mich und König George persönlich gestattete mir schriftlich, meine Eltern zu besuchen.
So reiste ich von St. Moritz nach Paris, traf dort Andreas Bruder George. Ich wollte ihn nicht mit der Affäre seiner Frau konfrontieren. George genoss sehr gute diplomatische Kontakte und sah seine Rolle während Tinos Regentschaft als inoffizieller griechischer Botschafter. Seine Gattin oder die Kinder traf ich nicht. Und Alexanders Regentschaft stand er auch nicht besonders positiv gegenüber. Er betrachte ihn ebenso wie wir alle als eine bloße Puppe, die Venizelos nach Belieben herumkommandieren konnte.
Ich hatte mich im *Hotel Lotti* eingemietet, wo ich kurz darauf Papa traf, der meinetwegen angereist war, um mich dann auf der Reise zur Isle of Wight zu begleiten. Er bedauerte sehr, dass die Mädchen nicht bei mir waren, aber in diesen Zeiten und nach dem, was wir durchgemacht hatten, sollten sie erst mal in der Schweiz wieder zur Ruhe kommen.
Am fünften September fuhren wir mit dem Schiff über Southampton auf die Isle of Wight. Meine Eltern fühlten sich wohl in Kent House, einem grauen Steingebäude, welches Mamas Tante Louise gehörte. Sie hatte es ihnen gerne überlassen. Es lag zwischen Osborne und der Stadt Cowes, wo immer die jährliche Regatta stattfand.
Seit Beginn des Krieges hatte ich meine Eltern nicht mehr gesehen. Ich ließ mir von meinem Vater die Arbeit an seinen Büchern über die Orden der englischen Marine zeigen. Neben dieser schriftstellerischen Tätigkeit war er auch Schatzmeister eines Zweiges des englischen Roten Kreuzes auf der Isle of Wight. Mama verbrachte ihre Tage damit, in dem recht großzügigen Garten zu arbeiten, was bei gutem Wetter durchaus sehr viele Stunden am Tag in Anspruch nehmen konnte, wie Papa mir erklärte, oder sie engagierte sich karitativ. Seiner Meinung nach bürdete sie sich zu viel auf, doch es lenkte sie auch ab von den vielen Gedanken, die sie sich um alle Familienmitglieder machte. Besonders das Schicksal ihrer Schwestern in Russland bedrückte sie, die Ungewissheit, was aus ihnen würde. Da Nachrichten oder gar Briefe nur selten durchkamen, grübelte Mama Tag und Nacht, wartete auf eine kleine Neuigkeit. Denn sie musste einfach sicher sein können, dass es ihnen gut ging. Natürlich war sie auch sehr traurig über die Tatsache, dass die Mädchen nicht mitgekommen waren. So musste ich ihr alles erzählen, wie groß sie geworden waren, was sie mochten und nicht mochten, ob sie gute Schülerinnen waren und vieles mehr. Eben die Dinge, die eine Großmutter sehr interessieren.
Keine Sorge oder Last der Welt konnte meine Mutter davon abhalten zu reden. Sie war immer noch wie man im Englischen sagt *talkative*. Mit ande-

ren Worten also überaus gesprächig.
Meine Eltern erfreuten sich zwar beide bester Gesundheit, aber Mama war dünn geworden, ihr Haar leicht ergraut, nur ihr Gesicht hatte sich nicht verändert. Als ich dies ihr gegenüber anmerkte, meinte sie nur, ich sähe an sich recht gut aus, die Schweiz und der Abstand von Griechenland schienen meine Nerven zu entlasten, aber ich wirke, als habe ich eine leichte Anämie und solle dies doch bitte bald untersuchen lassen, denn ich sei so blass.
Ich hatte sie nicht kränken wollen, aber so fasste sie es auch nicht auf. Sie war fast vierundfünfzig Jahre alt und mein Vater dreiundsechzig. Da, sagte sie, blieben Altersspuren eben nicht aus.

Meine Eltern im Jahre 1917 vor Kent House auf der Isle of Wight

Das Einzige, was meine Mutter sehr verärgerte, war die Tatsache, dass sie ihren Nachnamen auf königliches Geheiß hin ändern mussten. Zwar besaßen sie nun auch formschöne Titel dazu, aber auch wenn sie den Grundgedanken des Königs nachvollziehen konnte, änderte man ja auch nicht einfach so ein deutsches Schmidt in Smith. Sie erzählte mir, sie habe an Nona geschrieben, dass ihre alten Freunde sie nun nicht mehr besuchen würden, dafür aber ein Paar zerknitterte englische Hochadelige, deren guten Namen man umgemodelt hatte. Der Krieg brachte so viele Veränderungen mit sich, merkte sie an, es sei eine Welt geworden, die stets auf dem Kopf stand, ein ewiges Hin und Her, dem sie nicht mehr wirklich folgen wollte. Dass die Änderung ihres Namens sie so sehr stören würde, damit hatte sie aber nie gerechnet. Und Onkel Franzjos und Tante Anna durften weiterhin Battenberg heißen, weil sie nicht in England lebten.

Mama musste mir auch unbedingt mitteilen, dass Nada schwanger war. Das Baby sollte im Dezember zur Welt kommen und sie freute sich sehr auf ein weiteres Enkelkind. Ich hatte leider keine Gelegenheit Georgie und seine Frau zu sehen, auch Dickie fehlte mir sehr. Aber ich hatte vor, nur zehn Tage bei meinen Eltern zu bleiben.

Louise kam für einige Tage von Rouen auf die Isle of Wight, schon vorher hatte mich meine Mutter gebeten, doch positiv auf meine Schwester einzuwirken, was das Problem mit ihrem Geliebten Shakespeare betraf. Als Louise und ich für zwei Tage nach London fuhren, bekam ich Gelegenheit, Alexander Stuart-Hill persönlich zu begegnen. Ich fand ihn sehr exzentrisch, dennoch auch sehr freundlich. Aber auch wenn er ein wahrer Charmeur gegenüber meiner Schwester war, so störte doch etwas an seinem Charakter. Vielleicht kann man sagen, ich fühlte, wie sehr er Louise mochte, sicher war auch etwas Liebe mit im Spiel, allerdings mehr von ihrer Seite als von seiner. Denn auf mich wirkte er eher Männern zugetan als Frauen. Ich sprach es aber ihr gegenüber nicht offen aus, denn sie war so ausgelassen, so charakterstark durch ihre Arbeit im Hospital geworden. Es war äußerst schwierig, einen Zweifel zu äußern, da Louise auch zwei Jahre gewartet hatte, um meinen Eltern zu gestehen, dass sie in dem jungen Mann einen passablen Ehemann sah, ihn heiraten wollte. Und sicher hatte er auch als Künstler eine gute Zukunft vor sich, denn er war sehr talentiert. Aber eben dies beunruhigte nicht nur mich und meine Eltern, denn das Leben eines Künstlers war auch sehr unstet zumeist.

Louise und Alexander setzten mich in Kenntnis davon, dass sie sich heimlich verlobt hatten und es Mama und Papa schonend unterbreiten würden, aber mit einer Heirat warten wollten, bis der Krieg vorbei war. Daher gab man die Verlobung auch nicht öffentlich bekannt. Zu jenem Zeitpunkt wussten also nur Georgie, Nona, Dickie und ich davon. Aber mir war klar, wie meine Eltern darauf reagieren würden. Es käme ihnen nicht gelegen, wenn man es so Worte kleiden möchte.

Zeitweise wirkte Alexander sogar etwas zu affektiert auf mich, übertrieben in seinen Komplimenten gegenüber meiner Schwester, für die der Himmel aber sprichwörtlich voller Geigen hing.

Ich schrieb diese Neuigkeit auch gleich an Tante Onor, damit sie im Bilde

war. Und ich sprach mit Louise, versuchte behutsam zu sein, sie zeigte sich zwar offen für meine Einwände, aber es sei ihr Leben.
Mein Vater hatte Louise sogar angeboten, mit ihr eine kleine Reise auf die Westindischen Inseln zu machen, nach Amerika und Kanada. Auf dieser Schiffsreise, die er für den Winter plante, sollte sie etwas Abstand zu Alexander bekommen und mein Vater wollte ihr auch einige Orte zeigen, an denen er als junger Seekadett gewesen war. Die Einladung meines Vaters klang großzügig für meine Schwester, dies bestätigte sie mir mehrfach, aber es würde sie zu sehr betrüben, so lange von ihrem Shakespeare getrennt zu sein.
Vom siebenundzwanzigsten bis zum einunddreißigsten Juli war er in Kent House gewesen, um unsere Eltern näher kennenzulernen, berichtete Louise, aber da hatte sie eine Verlobung mit ihm nur angedeutet, schnell hinzugefügt, dass sie beide auch erst genug Geld für eine Hochzeit ansparen mussten. Diese Äußerung hatte meine Eltern noch weniger positiv gestimmt.
Louise bestand darauf, dass sie ihr ganzes Leben auf diesen Mann gewartet hatte, er teilte viele ihrer Ansichten, auch in Bezug auf eine Heirat und Ehe und es war ihr unbedingter Wunsch, seine Frau zu werden. Sie begründete es nicht allein mit der tiefen Liebe zu ihm, denn sie habe zu viele Ehen aufgrund dieser oftmals verwirrenden Tatsache scheitern sehen. In einer Ehe kehrte auch irgendwann der Alltag ein, aber sie wisse, beide würden diesen meistern. Sie unterstützte seine Kunst, war davon begeistert. In ihrer Ehe würde sie dann auch seine Stütze sein, so wie Mama es immer für Papa war.
Alexander war finanziell abhängig von seinem Vater, und als er noch lebte, war eine Heirat unter diesen Umständen ausgeschlossen, denn Louise wollte unabhängig sein. Doch kurz bevor sie von Rouen nach England kam, war der Vater gestorben. Zu seinen Lebzeiten, erklärte sie dann aber plötzlich, habe Alexander sich selbst durch den Verkauf seiner Bilder versorgen müssen, kein Geld vom ihm erhalten. Sie widersprach sich darin.
Nun hatte er etwa vierhundert Pfund im Jahr zur Verfügung. Damit würden sie auskommen können, denn jeder prophezeite ihm eine große Karriere als Maler. Mit dem Verkauf der Bilder wären sie dann abgesichert für die gemeinsame Zukunft. Vor dem Krieg hatte er gar tausend Pfund gespart, in kleinen Galerien ausgestellt und im Herbst 1914 sollte er eine größere Ausstellung gestalten mit seinen Werken, wofür er diese in Italien zeichnete. Aber der Ausbruch des Krieges hatte die Ausstellung verhindert. Wir glaubten Louise, dennoch blieben die Zweifel an ihrer Wahl bestehen.
Es ergab sich schließlich doch die Möglichkeit, Georgie und Nada in Edinburgh in Schottland zu besuchen. Louise und ich fuhren also dorthin, wir blieben für fünf Tage und ich lernte meine Schwägerin zum ersten Mal

kennen. Sie war sehr nett, höflich, taktvoll, dazu eine wahre Schönheit. Nada sprach in den höchsten Tönen von meinen Eltern, was auf Gegenseitigkeit beruhte. Mein Bruder und sie freuten sich sehr auf ihr erstes Kind. Zweifelsohne war sie eine gute Partie, denn sie bekam von ihrem Vater jährlich zweitausend Pfund, Extrageld für Reisen, die Anschaffung von Automobilen und Schmuck. Aber sie konnte auch auf eine nicht gerade kleine Summe zurückgreifen, denn ihr Vater hatte für jedes seiner Kinder bei deren Geburt bereits Geld zurückgelegt und es angespart. Ihre ältere Schwester Anastasia, die *Zia* gerufen wurde, hatte sich vor Kurzem mit einem der reichsten Junggesellen Englands vermählt. Sir Harold Wernher war durch den Erwerb einiger gewinnbringender Minen in Südafrika zu Wohlstand gelangt und er besaß ein wundervolles Anwesen namens *Luton Hoo* in Bedfordshire. Das Paar lebte dort in allem Prunk.
Aber für meinen Bruder, der selbst eine glänzende Karriere in der britischen Marine anstrebte, zählte nicht Nadas Geld oder das ihrer Familie. Er war überglücklich mit seiner hübschen und gebildeten Frau.
Nach Schottland besuchte ich noch Onkel Berties Witwe Tante Alix in Sandringham. Sie war natürlich auch in großer Sorge um ihre Schwester, die Mutter Onkel Nickys, wie auch um die anderen Verwandten in Russland. Aus meiner Sicht war sie immer noch eine Schönheit, aber dabei, taub zu werden, und sie litt schrecklich unter den Sorgen, sodass sie sogar anmerkte, sie befürchte, verrückt zu werden darüber. Es war offensichtlich, wie Tante Alix litt und sie würde mit Sicherheit nie verwinden, wenn ihrer Schwester etwas zustieß, wie auch dem Rest der Familie. Fast tat es mir zu leid, sie wieder zu verlassen, aber sie hatte noch ihre Tochter Toria, die ihr stets zur Seite stand.
Ich reiste weiter nach Cambridge zu Nona und ihrem Mann Dick. Da sie sich auch karitativ sehr engagierte, übergab ich ihr etwas Geld, um ihre Arbeit zu unterstützen, worüber sie sich sehr freute. Auch sie und ihr Mann waren sehr glücklich miteinander. Es war schön für mich, unsere treue Seele so zu sehen.
Erst im Oktober war ich wieder in der Schweiz. Ich war acht Wochen unterwegs gewesen, was auch daran lag, dass das Reisen in Kriegszeiten nicht so einfach war. Daher war ich auch dementsprechend ausgelaugt danach.

Bedauerlicherweise hatte meine Reise ein diplomatisches Nachspiel. Es ging das Gerücht um, ich habe mich in England mit dem König getroffen und nach einem langen Gespräch mit mir habe er eingewilligt, die Wiedereinsetzung von Tino als König zu unterstützen. Der britische Generalkonsul in Zürich hatte durch einen wichtigen Anhänger Venizelos angeblich diese hochbrisante Information erhalten. Da ich den König in England gar nicht

getroffen hatte, sondern nur seine Mutter, Tante Alexandra, musste sie also etwas erwähnt haben, denn sie war über die Absetzung ihres Neffen sehr empört gewesen. Wir hatten bei unserem Gespräch miteinander aber eigentlich mehr über die russische Verwandtschaft gesprochen und es wäre mir nie in den Sinn gekommen, meine Meinung über Tinos Absetzung der Tante gegenüber offen auszusprechen. In diesen Zeiten behielt man seine wahre Meinung am besten für sich, zudem die Tante sich mehr um ihre Schwester in Russland sorgte und auch um Tante Alix und ihre Familie. Wir hatten fast nur darüber geredet. Ansonsten erkundigte sie sich nach meinen Kindern, Mama und Papa – eben jenen Dingen, die Verwandte so austauschen, wenn man einander nach langer Zeit wiedersieht.
Die Gerüchte waren nun einmal in die Welt gesetzt worden und gelangten auch zum britischen Auswärtigen Amt. Spionage war an der Tagesordnung, jede noch so kleine unbedachte Äußerung nahm ihren Weg.
Der Privatsekretär des Königs, Lord Stamfordham, ließ öffentlich verlauten, dass es niemals zu einem Treffen zwischen mir und dem König gekommen sei. Ferner widerlegte er jegliche Bestrebungen vonseiten des Königs, Tino wieder auf dem Thron in Griechenland einzusetzen.
Wir hatten aber andere Sorgen, als diese dummen Gerüchte, denn am siebten November 1917 kam es in Russland zur *Oktoberrevolution*. Nach dem dort noch vorherrschenden julianischen Kalender war es der fünfundzwanzigste Oktober. Die Bolschewiki, unter Führung Lenins, stürmten Gebäude, verwüsteten diese, nahmen willkürlich Menschen fest und stürzten die provisorische Regierung, indem sie den Winterpalast stürmten, in dem diese ihren Sitz hatte. Nur einige Tage später stürmten Revolutionäre auch den Pavlovsk-Palast. Hier saß meine Schwiegermutter nun buchstäblich fest. Während man plünderte, private Gegenstände durchwühlte und sogar stahl, wurde sie nicht körperlich attackiert, aber verbal. Sie durfte im Palast bleiben, sah sich aber ständigen Drangseleien durch die Bolschewiki ausgesetzt, die wann immer es ihnen passte, einfach hereinkamen, sie beleidigten, Gegenstände beschädigten. Meine Schwiegermutter sah nun ein, dass es besser war, Russland zu verlassen. Doch aus Griechenland war vorerst keine Hilfe möglich, da auch dort alles im Umbruch war. So versuchten wir von unserer Seite, aus dem Exil heraus, bei verschiedenen Botschaften anzufragen, wie denen von England und Deutschland, wer ihr helfen könne, aus Russland herauszukommen, was in Kriegszeiten sehr schwer war. Meine Schwiegermutter musste so wohl oder übel dort ausharren und wir hofften, dass man ihr keinen Schaden zufügen würde. Die Bolschewiki wollten sie auch vorerst nicht ausreisen lassen. Wir nahmen an, dass sie in ihr ein Druckmittel sahen, aber dies war reine Spekulation.
Mama schrieb mir im November, dass sie einen Brief von Tante Alix aus

Tobolsk erhalten hatte. Diese bedankte sich darin für die Glückwünsche zu ihrem Geburtstag am sechsten Juni, die sie auf Umwegen erreicht hatten. Man sandte ihnen wohl sehr zeitversetzt einige Post nach, dennoch merkte Tante Alix an, es sei schwierig, ihr oder den anderen Mitgliedern der Familie zu schreiben, da sie eben auch nicht sicher sei, diese Post zu erhalten. Ansonsten war ihr Brief eher förmlich gehalten. Nur verdeckt klang an, wie seelisch belastend die ganze Situation für sie war und dass Olga Injektionen mit Arsen erhielt, weil sie nervlich sehr litt. Meine Tante Alix und ihre älteste Tochter waren sich in Melancholie und Leidensfähigkeit immer sehr ähnlich gewesen. Olga hatte auch, ebenso wie meine Tante, nicht lange als Krankenschwester arbeiten können, da es sie zu sehr belastete. Auch wenn Tante Alix sich um ihren Ehemann sorgte, so bemerkte sie, haderte er zwar mit der Gesamtsituation in Russland, hatte sich aber mit seinem Schicksal nicht mehr Zar zu sein eher abgefunden als sie.
Es sollten die einzigen Nachrichten der Familie sein, die meine Mutter nach der Oktoberrevolution jemals erreichten.
Mama wurde aber kurz darauf nach London beordert, wo eine ihr unbekannte Dame aus Russland anreiste, ihr Neuigkeiten von Ella zukommen ließ. Diese Dame, offensichtlich aus dem Adel, wollte ihren Namen nicht nennen, befand sich auf der Durchreise ins Exil nach Frankreich und bevorzugte aufgrund ihrer Flucht aus Russland die Anonymität. Sie erzählte Mama, dass es Tante Ella gut ging, sie weiterhin im Konvent arbeitete, aber sehr traurig darüber war, was nun aus ihrem Heimatland werden würde. Bei all dem Chaos und der Anarchie um sie herum sah sie die alte Welt zerfallen und wollte dennoch das Land nicht verlassen. Alle Angebote sie dort herauszubringen, lehnte sie ab. Weiterhin wähnte sie sich in Sicherheit, war immer noch der festen Überzeugung, man würde sie aufgrund ihrer Tätigkeit in Ruhe lassen.
Und die Gerüchte um meine Reise nach England nahmen immer mehr bizarre Formen an. Lord Granville, der in Athen weilte, teilte uns mit, dass der griechische Minister im Auswärtigen Amt, Nikolaos Politis, eine Delegation empfangen habe, die ihm zusagte, es würde nicht mehr lange dauern, bis man Tino wieder als König einsetzen würde. Bis auf Frankreich sahen alle anderen Mächte diese Entwicklung mit großer Besorgnis und ich hätte bei meiner Rückkehr in die Schweiz überall öffentlich verbreitet, dass der englische König hinter dem Ganzen stand. Es wäre auch sein ausdrücklicher Wunsch, Tino wieder auf dem Thron zu sehen und Venizelos abzusetzen. Granville tat es als Gerüchte ab, denen er keinen Glauben schenkte, wandte ein, auch Politis wusste im Grunde genommen um die Nichtigkeit eben dieser. Aber sie waren nun einmal in die Öffentlichkeit gelangt. Andrea machte mir keinen Vorwurf aus meiner Reise nach England, ebenso wie die

anderen Verwandten nicht. Denn ein jeder wusste um den wirklichen Grund. Ich hatte nur meine Eltern besuchen wollen. Alles Weitere hatte sich eben ergeben, aber eine politische Motivation steckte niemals dahinter und ich wusste um die Brisanz einer solchen in diesen Zeiten. Zudem hätte ich mich nie eingemischt und Andrea bezeichnete alles als reine Schikane, um der königlichen Familie noch mehr zu schaden.
Wir waren doch bereits der Heimat beraubt, saßen in unserem Exil und wussten nicht, wie lange es noch dauern würde. Meinen Ehemann befiel zusehends eine Depression, da er sich zur Untätigkeit verdammt sah. Und Tino war nur noch ein Schatten seiner selbst. Apathisch lebte er in jeden neuen Tag hinein oder dachte darüber nach, wie er gegen Venizelos vorgehen könne, und die Ärzte befanden, dass er zu viel trank und rauchte. Er führte auch weiterhin seine Affäre mit der Gräfin von Ostheim fort und seine arme Gattin Sophie litt nun nicht nur unter der Tatsache, dass ihr Ehemann kein König mehr war, sie ins Exil verbannt leben mussten, sondern er flüchtete sich auch noch in seinem Kummer in die Arme der anderen Frau, zeigte sich öffentlich mit ihr. Für die Kinder war es ein Grund, sich vom Vater abzuwenden und zu ihrer Mutter zu halten, denn auch sie mussten mit der Demütigung leben.
Ich habe meinen Mann nie angehalten, mit seinem Bruder darüber zu sprechen, denn es stand mir nicht zu, mich einzumischen. Aber Andrea sah wohl auch keine Möglichkeit mehr, positiv auf seinen Bruder einzuwirken. Und er haderte mit sich selbst und dem Schicksal. Also war ich auch damit beschäftigt, meinem eigenen Gatten eine Stütze zu sein, damit er mir nicht in dieselbe Apathie wie sein Bruder entglitt.
Einen kleinen Lichtblick gab es wenigstens, als Mama mir schrieb, dass Nada am sechzehnten Dezember einer kleinen Tochter das Leben geschenkt hatte. Georgie hatte darauf bestanden, die Kleine nach unserer Cousine zu nennen und so hieß das Mädchen Lady Tatjana Elizabeth Mountbatten. Sie war damit auch gleichzeitig die erste *geborene* Mountbatten.

Dolla und Cäcilie im Exil, 1917

Die ganzen Umbrüche und Sorgen hinterließen Spuren bei mir. Ich versuchte mich aufrechtzuhalten, für meine Familie stark zu sein, aber es fiel mir auch oftmals sehr schwer. Ich begann viel zu lesen, um Zerstreuung zu finden. Schon vor einigen Jahren hatte ich begonnen, mich auch für Dinge außerhalb unserer Wahrnehmung zu interessieren. Im Jahre 1912 hatten Christo und ich einige Seancen gemacht. Man nannte es das *automatische Schreiben*, eine Art Kontaktaufnahme mit einer Spiritualität, die dann die Hand auf dem Papier führt. Auch Gläserrücken war mir nicht fremd. Ich fand daran nichts Verwerfliches, denn ich hatte schon immer daran geglaubt, dass es Dinge gab außerhalb unserer normalen Welt, die die Menschen durchaus beeinflussen konnten. In einem Menschen steckte so viel Energie, dies konnte nicht einfach so nach dem Tod verschwinden, und ich glaubte fest an die Seelen, die noch auf Erden wandelten. Ein Glaube an Okkultismus und das Spirituelle war aber zu jener Zeit nichts Besonderes. Allerdings war es mehr um die Jahrhundertwende *en mode* gewesen, mit Geistern Kontakt aufzunehmen. Sogar meine Tante Alix war dem nicht abgeneigt gewesen, seit ihr als junges Mädchen in London einmal eine Wahrsagerin prophezeite, sie werde einmal eine der mächtigsten Frauen der

Welt sein, aber sehr tief fallen.

Durch einen Zufall war ich auf ein Buch von Édouard Schuré gestoßen. Es hieß *Les Grands Initiés*, *Die großen Eingeweihten* und ich erwarb es 1917 in einem Laden in St. Moritz. Der Autor war ein französischer Schriftsteller und Theosoph. Das Buch war erstmalig 1889 erschienen, der Autor versuchte darin, eine hinter verschiedenen Philosophien und Religionen der Menschheitsgeschichte liegende esoterische Geheimlehre darzustellen. Er hatte auch Dramen, Romane und philosophische Abhandlungen verfasst, aber dieses Buch war das bekannteste. Es war allerdings mehr philosophisch, als auf die Doktrinen begründet. Es gefiel mir aber stets, Dinge zu hinterfragen, statt sie als gegeben anzunehmen.
Schuré war ein Freund von Richard Wagner, da ihn dessen Musik sehr bewegte, und er war auch bekannt mit Friedrich Nietzsche. So kam ich über ihn auf Nietzsche, ebenso auf die russische Okkultistin Helena Petrovna Blavatsky. Leider war sie bereits im Jahre 1891 verstorben, aber ihre Werke waren immer noch sehr beliebt unter Interessierten, denn sie hatte diverse Formen des Okkultismus auf zahlreichen Reisen rund um die Welt studiert, wie den *Voodoo-Kult* in New Orleans in den USA.
Schuré beeindruckte mich sehr. In *Die großen Eingeweihten* griff er die alte esoterische Vorstellung einer Überlieferung ursprünglicher Weisheit durch Eingeweihte auf. So behandelte er in seinem Werk Leben und Lehren von Jesus, Rama, Krishna, Hermes, Mose, Orpheus, Pythagoras und Platon, in denen er die wirklichen Eingeweihten sah. Hinter den von ihnen begründeten Philosophien und Religionen vermutete er eine Art fortlaufend tradierter Geheimlehre. Der Unterschied zu älteren Ideen dieser Theorie war, dass der Autor den Beginn der Überlieferungskette von Persien nach Indien, also zu Rama, verlegte. Diese Ansicht hatte auch Blavatsky in ihren Werken geteilt. Die weisen Eingeweihten lenkten die Geschichte der Menschheit, so Schuré. Ferner forderte er Beweise für die Religionen, das Leben der Eingeweihten, denn nach ihm wäre sonst keine Religion an sich etwas wert. Religion wandte sich an die Herzen der Menschen, die Wissenschaft an den Geist. Beides kam aber aus seiner Sicht nicht zu einem Gleichklang. Ich versuchte bald, mich mehr in diese Thematik zu vertiefen, las Bücher über die verschiedenen Religionen, versuchte sie zu ergründen. Als ich meiner Mutter davon berichtete, meinte sie, es würde mich nur verwirren und besonders das Übersinnliche solle man nicht an sich heranlassen, denn es könne sich sehr negativ auf den Geist eines Menschen auswirken. Zu schnell geriet man an die Geister, die man ruft und nicht mehr los wird. Sie war sehr skeptisch, ob meine Studien positiv für mich sein würden, denn sie selbst war sehr bodenständig, glaubte zwar an das Schicksal, aber eben an

Gott. Weiteres interessierte sie nicht. Vor allem nicht der Okkultismus. Andrea nahm es hin, denn er sah darin eine reine Ablenkung für mich und ich weihte ihn auch nicht ein in die Dinge, die mich nach dem Lesen beschäftigten. Ich teilte diese aber mit Christo, dieser war zwar sehr interessiert, aber ihm fehlte leider der nötige Intellekt, um sich mehr damit auseinanderzusetzen.

Mit meinen Mädchen im Exil, Ende 1918, von links nach rechts: Theodora, Sophie, Cäcilie und Margarita

Ich erstand ein Buch von Rudolf Steiner, dem Esoteriker, über das Christentum als eine mystische Tatsache und die Mysterien des Altertums, was mich auch sehr faszinierte.
Christo hatte eine Amerikanerin kennengelernt, die spirituelle Sitzungen durchführte. Ich hörte nur davon und nahm nicht an ihren Sitzungen teil, denn ich erfuhr, dass diese Dame wohl bereits dabei war, sich von dieser Welt, in die sie eintauchte, nicht mehr befreien zu können. Nur kurz darauf wurde sie eben die Geister nicht mehr los. Christo berichtete mir, sie sei in ein Sanatorium eingewiesen worden, weil sie verrückt geworden war.
Ich befasste mich schon mit diesen Dingen, aber sah darin auch einen reinen Zeitvertreib, weil es so wenig im Exil zu tun gab. Sicher, ich hatte meine Mädchen, kümmerte mich um ihre Erziehung, organisierte Lehrer für sie, damit sie weiterhin eine gute Ausbildung erhielten, aber ansonsten bestand das Leben mehr aus Müßiggang.
Daher befand ich für mich selbst, man könne ruhig die andere Welt kontaktieren, wenn man eine schwierige Entscheidung treffen musste, und ich

praktizierte weiterhin das automatische Schreiben, wann immer ich mir unsicher war. Und man kann durchaus sagen, dass ich eine sehr abergläubische Person war. Daher befasste ich mich in dieser Zeit auch mit dem Legen von Karten, aus dem ich Kraft zog, mir eine Hilfe erhoffte. Ich tauchte tiefer ein in die Materie, aber sah mich nicht darin verstrickt. Es war eine schwere Zeit für alle Menschen, der Krieg, die gesellschaftlichen Umbrüche. Ein jeder versuchte auf seine Weise damit zurechtzukommen. Ich tat diese Dinge aber für mich allein, versuchte niemals meinen Ehemann oder die Kinder davon zu überzeugen, sich mir anzuschließen und diese zu teilen. Christo war der Einzige, mit dem ich darüber sprechen konnte und der mich verstand, weil er an das Spirituelle ebenso glaubte wie ich.

Im April des Jahres 1918 verhaftete man Tante Ella in ihrem Konvent in Moskau auf Geheiß Lenins durch die neue sowjetische Geheimpolizei, die *Cheka*. Ihre ehemalige Kammerzofe, die auch mit ihr als Schwester in dem Konvent lebte und arbeitete, Varvara Alexeyevna Yakovleva, die Schwester Barbara genannt wurde, durfte sie begleiten. Die treue Seele wollte die Tante nicht alleinlassen.
Als am dritten März ein separater Frieden zwischen der neu gegründeten Sowjetunion und Deutschland in Brest-Litovsk geschlossen wurde, hatte die Regierung Ella angeboten, das Land zu verlassen, und Onkel Willy schickte zweimal seinen Botschafter Graf Mirbach zu ihr ins Konvent, um sie doch noch zu überzeugen. Das Angebot des Kaisers war für die Regierung willkommen, aber da Tante Ella ablehnte, konnten sie ihre Anwesenheit in Moskau nicht länger dulden. Sie war immer noch eine Romanow, stand für die alte Welt, die alte Zeit, sie stand im Fokus der sogenannten *Weißen Armee*, den Zarentreuen, die die Bolschewiki bekämpften, und alles, was für die einstige Monarchie stand, musste beseitigt werden.
Es war der siebenundzwanzigste April, als man Tante Ella verhaftete, unter Arrest setzte. Sie bekam eine halbe Stunde Zeit ihre Sachen zusammenzupacken. *Varvi*, wie sie Schwester Barbara rief, und auch Schwester Catherine Yanisheva, baten darum, sie begleiten zu dürfen, obwohl niemand wusste, was sie alle drei erwartete. Die Patienten, Waisenkinder und anderen Schwestern weinten, als Ella sich von ihnen verabschiedete, und niemand kann erahnen, was sie in jenem Moment fühlte.
Man brachte sie nach Perm in ein Konvent. Doch man entschied, dass sie dort nicht bleiben sollten, verbrachte sie nach Jekaterinburg, wo sie im Novotikhvinsky-Konvent untergebracht wurden. Dort befanden sich bereits drei von Konstantin Konstantinowitschs Söhnen, die Großfürsten Ioann, Konstantin und Igor, der Großfürst Sergei Michailowitsch, der Schwager der Großfürstin Xenia, der ältesten Schwester Onkel Nickys, sowie der

Prinz Valdimir Pavlovich Paley, ein Sohn aus zweiter Ehe des Großfürsten Paul, dem Vater von Ellas Ziehtochter Maria. Sie standen dort alle unter Arrest wie Tante Ella.
Es ging ihr dort wohl relativ gut, denn meine Tante war in der Lage, ein Osterpaket an ihre Schwester und deren Familie zu senden mit Kaffee, Eiern und Schokolade.
Am dreißigsten April waren bereits Tante Alix, Onkel Nicky und meine Cousine Marie in Jekaterinburg eingetroffen. Sie lebten nun in eben jenem Haus des Fabrikanten Ipatiev, welches Mama noch auf ihrer Reise im Jahre 1914 passierte.
Da Alexei sich in Tobolsk durch die übermütige Fahrt mit einem Schlitten die Treppe hinunter wieder verletzt hatte und sich von einer schweren Attacke der Hämophilie erholen musste, entschieden Onkel Nicky und Tante Alix, Marie mitzunehmen und die anderen Töchter bei ihrem kranken Bruder zu belassen, bis sie nach seiner Genesung ihnen folgen sollten. Meine Tante Alix hatte von der Verhaftung ihrer Schwester in Moskau aus der Zeitung erfahren und bedauerte dies sehr, zeigte sich aber erstaunt darüber, dass man sie alle in die gleiche Provinz verbannt hatte. Tante Ella hatte nicht gewusst, wo sich ihre Schwester befand, sie ging von Tobolsk aus. Man hatte ihr Paket aber weitergeleitet, da es eben an Tante Alix adressiert gewesen war. Sie erhielt einen Dankesbrief von Marie mit der Anschrift des Iaptiev-Hauses in Jekaterinburg. Es musste nun für beide Schwestern umso schmerzlicher sein, dass sie einander so nahe waren und doch so fern. Denn sie durften die jeweils andere nicht besuchen oder treffen.
Am dreiundzwanzigsten Mai waren Onkel Nicky, Tante Alix und ihre Kinder alle wieder in Jekaterinburg vereint, aber man hatte sie von fast allen ihren Bediensteten getrennt, wie dem Französischlehrer der Kinder Pierre Gilliard. Geblieben waren ihnen Dr. Botkin, der Leibarzt, Trupp, Onkel Nickys Kammerdiener, und die Zofe Demidova. Alle anderen durften die Familie nicht mehr sehen und standen ihrerseits unter Arrest. Man hoffte wahrscheinlich, sie könnten bei Verhören intimes aus dem Familienleben der Zarenfamilie berichten, was man dann einsetzen könne, um meiner Tante und meinem Onkel noch mehr zu schaden. Aber eigentlich waren sie schon zu tief gesunken.
Da die Regierung nun sehr viele Romanows auf einem Fleck gesammelt hatte, wenn man es so lapidar ausdrücken möchte, befand man, es sei besser, diese Konzentration aufzulösen, bevor die *Weiße Armee* einen Befreiungsversuch wagen konnte. So mussten die Gefangenen um Tante Ella am zwanzigsten Mai ihre Sachen packen. Nun brachte man sie nach Alapajewsk, nordöstlich von Jekaterinburg, tiefer in den Ural. In einer kleinen Schule, der sogenannten *Napolnaya-Schule*, die übersetzt *Schule auf*

dem Feld hieß und außerhalb der Stadt lag, wurden sie einquartiert. Tante Ella begann bald Gemüse zu pflanzen, wie Kohl und Salat, machte jedes Mal ein Kreuz über den Pflanzen, wenn sie sie wässerte. Ansonsten vertrieb sie sich die Zeit mit Sticken und anderen Handarbeiten. Es war wohl ein recht entspanntes Leben unter den gegebenen Bedingungen.
Der Großfürst Ioann Konstantinowitsch war verheiratet mit Prinzessin Helen von Serbien, diese hatte einen kleinen Sonderstatus, da sie zwar verheiratet mit einem Romanow war, aber unter dem Schutz ihrer ausländischen Staatsbürgerschaft stand. Sie war mit ihrem Ehemann verhaftet worden, folgte ihm ins Exil, doch in Alapajewsk entschieden sie und Ioann, dass, wenn man ihr die Möglichkeit offerierte zu gehen, sie diese nutzen würde, denn sie hatte ihre beiden kleinen Kinder in der Obhut ihrer Schwiegermutter, die nach Norwegen geflüchtet war. Helen nutzte die Möglichkeit und durfte nach einigen Vernehmungen und kurzer Haft im Permer Gefängnis und dann im Kreml zu ihren Kindern reisen. Durch die qualvollen Bedingungen der Haft entwickelte sie eine Psychoneurose. Aber sie konnte uns durch ihre Ausreise einige Informationen zukommen lassen, wie es Tante Ella ging.
Kurz darauf trennte man meine Tante von den beiden Schwestern, brachte sie nach Jekaterinburg zurück. Ebenso mussten zwei Diener der Großfürsten dorthin abreisen. Man offerierte den beiden Schwestern die Freiheit, aber Vivi wollte zurück zu Tante Ella und bat die Cheka sie zurückreisen zu lassen. Sie wurde darüber informiert, dass sie dann aber auch jedwedes Schicksal, welches meine Tante erwartete, würde teilen müssen. Doch Vivi war ihr all die Jahre treu gewesen und ließ sich nicht davon abbringen. So reiste sie wieder zurück nach Alapajewsk.
Mein Onkel Nicky glaubte seinen Bruder Michail und dessen Frau Natlja, genannt *Natascha*, sicher, denn sie lebten auch nach seiner Abdankung unbehelligt auf ihrem Landgut in Gatchina. Bei ihnen waren ihr siebenjähriger Sohn Georgei und Nicholas Johnson, Michails Sekretär. Doch am einundzwanzigsten August 1917 setzte man sie unter Arrest auf dem Landgut. Michail ahnte wohl die drohende Gefahr durch die neuen Machthaber und setzte ein Dokument auf, in dem er sich von den Bolschewiki bestätigen ließ, dass ihm und seiner Familie nichts zustoßen würde. Obwohl man ihm dies zusicherte, wurden sie dennoch alle festgenommen, nach Perm in den Ural gebracht. Man quartierte sie in einem Hotel ein, sie wurden streng bewacht und Michail bat seine Frau mit dem Sohn zu gehen, als man ihr dies anbot. Natascha konnte mit dem Sohn nach England fliehen, Michail und sein Sekretär jedoch wurden in der Nacht vom zwölften auf den dreizehnten Juni von bewaffneten Männern verhaftet, mit einer Kutsche in den Wald gefahren und dort erschossen. Ihre Leichen wurden verbrannt. Zuerst

verbreitete man die Nachricht, dass beide hätten fliehen können, woran aber niemand wirklich glaubte. Für die Bolschewiki war der einzige Grund für den Mord die Tatsache gewesen, dass der Admiral Koltschak mit der *Weißen Armee*, den Zarentreuen, die Bolschewiki stürzen wollte, sich in der Nähe befand und Michail und Johnson hätte befreien können.
Mein Onkel Nicky erfuhr aber sicher nichts vom Tod seines Bruders, denn er und seine Familie waren im Sommer 1918 bereits völlig abgeschottet von Nachrichten von außerhalb.
Die Ereignisse in Russland überschlugen sich nun. In der Nacht vom sechzehnten auf den siebzehnten Juli 1918 verbrachte man Onkel Nicky, seine Familie und die Bediensteten unter dem Vorwand, dass es Unruhen in der Stadt gäbe, in den Keller des Ipatiev-Hauses, wo man sie dann alle erschoss. Ihre Leichen transportierte man in einen nahegelegenen Wald und verscharrte sie dort an unbekannter Stelle.
Und nach dieser verhängnisvollen Nacht erzählte die örtliche Cheka den Gefangenen um Tante Ella in Alapajewsk am siebzehnten Juli, dass ein Angriff der *Weißen Garde* bevorstand, die sie alle befreien wolle und man sie daher alle außerhalb der Stadt in einem Wald unterbringen müsse, bis der Angriff vorüber war. Man drängte sie zum schnellen Aufbruch, obwohl Tante Ella gerade das Abendessen kochte, darum bat, wenigstens dann auch noch essen zu dürfen, was sie aber in aller Eile tun mussten. Angeblich gab man ihnen dann doch noch Zeit, sie konnten sich noch schlafen legen. Dann weckte man sie nachts auf, sagte ihnen, sie sollen sich ankleiden, verband ihnen die Augen und fesselte ihnen die Hände. Man brachte sie in Kutschen weit außerhalb der Stadt in einen Wald.
An einem alten Bergwerksschacht, der sich mit Wasser gefüllt hatte, ließ man sie alle aussteigen, nahm ihnen die Verbände ab, die Fesseln und führte sie mit Waffengewalt zum Schacht. Tante Ella war die Erste, die springen musste. Sie bat darum, ein kurzes Gebet sprechen zu dürfen, ferner wollte sie danach nicht hineinspringen, ohne ihr Cape über den Kopf zu ziehen, damit sie die dunkle Tiefe nicht sehen musste. Ihre letzten Worte waren: *Herr, vergib ihnen, denn sie wissen nicht, was sie tun*. Dann sprang sie in den Schacht, doch dieser war nicht tief und so landete sie zwar im Wasser, konnte aber Schwester Vivi, die nach ihr hineinspringen musste, heraushelfen, begann mit dieser zu beten. Die Großfürsten sollten den beiden Frauen nun folgen, aber Sergei Michailowitsch weigerte sich. So schoss man ihm in den Kopf, warf ihn in den Schacht. Als alle in der Grube waren, hörte man sie reden, Tante Ella und Vivi sangen christliche Lieder. Die Soldaten mussten sie zum Schweigen bringen und warfen eine Granate in die Tiefe, doch der Gesang verstummte nicht. Man warf eine zweite hinein, Planken, Äste aus dem Wald und setzte alles in Brand. Doch für viele, viele Stunden,

es war später die Rede von ganzen drei Tagen hörte man noch die Gesänge, die Gebete. Als diese endlich verstummten, schüttete man den Schacht mit Erde zu. All dies erfuhren wir aber erst später.
Am vierundzwanzigsten Juli erhielt Mama die Nachricht von der Ermordung von Tante Alix und ihrer Familie in Jekaterinburg. Nur wenige Tage nach dem Mord hatte die *Weiße Garde* die Stadt erreicht, sie waren aber zu spät, um die Familie zu retten, fanden das Haus verwüstet vor, persönliche Gegenstände und Alexeis Hund *Joy*, der halb verhungert durch die Räume lief und dessen sich einer der Soldaten annahm. Im Keller aber waren Einschusslöcher in den Wänden, Blut auf dem Boden und jemand hatte an die Wand geschrieben *Belsazar ward in selbiger Nacht von seinen Knechten* umgebracht. Es lag auf der Hand, was der Familie und ihren treuen Bediensteten widerfahren war, aber man fand die Leichen nicht. Zudem wurde ein Telegramm bekannt, in dem Lenin davon unterrichtet wurde, dass die Familie dasselbe Schicksal wie der Zar geteilt habe. Wir alle ahnten, wie man den Mord bereits von langer Hand geplant hatte. Vor allem, nachdem der Bruder Onkel Nickys ebenfalls ermordet worden war. Man fand aber auch in Jekaterinburg keine Leichen unserer Verwandten.
Nun bangten wir um Tante Ella, denn es hieß, sie und die anderen hatten fliehen können. Man verbreitete diese Falschmeldung, die uns aber hoffen ließ, um die Zarentreuen zu beruhigen. Aber es war in diesen Zeiten nicht mehr glaubhaft.
Bald ging die Nachricht vom Tod der Zarenfamilie um die Welt und für meine arme Mama war es ein Schock, den man nicht in Worte fassen kann. Wir anderen konnten es ebenso wenig begreifen, wie man sie alle einfach töten konnte. Meine armen Cousinen, der fragile und doch so lebensfrohe Alexei, Onkel Nicky, meine Tante Alix … Es war unfassbar.
Am zweiten September besuchte Prinzessin Marie-Louise von Schleswig-Holstein-Sonderburg-Augustenburg Mama und Papa auf der Isle of Wight. Sie war eine Tochter von Tante Lenchen und mein Vater fuhr sie in Dickies Automobil, welches er ihnen überließ, wenn er Dienst bei der Marine hatte, zum Kent House. Sie übergab ihm einen Brief aus dem Buckingham-Palast, welchen sie ihn bat, gleich zu lesen. Es war ein Schreiben des Geheimdienstes, in dem ein britisches Mitglied desselben, welches General Poole in Murmansk unterstanden hatte, aus zuverlässiger Quelle den Tod der gesamten Zarenfamilie bestätigte. Es gab an dieser Quelle keinen Zweifel und so verbürgte man sich für diese tragische Information. Mein Vater wusste nun, dass alles Hoffen vergebens war, doch konnte er meiner Mutter den Brief erst nach dem Mittagessen überreichen, so sehr fürchtete er um ihre Reaktion. Es verstärkte ihre Trauer, aber sie sagte, sie sei gewiss, dass ihre Schwester mit all ihrem tiefen Gottvertrauen in den Tod gegangen war.

Mehr konnte sie nicht sagen, dafür fehlten ihr die Worte.
Ich erfuhr es von Papa in Luzern, schrieb sofort an Onkel Ernie nach Darmstadt. Bis dato traute ich mich nicht, meiner Mutter zu schreiben, denn ich wusste, wie sehr sie litt. Onkel Ernie natürlich auch. Ich hatte die Geschwister so oft alle vereint gesehen, erinnerte mich an die schönen Familientreffen und dennoch wagten wir zu hoffen, dass man diese Nachricht vom Tod unserer Verwandten einfach so verbreitete, sie vielleicht wirklich hatten flüchten können. Aber jedes Mal, wenn man in der folgenden Zeit hoffte, bestätigte sich doch die grausame Realität. Es war wie ein schlimmer Traum, aus dem man nicht erwachte. Wir klammerten uns an die Hoffnung, dass wenigstens Tante Ella noch am Leben sei, es ihr gut ginge. Doch auch diese Hoffnung wurde zerschmettert, als am achtundzwanzigsten September die *Weiße Garde* Alapajewsk einnehmen konnte und mit der Suche nach Ella und den anderen begann. Zwischen dem neunten und elften Oktober fand man schließlich die Leichen. Man obduzierte sie und fand heraus, dass Tante Ella und die anderen, bis auf Michail, der durch den Kopfschuss schnell starb, fürchterlich gelitten hatten.
Am ersten November erhielten Tante Ella und die anderen ein förmliches Begräbnis, in dem man sie alle in der Krypta der Kirche von Alapajewsk als *Märtyrer von Alapajewsk* beisetzte. Es fand ein kleines Requiem für sie statt, an dem auch die Bevölkerung teilnahm. Die Menschen zeigten sich sehr betroffen, besonders über den Tod meiner Tante und Vivi, da diese beide im Dienst der Kirche gestanden hatten.
Natürlich trafen mich die Verluste der russischen Verwandten schwer, aber am meisten setzte mir der von Tante Ella zu, denn sie hatte all ihren weltlichen Besitz aufgegeben, sich ganz der Hilfe der Armen und Kranken verschrieben. Ich fand es mehr als schockierend, wie man gerade diese Frau so grausam hinrichten konnte, die sich so sehr für andere aufgerieben hatte. Es ist keine Abwertung gegenüber Tante Alix‘ Familie, denn ich halte es generell für verwerflich, andere Menschen zu töten, weil sie aufgrund ihrer Geburt einen gewissen Status innehaben. Meine Mutter und Onkel Ernie, die anderen Verwandten sahen dies ebenso. Vielleicht hätte man in diesen Zeiten voller Wirren die Ermordung Onkel Nickys im Zuge der Revolution noch vonseiten der Bolschewiki und aus ihrer kranken Sicht verstehen können, aber nicht von Tante Alix und der Kinder. Es waren unsere Verwandten, derer man uns beraubte, und der Verbleib der Leichen war ungeklärt. Aus diesem Grund konnten auch schon kurz nach der Ermordung Scharlatane unsere Trauer ausnutzen, indem sie behaupteten, sie seien Alexei, Olga, Tatjana oder eben Anastasia, wie die Dame, die später unter dem Namen Anna Anderson zu einer zweifelhaften Berühmtheit gelangte, aber bei der ich nie glaubte, sie sei meine Cousine. Daher möchte ich auch nicht auf

diese Person eingehen. Wir mussten akzeptieren, dass man unsere Lieben irgendwo wie Unrat verscharrt hatte. Und Mama meinte zu mir, ihr einziger Trost sei die Gewissheit, dass sie, als sie dem Tod entgegentreten mussten, alle miteinander vereint gewesen waren.

Tante Alix und ihre Familie, 1912

Ich würde sie alle niemals vergessen. Onkel Nicky, ein Mensch, der wie Tante Alix zwar tief verbunden war in seinem Glauben an seine Herrschaft von Gottes Gnaden, aber der als Person ein Familienmensch war durch und durch, seine Frau innig liebte, seine Kinder ebenso und ein großes Herz hatte. Meine Tante Alix, stets gepeinigt von ihren psychosomatischen Leiden durch die Angst um ihren Sohn, verrannte sie sich zwar in die wirren

Worte Rasputins, war aber ebenso wie der Onkel immer für ihre Familie da. Oftmals still und eher nachdenklich, konnte sie auch humorvoll sein, spielte mit ihren Kindern und uns, zeigte sich auch unbefangen. Aber ebenso wie ihr Ehemann war sie den aufkommenden Problemen in Russland nicht gewachsen. Und meine Cousinen, mit denen ich nie wieder würde reden können, Zeit verbringen – Tatjana, die die *Gouvernante* genannt wurde, weil sie stets um ihre Geschwister bemüht war, Olga, die Tante Alix sehr ähnlich war vom Wesen, indem sie viel grübelte, aber dennoch auch Dinge hinterfragte, die in der Welt geschahen, in dieser Hinsicht ihrem Vater eher zugetan. Maria, die Träumerin, die man aus der sprichwörtlichen Reserve locken musste, und Anastasia, der ewige Kobold, der nichts die Laune verderben konnte und die stets alle mit ihren Späßen zum Lachen brachte. Und Alexei, dieser fragile Junge mit einem Leiden geschlagen, das stets sein Leben bedrohen konnte. Aber gerade deswegen verstand er die Gebrechen und Krankheiten anderer Menschen, war so mitfühlend, dass er darin meist nicht mehr wie ein Kind, sondern wie ein Erwachsener wirkte.
Revolutionen sind stets grausam und meine Mutter erinnerte sich an das Bild von Marie Antoinette und ihren Kindern, welches einst gemalt von Lebrun bei Tante Alix im Palast hing. Vielleicht hatte die Tante es in den schweren Zeiten oft angesehen und befürchtet, das Schicksal der Königin von Frankreich zu teilen.
Durch die Ermordung der russischen Verwandten klaffte inmitten unserer Familie plötzlich eine entsetzlich große Lücke, die sich nie mehr schließen lassen würde.

Der Krieg war für uns mittlerweile zu einer Nebensache geworden, auch wenn dies seltsam klingen mag. Es kursierten seit einigen Monaten Meldungen über die *Spanische Grippe*, die die Menschen dahinraffte. Man hoffte, sich nicht irgendwo anzustecken.
Am sechsten April 1917 schon hatten die USA Deutschland den Krieg erklärt und das Gefüge der Alten Welt, in der ich aufgewachsen war, zerbrach langsam. Am neunundzwanzigsten September 1918 kapitulierte Bulgarien, am dreißigten Oktober das Osmanische Reich und Österreich-Ungarn am dritten November. Am elften des Monats schloss man den *Waffenstillstand von Compiègne*, mit dem auch Deutschland kapitulierte. Dies beendete offiziell den Ersten Weltkrieg. Das Kaiserreich Preußen zerbrach, in Deutschland kam es auch seit geraumer Zeit zu Unruhen, denn die Menschen waren kriegsmüde, hungerten und forderten die Abdankung des Kaisers. Im November rief man die Republik aus und am achtundzwanzigsten November, nur neunzehn Tage danach, dankte Onkel Willy ab, flüchtete ins Exil nach Doorn in die Niederlande, wohin ihm auch seine Gattin, der

Kronprinz und seine Familie folgten. Sie fanden in Wieringen ein Exil.
Der Krieg hatte unter den Soldaten fast zehn Millionen Opfer gefordert, etwa zwanzig Millionen waren verwundet worden und viele von ihnen mussten als Kriegsversehrte weiterleben. Unter der Zivilbevölkerung waren etwa sieben Millionen Menschen diesem Krieg zum Opfer gefallen und nicht nur die Opferzahlen waren fürchterlich, sondern auch die Tatsache, dass sich nun alles im Umbruch befand. Die einstigen Herrscher, wie Onkel Nicky, Onkel Willy, hatte es von der Karte der Geschichte gefegt und der Unmut der Menschen richtete sich nun allgemein gegen den Adel und dessen einstige Macht.
Nach der Abdankung Onkel Willys hatte die dänische Botschaft in Russland meiner Schwiegermutter einen Reisepass ausgestellt, mit dem sie nun im November endlich ausreisen konnte. Sie gelangte über Deutschland in die Schweiz und war endlich mit uns wieder vereint. Die letzten Monate hatten ihre Spuren an ihr hinterlassen und mit ihren siebenundsechzig Jahren waren ihr die Strapazen deutlich anzusehen. Dennoch war sie froh, nach allem, was ihren Verwandten in Russland widerfahren war, mit heiler Haut davongekommen zu sein.
Tino war einige Tage vor ihrer Ankunft an der *Spanischen Grippe* erkrankt. Er freute sich über die Ankunft seiner Mutter, doch rang kurz darauf mit dem Tode. Ihren Sohn so leiden zu sehen, der für sie schon genug unter seiner Abdankung hatte leiden müssen, ließ sie fast verzweifeln, und wir alle hofften, dass er wieder genesen würde. Doch die Krankheit zog sich lange hin, über Wochen stand es sehr schlecht um ihn, eine Sorge mehr, die uns zusätzlich belastete. Als er sich endlich erholte, dauerte die Rekonvaleszenz sehr lange. Und selbst während seiner Erkrankung war seine Geliebte erschienen, um ihm Beistand zu leisten. Meine Schwiegermutter, die erst jetzt die Affäre richtig realisierte, denn in ihrer Zeit in Russland hatte sie nichts davon mitbekommen, war erschüttert, wie ihr Sohn seine Frau und die Kinder bloßstellte. Aber sie konnte ihrer Schwiegertochter Sophie nur Beistand leisten, ihren Sohn konnte sie nicht davon überzeugen, zur Vernunft zu kommen und das Verhältnis zu beenden.
In diesem November mussten auch Tante Irene und Onkel Heinrich aus Hemmelmark fliehen. Ihre beiden Söhne hatten in der deutschen Marine gedient, ebenso wie Onkel Heinrich, zudem war er ein Bruder des Kaisers und man forderte sie zwar nicht auf, das Land zu verlassen, aber der Onkel wollte es nicht darauf ankommen lassen. So fuhren sie in einem Automobil aus Kiel ab. Sie wurden von zwei Matrosen begleitet, von denen man einen erschoss, als sie die holländische Grenze überquerten.
Im Dezember waren sie in Amsterdam, wo Onkel Heinrich ein Dokument aufsetzte, in dem er sich dafür aussprach, hinter seinem Bruder zu stehen

und diesem niemals schaden zu wollen. Er konzentrierte sich darauf, sich in den folgenden Monaten auch bei König George in England dafür einzusetzen, dass man seinen Bruder wieder auf dem Thron einsetzte, denn nach seiner Meinung habe dieser alles versucht, um einen Krieg zu verhindern, was die breite Masse aber anders sah. Onkel Heinrich stellte sogar Papiere zusammen, die belegen sollten, dass England einen Krieg herausforderte, doch seine Bemühungen blieben erfolglos. Da man in ihm keine Gefahr sah, seine Ausführungen, die er öffentlich machte, ignorierte, ließ man ihn und Tante Irene in Ruhe. Sie kehrten bald darauf nach Hemmelmark zurück, lebten dort unbehelligt. Für die neuen Machthaber in Deutschland gehörte er zu einem alten Regime, dem man nicht mehr zuhörte.
Onkel Ernie und Tante Onor sahen sich im November mit einem wütenden Mob konfrontiert, der das Neue Palais stürmen wollte, in dem sie sich aufhielten. Die Menschen skandierten „*Nieder mit dem Großherzog!*“ und „*Tötet den Großherzog!*“. In Hessen hatte sich ein Staatsrat gebildet und wenig später ein *Volksrat für die Republik Hessen*. Letzterer sollte alle Klassen des Volkes repräsentieren. Eine Abordnung dieser Räte kam nun zum Palais. Onkel Ernie und Tante Onor hätten sich in ein bereitstehendes Automobil setzen und flüchten können, doch mein Onkel ließ die Menschen ein, erwartete sie im sogenannten Thronraum, seine Gattin neben sich. Als sie auf die beiden zustürmten, hielten die Menschen plötzlich inne, wirkten verschämt, weil man sie höflich eingelassen hatte. Mein Onkel wandte sich mit lauter Stimme an sie, sagte, sie trügen keine hessischen Uniformen, doch sie sollten eine kleine Abordnung formen und ihm mitteilen, was sie von ihm forderten. Und in der Zwischenzeit, da niemand jemals in das Palais gekommen sei, ohne dass man ihn anständig bewirtet habe, würde Tante Onor ihnen Tee machen.
Die Forderungen der Menschen lagen eigentlich klar auf der Hand. Onkel Ernie sollte zurücktreten und man wollte eine Republik ausrufen, sich formell von Preußen abspalten. Mein Onkel bezog dazu zuerst keine Stellung, denn er sah es nicht ein abzudanken. So gründete sich ein Komitee, welches sie unter Hausarrest setzte. Onkel Ernies Kammerherr Graf von Hardenberg und Tante Onors Hofdame Georgeina von Rotsmann waren bei ihnen und blieben mit ihnen den Winter über unter Arrest.

SAYS CZAR AND FAMILY ARE IN NEUTRAL LAND

Nephew of Skoropadski Asserts Their Whereabouts Is Known to Allied Government.

WARSAW, Dec. 24, (Associated Press.)—"There is no doubt that the Czar and his entire family are alive. I am positive of this," was the declaration made to the correspondent today by Michael de Tchihatchef, a nephew of General Skoropadski, who has just escaped from the Ukraine after a recent trip to Petrograd, Dvinsk, Vilna, and Rovno.

"I cannot reveal where the Czar is because he does not wish it," he added. "He does not care to be bothered and he wants to be left alone.

"His whereabouts is known to an allied government. It is in a neutral country. Accounts of his murder at Ekaterinburg were manufactured by Trotzky and Lenine for propaganda purposes.

"It took much money and time and also the lives of many officers to accomplish his escape. Among the officers killed was Count Tatichev, the Czar's former personal military attaché, who was shot instead of the Czar. Documents describing the Czar's escape were in the hands of German Consul Koenig at Petrograd, who forwarded them to Berlin."

Mitte Dezember verbreitete die *New York Times* die Nachricht, dass Tante Alix und ihre Familie noch lebten und flüchten konnten. Es sollten bald Falschmeldungen überall in den Zeitungen und Magazinen weltweit die Runden machen, in denen man verbreitete, dass meine Cousine Tatjana in Russland als Dienstmagd getarnt bei einer Familie lebe, die Familie lebe versteckt im Ural und vieles mehr. Doch es gab Menschen, die das Schicksal unserer Verwandten vor Ort aufklären wollten. Und obwohl man nur einige Monate später in den Schlagzeilen lesen konnte, dass Überreste gefunden worden seien, die Mörder sich mit dem Verbrechen gebrüstet hatten, hörten die Spekulationen nicht auf. Alle paar Wochen hatte man irgendwo in Europa wieder eine unserer Cousinen entdeckt, Alexei oder sogar Tante Alix. Es war sehr schmerzvoll, denn ein winziges Stückchen Hoffnung hatten wir alle im Herzen und meine Mutter fasste es am besten in Worte, als sie meinte, die Presse würde mit unseren Gefühlen spielen, nur um die

Auflagen zu steigern.
Mama hatte wenigstens etwas Abwechslung in den Besuchen Nadas, Georgies und ihrer kleinen Enkeltochter Tatjana. Nada überraschte meine Eltern zu Weihnachten mit der Neuigkeit, dass sie wieder schwanger sei und sie das Baby im Mai des nächsten Jahres erwarteten.

Ende Dezember löste meine Schwester Louise ihre Verlobung mit ihrem *Shakespeare*. Im Sommer noch war ihr Verlobter vom dreiundzwanzigsten bis zum vierundzwanzigsten Juni bei meinen Eltern und Louise in Kent House zu Besuch gewesen, doch nach diesem Aufenthalt fasste mein Vater den Entschluss, bei passender Gelegenheit mit Louise zu reden, ihr deutlich klarzumachen, dass ihr Verlobter keine geeignete Partie für sie wäre. Im Herbst dann, nachdem sie immer noch Alexander heiraten wollte, nahm sie mein Vater zur Seite und sagte ihr, dass sie diesen Mann nicht ehelichen könne, denn es läge auf der Hand, zu welchem Geschlecht er sich wirklich hingezogen fühlte. Louise, die wirklich sehr unbedarft war in sexueller Hinsicht und auch vorher noch nie mit dem Thema Homosexualität in Berührung gekommen war, nahm es verstört auf. Sie war niemals von meinen Eltern dahingehend aufgeklärt worden und konnte sich beim besten Willen nicht vorstellen, dass ein Mann mit einem anderen intim wurde. Vielleicht kann man sagen, sie war zu behütet aufgewachsen, ein wenig naiv und in ihrer wirklich tiefen Liebe für diesen Mann hatte sie seine eigentliche Neigung nie bemerkt. So schrieb ich an Tante Onor, wie sehr Louise zwar litt, aber es eingesehen hatte. Diese Verbindung wäre keine glückliche für sie geworden. Aber meine arme Schwester war nun um eine für sie schockierende Erfahrung reicher.
Meine Eltern lagen mit ihrer Entscheidung, Louise von Alexander als Heiratskandidaten abzuraten, völlig richtig, denn nur einige Zeit später eröffnete *Shakespeare* zwar eine kleine Hinterhofgalerie, wenn man es so nennen möchte, brachte es aber nie zu einem wirklich großen Erfolg. Er verbrachte seine Freizeit mit Handarbeiten, war sehr geübt im Sticken und brauchte über eine Stunde, um sich zurechtzumachen, schminkte sich und kleidete sich sehr exzentrisch. Dies erfuhren wir von Londoner Bekannten, doch es wunderte keinen von uns wirklich.
Im Januar 1919 ließ sich mein Onkel als Kandidat für anstehende Wahlen registrieren. Doch man ignorierte seine Kandidatur und im Juli des Jahres erklärte man Hessen zur Republik, womit sich die Abspaltung von Preußen vollzog. Mein Onkel dankte nie offiziell ab, aber er war damit nur noch dem Titel nach ein Großherzog. Man beschlagnahmte einigen Besitz und er ließ Politik und Militär buchstäblich links liegen, engagierte sich für die Menschen in Darmstadt in kultureller Hinsicht. Damit widmete er sich dem, was

ihm eigentlich mehr lag, dem Organisieren von Ausstellungen in Bezug auf die Kunst, der Förderung der Wissenschaft, Philosophie, der Architektur. Seine Schirmherrschaften waren bald weit gestreut, denn man schätzte dieses Engagement. Und sogar für die Oper in Darmstadt organisierte er bald darauf Aufführungen bedeutender Künstler.

Man kann sagen, das, was bei meinem Vater mit dem Verlust seiner Position in der britischen Marine begonnen hatte, sich nun im Verlust der Positionen meiner anderen Verwandten fortsetzte. Andrea drückte es so aus: Der Krieg hatte seinen Tribut gefordert.

Am dreißigsten Januar erschoss man in Petersburg Andreas ehemaligen Schwager, den Großfürsten Paul Alexandrowitsch, Minnies Ehemann, den Großfürsten Georgei Michailowitsch, seinen Cousin Großfürst Dmitri Konstantinowitsch und den Großfürsten Nikolai Michailowitsch in der *Peter-und-Pauls-Festung* in Petrograd. Man hatte sie verhaftet, in der Haft misshandelt und verscharrte ihre Leichen in einem Massengrab in der Nähe der Festung. Nur die von Dmitri Konstantinowitsch durfte von seinem früheren Adjutanten in einem Teppich gewickelt abgeholt und im Garten seines Privathauses beerdigt werden. Alle Versuche, die Männer zu retten, auch gegen Geldzahlungen, unter anderem von dem Schriftsteller Maxim Gorki, wurden von der Regierung unterbunden und ausgeschlagen.

Ob unsere *griechische Minnie* wirklich um ihren Ehemann trauerte, möchte ich bezweifeln, denn die Ehe war nicht glücklich gewesen und das Paar lebte schon lange getrennt voneinander. Sie unternahm auch keinen Versuch, ihren Gatten zu retten. Auch wenn es hart klingt, entband sie sein Tod eher von einer unliebsamen Verbindung. Da wir aber keinen wirklichen Kontakt mit ihr hatten, sie dies auch nicht wollte, ging man seiner Wege. Es tat mir nur für meine Schwiegermutter leid, die ihre Enkelkinder nicht zu Gesicht bekam.

Mein armer Papa hatte bereits zum Ende des Jahres 1918 die Nachricht erhalten, dass man ihn nicht, wie versprochen, wieder auf seinem Posten in der britischen Marine einsetzen würde. Schweren Herzens quittierte er am ersten Januar 1919 in offizieller Form seinen Dienst, ging nun offiziell in Ruhestand, in dem er sich eigentlich bereits seit Jahren befand. Nach einer Karriere, die fast fünfzig Jahre gedauerte hatte, war er zwar nie wirklich in seinem tiefsten Innern davon ausgegangen, man hielte Wort und setzte ihn wieder ein, aber ein Fünkchen Hoffnung mag noch in ihm gewesen sein, denn meine Mutter schrieb mir, er leide sehr unter der Tatsache, dass man ihn im Grunde genommen belogen habe. Für meine Eltern bedeutete die neue Situation eine Umstellung, denn sie mussten nun von einem geringeren Einkommen leben. Papa hatte vor der Revolution in Russland über die

Jahre viel Geld in eine Platinmine investiert, doch nun war dies alles durch die Machtübernahme der Bolschewiki verloren. Meine Eltern konnten auch Kent House nicht halten und es blieb ihnen keine andere Wahl, als es zu verkaufen. Ferner war es ihnen nach reiflicher Überlegung auch nicht mehr möglich, das Schloss Heiligenberg zu unterhalten. Einen Käufer für das Schloss zu finden, in dem mein Vater seine Jugend verbrachte, sein Elternhaus, wenn man es so nennen möchte, traf ihn noch schwerer. Wir alle verbanden wunderschöne Zeiten mit Heiligenberg, Familientreffen, wir Kinder verlebten dort die Sommer, herrliche Tage und Wochen an der Seite der Großeltern. Aber die Unterhaltung des Schlosses wäre nur noch eine sehr große Belastung für meine Eltern gewesen. Leider war es aber nicht so einfach, einen Käufer zu finden. So kurz nach dem Krieg mussten sich die Menschen erst neu sortieren. Erst im Jahre 1920 fand mein Vater zwei Investoren, die es erwarben. Es handelte sich um den Geheimrat Dr. Theodor Görges aus Berlin und seinen Schwiegersohn Prinz Heinrich von Hohenleuben, die das Schloss für den privaten Gebrauch nutzten. Mein Vater erhielt eine Kaufsumme von rund hundertfünfzigtausend US-Dollar für das Schloss, aber aufgrund der Inflation der Deutschen Mark verringerte sich der Erlös nochmals. So blieb meinen Eltern nur sein kleines halbiertes Einkommen, welches er noch von der britischen Marine monatlich bekam.
Nachdem meine Eltern Kent House verkauft hatten, bot ihnen Nona an in *Fishponds*, einem Haus auf ihrem Grundstück von *Netley Castle* in Hampshire zu wohnen. Das Schloss war eigentlich eine Burg in der Nähe des Dorfes *Netley*, die in ihren Grundmauern im sechzehnten Jahrhundert errichtetet wurde, erst als Fort diente und über die Jahrhunderte stets erweitert wurde. Im Jahre 1881 war die Burg von der Familie Chrichton gekauft und weiter ausgebaut worden. Es war ein recht ansehnliches Gebäude mit einem schönen, großen Park, Obsthainen, Gärten, einem Teich und einem Bootshaus. Letzteres war wie ein kleines Cottage gestaltet und diente nun meinen Eltern als Unterkunft für eine geringe Miete. Da meine Mutter stets bereit war, sich neuen Gegebenheiten schnell anzupassen und auch niemals Wert auf ein prunkvolles Zuhause legte, war es für sie völlig annehmbar. Zudem war es von Nona und Dick sehr großzügig, meinen Eltern diese Möglichkeit überhaupt anzubieten. Und meine Mutter konnte sich wieder der Gartenarbeit widmen, während mein Vater mit Blick auf den See an seiner Schreibmaschine seine Bücher fertigstellte.
König George V. verlieh meinem Vater noch ehrenhalber das *Military Grand Cross of the Order of the Bath*, den sogenannten *Höchst Ehrenvollen Bathorden*, und er durfte auch ehrenhalber den Titel *Admiral der Flotte* tragen. Aber dies war für meinen Vater nur eine kleine Wiedergutmachung.

Erst im April 1919 konnte die Mutter Onkel Nickys und ihre anderen Verwandten auf der Krim von dort flüchten, weil ihre Schwester, Tante Alexandra, aus England ihnen ein Schiff schickte. Im Frühjahr 1918 hatten die Bolschewiki sich auf der Krim eingefunden, um alle dort lebenden Romanows zu erschießen, was ein Matrose nur dadurch verhindern konnte, indem er protestierte, dass aus Moskau kein solcher Befehl vorlag. Und als dann die Deutschen die Krim im Krieg einnahmen, waren die dortigen Romanows relativ sicher.
Alle anderen Romanows wie Marie, Tante Ellas Ziehtochter, waren bereits geflohen und befanden sich nun überwiegend in Frankreich, wo sie im Exil lebten.
Onkel Nickys Mutter verbrachte eine Zeit bei ihrer Schwester, benahm sich dort aber sehr exzentrisch, eben wie sie es als ehemalige Zarenmutter gewöhnt war, und brach im Streit mit der Schwester, zog mit ihren Töchtern nach Hvidore in Dänemark. Sie glaubte fest daran, dass ihr Sohn und seine Familie noch lebten und irgendwann wieder auftauchen würden.

Tante Ella und Mama bei einem Besuch meiner Mutter im Jahre 1907.

Ich konnte den grausamen Tod meiner Tante nicht verwinden und sollte die Trauer um sie nie richtig überwinden. Dies war aber dadurch bedingt, dass sie in meinen Augen eine wahre Heilige gewesen war.

Am zwölften Mai bekamen Georgie und Nada einen kleinen Sohn, dem sie den Namen David gaben. Wir alle freuten uns sehr für die beiden. Meine Mutter quittierte die Geburt mit dem Satz, dass einige gingen, aber dafür neue geboren wurden, womit sie auf den Verlust der russischen Verwandten anspielte.

Im Jahre 1919 nun wechselten wir in das *Grand Hotel* in Luzern und es wurde zu unserer eigentlichen Heimstatt. Wir pendelten auch oft zwischen Luzern und dem *Hotel Rigi-First* in Rigi Kaltbad, wo wir auf dem Luzerner See, später Vierwaldstättersee, kleine Bootstouren mit den Kindern machten, Picknicks veranstalteten, die Natur genossen. Von Zeit zu Zeit reisten wir nach Zürich, residierten dort im vornehmen *Grand Hotel Dolder*. Es gab dort in der Nähe eine Möglichkeit für die Kinder auf Eseln zu reiten, was ihnen sehr viel Freude bereitete.
In Luzern waren wir im Hotel mit Tino und seiner Familie und der Schwiegermama zusammen. Die Kinder freuten sich über die stete Gesellschaft, doch für uns alle war das Exil auch eine Belastung, da wir nicht wussten, wie es nun weiterging.
Meinen Bruder Dickie hatte der Tod seiner geliebten Cousine Marie sehr getroffen. Mama berichtete mir, wie sie ihm die Nachricht sehr schonend überbringen musste, doch Dickie konnte danach nicht aufhören zu weinen. Als meine Mutter ihn darauf hinwies, dass die ganze Familie um Tante Alix und auch Tante Ella tot sei, er also alle betrauern müsse, sagte er ihr, er würde sie alle vermissen, um sie alle weinen, aber um Marie am meisten. Dann gestand er Mama, dass er sich immer von ganzem Herzen gewünscht hatte, sie einmal zu heiraten. Er stellte ein kleines Bild von ihr auf seinen Nachttisch und sollte dieses immer wie einen Schatz in Ehren halten. Auch in späteren Jahren stand es immer wieder auf seinem Nachttisch.
Dickie besuchte uns im Frühjahr einige Male, ging mit uns allen Skifahren und Eislaufen, bevor er am *Christ`s College* der Universität Cambridge für zwei Semester Ingenieurswissenschaften studierte. Dort hatte man diesen Kurs eigens für Veteranen der britischen Marine eingerichtet.
Margarita meinte zu ihm, sie liebe die Sommer in der Schweiz mehr als die Winter, aber vermisse doch das Meer, denn die Seen in der Schweiz seien ihr alle zu klein. Für die Mädchen war es schwer, in dieser ständigen Ungewissheit zu leben, wann sie wieder nach Griechenland zurück könnten oder ob wir nun für immer in der Schweiz leben mussten. Besonders Dolla

und Margarita, die stets zusammen waren, fragten oft nach, was wir nun machen würden, aber wir konnten es ihnen nicht beantworten. Wir versuchten nur, ihnen den Aufenthalt in der Schweiz so angenehm wie möglich zu gestalten. Die beiden Kleineren, Tiny und Cäcilie, nahmen es als gegeben hin, sie hinterfragten noch nicht viele Dinge. Sie verbrachten ihre Zeit ebenfalls gemeinsam, waren einander sehr eng verbunden. Dolla, Margarita und Cäcilie erhielten alle Unterricht und ich legte sehr viel Wert darauf, dass wir diesen nicht schleifen ließen, denn trotz aller Widrigkeiten, die die Zeit mit sich brachte, war eine gute Allgemeinbildung sehr wichtig. Alle waren fleißige Schülerinnen und lernten gern. Vielleicht auch, weil es sie vom Nachdenken ablenkte, von all dem, was wir in den letzten Monaten hatten erleben müssen. Ich führte lange Gespräche mit meinen beiden älteren Töchtern, in denen wir die Trauer um die russischen Verwandten teilten. Sie hatten sie gut gekannt, verstanden nicht, warum sie alle sterben mussten. Es war aber auch schwer, ihnen die vielen Änderungen zu erklären und diesen Wandel von der alten Welt zu einer neuen begreiflich zu machen. Denn wir Erwachsenen mussten uns auch erst auf die neuen Gegebenheiten einstellen.
Andrea litt sehr unter der Langeweile, die sich für ihn bald einstellte, da es nichts wirklich für ihn zu tun gab. Doch wir wussten, dass er, ebenso wie seine Brüder, stets von Diplomaten in Griechenland, der Schweiz und Italien beäugt wurde. Auch wenn wir uns in der Schweiz frei bewegen konnten, so überwachte man uns dennoch. Also musste man bei Äußerungen in der Öffentlichkeit stets aufpassen, genau überlegen, mit wem man sich traf oder wohin man ging. Immer noch befürchtete man in Griechenland, dass Tino versuchen könne, den Thron wieder einzunehmen.
Bald darauf fand man heraus, dass mein Schwager George in Paris als Vermittler für Nachrichten zwischen Tino und seinem Sohn Alexander in Griechenland diente. Sie nutzten ein weitverzweigtes Netz von Kurieren, die Botschaften in Aktentaschen über Rom transportierten und Tino nutzte auch einen langsamen, verlässlichen *Kanal* über Alexandria, um seinen Sohn zu kontaktieren. Nur ein Teil dieses Netzwerks flog auf, aber es war nicht gerade hilfreich für unser Bestreben, in absehbarer Zeit nach Griechenland zurückzukehren. Andrea reichte beim Auswärtigen Amt eine Petition ein, in der er darum bat, dass wir wieder auf Korfu leben dürften, doch man reagierte einfach nicht darauf. Wir erhielten keine Antwort, obwohl mein Mann von Venizelos aus Griechenland erfuhr, dass dieser dagegen keine Einwände habe. Er wollte sich dafür aussprechen, aber auch dies verlief im sprichwörtlichen Sande.
Im Juni besuchten uns Papa und Louise in Luzern. Louise würde für einen Monat bei uns bleiben, mein Vater für kürzere Zeit, da er Mama nicht so lange alleine lassen wollte. Sowohl Louise als auch Papa erzählten mir, wie

es meiner Mutter wirklich ging, was ich aus ihren Briefen nicht herauslesen konnte, da sie sich stets beherrschte. Körperlich ging es ihr gut, sie hatte einen gesegneten Appetit, so mein Vater, arbeitete viele Stunden im Garten, aber seelisch war sie am Ende. Ihre Nerven lagen sprichwörtlich blank über die Trauer um die Schwestern, Tante Alix' Familie. Sie konnte einfach nicht akzeptieren, wie grausam sie alle sterben mussten, fühlte sich aber auch nicht in der Lage, das Thema anzusprechen. Daher hatte sie auch eine Einladung nach Luzern ausgeschlagen. Papa gestand mir, es sei auch zu Hause nicht möglich, mit ihr darüber zu sprechen. Ihr Schmerz war einfach zu groß. Wobei er einwandte, dass wir alle litten, aber es seien eben ihre Schwestern gewesen und sie wollte auch nicht mit ihrem Bruder darüber sprechen, weswegen sie das Thema in Briefen an Onkel Ernie komplett außen vor ließ. Als meine Mutter vom Tod der russischen Verwandtschaft erfuhr, so Papa, sei sie in den Garten gegangen, wortlos, und habe sich in die Arbeit gestürzt. Viele Stunden lang arbeitete sie dort. Doch am befremdlichsten war die Tatsache, dass sie seitdem wohl nicht mehr so viel sprach wie vorher. Ihr war sprichwörtlich die Lust am Reden vergangen und so wortkarg und oftmals schweigend kannte mein Vater seine Gattin nicht.
Er selbst hatte auch einiges erleiden müssen in den letzten Jahren, doch immer kamen neue Dinge hinzu, befand er, und auch wenn man ihn zu Komitees einlud, ihn zum Patron karitativer Organisationen in Bezug auf die englische Marine machen wollte, hatte er jede Einladung ausgeschlagen. Das Leben meiner Eltern war nun sehr zurückgezogen.
Mama hatte in London die ehemalige Hofdame und Freundin von Tante Alix Sophie von Buxhoeveden getroffen. Diese war mit der Familie ins Exil nach Tobolsk gegangen, in Jekaterinburg dann aber von dieser getrennt und verhaftet worden. Sophie konnte nach Omsk fliehen mithilfe der russischen *Weißen Armee*, und da Omsk unter dem Schutz des britischen Militärs stand, aus Russland ausreisen. Ihre nächsten Aufenthalte waren Wladiwostok, China, Japan, Hawaii und San Francisco, bis sie nach Kopenhagen zu ihrem Vater gelangte, dort eine Weile blieb, dann durch Vermittlung ihres Vaters, der sich an Onkel Heinrich wandte, nach England übersiedeln durfte. Die Hofdame war sicher eine enge Freundin von Tante Alix gewesen, die sie *Isa* nannte. Ich erinnerte mich gut an sie. Aber es gab dennoch Zweifel an ihrer Treue zur Familie, denn man warf ihr vor, von den eingenähten Juwelen in den Korsetts der Mädchen und im Hemd Alexeis gewusst zu haben. Meine Tante hatte einige Schmuckstücke versteckt, weil sie hoffte, sie könne eventuell damit die Flucht ihrer Familie bezahlen, wenn sich die Möglichkeit dazu ergeben sollte. Durch diese eingenähten Perlen und Juwelen prallten die Kugeln der Mörder von meinen Cousinen ab, doch man fand sie später an den Leichen. Nun gab es das Gerücht, Isa habe dieses Geheim-

nis nach ihrer Verhaftung in Jekaterinburg verraten. Erst viele Jahre nach dem Mord, als einer der Mörder sich offenbarte, kamen die grausigen Details der Mordnacht ans Licht, was dann aber dem Gerücht widersprach. Denn hätten die Mörder von den Perlen und Juwelen in den Korsetts und dem Hemd gewusst, so wären die Mädchen und Alexei sicher sofort mit Kopfschüssen getötet worden und man hätte nicht erst auf ihre Körper geschossen. Und man konnte der einstigen Hofdame sicher nicht übelnehmen, wenn sie eventuell bei der doch recht rüden Vernehmung sehr Intimes aus dem Leben der Familie erzählt hatte.
Isa sollte später drei Bücher veröffentlichen, in denen ihre Zeit an der Seite von Tante Alix und später ihre Flucht aus Russland beschrieben wurden. Wobei man erwähnen muss, dass ihr Buch über meine Tante nichts gegen diese offenbart, sondern eher ein Requiem für sie ist, welches sie als liebevolle Mutter, treue Ehefrau und eine Zarin zeigt, die ihr Land liebte.
Wir schenkten also den Gerüchten um Isa nie Glauben. Ferner war es eben auch Isa, die die falsche Anastasia als eben diese entlarvte, bei einem Treffen sofort sagte, es sei nicht unsere Cousine.
Aber nun, so kurz nach dem Tod von Tante Alix und ihrer Familie hatten Mama Isas Ausführungen über die letzten Monate sehr getroffen. Papa fand es schon positiv, dass meine Mutter eben dies erfuhr, dennoch machte es für sie alles nur noch schlimmer zu wissen, wie ihre Schwester in dieser Zeit verzweifelt war, sich an ihren Glauben klammerte, stets hoffend, sie könnten alle noch ihrem Schicksal entfliehen. Und je mehr Mama sich damit belastete, umso mehr wuchs ihr Hass auf den König George, der der Familie das politische Asyl in England verweigerte, was er wohl sehr bereute, aber für meine Mutter war eine Vergebung in dieser Hinsicht niemals möglich. Es war mehr als ein Fehler aus ihrer Sicht. Es war ein Verrat an seinem Cousin Nicky und dessen Familie. Mein Vater gab offen zu, wie Mama auch dem König die Schuld an ihrem Tod gab. Für sie war das Verhältnis zu ihm ein für alle Mal zerstört.
Ich hätte meine Mutter gerne bei uns in Luzern gehabt, aber verstand, wenn sie sich momentan nicht in der Lage dazu fühlte. Vielleicht fürchtete sie, es würde doch irgendwie das Thema auf Tante Ella und Tante Alix kommen. Wir alle wussten um die Sensibilität in dieser Sache, vermieden selbst noch Erinnerungen an glückliche Zeiten mit unseren russischen Verwandten, da es zu sehr schmerzte. Wenn man selbst trauert, ist es schwer, jemandem Beistand zu leisten in dieser. Man kann sie teilen, aber dennoch kann der Kummer einen erdrücken.
Mein Vater zog aus dieser Reise dennoch etwas sehr Positives, denn er nahm Kontakt zu seinem Bruder, Onkel Franzjos, und seiner Gattin, Tante Anna, auf. Sie pendelten zwischen Lausanne und Thun oder lebten südlich

von Bern in einem kleinen Ort. So stattete mein Vater ihnen einen Besuch ab und hielt diesen Kontakt auch während seines Aufenthalts bei uns aufrecht. Auch wenn es nie einen Streit zwischen ihnen gegeben hatte, versöhnten sie sich dennoch, wie Papa mir erklärte, und er freute sich darüber, weiterhin den Kontakt zu halten, denn es war immerhin sein Bruder.
Onkel Ernie und Tante Onor informierten uns darüber, dass sie mit ihren Söhnen in dasw Engadin unterwegs waren, um Mitte Juli für einige Zeit auf *Schloß Tarasp* zu wohnen. Das Schloss liegt auf einem kegelförmigen Felshügel im Südwesten der Gemeinde Scuol im Kanton Graubünden. Die sehr imposante Burg gilt als Wahrzeichen des Unterengadins. Es hatte sich seit dem Jahre 1900 im Besitz des Dresdner Mäzens und Industriellen Karl August Lingner befunden, der es nach einem Kuraufenthalt in der Gegend für zwanzigtausend Franken gekauft hatte. Lingner war bekannt für das von ihm mit dem Erfinder Richard Seifert entwickelte und 1892 auf den Markt gebrachte antiseptische Mundwasser *Odol*.
Nach seinem Tod im Jahre 1916 hatte Lingner das Schloss testamentarisch dem König Friedrich August III. von Sachsen vermacht. Dieser zeigte aber kein Interesse daran, denn es war in dem Testament angeblich verfügt, dass er dann dort für einige Zeit im Jahr leben musste. Diese Klausel gab es jedoch nicht. Man munkelte, dem König seien eher die anstehenden Unterhaltungskosten für das Schloss zu hoch gewesen. Da Onkel Ernie aber als zweiter Erbe eingesetzt war, sollte der König ausschlagen, ging das Schloss in den Besitz meines Onkels über. Tante Onor und Onkel Ernie kannten Lingner als karitativen Wohltäter für die Mütter- und Säuglingspflege schon lange vor seinem Tod und standen in einem steten Austausch mit ihm. Zudem kannten sie beide Graf Kuno von Hardenberg, der künstlerischer Berater Lingners gewesen war, die Inneneinrichtung des Schlosses gestaltete. Im Jahre 1917, nach Lingners Tod, wurde von Hardenberg Onkel Ernies letzter Hofmarschall sowie großherzoglicher Vermögensverwalter.
Nun war aber 1919 in Hessen die Republik ausgerufen worden, mein Onkel offiziell nicht mehr Großherzog, doch der neue *Volksstaat Hessen* vereinbarte mit ihm, dass Tarasp als sogenanntes *Schatullgut* in sein Privateigentum überginge. Onkel Ernie konnte damit frei über das Schloss verfügen, es in der Familie weitervererben. Doch es musste auch unterhalten werden. Daher entschied er sich, Führungen durch Tarasp anzubieten, wenn er sich nicht mit seiner Familie dort aufhielt.
Eigentlich wollte ich nach dem Besuch meines Vaters mit Louise und meiner Familie in Vulpera, einer kleinen Siedlung nach Tarasp, ausspannen, da es dort Mineralquellen gibt, denen man kurmäßig eine heilende Wirkung nachsagt. Wir waren schon im Hotel Waldhaus angemeldet, doch Onkel Ernie lud uns alle nach Tarasp ein. Kurzerhand zogen wir ein Familientref-

fen, das erste seit dem Krieg, vor, reisten zum Schloss. Mein Onkel hatte allerdings gehofft, Mama würde auch gerne kommen, er hatte ihr eine Einladung geschickt, aber sie hatte diese nicht beantwortet. Ich wollte meinen Onkel nicht allzu sehr belasten, wandte mich an Tante Onor und erklärte ihr Mamas Gefühlszustand, als wir dort am siebzehnten Juli eintrafen. Vielleicht würde sie nächstes Jahr im Sommer wieder stark genug sein, sich mit uns allen zu treffen. Ich wusste, dass Mama am meisten fürchtete, ihren Bruder zu treffen, denn Onkel Ernie war sehr zart besaitet. Bereits als Kind war er, wie man so sagt, sehr nahe am Wasser gebaut. Man kann es aber auch als feinfühlig bezeichnen, was bei einem Mann eher selten, aber auch sehr angenehm ist, wenn er sich zum Beispiel auf Kummer der Gattin einlassen kann. Aber meine Mutter fürchtete zu sehr, wir würden auf die Schwestern zu sprechen kommen und der Onkel wäre nicht mehr in der Lage, den Urlaub als Abstand zu genießen. Jeder trug in diesen Zeiten sein schweres Bündel, denn man hatte ihn entmachtet und auch das setzte ihm zu.

In diesen Zeiten fühlte ich mich oftmals wie ein Schiff in rauer See. Immer neue Wellen trafen meinen Bug, warfen mich hin und her, und es schien sich keine Sonne am Himmel zu zeigen, keine Beruhigung der See. Ich wollte allen beistehen und ihnen helfen, aber es fiel mir schwer. So versuchte ich die Tage in Tarasp zu genießen, mich auch abzulenken.

Es war schade, dass Papa wieder abreiste, uns nicht folgen wollte. Dennoch versprach er mir, um der Enkelkinder Willen, Mama davon zu überzeugen, wenigstens für ein paar Tage nach Tarasp zu kommen. Und er hatte Erfolg. Meine Mutter willigte ein, zu uns zu kommen, aber sie verletzte ihren Bruder und die Tante etwas, indem sie nicht als ihr Gast auf dem Schloss wohnen wollte, sondern sich ein Zimmer in der Pension Villa Maria in Vulpera nahm, die in der Nähe war. Sie bestand darauf, dass wir zu ihr ziehen sollten, um den Bruder nicht zu belasten, der es kopfschüttelnd hinnahm, als wir auch in die Pension zogen.

Meine Tante Onor hatte es nicht über das Herz gebracht, den Onkel darüber einzuweihen, wie Tante Ella gestorben war. Und schon gar nicht die kargen Details über die Ermordung von Tante Alix und ihrer Familie. Sie forderte uns auf, es bitte nicht in all den schrecklichen Ausmaßen an den Onkel weiterzugeben, und so waren Louise und ich dann am Zweifeln, ob Mamas Aufenthalt wirklich so eine gute Idee sei, denn sie hatte, wie wir feststellen mussten, das Bedürfnis darüber zu reden. Gleichzeitig schwankte sie aber auch, ob es den Bruder nicht zerbrechen könne. So gestaltete sich der Aufenthalt etwas schwierig, weil man stets aufpassen musste, was zum Gesprächsthema wurde. So verbrachten die Mädchen, Andrea, Louise, Mama und ich, die meiste Zeit des Tages zusammen. Unsere Kinder genossen die

warme Sommersonne, waren bald braun gebrannt. Sie freuten sich über die Gesellschaft von ihren Cousins Lu und Don, die Anwesenheit der Großmutter und wirkten sehr gelöst.
Zum Tee trafen wir uns alle jeden Tag im Schloss, unternahmen danach kleine Ausflüge oder gingen ein wenig spazieren und abends aßen wir alle beisammen.
Es war nicht einfach, nicht zu viel Zeit mit Onkel Ernie zu verbringen, um *das eine Thema* zu vermeiden. Wir sprachen also zumeist über die Kinder, deren Entwicklung, die Umbrüche, die der Krieg verursacht hatte, oder andere eher lapidare Dinge.
Auch für meine Schwester war dieser Urlaub bei uns sehr willkommen, um die doch sehr an ihr zehrende Entlobung mit Alexander zu verarbeiten. Auf langen Spaziergängen mit mir und Andrea schüttete sie uns ihr Herz aus, bekannte sich dazu, dumm gewesen zu sein, da sie seine Neigung in ihrer tiefen Liebe zu ihm nicht erkannte hatte. Die Liebe hatte sie blind gemacht und das ärgerte sie sehr. Auch wenn sie vor meinem Vater bei der Aussprache wie ein kleines, naives Mädchen dastand, die zum ersten Mal von Homosexualität hörte, so schämte sie sich dafür so sehr. Louise befürchtete auch, sie habe sich unter der Verwandtschaft zum Gespött gemacht, würde als alte Jungfer enden. Ich sah da keine Gefahr, denn sie hatte aus dieser unliebsamen Geschichte gelernt, und ich versicherte ihr, dass sie viele Qualitäten habe, denn sie war zwar sehr schmal und fragil, aber durchaus hübsch und sehr hilfsbereit. Sie solle es einfach vergessen, als einen Fehler in ihrem Leben abhaken. Jeder Mensch würde welche machen.
Mama war nach einigen Tagen versucht, Onkel Ernie mit dem zu konfrontieren, was sie über den Tod unserer Verwandten wusste, aber vermied es dann dennoch, als Tante Onor sie bat, damit zu warten, bis wieder mehr Ruhe in unser aller Leben eingekehrt sei.

Auf einer Wiese unterhalb von Schloss Tarasp, Juli 1919, von links nach rechts, Graf Kuno von Hardenberg, Onkel Ernies letzter Hofmarschall, Louise, Onkel Ernie, Cäcilie, Andrea, Margarita zu seinen Füßen, Lu, vorne links, Don mit Sophie, Dolla und Tinos Tochter Irene, ich sitze hinten mit Hut und Pelzstola

Nach unserem Familientreffen reiste Mama wieder nach England und wir zurück ins Grand Hotel nach Luzern, wo auch Tino und seine Familie nach kurzen Reisen innerhalb der Schweiz wieder ansässig waren.
Meine Mutter entschied sich bei ihrer Rückkehr nach England dazu, einige der Anteile zu verkaufen, die sie und Papa als Notgroschen besaßen. So kamen 3200 englische Pfund zusammen. Mama ließ nun jedem ihrer Kinder achthundert Pfund zukommen, womit sie vor allem uns im Exil eine finanzielle Hilfe bieten wollte, wofür ich ihr sehr dankbar war. Sie kündigte uns ihren Plan nicht an, es sollte eine Überraschung sein. Dies gelang ihr natürlich, denn ich hätte nie mit so etwas gerechnet.

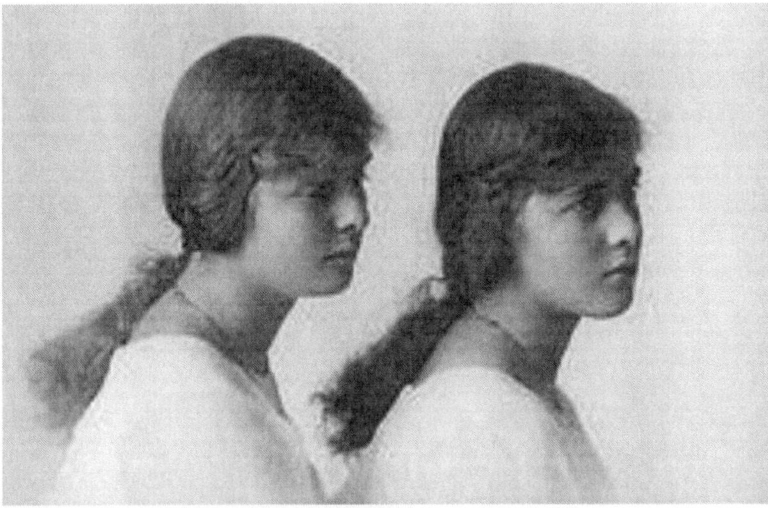

Dolla, links, und Margarita, im Jahre 1919

Tino haderte mit sich und der Welt, denn er war nicht zufrieden mit dem, was man für Griechenland auf der *Pariser Friedenskonferenz* nach dem Ende des Krieges, die noch bis zum Jahr 1920 dauern sollte, beschlossen hatte. Obwohl der Hauptteil Thrakiens, der sich vor dem Krieg unter bulgarischer und türkischer Herrschaft befand, Inseln der Ägäis wie Imbros und Tenedos und die Region Smyrna (heute Izmir) in Iona im westlichen Anatolien nun zu Griechenland gehörten oder wie Letzteres unter griechischem Mandat standen, ging er damit nicht konform. Unsere Heimat war nun flächenmäßig um ein Drittel gewachsen, dennoch forderte Tino mehr Land. Er sah die territorialen Ansprüche nicht befriedigt und sprach offen aus, dass man Konstantinopel einnehmen solle.
Zu seiner Unzufriedenheit kam aber noch eine zweite, denn sein Sohn Alexander war verliebt in eine Frau. Bereits im Jahr 1917 hatte er seine Eltern über seine Beziehung zu Aspasia Manos informiert. Sie war die Tochter des griechischen Generals und Chefs des königlichen Marstalls Petros Manos, Alexander kannte sie als eine Spielgefährtin aus Kindertagen. Aspasia gehörte schon einer vornehmen Familie an, war aber nicht standesgemäß, um die Braut eines Königs zu werden und Tino bat seinen Sohn mit einer Entscheidung für eine Heirat oder einem Publikmachen seiner Beziehung bis zum Ende des Krieges zu warten. Alexander bat seine Eltern mehrmals, einer Verbindung zuzustimmen.
Im März 1918 war Mamas Onkel Arthur nach Athen gereist, um Alexander

im Namen des Königs den ehrenvollen *Bath-Orden* zu überbringen. Er schlug ihm die junge Prinzessin Mary, die Tochter des Königs, als Heiratkandidatin vor, traf aber Aspasia und war so angetan von ihr, dass er sagte, wäre er einige Jahre jünger, würde er sie auch ehelichen wollen. Alexander bekannte sich zu ihr und lehnte jede andere Heiratskandidatin grundweg ab. Zudem glaubte der junge König, man könne ein Werben um Mary missdeuten. Es erschien ihm nicht recht, denn es könne so wirken, als wolle er sich nur beim englischen König beliebt machen wollen, um die Beziehungen zwischen England und Griechenland zu verbessern.

Alexander war isoliert von uns, denn auch Briefe an seine Eltern wurden beschlagnahmt oder einfach nicht zugestellt, womit ich meine, sie gingen schon nach dem Schreiben im Palast *verloren*. So hatte er bald nur noch Aspasia, die ihm beistand.

Der im Jahre 1917 wiedergewählte Premierminister Venizelos war zwar ein guter Freund von General Manos, aber er und die griechische Regierung wollten nicht, dass der König eine Bürgerliche ehelichte. Ferner sahen sie in solch einer Ehe die Gefahr, dass man den General sprichwörtlich für eine geheime Kommunikationsmöglichkeit zwischen Alexander und seinen Eltern nutzen könne.

Venizelos versuchte Alexander davon zu überzeugen, wie unbeliebt ihn eine solche Ehe im Volk machen könne.

In England befürchtete man, der König würde abdanken, um Aspasia zu heiraten. Dies wäre die Möglichkeit für Venizelos, in Griechenland eine Republik auszurufen und dann könne der französische Einfluss schnell die Oberhand gewinnen.

Ende 1918 hatte Alexander Paris besuchen dürfen, aber hatte dort unter ständiger Beobachtung gestanden, doch es mehrte die Hoffnung seiner Eltern, er würde auf andere Gedanken kommen, sich von Aspasia doch noch lösen. Vor allem Sophie, die absolut gegen diese Ehe war, hatte versucht, ihren Sohn in dem Pariser Hotel, wo man ihn einquartierte, per Telefon zu erreichen. Doch ein Minister nahm den Anruf an, wies sie rüde ab, indem er erklärte, der König habe keine Zeit. Später kam heraus, dass man Alexander nicht einmal über den Anruf seiner Mutter informierte.

Bis zum Jahre 1919 nun hatten Aspasia und Alexander dreimal vergeblich versucht heimlich zu heiraten. Mit der Hilfe von Christo Zalocostas, Aspasias Schwager, gelang es ihnen schließlich, sich am Abend des siebzehnten November vor dem königlichen Kaplan, dem Archimandrit Zacharistas, heimlich im Palast in Athen trauen zu lassen. Man bat den Kaplan um Stillschweigen, doch er beichtete alles dem Erzbischof von Athen, Melitios Metaxakis. Laut der griechischen Verfassung durften Mitglieder der Königsfamilie aber nur mit Zustimmung des Königs und der

griechisch-orthodoxen Kirche heiraten. So verursachte Alexander mit seiner Heirat einen Skandal, denn der Erzbischof sah sich in seiner Zustimmung zu dieser Verheiratung übergangen. Man hatte ihn nicht gefragt, denn dann hätte er kein Einverständnis gegeben, was den Umständen geschuldet war.
Der Premierminister war zwar mit der Eheschließung nicht glücklich, sondern immer noch dagegen, aber er willigte ein, Aspasia und ihre Mutter in den Palast einziehen zu lassen, wenn man die Heirat geheim hielte. Die Braut wurde als *Madame Manos* tituliert, man verweigerte ihr eine Anrede als Königin.
Wie bei allen Dingen, die verborgen bleiben sollen vor der Öffentlichkeit, gelangten dennoch Informationen an diese und die Heirat wurde bekannt. Damit nun nicht auch noch die Wellen in Griechenland zu hoch schlugen aufgrund dieses Skandals, forderte Venizelos Aspasia auf, das Land zu verlassen, um Demütigungen zu entgehen. Die Braut fürchtete negative Schlagzeilen in der Presse, floh nach Rom mit ihrer Mutter, nach Neapel und dann nach Paris, wo Alexander sie erst sechs Monate später treffen durfte. Man verbot ihnen aber, sich bei öffentlichen Gelegenheiten zu zeigen und Einladungen anzunehmen, die sich negativ auswirken könnten. Es war die Hochzeitsreise der beiden, wenn man es so bezeichnen möchte, die sie aber im Verborgenen gemeinsam genießen mussten.
Und Tino und Sophie waren beide außer sich, als sie von Heirat ihres Sohnes erfuhren. Doch ihnen waren fern in der Schweiz die Hände gebunden. Sie mussten mit der Entscheidung ihres Sohnes leben.

Alexander und die schöne Aspasia

Die Heirat von Alexander und Aspasia hatte unter keinem guten Stern gestanden und bedauerlicherweise sollte auch ihr weiterer gemeinsamer Lebensweg nicht von Glück beschienen sein.
In Griechenland bahnten sich derweil neue Konflikte an. Nach der *Pariser Friedenskonferenz* und dem beginnenden Zerfall des Osmanischen Reiches durch den Ersten Weltkrieg konzentrierten sich Venizelos und die Regierung wieder auf die *Megali Idea*, die *große Idee*, im Zuge des griechischen Nationalismus zurück. Es ging vornehmlich darum, dass man das Territorium erweiterte, indem man die seit der Antike an der Küste Kleinasiens siedelnden Griechen wieder ins Land eingliederte. Man hatte zwar schon einige Gebiete zugesprochen bekommen, aber dies war eben politisch auch nutzbar, um Griechen wieder zu richtigen Griechen zu machen. Es gab auch noch griechisch besiedelte europäische Restgebiete der Türkei, die Hauptstadt Istanbul mit eingeschlossen.
Doch zuerst musste Venizelos den Skandal um die Heirat des Königs in den Griff bekommen. Seit seiner Wiederwahl im Jahre 1917 hatte er sich stets bemüht, den Kontakt zwischen Alexander und seinen Eltern zu unterbinden, weil er um die öffentliche Meinung und die der anderen Staaten fürchtete. Der Lord Granville war im Oktober 1917 als britischer Botschafter nach Athen gekommen, befand, dass man den König zu sehr von seiner Familie isolierte, was ihm dieser auch bestätigte. Er bedauerte zutiefst das Exil seiner Eltern und seiner Onkel, denn er konnte sich nicht für einen Rat an sie wenden. Es hatte Alexanders Ruf in jenem Jahr sehr geschadet, als herauskam, wie sein Vater und Onkel Willy über geheime Telegramme Kontakt hielten. Man entdeckte diese, machte sie öffentlich. So war ein für alle Mal offensichtlich, dass Tino pro-deutsch war in Zeiten des Krieges. Nun konnte er dies nicht mehr abstreiten. Und man beschuldigte Tino, alle getäuscht zu haben, inklusive der griechischen Minister, seine Generäle, die Entente. Alexander machte sofort deutlich, er glaube nicht an einen Sieg der Deutschen, aber man fand kompromittierende Briefe bei ihm, die ihm sein Vater mit unsichtbarer Tinte schrieb. Tino enttäuschte uns alle sehr mit diesem Verhalten, denn es gefährdete auch unsere Rückkehr nach Griechenland. Die Wogen glätteten sich leicht, aber selbst im Jahre 1919 schwebte das alles noch immer über uns und wurde immer wieder von der Presse aufgegriffen und ausgeschlachtet.

Christo war immer noch verliebt in die reiche amerikanische Witwe Nancy Stewart Worthington Leeds. Bisher hatten jedoch die Hausgesetze des königlichen Hauses verhindert, dass er sie ehelichen konnte, denn sie war einmal geschieden, nun verwitwet und absolut nicht standesgemäß. Nach etlichen Diskussionen mit Venizelos und der griechischen Regierung willig-

te diese schließlich ein. Am ersten Februar des Jahres 1920 heirateten die beiden nach orthodoxem Ritus in Vevey. Vier Tage später konvertierte Nancy für Christo zum griechisch-orthodoxen Glauben und nahm den Vornamen *Anastasia* an. Man verlieh ihr nun offiziell den Titel Prinzessin Anastasia von Griechenland. Christo war überglücklich über seine schöne Braut, die auch noch mit ausreichend finanziellen Mitteln gesegnet war, um uns alle über Wasser zu halten. Sie zögerte auch nicht, dies offen anzubieten. Ihr Vermögen sollte rund fünfunddreißig Millionen Dollar umfassen, welches sie auch in Kunst und wertvollen antiken Möbeln anlegte. Bei *Cartier* in Paris war sie seit Jahren Stammkundin und hatte sogar einen eigenen Raum, in den man sie führte, um ihr Stücke zu präsentieren. Trotz ihres immensen Reichtums war sie dennoch ihrem Sohn eine liebevolle Mutter, eine äußerst hilfsbereite Frau und liebende Gattin. Ihr Sohn war mittlerweile achtzehn Jahre alt und wurde von uns allen in der Familie gut aufgenommen, doch schnell galt seine Zuneigung meiner Nichte, Großfürstin Xenia, der Tochter der griechischen Minnie, welche er in Paris kennenlernte. Zwischen den beiden sollte das Verhältnis bald enger werden.
Nur kurz nach Eheschließung jedoch stellte man bei Nancy Brustkrebs fest. Sie war gerade zweiundvierzig Jahre alt und die Diagnose traf das Paar wie ein Schock. Margarita traf den Nagel auf den Kopf, als sie sagte, Anastasia habe alles, was sie sich wünschen konnte, genug Geld, einen netten Ehemann, einen guten Sohn, aber Gesundheit könne sie sich von ihrem ganzen Geld leider nicht kaufen. Meine Älteste war sehr betrübt wie wir alle, doch Nancy hoffte, dass eben ihre finanziellen Mittel ihr helfen würden, indem sie die besten Ärzte und Spezialisten kontaktierte.
Nancys Vermögen hatte aber noch einen weiteren Vorteil für uns alle, denn da sie freigiebig damit war, konnten Andrea und seine Brüder es nun nutzen, um die Presse endgültig mit ihren Spekulationen und Gerüchten über Tino zum Schweigen zu bringen.

Zu Anfang des Jahres 1920 erkrankte ich an einer schweren Grippe und steckte sowohl Andrea als auch die beiden Kleinen an. Wir erholten uns nur langsam. Dennoch fühlte ich mich bald so weit genesen, um bei Venizelos und der griechischen Regierung eine Ausreise nach Italien zu erbitten, damit ich meine Eltern in Rom treffen konnte, die dort einige Tage mit Louise verbrachten. Sie wollten dann weiter nach Korfu reisen, aber ich bekam keine Erlaubnis, sie in Italien zu besuchen oder gar in Griechenland zu sehen. So ließ ich Margarita und Dolla in der Obhut meiner Schwiegermutter, fuhr mit Andrea, Cäcilie und Tiny nach Lugano, damit sie alle sich dort von der Grippe erholen konnten. Glücklicherweise entschieden sich meine Eltern und Louise, ihre Reisepläne zu verkürzen und kamen uns dann in

Lugano besuchen. So konnte ich meiner Mutter endlich persönlich für ihre finanzielle Zuwendung danken.
Kaum war meine Familie genesen und ich glaubte, alle seien wieder gesund, erkrankte Cäcilie an Scharlach. Mein Töchterlein war darüber sehr traurig, denn sie wollte doch Zeit mit den Großeltern und Louise verbringen, musste aber nun das Bett hüten.

Im Mai 1920 gestattete Venizelos Alexander nach Paris zu reisen, wobei er dies zuerst als einen wohlverdienten Urlaub des Königs bezeichnete, dennoch hatte sich das Gerücht um die heimliche Heirat verbreitet. Und als Alexander nun nach Frankreich reiste, um dort Aspasia zu treffen, war die Eheschließung schon in aller Munde. Dennoch mussten die beiden, wie erwähnt, sich vor der Öffentlichkeit verstecken. Wir erfuhren im Juli, dass Alexander wieder nach Griechenland zurückgekehrt und Aspasia schwanger war. Der junge König nahm seine Pflichten wieder auf, aber wie wir auf Umwegen erfuhren, fühlte er sich immer noch wie eine Marionette in Venizelos Händen.
Im Juli hoben der Premierminister und die Regierung den Ausnahmezustand in Griechenland auf. Die Opposition forderte nun die Wiedereinsetzung Tinos als rechtmäßigem König, aber die britische Regierung wandte sofort ein, dass man absolut dagegen sei. Tinos Verhalten während des Krieges schloss ihn ein für alle Mal als König aus. Wir hatten uns dahingehend auch keine großen Hoffnungen gemacht.
Tino und Sophie schienen sich aber nun doch wenigstens etwas für ihren Sohn zu freuen, als sie die Nachricht von Aspasias Schwangerschaft erreichte. Zudem ließ man sie nun endlich wieder nach Griechenland einreisen, aber sie musste im Haus ihrer Schwester in Athen wohnen. Erst nach einigen Wochen gestattete man sowohl Alexander als auch seiner Gattin, auch eine Zeit lang wieder in Tatoi zu leben. Für ihn war Aspasia ein Halt, da er mit uns allen immer noch keinen Kontakt pflegen durfte.
Am zehnten August 1920 wurden die *Verträge von Sèvres*, einem Vorort von Paris, zwischen der Entente und dem Osmanischen Reich geschlossen. Dieser Vertrag war ein Diktatfrieden, der für das Osmanische Reich den Verlust vieler Gebiete und Territorien bedeutet hätte, wenn es zu einer Ratifizierung gekommen wäre. Die Bedingungen des Vertrages waren für Griechenland positiv, denn Ostthrakien, ausgenommen Istanbul und seine nähere Umgebung, sollte an Griechenland abgetreten werden. Alle dort lebenden Griechen sollten wieder in einem Staat vereint leben.
Bulgarien hatte bereits Westthrakien abtreten müssen an Griechenland, hierzu sollten mit England und Frankreich Verträge in Kraft treten, die besonders die Minderheiten in diesem Gebiet schützen sollten. Smyrna und

seine Umgebung sollten, griechischer Verwaltung und Besatzung unterstellt, ein lokales Parlament erhalten. Nach einer Übergangszeit von fünf Jahren sollte eben dieses Parlament dann mittels eines Volksentscheids darüber abstimmen, ob das Gebiet sich Griechenland anschlösse.
Dies wäre auch alles für Venizelos im Rahmen des griechischen Nationalismus und der Expansionspolitik annehmbar gewesen, aber es gab natürlich noch weitere Bedingungen dieses Vertrages, die der Sultan Mehmed VI. annahm, und seine Unterzeichnung sollte zu einer politischen Erschütterung in seinem Reich ausarten. Sein Ansehen und seine Autorität kamen ins Wanken, denn die osmanischen Nationalisten in Ankara lehnten den Vertrag grundlegend ab, sie erklärten sich bald darauf zur rechtmäßigen Regierung. Die Sultansregierung in Istanbul hatte jedoch weiterhin Bestand, auch wenn man am neunzehnten August die Unterzeichner des Vertrages von Seiten der Nationalisten zu Vaterlandsverrätern erklärte, worauf die Todesstrafe stand. Diese revolutionäre Gegenbewegung wurde von dem populären General Mustafa Kemal, der sich später *Atatürk* nannte, angeführt. Sie begannen nun, sich militärisch zu formieren, um sich gegen die Entente zu stellen. Die Situation drohte zu eskalieren und wir alle fürchteten einen erneuten kriegerischen Konflikt.
Venizelos war nach Unterzeichnung des Vertrages in Paris fast einem Attentat, verübt von zwei Griechen, zum Opfer gefallen. Er wurde nur leicht verletzt, aber konnte nicht so schnell wie geplant nach Griechenland zurückkehren. In Athen kam es im Juli zu Tumulten seitens der Anhänger des Ministerpräsidenten, als diese von dem Attentat erfuhren.
Nur kurz darauf ermordeten Männer eines Sicherheitsbataillons Mitte August den antivenizelistischen Politiker Ion Dragoumis, dies trug dazu bei, dass das Ansehen von Venizelos im Volk zusehends sank. Ihre Repressionspolitik, auch gegenüber dem jungen König, ließ die Popularität der Royalisten wieder steigen. Hinzu kam die Tatsache, dass man im Volk *kriegsmüde* wurde. Die Menschen waren Aufstände, Unruhen nach vier Jahren Krieg leid. Sie wollten Ruhe und Frieden im Land. Und die Royalisten vertraten eben die alten traditionellen Werte im Zuge der Monarchie, in denen viele Menschen noch Stabilität sahen. Der abgesetzte König Konstantin I. wurde wieder in den politischen Kampf eben dieser Royalisten integriert, um für Werte zu werben, die noch nicht aus den Köpfen der Menschen verbannt waren.

Tino hatte in seiner Zeit im Exil natürlich nicht nur untätig herumgesessen und mit dem Leben gehadert. Er konnte sich wie wir alle frei bewegen, besaß Kuriere, die für ihn Nachrichten auch außerhalb der Schweiz beförderten, und er veröffentlichte seit Kurzem ein wöchentliches Journal, in dem er auch zu politischen Themen Stellung bezog. Durch seine publizistische Tätigkeit war die griechische Regierung bald davon überzeugt, dass er gegen sie und Venizelos ein Komplott schmiedete. Man vermutete sogar, Tino könne ein Attentat auf den Premierminister planen, was natürlich für ihn niemals in Betracht kam. Es gab Bestrebungen, ihn in der Publikation seines Journals zu behindern, doch diese Eingriffe von außen, also aus Griechenland, waren meist nicht sehr wirksam und nur von kurzer Dauer. Dennoch untergrub man weiterhin seine Kontakte zu Personen, die ihm gegenüber loyal waren.

Ende September reisten Christo und Andrea nach Rom. Es handelte sich um eine ganz gewöhnliche kleine Urlaubsreise, dennoch kamen plötzlich Gerüchte auf, sie wollten sich bei der italienischen Regierung für ihren Bruder Tino einsetzen und eine Stimmung für ihn erzeugen, die eindeutig pro-Konstantin war. Besonders die britische Regierung ließ durch ihr Auswärtiges Amt dieses verbreiten, was aber natürlich *nicht* der Wahrheit entsprach. Es kursierten Berichte, die die Gerüchte untermauern sollten. Dies belastete uns alle sehr, weil man immer noch versuchte, allen Mitgliedern der griechischen Königsfamilie zu schaden. Es konnte für diese Menschen einfach nicht sein, dass wir ganz normal lebten, ohne jegliche Ambitionen oder Bestrebungen, Tino wieder an die Macht zu bringen.

Die italienische Regierung sah sich schließlich gezwungen, die britische Regierung darüber in Kenntnis zu setzen, dass man Tino niemals eine Einreise nach Italien erlauben würde. Im Oktober kursierten die Gerüchte zwar immer noch, aber sie wurden durch eine Tragödie überschattet, mit der wir alle niemals gerechnet hatten.

Am zweiten Oktober des Jahres führte Alexander in Tatoi seinen Schäferhund Fritz spazieren, als dieser von dem zahmen Berberäffchen des Verwalters der Weinstöcke des Palastes attackiert wurde. Als Alexander nun die Tiere voneinander trennen wollte, griff ihn ein hinzugekommenes wildes Berberäffchen an. Dieses Äffchen biss ihm ins Bein unterhalb der Hüfte und in den Bauch. Bedienstete eilten herbei, vertrieben die Äffchen und halfen dem König, seine Wunden zu versorgen. Man desinfizierte die Wunden aber nicht. Alexander maß dem Ganzen keine große Bedeutung zu und bat darum, dass man den Vorfall nicht publik machte.

Doch schon am Abend fühlte er sich unwohl, bekam Fieber. Es entwickelte sich eine Blutvergiftung, die fünf Tage später ihr volles Ausmaß erreichte. Sein Fieber stieg auf vierzig Grad Celsius an, er fiel in ein Delirium, erwachte wieder, doch seine Temperatur fiel nur um ein Grad Celsius ab. Aspasia war an seiner Seite, bangte um sein Leben. Die Ärzte taten alles, was in ihrer Macht stand, erwogen sogar sein Bein zu amputieren, aber keiner von ihnen wollte so eine riskante Operation durchführen, da man fürchtete, er könne diese nicht überleben, zudem wäre er dann körperlich eingeschränkt. Für einen König aus Sicht der Ärzte undenkbar. So warteten sie ab, gaben Medikamente gegen das Fieber, schabten in einer kleinen Operation am zehnten Oktober die Wunden aus, doch am neunzehnten war sein Körper so geschwächt, es bestand kaum noch Hoffnung. Aspasia pflegte ihren Gatten aufopfernd, was umso tragischer war, weil sie sein Kind erwartete.

Da man um das Leben des Königs fürchten musste, veröffentlichte man eine Meldung über seinen Zustand in der griechischen Presse, doch sofort stellte sich die Frage, wer den Thron wieder besetzen sollte, falls der König stürbe. Es war eine Schande, dass man Sophie die Einreise nach Griechenland vonseiten der Regierung aus verweigerte, denn es ging schließlich um das Leben ihres Sohnes. Man gestattete aber meiner Schwiegermutter, zu ihrem Enkel zu reisen, was sie auch bereitwillig tat, und sich umgehend auf die Reise nach Athen begab. Jedoch war die See stürmisch, ihre Reise dauerte länger als geplant.

Alexander litt mittlerweile durch die Infektion an einer Hirnhautentzündung und lag in einem tiefen Delirium, aus dem er nicht mehr erwachen sollte. Um kurz nach sechzehn Uhr am fünfundzwanzigsten Oktober verstarb er in Anwesenheit seiner Gattin. Meine Schwiegermutter kam zwölf Stunden später in Athen an. Sofort ließ sie alle anderen Familienmitglieder über Alexanders Ableben per Telegramm informieren.

Sophie brach zusammen, weil sie nicht bei ihrem Sohn sein konnte, Tino und die anderen Kinder waren ebenso erschlagen von der Todesnachricht. Und es kam noch schlimmer, denn man verweigerte ihnen auch am Begräbnis teilzunehmen. Niemand aus der königlichen Familie, der im Exil in der Schweiz weilte, durfte nach Griechenland einreisen, und so konnte nur die dort anwesende Schwiegermama ihren Enkel mit zu Grabe tragen.

Man bahrte Alexander zuerst in der Athener Kathedrale auf, damit das Volk von seinem König Abschied nehmen konnte. Am neunundzwanzigsten Oktober beerdigte man ihn nach einer Zeremonie in der Kathedrale und der Überführung in Tatoi. Es war eine kleine Gruppe an Menschen, die der Beerdigung beiwohnen konnte. Die Schwiegermama stützte die trauernde Witwe Aspasia, Kronprinz Alexander von Serbien war anwesend, seine Schwester, meine Schwägerin Ellen, der Kronprinz Gustav Adolf von Schweden, sein Onkel, Prinz Eugen, Mitglieder des Athener diplomatischen Korps sowie der Konteradmiral Sir George Hope aus England und der Konteradmiral Dumesnil aus Frankreich.

Der Kronprinz von Schweden verstand Aspasia ihn ihrem Schmerz, denn er hatte am ersten Mai seine Frau, die wir alle Daisy nannten, verloren. Sie hatte unter Ohrenschmerzen gelitten, aber diese ignoriert. Es handelte sich aber um eine Mittelohrenentzündung, die sie verschleppte, und so musste man sie operieren, obwohl sie im achten Monat schwanger war und das sechste Kind des Paares erwartete. Wie Alexander starb sie an einer Blutvergiftung nur kurz nach der Operation und man konnte auch das Baby nicht mehr retten. Nun musste der Kronprinz für seine fünf Kinder, von denen die drei jüngsten gerade zehn, acht und vier Jahre alt waren, sorgen. So wie auch Aspasia nun ihr Kind allein großziehen musste.

Mit dem Tod des Königs gab es nun das Problem der Nachfolge in Griechenland, denn einen direkten Nachfolger aus Alexanders Linie gab es nicht, da seine Heirat nicht standesgemäß gewesen war. Die griechische Regierung forderte, dass man Tino und seinen Sohn, den Kronprinzen George generell von der Nachfolge ausschloss, doch wollte dennoch den Thron einem Mitglied aus der königlichen Familie anbieten.
Man sandte also einen Minister nach Bern, der am neunundzwanzigsten Oktober im Namen der griechischen Regierung Tinos Sohn Paul den Thron offerieren sollte. Aber Paul lehnte die Krone ab, denn er könne diese nicht wirklich rechtlich gesehen tragen, weil sein älterer Bruder und sein Vater noch am Leben seien und beide niemals aus freien Stücken auf den Thron verzichtet hatten, sondern abdanken mussten.
Also blieb die Thronfolge weiterhin ungeregelt, als am ersten November 1920 in Griechenland Wahlen für das Parlament stattfanden und dieses Mal die Opposition mehr Stimmen gewann, die Befürworter Tinos wieder an die Macht kamen. Venizelos wurde von seinem Posten verdrängt, Dimitrios Rallis wurde neuer Premierminister von Griechenland. Er und seine Partei der Monarchisten waren dem Königshaus gegenüber absolut loyal.
Man munkelte nach der Wahl, dass Christo und seine Frau ihre Finger im Spiel gehabt hatten, und viel Geld in einen Fond investierten, der die Wahlkampagnen der Monarchisten unterstützte, um Venizelos zu schwächen. Dies ließ sich ihnen aber nicht nachweisen und es kümmerte uns auch eigentlich nicht. Nancy hatte viel Geld, war hilfsbereit und gab freigiebig, wenn es für etwas von Nutzen sein konnte. Aber wir vermuteten, dass man eben Venizelos gewissermaßen *satt* hatte, wenn man es so lapidar ausdrücken möchte. Die Menschen wollten wieder eine stabile Monarchie, zurück zu den alten Werten.
Venizelos sah sich durch die Konservativen geschlagen und vom griechischen Volk enttäuscht. Er entschied sich, freiwillig das Land zu verlassen, und wählte sich sein Exil in Paris.
Rallis, der neue Premierminister, bat nun meine Schwiegermutter die Regentschaft zu übernehmen, bis Tino und seine Familie aus dem Exil zurückgekehrt waren nach Athen. Mein Schwager sah es als einen Willen des

Volkes an, dass man ihn wieder auf dem Thron sehen wollte, und er stand öffentlich zu seiner Einstellung, den Briten gegenüber ein guter Verbündeter zu sein, wenn er wieder König sei. Es lag in der Hand der griechischen Regierung, auch wenn die Alliierten wie England ihn nicht wieder auf dem Thron sehen wollten und sich auch im Vorfeld weigerten, seine Regentschaft anzuerkennen.
Es begann bereits damit, dass sich der britische Minister in Griechenland, Lord Granville, weigerte, eine Einladung meiner Schwiegermutter anzunehmen, da sie nur im Namen ihres Sohnes Konstantin die Regentschaft innehatte. Er befürchtete, man könne ihm in England die Annahme einer solchen Einladung übel nehmen oder es könne sogar seine Position gefährden.

Wir freuten uns dennoch sehr, dass wir alle wieder in die Heimat reisen würden. Vor allem, da ich wieder schwanger war. Es hatte mich überrascht, nach Sophies Geburt vor sechs Jahren noch mal ein Kind zu erwarten. Aber Andrea und die Mädchen waren außer sich vor Freude, zudem wir alle hofften, dass es dieses Mal vielleicht ein Junge werden würde. Das Baby sollte im Juni des nächsten Jahres zur Welt kommen und daher war es ein großes Glück dazu, die Geburt in Griechenland zu erleben. Denn, so meinte Andrea, dann wäre das Kind ein waschechter Grieche und kein Exil- Schweizer, was ich ebenso sah. Wir schienen wieder besseren Zeiten entgegen zu gehen.
Am zweiundzwanzigsten November kamen Andrea und Christo auf einem Lloyds-Dampfer wieder in Korfu an. Die Menschen hießen die beiden herzlich willkommen. Sie reisten aber kurz darauf weiter nach Athen, wo sie am nächsten Tag ebenso freudig vom Volk begrüßt wurden. In einem Automobil ging es vom Hafen in Phaleron in die Stadt und schon auf dem Weg dorthin umringten die Menschen den Wagen, sodass sie nur im Schritttempo weiterfuhren. Sie kamen zu den Fenstern, die sie herunterkurbelten, reichten ihnen die Hände, jubelten und fast schien es ihnen, als wolle man sie aus dem Auto ziehen vor Begeisterung. Andrea und Christo ließen die Wagen irgendwann anhalten, stiegen aus und wurden sogleich von Menschen auf ihre Schultern gehoben, sie tanzten und lachten. Als sie endlich weiterfahren konnten und am Palast eintrafen, war dieser bereits umringt von Menschenmassen, die Männer warfen ihre Hüte empor, die Frauen und Kinder schwenkten griechische Flaggen. Andrea musste auf dem Balkon eine kleine Rede halten, in der er dem Volk versicherte, wie sehr er sich über den herzlichen Empfang freute und auch glücklich über die Heimkehr sei. Als er mir davon später berichtete, sah man ihm die Freude darüber immer noch an. Und es machte ihn umso glücklicher, dass er wieder seinen

Posten in der griechischen Armee einnehmen konnte.
Die Kinder, Christos Frau und ich kamen ein paar Tage später in Korfu mit dem Dampfer *Triestino* an. Wir reisten aber ebenfalls erst einmal weiter nach Athen und wurden überall ebenso begeistert empfangen.

Bei all der Freude des Volkes über unsere Rückkehr waren dennoch auch die Franzosen nicht einverstanden, dass Tino wieder als König eingesetzt wurde. Doch die britische Regierung sprach dies offen aus, indem Lord Curzon, der englische Sekretär für Auslandsangelegenheiten in England, öffentlich verlauten ließ, man werde vonseiten der englischen Regierung diese neue und aus ihrer Sicht nicht akzeptable Situation hinnehmen, aber sich weiterhin dagegen aussprechen. Nach mehreren diplomatischen Auseinandersetzungen entschied sich die Regierung in England, Lord Granville zwar weiterhin in Griechenland als Minister auf seinem Posten zu belassen, aber er bekam die offizielle Anweisung, Tino sprichwörtlich aus dem Weg zu gehen und jeden Kontakt mit dem König zu vermeiden.
Dies belastete Tino sehr, aber als er am neunzehnten Dezember wieder nach Athen zurückgekehrt war, sprachen die Jubelstürme der Massen eine eindeutige Sprache für ihn als König von Griechenland. Es wurde sogar in der englischen *Times* erwähnt, wie begeistert man ihn empfangen hatte. Denn das Volk sang Lobeshymnen auf ihn, bekannte Volksweisen, huldigte ihm, indem man die Geländer der Balkone in den Häusern der Stadt mit Olivenzweigen und Girlanden aus eben diesen schmückte, die griechische Nationalflagge hing in den Fenstern, Menschen schwenkten sie hin und her. Es war ein wahrhaft königlicher Empfang. Dennoch veröffentlichten die Venezilisten kurz darauf eine Karikatur in einer griechischen Zeitung, in der Tino als König aus einem Sarg emporstieg, während Venizelos und seine Minister zitternd daneben standen.
Aber an jenem Tag bei seiner Ankunft in Athen Tino zu sehen, in der Uniform eines Generals, gelöst und entspannt, eine lächelnde Gattin neben sich, die den Menschen zuwinkten, stand doch dafür, dass er gleich einem Phoenix aus der Asche wieder emporgestiegen war. Und in seiner Rede, die er vom Balkon des Palastes hielt, sprach er sich für eine gute Verbindung zu Frankreich und England aus, die er fördern wollte, ebenso wie eine zu Rumänien, denn sein Sohn, der Kronprinz George war mittlerweile verlobt mit der Prinzessin Elisabeth von Rumänien. Elisabeth war die älteste Tochter des Königs Ferdinand I. von Rumänien und seiner Gattin, Königin Marie, Tante Duckys Schwester.
Und Tinos Tochter Helen sollte bald den Kronprinzen Carol von Rumänien ehelichen. Helen hatte sich im Exil sehr aufopfernd um ihren Vater gekümmert, als er an Depressionen litt, und seine außereheliche Affäre ignoriert.

Im Exil in der Schweiz war sie dem Kronprinzen begegnet, der sofort um ihre Hand anhielt. Dieser war seiner Mutter, der Königin Marie, und seinen Schwestern Elisabeth, Marie und Ileana auf einen Besuch nach Luzern gefolgt, obwohl der sehr zweifelhafte Ruf Carols bekannt war, denn er war als Playboy verschrien und hatte heimlich eine nicht standesgemäße Ehe mit der Tochter eines rumänischen Generals geschlossen, die man im Jahre 1919 nach nur neun Monaten durch den Gerichtshof annullieren ließ. Doch aus dieser Ehe war am achten März 1920 ein kleiner Junge geboren worden. Ferner war bekannt, dass Carol die Beziehung zu seiner ersten Gattin nie aufgab und sich auch um seinen Sohn kümmerte. Dennoch stimmten Tino und Sophie einer Verlobung mit ihrer Tochter Helen zu. Vielleicht hofften sie, ebenso wie die Königin Marie, dass die schöne Helen Carol zur Vernunft bringen werde.
Aber auch wenn eine solche Heirat die Beziehungen zu Rumänien fördern konnte, war Helen zwar verliebt in Carol, aber dieser gab öffentlich zu, Frauen des Adels zu steif und formell zu finden. Er liebte wilde Partys, heftige Saufgelage und nur eine Frau aus dem Volk war aus seiner Sicht wirklich eine richtige Frau, die mehr Interessen hatte, als auf dem Parkett in einer hohen Gesellschaft gut auszusehen. Es war schon bei der Verlobung abzusehen, dass Carol wohl eher Helen um ihre Hand bat, weil er eine Frau aus dem Adel als Kronprinz heiraten musste, also aus einem reinen Zwang und nicht, weil er sie wirklich liebte.
Wir ließen uns wieder in Mon Repos nieder und ich freute mich, dass die Mädchen nun wieder in der warmen Sonne am Strand spielen, ihr Leben in ihrer Heimat genießen konnten. Es schien Ruhe in unser Leben einzukehren.

Tante Ellas Gebeine und die ihrer treuen Schwester Vivi ruhten bis zum Juli 1919 in der Krypta der Kathedrale von Alapajewsk, wo Vater Serafim mit zwei Novizinnen immer ein Auge auf sie hatte. Meine Tante hatte Serafim viele Jahre gekannt, er war stets ein Befürworter ihrer Tätigkeit und ihres Konvents gewesen und hatte sich nach Alapajewsk versetzen lassen, als er vom Tod meiner Tante erfuhr.
Da die *Rote Armee* aber im Juli des Jahres 1919 die Stadt einnahm, fürchteten er und die zwei Novizinnen um die Gebeine. Mit anderen Worten, man hatte Angst, sie könnten geschändet werden. Er bat also bei der lokalen Behörde darum, die Särge aus der Stadt bringen zu dürfen, was man ihm gestattete, sodass er sie zuerst nach Irkutsk am Baikalsee brachte, welches über zweitausend Kilometer entfernt von Alapajewsk lag. Man musste per Bahn reisen, doch glaubte die Gebeine nun an einem sicheren Ort. Aber nur sechs Monate später konnte hier die *Weiße Garde* die Stadt auch nicht mehr

halten, sodass Vater Serafim und die Novizinnen die Särge wieder fortbringen mussten. Diesmal allerdings blieb nur die Ausweichmöglichkeit ins sichere China, sodass sich der Vater auf diese lange und anstrengende Reise begab, und am sechzehnten April des Jahres 1920 Peking erreichte. Der Erzbischof Innocent, Vorsteher der kirchlichen Mission dort, nahm die Reisenden und die Särge in den frühen Morgenstunden in Empfang. Man arrangierte einen kleinen Gedenkgottesdienst, bestattete die Särge dann in der *Kirche des Heiligen Serafim von Sarov* in Peking.

Im September nun las Tante Beatrice im Kensington Palast in der *Illustrated London News* von dem Aufenthaltsort der Särge, der Reise derselben und sah sich die abgebildeten Fotos an. Sogleich informierte sie meine Mutter darüber.

Mama zögerte nicht. Sie setzte sich sogleich mit Michel de Girs in Verbindung. Er war ein Diplomat, gehörte den Zarentreuen an und war gleichzeitig auch oberster diplomatischer Vertreter der ehemaligen zaristischen diplomatischen Stellen im Ausland. Er lebte in Paris, wo ihn Mama schriftlich davon unterrichte, dass sie die Gebeine ihrer Schwester und ihrer Freundin, die freiwillig mit ihr in den Tod ging, in Jerusalem beisetzen lassen wollte. Auf dem Ölberg dort gab es die *russisch-orthodoxe Kapelle der Heiligen Maria Magdalena*. Es war fast auf den Tag genau dreißig Jahre her, dass Tante Ella und Onkel Sergey bei der Einweihung eben dieser anwesend waren, und davon so beeindruckt hatte meine Tante Mama gesagt, sie wolle einmal dort beerdigt werden. Bei alldem, was ihre Schwester hatte erdulden müssen in ihren letzten Lebenswochen und bei ihrem grausamen Ende, fand Mama, solle sie wenigstens diese letzte Ehre erhalten. Meine Mutter verklärte hierbei einiges. Sicher hatte die Tante stets mit sehr großer Begeisterung auf die Einweihung eines neuen Gotteshauses reagiert, vor allem, da dieses in Jerusalem geschehen war. Aber sie hatte dies vor der Gründung ihres eigenen Konvents sicher einmal angemerkt, also auch, bevor ihr Ehemann starb. Denn in ihrem Testament, welches sie im Februar des Jahres 1914 verfasste, legte sie fest, dass sie in der Kapelle in ihrem Konvent bestattet werden wollte. Ferner fügte sie hinzu, man solle auch so verfahren, wenn sie außerhalb Moskaus oder bei einem Aufenthalt im Ausland verstürbe. Wobei sie ausdrücklich darauf hinwies, dass der Sarg verschlossen bleiben, man sie niemals aufbahren solle. Nun konnte Tante Ella zu jenem Zeitpunkt nicht ahnen, welches Schicksal sie einmal ereilen würde, daher war Mamas Entscheidung sicher richtig. Es war auch die einzige Alternative, denn in ihrem Konvent konnte man die Tante und Vivi nicht mehr bestatten, denn es existierte nicht mehr in der Form, wie sie es verlassen hatte. Die Äbtissin war meine Tante gewesen, doch diese lebte nicht mehr. Es wurde weitergeführt von den Schwestern, aber gänzlich anders als zu ihren

Lebzeiten und unter dem neuen Regime in Russland würde man nie die Beisetzung einer ehemaligen Schwägerin des Zaren dort gestatten.
Meine Mutter setzte also alle sprichwörtlichen Hebel in Bewegung, informierte ihrerseits Tante Irene und Onkel Ernie, wobei sie Letzterem zu verstehen gab, dass er für Ella immer wie ihr Kind gewesen sei nach dem Tode der Mutter. Doch das brauchte sie gar nicht. Sie alle teilten sich die Kosten, um die Särge von Peking über Shanghai, Hongkong und Bombay nach Port Said, einer Hafenstadt im Norden Ägyptens überführen zu lassen. Vater Serafim und die beiden Novizinnen begleiteten diese ohne Frage.
Im Dezember 1920 trafen die Särge in Port Said ein. Mama und Papa waren dorthin gereist, um sie und die Reisenden in Empfang zu nehmen. Sie mussten dann alle gemeinsam noch von Suez aus nach Jerusalem reisen, dort erwarteten sie durch Mamas Organisationstalent am Bahnhof eine Ansammlung von britischen Diplomaten, griechischen und russisch-orthodoxen Kirchenvertretern. Auch Mitglieder der dort ansässigen russischen Gemeinde, Exilrussen, waren gekommen, ebenso wie Bürger der Stadt. Man stellte die Särge zuerst auf eine Plattform, hielt einen Gedenkgottesdienst ab und brachte sie dann zu zwei bereitgestellten Automobilen, die mit grünen Schleifen verziert waren. So setzte sich die Kolonne in Bewegung, fuhr durch die Stadt, wo Menschen ihre Hüte abnahmen in Ehrerbietung, denn die Ankunft der Särge war in der Presse erwähnt worden. Pilger, einfache russische Frauen erklärten sich alsdann gemeinsam bereit, die beiden Särge den Ölberg hinauf zur Kirche zu tragen. Papa berichtete mir später darüber, wie diese Träger vereint gewesen seien in ihrem Weinen, Schluchzen, zwar schwer trugen, weil die Straße steinig war, aber dennoch wollte ein jeder etwas beitragen, die Särge berühren.
Als sich die Särge in der Kirche befanden, stellte man sie auf eine Erhebung, die Menschen versammelten sich drumherum und das ehrenvolle Oberhaupt der *Kirche von Zion*, auch *Kirche der Apostel auf dem Berg Zion*, Patriarch Damian hielt einen Trauergottesdienst ab, bevor man die Särge in der kleinen Krypta der Kirche beisetzte. Mama meinte, es sei sehr würdevoll gewesen und in Ellas Sinne, auch dass Vivi neben ihr in einem Sarg lag.
Meine Eltern reisten erst im Februar des Jahres 1921 zurück nach England, da sie noch etwas die Zeit in Jerusalem genießen wollten. Auf ihrer Rückreise erreichte sie mein Schreiben, in dem ich ihnen mitteilte, dass ich wieder schwanger sei, wir die Geburt für Ende Juni erwarteten. Meine Mutter meinte sogleich, es wäre wunderbar, wenn es dieses Mal endlich ein Junge würde. Sie merkte an, sie sei nur ein Jahr jünger gewesen als ich, als sie Dickie zur Welt brachte, und der Altersunterschied zwischen dem neuen Baby und Tiny wäre ebenso groß wie zwischen Dickie und Georgie. In

erster Linie freute sie sich aber, dass es mir gut ging.
Kronprinz George heiratete am siebenundzwanzigsten Februar die Prinzessin Elisabeth von Rumänien und ihre Schwester Helen am zehnten März in Athen den Kronprinzen Carol von Rumänien. Bei letzterer Hochzeit konnte ich mit Andrea anwesend sein. Für erstere musste ich aufgrund der Schwangerschaft auf eine Teilnahme verzichten, denn ich wollte in meinem Zustand nicht mehr weiter weg reisen.
In Mon Repos war das Leben sehr beschaulich. Das Haus war umgeben von Zypressen- und Eukalyptusbäumen, über das Ionische Meer konnte man nach Albanien und Nordgriechenland hinübersehen. Nachdem wir aber drei Jahre fortgewesen waren, fiel uns nach dem Leben in den Hotels und Pensionen schon auf, wie karg das Haus eingerichtet war und jeglichen modernen Komfort vermissen ließ. Es gab dort immer noch keine Elektrizität, kein Gas oder warmes Wasser aus der Leitung und erst recht keine Zentralheizung. Eigentlich war es kein Ort, um ein Baby zur Welt zu bringen, aber nach allem, was wir erlebt hatten, störte uns diese Kargheit nicht sonderlich. Ich hatte einen griechischen Koch, eine griechische Putzfrau, ein englisches Ehepaar, welches als Hausmeister fungierte und sich auch um andere Belange kümmerte. Das Kindermädchen, Miss Roose, welches auch schon mich betreut hatte als Kind, war im Exil an unserer Seite gewesen und nun auch in Mon Repos. Sie war zwar schon im etwas betagteren Alter, aber freute sich so sehr auf das Baby, dass sie es sich nicht nehmen ließ, aus England hübsche Kleidung und auch Babynahrung, wie Biskuits, zu bestellen. Ich musste sie in ihrem Bestreben etwas bremsen, denn sie wollte, dass wirklich alles vorhanden war, und war dabei auch etwas zu übereifrig. Sie ging fest davon aus, dass es ein Junge werden würde, daher bestellte sie Kleidung, die eben für einen Buben geeignet war.
Andrea war zuerst noch in Athen geblieben, denn er hoffte, dass die militärischen Autoritäten ihn in einem drohenden Konflikt mit der Türkei einsetzen würden. Er bat um ein Kommando, aber zuerst lehnte man dies ab. So reiste er nach Mon Repos, verbrachte eine Zeit bei uns. Aber er wollte unbedingt wieder im griechischen Militär dienen. Nach den vielen, vielen Monaten im Exil, in denen er zur Untätigkeit verdammt war, sehnte er sich wieder nach einer Aufgabe. Dennoch ahnte er, warum man ihm ein Kommando verwehrte, denn es existierten durchaus Vorurteile gegen die Offiziere, die man im Jahre 1917 aus der griechischen Armee entließ, zudem war Andrea ein Angehöriger des Königshauses. Man verlieh ihm schließlich den Rang eines Generalmajors und unterstellte ihm eine Kavallerie-Brigade, aber dort war sein Einfluss sehr gering. Zudem war es eine Aufgabe, die ihn nicht wirklich ausfüllte. Er nahm es dennoch an, um überhaupt wieder im griechischen Militär tätig sein zu können.

Am fünfundzwanzigsten März gebar Aspasia eine kleine Tochter, der sie den Namen Alexandra nach ihrem verstorbenen Gatten gab. Doch das kleine Mädchen war keine griechische Prinzessin, da die Ehe ihrer Eltern nicht standesgemäß gewesen war. Erst im Juli des Jahres 1922 sollte nach vielen Monaten der Fürsprache durch ihre Schwiegermutter Sophie ein Gesetz verabschiedet werden, welches rückwirkend die Heirat von Mitgliedern der griechischen Königsfamilie auch in nicht standesgemäßer Form anerkannte. Allerdings mit der Ausnahme, dass diese Personen nicht in der Position eines Herrschers waren. Für König Alexander stellte man es als Ausnahme dar, doch auch durch die Verabschiedung dieses Gesetzes durfte ein König oder der Kronprinz niemals eine Bürgerliche ehelichen. Aber die kleine Alexandra wurde dadurch eine *königliche Hoheit* und *Prinzessin von Griechenland.* Sophie war mit der Heirat ihres Sohnes nicht einverstanden gewesen, hatte nun aber Aspasia kennengelernt, respektierte sie als ihre Schwiegertochter, jedoches entstand kein enges Verhältnis zwischen den beiden. Dennoch war die kleine Alexandra für Sophie eine bleibende Erinnerung an ihren Sohn und ihr erstes Enkelkind. Dies erweichte buchstäblich ihr Herz.

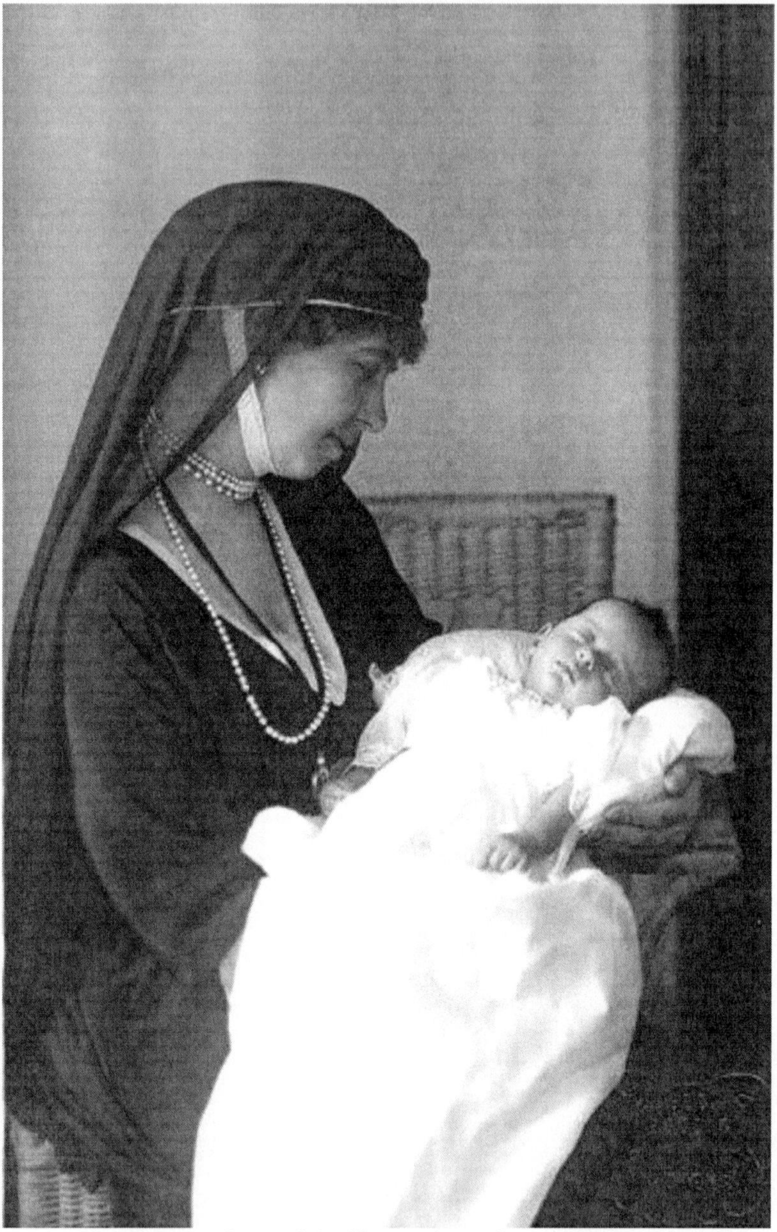

Sophie und die kleine Alexandra, 1921

Die griechische Königsfamilie im Jahre 1921, von links nach rechts: Sophies Tochter, Prinzessin Irene, Sophie, Tino, ihre Tochter, Helen, nun Prinzessin von Rumänien, Kronprinz Carol von Rumänien, ihr Gatte und Sophie und Tinos Sohn Paul

Doch Sophie konnte sich noch auf ein weiteres Enkelkind freuen, denn ihre Tochter Helen war, als sie am achten Mai nach den Flitterwochen auf Tatoi mit ihrem Gatten nach Rumänien abreiste, bereits schwanger.

Andrea und ich im Frühjahr des Jahres 1921 mit einem neuen Mercedes-Automobil,welches er für uns im Januar kaufte

Andrea neben dem Mercedes, Frühjahr 1921

Seit dem *Vertrag von Sèvres* verblieben die in diesem genannten Gebiet, wie unter anderem Westthrakien und Smyrna, völkerrechtlich bei der Türkei. Nachdem Griechenland 1919 formell die Verwaltung der Gebiete durch die Ankunft griechischer Truppen in Izmir übernommen hatte, weigerte sich Mustafa Kemal immer noch den Vertrag anzuerkennen. Es kam seitdem immer wieder zu Überfällen seitens von Partisanen auf die griechischen Soldaten. Dies umfasste auch kriegsähnliche Handlungen, wie Angriffe mit militärischem Charakter, die auch viele Zivilisten in Mitleidenschaft zogen. Russland lieferte Waffen an diese Partisanen, was die griechischen Truppen dazu veranlasste, mit sogenannten Strafexpeditionen gegen die Partisanen vorzugehen. Im Sommer des Jahres 1920 erweiterte Griechenland seine militärischen Operationen, um die immer wiederkehrenden Angriffe durch Kemals Truppen endgültig zu unterdrücken und die griechische Verwaltung zu stärken.

Da nach dem Vertrag nach fünf Jahren durch einen Volksentscheid die Menschen in den betroffenen Gebieten entscheiden sollten, in welchem Land sie leben wollten, also entweder in Griechenland oder der Türkei, befürchtete Kemals militärische Regierung, dass sich die dort ansässigen 1,8 Millionen Menschen für Griechenland entscheiden könnten.

Die Entente war über den Konflikt nicht erfreut, dennoch zeigten sich die Mächte eher kriegsmüde nach dem Ersten Weltkrieg und beteiligten sich nur ungern an einer Schlichtung zwischen den beiden Parteien. Großbritannien stärkte zuerst unsere Regierung, tolerierte aber nicht die Wiedereinset-

zung Tinos, da er noch immer als deutschfreundlich galt. Italien unterstützte die Jungtürken um Kemal mit Waffenlieferungen und Kriegsmaterial.
Die Opposition gegen Venizelos hatte in Griechenland während des Wahlkampfes von 1920 noch mit der Parole *„Heimwärts"* geworben und dem Volk versichert, man würde die Truppen aus allen Konfliktherden abziehen, denn auch dieses war kriegsmüde. Doch mit Regierungsantritt änderte man in Bezug auf den Konflikt mit der Türkei seine Meinung. Man weitete die militärischen Operationen ins kleinasiatische Hinterland noch aus, daher wurde diese Kampagne auch bald als *Kleinasien-Kampagne* bezeichnet. Obwohl die Truppenversorgung stets gesichert war, gestaltete sie sich fernab der Küste bald als schwierig.
Im Sommer 1921 drangen griechische Truppen auf Ankara vor und wurden von türkischen Truppen bei der *Schlacht um Sakarya* zurückgeschlagen. Zu diesem militärischen Konflikt kam der ethnische Hass auf beiden Seiten der beteiligten Parteien.
Kemal wollte einen modernen Nationalstaat schaffen, der auf die Kernregionen der türkisch besiedelten Gebiete im Osmanischen Reich begrenzt war, damit aber auch auf imperiale Gebietsansprüche in Arabien, im Kaukasus und den Balkan verzichten. Dennoch betrafen gerade diese Kernregionen auch griechisch-orthodoxe Bevölkerungsteile, die dort lebten.
Im Februar des Jahres 1921 war eine Friedenskonferenz in London gescheitert. Und in der Türkei schwelte auch ein Konflikt zwischen dem Sultan und Kemal. Der Sultan Mehmed VI. wollte um jeden Preis die Dynastie erhalten und ging so auch auf jede Forderung seitens der Großmächte nach dem Ersten Weltkrieg ein. Man bezichtigte ihn mittlerweile des Landesverrats, da er nur noch als ein reines Ausführungsorgan der Großmächte galt.
Auf der *Konferenz von San Remo* im April 1920 hatten seine Unterhändler die territoriale Neuordnung des Nahen Ostens, welches das Osmanische Reich auf Anatolien reduzierte, akzeptiert. Unter anderem waren Griechenland Gebiete an der Westküste Anatoliens zugesprochen worden, die arabische Halbinsel wurde unabhängig, Großbritannien erhielt die Mandatsverwaltung über Mesopotamien und Palästina, Frankreich über den Libanon und Syrien. Dies war den Jungtürken unter Kemal ein Dorn im Auge, denn es nahm aus ihrer Sicht dem Osmanischen Reich seine territoriale Integrität und seine nationale Souveränität.
Kemal ernannte sich im Jahre 1921 selbst zum Präsidenten der Nationalversammlung in Ankara und übernahm den Oberbefehl über die türkischen Truppen. Es kam zu immer neuen Konflikten, Kämpfen um Städte, Aufständen. Und wir waren alle noch wirklich ausgezehrt vom Ersten Weltkrieg, man sehnte sich nach Ruhe, doch Tino führte die griechischen Soldaten in einen erneuten Krieg.

Für meinen Gatten war dieser neuerliche militärische Konflikt jedoch positiv, denn er konnte sich endlich wieder beweisen. Im Juni 1921 übertrug ihm Tino das Kommando über die XII. Division und zweite Armee in Thrakien.
Natürlich wollte ich ihn nur ungern gehen lassen, da die Geburt unseres fünften Kindes unmittelbar bevorstand, aber ich wusste, wie sehr sein Herz am Militär hing, er diese Aufgabe brauchte, um sein Selbstbewusstsein zu stärken, sich wieder für sein Land einzusetzen. Auch wusste ich um seine Sicherheit und so hatte mich bereits eine Nachricht in den Zeitungen am sechsten April des Jahres nicht schockiert, die von seinem Tod berichtete. Er sei in den Kämpfen um Kleinasien gefallen, doch ich wusste es besser, sorgte mich nicht. Es war eher eine Meldung gewesen, um der königlichen Familie zu schaden, mich seelisch anzugreifen, doch es war nicht festzustellen, wer diese in die Welt gesetzte hatte. Und ich musste auch sogleich meine Mutter schriftlich beruhigen, die zwar an der Nachricht zweifelte, denn ich hätte ihr so etwas sofort per Telegramm berichtet, und die es eher empörte, wie man einer werdenden Mutter einen solchen Schock versetzen konnte.

Am zehnten Juni bekam ich in den frühen Morgenstunden Wehen und der herbeigerufene Arzt aus Korfu empfahl mir den Küchentisch als besten Platz im Haus, um mein Kind zur Welt zu bringen. Um zehn Uhr morgens schenkte ich einem Sohn das Leben. In Übereinstimmung mit Andrea erhielt er den Namen Philippos und wurde unter diesem in der Stadt Korfu registriert. Andrea selbst konnte bei der Geburt nicht anwesend sein, da er Athen einen Tag vor der Geburt in Richtung Smyrna hatte verlassen müssen. Er folgte mit seinen Truppen Tino, der mittlerweile selbst das Oberkommando über das griechische Militär innehatte. Es sollten viele Monate vergehen, bis Andrea seinen Sohn endlich in die Arme nehmen konnte. Doch wir schrieben uns Briefe, in denen er mir mitteilte, wie herzlich der Empfang des Volkes für ihn und Tino in Smyrna verlaufen war, doch merkte wenige Tage später an, dass die griechischen Truppen, die er führte, schlecht ausgerüstet seien, zudem auch wenig erfahren im Kampf. Er glaubte aber dennoch tief und fest an einen Sieg Griechenlands über das Osmanische Reich.
Seine Freude über einen Sohn, wenngleich dieser auch nur der sechste in der griechischen Thronfolge war, machte ihn überglücklich und spornte ihn noch mehr an, sich für sein Land einzusetzen. Jedenfalls hatte ich das Gefühl, als ich seine Briefe las, dass ihn eine noch größere Euphorie eines Sieges durchflutete.
Die nächsten Wochen nach der Geburt verbrachte ich zumeist in der Sonne

liegend auf einer Chaiselongue auf der Terrasse. Wir sprachen unseren Kleinen mit Philip an und seine Schwestern waren furchtbar stolz auf ihn. Es war eine leichte Geburt für mich gewesen. So konnte ich auch bald die vielen Telegramme mit Glückwünschen zu dieser beantworten, diktierte sie zumeist Dolla oder Margarita. Unsere Haushälterin konnte gar nicht genug von Philip bekommen, sie freute sich über seinen gesunden Appetit und was er für ein niedliches, entzückendes Baby er war.
Als Engländerin missfiel ihr die griechische Küche sehr, sie fand diese auch nicht ausreichend für ein Baby. Daher bestand sie bald darauf, Philip zusätzlich mit Reismilch zu füttern. Als er begann, feste Nahrung zu sich zu nehmen, kochte sie ihm ganz selbstverständlich Puddings aus Reis und Tapioka sowie sehr nahrhaftes schottisches Porridge. Philip gewann schnell die Herzen aller, da er das Nesthäkchen war. Tiny, nun um diese Position beraubt, nahm dem kleinen Wonneproppen dies aber nicht übel, sie liebte es ebenso wie ihre Schwestern, sich um ihn zu kümmern.
Meine Eltern, besonders mein Vater, freuten sich sehr über die Geburt eines zweiten Enkelsohnes. Er freute sich auf den Moment, wenn er den Kleinen endlich einmal selbst in Augenschein nehmen konnte, und ich versprach meinen Eltern, sie natürlich bald zu besuchen, damit sie Philip kennenlernen konnten. Ich ahnte nicht, dass das Schicksal meinem Vater nicht gestatten würde, ihm diesen Wunsch zu erfüllen.

Mit Philip auf Mon Repos, Sommer 1921

Andrea teilte mir mit, dass seine Truppe aus Männern bestand, die aus den neuen Provinzen stammten. Es handelte sich um Rekruten aus Thrakien, Ost-Mazedonien und Kleinasien. Die überwiegende Mehrheit dieser Männer wusste nicht einmal, wie man ein Gewehr richtig handhaben musste. Und viele Offiziere waren ungebildet, sie konnten weder lesen noch schreiben. So gestaltete es sich recht schwierig, Befehle schriftlich weiterzugeben. Sie waren alle entschlossen zu kämpfen, aber Andrea fand es eine sehr schwierige Aufgabe, die Männer noch auszubilden, während sie sich alle bereits in Kämpfen befanden. Er würde bis Ende September noch seinen Dienst versehen müssen, so schrieb er mir. Und wusste auch nicht genau, ob es noch länger dauern würde.
Meinem Mann wurde aber zusehends bewusst, dass dieser Konflikt nun Tausende von Griechen das Leben kosten könnte, denn es gab bereits zahlreiche Angriffe auf Zivilisten.
Zudem hatte Andrea dem Oberbefehlshaber General Papoulas bereits schriftlich mitgeteilt, dass er um eine Brigade gebeten habe, die mit Artillerie für militärische Kämpfe in den Bergen ausgerüstet war. Es gab eine Division, die man schicken konnte, aber alles war so unorganisiert und nicht einmal der General wusste, wo sich diese Männer befanden. Andrea gab Anweisungen, die man an oberster Stelle schlichtweg ignorierte. So sahen sich er und seine Männer in Alpanos dann achttausend türkischen Soldaten gegenüber. Die Kämpfe dauerten sechs Stunden an, aber man konnte nur auf vier Einheiten der Artillerie mit Geschützen zurückgreifen, was nicht ausreichte. Die unausgebildeten Männer, die meinem Mann unterstanden, feuerten so auch einmal auf die eigenen Soldaten. Derartige Zwischenfälle, die nicht vorkommen durften, ließen die Euphorie Andreas in jedem seiner weiteren Briefe langsam verebben. Und nun begann ich auch mir Sorgen zu machen, ob nicht die Unfähigkeit seiner Männer seine eigenen militärischen Fähigkeiten überwiegen würde. Ich sorgte mich um sein Leben, doch versuchte mich für meine Kinder aufrechtzuhalten, schrieb auch meinen Eltern, dass ich daran glaubte, Andrea würde in diesem Konflikt nicht sein Leben lassen, da er stark war. Er wusste sein Leben zu schützen, auch wenn er für seine Männer einstand.

Für meinen Vater war der Sommer des Jahres 1921 etwas Besonderes. Er hatte zwar begonnen, sich mit seinen nun siebenundsechzig Jahren etwas mehr Ruhe zu gönnen, aber war voller Pläne.
Am achtzehnten Februar war Arthur Lee, 1st Baron Lee of Fareham zum *Ersten Lord der Admiralität der britischen Marine* ernannt worden. Er war ein stiller Bewunderer meines Vaters, hatte große Achtung vor dessen jahrelanger Karriere und bedauerte sehr, wie man ihn quasi abserviert hatte. Nun

lud er ihn zu einem *Navy Club Dinner* am einundzwanzigsten Juli ein. Mein Vater war diesen Treffen bisher ferngeblieben, weil er über sein unfreiwilliges Ausscheiden zu sehr gekränkt war, aber nun überredete ihn auch Mark Kerr, Nonas Bruder, diese Einladung doch anzunehmen, gerade, weil Lee eben so ein Bewunderer von ihm war. Papa überwand sich. Hunderte von Mitgliedern der britischen Marine waren anwesend bei diesem Essen, und als man zu einem Toast auf seine Gesundheit ansetzte, initiiert von Lee, war mein Vater zutiefst gerührt. Er bedankte sich in einer kleinen Rede dafür und die anwesenden Herren ließen ihn über fünf Minuten lang hochleben, sodass er kaum sprechen konnte. Er war so bewegt von diesem Abend, dass er es mir in einem Brief mitteilte, und ich freute mich sehr, dass er wieder voller Stolz auf seine Karriere sein konnte.

Es war Lee, der nach diesem Abend beim König vorsprach, um Papa den Rang eines Admirals der Flotte im Ruhestand ehrenhalber zu verleihen. Es war der höchste Rang, den ein Offizier der britischen Marine innehaben konnte. Der König stimmte sofort zu, Lee ließ Papa die Nachricht am vierten August in einem Brief überbringen, als er in London weilte, und mein Vater machte sich sofort auf den Weg in sein Büro. Es berührte meinen Vater noch mehr, was Lee für ihn getan hatte, und so setzte er sich dort auf ein Sofa, hatte Tränen in den Augen. Ohne Umschweife gestand er Lee, dass dies für ihn der größte Moment seines Lebens sei. Es würde ihm in Bezug auf seine Karriere in der Royal Navy alles bedeuten.

Meine Mutter war natürlich auch hocherfreut, dass dies alles meinen Vater wieder rehabilitierte. Sie sah ihn auch nur allzugern glücklich und ausgelassen.

Dickie diente zu der Zeit als Nachwuchsoffizier oder *Junior Officer* auf dem Kampfschiff *Repulse* in Schottland. Mein Bruder besprach sich mit dem Kapitän des Schiffes, ob man Papa nicht eine Freude machen könne, indem man ihn einlud, eine Woche auf dem Schiff mitzufahren. Dickie wollte damit Papas Ernennung feiern und der Kapitän gestattete es. Mein Vater genoss die Zeit mit Dickie, die Zeit auf einem Schiff, auf dem die Besatzungsmitglieder zu ihm aufsahen, ihn über seine Karriere, seine Reisen ausfragten. Er blühte wieder auf, wie Dickie meiner Mutter schriftlich mitteilte. In Invergordon legte man an und es gab sogar ein kleines Fest für Papa in dem dortigen Schloss.

Mein Vater fühlte sich so gut, dass er sogar plante, Georgie, der auf dem Kreuzer *Cardiff* im Mittelmeer seinen Dienst versah, auch für einige Tage zu begleiten.

Aber zum Ende der Reise hin erkältete sich mein Vater und bekam kurz darauf Fieber, welches schnell anstieg auf achtunddreißig Grad Celsius. Zu allem Überfluss bekam er auch noch einen Hexenschuss, den der anwesen-

de Arzt auf dem Schiff mit Rückenmassagen behandelte. Doch mein Vater musste das Bett hüten. Nach zwei Tagen schien er sich zu erholen, er verließ das Schiff, verabschiedete sich von Dickie und dankte der Mannschaft sowie dem Kapitän und reiste nach London zurück. Er traf Mama und Nona dort im *Naval and Military Club*, berichtete völlig überwältigt von der Reise, man tauschte Neuigkeiten aus der Familie aus und Mama wies ihn daraufhin, dass Dickie ihr von seiner Erkrankung schriftlich berichtet hatte. Es gehe ihm wieder gut, versicherte er ihr, dafür sorgte er sich mehr um mich und meine Familie in Griechenland. Als er meinte, er sei müde, gingen sie alle in den *Club Annexe* in der *Half Moon Street*, wo Mama und Nona eine Suite gebucht hatten. Da Papa am nächsten Morgen sehr blass war, sich schwach fühlte, ließ sie nach einem Arzt schicken, wogegen er sogleich protestierte, denn er sei ein alter Mann und nur müde von der Reise. Als der Doktor ihn untersucht hatte, meinte er, es sei nicht besorgniserregend. Er verschrieb ihm ein Medikament. Es war der elfte September. Louise war auch angereist, Papa freute sich, sie zu sehen. Mama und meine Schwester nahmen den Tee am Nachmittag gemeinsam mit Papa ein, dann gingen sie beide zu einer Apotheke in der St. James`s Street, um das Medikament zu holen. Der Hausmeister brachte meinem Vater auf Mamas Bitte hin etwas Suppe und Toast, von beidem aß er ein wenig.
Als Mama und Louise eine Weile fort waren, klopfte ein Zimmermädchen an die Tür, um das Geschirr und das Tablett abzuholen. Niemand antwortete ihr, sodass sie vorsichtig eintrat. Sie glaubte meinen Vater schlafend auf dem Bett, aber als sie nähertrat, bemerkte sie, wie friedlich er wirkte und er atmete nicht. Schnell ließ sie nach dem Hausmeister schicken und beide mussten schließlich feststellen, dass mein Vater tot war.
Als meine Mutter nun mit meiner Schwester zurückkehrte, begegneten sie weinenden Mitgliedern des Hauspersonals, von denen das Zimmermädchen vortrat und Mama sagte, wie leid es ihr tue, aber der Admiral sei in ihrer Abwesenheit verstorben.
Meine Mutter brach zusammen, Louise konnte es ebenso nicht begreifen. Er war so voller Ziele gewesen, lebte endlich wieder auf. Es war ein sehr großer Schock für uns alle. Bei der Obduktion stellte man fest, dass mein Vater an einem Herzinfarkt aufgrund einer verschleppten Grippe gestorben war.
Louise telegrafierte mir umgehend nach Griechenland, sie informierte auch Dickie und Georgie. Ohne lange zu überlegen, beschloss ich mit Philip nach England zur Beerdigung meines Vaters zu reisen. Die Mädchen blieben auf Mon Repos. Sie waren sehr betroffen vom Tod ihres Großvaters, aber ich sagte ihnen, sie sollten ihn so in Erinnerung behalten, wie er gewesen war, und es war nicht nötig, dass sie sich mit auf die Reise begaben, denn ich wollte nicht lange bleiben. Es war besser, wenn sie auf Korfu verblieben,

falls ihr Vater doch dort eintreffen würde, wenn er von seinem Dienst eine Auszeit nehmen konnte. Man hatte Andrea Anfang August das Kommando eines zweiten Armee-Korps übertragen. Die militärische Obrigkeit und ebenso Tino waren fest davon überzeugt, dass man nun wie bei einer Parade auf Ankara vorrücken könne. Mit anderen Worten wäre es ein Leichtes, die Stadt einzunehmen.
Andrea war skeptisch, er glaubte eher an einen *Pyrrhussieg*, bei dem der Sieger ähnlich geschwächt wie der Besiegte aus dem Krieg hervorging und nicht auf diesem aufbauen konnte. Er hatte mit seinen Truppen die *anatolische Salzwüste* durchquert, den *Tuz Gölü*. Nach dem Vansee ist es der zweitgrößte Anatoliens und einer der salzhaltigsten der Welt. Der Salzsee liegt im trockenen Hochland zwischen Ankara, Konya und Aksaray. Danach hatten er und seine Truppen die Schlacht um das Gebiet Kale Grotto gewonnen. Aber sie besaßen nach dieser Schlacht nur noch wenig Munition, wenig Nahrung und die Pferde der Division verhungerten, da es für sie nichts mehr zu fressen gab. Es gab nicht einmal Holz, aus dem man Brennholz machen konnte, damit der Koch die wenige Nahrung verarbeiten konnte. Mittlerweile war klar, dass der Feind sich auf seinem Terrain besser auskannte. Die Verluste an griechischen Soldaten überwogen die an osmanischen, die türkischen Soldaten nahmen viele Gefangene und hatten kaum materielle Verluste zu beklagen. Doch für die griechischen Truppen kam kein Nachschub. Andrea fand alsbald, dass sämtliche militärischen Pläne des Generalmajors Stratigos, seines Vorgesetzten, nicht sinnvoll seien. Er hielt sie für absolut kontraproduktiv. So entschied er nach seinem eigenen Gutdünken über ein alternatives Manöver, statt den Anweisungen des militärischen Hauptquartiers zu folgen.
Am dreiundzwanzigsten August griffen die griechischen Truppen am *Sakaryafluss* bei *Polatli*, einer Stadt in der Provinz Ankara, die osmanischen an. In den Weiten am Fluss sollten sich die Kämpfe drei Wochen hinziehen. Tino wollte mit den Truppen bis nach Ankara vorrücken, aber Andrea sah ein, dass die Versorgungslage immer schlechter werden würde, je weiter man in das Gebiet vordrang, denn man war noch gute achtzig Kilometer von Ankara entfernt, es gab Frontalangriffe, Rückzüge, Überraschungsangriffe. Die Landschaft war öde, felsig und hügelig in der Gegend. Dies sollte den Tieren, den Maschinen zusetzen, den Transport schwerer Artillerie erschweren. Man nahm mit der Front eine wichtige Eisenbahnlinie ein, aber die militärische Obrigkeit und Tino drängten weiter auf einen Vormarsch bis Ankara, um Kemal endgültig zu schlagen. Als der König am zehnten August den Befehl zum Angriff auf die türkischen Linien gegeben hatte, musste man erstmal neun Tage marschieren, um überhaupt in Kontakt mit dem Feind zu kommen. Da man sich aufteilte, eben einige Truppenteile

wie Andreas auch den Weg über das Gebiet des Salzsees nahm, konnte er nicht verhindern, dass seine sowie andere Soldaten türkische Dörfer auf dem Weg plünderten, da man bald Hunger litt. Und am *Sakaryafluss* dann brach auch noch für mehrere Tage die Kommunikation zusammen, sodass man gar keinen Nachschub mehr an Nahrung oder Waffen und Munition erhielt. Tino wurde von einer türkischen Patrouille zeitweise gefangen genommen, konnte kurz darauf aber wieder befreit werden, und Andrea sah in alldem kaum noch einen Sinn. Daher entschied er sich dafür, einen Befehl zum Angriff nicht auszuführen, um die Leben seiner ihm unterstehenden Soldaten zu verschonen, musste sich daraufhin wegen Befehlsverweigerung bei General Papoulas melden. Er wies ihn daraufhin, dass nur er allein Befehle gab, die ein Mann auszuführen habe, denn er sei der Oberbefehlshaber. Andrea bat darum, aus dem Dienst ausscheiden zu dürfen, was der General ablehnte. Als Mitglied der königlichen Familie habe Andrea die Pflicht, sein Land zu verteidigen.

Doch bald darauf schrieb mir mein Mann, dass sich sein Wille, nicht zu kämpfen, herumsprach und Papoulas nun überlegte, ihm vorerst für drei Monate sein Kommando zu entziehen, ihn sprichwörtlich nach Hause zu schicken. So ging Andrea davon aus, bald wieder auf Korfu zu sein, was ihn doch sehr freute, da er endlich seinen Sohn sehen wollte.

Der Tod meines Vaters traf auch ihn sehr und er riet mir, zur Beisetzung nach England zu reisen.

Ich begab mich auf die Reise, diese nahm einige Tage in Anspruch, sodass ich nicht anwesend war, als man den Sarg mit meinem Vater in einer großen militärischen Prozession von der privaten Kapelle im Buckingham-Palast, wo der Sarg einige Tage aufgebahrt gewesen war, zur Westminster Abbey überführte. Sieben Admiräle und ein Generalmajor der Marine fungierten als Sargträger, um meinem Vater die letzte Ehre zu erweisen. Nach einem Gedenkgottesdienst brachte man den Sarg in einem Sonderzug nach Portsmouth, dann mit einem Schiff zur Isle of Wight. Im St. Mildred`s Churchyard in Whippingham fand mein Vater seine letzte Ruhestätte.

Ich erreichte am zweiundzwanzigsten September Paris, reiste weiter nach Hampshire und kam erst nach der Beisetzung in Fishponds an. Für meine Mutter, Louise und meine Brüder, meine Schwägerin Nada und ihre beiden kleinen Kinder bot Philip eine kleine Ablenkung von der Trauer.

Auch in der englischen Presse erwies man meinem Vater die letzte Ehre, würdigte seine Karriere und seine Verdienste um die britische Marine. Und König George hatte auf einem Begräbnis nach allen Ehren bestanden, denn er würdigte meinen Vater auch, hatte er doch als junger Mann unter ihm auf einem Schiff gedient.

Mama, Louise, Dickie, Philip und ich reisten einige Tage später nach Lon-

don, wo mir Christos Frau *Spencer House*, ein fast palastartig anmutendes Herrenhaus im vornehmen Stadtteil St. James`s, zur Verfügung stellte und für uns anmietete. Es lag in unmittelbarer Nähe des St. James`s Palastes und des *Green Park*. Sie organisierte sogar einen Koch und Bedienstete für uns. Dort empfingen wir Kondolierende und konnten dennoch alle zusammen unsere Trauer teilen.
Mama ließ das Testament meines Vaters eröffnen, wonach ich über sechstausend englische Pfund seines Besitzes in England erbte, eine halbe Million Rubel, die er noch deponiert hatte bei einer Bank, und über siebenhunderttausend Deutsche Mark aus dem Verkauf von Schloss Heiligenberg. Sein Schmuck, Gemälde, Bücher, Drucke und andere Kunstgegenstände wurden gleichermaßen gerecht unter uns vier Geschwistern aufgeteilt, sofern meine Mutter nicht ein Stück behalten wollte. Aber sie erwog bereits Fishponds zu verlassen, da sie dort zu viel an meinem Vater erinnerte. Sie trauerte sehr um meinen Vater, war aber keine Frau, die sich deshalb aufgab, und sagte uns sogleich, sie müsse sich nun neue Aufgaben suchen, denn ihre Hauptaufgabe war mein Vater gewesen, ihr Leben hatte sich um ihn gedreht sowie um uns Kinder. Doch Georgie und ich seien verheiratet, hatten bereits eigene Kinder, Dickie könne in ihren Augen seinem Junggesellendasein noch so lange nachgehen wie er wolle. Nur Louises Zukunft bereitete ihr Sorgen. Meine Schwester war mittlerweile zweiunddreißig Jahre alt und immer noch war aus Sicht meiner Mutter kein geeigneter Heiratskandidat in Sicht. Es gab keine Bälle oder Partys mehr in der alten Tradition wie vor dem Krieg, die meisten einst jungen Männer waren inzwischen verheiratet. Dickie hatte an Papas Beisetzung auch nicht teilnehmen können, da er, als mein Vater starb, gerade ein Wochenende mit dem Herzog und der Herzogin von Sutherland in *Dunrobin Castle* in Schottland verbrachte. Es war für ihn eine kurze Auszeit von seinem Dienst auf der *Repulse,* und als ihn die Nachricht per Telegramm am Nachmittag des zwölften September erreichte, fuhr kein Zug mehr nach London. Mit einem Automobil wären die sechshundert Meilen bis London zu weit gewesen, die Anfahrt hätte zu lange gedauert. Da in der Nähe aber nur ein Zug abfuhr und dies auch nicht regelmäßig, entschied Mama, dass er dort bleiben solle. Denn mein Vater hatte stets bei Feiern darauf bestanden, dass man nichts abbrach oder änderte, wenn es ihm nicht gut ging oder er aus anderen Gründen nicht dabei sein konnte. Es war in seinem Sinne, dass Dickie die Freizeit vom Dienst in der Marine genoss. Dies fiel meinem Bruder in seiner Trauer natürlich schwer, aber der dort auch anwesende Erzbischof von Canterbury organisierte vor dem Abendessen einen feierlichen Gedenkgottesdienst für alle, um Papa zu gedenken. Da auch andere Gäste anwesend waren, wie unter anderem der Prinz von Wales, der Herzog von York, die

Schwester der Herzogin und auch ein junges Mädchen namens Edwina Ashley, auf die mein Bruder ein Auge geworfen hatte, gestaltete es sich wie ein festvoller Gedenkgottesdienst.
Dickie machte zuerst noch ein Geheimnis um die junge Dame. Stattdessen lud er Mama, Louise und mich an einem Sonntag Anfang Oktober auf das Schiff *Renown* ein, auf dem er bald mit dem Prinzen von Wales nach Indien reisen würde. Dort sollten wir Edwina zum ersten Mal treffen.

Mit Philip in England, September 1921

Man muss anmerken, dass mein Bruder Anfang der Zwanzigerjahre mit zu den begehrtesten Junggesellen in England gehörte. Wenn er nicht auf einem Schiff eingesetzt war, verbrachte er die Wochenenden in London auf Partys, Bällen und Gesellschaften in den großen Landhäusern. Er konnte sich vor Einladungen kaum retten. Und schon wie meinen Vater himmelten ihn die jungen Frauen geradezu an, wenn er in seiner Uniform der britischen Marine einen Raum betrat. Er konnte sehr gut flirten, bezirzte die Frauen und ab und an glaubte er sich auch verliebt in eine. Für eine Zeit fühlte er sich zu Helen Azalea Baring hingezogen. Man nannte sie *Poppy*. Sie war ebenso alt wie Dickie, war bereits mit Albert, dem Herzog von York, einem Sohn der Königin zusammen gewesen und die Tochter von Sir Godfrey Baring, dem *ersten Baronet von Nubia House* in Cowes auf der Isle of Wight. Poppy war, wie man so sagte, damals *fashionable*, liebte Partys, war aber auch als *fun-loving* verschrien. Sie verliebte sich schnell, verdrehte den Männern den Kopf und ließ sie dann fallen wie eine heiße Kartoffel. So war es Albert ergangen und Mama rollte buchstäblich mit den Augen, als Dickie den Wunsch äußerte, Poppy zu ehelichen, weil sie die einzig wahre Frau für ihn sei. Meine Mutter wies ihn daraufhin, dass er wann immer er wolle Zeit mit Poppy verbringen könne, aber er solle nicht nur auf sein Herz hören, sondern auch bereit sein, auf eine Frau zu warten, sich seiner Liebe sicher sein, ohne eventuell nach einiger Zeit eine tiefere Annäherung an eine Frau zu bereuen. Seine Karriere war ihm sehr wichtig, Mama glaubte nicht daran, dass es an der Seite von Poppy auch noch so sein würde, das süße wilde Leben mehr zählen, so meinte sie. Als sich Dickie besann, sich von Poppy als eventuelle Ehefrau abwandte, war meine Mutter mehr als erleichtert.
Dennoch verstanden wir alle Dickie. Nach dem Ersten Weltkrieg begann eine neue Zeit. Alles orientierte sich neu, die jungen Leute strebten nach Vergnügen, man wollte wieder das Leben genießen. Die Freiheit hatte mein Bruder, aber dennoch musste man ihn noch etwas anleiten, denn er war gerade einundzwanzig Jahre alt.
Während der Ballsaison im Frühjahr 1921 war Dickie zu einem großen Ball der einflussreichen Familie Vanderbilt geladen. Dort begegnete er Edwina zum ersten Mal. Ihr Großvater war Sir Ernest Cassel, der als Ernst Cassel im Jahre 1852 in Köln geboren worden war und sich als Bankier und Züchter edler Rennpferde in England einen Namen gemacht hatte. Über eben diese Pferde war er mit Onkel Bertie, der den Rennsport liebte, zueinander gekommen. Als seine Ehefrau an Tuberkulose starb, konzentrierte Cassel seine ganze Liebe auf seine Tochter Maud, die Sir Wilfried Ashley, den *ersten Baron von Temple* heiratete. Edwina, die älteste Tochter, war auf dem Familiensitz ihres Vaters *Broadlands* geboren worden. Es waar ein sehr imposanter Landsitz in der Nähe von Romsey bei Southampton. Wie

Dickie war auch Edwina als Kind und Jugendliche stets auf Reisen gewesen. Man reiste mit Onkel Bertie, ihrem Taufpaten, nach Biarritz, mit dem Großvater zur *Villa Cassel* in der Schweiz, zum Schloss *Classiebawn* in Schottland, nach Irland, besuchte die Verwandten und eigentlich konnte sie keinen Ort ihr eigentliches Zuhause nennen. *Broadlands* war zwischen diesen ganzen Reisen immer nur eine kurze Zuflucht. Dickie verstand sie darin, dass sie sich als Kind oft heimatlos gefühlt hatte, denn auch er war immer mit der Familie unterwegs gewesen, dennoch schwelgte sie dabei stets im Reichtum, während mein Bruder, wie wir alle, auch andere Zeiten kannte.
Ihre Schwester Mary war im Jahre 1904 geboren worden. Und nur kurze Zeit nach der Geburt brach bei ihrer Mutter die Tuberkulose aus. Der Großvater verwendete sein Geld, um der Tochter zu helfen, ließ sie in einem Hotel in Ägypten von einem angeblichen Facharzt behandeln, wozu er, damit sie in Ruhe genesen konnte, das halbe Hotel mietete. Doch auch die besten Ärzte, Schwestern, die teuerste Medizin konnten ihr nicht helfen und sie starb im Jahre 1910. Der Vater übergab die beiden Mädchen in die Hände von Gouvernanten, Bediensteten und man schickte sie von einem Verwandten zum nächsten. Der Großvater versuchte beiden Mädchen Halt zu geben, indem er seine Schwester, die bei ihm als Haushälterin lebte, bat, sich ihrer anzunehmen. Edwina kompensierte ihre Trauer um die Mutter, indem sie viele Haustiere hatte, denen sie, ebenso wie Dickie als Kind, ihre ganze Liebe schenkte. Das Verhältnis zum Vater war schlecht, denn er wusste nicht, wie man sich um Kinder kümmern musste, und es traf beide Mädchen wie ein Schock, als er im Jahre 1914 wieder heiratete. Die Stiefmutter konnte nicht zu Edwina durchdringen, diese hasste die Frau, die den Platz der Mutter einnehmen wollte, und so schickte man sie während des Krieges auf ein Internat für höhere Töchter. Danach auf eine Schule für junge Frauen, wo man sie und ihre Schwester auf die Aufgaben einer Hausfrau, Mutter oder dem Beruf einer Lehrerin für die allgemeine Bildung vorbereitete. Edwina hatte ihren eigenen Kopf, wollte lieber in Italien die Schule beenden, etwas Richtiges lernen, und da der Großvater ihr und einer Gouvernante dies finanzierte, konnte sie ihrem Zuhause entfliehen. Doch nachdem sie wieder in England war, hatte sie keine wirkliche Aufgabe. So bot ihr der Großvater an, bei ihm in *Brook House* in London, einem der feinsten Anwesen der Zeit, als seine Gesellschafterin zu leben. Es war Edwinas Eintritt in die feine Gesellschaft, denn dort gingen hochrangige Gäste ein und aus wie die Churchills. Im Frühjahr des Jahres 1920 organisierte der Großvater einen der spektakulärsten Bälle, um Edwina ihr Debüt in der Gesellschaft zu ermöglichen.
Dickie fühlte sich dieser jungen Frau mit den großen traurigen blauen Au-

gen und dem rötlichen Haar verbunden. Sie trafen sich im Juni und Juli 1921 öfter, dann zur *Cowes Week* im August.
Mrs. Vanderbilt, die mit ihrem Ehemann gerade auf der vornehmen Yacht *Atlantic* urlaubte, bemerkte, wie sich etwas zwischen Dickie und Edwina entwickelte. So lud sie kurzerhand erst Edwina und dann Dickie ein, mit ihr und ihrem Mann nach Le Touché und anderen Häfen entlang der französischen Küste zu fahren. Mrs. Vanderbilt fühlte sich veranlasst, die Dinge voranzutreiben, aber auch, wenn Dickie es mehr als imponierte, wie sportlich Edwina war, im Meer wie ein Fisch schwamm und offensichtlich auch bald mehr für ihn empfand, so traute er sich nicht, um ihre Hand anzuhalten. Nach der Geschichte mit Poppy, und da er im Herbst mit dem Prinzen von Wales nach Indien reisen würde, zögerte er, eine eventuelle Verlobte einsam zurückzulassen, die vielleicht auch einen Affen aus ihm machen könne, indem sie ihn dann ebenso wie Poppy fallenließ. Dennoch wollte er sie unseren Eltern vorstellen und bat sie, ihn nach Fishponds zu begleiten. Und Edwina war dort sofort von unserem Vater sehr angetan und dieser von ihr. Auch Mama fand sie sehr nett und eine ausgezeichnete Partie, denn Edwina würde unter anderem das stattliche Anwesen Broadlands als Mitgift mit in die Ehe bringen sowie das Schloss in Schottland. Zudem würden Dickie und sie niemals Geldsorgen haben, aber meine Mutter befürchtete zuerst, dass eben diese Sorglosigkeit dazu führen könnte, dass ihr Sohn die Karriere in der britischen Marine zugunsten eines unsoliden Lebenswandels in Muße eintauschte, da er dann nicht mehr für seinen Lebensunterhalt zu arbeiten brauchte. Doch für meinen Bruder bedeutete diese Karriere sehr viel, umso mehr nach dem Tode meines Vaters, dessen guten Ruf in der Marine er ebenso erhalten wollte wie Georgie. Sie wollten ihm, wenn man so will, ein würdiges Ansehen bereiten, indem sie sich dort ebenso engagierten wie er. Und Edwina, die absolut hinter Dickie stand, seine Karriere befürwortete, würde ihm, so versicherte sie Mama, keine Steine in den Weg legen. Ferner sah sie in Mamas Mütterlichkeit sofort etwas, was sie anzog. Sie sah in ihr eben die Mutter, die sie vor so vielen Jahren verloren hatte. Beide verstanden sich auf Anhieb sehr gut.
Zu jenem Zeitpunkt ahnte niemand, dass nicht nur mein Vater bald sterben würde, sondern auch Edwinas Großvater, der eine chronische Bronchitis entwickelt hatte. Man riet ihm aufgrund des warmen Klimas nach Frankreich zu reisen, wohin ihn Edwina begleitet hatte, aber am einundzwanzigsten September 1921 verstarb er. Der Tod verband beide, wenn man es so sagen möchte, und Dickie fasste sich ein Herz. Er wollte um keinen Preis seine Zukünftige acht Monate allein lassen, wenn er nach Indien reiste. Doch diese Chance aufzugeben, abzusagen wäre nicht gut für seine Karriere gewesen. Da er wusste, dass Lord Reading, der Vizekönig von Indien, ein

enger Freund von Sir Ernest Cassel gewesen war, fragte er Edwina, ob sie jemals von ihm mit ihrem Großvater eine Einladung erhalten habe, diesen in Indien zu besuchen. Als sie es bejahte, aber meinte, es habe sich nie ergeben, bat Dickie sie kurzerhand, ihn auf der Reise zu begleiten.
Da wir die beiden nun Anfang Oktober auf der *Renown* trafen, begegneten Louise und ich Edwina zum ersten Mal. Mama hatte uns auf das Treffen vorbereitet, aber ich muss gestehen, dass ich sofort angetan war von ihr. Sie war fern jeder Erhabenheit trotz ihres Reichtums, natürlich und sehr herzlich. Mein Bruder hatte von ihr das Versprechen erhalten, dass sie versuchen würde, ihn auf der Reise zu begleiten. Denn sie sollte zwar eine jährliche Zuwendung von rund fünfundvierzigtausend englischen Pfund aus dem Erbe des Großvaters erhalten, aber bekam zu dieser Zeit nur eine kleine Summe für ihren Unterhalt ausbezahlt, weil sie noch keine einundzwanzig Jahre alt und noch nicht verheiratet war. So konnte sie eine solche Reise nicht finanzieren. Von ihrem Vater konnte sie keine finanzielle Hilfe erwarten, denn er war zwar von einer solchen Reise angetan, aber wollte ihr das Geld dafür nicht geben oder leihen. Ihre Stiefmutter dagegen fand den Gedanken, einen Stiefschwiegersohn in der Familie zu haben, der mit dem englischen Königshaus verwandt war, dagegen äußerst attraktiv, da sie dadurch in der englischen Gesellschaft mehr Fuß fassen konnte.
Edwina sollte Dickie ihre Liebe beweisen, indem sie, wie ihr Vater es verlangte, eine Dame fand, die sie als Aufpasserin begleiten würde, und sie bat ihre Tante, die Schwester des Großvaters um Geld. Eine Einladung des Vizekönigs von Indien war mittlerweile für sie durch Dickies Engagement eingetroffen, sodass sie dann am sechsundzwanzigsten Oktober im Hafen von Portsmouth erst gestehen musste, sie habe das Geld nicht, dann aber, nachdem sie es organisiert hatte, folgte sie ihm etwas später nach Indien. Es war der beste Liebesbeweis, den sie ihm erbringen konnte, und auch wenn sie nur sechs Tage dort bleiben konnte, in denen er durch die vielen offiziellen Verpflichtungen des Prinzen von Wales terminlich eingebunden war, so verbrachten sie doch beide noch Zeit zusammen. So bat er Edwina schließlich um ihre Hand. Mittels eines Telegramms bat er König George um seine Zustimmung und dieser war, wie wir alle, natürlich für eine Eheschließung der beiden. Der Vizekönig machte die Neuigkeit publik und sie ließen sich feiern.
Nach sechs Tagen reiste Edwina glücklich zurück nach England und mein Bruder begleitete den Prinzen weiter nach Ceylon, Malaya, Hongkong und Japan, wo sie vom Kaiser empfangen wurden.
Man setzte den Hochzeitstermin auf den achzehnten Juli des Jahres 1922 fest, denn Dickie und der Prinz würden erst Ende Juni wieder von der Reise zurück sein und in Plymouth anlanden. Da die Hochzeit nun in Planung

war, Edwina verlobt, zahlte man ihr ihr Erbe bei der Bank aus, wobei Tausende von englischen Pfund dort eingingen. Umgehend kaufte sie davon ein Hochzeitsgeschenk für Dickie – einen sportlichen grauen Rolls Royce.
Mama freute sich, denn sie konnte sich nun in die Hochzeitsvorbereitungen stürzen, Edwina unterstützen, die einen regen Briefwechsel mit Dickie führte und Mama stets auf dem Laufenden hielt.
Als ich nun, im Oktober 1921, wieder aus England abreiste, war ihre einzige Sorge nur noch Louise, aber sie verdrängte es, denn sie freute sich so sehr für Dickie. Und ich war auch der Meinung, dass er keine bessere Partie hätte machen können. Es war nur sehr traurig, dass mein Vater dies nicht mehr erlebte, der von Edwina auch so angetan gewesen war.

Geschwister: Dickie, links, Georgie, Louise und ich, England 1921

Als ich in Korfu ankam, war Andrea wieder auf Mon Repos, da man ihn beurlaubt hatte. Er erzählte mir von der angeblichen Befehlsverweigerung. Es kränkte ihn sehr, dass man seine Fähigkeiten nicht akzeptierte, er stattdessen nur blind Befehle ausführen sollte, die aber zu nichts führen würden aus seiner Sicht der Dinge, als zu einer völligen militärischen Katastrophe. Dennoch heiterte ihn unser kleiner Sohn auf, den er nun endlich in die Arme schließen konnte. Den Tod meines Vaters betrauerte er auch sehr, denn er hatte ihn sehr geschätzt, aber er wandte ein, man habe ihn nun ebenso eiskalt *abserviert.* Dickies bevorstehende Heirat mit Edwina interessierte ihn auch sehr, dennoch fühlte ich, dass es ihn mehr als schmerzte, zu wissen, dass es zu einem wahren Gemetzel im Krieg mit den Türken kommen würde, weil man seine Einwände schlichtweg ignorierte. Man hatte ihn zu einem Generalleutnant erhoben, aber dies nützte ihm nichts, wenn die anderen Offiziere ihn schnitten, gegen ihn intrigierten. Dessen war er sich sicher. In Eskişehir, einer der größten Städte und Hauptstadt in der gleichnamigen Provinz Anatoliens, hatte er einen erfolgreichen Angriff geführt, dafür war er zwar im Rang aufgestiegen, aber er fand das nutzlos. Ihn beschlich das ungute Gefühl, dass man ihn in der griechischen Armee nur tolerierte, aber nicht wirklich aufgrund seiner Fähigkeiten akzeptierte. Daher hatte er um seine kurzzeitige Entlassung gebeten.

Doch es sollte für meinen Mann noch schlimmer kommen. Andrea, der Kronprinz George und Nikolaus hatten in der italienischen Zeitung *Giornale d`Italia* ein Interview gegeben, in welchem sie sich eindeutig gegen Venizelos aussprachen. Ich fand, dass man ihnen dies nicht sprichwörtlich *ankreiden* konnte, denn dieser Mensch hatte unsere Familie ins Exil verdrängt. Aber die griechische Presse griff es Ende Oktober auf und plötzlich galt Andrea als kontrovers. Auch George und Nikolaus wurden öffentlich attackiert, aber die meiste Kritik konzentrierte sich auf Andrea, da man auch von seinem Ausscheiden vom militärischen Dienst und den Hintergründen erfahren hatte.

Am zwanzigsten Oktober 1921 schlossen Frankreich und die türkische Nationalversammlung unter Kemal den *Vertrag von Ankara.* Frankreich hatte im Dezember 1918 Mesopotamien und Kilikien besetzt, die spätere Südtürkei und Nordsyrien. Am ersten November 1919 kam es zu einem Vorfall, der als der *Sütçü-İmam-Vorfall* in die Geschichte eingehen sollte. Sütçü İmam war drei Frauen zu Hilfe gekommen, die von armenischen Soldaten, die die Franzosen als Unterstützung nutzten, in der Stadt Maraş in Kilikien belästigt worden waren. Er tötete einen der Soldaten und musste sich dann im Untergrund verstecken. Doch dieser Vorfall brachte die türkische Bevölkerung der Stadt so sehr gegen die französischen Besatzer auf, dass es nur zwei Monate später zu einem Aufstand kam. Am elften Februar 1921 sahen sich die Franzosen gezwungen, die Stadt zu räumen. Die armenische Gemeinde floh aus Angst vor Racheakten der türkischen Mehrheit. Es formierten sich Widerstandskämpfer, die in großen Gruppen in den umliegenden Städten die französischen Soldaten bekämpften. Am neunten Februar hatte Frankreich bereits einen Friedensvertrag mit der türkischen Nationalversammlung unterzeichnet, doch nun, durch den *Vertrag von Ankara*, wechselten die Franzosen die Seiten und unterstützten Kemal mit

Waffenlieferungen. Man kann sagen, dass so aus Feinden keine Freunde, aber Verbündete wurden. Frankreich räumte die besetzten Gebiete und gab diese auf. Damit entfiel aber auch gleichzeitig ein Verbündeter im Kampf gegen die Türken für Griechenland. Dieser politische Schachzug der Franzosen verblüffte meinen Mann und es ärgerte ihn sehr, ebenso natürlich wie Tino und den Rest der Königsfamilie.

Es bestärkte Andrea aber auch umso mehr darin, nicht mehr an einen Sieg unserer Truppen zu glauben.

Im Dezember musste Andrea wieder ein Kommando übernehmen. Er befehligte nun das fünfte Armee-Korps von Epirus und den Ionischen Inseln, welches in Jannina stationiert war.

Ich hatte auf Mon Repos mein Refugium, aber ich wollte an der Seite meines Mannes sein, damit ihn die Verzweiflung nicht vollends niederdrückte. Bevor er nach Jannina reisen konnte, musste er sich in Athen behandeln lassen, denn an seinem Zahnfleisch hatte sich eine sehr schwere eitrige Entzündung entwickelt. Ich folgte ihm in die Hauptstadt, ließ meine Kinder in der Obhut der Nanny zurück und reiste nach der erfolgreichen Behandlung mit ihm nach Jannina. Innerhalb einer Nacht organisierte ich ein Haus für ihn, damit wir dort eine Unterkunft hatten.

Kaum hatte er seinen Dienst begonnen, berichtete er mir sogleich, dass er sich fragte, wann dies alles ein Ende haben würde, denn es war offensichtlich, wie die griechischen Truppen den türkischen unterlegen waren. Er bekam die ganze Tragödie aus nächster Nähe mit. Es war eine sehr schwere Zeit, ich vermisste meine Kinder, besonders den kleinen Philip, aber es belastete mich auch sehr, wie dies alles an Andrea nagte.

Mama und Louise wollten uns überraschend am neunzehnten März des Jahres 1922 in Korfu besuchen. Sie brachten einige Kisten mit Silbergegenständen vom Heiligenberg mit sowie zahlreiche Babysachen als Geschenke für den kleinen Philip. Ich war aber noch in Jannina, als ich telegrafisch dort von ihrer Ankunft erfuhr. So bat ich sie, auf uns zu warten, bis Andrea und ich eine Möglichkeit fänden, nach Mon Repos zu kommen. Nur allzu gern nahmen sich Mama und Louise den Kindern an.

Erst am vierten April kehrten Andrea und ich nach Korfu zurück, um dort mit Mama ihren Geburtstag am fünften April und dann mit allen gemeinsam Ostern zu feiern.

Mama erzählte mir, dass Tante Irene die angebliche Anastasia in Berlin in der Anstalt Dalldorf besucht habe. Die Dame, die unter dem Namen Anna Anderson mittlerweile eine sehr zweifelhafte Berühmtheit genoss und sich in der Anstalt befand, nachdem sie ihrem Leben durch einen Sprung in die Spree ein Ende setzen wollte, berichtete haarsträubende Dinge über ihre angebliche Rettung durch einen Soldaten aus Jekaterinburg. Sie war dadurch natürlich in allen Zeitungen und in aller Munde. Nicht nur Tante Irene, sondern auch andere Adelige wie die Kronprinzessin von Preußen Cecilie besuchten die Dame. Meine Tante hatte Anastasia seit der Zeit vor dem Krieg nicht mehr gesehen, aber befand sofort, dass diese Frau nicht ihre Nichte sein konnte. Sie fand kaum etwas an ihr, was Anastasia entsprach, weder die Gesichtszüge noch die Augenpartie. Aus ihrer Sicht konnte diese Dame vielleicht Tatjana sein, aber sie erkannte Tante Irene auch nicht sofort und unsere Cousinen wären ihr sofort um den Hals gefallen. Zudem hatte Mama ja die Gewissheit über den Tod ihrer Schwester und der Familie erhalten. Daher regte sich Tante Irene so sehr über diese Person auf, dass Onkel Heinrich umgehend anordnete, man möge den Namen Anna Anderson nie mehr erwähnen. Eine Anerkennung ihrer Person hätte der Dame einiges eingebracht, denn man vermutete damals, Onkel Nicky habe noch Geld im Ausland liegen und zudem wäre sie dann die Erbin des gesamten Nachlasses wie der Schlösser zum Beispiel in Russland gewesen. So wirkte das Ganze mehr wie Geldschneiderei und ihre Lügen mehrten unseren Kummer.

Ich hatte Tante Irene schon lange nicht mehr gesehen. Meine Cousins, Waldemar, genannt *Toddy*, und Sigismund, wir riefen ihn *Bobby*, waren beide seit 1919 verheiratet. Waldemar mit der Prinzessin Calixta zu Lippe-Detmold und Sigismund mit der Prinzessin Charlotte Agnes von Sachsen-Altenburg. Bobby hatte seit 1920 eine kleine Tochter namens Barbara.

Mama hatte Tante Irene und Onkel Heinrich direkt nach Ende des Krieges in Hemmelmark besucht, sie hatte mehr Kontakt zu ihnen als ich.

Für uns stand nun die Hochzeit von Dickie und Edwina im Vordergrund, ebenso wie Mama und Louise die Situation im griechisch-türkischen Krieg und Andreas Einsatz in demselben sehr beschäftigte.

Wir waren zur Hochzeit eingeladen und Dickie bestand darauf, dass meine Mädchen als Brautjungfern fungierten. Sie waren natürlich alle aus dem Häuschen, hatten Bilder von Edwina in Journalen gesehen und fanden sie überaus hübsch. Cäcilie sagte meiner Mutter, sie freue sich sehr, so eine wunderschöne Tante zu bekommen.

Die Mädchen wuchsen so schnell heran. Margarita war fast siebzehn Jahre alt, Dolla fast sechzehn. Sie frisierten ihr Haar nach der neuesten Mode, trugen es kunstvoll hochgesteckt und meine Mutter lobte, wie natürlich sie waren im Umgang mit anderen Menschen, unaffektiert, hübsch, stets fröhlich, trotz der Gesamtsituation, denn der seelische Zustand ihres Vaters belastete meine beiden Älteren natürlich mehr, da sie begriffen, was sich abspielte oder sagen wir, sie nahmen mehr Anteil daran in ihrem Alter. Ich konnte ihnen nichts mehr vormachen und sprach stets frei und offen mit ihnen. Mama sagte mir, wie sich die Mädchen gaben, käme auf mich zu-

rück. Daher konnte ich stolz auf sie sein.
Dennoch befand sie aber, dass Cäcilie einmal sicher die Hübscheste werden würde, Sophie, unsere ewig humorvolle, sie an Anastasia erinnere in ihrer ungezwungenen Art, mit der sie stets zu Scherzen aufgelegt war. Und Philip sei meinem Mann wie aus dem Gesicht geschnitten.
Meine Mutter ließ es sich nicht nehmen, ihren kleinen Enkel nur zu gerne zu beaufsichtigen und zu beobachten, wie er sich an Möbeln hochhangelte, alleine zu stehen versuchte, in seinem Kinderhemdchen mit nackten Beinchen auf der Auffahrt saß, ihr zulächelte und mit dem Händchen etwas ungelenk zuwinkte. Sie bewunderte es, wenn er über die Kieselsteinchen krabbelte, ohne einen Schmerzenslaut von sich zu geben, sondern dabei fröhlich herumbrabbelte. Auch Louise war überaus angetan von Philip, sie konnte ihren kleinen Neffen gar nicht oft genug herzen.

Philip auf Mon Repos im Frühjahr des Jahres 1922

Andrea mit seinem Sohn, Mon Repos, 1921

Die glückliche Familie von rechts nach links: Dolla, Tiny vor ihr stehend, Andrea mit Philip auf dem Arm, Margarita, Cäcilie und ich, Mon Repos, Frühjahr 1922

König George hatte Mama angeboten, im Kensington-Palast ein großzügiges Appartement zu beziehen, sie würde dort auch einen kleinen Garten nutzen können. Es war deprimierend für meine Schwester, dass sie ahnte, sie würde enden wie Tante Beatrice – als Mamas Gesellschafterin, auf ewig mit ihr im Kensington-Palast verbunden. Es würde die Rolle ihres Lebens werden, wenn sich nichts anderes ergab. Meine Mutter hatte das Angebot des Königs angenommen und war mit Louise im Dezember 1921 in das Appartement im Palast eingezogen. Es ging ihr nie darum, Nona und ihren Mann zu verlassen, denn meine Mutter war ihnen sehr dankbar, dass sie und Papa in Fishponds hatten wohnen dürfen, aber die Erinnerung an meinen Vater wog einfach zu schwer, wie sie gestand, sie brauchte einen Neuanfang. Zudem lebte sie in der Nähe der Verwandtschaft, denn auch Tante Beatrice bewohnte dort zeitweise ein Appartement. Und Mama ehrte die Offerte des Königs, sie konnte so etwas nicht ausschlagen.
Wir hatten eine schöne gemeinsame Zeit in Mon Repos. Die Mädchen beschäftigten sich mittlerweile mit der griechischen Geschichte, indem sie stundenlang am Strand und der näheren Umgebung von Mon Repos kleine Ausgrabungen machten, bei denen sie unter anderem Scherben von antiken Vasen, Tellern, anderem Geschirr, Bronzenägel, Münzen und auch menschliche Knochen fanden. Akribisch notierten sie jeden Fund und gestanden uns, sie hätten die Knochen auf einem antiken Friedhof gefunden. Ihr bester Fund war ein antiker Topf, der fast unbeschadet war. Manche dieser Stücke sandte ich nach Athen zu der Schule für Handarbeiten, damit sie die Muster nutzen konnten, die oftmals noch deutlich vorhanden, auch kulturell eine Bedeutung innehatten.
Einzig Andrea merkte an, dass es vielleicht nicht so gut sei, zu viel Aufmerksamkeit mit den Fundstücken zu erregen, damit nicht alsbald Horden von Archäologen die Insel stürmten und vor allem unsere Ruhe auf Mon Repos störten.
„Die werden unseren schönen Garten in einen kraterähnlichen Acker verwandeln“, seufzte er, doch ich wandte ein, dass ich ja nicht alle Fundstücke nach Athen schickte, und wenn man die Erde in Griechenland mit einer Schaufel bearbeitete, irgendwo anfinge, würde man sicher noch viel bessere und historisch aussagekräftigere Stücke finden. Zudem gab es schon viele Ausgrabungsstätten. Es ging mir hier allein um die Tatsache, dass die Mädchen doch so engagiert waren und sich sehr freuten, dass man ihre Funde würdigte.
Mama allerdings war über die Knochen alles andere als begeistert, denn sie fand es unschön, die Totenruhe zu stören, egal wie alt die Knochen auch waren, und da sie anmerkte, es beunruhige sie diese zu sehen, denn sie dachte an Tante Alix und ihre Familie dabei, bat ich die Kinder, keine mehr

zu suchen oder gar mitzubringen. Ich verstand meine Mutter, und auch wenn ich den Tod stets als etwas Natürliches im Leben betrachtet habe, hatte niemand gerne die Knochen von fremden Menschen im Hause liegen.
Mama und Louise reisten bald darauf wieder ab, denn es musste noch vieles für Dickies und Edwinas bevorstehende Hochzeit organisiert werden.
Im Mai reiste ich mit Andrea wieder nach Jannina. Dort gab ich für die ansässigen Autoritäten einige Tee-Gesellschaften und am sechzehnten Mai ging es zurück nach Korfu.
Tino ging es schon seit dem Herbst des letzten Jahres gesundheitlich nicht gut. Er fühlte sich schwach, die kriegerischen Auseinandersetzungen mit der Türkei zehrten an seinen Nerven und mit seinen nun vierundfünfzig Jahren sah er zusehends viel älter aus. Er pflegte seine außereheliche Affäre immer noch, doch dieser zusätzliche Spagat zwischen Familie und Geliebter hinterließ zusätzliche Spuren. Und dann bekam er auch noch Typhus. Für eine Zeit stand es sehr schlecht um ihn, doch dann erholte er sich wieder. Dennoch merkte man ihm an, dass seine Bürde für ihn kaum noch zu tragen war.
Die wirtschaftliche Situation verschlechterte sich ebenfalls zusehends in Griechenland, sodass Andrea und ich mit finanziellen Einbußen leben musste, die Zinsen für Darlehen veränderten sich zum Negativen und wir verloren etwa ein Viertel unseres Einkommens und Guthabens. Dennoch hatten wir noch genügend Geld, um ein recht gutes Leben zu führen und Geld war für mich nicht alles. So hatte ich es schon von meiner Mutter gelernt. Im Leben gab es andere Dinge, die mehr zählten als ein dickes Bankkonto.
Im Juni reisten wir alle zu Dickies und Edwinas Hochzeit nach England. Wir konnten uns wieder im Spencer House einquartieren und die Mädchen waren schon die Tage vorher so aufgeregt, dass sie ihre delfinblauen Kleider, die Edwina nach der Farbe ihrer Augen ausgewählt hatte, gar nicht mehr ablegen wollten.
Ursprünglich hatte Dickie in der Westminster Abbey heiraten wollen, aber meinte dann, diese sei ein Ort, wo nur die ganz großen Fische heiraten sollten. Die Kirche im Buckingham-Palast war zu klein und so entschied man sich gemeinsam für St. Magaret`s in Westminster. Es war schon von vornherein offensichtlich, dass diese Eheschließung ein äußerst pompöses Ereignis für London werden würde. Edwina wünschte sich eine Mischung aus royalem Flair und hoher Gesellschaft, was durchaus angebracht war.
Am achtzehnten Juli 1922 fand die Hochzeit in Gegenwart von König George, Königin Mary und Tante Alexandra statt. Die Anwesenheit der königlichen Familie, die zahlreichen Verwandten aus dieser und die englische sogenannte High Society wie auch Angehörige der britischen Marine machten ein unvergessliches Ereignis aus der Heirat.

Die Kleider unserer Mädchen waren im neumodischen *Flapper*-Stil geschneidert. Die Röcke waren kurz, sie mussten sie andauernd wieder zurechtzupfen, damit sie die Knie bedeckten, und die seidenen Strümpfe rutschten immerzu hinunter, sodass Tiny und Cäcilie sich darüber mokierten, sie müssten immerzu aufpassen, damit sich diese nicht um ihre Knöchel ringelten. Dennoch war es modisch, modern, eben im neuen Stil der Zwanzigerjahre, denn eigentlich tanzte man in diesen Kleidern die neuen Tänze wie den *Charleston.*
Philip war noch zu klein, um der Hochzeit direkt beizuwohnen, aber er durfte uns von Ferne auf dem Arm seiner Nanny zuwinken, als wir die Kirche verließen, und verblieb dann in ihrer Obhut in Spencer House.
Die britische *Pathé*, eine wöchentliche Nachrichtensendung, die in den europäischen Kinos vor dem Hauptfilm ausgestrahlt wurde, filmte das Ereignis, um später darüber zu berichten. Man nannte es *„Die Hochzeit der Saison“*. Überall auf den Straßen hatten sich zahlreiche Schaulustige versammelt, sodass die Automobile kaum noch durchkamen, das Aufgebot an Polizisten, die den Verkehr regeln mussten, war enorm. Zwanzigtausend Londoner standen allein jubelnd hinter den Absperrungen am Parlament Square, um auch auf einen Blick auf die hohen Gäste zu werfen, die angereist waren. Es war ein Massenspektakel von fast ungeahntem Ausmaß.

Unsere Mädchen im Juli 1922, von links nach rechts
Tiny, Cäcilie, Dolla und Margarita

Meine Mädchen fanden als Brautjungfern sogar Erwähnung in den Journalen

Edwinas Schwester war ihre Ehrendame und für meinen Bruder waren eigens Offiziere der britischen Marine als sogenannte *Groomsmen* abgestellt worden.

Unter dem Spalier der britischen Marine-Offiziere verlassen Edwina und Dickie die Kirche,Juli 1922

Dickie und Edwina vor der Kirche mit Tiny, links und Cäcilie, rechts, die die Schleppe des Brautkleides tragen durften, Juli 1922

Eines der offiziellen Hochzeitsfotos von links nach rechts: Mary Ashley, Margarita, stehend, Joan Pakenham, eine Freundin der Braut, Sophie, sitzend, Dickie, Edwina, Edward, der Prinz von Wales, Mary Ashley-Cooper, die Edwinas Stiefmutter, Dolla, stehend, und Cäcilie, Juli 1922

Mit Margarita, links, und Dolla, rechts, in London, Juli 1922

Cäcilie, links, neben ihr Dolla, Tiny und Margarita, London, Juli 1922

Ein Familienporträt, Juli 1922, London, von links nach rechts: in der hinteren Reihe Georgie, Dolla, Margarita und Dickie, in der mittleren Reihe Nada, Edwina, Mama, Philip und ich, Louise und in der untersten Reihe sitzen Tiny, Tatjana, Georgies Tochter, David, sein Sohn und Cäcilie

Das Brautpaar ließ sich den Stress nicht anmerken. Schon vor der Hochzeit waren zahlreiche Präsente in Brook House eingetroffen, wo Edwina nach dem Tod des Großvaters mit dessen Schwester lebte. Die Braut hatte nie viel Schmuck besessen, doch nun erreichten sie die kostbarsten Stücke von juwelenbesetzten Ringen, diamantenen Tiaras, kostbaren Broschen bis hin zu wertvollen Ketten, die ihr unter anderem Tante Alexandra und sogar der Aga Khan schenkten. Sie gestand uns, dass sie eigentlich einen sehr simplen Geschmack habe, was Schmuck betraf, aber es waren Geschenke, die sie nun auch tragen musste. Es war ein Zeichen ihrer Natürlichkeit, dass sie sich zuerst scheute, derartig prunkvolle Geschmeide anzulegen und in der Öffentlichkeit zu zeigen.
Der Zeitplan vor der Vermählung war schon sehr eng gestrickt gewesen, da Dickie erst von seiner Reise zurück sein musste. So hatte er erst kurz nach seiner Rückkehr Edwinas Vater und ihre Stiefmutter in Broadlands besucht und kennengelernt, dann waren sie zu einem großen Familienessen im Buckingham-Palast geladen gewesen, dem zahlreiche Einladungen von angesehenen Londoner Persönlichkeiten folgten und auch noch folgen sollten. Ihre nächsten vier Wochen waren schon komplett terminlich verplant.
Nach der feierlichen Eheschließung trafen sich die Gäste in Brook House und bald war das Haus fast überfüllt mit Gästen. Dickie meinte später zu mir, er habe wohl an die fünfhundert Hände an diesem Tag geschüttelt, aber mindestens dreihundert auch übersehen. Als der König und die Königin die Feierlichkeiten verließen, konnte sich die Gesellschaft auflösen.
Mit einem Lächeln auf den Lippen sagte Edwina laut zu Dickie, er solle seine Kleidung wechseln und dann würden sie sich auf den Weg nach Broadlands machen, welches ihnen Edwinas Vater für eine Nacht zur Verfügung stellte. Das Hochzeitsgeschenk für meinen Bruder, der Rolls Royce *Silver Ghost*, war nahe des Hauses in der Upper Brook Street geparkt. Dickie war überwältigt von dem Geschenk, nahm sogleich Platz darin. Gemeinsam mit seiner Braut fuhr er unter mehrmaligem Hupen davon.
Das Fest war sehr opulent gewesen. Allein die Hochzeitstorte war ein Meisterwerk eines Konditors, verziert mit Rettungsbooten und Rettungsringen. Und ein Geschenk begeisterte das Paar besonders, denn es handelte sich hierbei um einen großen silbernen Standglobus, auf den der Prinz von Wales Dickies Reiseroute mit ihm hatte eingravieren lassen.
Auf der Fahrt nach Broadlands ereignete sich ein Vorfall, den Dickie später immer wieder zum Besten geben sollte. Als sie kurz mit dem Wagen anhielten, weil ihnen ein Bekannter Dickies in seinem Wagen begegnete, stellte ihm Dickie Edwina als seine Verlobte Miss Ashley vor. Edwina hob verärgert die Hand, zeigte dem Mann ihren Trauring und verzog das Gesicht. Später lachte er über seinen Irrtum, aber seine Braut war wohl noch einige

Zeit sehr böse mit ihm.
In Broadlands blieben sie dann einige Tage, standen erst mittags auf und genossen die Stunden.
Dickie, der immer alles genau plante, so wie er es in der Marine gelernt hatte, war sich sicher, dass seine Braut über seine Hochzeitsreise begeistert sein musste, denn es war alles von ihm genauestens festgelegt worden. Sie wollten durch Europa reisen, doch er hatte terminlich haarklein ausgearbeitet, in welchem Hotel man wann einkehren würde, wann man den Tee einnähme und einiges mehr. Das war Edwina zu steif, sie wollte eine freiere Gestaltung ihrer Hochzeitsreise, zudem man die Abreise wegen der Einladungen und einer angesagten Schlechtwetterfront mit Sturmwarnung etwas verschieben musste.
Mein Bruder hatte sich sechs Monate von seinem Dienst bei der Marine befreien lassen und kam auch mit halber Bezahlung gut zurecht, da seine Gattin über genügend Geld verfügte.
Edwina und er würden sich erst aneinander gewöhnen müssen, meinte Mama. Doch ihre folgende Hochzeitsreise, die in Paris beginnen sollte, dann durch Europa führte, einschließlich der Besuche bei Verwandten, wie derer in Hessen und Spanien, war beiden noch nicht genug und so reisten sie auch noch mit dem Schiff nach Amerika. Von New York über Washington, bis zum Grand Canyon, Chicago und den Niagara-Fällen besuchten sie alle Sehenswürdigkeiten, sogar mit dem Präsidenten aßen sie gemeinsam zu Mittag. Erst im Dezember wollten sie wieder zurück sein. Ihre Hochzeitsreise zeugte bereits von dem im englischen *Splendour* genannten Pomp, den beide in ihrem weiteren Leben fortführen sollten.
Dickie würde im Januar des Jahres 1923 ein neues Kommando auf der *Dreadnought* bekommen und so konnten die beiden ihre Zeit miteinander vollauf genießen.
Mein Bruder verwarf alle seine wohl ausgearbeiteten Pläne schnell, buchte sie in Paris aus dem vornehmen *Ritz*-Hotel aus, sie schliefen stattdessen in der Dachkammer einer kleinen Pension, was seine Gattin begeisterte, wie er uns schrieb.
Wir alle fanden das schon sehr beeindruckend, in welche Welt Dickie nun eingeheiratet hatte.
Und schon bald berichteten alle Zeitungen über die luxuriöse Hochzeitsreise, denn man kann ohne Umschweife sagen, dass Edwina und Dickie bald zum begehrtesten Paar der *High Society* wurden. Jeder wollte sie einladen, sich mit ihnen umgeben, so trafen sie unter anderem auch Charlie Chaplin in den USA. Sie drehten in Hollywood sogar einen kleinen Stummfilm mit ihm, in dem sie ein Liebespaar spielten und er Regie führte. Es war Chaplins Hochzeitsgeschenk für das Paar.

Seinen Status als Prominenter sollte mein Bruder allerdings bald bereuen, denn als er nach der Hochzeitsreise wieder seinen Dienst antrat, lag in der Offiziersmesse bereits die neueste Ausgabe des *Tatler*, eines Klatschmagazins aus der Welt der Berühmten und Reichen, auf dem er und Edwina nicht nur einmal die Titelseite zierten. Von da an hatte er einen schweren Stand unter den Kameraden, die mit seinem Ruhm und seiner Prominenz nichts anfangen konnten. Er war engagiert in der Marine, aber lebte ansonsten ein völlig anderes Leben. Viele ließen ihn daher die Ablehnung direkt spüren, was mir sehr leidtat für meinen Bruder.

Nach der Hochzeit reisten wir noch nach Schottland, wo wir alle gemeinsam mit Nada, Georgie und ihren Kindern bei wundervollem Wetter schöne Ausflüge in die Natur machten. Louise begleitete uns und freute sich sehr, Zeit mit ihren Nichten und dem kleinen Philip zu verbringen. Die Hochzeit von Dickie und Edwina hatte sie auch sehr genossen, dennoch schwelgte sie in Wehmut im Hinblick auf ihr eigenes Leben. Sie fühlte sich als alte Jungfer, die kein Mann mehr heiraten wollte, da sie eben schon das heiratsfähige Alter bei Weitem überschritten hatte. Ich trösteste sie mit dem alten, vielleicht antiquierten Spruch, dass sich bisher noch für jeden Topf ein Deckel gefunden habe. Es baute sie natürlich nicht wirklich auf, denn sie meinte sogleich, sie werde eben enden wie Tante Beatrice.

Leider zogen an unserem Horizont dunkle Wolken auf, die uns zwangen, nach Griechenland zurückzukehren, und weder Andrea noch ich ahnten, was auf uns zukommen würde, als wir am neunzehnten September die Rückreise antraten.

Mama befürchtete, dass die Kleinasien-Kampagne schlimme Auswirkungen auf unser Leben haben könnte, und ich wusste zu jenem Zeitpunkt noch nicht, wie recht sie mit dieser Befürchtung dann haben sollte.

Andrea war bereits etwas früher abgereist, da man ihn nach Athen zitiert hatte. Es fand ein Treffen im Palast statt, an dem Tino, Andrea und Nikolaus teilnahmen. Sie empfingen dort Georgeios Vlachos. Er hatte im Jahre 1919 einen Zeitungsverlag gegründet, in dem die *Kathemirini*, zu deutsch *Die Tageszeitung*, eine Athener Morgenzeitung erschien. Vlachos war konservativ orientiert und bei diesem Gespräch sprach mein Mann offen aus, was viele dachten. Er forderte Tino auf zurückzutreten, seinem Sohn die Regierung zu übergeben. Ferner meinte er, es sei das Beste, wenn Tino, auch aufgrund seines Gesundheitszustands abdankte und ins Ausland ginge. Nikolaus war absolut dagegen, dass Tino erneut seinen Machtanspruch verlor. Schließlich war er erst wieder aus dem Exil zurückgekehrt und aus Nikolaus□ Sicht war in Bezug auf den Konflikt mit den Türken noch nichts verloren.

Tino selbst schwieg, was meinen Mann sehr ärgerte, denn er fand es nicht gut, dass sein Bruder keine Position beziehen wollte. Denn auch Vlachos war sehr skeptisch, wie man den Konflikt noch in den Griff bekommen sollte.
Am neunten September kam es dann zur sogenannten *Kleinasiatischen Katastrophe.* Mustafa Kemal eroberte mit seinen Truppen Smyrna, das spätere Izmir. Kurz nach der Eroberung richtete sich der Hass der Türken gegen die griechischen und armenischen Einwohner der Stadt. Man überfiel die Menschen in ihren Vierteln, vertrieb oder tötete sie auf grausamste Art und Weise. Da man Häuser in Brand setzte, glichen große Teile der Stadt bald einem Flammenmeer, vor dem die Menschen ins Meer flüchteten. Unzählige ertranken in ihrer Panik.
Die Brände weiteten sich aus, tagelang wüteten die Feuer in der Stadt. Etwa vierzigtausend Einwohner ließen in diesen Tagen ihr Leben. Es war ein Genozid unmenschlichen Ausmaßes, den man auch auf umliegende Dörfer erweiterte, die komplett dem Erdboden gleichgemacht wurden. In der Stadt *Van* löschte man das gesamte armenische Viertel aus, scheute sich auch nicht davor Gotteshäuser zu zerstören.
Einige Menschen in Izmir waren vor der Belagerung durch Kemal auf bereitgestellten englischen Schiffen geflüchtet, aber die meisten hatten alle Warnungen in den Wind geschlagen, als man befürchtete, die Stadt könne erobert werden. Man kann ihnen keine Vorwürfe machen, denn sie wollten ihren Besitz nicht verlassen, glaubten auch vielleicht an Hilfe vonseiten der griechischen Truppen.
Am zehnten September ließ Tino eine Proklamation veröffentlichen, in der er zu dem Genozid keine Stellung nahm, aber dem griechischen Volk versicherte, dass er zwar das Versagen der griechischen Armee einsähe, diese sich jedoch im Ersten Weltkrieg bewiesen habe, und nun würde er alles tun, um mithilfe der Verfassung den Frieden im Land wiederherzustellen. Er appellierte an den Patriotismus des Volkes, aber es war im Grunde genommen ein mehr als hilfloser Versuch einer Schadensbegrenzung. Der Krieg gegen die Osmanen war verloren. Dies war nur allzu offensichtlich.
Immerzu erreichten uns Meldungen darüber, wie Menschen nun allein aufgrund ihrer Religionszugehörigkeit aus Kleinasien vertrieben oder Zwangsumgesiedelt wurden. Auf den im Folgenden einsetzenden Flüchtlingstrecks starben zehntausende Menschen. Für zweitausendfünfhundert Jahre hatten Griechen in Kleinasien friedlich mit Armeniern und Türken zusammengelebt, nun wurde diese alte Geschichte mit einem Schlag hinweggefegt. Es war die Wiege der griechischen Kultur gewesen, die Philosophen wie Thales hervorbrachte, Dichter wie Ilias und auch Homer.
Gleichzeitig mussten nun auch die Türken aus Griechenland fliehen, da man

sie mit roher Gewalt vertrieb. Auch hier starben Zehntausende auf der Flucht.
Andrea hatte es kommen sehen und nun wurde mein Mann dafür angefeindet, dass er das Land verlassen hatte, um einer Hochzeit beizuwohnen, und sein Kommando in Epirus einfach nicht mehr wahrgenommen hatte. Während es zu einer Tragödie kam, hatte er in den Augen der anderen Angehörigen des Militärs fröhlich gefeiert.
Francis Lindley, ein neu eingesetzter englischer Botschafter und sein Berater Charles Bentinck waren zwei sehr fähige Diplomaten, die aber gegenüber Tino auch nicht sehr freundschaftlich eingestellt waren, denn die Ressentiments Englands gegenüber der Wiedereinsetzung Tinos hatten nach wie vor Bestand. Und da er nun als oberster Heerführer in dem griechisch-türkischen Konflikt versagte, schienen sich diese zu bewahrheiten. Zudem beobachtete man von England aus jeden von Tinos Schritten argwöhnisch, wofür Sir Eyre Crowe, ständiger Unterstaatssekretär des Auswärtigen Amtes verantwortlich war. Lindley und Bentinck berichteten ihm jede Neuigkeit genauestens, und als Tino beide zu einem Gespräch bat, um über die auswärtigen Angelegenheiten Griechenlands zu sprechen, war dieses nicht sehr fruchtbar für ihn. Man ließ ihn die Ablehnung und Geringschätzung buchstäblich spüren.
Lindley befürchtete keine Revolution in Griechenland, aber sah Tinos Popularität schwinden, als die ersten geschlagenen griechischen Truppenteile bereits im August wieder nach Griechenland zurückkehrten. Militärisch hatte Tino gründlich versagt, was auch Andrea stets unterstrich, als er am zweiundzwanzigsten August einen großen Angriff gegen die türkischen Truppen befohlen hatte, der als letztes Aufbegehren galt. An der Westfront bei *Afyonkarahisar* durchbrachen die Türken die Linien dieser Gegenoffensive schon am zweiten Tag. Am dreißigsten August, bei der Schlacht um Dumlupinar, schlug Kemal unsere Truppen endgültig vernichtend. Die griechischen Truppen mussten sich aus Anatolien zurückziehen, es besiegelte die lange Reihe von Tinos militärischen Fehlentscheidungen. Und die Katastrophe in Kleinasien tat dann noch ihr Übriges.
Es formte sich kurz darauf am elften September ein revolutionäres Komitee, initiiert von zwei Offizieren des griechischen Militärs, die auch für ihre Kameraden einstehen wollten, um Rache für die Niederlage im griechisch-türkischen Konflikt zu nehmen. Sie fühlten sich von der Regierung und vor allem dem König verraten. Oberst Nikolaos Plastiras hatte unter Andrea gedient und der Oberst Stylianos Gonatas schloss sich Plastiras an. Sie waren die Drahtzieher des revolutionären Komitees und ließen bald darauf Flugblätter drucken, die man über Athen abwarf. In ihnen wurde der sofortige Rücktritt Tinos gefordert.

Diese Offiziere waren Anhänger von Venizelos, der aus seinem Exil heraus immer noch die Situation in Athen genauestens im Auge hatte.
Lindley sah sich nun gezwungen, umgehend nach London zu telegrafieren, damit die Regierung Soldaten schickte, die im Fall des Falles ein Blutvergießen vermeiden konnten und die königliche Familie beschützen sollten. Dabei ging es vor allem um Tinos Schutz und den seiner Familie. Für alle anderen Mitglieder der königlichen Familie befürchtete man nichts, aber da sich der König konsequent weigerte, seine Abdankung zu vollziehen, drohte die Situation zu eskalieren.
Endlich, am siebenundzwanzigsten September sah Tino ein, dass er seinen Machtanspruch zum zweiten Mal in seinem Leben verloren hatte, und stimmte der Abdankung zu. Kronprinz George lebte mit seiner Gattin Elisabeth bei den Schwiegereltern in Rumänien. Er wurde nun zurück nach Athen beordert, nahm die Krone an und leistete den Eid. Als König George II. wurde er der neue König von Griechenland, seine Gattin Elisabeth an seiner Seite Königin, aber George trug noch den Makel mit sich, dass er im deutschen Militär ausgebildet worden war. Zudem trat er die Regierung an, als sich neben ihm das revolutionäre Komitee zu etablieren versuchte. So konnten wir alle nur hoffen, dass er nicht ebenso wie sein Bruder Alexander als eine reine Marionette regieren würde.
Man organisierte für die Abreise Tinos, seiner Frau Sophie und der zwei Töchter Irene und Katherine ein griechisches Dampfschiff, die *SS Patris*, auf welchem sie am Abend des dreißigsten September Griechenland verlassen sollten. Lindley hoffte, dass Nikolaus und seine Familie sowie Andrea, unsere Kinder und ich ihnen folgen würden. Aber Andrea lehnte es strikt ab, sein Heimatland zu verlassen, zudem er für mich und die Kinder keinerlei Gefahr darin sah, weiterhin auf Mon Repos zu verbleiben. Wir waren dort abgeschieden von Athen und würden der Dinge harren, die kommen würden, aber uns nicht einmischen. Uns beiden widerstrebte der Gedanke, wieder ins Exil zu gehen, wo immer dieses dann auch sein mochte. Unsere Kinder liebten Mon Repos, das sehr beschauliche Leben dort. Wir wollten sie auch nicht noch einmal der Heimat entreißen. Und wir waren erst aus einem Exil gekommen, hatten uns wieder eingelebt. Es war für uns undenkbar, wieder aufzubrechen, rastlos herumzuziehen und an einem anderen Ort nur darauf zu warten, endlich wieder heimkehren zu dürfen.
Andrea, Nikolaus und Tino baten aber ihre Mutter, ebenfalls ins Exil zu gehen, und da es Tino gesundheitlich nicht gut ging, wollte sie ihm auch eine Stütze sein, erklärte sich sofort bereit das Land zu verlassen.
Aspasia, Alexanders Witwe, und ihre kleine Tochter Alexandra blieben unbehelligt von der Forderung des revolutionären Komitees das Land zu verlassen, denn sie beide hatten keine große Bedeutung für die Regierung.

Da Aspasia entgegen aller Befürchtungen keinen Sohn geboren hatte, der Anspruch auf den Thron gehabt hätte, konnte man ihren Status als durchaus uninteressant bezeichnen.
Nikolaus und seine Familie reisten nach Paris, wo sie bereits im ersten Exil recht gut gelebt hatten, denn Elena besaß als geborene russische Großfürstin noch viel Schmuck, den sie auch zur Finanzierung ihres Lebensunterhalts verkaufen konnten.
Tino, seine Familie und die Schwiegermama reisten bis nach Italien. Da sie sich ihr Exil selbst wählen konnten, entschied man, dass das Klima dort für Tino am besten wäre, damit er sich erholte, sie zogen in die *Villa Hygeia* bei Palermo.
Die Revolutionäre hofften nun, dass man durch die erzwungene Abdankung Tinos das Vertrauen der Alliierten wiedergewonnen hatte, insbesondere das von England. Damit verbunden war die Hoffnung, dass Ostthrakien griechisch bleiben konnte, aber dies zerschlug sich. Am elften Oktober schlossen die Alliierten mit der türkischen Nationalversammlung unter Kemal in Mudanya einen Waffenstillstand. Am dreizehnten Oktober akzeptierte die griechische Regierung diesen nach einigem Hin und Her, die griechische Armee zog sich aus Ostthrakien zurück, wobei den Soldaten Tausende von griechischen Flüchtlingen folgten.
Die neue Regierung unter den Revolutionären hatte die alten Minister absetzen und inhaftieren lassen. Man zeichnete sie ebenfalls verantwortlich für die Katastrophe in Kleinasien.
Zuerst versicherte man Andrea und mir, dass wir gänzlich unbehelligt bleiben würden und für uns keinerlei Gefahr bestand. Aber nur wenige Tage später fanden wir uns doch in einer Art Belagerungszustand wieder, der durchaus beunruhigend war. Das revolutionäre Komitee verfügte, dass man alle ihre Briefe, die wir erhielten, konfiszierte und durchlas, ebenso verfuhr man mit der Post, die wir absandten. Wir wurden von Männern beobachtet, die sich in den Büschen und hinter Bäumen versteckten und sich auch keine große Mühe machten, sich zu verbergen. Es war offensichtlich, dass man jeden unserer Schritte überwachte.
Zum Glück hatten wir einen zuverlässigen Kurier, der noch einige Briefe direkt überbringen konnte, sodass ich meiner Mutter schrieb, in welcher Lage wir uns befanden. Sie gab es sofort weiter, vor allem, als ich ihr berichtete, es könnten in der nächsten Zeit Tausende von Flüchtlingen aus den türkischen Gebieten auf Korfu eintreffen. Dies war eine Tatsache, die sich aus der Gesamtsituation der Flüchtlingsströme ergab. Natürlich hoffte ich innerlich, wenn ich mich der Hilfe dieser Menschen widmete, vielleicht mit Dolla und Theodora, würde man uns in Ruhe lassen.
Louise schickte mir sogleich Bekleidung, Stoffe. Sie hatte diese Sachen mit

dem Geld erworben, welches ihr Edwina, Dickie und andere generöse Freunde gaben, um uns zu unterstützen.
Mama äußerte in einem Schreiben, wie sehr sie sich um uns, vor allem um Andrea sorgte, der schließlich Tinos Bruder war. Sie hegte die Furcht, Venizelos, der aus dem Exil die Fäden in der Hand hielt, könne mithilfe der Revolutionäre eine Republik ausrufen und damit das Land endgültig ins Chaos stürzen. Denn George hatte als neuer König das revolutionäre Komitee anerkennen müssen. Meine Mutter, eine stets vorausschauende Frau, schätzte die Situation aufgrund ihrer sehr guten Menschenkenntnis richtig ein.
Am sechsundzwanzigsten Oktober besuchte uns der Oberst Loufas, ein Abgesandter des revolutionären Komitees, in Mon Repos, um Andrea zu dem Debakel in Kleinasien zu befragen. Nach dieser Befragung forderte Loufas meinen Mann auf mitzukommen nach Athen. Die Spannung war spürbar in der Luft und Andrea beugte sich, begleitete Loufas auf den griechischen Zerstörer *Aspis*, mit dem man ihn nach Athen brachte. Man sagte mir, ich solle ruhig bleiben, mich nicht sorgen, in zwei Tagen würde mein Mann zurück sein, aber beim Abschied flossen Tränen, obwohl ich fest an die Worte Loufas glaubte. Ich beruhigte meine Mädchen, die ihren Vater nicht gehen lassen wollten.
Und als Andrea nach zwei Wochen noch nicht wieder heimgekehrt war, wir jeden Tag wartend dasaßen, auf eine Nachricht von ihm hoffend, so befürchteten wir bald das Schlimmste, denn in Athen eskalierte die Lage.
Über eine Griechin, die in höheren Kreisen verkehrte, erreichte uns schließlich eine kurze Nachricht, die Andrea verfasst hatte, welche die Dame aus Athen schmuggeln konnte, da er sie darum bat, denn er sorgte sich um seine Familie. Diese Nachricht schockierte uns sehr, denn er schrieb mir, es käme zu einem Prozess, doch er wisse nicht, ob er angeklagt werden würde oder nur eine Aussage machen solle. Man hatte ihn in das Haus von Nikolaus□ ehemaligem Flügeladjutanten General Palli gebracht, wo er in zwei Räumen leben musste. Vor der Tür war ein Soldat positioniert und die Polizei bestand auf der dauerhaften Überwachung meines Mannes. Er durfte Besucher nur in Anwesenheit eines Polizeibeamten empfangen. Andrea ging davon aus, dass er für die Revolutionäre eher eine Art Pfand sei, um ihre Forderungen auch außerhalb Athens durchzusetzen.
Ich musste dies alles sofort meiner Mutter schreiben. Der Brief wurde ihr über Christo, der mit Anastasia in London lebte, zugestellt. Mama reichte ihn weiter an den König und dieser übergab ihn Lord Curzon, dem Sekretär des Auswärtigen Amtes in London. Dadurch meldete sich Lindley bei mir in Mon Repos, der mir versicherte, er werde sich für Andrea einsetzen, gegen seine Behandlung protestieren. Ebenso wollte sich der italienische

Minister in Athen für meinen Mann engagieren, ferner wandte der amerikanische Minister ein, dass er in die USA telegrafieren würde, man solle die Subventionen für die Flüchtlinge sofort unterbinden, wenn sich die Situation für meinen Mann nicht umgehend ändere.
Der britische Konsul auf Korfu nahm Kontakt zu Loufas auf, der ihn davon unterrichtete, dass man Andrea sowohl aus politischen wie auch militärischen Gründen festgenommen hatte. Mein Mann konnte aus seiner Sicht für die griechischen Offensive am Fluss Sakarya im Jahre 1921 keine plausible Erklärung abgeben, warum es dort zu militärischen Fehlentscheidungen gekommen war. Doch gerade diese waren von Andrea stets bemängelt worden. Zudem führte man den General Papoulas an, der aussagte, wie mein Mann eigenmächtig handelte, sich den Befehlen, die er gegeben hatte, nicht fügen wollte. Er bezichtigte Andrea damit, nicht nur der Einheit unter seinem Kommando, sondern dem gesamten griechischen Militär geschadet zu haben, was aus meiner Sicht lächerlich klang.
Man klagte meinen Mann also an, sich nicht den Befehlen gefügt und dann auch noch im Angesicht des Feindes den Dienst einfach verweigert zu haben.
Ich dankte dem Konsul für die Information, aber es beunruhigte mich natürlich umso mehr. Mein Mann war stets für das Militär engagiert gewesen, doch er wollte einfach keine Befehle ausführen, in denen er keinen Erfolg sah. Anstatt, dass man auch seiner Meinung Glauben schenkte, blieb ihm keine andere Wahl, als um seine Entlassung zu bitten. Es war alles so unsinnig und wirkte so, als suche man nur nach einem Grund, um meinen Mann vor Gericht zu stellen.
Das revolutionäre Komitee hatte bereits einige Minister inhaftieren lassen, nun folgte die Verhaftung von Armeeoffizieren, wie bei Andrea, die auch in Kleinasien dienten. Man verhaftete den ehemaligen liberalen Premierminister Dimitrios Gounaris, den Innenminister Nikolaos Stratos, den Kriegsminister Nikolaos Theotokis, den Außenminister Georgeios Baltatzis, den Minister Michael Goudas, den anderen ehemaligen Premierminister Petros Protopapadakis, den ehemaligen Premierminister Nikolaos Kalogeropoulos, den man schlichtweg für senil hielt und daher festnahm. Auch der General Georgeios Hatzianestis, Kommandant der Truppen in Kleinasien und Thrakien, Xenophon Stratigos, Minister für Kommunikation und Oberst Constantinopoulos, ehemaliger Verwalter des militärischen Distrikts von Athen wurden unter Arrest gestellt, dann ebenfalls verhaftet. Es glich einer wahren Hexenjagd. Das revolutionäre Komitee brauchte einfach einen Sündenbock, um die Katastrophe in Kleinasien, die Niederlage der griechischen Armee zu rechtfertigen. Sie bedienten sich aber gleich mehrerer Sündenböcke, denen man allen den Prozess machen wollte.

Lindley machte seinen Unmut über einen geplanten Prozess öffentlich deutlich, indem er davor warnte, dass etwaige Exekutionen der Inhaftierten als ein reiner Akt der Rache angesehen werden könnten und damit das Land endgültig entzweien würde.
General Pangalos, der die Verhöre der Gefangenen im Wesentlichen als Wortführer leitete, war ein Anhänger Venizelos und absoluter Gegner der Monarchie. Man machte ihn zu einem öffentlichen Ankläger. Er rief nun gemeinsam mit Plastiras die *Hellenische Republik* aus. Dies war zwar eine rein formelle Ausrufung, denn Griechenland hatte noch einen König, aber dieser war lediglich ein Spielball in den Bestrebungen des revolutionären Komitees, ihre eigenen Machtansprüche durchzusetzen.
Am zwölften Oktober gründete das Komitee ein sogenanntes *außerordentliches militärisches Tribunal*.
Mittlerweile hatte ich sogar versucht, mich brieflich an den Papst zu wenden, damit man meinem Mann helfen würde, denn mir war nun klar, dass diese Männer zu allem fähig waren.
Das Tribunal wurde am einunddreißigsten Oktober zum ersten Mal einberufen. In einem zweiwöchigen Prozess wurden Gounaris, Baltatzis, Stratos, Theotokis, Protopapadakis und Hatzianestis vor einem Militärgericht des Hochverrats angeklagt, dann für schuldig befunden.
Man verurteilte sie alle zum Tode. Wenn man bedenkt, dass die meisten dieser Männer gegen Venizelos eingestellt waren, sprach das Todesurteil für sich. Zudem der Prozess von Plastiras, Gonatas, Pangalos, der von Alexandros Othonaios als vorsitzendem Heeresrichter, ebenfalls ein glühender Anhänger von Venizelos, den man selbst auch nach Athen holte, um dem Prozess als außerordentlicher Stellvertreter des Komitees beizuwohnen, geleitet wurde.
Die Todesurteile wurden am fünfzehnten November veröffentlicht, doch da waren die Angeklagten bereits tot. Man hatte sie direkt nach Verkündung der Todesurteile am frühen Morgen des fünfzehnten November in *Goudi*, einem östlichen Teil von Athen am Fuße des Berges *Hymettos*, erschossen.
Admiral Goudas und General Stratigos erhielten lebenslange Haftstrafen. Letzterem wurde später im Rahmen einer Amnestie erlaubt, ins Exil in die Schweiz zu gehen.
Die Nachricht von den Hinrichtungen verbreitete sich schnell in Europa. In Paris kamen leider auch Meldungen auf, in denen man seinen Unmut darüber äußerte, dass Tino, Nikolaus und Andrea als Hauptschuldige nicht das gleiche Schicksal geteilt hatten.

Anfang November hatte ich mich noch der vagen Hoffnung hingegeben, mein Mann könne eventuell freikommen. Georgie hatte in London beim

König vorgesprochen, ihn um ein Eingreifen gebeten. Lord Curzon war bereits beim König aufgrund der Situation in Griechenland vorstellig geworden, aber da dies nicht fruchtbar gewesen war, appellierte Georgie nun an die verwandtschaftlichen Beziehungen. Und König George willigte ein zu helfen, er sagte, er habe nichts dagegen, wenn Andrea und wir nach England ins Exil reisten. Aber die Tage vergingen und nichts passierte.
Mittlerweile verstand ich meine Tante Alix, die gefürchtet hatte, man könne Onkel Nicky nach seiner Abdankung in Moskau den Prozess machen. Und der König hatte sie und ihre Familie im Stich gelassen, indem er ihnen ein Exil in England verweigerte. In gewisser Weise machte er sich damit schuldig, was Mama immer noch genauso sah, und nun würde er wieder nicht helfen. Meine Verzweiflung wuchs, denn ich hatte bereits mit den Mädchen Pläne geschmiedet, wie wir verfahren würden, wenn ihr Vater freikäme. Ich wollte Dolla und Margarita zu Mimi und George nach Paris schicken. Die drei jüngeren Kinder sollten mit mir in Mon Repos verbleiben.
Mitte November kam Christo uns aus London auf Korfu besuchen. Es schockierte ihn sehr festzustellen, dass wir immer noch unter polizeilicher Beobachtung standen. Er spürte meine innerliche Erregung und Unruhe, doch auch er war sehr besorgt um seinen Bruder.
Sogleich entschied er sich, nach Athen weiterzureisen, bat darum, Andrea besuchen zu dürfen, was man aber entschieden ablehnte. Christo, obwohl ein Mitglied der königlichen Familie, war sicher, denn er hatte einen Scheck über eine große Summe bei sich, den ihm seine reiche Gattin Anastasia ausgestellte. Diese Summe sollte an das griechische Rote Kreuz gehen. Man erlaubte ihm daher, doch das Haus zu betreten, in dem Andrea gefangen gehalten wurde, zu dem ab und an ein Diener gehen durfte, um ihm unter anderem das Essen zu bringen. Dort gelang es Christo mithilfe des Dieners eine Nachricht in einem Paket Zigaretten zu meinem Mann in die Räume zu schmuggeln. In einem bestickten Taschentuch, welches mir Christo überbringen sollte, erhielt er eine sehr beunruhigende Nachricht von Andrea zurück. Nachdem mein Mann sein Schicksal annahm und dies dem General Pangalos gegenüber äußerte, fragte ihn dieser, wie viele Kinder er habe, doch wartete eine Antwort nicht ab. Stattdessen bedauerte er, dass diese bald alle Halbwaisen sein würden.
Christo machte sich auf nach Tatoi, sprach dort mit dem neuen König, doch er merkte schnell, dass auch dieser sich in einer misslichen Lage befand, denn er offenbarte ihm sofort, er sei auch nur wie ein Gefangener in diesem Land, habe Angst vor dem Komitee und dem griechischen Volk.
Bevor Christo nun überstürzt abreiste, da er nicht helfen konnte, verlangte er den Scheck zurück, denn er sah keinen Sinn darin, noch irgendetwas, irgendjemanden oder irgendeine Organisation in Griechenland zu unterstüt-

zen. Ferner forderte er für Ellen, Nikolaus’ Ehefrau, die Auszeichnungen zurück, die sie im Rahmen ihrer karitativen Tätigkeiten erhalten hatte, ihre noch im Palast vorhandene Sammlung von Juwelen und ihre Perserkatze. Man übergab ihm alles und ließ ihn unbehelligt abreisen. Er machte noch einen Zwischenstopp vor Korfu, durfte aber nicht von Bord gehen. Ein Polizist unterrichtete mich davon und ich ging zum Hafen, wo er versuchte mir mitzuteilen, was er erfahren und erlebt hatte in Athen. Ich gab ihm einen Brief für Mama mit, damit sie wusste, wie es uns ging und wie es um meinen Mann stand. Es war eine große Geste von Christo, vor mir nichts auszulassen oder gar zu beschönigen, auch wenn ich mich nun völlig hilflos fühlte.

Auch in der Türkei forderte die Nationalversammlung unter Kemal das Ende der Monarchie, am ersten November beschloss man dort die Trennung von Kalifat und Sultanat, welches man gleichzeitig aufhob. Die Herrschaft des Hauses Osman endete so nach 622 Jahren. Sultan Mehmed VI. musste das Land verlassen und reiste am siebzehnten November auf dem britischen Kriegsschiff *HMS Malaya* nach Malta ins Exil, dann weiter nach San Remo an der italienischen Riviera, wo ihm der König Viktor Emanuel III. eine Villa zur Verfügung stellte. Der Cousin des Sultans wurde als Abdülmecid II. neuer Kalif der Türkei. Doch auch dieser war mehr eine Marionette unter Kemal und der Nationalversammlung.

Am zweiundzwanzigsten November traf sich König George, um mit dem Diplomaten im britischen Außenministerium, Sir Eyre Crowe, über die Situation in Griechenland und Andreas Lage zu sprechen. Meine Mutter hatte mittlerweile auch mit dem König gesprochen, der ihr gegenüber nun endlich einsah, dass er sich dem Rat seines Ministers Lloyd George unterworfen hatte, indem er es ablehnte, Tante Alix’ Familie ein Exil in England anzubieten. Er war in einem einzigen Moment schwach gewesen, in welchem er hätte Stärke zeigen müssen, und sprach meiner Mutter gegenüber offen aus, dass er nicht noch einmal das Blut eines Cousins oder einer Cousine an seinen Händen kleben haben wollte. Für das erste und einzige Mal in seiner Regierungszeit berief er sich auf sein königliches Vorrecht, was eine Entscheidung betraf.
So informierte mich kurz darauf Lindley, dass ihm Crowe aus England die Nachricht telegrafiert habe, dass der König sehr besorgt um Andreas Schicksal sei. Er bat darum, von Lindley jederzeit über Neuigkeiten informiert zu werden, und bemängelte, welchen kriminellen Unsinn die griechische Regierung einsetzte, um ihre extremen politischen Ziele durchzusetzen. Lindley solle jede Anregung dem König gegenüber äußern, wie man

auf bestem Wege Andrea helfen könne, und er solle auch nichts unversucht lassen, die griechischen Autoritäten davon zu überzeugen, wie unsinnig es sei Andrea anzuklagen. Das wichtigste Ziel sei es nun, meinen Mann zu befreien. Die griechische Regierung solle ihm gestatten, mit seiner Familie das Land zu verlassen.
Dies war ein Lichtblick, aber gleichzeitig erreichte uns die Nachricht, dass Andrea Ende November nun auch vor Gericht gestellt werden sollte. Das Komitee berief sich zwar darauf, dass die Minister, die man bereits hingerichtet hatte, die größte Schuld trugen, aber dennoch sollte sich auch Andrea vor dem Militärgericht den Anschuldigungen stellen.
In dieser Zeit, in der ich mich vor meinen Kindern tapfer gab, ihnen versicherte, dass ihrem Vater nichts geschehen würde, glaubte ich mir meine Beschwichtigungen manchmal selbst nicht, und mir war ebenso klar, wie Dolla und Margarita aufgrund ihres Alters die Situation natürlich in aller Gänze erfassten, meine Sorgen mehr teilen konnten als die beiden jüngeren Schwestern. Ich konnte den beiden Großen nichts vorspielen. Sie gaben mir Halt, hofften ebenso auf die Hilfe des Königs aus England.
Wenn Cäcilie und Tiny mit ihren elf und acht Jahren nach ihrem Vater fragten oder der kleine Philip, dann brach es mir fast das Herz.
Wie schlimm musste es meinen russischen Cousinen ergangen sein im Exil, dem kleinen Alexei, ständig überwacht durch die Soldaten in einem Haus unter Arrest … und Tante Ella – nun konnte ich es nachempfinden. Wir wurden zwar nie körperlich bedrängt durch die Polizisten, aber die bloße Anwesenheit war schwer erträglich. Ständig ermahnte ich die beiden jüngeren Mädchen, beim Spielen draußen kein Wort über den Vater zu verlieren, nichts laut auszuplappern, was wir im Haus untereinander besprachen.
Und mein Mann war ganz alleine. Was musste er für eine Sehnsucht nach uns allen haben?
Es gab Nächte, in denen ich kaum Schlaf fand, in mein Kissen weinte, darum betete, dass diese schwere Bürde doch endlich von uns genommen würde und Rettung käme.

Lindley war sich sicher, dass man Andrea nicht hinrichten, aber mit einem Exil bestrafen würde, also der Verbannung aus Griechenland. Aus seiner Sicht diente ein Prozess gegen meinen Mann einzig und allein der Tatsache zu zeigen, dass eine Revolution keine Unterschiede in Personen machte, ob sie nun von königlichem Geblüt waren oder Offiziere, Minister. Er sagte mir, er würde sich nur dann um Andrea wirklich sorgen, wenn es zu einem politischen Umsturz käme. Doch dies waren alles nur Vermutungen, die mich nun darin bestätigten, dass es ein Fehler gewesen war, in Griechenland zu bleiben. Ich ging davon aus, damit auch Andreas Meinung zu teilen. In

seiner misslichen Lage bereute er es sicher weit mehr als ich.
Das Auswärtige Amt in London hatte inzwischen über H. G. Mayes einen Bericht erhalten, den er an den Junior Naval and Military Club richtete, in dem er in allen Einzelheiten den Verlauf des ersten Prozesses beschrieb. Er warnte das Auswärtige Amt, dass man einfach zusah statt einzuschreiten und damit einer sehr weitgehenden Justiz die Türen öffnete. Die diplomatischen Beziehungen zwischen England und Griechenland waren mittlerweile zerstört. Mayes Warnungen wurden nicht ernst genommen, denn das Auswärtige Amt ignorierte den Bericht schlichtweg. Der Premierminister wusste nichts weiter über Mayes, als dass er der Organisator der Olympischen Spiele in Griechenland gewesen war.
Am fünfundzwanzigsten November musste die alte Regierung abdanken, General Gonatas formte eine neue und der neue Kriegsminister wurde der General Pangalos. Er war, so Lindley, einer der gewaltbereitesten Soldaten, von dem er je gehört hatte. Man setzte Andreas Prozessbeginn auf den dreißigsten November fest.
Ich konnte nicht länger untätig auf Korfu herumsitzen und reiste nun umgehend nach Athen, denn ich musste einfach in Andreas Nähe sein.
Von Athen aus versuchte ich noch einmal Hilfe vom Papst zu erhalten, von Enas Ehemann, dem König in Spanien und meinen beiden Brüdern, wobei ich dann erfuhr, dass auch Dickie bereits bei König George in England vorstellig geworden war. Dickie suchte sogar den Premierminister Bonar Law auf.
Lord Curzon setzte sich nun für Andrea ein, denn er kontaktierte den Kommandanten Gerald Talbot in der Schweiz. Dieser war damals beim britischen Auslandsdienst beschäftigt und für einige Zeit auch der Begleiter des Gesandten der britischen Marine in Athen gewesen. Curzon bat ihn nun, sich darum zu kümmern, dass Andrea mit uns als seine Familie unbeschadet Griechenland verlassen konnte.
Mit gefälschten Papieren machte sich Talbot umgehend auf den Weg und erreichte am achtundzwanzigsten November Athen. So traf er einige Tage vor dem Prozess ein. Wenn Talbot eventuell vorgehabt hatte Andrea zu entführen, so entschied er sich gegen eine solche geheime und vielleicht auch gefährliche Methode, nachdem er mit Pangalos gesprochen hatte. Am dreißigsten November schickte die Britische Botschaft in Athen ein frühes Morgentelegramm an das Auswärtige Amt in London. Darin bestätigte Talbot, dass der Kriegsminister und auch der Oberst Plastiras ihm beide versichert hatten, man würde Andrea nicht exekutieren, aber ihm erlauben, unter dem Protektorat von Talbot das Land zu verlassen. Doch dies war an Bedingungen gebunden, die da lauteten, dass mein Mann an dem folgenden Samstag bei Prozessbeginn erscheinen und am gesamten Prozess teilneh-

men sowie Stellung beziehen würde. Eine Verurteilung seinerseits liefe auf Strafarbeit oder die Todesstrafe hinaus. Plastiras aber würde Andrea dann begnadigen, ihn an Talbot übergeben, damit er sofort mit mir und der Familie das Land auf einem britischen Kriegsschiff Richtung Brindisi verließe. Oder man solle über einen anderen Hafen dann eine Route nach England wählen. Das revolutionäre Komitee verlangte, dass genau am dritten Dezember gegen Mittag ein britisches Kriegsschiff im Hafen von Phaleron bereitstünde. Der Kapitän dürfe eine Order über die Route von der britischen Botschaft erhalten, aber alles müsse geheim ablaufen. Somit solle man den Kapitän nicht darüber informieren, wer an Bord ginge und was der Grund für die Reise sei.

Das Komitee gab vor, dieses Zugeständnis unter den größten Anstrengungen zu machen, und man habe sich an die Vorgaben zu halten, um Andreas Leben zu retten. Die Vereinbarung sei als geheim anzusehen, sowohl Andrea als auch ich durften vorher nichts davon erfahren, sonst würde man sich, lapidar ausgedrückt, alles noch einmal überlegen. Jegliche Zuwiderhandlung wäre also schädlich für Talbots Bemühungen, die darauf fußten, dass er sich auf den König in England berief. Doch für Pangalos war es einerlei, ob der König von England oder irgendjemand sonst aus unserer Verwandtschaft auf etwas bestand, wie er Talbot sagte, denn es war allein die Entscheidung des Komitees.

König George hatte bereits vor einigen Tage die englische Admiralität angerufen, deutlich gemacht, dass er darauf bestand, ein Schiff nach Athen zu schicken, welches seinen Cousin retten solle. Dabei unterstrich er, man solle unverzüglich handeln, damit Andrea am Leben blieb. Diese royale Machtausübung führte zu der umgehenden Entsendung der *HMS Calypso*, eines mit Waffen vollbestückten Kreuzers, der sich auf den Weg nach Piräus machte. Der Kreuzer sollte rechtzeitig eintreffen, aber als das Schiff sich im Hafen von Phaleron positionierte, machte sich sofort ein Anhänger des revolutionären Komitees auf den Weg nach Athen, informierte Pangalos darüber, dass sich ein britisches Kriegsschiff im Hafen befand und seine Kanonen auf die Stadt gerichtet seien. Dies entsprach natürlich nicht der Wahrheit, aber dennoch war der Kreuzer so etwas wie ein Mahnmal, eine stille Drohgebärde an Pangalos.

Im Hafen lag auch die *HMS Malaya*, die auf Veranlassung der britischen Botschaft in Athen hin dort wartete, falls man den König und seine Gattin auch aus dem Land bringen musste. König George in England wurde darüber informiert, er unterrichte Tino und seine Familie in Palermo darüber, damit sie sich keine Sorgen um ihren Sohn und ihre Schwiegertochter machten. Tinos Tochter Helen war jedoch skeptisch, denn sie befürchtete, dass eine Intervention ihren Bruder betreffend zu einem Gewaltakt gegen diesen durch das revolutionäre Komitee führen würde, und meine Schwiegermutter Olga, die sich gerade in Paris aufhielt, schrieb an den König, sie hoffe, er werde für den Schutz ihres Enkels und seiner Frau sorgen.

Talbot erreichte am ersten Dezember die Zusage von General Pangalos, dass man keine weiteren politischen Gefangenen mehr hinrichtete. Ferner setzte er sich für den senilen Minister Nikolaos Kalogeropoulos ein. Dieser wurde daraufhin nicht zum Tode verurteilt, sondern aufgrund seines körperlichen und geistigen Zustands, er war bereits zweiundsiebzig Jahre alt, freigelassen. Der greise Mann stellte keinerlei Gefahr für das Komitee dar, daher fand Talbot seine Entlassung auch absolut gerechtfertigt. Der Minister war nicht mehr in der Lage, wirklich aktiv einem Prozess zu folgen.

Am dritten Dezember wurde Andrea in das Parlamentsgebäude gebracht, wo der Prozess stattfand. Oberst Kalogeras beschuldigte ihn im Verlauf des Prozesses, er habe sich geweigert, am dritten August des Jahres 1921 die Befehle des Oberbefehlshabers General Papoulas auszuführen, sich damit auch einer Gegenüberstellung mit dem Feind entzogen. Andrea sagte aus, die Befehle bedeuteten für das *Dritte Armee Korps* zu verteidigen, während das *Erste* und *Zweite Armee Korps* angreifen sollten. Er fügte hinzu, dass man in seinem *Dritten Korps* die anderen beiden im Auge behielt, als die türkischen Truppen angriffen. Oberst Sariyannis, der als Zeuge geladen und ehemaliger Sub-Stabschef in Ionia gewesen war, gab zu Protokoll, man habe die Befehle des Oberst ignoriert, wären diese ausgeführt worden, so hätte man die Schlacht am Sakarya-Fluss gewonnen.

Man beschuldigte Andrea der Befehlsverweigerung und legte ihm zur Last, dass er seinen Posten einfach verlassen habe, obwohl man dem Feind gegenüberstand. Des Weiteren unterstellte man meinem Mann eine völlige Unfähigkeit im Befehligen einer großen Truppe, wofür man ihm sämtliche militärischen Ränge entzog, ihn degradierte und eine lebenslange Verbannung aus Griechenland aussprach.

Obwohl es stimmte, dass Andrea sich den Befehlen verweigerte, ergriff er aber in der Schlacht die Eigeninitiative und war durchaus sehr fähig, auch einen größeren Truppenverband zu kommandieren. Er sah die Niederlage einfach voraus. Daher war es auch egal, ob nun behauptet wurde, man hätte siegreich sein können, wenn Andrea befehlsmäßig gehandelt hätte. Der Prozess war eine reine Farce, um meinen Mann zu einem Sündenbock für die Unfähigkeit aller angeklagten griechischen Politiker und Generäle zu machen.

Andrea, ganz rechts sitzend, während des Prozesses, Dezember 1922

Talbot hatte mich im Geheimen über einiges informieren können, was man mit dem Komitee abgesprochen hatte. Frank Lindley war inzwischen aus Athen abgereist, aber Charles Bentinck war noch anwesend. Als Talbot nun den Premierminister und den Oberst Plastiras zu einem Gespräch bat, war Bentinck auch zugegen. Es ging bei dieser Unterredung darum, dass das Komitee Talbot die Sicherheit des Königs zusagte. Plastiras versicherte ihm und Bentinck, man habe den König eingesetzt und wolle ihn auch auf dem Thron belassen. Es bestünde keinerlei Gefahr für ihn oder für die zivile Bevölkerung in Griechenland. Die politische Situation sollte so bestehen bleiben, wie sie im Moment war.

Ich muss sagen, dass ich nur in höchsten Tönen von Talbot sprechen kann, da er für meinen Mann und unsere Familie eine große Hilfe war.

Im Schatten der Nacht, am Abend nach dem Prozess, durfte ich mit Talbot gemeinsam zu meinem Mann. General Pangalos begleitete uns. Es war ein unbeschreibliches Gefühl, Andrea endlich wieder in den Armen halten zu dürfen. Wir weinten beide. Als ich meinem Mann das erste Mal in London während der Krönungsfeierlichkeiten für Onkel Bertie begegnet war, verliebte ich mich sofort in ihn. Im Englischen nennt man es *dotty*. Ich war sofort verrückt nach ihm und in jenem Moment, dort in diesen zwei Räumen, wieder vereint, überkam mich wieder dieses Gefühl. Ich liebte Andrea

abgöttisch und hätte für ihn jeden Stein auf der Welt ins Rollen gebracht, um ihn lebend wiederzusehen. Es war mir egal, ob wir Griechenland verlassen mussten, wir nie wieder zurückkehren durften. In jenem Augenblick war dies alles nebensächlich, wir wollten einfach nur weg.
Wir stiegen in ein bereitgestelltes Automobil und wurden von General Pangalos zum Hafen gefahren, wo der britische Kreuzer auf uns wartete. Dort gingen wir in Begleitung von Talbot auf das Schiff, welches nun nach Korfu fuhr. Unsere Mädchen und die Nanny waren bereits informiert. Sie kamen mit dem Gepäck zum Hafen, doch ich durfte auch noch einiges zusammenpacken, das Haus ein letztes Mal betreten.
Andrea schloss seine Kinder überglücklich in die Arme. Gemeinsam mit einer Hofdame, der Gouvernante der Mädchen und der Nanny, Miss Roose, verließen wir Griechenland und warfen noch einen letzten Blick auf Mon Repos. Es lag auch etwas Wehmut in unserer Abreise, denn wir gingen davon aus, diesen Ort niemals im Leben wiederzusehen. Es waren so viele glückliche Erinnerungen an die Kindheit der Mädchen, Philips Geburt damit verbunden, dass wir auch darüber weinten, denn es war unser Zuhause.
Am fünften Dezember erreichten wir den Hafen von Brindisi. Auf der Fahrt hatte sich Andrea viel mit dem Kapitän unterhalten, der nun große Stücke auf meinen Mann hielt, nicht verstehen konnte, wie man einen solchen Mann und dazu noch Familienvater allen Ernstes hinrichten wollte. Tiny war schnell der Liebling des Kapitäns, weil sie stets zu Scherzen aufgelegt war, uns für kurze Momente die Angst der letzten Wochen vergessen ließ. Und die Matrosen hatten für Philip in Ermangelung eines Babybettchens eine Orangenkiste zu einem umfunktioniert. Einer der Matrosen meinte, es sei Philips Einführung in die Gepflogenheiten der britischen Marine, was wir alle mit einem Lachen hinnahmen, denn es war sehr niedlich, wie der Kleine sein Bettchen sofort akzeptierte.
Wir reisten von Brindisi weiter nach Rom. Talbot machte sich alleine weiter auf den Weg nach London. Natürlich bedankten wir uns bei ihm für seine Hilfe. Er wurde zuerst beim König vorstellig, der ihn weiter zu Mama schickte, um ihr von den Ereignissen in Griechenland und unserer Ausreise zu berichten. Ich hatte bereits mehrmals erwähnt, dass meine Mutter eine sehr gesprächige Frau war, die zumeist nur schwerlich andere Menschen zu Wort kommen ließ. So ging Talbot nun zu ihr. Louise wartete auch gespannt auf Neuigkeiten und Dickie war auch anwesend, da er Mama und meine Schwester gerade besuchte.
Bevor Talbot nun beginnen konnte, Mama einen Bericht zu erstatten, riss sie das Gespräch sofort an sich. Sie meinte, sie wisse, dass der König mit seinem Einfluss sich dazu bewogen habe, Talbot dabei zu unterstützen, ihren Schwiegersohn vor einer eventuellen Hinrichtung zu bewahren und

dass man einen Kreuzer nach Griechenland entsandt habe. Meine Mutter mutmaßte, Talbot sei also nach Athen gereist und habe damit einen Teil seiner Mission erfüllt.
Wieder setzte nun der arme Mann an, holte Luft, doch sie redete weiter. Man habe ihn sicher ausgewählt, weil er Griechenland gut kenne und somit auch General Pangalos. Es lag für sie auf der Hand, dass Talbot diesen getroffen habe, aber es sei wohl nicht fruchtbar gewesen.
Hier muss man kurz einwenden, wie langsam sich die Nachrichten aus Griechenland verbreiteten. Mama hatte noch nichts in der Zeitung gelesen, war also nicht informiert über Andreas Rettung, und so redete sie weiter, machte dabei ihre eigenen Ausführungen, was wohl schiefgelaufen sei, und holte zu Talbots Erstaunen kaum Luft dabei. Man könnte sagen, sie sprach mit ihm sehr warmherzig, gefasst, aber dennoch ohne Punkt und Komma.
Als sie nun endlich schwieg, Dickie das Wort ergriff, lächelte dieser Talbot an, seufzte und meinte zu Mama, nun, da sie Talbot ihre Sicht der Dinge in den kleinsten Einzelheiten dargelegt habe, sollte sie ihm doch endlich einmal die Chance geben zu erzählen, was wirklich passiert sei.
Meine Mutter entschuldigte sich sogleich und hörte aufmerksam zu, als Talbot ihr bestätigte, wie schwierig es gewesen sei, mit dem General zu sprechen, aber er sei erfolgreich gewesen. Dann erhob er sich, wollte gehen, aber Mama war so verblüfft, erfasste die Situation nicht so schnell wie Dickie und Louise. Sie lud Talbot umgehend zum Mittagessen ein.

Als wir in Rom ankamen, strandeten wir dort, denn wir hatten keine Pässe und mussten leider feststellen, dass man entgegen aller Zusagen kein Geld für uns bereitgestellt hatte. Da unsere Konten in Griechenland eingefroren waren und wir keinen Zugang zu unserem Vermögen bekommen konnten, waren wir mehr oder weniger mittellos. Andrea hatte ein klein wenig Geld mitnehmen können, aber das würde für unseren Unterhalt niemals reichen. Und er würde auch keine Pension aus seinem Dienst in der griechischen Armee erhalten.
Der britische Botschafter, Sir Ronald Graham, setzte sich für uns ein. Er ließ uns vierzehntausend Lira zukommen, arrangierte für uns die Weiterreise nach Paris. Dort kamen wir am achten Dezember in der französischen Botschaft unter, wollten eigentlich nur eine Nacht dort verbringen und am nächsten Tag nach England weiterreisen. Denn Talbot hatte der griechischen Regierung die Zusage gemacht, Andrea und unsere Familie direkt nach London zu bringen. Nun gestaltete sich dieses aber plötzlich schwieriger als gedacht.
Denn König George in England hatte sich zwar um meinen Mann gesorgt, Hilfe organisiert, aber dennoch war er nun nervös, ob es eine gute Idee sei,

Andrea als jemanden, der von einem revolutionären Komitee angeklagt und verbannt worden war, ins Land zu lassen. Der britische Premierminister pflichtete ihm bei, man solle vermeiden, ein Mitglied der griechischen Königsfamilie nach England einreisen zu lassen, weil es dem Ansehen des Königs durchaus schaden könne.
Und dann stellte der Kommandant Kenworthy im *House of Commons*, dem Unterhaus des britischen Parlaments die durchaus berechtigte Frage, warum ein britischer Kreuzer nach Griechenland entsendet worden war, um einen griechischen Prinzen und seine Familie zu retten. Stattdessen hätte man auch ein griechisches Schiff nutzen können. Diese Frage zog ihre Kreise bis ins Auswärtige Amt, wo der dortige Berater Miles Lampson sie kommentierte, indem er zwar die Rettung verteidigte, aber nun wiederum die Frage stellte, ob es nicht besser sei, wenn wir Tino in Palermo aufsuchten, um dort mit ihm und seiner Familie zu leben.
Zu jenem Zeitpunkt hatte der König bereits eine Nachricht an Mama geschickt, in der er deutlich machte, dass es nicht vorteilhaft wäre, wenn wir nach England kämen. Es sei in diesem Moment einfach ungünstig uns aufzunehmen, um die diplomatischen Beziehungen mit Griechenland nicht vollends abzubrechen.
Man berief das Parlament ein, diskutierte und kam überein, eine Einreise nach England unsererseits abzulehnen.
Für meine Mutter war dies nicht sehr erfreulich. Sie war mehr als verärgert darüber, wie man uns behandelte. Sie telegrafierte mir nach Paris, dass sie wolle, dass wir nach England kämen, drückte es als ihren persönlichen Wunsch aus, nicht als den des Königs. Umgehend wandte sie sich an Lord Stamfordham, den Privatsekretär des Königs, machte ihrem Ärger Luft. Sie verwies darauf, dass wir unsere Heimat verloren hatten, ich ihre Tochter sei und wir auch kein Geld hätten. Man ließ uns mehr oder weniger mit den Kindern mittellos dasitzen. Mama wusste, dass Christo und seine Frau uns natürlich unterstützen würden, wenn wir darum baten, aber sie gab an, Geld von ihren Konten zu nehmen, um uns zu helfen.
Man kann sagen, Mama setzte alles auf eine Karte, denn wie sie mir später sagte, war ihr Tonfall nicht sehr höflich gewesen, sondern in diesem Moment eben der einer resoluten Schwiegermutter, Mutter und Großmutter. Zudem unterstellte sie reichen Griechen in London, dass diese die Regierung informierten, eine Einreise von uns sei abzulehnen. Das war natürlich nur eine reine Vermutung ihrerseits, doch sie glaubte an eine Beeinflussung des Königs durch andere Personen als seine Minister oder die Angehörigen des Parlaments. Meine Mutter war eben eine Frau, die ihrem Herzen folgte, besonders wenn sie meinte, jemandem widerfahre ein Unrecht.
Lord Hardinge, der britische Diplomat in Paris, erhielt ein Telegramm des

Premierministers, mit dem dieser im Namen des Königs deutlich machte, dass man im Moment eine Einreise unsererseits nach England für absolut unerwünscht ansehe. Hardinge sollte alles in seiner Macht Stehende tun, um uns davon abzuraten und damit davon abzuhalten.
Lord Stamfordham suchte Mama auf und meinte, sie unterschätze das schlechte Verhältnis zur griechischen Königsfamilie. Man sei entschieden gegen eine Wiedereinsetzung von König Konstantin gewesen, aber dies begründete sich auf die politischen Probleme und diplomatischen Spannungen während des Ersten Weltkriegs. Sobald sich das Parlament vertage, was um den vierzehnten Dezember herum geschehen sollte, stünde einer eventuellen Einreise nichts mehr im Wege.
Der König wisse um seine Hilfe für Andrea und hatte dies ohne zu zögern angeboten, dennoch sei man in einem Machtgefüge gefangen, welches auf der *Labour Party* und den schlechten diplomatischen Beziehungen mit dem griechischen Königshaus beruhe.
Aus Griechenland sei ein Telegramm eingetroffen, in welchem sich König George II. von Griechenland beim König für seine Hilfe bedankte, denn diese hätte unter Umständen auch ihm gegolten. Er bat darum, dass man uns einreisen ließe, wenngleich vielleicht auch mit einer zeitlichen Verzögerung, aber es war schon alles sehr schmerzhaft für mich und Andrea gewesen in der letzten Zeit.
Nun setzte sich Talbot bei Hardinge in Paris für uns ein, doch dieser wollte keine Visa ausstellen, wenn das Auswärtige Amt in England dem nicht zustimmte. Talbot war sich sicher, dass man sich an anderen hochrangigen Personen in Griechenland vonseiten des Komitees rächen würde, wenn er uns nicht nach England brachte, denn dies war seine Aufgabe und er hatte dieses Versprechen dem General Pangalos gegeben. Er sorgte sich um den König und seine Gattin in Tatoi, die ein Versagen seinerseits sprichwörtlich *ausbaden* mussten.
So wandte er sich an Lord Curzon. Dieser fand das Ganze lächerlich und meinte, es gäbe keinen Grund, uns nichts einreisen zu lassen.
Talbot machte sich mit dieser Aussage auf den Weg zu Crowe in London, traf diesen am elften Dezember. Auch dieser hatte keine Bedenken und Talbot fragte sich langsam, warum man dieses Spielchen mit uns spielte.
Wir standen in stetem Kontakt und für uns war es eine sehr schwierige Situation. Wir saßen in Paris fest, hatten zugesichert bekommen, nach England einreisen zu dürfen und dann musste man darüber diskutieren, ob wir erwünscht waren oder nicht. Es war sehr belastend, ohne Geld dazustehen, ohne Pässe und ich konnte Talbot nicht genug dafür danken, wie er sich für uns bemühte.
Endlich erhielten wir vom König die Zusage, dass wir am Sonntag, den

siebzehnten Dezember oder einen Tag später nach England einreisen durften. Das Parlament habe sich dann, am Freitag, vertagt und wir sollten in Dover wie jeder andere Reisende behandelt werden. Man solle uns mit dänischen Pässen ausstatten und wir würden auch die Zollkontrolle passieren, um kein Aufsehen zu erregen.
An jenem Sonntag wurde Talbot zum König gerufen, der ihn zum Ritter schlug und ihm den Titel und die Auszeichnung eines *Knight Commander of Royal Victorian Order*, die zweithöchste Ordensstufe des britischen Hausordens, verlieh. Dies hatte sich Talbot auch meiner Meinung nach redlich verdient, und als er bei Mama vorstellig wurde, um ihr zu berichten, dass wir bald ankommen würden, fand sich die Auszeichnung auch nur allzu gerechtfertigt, denn er hatte, wie sie sagte, ein Leben gerettet und dies könne man gar nicht genug würdigen. Sie sagte ihm, wie dankbar sie sei für alles. Er bestätigte ihr noch einmal seine Einschätzung, dass Andrea nur der Sündenbock für die Fehlentscheidungen König Konstantins gewesen sei.

Am siebzehnten Dezember betraten wir endlich englischen Boden, reisten nach London und wurden dort im *Stafford Hotel*, einem Fünf-Sterne-Hotel in St. James untergebracht. Unsere Anreise erfolgte ohne viel Aufsehen zu erregen. Andrea ließ es sich nicht nehmen, am neunzehnten Dezember selbst beim König zu erscheinen, um ihm für seine Hilfe und seinen Einsatz zu danken.
Als wir Louise und Mama im Kensington-Palast besuchten, war die Freude natürlich unbeschreiblich. Meine Schwester bemerkte jedoch sogleich, wie verändert ich aussah. Man sah mir die Strapazen der letzten Wochen deutlich an. Sie meinte, ich sehe sehr müde aus und nicht so entspannt wie noch im Sommer auf Dickies Hochzeit. Die Gründe dafür waren ihr bekannt, aber dennoch war sie geschockt mich so zu sehen.
Anlässlich Dickies Hochzeit hatte ich wieder eine Sitzung beim Künstler de László gehabt, um ein neues Porträt anfertigen zu lassen. Es war fast fertiggestellt und Louise hatte es bereits gesehen. Daher verglich sie dieses mit meinem jetzigen Aussehen. Es tat ihr leid, was uns widerfahren war, doch wir wollten das hinter uns lassen.
Zudem waren Andrea und ich uns einig, dass wir nicht in London bleiben wollten. Wir ließen Dolla und Margarita bei Mama und Louise, reisten mit unseren jüngeren Kindern nach Paris. Mimi, die Frau von Andreas Bruder George, hatte uns eingeladen, in einem Haus auf ihrem weitläufigen Grundstück in *St. Cloud*, etwa zehn Kilometer westlich von Paris zu leben. Es befand sich in der 5, Rue de Mont-Valérien. Ein Wildhüter hatte dort einmal gelebt.
Ihr erstes Angebot waren Räume in ihrem Palais in Paris gewesen, aber dort

gab es so viele Bedienstete und das Palais lag nahe des exklusiven Bois de Boulogne. Andrea hätte den Unterhalt der Dienerschaft dort niemals tragen können. Gleichzeitig wären wir Mimi sehr viel Miete schuldig geblieben für die Räume in der gehobenen Gegend, sodass wir uns dagegen entschieden und das, wie mein Mann sagte, *Shoe-size*-Haus auf Mimis Grundstück vorzogen.

Mimi, die mit George eine sogenannte offene Ehe führte, war sehr begütert, da ihr Vater vermögend war, sie pflegte einen sehr exklusiven Lebensstil. Sie scheute sich nicht davor, mit anderen Männern zu flirten, so hatte sie auch Georges Onkel Valdemar in Dänemark schöne Augen gemacht und ihm den Kopf verdreht, dann versetzte sie seinen ältesten Sohn Prinz Aage in einen wahren Liebestaumel. Ihre Affäre mit dem französischen Premierminister Aristide Briand hatte ich bereits erwähnt, diese beendete sie erst im Jahre 1919.

Das einzig Bizarre an ihr war ihr Hang zur Psychoanalyse, die sie als eine treue Anhängerin und Freundin Freuds auch selbst an sich und anderen praktizierte. Mimi empfand sich selbst als frigide, meinte, sie sei nicht in der Lage, jemals sexuelle Erfüllung zu erlangen, und begann, durchaus bekannte Publikationen zu diesem Thema zu veröffentlichen.

Sie hatte in einer Studie gelesen, die den Abstand zwischen Klitoris und Vagina bei zweihundertdreiundvierzig Frauen hat vermessen lassen, und publizierte ihre Analyse, die aussagte, dass eben dieser Abstand eine Rolle für das Erlangen eines Orgasmus spiele. Ein kurzer Abstand bedeutete, dass man schnell zum Orgasmus gelangte, zwei Zentimeter und mehr Abstand waren schlecht. Diese Frauen kamen nur schwer zum Höhepunkt. Das Skurrilste war dann aber eine Operation, die sie an sich vornehmen ließ, bei der man ihre Klitoris näher zur Vagina brachte, also versetzte. Dr. Josef Halban nahm diese Operation an ihr vor, nachdem sie lange auf ihn einreden musste, und sie veröffentlichte auch diese Methode. Bei ihr zeigte sie allerdings kaum Erfolg, also ließ sie die Operation wiederholen.

Ferner stellte sie sich als Aktmodell für den rumänischen Künstler Constantin Brâncuși zur Verfügung. Seine steinernen Skulpturen waren oftmals sehr gewagt. Die von Mimi, bei der sie sich *Prinzessin X.* nannte, erregte im Jahre 1919 einen großen öffentlichen Skandal, denn diese Skulptur zeigte sie als riesigen Bronzephallus. Der Künstler sagte, es handele sich um eine Frau, die sich herabbeuge, stehe für Weiblichkeit und Eitelkeit, aber man entfernte die Skulptur dennoch aus einem bekannten Museum, denn für den Betrachter war es ein Phallus.

Es war in der Familie ein offenes Geheimnis, dass Mimis Gatte sehr zartbesaitet war und öfter auch die eine oder andere Träne vergoss, wenn er sich gekränkt fühlte, was auch in der Öffentlichkeit geschah. Andrea konstatierte

immer belustigt, dass die Ehe der beiden als durchaus interessant zu charakterisieren sei.
Mimi und George hatten zwei Kinder, Peter war inzwischen vierzehn Jahre alt, Eugénie zwölf. Die beiden hatten alles, was sich Kinder nur erträumen konnten, ihre Mutter überschüttete sie geradezu mit ihrer Liebe. George, der die meiste Zeit in Dänemark verbrachte, liebte seine Kinder auch sehr, aber er war nur selten bei ihnen. Vielleicht, so vermuteten wir in der Familie, schämte er sich auch für seine Frau, aber hing zu sehr an der schönen Mimi, als dass er sie hätte verlassen können.
Wenngleich Mimi auch exzentrisch war, so zögerte sie doch niemals, anderen zu helfen, und so nahmen wir ihr Angebot in das Haus einzuziehen gerne an. Unsere beiden älteren Töchter sollten auch bald nach St. Cloud kommen.

Mein Mann war in der Zeit der Gefangenschaft und durch die psychische Belastung ebenfalls deutlich gealtert. Die Ungewissheit während seines Arrests hatte deutliche Spuren in seinem Gesicht hinterlassen.
Ich wollte ihn nicht direkt mit Fragen zu den letzten Wochen konfrontieren, wartete ab, ob er selbst darüber sprechen wollte. Doch er sagte mir nur einmal, er wolle kein Wort mehr darüber verlieren. Mit der Zeit würde er darüber hinwegkommen und war dankbar, dass er wieder bei uns sein konnte. Es sei für ihn eine sehr bittere Erinnerung, die er nicht immerzu wieder hervorholen wollte. Ich verstand ihn und so verloren wir kein einziges Wort mehr darüber.
Von jeher war ich immer der Meinung, dass man zwar sein Herz stets ausschütten soll, wenn einen Kummer plagt, Sorgen oder anderes, aber es gab doch gewisse Dinge, die man nur mit sich selbst ausmachen konnte. Und sicher fiel es Andrea schwer, mich oder eventuell die beiden älteren Mädchen mit den Einzelheiten zu belasten. Er wusste, wie sehr wir uns um ihn gesorgt hatten.

Zu Silvester entschieden Andrea und ich uns mit Christo und Anastasia, die sich in Paris aufhielten, nach New York zu reisen. Die Kinder verstanden, dass ihre Eltern eine kleine Auszeit brauchten, die Reise sollte zwei Monate dauern. Christo und seine Gattin luden uns ein und wir brauchten nicht lange zu überlegen, denn wir freuten uns sehr, etwas Abstand nehmen zu können. Anastasia ging es aufgrund ihrer Krebserkrankung zusehends schlechter, doch sie hoffte natürlich noch auf die teueren Ärzte und deren Hilfe. Sie ließ keine Therapie aus, versuchte alles, um wieder gesund zu werden. Für sie und Christo war die Reise mit uns daher eine willkommene Ablenkung von Anastasias Leiden und ihren Sorgen um die Zukunft.

Nachwort

Da ich mich schon seit sehr vielen Jahren mit den Mitgliedern der letzten russischen Zarenfamilie um Zar Nikolaus II. von Russland und seiner Gattin Zarin Alexandra beschäftige, genau genommen, seit ich mit vierzehn Jahren ein Buch über die falsche Anastasia las, waren mir schnell auch die Verwandten der Familie in Hessen und England sehr vertraut. In den letzten Jahren habe ich mein Wissen sehr vertieft, stieß dabei auf die Prinzessin Alice von Griechenland und beschäftigte mich eingehender mit ihr. Über die Mutter von Philip, dem Herzog von Edinburgh, ist nicht viel bekannt und die Historie behandelt sie zumeist leider sehr stiefmütterlich. Bei meiner Recherche für diese Biografie fiel mir auf, dass sie zu Unrecht im Schatten der Geschichte wandelt, denn sie war eine wirklich beeindruckende Persönlichkeit und nun, nach Fertigstellung des Manuskripts, konnte ich nur eines sagen: Danke, Prinzessin Alice, es war mir wirklich eine wahre Ehre und Freude, Sie näher kennenlernen zu dürfen!

Ich bevorzuge stets, meine historischen Persönlichkeiten selbst zu Wort kommen zu lassen, wenn es um ihr Leben geht, denn nur dadurch bekommt man als Leser eine intimere und tiefere Beziehung zu der jeweiligen Person. Sie soll für den Zeitraum des Lesens wieder lebendig werden und einen mitnehmen auf die Reise durch all ihre Erlebnisse, negative und positive eingeschlossen. Man soll nachempfinden können, was die Person durchlitt oder was ihr Freude bereitete. Natürlich hoffe ich, dass mir dies gelungen ist, denn gerade im Fall von Prinzessin Alice ist es wichtig, wenn man an gewissen Stationen ihres sehr langen Lebens, Gegebenheiten mit ihr in einer tieferen Form teilen kann.

Die meisten in dieser Biografie verwendeten Fotografien sind zeitlich sehr gut einzuordnen gewesen, bei einigen wenigen gab es jedoch Unstimmigkeiten und ich habe mich bemüht, diese zeitlich richtig einzuordnen. Sollte mir hierbei eine Abweichung von einem oder zwei Jahren unterlaufen sein, bitte ich dies zu entschuldigen, aber manchmal war es auch nach mehrwöchiger Bemühung und Recherche nicht möglich, eine Aufnahme auf einen ganz genauen Zeitpunkt zu datieren. Dies betrifft vor allem Fotografien aus den letzten Lebensjahren der Prinzessin.

In dieser Biografie wurden nicht alle Bilder aus den hessischen Archiven verwendet, was auf Platzgründen beruht, und einige dienten auch nur der Recherche.

In der angehängten Bibliografie alle die Bücher aufzulisten, die ich in deutscher, englischer und französischer Sprache über die letzte russische Zarenfamilie gelesen habe, würde hier leider den Rahmen sprengen. Daher habe ich die Titel genannt, die ich explizit für diese Biografie verwendete, viele historische Fakten sind mir durch die jahrelange Beschäftigung mit diesem Thema vertraut.
An dieser Stelle möchte ich noch die Gelegenheit nutzen und einige abschließende Informationen geben:
In Bezug auf den Wert der englischen Währung und für das bessere Verständnis möchte ich hier die Information anfügen, dass einhundert englische Pfund um 1910 heute, im Jahr 2019, einen Gegenwert von etwa elftausend Pfund hätten. Der Wert von zwanzig englischen Pfund in den Zwanzigerjahren entspräche einem heutigen Gegenwert von rund eintausend englischen Pfund.
Im Jahr 1925 lag der Durchschnittslohn eines Arbeiters in England bei etwa fünf englischen Pfund. Hierbei ist aber auch erwähnenswert, dass manche Gehälter wöchentlich ausbezahlt wurden.
Dies soll den Wert des Geldes besser verdeutlichen, wenn Geldbeträge in Alices Ausführungen erwähnt werden.

Die gestohlenen hessischen Kronjuwelen hatten um 1946 etwa einen Wert von 2,5 Millionen US-Dollar, was sich auf den gesamten Schmuck bezieht. Dies wäre heute vergleichbar mit etwa 30 Millionen US-Dollar.

Der Bundesgerichtshof entschied am 17. Februar 1970 in der sogenannten *Anastasia-Entscheidung* letztinstanzlich, dass das vorangegangene Urteil des Hanseatischen Oberlandesgerichts Hamburg, nach welchem Anna Anderson nicht bewiesen habe, mit der Großfürstin Anastasia Nikolajewna von Russland identisch zu sein, aus Rechtsgründen nicht zu beanstanden sei. Am 5. Oktober 1994 wurde bekannt gegeben, dass aufgrund eines DNA-Tests eindeutig festgestellt werden konnte, dass Anna Anderson-Manahan kein Nachkomme der Zarin sein kann. Dies begründete sich auch auf dem Fund der Gebeine der letzten Zarenfamilie und ihrer mit ihnen getöteten Bediensteten, wobei die Überreste von Marie und Alexei erst einige Jahre später gefunden wurden. Heute ist eindeutig bewiesen, dass Zar Nikolaus II. von Russland und seine Familie alle in Jekaterinburg ermordet wurden.

Bibliografie

Richard Hough (Hrsg.), Advice to my Grand-daughter, Letters from Queen Victoria to Princess Victoria of Hesse, Simon & Schuster, New York, 1975

Barbara Hauck, Capriolen, Die Männerfreundschaften des letzten hessischen Großherzogs Ernst Ludwig, Booy-Verlag, Beatrix van Ooyen, Bad Nauheim, 2017

Julia Gelardi, Born to rule, Granddaughters of Victoria, Queens of Europe, Headline Publishing Group, London, 2006

Katrin Boeckh, Von den Balkankriegen zum Ersten Weltkrieg, Kleinstaatenpolitik und ethnische Selbstbestimmung am Balkan, Oldenbourg Wissenschaftsverlag, München, 1996

Edward J. Erickson, Defeat in Detail: The Ottoman Army in the Balkans, 1912-1913, Praeger Publishers, Greenwood Publishing Group, Inc., USA, 2003

Helen Azar, In the steps of the Romanovs, Final two years of the Russian Imperial family 1916-1918, CreateSpace Independent Publishing Platform, UK, 2018

Richard C. Hall, Balkan Wars 1912-1913, Prelude to the First World War, Routledge, London, 2000

Gunnar Hering, Die politischen Parteien in Griechenland 1821-1936, Oldenbourg Wissenschaftsverlag, München, 1992

Marie Fürstin zu Erbach-Schönberg, Prinzessin von Battenberg, Memoiren, 1852-1923, Geschichtsblätter für den Kreis Bergstrasse, Sonderband 13, Bensheim, Verlag Laurissa, 1991, herausgegeben von der Interessengemeinschaft Schönberger Vereine und vom Museumsverein Bensheim in Verbindung mit der Arbeitsgemeinschaft der Geschichts- und Heimatvereine im Kreis Bergstraße, dritte, verbesserte Auflage

Deborah Cadbury, Queen Victoria`s Matchmaking, The royal marriages that shaped Europe, PublicAffairs, Hachette Book Group, NewYork, 2017

Marilyn Pfeifer Swezey, The Romanovs under house arrest, From the 1917 diary of a palace priest, The Diary of Archpriest Afanasy I. Belyaev, Holy Trinity Publications, The Printshop of St. Job of Pochaev, Holy Trinity Monastery, Jordanville, New York, 2018

Manfred Knodt, Ernst Ludwig, Großherzog von Hessen und bei Rhein, Sein Leben und seine Zeit, Schlapp, H. L., Darmstadt, 1978

Walter A. Büchi, Karl August Lingner, Das große Leben des Odolkönigs (1861-1916), Eine Rekonstruktion, Edition Sächsische Zeitung, Dresden, 2006

Christopher Warwick, Ella, Princess, Saint & Martyr, John Wiley & Sons, Ltd., The Atrium, England, 2006

Timothy Knatchbull, From a clear blue sky, Surviving the Mountbatten Bomb, The Random House Group Limited, London, 2009

Frances Welch, The Imperial Tea Party, Family, Politics and Betrayal: The Ill-Fated British and Russian Royal Alliance, Short Books, London, 2018

Die Vertreibung des Königs Konstantin von Griechenland, dargestellt auf Grund amtlicher Urkunden, Deutsch-Griechische Gesellschaft (Hrsg.), J. F. Lehmanns Verlag, München, 1918

Ernst von Falkenhausen, Major im Großen Generalstab und ehemaliger Militär-Attaché bei der Kaiserlich-Deutschen Gesandtschaft in Athen, Die Erdrosselung Griechenlands, Ullstein-Kriegsbücher, Verlag Ullstein & Co. , Berlin, Wien, 1918

Antony Lambton, The Mountbattens, The Battenbergs and young Mountbatten, Constable and Company Limited, London, 1989

Königliche Romanzen, Liebe, die Geschichte machte, Heft Nummer 20, Lord Louis Mountbatten und Lady Edwina, Marshall Cavendish International Ltd., Hamburg, 1991

Garabed Hatscherian und Dora Sakayan, Smyrna 1922, Das Tagebuch des Garabed Hatscherian, Kitab, Klagenfurt, Wien, 2006

Heinz A. Richter, Der griechisch-türkische Krieg 1919-1922, Peleus, Band

72, Studien zur Archäologie und Geschichte Griechenlands und Zyperns, Verlag Franz Philipp Rutzen, Harrassowitz, 2016

Christopher Clark und Norbert Juraschitz, Die Schlafwandler, Wie Europa in den Ersten Weltkrieg zog, Deutsche Verlags-Anstalt, München, 2013

Holger Afflerbach, Auf Messers Schneide: Wie das Deutsche Reich den Ersten Weltkrieg verlor, C. H. Beck-Verlag, München, 2018

Prince Andrew of Greece, Towards Disaster, The Greek Army in Asia Minor in 1921, John Murray Verlagsbuchhandlung, London, 1930

Pavlos Tzermias, Eleftherios Venizelos` historische Leistung, Der Weg eines „Weißberglers" zum Weltruhm, Sedones 13, Verlag Dr. Thomas Balistier, Mähringen, 2010

Célia Bertin, Die letzte Bonaparte, Freuds Prinzessin, Ein Leben, Kore, Verlag Traute Hensch, Freiburg, 1989

Zur Erinnerung an den Heimgang I. K. H. der Großherzogin Eleonore, des Erbgroßherzogs Georg Donatus, der Erbgroßherzogin Cäcilie, des Prinzen Ludwig, des Prinzen Alexander von Hessen, des Freiherrn Joachim Riedesel zu Eisenbach, der Schwester Lina Hahn, Im Flugzeug abgestürzt am 16. November 1937, 15.45 Uhr, bei Ostende, Erinnerungsblatt, L. C. Wittich Verlag, Darmstadt, 1937

Rena Molho, Der Holocaust der griechischen Juden, Studien zur Geschichte und Erinnerung,
Verlag J. H. W. Dietz Nachf., GmbH, Bonn, 2016

Christoph U. Schminck-Gustavus, Winter in Griechenland, Krieg, Besatzung, Shoah, 1940-1944, zweite Auflage, Wallstein Verlag, Göttingen, 2010

Martin Gilbert, The Righteous, The unsung heroes of the Holocaust, Transworld Publishers, The Random House Group Ltd., London, 2002

Mark Mazower, Griechenland unter Hitler, Das Leben während der deutschen Besatzung 1941-1944, S. Fischer Verlag GmbH, Frankfurt am Main, 2016

Martin Gilbert, Endlösung, Die Vertreibung und Vernichtung der Juden, Ein Atlas, überarbeitete Neuausgabe, Rowohlt Taschenbuch Verlag, Reinbek bei Hamburg, 1995

Richard Hough, Louis & Victoria, The Family History of the Mountbattens, second edition, George Weidenfeld & Nicholson Limited, London, 1984

Douglas Liversidge, The Mountbattens, From Battenberg to Windsor, Arthur Barker Limited, London, 1978

Philip Eade, Young Prince Philip, His turbulent early life, Harper Collins Publishers, London, 2012

Königin Friederike der Hellenen, Erfahrungen, Rainer Wunderlich Verlag, Herrmann Leins, Tübingen und Stuttgart, 1971

Janet Morgan, Edwina Mountbatten, A life of her own, Harper Collins Publishers, London, 1992

E. H. Cookridge, From Battenberg to Mountbatten, Arthur Barker Limited, London, 1966

Alden Hatch, The Mountbattens, The last royal success story, Random House, New York, 1965

Louis Wulff, M.V.O., Elizabeth and Philip, Our heiress and her consort, An authentic sketch of H.R.H. the Princess Elizabeth and Lieutenant Philip Mountbatten, R.N., Sampson Low, Marston & Co. Ltd., London, 1947

Margit Fjellman, Louise Mountbatten, Queen of Sweden, George Allen and Unwin Ltd., London, 1968

Hugo Vickers, Alice, Princess Andrew of Greece, Penguin Group, Hamish Hamilton Ltd., London, 2000

Königliche Romanzen, Liebe, die Geschichte machte, Heft 2, Königin Elizabeth II. und Prinz Philip, Marshall Cavendish International Ltd., Hamburg, 1991

George Rainbird Ltd., London (Hrsg.), Mountbatten, Eighty years in pictures, MacMillan London Ltd., London und Basingstoke, 1979

Richard Hough, Mountbatten, Ein außergewöhnliches Leben, Paul Neff Verlag, Wien, 1980

Königliche Romanzen, Liebe, die Geschichte machte, Heft 20, Lord Louis Mountbatten und Lady Edwina, Marshall Cavendish Ltd., Hamburg, 1991

Brian Connell, Manifest Destiny, A study in five profiles of the rise and influence of the Mountbatten family, Prince Louis of Battenberg, Sir Ernest Cassel, Countess Mountbatten of Burma, Earl Mountbatten of Burma, H.R.H. The Duke of Edinburgh, Cassell and Company Ltd., London, 1953

Lady Pamela Hicks, Daughter of Empire, My life as a Mountbatten, Simon & Schuster, New York, 2012

Rainer von Hessen (Hrsg.), Joachim Horn, Alexander Jehn, Hans Sarkowicz, Die Battenbergs, Eine europäische Familie, Waldemar Kramer in der Verlagshaus Römerverlag GmbH, Wiesbaden, 2019

Kathy Kacer, The brave Princess and me, inspired by a true story, Second Story Press, Ontario, Kanada, 2019

Filme

Eleni, von Peter Yates, 2004

Der Stern von Indien, von Gurinder Chadha, 2017

Princesse Marie, von Benoit Jaquot, 2004

The Crown, Staffel 1 und 2, von Stephen Daldry, 2017 und 2018

Bildnachweis

Folgende Fotografien und Dokumente wurden mir mit freundlicher Genehmigung des Hessischen Staatsarchivs zur Verfügung gestellt:

hla_d_27_a#6§459

hla_d_27_a#6§460

hla_d_27_a#63§372

hla_d_27_a#63§375

hla_d_27_a#63§388

hla_d_27_a#63§392

hla_d_27_a#63§458

hla_d_27_a#63§462

hla_d_27_a#76§4

hla_d_27_a#76§64

hla_d_27_b#725_uf

hla_d_27_b#859

hla_d_27_b#1647

hla_d_27_b#2106

hla_d_27_b#2110

hla_d_27_b#2181_uf

hla_o_3#345§23

hla_o_59#154§2

hla r_4#14020

hla r_4#29936

hla r_4#32572§7_a

hla r_4#3257§67_a

hla d_27_a#16§40

hla d_27_a#29§29

hla d_27_a#40§175

hla d_27_a#40§176

hla d_27_a#76§10

hla d_27_b#182

hla d_27_b#310

hla d_27_b#429

hla d_27_b#433

hla d_27_b#833

hla d_27_b#863

hla d_27_b#864

hla d_27_b#867

hla d_27_b#2800

hla 0_8#522-1 bis 12

hla 0_59#149-1 bis 4

hla d_27_a#97§81

hla d_27_a#97§82

hla d_27_a#97§83

hla d_27_a#97§84

hla d_27_a#97§85

hla d_27_a#97§86

hla d_27_a#97§87

hla d_27_a#97§88

hla d_27_a#97§89

hla d_27_a#97§90

hla d_27_a#97§91

hla d_27_a#97§92

hla d_27_a#97§93

hla d_27_a#97§94

hla d_27_a#97§95

hla d_27_a#97§96

hla d_27_a#97§97

hla d_27_a#97§98

hla d_27_a#97§99

hla d_27_a#97§100

hla d_27_a#97§101

hla d_27_a#97§102

hla d_27_a#97§102

hla d_27_a#97§103

hla d_27_a#97§104

hla d_27_a#97§105

hla d_27_a#97§106

hla d_27_a#97§107

hla d_27_a#97§108

hla d_27_a#97§109

hla d_27_a#97§110

hla d_27_a#97§111

hla d_27_a#97§112

hla d_27_a#97§113

hla d_27_a#97§114

hla d_27_a#97§115

hla d_27_a#97§116

hla d_27_a#97§117

hla d_27_a#97§118

hla d_27_a#97§119

hla d_27_a#97§120

hla d_27_a#97§121

hla d_27_a#97§122

hla d_27_a#97§123

hla d_27_a#97§124

hla d_27_a#97§125

hla d_27_a#97§126

hla d_27_a#97§127

hla d_27_a#97§128

hla d_27_a#97§129

hla r_4#16644

hla d_27_a#65§597

hla d_27_a#6§455

hla d_27_a#6§457

hla d_27_a#63§368

hla d_27_a#63§369

hla d_27_a#63§375

hla d_27_a#63§527

hla d_27_a#198§15

hla d_27_b#622

hla d_27_b#860

hla d_27_b#865

hla d_27_b#1666§4

hla d_27_b#2172

hla r_4_a#16698

Weiteres Bildmaterial setzt sich zusammen aus antiken Ansichtskarten aus meiner eigenen Sammlung sowie von mir erworbenem Pressematerial. Einige Aufnahmen und Artikel wurden mir freundlicherweise von Sammlern bereitgestellt, von denen aber nur Marylene Marsh aus New York genannt werden möchte.

Danksagung

Zuerst einmal möchte ich mich für die Abdruckgenehmigung und Verwendungsmöglichkeit von Fotografien und Archivmaterial beim Hessischen Staatsarchiv in Darmstadt bedanken. Mein besonderer Dank geht hierbei an Dr. Rainer Maaß, der mir auch bei einigen Fragen zur Großherzoglichen Familie von Hessen und bei Rhein sehr hilfreich zur Seite stand, und an Frau Eva Haberkorn, Diplom-Archivarin und Amtfrau im Hessischen Landesarchiv.

Ferner an meine Mutter Angela, die sich stets als Erstleserin und schärfste Kritikerin zur Verfügung stellt.

Bedanken möchte ich mich auch bei den historisch interessierten Sammlern, die sich mit mir über das Haus Battenberg, das Großherzogliche Haus in Hessen und die englische Königsfamilie austauschten und mir auch mit ihrem Wissen weiterhelfen konnten.

Lesen Sie mehr Historisches von Silke Ellenbeck bei DeBehr

Lesen Sie die Fortsetzung Band 2 - die Jahre 1923 bis 1969

532 Seiten Taschenbuch,14.95€, ISBN: 9783957537157

Australien zur Mitte des 19. Jahrhunderts. Die beiden Sträflinge Henry und Hagen fliehen auf dem roten Kontinent aus der Gefangenschaft. Bald verbindet sie ihr tragisches Schicksal in der australischen Wildnis. Es entwickelt sich eine tiefe Freundschaft. Getrieben von der Hoffnung auf einen Neuanfang, ziehen die beiden Männer durch das weite, noch nahezu unberührte Land. Auf ihrem Weg begegnen sie anderen Verlorenen, deren Schicksale oft nicht minder tragisch sind. Doch bald soll der Zusammenhalt der beiden Männer auf eine harte Probe gestellt werden, denn ein junges Mädchen tritt in ihr Leben ...
Weites Land und rote Erde - in der britischen Kolonie am Ende der Welt kämpfen zwei entflohene Sträflinge um ihr Glück. Ein großartiges Werk von Sehnsucht, Liebe und Hoffnung unter dem endlosen Himmel Australiens.

474 Seiten Taschenbuch, ISBN: 9783944028705

"

Als ich noch ein kleines Mädchen war, saß ich oft bei meinem Vater, Zar Nikolaus II., auf dem Schoss und erzählte ihm von meinem Traum. Wenn ich erwachsen geworden bin, werde ich heiraten - ein Soldat müsste es sein - und ich will viele Kinder haben, am besten zwanzig an der Zahl. " Doch dazu würde es nie kommen... Im Jahr 1899 wird dem russischen Herrscher Nikolaus II. eine dritte Tochter geboren. Maria, wie sie genannt wird, wächst auf in einem anachronistischen Hofstaat, zerrissen zwischen der autokratischen Politik ihres Vaters und dem nach Reformen dürstenden Volk. Ihre Kindheit und Jugend geraten zu einem Wechselspiel von verwandschaftlichen Treffen, ausgedehnten Reisen, Kummer und Freude, Krankheiten und dem bald bürgerlichen Familienleben - doch es zeichnet sich ab, dass unter dem Druck der Bevölkerung, den politischen Unruhen, dieser Spagat nicht ewig gelingen kann. Die Bedrohung des so behüteten Lebens hinter den Palastmauern, die gewohnte Sicherheit, werden bald von den drohenden Umbrüchen im Land überschattet... Ein bewegender historisch fundierter biografischer Roman mit zahlreichen Familien-Bildern jener Zeit, geschrieben aus der Sicht der Zarentochter Maria.

678 Seiten Taschenbuch, 14.95€, ISBN: 9783957532206

Als Prinzessin Caroline Reuß zu Greiz am 30. April 1903 in Bückeburg zum Traualtar schreitet, ist sie todunglücklich. Die Ehe war mehr ein kaiserlicher Befehl als eine liebende Verbindung. Ihr Verlobter Großherzog Wilhelm Ernst bat wie sie selbst noch im Vorfeld der Trauung häufiger, doch von dem Eheversprechen entbunden zu werden. Dementsprechend fragil ist die junge Ehe des cholerischen Militaristen Wilhelm Ernst mit der kunstsinnigen Freidenkerin Caroline. Dieses Buch öffnet tiefe und ehrliche Einblicke in ein Leben, welches nur Caritas, Stand und Pflichten kennen darf, in ein Getriebe, das diejenigen unnachgiebig aussiebt, die mehr sein wollen als nur die Frau eines Mannes. Ihr allzu kurzes Leben gerät in dem einengenden Hofstaat immer mehr zur Farce und treibt sie in die Melancholie… Eine bewegende Biografie, basierend auf historischen Fakten. Ellenbecks bewegende Romanbiografie basiert auf historischen Fakten und bietet einen vielseitigen und komplexen Eindruck der Prinzessin Caroline Reuß zu Greiz in ihrer Epoche. Unterlegt mit zahlreichen Familien-Bildern jener Zeit.

354 Seiten Taschenbuch, 12.95€, ISBN: 9783957534378